U0871446

明清史学术文库

清代人物研究

戴逸 著

故宫出版社
The Forbidden City Publishing House

戴逸，江苏常熟人，生于1926年。著名历史学家，一级教授，博士生导师。1946年考入国立北京大学史学系，1949年任教于中国人民大学至今。曾任第四届、第五届中国史学会会长，第七届全国人民代表大会代表，北京市社科联副主席，中国人民大学清史研究所所长。现任国家清史编纂委员会主任，中国人民大学清史研究所名誉所长，中央文史研究馆馆员，北京市文史研究馆馆长等。主要著作有《简明清史》、《中国近代史稿》、《乾隆帝及其时代》、《1689年的中俄尼布楚条约》、《履霜集》、《语冰集》、《涓水集》、《繁露集》，及《皓首学术随笔》、《当代学者自选文库》、《当代名家学术思想文库》三种学术名家系列著作中的《戴逸卷》等。主编有《清代人物传稿》、《十八世纪的中国与世界》、《清通鉴》、《中国近代化与西部开发》等大型著作。

历史是人类自觉活动的产物。一切经济、政治、军事、文化等活动，都是人所策划，人所参与，人所进行的。离开了人，也就无所谓历史。因此，历史研究离不开对人物的研究。二十四史绝大部分是人物的传记，这是我们宝贵的历史遗产。因此，研究历史人物是历史学家不可或缺的责任，而且，清朝是中国最后一个封建王朝，距今天时间最近，记述和研究清代人物的经历、行事、思想、贡献，以及他们的品德、才能、作风、爱好等，可以从一个非常重要的方面去透视有清一代的历史，给人以有益的启发和借鉴。

戴逸

2013年6月

总序一

2012年是清帝退位一百周年，明清史研究也走过了百余年的风雨历程。出于总结和促进发展的目的，故宫出版社将百年来明清史专题研究的重要的甚至经典性著作，遴选四十余部再版发行，以期对当前的明清史研究有所裨益，这是令人高兴和值得肯定之举。

长达五百余年的明清两代，是中国历史上两个重要的王朝，既处于我国封建社会行将灭亡的衰落时期，又处在中国封建专制主义发展的巅峰时期。盛世与没落，帝王的文治武功与社会的演进变革，殖民者的“福音”传播与列强的坚船利炮，此起彼伏的农民起义与先进的中国人的图强探索，以及革命与改良，等等。这是一个多姿多彩且天翻地覆的历史时期。这一时期又连接着今天，影响着今天。因此，研究明清两代的历史，就有着十分重要的意义。

现代意义上的明清历史研究开始于20世纪初。面对清王朝的腐朽没落，半殖民地半封建社会的奴役屈辱，资产阶级革命的风起云涌，以梁启超、夏曾佑、严复、孟森、章太炎、向达、谢国桢、萧一山等学者为代表的中国知识界，继承中国古代社会“鉴古知今”的历史传统，吸收近代科学理论知识，开始对清先世、明满关系、南明史、学术史，后渐扩大到秘密社会史、华侨史、晚清史（这是一大热点）、民族史、历史地理、财政史、盐业史等明清历史的多个方面，进行系统研究，筚路蓝缕，取得了丰硕的成果。

新中国成立以后，特别是改革开放以来，学术界在马列主义理论指导下，继承老一辈学者的信实学风，汲取西方学术研究的科学方法，解放思想，大胆探索，推动了明清史研究的不断深入。研究领域在不断扩大，研究水平在不断提高，明清史学逐渐形成充满朝气、欣欣向荣的繁荣景象。经过数十年的发展与积淀，时间已为我们留下了一些有价值的学术著作，这些著作资料翔实，论述严密，条理贯通，至今仍为许多学者所推崇。因此，将多年以来明清史研究著作纳入《文库》，重新修订再版，可使我们回顾明清史学研究的发展轨迹，促进 21 世纪明清史学术研究的深入发展。

故宫博物院和故宫出版社推出这套《明清史学术文库》还有一层特殊的意义，这就是故宫和故宫博物院在明清史研究中的特殊地位。故宫作为明清两代的皇宫紫禁城，在明清两朝的统治历史中，共有 24 位皇帝在此生活执政，使之在五百多年中成为全国的政治中心、文化中心，演绎出一幕幕兴衰史剧，几乎明清时期的每一个重大历史事件，都与宫廷发生着密切的联系。故宫几乎每一座宫殿、每一个院落、每一处山石，甚至每一口水井、一床一案，都有一段传奇经历，蕴含着独特的、浓厚的历史文化信息，涉及建筑、园林、历史、地理、文献、文物、考古、美术、宗教、民族、典制、礼俗等诸多学科与门类。这也是研究明清时期典章制度、宫廷建筑、宫廷生活等历史问题的专家学者不能不予以关注、不能不去考察体验的诸多社会历史领域。建立在以明清两代皇宫“原址保护”基础上的故宫博物院，兼容建筑、藏品与其中蕴含丰富的宫廷历史文化为一体，这一特点及优势，决定了它在整个明清史研究中有着独特的、不可替代的重要地位。而故宫的一切研究工作也离不开明清史学术界的辛勤劳动。

正是基于这种独特关系，故宫博物院与清史编纂委员会联合举办清史研讨会，与北京大学联合主办《明清论丛》，成立明清宫廷史研究中心和故宫学研究所，组织编纂明清史研究丛书，并资助出版一大批重要的明清史学术研究成果，受到学界的广泛赞许。以突出皇宫、皇权和皇帝等皇家文化研究的“故宫学”学术概念，也得到了学界的广泛关注。浙江大学、中国社会科学院研究生院等高校已开始招收这方面的硕士研究生，浙江大学成立了故宫学研究中心，南开大学成立了明清宫廷史与故宫学研究中心，台湾清华大学开设了“故宫学概论”课程等。所有这些，必将对故宫博物院的日常工作和学术研究，以及明清史学界的进一步发展，产生重要的推动作用。

故宫出版社作为故宫博物院的重要部门，一直把促进明清史和故宫学的研究作为自己义不容辞的责任和义务，做出了积极的努力，也取得了重要的成果。本次推出这套《明清史学术文库》，在整合、出版既有学术成果的基础上，通过深入地与专家、学者沟通，对明清史及故宫学研究涉及的一些问题进行专题探讨，以提高明清史和故宫学研究的理论水平，并向成为我国明清史研究成果的出版重镇不断迈进，其精神也值得赞扬。我们相信，通过故宫出版社与明清学术界的不断努力，明清历史研究必将取得更大的发展。

郑欣淼

2012年 7 月

总序二

一百年前的 1912 年，清朝覆亡，宣统帝退位，中华民国建立。标志着统治中国长达两千多年封建帝制的终结。中国历史迈开了前进的脚步，中国人民觉醒奋起，在近代化的征途上努力前进。

伴随着清王朝的覆灭，中国的一大批学者对中国封建社会的最后两个王朝——明朝和清朝的历史进行了认真、系统的研究，章太炎、梁启超、孟森、钱穆、萧一山、蒋廷黻、郭廷以、郑天挺、吴晗、罗尔纲、王钟翰等学术前辈在明清史处女地上披荆斩棘、辛勤耕耘，为明清史学的发展奠定了基础。改革开放以来，学术界百花齐放、百家争鸣，以马克思主义为指导不断地解放思想，积极吸收外国的研究思想和方法，使我国明清史的研究出现了前所未有的长足进步，涌现出一批有价值的学术著作。但在当时，中国或者尚在战乱时期，或者尚在建设的探索时期，经济贫穷，文化欠发达，学术著作的印刷数量不多，流传不广，不利于学术交流和明清史研究更深入的发展，故而故宫出版社将多年来明清史专题性研究著作纳入《明清史学术文库》，重新修订再版，力求涵盖民国以来各个时期的学术大家及其代表性著作，目的就在于将涉及政治、经济、文化、社会生活等方面的研究著作汇集一起，以此反映明清社会的整体状况，为学者深入研究明清时期的社会状况提供学术平台。

明清两代，时间长达五百多年之久，道路崎岖，变化迅速，人物和事件丰富繁多，是最接近今天现实的历史，生产力已有相当发展，居于当时世界各国的前列，社会结构和各种关系已相当复杂，人口众多，经济繁荣，交流频繁，财富充盈，各种事业兴旺发达。至康雍乾时期，中国历史发展到最高峰。但社会中的各个领域存在着缺陷，各种主客观条件尚未具备，整个社会难以协同推进，阻力重重，举步维艰，所以未能进入近代化的轨道。中国坐失了西方世界在18世纪所抓住的社会进步的良好时机，这是中国的不幸，也是我们前几辈先人痛心扼腕、力图奋起直追的动力和原因。今天，我们正在建设中国特色的社会主义，成绩辉煌，但前途还有许多艰难曲折，需要我们奋斗拼搏，晚近明清历史上先辈们走过的崎岖道路值得我们回顾、反思、探索、研究，以利于后人的继续快步前进。

在中华民国成立以前，明清史虽已编纂了许多重要的档案资料，但研究尚在起步阶段，历史编纂中充斥着对本朝的歌功颂德和对前朝的诋毁。民国以后的明清史研究则有了重大的进步。

其进步主要可举出三个方面：

第一，改变了形而上学和英雄史观，逐渐以社会进步史观和马克思主义唯物史观来研究历史；改变了停滞不动、堆砌史料、罗列历史事实，不讲究前因和后果，不揭示历史发展的客观规律，强调英雄创造了历史而忽视人民群众的生产斗争、阶级斗争，不能给人以真实的历史知识的做法。历史是人类进步的活动，是人民群众艰辛创造和英勇斗争的进程。经济活动是人类社会的基础，而政治、军事、法制、文化、思想都是其上层建筑，将会或早或迟地随着经济基础的变化而变化。20世纪初进步史观和马克思主义唯物史观的出现，大大改变和推动了中国历史研究，明清史研究领域出现了许多高水平的、科学的、实证的明清史著作。

第二，研究领域的扩大。自民国以来，明清史研究的领域不断扩大，不仅着重于帝王将相活动，不仅有内外战争、官场升贬、刑律惩治，也不仅宣扬封建的纲常伦理，还涉及到中央和地方的典章制度、兴废沿革、官阶序列、财政收支、赋税征收，人口的增减迁移，城镇的设置变迁；经济方面有农林牧副各业的状况，开垦和耕作记录，各种传统的手工业和商业，以至近代工厂、矿场的兴起，电报的设置，火车轮船的建造；军事方面，有八旗、绿营、团练、湘军、淮军以至北洋水师、小站练兵等；文化方面，既有诗文词赋、绘画书法、人物传记，又有昆曲、京剧、小说、唱本各种民间艺术；加之民族、法制、科学、宗教、城市、乡镇、风俗习惯、生态海洋等方面。各种研究无所不包，覆盖了各个社会历史领域，使得每朝的史书类似于百科全书型的著作，可以阅读和寻找到各种各样的知识。

第三，史料的整理和发展大为进步。民国以后，大内档案公之于世，其数量达一千万件以上，其中尤以清朝的档案与史料为多，它们的大量公开出版为后人提供了无穷的研究宝藏。档案和各种史料是认识和研究历史的重要载体，只有对它进行积累、分析、辨识、考证，才能揭示出历史的真相。近百年来，收集、保存、整理和利用这些珍贵的历史资料取得了很大的成绩，使我们对五百多年的明清历史有了许多新的重要的发现和认识。

故宫出版社作为故宫博物院的下属部门，把服务和促进明清史和故宫学研究作为自己的责任和义务，并为此做出了不懈的努力，坚持资助出版《明清史论丛》，还抽出人力、物力出版了《明代宫廷史研究丛书》等一批颇具特色的明清史著作，逐渐成为明清史研究成果的一个重要的出版阵地，为明清史研究的深入发展，作出了积极贡献。相信本丛书的出版，无论对史学工作者还是普通的史学爱好者，都是一个极大的便利，必将对明清史学术知识和研究的深入发展与广度普及，产生积极的影响。

戴逸

2012年7月

目 录

实事求是地评价历史人物

这次会议是左宗棠历史评价学术讨论会。新中国成立后，对他的评价有过很大变化。他是个重要的历史人物，也是个复杂的历史人物，有功有过。他的功劳很大，收复新疆，保卫国家的神圣领土，反对外来侵略，对国家和民族有重大贡献。试想：今天的中华人民共和国，如果少了新疆一大片，那还成什么样子？收复新疆的丰功伟绩是不可磨灭的，这一点现在大家都承认。当然，左宗棠也做过错事、坏事，镇压太平天国、捻军和回民起义，屠杀了革命人民。千秋功罪，要加以比较的话，应该是功大于过。

20世纪50年代和60年代，历史学界对左宗棠的评价是完全否定或者基本否定的，只说他是镇压革命的刽子手、卖国的洋务派，对收复新疆一笔带过，评价甚低。现在看来，对左宗棠完全否定或基本否定是不正确的，这个问题大体上已经澄清。现在，对左宗棠肯定的程度可能有分歧，对某些具体问题的看法可能有分歧，但不会有人再对他全盘否定或基本否定了，这是历史研究的进步。

不过，回顾过去对左宗棠的评价，我们却可以从中总结教训。奇怪的是收复新疆这样大的功劳，为什么在50年代、60年代不被充分承认，甚至不予承认。所谓“一叶障目”，是什么东西遮挡了我们的眼睛，使我们视而不见呢？

我想可能有三个因素：

第一是左宗棠这个人物很复杂，有功有过，功很大，过也不小。前几天我们在浙江金华开会，是批判左宗棠的。因为讨论浙江的太平军，左宗棠就是镇压浙江太平军的头子。金华有个侍王府，侍王李世贤是李秀成的弟弟，坚持战斗到最后，他就是被左宗棠打败的。今天我们在苏州讨论左宗棠的一生，就要全面地、历史地来考察，不能只追究他打了李世贤，不能攻其一点不及其余，而要实事求是地衡量他的功过，不能强调过错而抹杀功绩。由于人物的复杂性使我们在评价时容易发生失误，片面强调了这一面而忽略了那一面。不像洪秀全、孙中山那样，他们虽然也有局限性，但作为正面人物的形象很鲜明。左宗棠本人身上却体现着正反两方面的性格，进行分析研究必须非常慎重。

第二是政治气候的影响，左宗棠收复新疆，是反对沙俄和英国的。50 年代，我们跟前苏联的关系很好，这一政治因素影响到历史研究，不说和少说沙俄的对华侵略。甚至，有人就沙俄侵占黑龙江以北、乌苏里江以东的中国领土写了文章，这本来是历史事实，1957 年反右派斗争中却成了一条罪状。历史学是讲过去的事，却往往要受当前政治气候的影响，50 年代不谈或少谈左宗棠的功绩，与此大概有关。

第三，过去存在“左”的思想，宁“左”毋右，这在历史学领域中也是有的。在评价历史人物方面，特别是对地主阶级中的人物，否定的多，肯定的少。“千古风流人物”，能够肯定的又有几个？昨天，参观贵校历史系的文物室，陈列的东西丰富多彩，琳琅满目。墙上挂着十九个人的画像，画得神采奕奕，但看了一眼，很纳闷。十九个人中有十四人是历史上的科学家、技术家，如张衡、祖冲之、僧一行、毕昇、李时珍、徐霞客等等，还有五位是农民起义的领袖，陈胜、吴广、黄巢、方腊、李自成。为什么历史系的陈列室陈列的是大批科技人才加上几个农民领袖？这些人无疑也是杰出的人物，但显然并不能代表我国历史上丰富多彩的各个方面的优秀人物。毛主席讲的政治家、军事家、思想家、文学家都不见了。后来，我一问，就明白了，原来这是 1978 年以前历史系的一位学生画的，那还在十一届三中全会之前，还在思想路线全面拨乱反正以前，那时中华民族历史上的优秀人物大多靠边站，不能够出头露面，汉武帝、唐太宗、忽必烈、康熙帝是地主阶级的总头子，杜甫、李白、苏轼是地主阶级的代表，孔子更不成了，是最大的反动派，罪大恶极。连农民起义领袖也没有幸免。毛主席在《中国革命和中国共产党》中提到十二位农民起义领袖，几乎打倒了一半，项羽、刘邦是蜕化变质的；李密的罪状最大，阶级异己分子，阴谋家、野心家、叛徒；王仙芝也是投降了的；宋江戴了修正主义的帽子；朱元璋也是当了皇帝的。最保险的似乎是科技人物，还可以亮亮相，所以当时的历史博物馆，所能陈列的人物大概是大批的科技人物和经过挑选的农民领袖，像左宗棠这样属于帝王将相的人根本没有资格进入博物馆的殿堂。我在这里不是指责贵校历史系的陈列室，而是回顾过去在“左”的思想支配下，把许多杰出人物给否定了。这种阶级分析法值得怀疑，恐怕不是马克思主义的阶级分析法。当时，包括我自己在内思想上也是糊里糊涂、不很清醒的。在一片“左”的气氛中，左宗棠怎能得到公正的评价呢?

回顾过去历史研究的状况，总结一下教训，对我们是十分必要的，对历史科学今后的发展关系很大。归纳起来，对左宗棠长期未做出正确的评价，可以举出三个方面的原因：一是左宗棠本人的复杂性；二是受当时政治气候的影响；三是“左”的思想的支配。

评价历史人物必须实事求是。我想第一个教训是由于历史和历史人物的复杂性，我们必须进行细致的具体分析。切忌简单化、一刀切，要么肯定一切，要么否定一切。一个人好了，一切都好；一个人坏了，一切都坏，这种形而上学的方法往往把我们引入歧途。特别是中国近代史上的人物很复杂，功与过交织在一起，功大过也大。如康有为、梁启超前期领导变法维新，站在历史潮流的前头，后来却成了保皇党，反对辛亥革命。又如杨度，本来是个君主立宪派，又拥护袁世凯称帝，组织筹安会，罪恶很大，可是晚年却脱胎换骨，大彻大悟，走上革命之路，参加共产党，做出很多贡献。我们要实事求是地分清他们的功过，不夸大，不缩小，不掩盖。对左宗棠的评价也应如此。左宗棠是个地主阶级中的经世派、改革派，一方面他有爱国心、事业心，希望祖国强盛，他又有办事的魄力和才干；另一方面，他反对革命，维护清朝封建统治。在我们今天看来，两者似乎是矛盾的，不协调的，但在左宗棠身上却是可以统一的。因此，他打败了阿古柏，粉碎了俄英攫取新疆的阴谋，为祖国立了功勋，但也屠杀过许多农民起义军。功过并存，而功大于过。

第二个教训是：学术和政治是互相联系的，历史和现实也是密切相关的。但是，学术毕竟不同于政治，历史毕竟不同于现实，两者之间不能画等号。科学研究的任务是追求真理，阐明规律。真实性是历史科学的生命线，离开真实性，历史科学就会枯萎死亡，不能为着眼前的需要而牺牲真实性。中国的历史学有一个优秀的传统，即是“秉笔直书”。要提倡秉笔直书的史德，实事求是地撰写历史，评价历史人物。不能让历史科学屈从于眼前的需要，否则不但损害了科学性，而且对当前的政治也不会有好处。这方面最大的教训是“文化大革命”中，儒法斗争，批孔子，批《水浒》，这哪里是历史研究？眼睛盯的是几个领导干部，要打倒几个领导干部，含沙射影，指桑骂槐，完全是反革命的政治需要。历史学家要有清醒的头脑，应当有坚持真理的勇气，应当有无愧于历史学家称号的史德。

第三个教训是历史科学领域中还需要反对“左”的影响，肃清“左”的影响，这是历史科学能否健康发展的关键。所谓“左”

就是主观脱离客观、超越客观，思想上的过激过火，不问历史条件而用过高的标准苛求古人，指责古人，有时又任意地美化、拔高古人。这种“左”的表现在过去历史学研究中是相当普遍的，我们见得太多了，太熟悉了。现在政治领域、经济领域中要肃清“左”的影响，思想领域中也要肃清“左”的影响，历史学是思想领域的一个部分，自然也应当反“左”。过去否定了许多不该否定的历史人物，其中包括左宗棠在内，实在就是一种“左”的表现。

但是历史学领域中反对“左”的影响，不能再采取过去那种“左”的办法，不能戴帽子，打棍子，抓辫子，不能用“文化大革命”期间大批判的方式，因为那样是解决不了思想问题、学术问题的。必须真正贯彻百家争鸣的方针，允许各种意见都摆出来，各抒己见，畅所欲言，进行心平气和的讨论，造成学术讨论的良好风气。我可以不同意某种学术意见，但要尊重对方，虚心倾听对方的意见，耐心地进行说理，也可以吸取对方合理的部分。总之，我们要正确地对待不同的意见，即使是错误的意见，也不可以粗暴地打击。我们过去习惯于一种观点，出来一点新的想法，就是离经叛道，视若洪水猛兽，所谓“舆论一律”。其实学术上要求一律，定于一尊，并没有什么好处，你也根本做不到学术上的“一律”。世界之大，各种思潮之多，不可能用行政命令禁止，也不可能用大批判来压服。不同意见的存在并没有什么可怕。马列主义不会因此垮台，我们相信马列主义是真理，真理是不会垮台的。马列主义在和各种意见的辩论中会更加丰富，更加充实。即使有些明显的错误意见，也要正确对待。邓小平同志提出“一国两制”，这是马列主义的创造，可以解决香港问题、台湾问题。一个国家内两种制度可以较长期地并存，也必定会有两种或更多种的思想较长期地并存，因为思想是制度的反映，是客观存在的反映。我们要学会适应新的形势，正确对待不同的学术意见。譬如以后和香港、台湾的学者讨论学术问题或者国际上进行学术交流，你就不能要求人家都是唯物史观，都接受马列主义，我们也可以求同存异。如果戴上“左”的有色眼镜，唯我正确，唯我是从，无限上纲，把学术问题和政治问题混淆起来，动不动开展大批判，这种粗暴的态度就谈不到和港台以及国际上开展正常的学术交流。

我对左宗棠没有研究，但由左宗棠的评价联想到历史研究中的一些问题，谈一些不成熟的看法。我衷心祝愿这次学术讨论会能够贯彻双百方针，在内容上丰富、充实，而且能树立良好的讨论风气。祝会议圆满成功。

（《苏州大学学报》1985 年第 1 期）

《清代人物传稿》序言

历史是人类自觉活动的产物。一切经济的、政治的、军事的、文化的活动，都是人所策划、人所参与、人所进行的。离开了人，就无所谓历史。马克思和恩格斯在《神圣家族》一书中写道："'历史'并不是把人当做达到自己目的的工具来利用的某种特殊的人格。历史不过是追求着自己目的的人的活动而已"。[1]历史上的任何辉煌业绩都是由人类完成和创造的。每个个人都参加了各种各样的社会活动，因而必定会在历史上留下痕迹，对历史产生或大或小的影响。当然，就单个个人而言，在多数场合下影响总是很微小的，几乎可以忽略不计，而且个人的力量和作用常常会相互抵消，被淹没在波涛汹涌的历史的汪洋大海之中。只有集中和代表着许多个人的意志和行动，亦即阶级的、集团的意志和行动才是强有力的，才能够在历史的戡盘中显示出分量。

历史唯物主义从来认为：人民群众是历史的创造者，要着重研究各个阶级、各个集团的利益、性格、意向、行为以及它们之间的矛盾斗争，这是推动历史前进的伟大动力。但我们一点也不抹杀个人在历史上的作用，因为杰出的个人正是群众利益的代表者，群众意志的体现者，群众行动的组织者。杰出的历史人物最善于体察历史发展的规律和群众的意愿，最能够反映本阶级的利

---

1 《马克思恩格斯全集》，第 2 卷，第 118~119 页。

益，把社会发展已经成熟了的任务提到日程上来，并且能够动员和组织群众，为实现某个历史目标而努力奋斗。个人的行动可以在历史上发生巨大的作用，加速或延缓社会的发展。他的意志、才能、性格、作风、爱好都会影响具体事件的发生、发展，使得历史的进程打上个人品质的印记，而具有特殊的外貌。历史发展有其客观必然性，但这种必然性离不开个人因素的偶然性，必然性要通过偶然性表现出来。如果不是许多具有自由意志的个人的活动，历史本身将不复存在，也就没有历史的必然性。马克思说："如果'偶然性'不起任何作用的话，那末世界历史就会带有非常神秘的性质。这些偶然性本身自然纳入总的发展过程中，并且为其他偶然性所补偿。但是，发展的加速和延缓在很大程度上是取决于这些'偶然性'的，其中也包括一开始就站在运动最前面的那些人物的性格这样一种'偶然情况。"[1]因此，历史研究离不开对一个个人物进行具体的研究。过去的历史书籍详细地记载了许多人物的思想和行动，以此作为主要内容。例如著名的历史学家司马迁所开创的"纪传体"史书就是这样。一部二十四史，绝大部分是人物的传记，其中保留有各个时期、各种人物的大量生动丰富的记录，这是我们宝贵的历史遗产。应该说，研究历史人物个人的生活经历、言论行事和品格特征是历史学家的职责。

正是因为这样，我们编写了这部《清代人物传稿》，希望通过对形形色色的人物的剖析，更深入地理解清代的历史。清代离现在的时间很近，和现实息息相关。有清一代三百年的历史是一个天翻地覆、动荡剧烈，发生了重大转折的时期。曾经创造了古代灿烂文明的封建的中国，越来越落后于西欧国家，终于逐步沦为半殖民地半封建社会。中国人民遭受帝国主义的侵略和封建主义的压迫，灾难深重，与之进行了激烈的反抗。中国在充满着矛盾

1 《马克思恩格斯选集》，第 4 卷，第 393 页。

和斗争的暴风雨中摸索前进。当然，清代的三百年，也有它的成就和业绩，经济上繁荣兴盛，达到了封建经济的高峰；政治上进一步巩固和发展了多民族国家的统一；思想文化上成果累累，创造辉煌。众多的人物活跃在清代历史的舞台上，演出了威武雄壮的历史活剧。这些人物，有的叱咤风云，顺应历史的潮流，不愧是站在时代前头的英雄；有的杀身成仁，为国家和民族的生存而英勇献身；有的矢志革新，以国家的富强和民族的复兴为己任；有的以创造性的科学技术成果和思想文艺作品造福人民，嘉惠后世。但也有的干了卑鄙龌龊的勾当，留下不光彩的名声，成为历史的小丑和民族的罪人。不了解一个时代众多形形色色人物的活动，也就不会了解这个时代。记述和研究清代人物的经历、行事、思想、贡献以及他们的品德、才能、作风、爱好等，将给人以有益的启发和借鉴，将是从一个非常重要的方面去透视有清一代的历史。

已有的清人传记很多，可谓汗牛充栋，但今天仍有根据新观点、新体例重新进行编写的必要。现存的清人传记汇编，如《清史稿》，《清史列传》，《国朝耆献类征》，《碑传集》正、续、补编，《八旗通志》，《清儒学案》，《满汉名臣传》等等，都卷帙繁富。另外，文集、地方志、野史、笔记、家谱中还有很多传记、行状、轶事、墓志铭、神道碑等等。我们根据七十一种清人传记汇编作了粗略的计算，有传记可寻的清代人物有四万多人，这还是很不完全的统计，地方志和文集中的很多传记，尚未全部包括在内，实际数目还要大大超过。这样丰富浩瀚的清人传记资料是我们在工作时必须认真采择、精心吸取的，不充分地利用这一巨大的宝藏，就不可能写成高质量的《清代人物传稿》。但是，已有的传记存在着不少缺点，不能适应今天的需要。我们要写的人物传，不是旧传记的选录、拼凑或简单改写，两者在指导思想、体例风格、评价标准、写作目的方面是完全不同的。对于过去的传记，我们应吸收其民主性的精华，而剔除其封建性的糟粕，批判地继承、利用。

已有的清人传记有如下一些重大的缺陷。第一，传记选录和评价人物的标准是按照封建统治阶级的需要拟定的，所以达官贵人、忠臣孝子、贞女节妇充斥于旧史传中，并被大加颂扬，其中很多人并不是重要的人物。第二，散见于文集、家谱中的大量传记，很多是“谀墓”之作，为了夸耀父祖或朋友的功德，竞立佳传，隐恶扬善，颂词盈篇，沽名钓誉，其真实性是可疑的。第三，许多传记形成刻板的写作公式，枯燥地记录传主的仕途经历、官职升转，千篇一律，千人一面，缺乏特色，较少对本人事业、言行作生动、具体的记述，更少对人物的精神面貌、内心世界进行深入的探索。第四，清人的传记虽很多，有一人而数传、十数传的，但很多却是辗转相袭，大同小异，改头换面，即成新传，内容重复，文字雷同。第五，真正在历史上起作用的许多重要人物，旧的史传中却记载很少，语焉不详。如农民起义的领袖，有代表性的少数民族人物，才能卓越的妇女，有贡献的科学家、技术家、发明家，以及华侨、实业家、工匠、民间艺人、医生、拳师、僧道喇嘛、宗教人士等。今天，要为这些人编撰传记，深感资料缺少。

正因为已有的清人传记有上述缺陷，我们才组织了《清代人物传稿》的编写。所收人物的时间，起于努尔哈赤在东北兴起，迄于辛亥革命、清朝覆亡。将网罗和记述这三百多年间比较重要的各方面人物，估计有 2000 人左右，篇幅暂定 20 卷，全书分为上、下两编，齐头并进，分别出版。

马克思列宁主义是我们的指导思想。只有遵循这一科学的思想，历史才能够成为真正的科学，我们才能够透过纷纭复杂的现象去认识历史的本质，才能够正确地记述和评价各种历史人物。我们将坚持历史唯物主义，坚持从实际出发，详细地占有材料，经过认真的研究，力求真实地、公正地反映历史人物，做到“求实”和“存真”。真实性是任何历史著作的灵魂，我们应该秉笔直书，言必有据，还历史人物以本来的面貌，不能虚构夸大，随意剪裁取舍，或者用现代人的模型去想象、改铸、评价古人。这部传记，以记事为主，寓论于史，少发议论，实事求是地评价人物，不苛求，不溢美，不隐恶。历史人物都是环境的产物，要如实地反映他在特定历史条件下的思想、行动、性格，使人理解为什么恰恰在这一时代，恰恰在某个特定阶级、阶层之中，出现了这样一些历史人物。

作为历史传记，在尊重真实的前提下，还要求记述生动，文词优美。我国许多优秀的历史传记，本身又是文学作品，写得文采风流，人物形象鲜明，栩栩如生。达到这样的水平当然是很不容易的，但无论如何，科学内容和优美形式的结合应是我们努力的方向。

我们的水平有限，人力不足，缺乏经验，编写这样一部大型的人物传记必定会碰到很多困难。我们将全力以赴，团结一致，谨慎从事，有计划、有步骤地分工协作。我们将邀请众多各方面的专家一起来参加编写，只有依靠集体的力量和智慧，才能够构筑、绘制这一漫长、丰富而绚丽多彩的清代历史人物的画廊。目前，这一工作正在开始进行，《清代人物传稿》的上编和下编各写成了第一卷，分别由中华书局和辽宁人民出版社出版。“千里之行，始于足下”。我们期待专家和读者对本书进行批评、帮助，以利于我们总结经验，发扬成绩，纠正错误，继续前进，去努力完成今后更繁重的编写任务。

关于《清史·传记》编写若干问题的讲话

刚才成崇德同志代表国家《清史》编委会谈了三年多以来的工作。大体上可以概括为六个字，即“平稳”、“有序”、“顺利”。所谓“平稳”是指没有发生大的风波，当然也有很多困难和矛盾，但在《清史》领导小组的指导下逐个地克服了困难，解决了矛盾。所谓“有序”是指工作基本上按预先的设想、计划，逐步推进，当然步骤也有所调整，但改变的幅度不大。所谓“顺利”是指工作的进度还算可以，质量也未发生大问题。

今天召开《传记》组的编纂会议，交流意见，讨论问题，要对传主总目录以及若干试写稿、资料长编、考异提些意见。传记分为列传和类传，列传、类传在传统史书中均称列传，我们因为加重了类传的分量，故把两者分开。列传有 15 个项目，类传有 13 个项目，人数则两者均为 1700 多人，总计 3500 位传主，每位(包括合写）都要写一篇传记。

传记是中国历史著作中极普遍、极广泛的一种体裁，地位很重要，号称“正史”的“二十四史”大部分篇幅都是传记，所以“二十四史”名为纪传体史书，无传不能称正史。130 卷《史记》中列传占 70 卷，其实，还有些本纪、世家也属于传记，如项羽本纪、高祖本纪以及萧相国（何）世家、曹相国（参）世家、留侯世家（张良）也是人物的传记。《清史稿》536 卷，列传 315 卷，占 60%。正史中可以没有表、没有志，但不能没有传，无传记则不能称“正史”。一部“二十四史”可说是展示了中国几千年历史画廊中的人物群像，这在世界上是独一无二的。本来历史是人创造的，记录人物是历史学的职责。人物有行动，有言论，有性格，有事迹，生动活泼，记载的人物可以栩栩如生，是历史著作中鲜活的亮点。写人物群像是中国历史学的良好传统，同一个时代写很多人的活动，包容宽广，信息量大，涉及历史的各个方面、各个领域，可以反映出一个时代的全面性、整体性、丰富性。

我们列传与类传要写 3500 多人。《清史稿》写多少人，我没有仔细统计过，可能达六七千人。它写传记，当然有它那个时代的取舍标准，在我们今天看来，有应立传的人未立传，也有不应立传的人立了传，我们大幅度地削减了很多人，去掉了许多事迹言行不彰的文武官员，还有许多贞女烈妇，但增加了许多类传。我们的原则是“做表不漏，做传不滥”。上千个总督巡抚、几万名进士，做表时全部记录，不漏掉一人；做传时就要慎重选择，不能滥竽充数，因为史传不是人名大辞典，够得上立传的人才能够立传。

我看了全部《传记》名单和部分试写稿、资料长编、考异，先谈点读后感，抛砖引玉，以供讨论。我初步印象有四个特点，或者也可以说是优点。

第一个特点是《传记》的结构有重大突破，即分别设立了列传和类传。列传、类传都是司马迁创造的，如《货殖列传》、《酷吏列传》实际上是人以类聚的类传。我们的突破不是创造了类传而是大大增加了类传的分量。前史的类传比较少，如《清史稿》列传 262 卷、类传 53 卷，两者的比例是 5:1，而我们的列传是 15 个项目，类传 13 个项目，两者的比例几乎是 1:1。量的变化成为质的变化，因为列传所写大多是帝王将相，都是大官，连中级官员也很少，小官除特殊情况，一般是轮不到立传的，因此“二十四史”被指责为帝王将相的家谱。中国封建社会组成是士、农、工、商，这四种人一般都进不了史传。农民人数最多，肩负着生产的重担，但几乎没有一个农民能进入正史；工商也被歧视，很少立传；士是知识分子，但没有功名，没有一官半职的布衣之士也难入史传。“学而优则仕”，只有高级的文武官员充满了史传。这不能客观地反映历史，而是被扭曲了的“官本位”的历史。我们增加类传的分量，使得士农工商都能进入正史，如工商、农民领袖、科技、华侨、少数民族、妇女、宗教人士，也有学者、诗人、艺术家。这样就比较全面地反映了清代社会的阶级结构、群体结构，在很大程度上破除了官本位，这是一个重大的突破。看了传记的总名单，有面目一新的感觉。

第二个特点，许多下层人民进入正史。多设类传，其中农民类传有几十个人都是农民起义的领袖，像武训则是出身农民并为农民兴学的。科技类中有宫廷匠师样式雷家族，自康熙以后世代在宫中服役，他们建造的北京故宫、颐和园、承德避暑山庄、沈阳故宫、清东陵都已经被评上世界历史文化遗产。世界上哪一个家族曾经创造过五个世界历史文化遗产？这是我们民族的荣耀，但《清史稿》中没有为雷氏家族一个人立传，这很不公平。我们传记名单中有雷发达、雷金玉两人。我觉得还可以增加一些，因为雷发达、雷金玉是康熙、雍正时的人，清代建筑最繁荣的乾隆时代还没有到来，好在北京中国文化研究所和国家图书馆有雷氏家族的丰富资料，有他们的家谱，包括各代匠师的传记。清代许多民间艺人处在社会的底层，他们也不能入史传，像清初柳敬亭是位说评书的能手，清初许多文人集子中有很多记载。同时的苏昆生则是吹笛子的乐师。光绪年间的朱绍文创造了相声，外号“穷不怕”，大概是一贫如洗的杰出艺术家。相声这一艺术品种人所共爱，传布极广，喜闻乐见，我们也应该给他立个传。还有像中国的武术，闻名遐迩的拳师霍元甲居住天津郊区，前些时候报纸上整版报道霍的后裔谈他的生平。还有创造了太极拳的杨露禅以及大刀王五。还有围棋国手范西屏、施襄夏、黄龙士都有立传的资格。京剧是中国精湛的艺术，它诞生于乾隆后期，徽班进京融合吸收了各种地方剧种的精华，像程长庚、谭鑫培、杨小楼和“同光十三绝”，名家辈出，也可以写不少传记的。社会上一些小知识分子也有立传的资格，如这次试写稿中有一位吴楚材，康熙时人，编《古文观止》，这是流传三百年之久的一部古文普及读物。我在青少年时代，它是常读的课本，我很早知道这个人，但不知道他的身世。原来他是绍兴人，长时间做幕僚，本名吴乘权，是曾任两广总督吴兴祚的侄子。吴楚材声名不显，无人给他作传。我们的作者从绍兴吴氏族谱中找到资料，为他立传，这样做很好，因为吴楚材在普及文化方面贡献很大。跟他类似的一位蘅塘退士，曾经编《唐诗三百首》，我还不知道他是何许人（后经刘桂生先生查明，“蘅塘退士”是无锡人孙洙，乾隆进士）。能不能查找一下，也给他立个传。朱柏庐《治家格言》也是耳熟能详的作品，讲治家之道和伦理规范，但《清史稿》中似乎也没有朱柏庐的传。总之，新传记的第二个特点是挖掘出大量有才能有贡献的下层人民，为他们立传，使新传记不再成为帝王将相的家谱。

第三个特点，资料丰富。新传记大量利用各种资料，包括档案、碑传、诗文集、各种官书、报刊以及外文资料，搜罗之广，发掘之勤，引用之多，是以前写传记的人难以做到的。根本原因是我们现在条件较好，生活在安定、开放的时代，前人为我们做了很多准备工作。第一历史档案馆出版的档案已有一百数十种之多，各种资料也相继编纂刊印。台湾出版了《〈清史稿〉校注》，又提供了清朝国史馆档案（包括大量传包、志包）。我们所处的时代很容易看到各种资料，这是前人的积累，加上各位先生的勤奋努力，我们在资料以及研究成果的积累和使用上超过了前人。

例如，我读了《阎若璩》的传稿，此人是大名鼎鼎的学者。钱大昕、江藩给他写过传记，赵执信写过墓志铭，张穆编过年谱。《清史稿》、《清代名人传略》也有传。现在写的传集中了前人成果，又研读了他的著作《古文尚书疏证》、《潜邱札记》。阎若璩多次从淮安到北京、太原应试，交游甚广，与当时学界名人多有往来，可想见他人际关系的网络和所处学术气氛环境，造就了他的学术人生。但看来此人性格上有弱点，利禄之心甚重，康熙南巡时他忙着献诗献文，没有赶上，就派他的儿子专程赶到北京向皇帝进献作品，他考试博学鸿词科未中式，引为大憾。晚年受雍亲王府征召，以六十九岁高龄，欣然上道，可能是年老体衰，到北京三个月就因病逝世。其追求利禄的性格特点，跃然纸上。他和毛奇龄争论古文尚书真伪，毛伶牙俐齿，阎若璩辩论失败，甚为失落。这篇传记写得很生动，如见其人，正因为作者掌握了大量资料，故能运用自如，左右逢源。

写史最重要的是资料，掌握史料多，乃能昭示历史的真相。最近我看到一部重要的工具书，江庆柏编《清代人物生卒年表》，其中收清人3万人，对我们很有用。我们的《传记》名单上，生卒年不详的很多，有的朝代半数以上的人不知其生卒年，这部工具书对我们有很大参考价值，还有像《〈清史稿〉校注》也是很有用的。

第四个特点，我们设置的一套工作程序发挥了作用。我们要求：写作《传记》之前，先收集资料，编写资料长编，如有不同记载，应作考异。这一程序看来是行之有效的，推动了研究和写作的规范化。要求大家必须充分掌握资料，必须细心梳理资料，再进入写作。经过这样的程序，写出的传记，资料充实了，思路清晰了，质量提高了。譬如遗民类传中的邱维屏，《清史稿》中附于魏礼传后，仅300字。作者仔细检索了《邱邦士集》和《魏冰叔集》以及《遗民录》、《赣州府志》、《小腆纪传》、《易堂九子文钞》，编成详细的资料长编，分成七个小标题，写成四篇考异，邱维屏的生平变得清楚、丰富，写出2000字的传文，这篇传记自然要超过《清史稿》中的传文。

以上讲了我的四个印象，也可称为传文的四个优点。但目前尚不能对全部传文作出评价，因为3500篇传文，目前只有几十篇，而我只读了几篇。豹窥一斑，不能以此推论其他的传文。但我希望大家能努力从事，把传文写好。

以下简单提出一些不足之处，我也来不及仔细推敲、查对，也可能我反而说错了。

我刚才说"立传勿滥"，有的传似乎可以不立，如努尔哈赤共有16个儿子，我们的传要立13人，似乎太多了，可酌情删几个。顺治朝未为孙承泽、傅以渐立传，似应补立。左良玉早死可不立传。郑芝龙降清不应入南明抗清人物。康熙朝可补充杨方兴、朱之锡二传，康熙朝（下）人物有几个死于康熙初期与中期的，如李率泰、姚启圣、吴兴祚、佟国纲，应移康熙（上）。而徐元梦应移至康熙（下），不应置于雍乾朝，因徐元梦在雍正朝已年老，屡有差错，不受重用，乾隆六年死，年已八十七岁。方苞、姚鼐均应改入文苑传，张献忠、李自成余部李定国、李过、郝摇旗、高一功等应入南明抗清人物，不应入农民领袖类传。康熙（下）韩大任不应入三藩集团，因他降清后，在乌兰布通战死，受清廷赏恤。曾国藩不应置同治朝，可改入咸丰朝，他虽死于同治时，其事迹多在咸丰，且其部下罗泽南、李续宾、江忠义等均在咸丰朝。汪辉祖不应放学术类而应放在循吏类，另外文苑传应增补曾朴、柯劭忞、叶德辉、叶昌炽、陈衍等人。

当然这个《传记》目录可能还有很多问题，可以商榷，第一次拿出来的初稿不会一下子就很完美，必然会有瑕疵。一个学术精品，必须反复打磨，千锤百炼。以后对稿件评估、审改，一定要认真负责，严格把关，评审每篇稿件，达不到标准的稿件要退回修改，力求使所有稿件均能合格，多花一分工夫，就能提高一分质量，希望先生们理解我们的愿望和做法，一起共同努力把《清史》写成一部高水平的著作。

（2006 年 6 月 30 日）

努尔哈赤的兴起

努尔哈赤，生于1559年（明嘉靖三十八年），出生在建州左卫奴隶主家庭。他是建州左卫都督猛哥帖木儿的六世孙，历代祖先有许多人受明廷册封，担任建州左卫指挥使、都督佥事、都督等官。努尔哈赤十岁丧母，因继母虐待，十九岁分家自立。为了生活，他采松子、挖人参到抚顺马市出售，不久又投到明辽东大将李成梁部下，“每战必先登，屡立战功，成梁厚待之”[1]。艰苦的劳动生涯和紧张的戎马生活，把努尔哈赤锻炼成足智多谋、武艺超群的杰出人才。1583年（明万历十一年）建州苏克苏浒部图伦城主尼堪外兰引导明军镇压阿台，努尔哈赤的祖父建州左卫都指挥觉昌安、父亲建州左卫指挥塔克世也随军同往，结果在明军攻破阿台的古埒城时，觉昌安被烧死，塔克世遭误杀。明廷为了报偿其祖、父的冤死，授努尔哈赤为建州左卫都指挥使，于是他强咽仇恨返回建州，以图发展。

努尔哈赤把祖、父的死亡归罪于尼堪外兰。1583年，他以祖、父遗甲十三副起兵，攻打尼堪外兰的图伦城，尼堪外兰弃城逃走。从此，努尔哈赤开始了统一建州女真各部的事业。1584年，他攻占了兆佳城和玛尔墩寨，降服了董鄂部；1585年，进攻界凡寨，击败界凡、巴尔达、萨尔浒、加哈、托漠河五寨联军八百人，

1　彭孙贻：《山中闻见录》卷一《建州》。

征服了浑河部，同年，攻破安土瓜尔佳城，杀城主诺莫泥；1586年，攻克鄂勒珲城，杀尼堪外兰，控制了苏克苏浒部；1587年和1588年又收服哲陈部、完颜部。

努尔哈赤初起时，仅是建州女真中一支弱小的势力，在建州内外有许多强大的敌人，但经过五年的征战，基本上把分散对立的各部势力统一了起来，一跃而为女真族中最强大的力量。努尔哈赤面对着强大而众多的敌人以及部族内外一片争杀的混乱局势，既有坚强刚毅、蔑视困难的勇气，又能冷静地分析形势，部署对策。他勤练兵马，作战勇敢，身先士卒，常常以少击众，屡克强敌，努尔哈赤自己说："吾自幼于千百军中孤身突入，弓矢相交，兵刃相接，不知几经鏖战"[1]，在攻克鄂勒珲城的战斗中，亲率40人冲入敌阵，受箭伤30处。这种猛冲猛打、勇往直前的战斗作风是他取胜的重要原因，同时，他制定了正确的战略和政略，开始时他的征讨范围限于建州内部，特别是把斗争矛头指向尼堪外兰，对相对强大的海西女真则暂时避免发生冲突，对蒙古、朝鲜则进行拉拢，表示亲睦，对明朝中央政府更是十分恭顺，"遣使通好，岁以金币聘问"[2]，努尔哈赤还多次亲赴北京朝贡，所以明廷最初对他比较信任。在努尔哈赤统一建州各部后，明廷于1589年授他为都督佥事，1591年升为左都督，1595年，以"保塞有功"又晋封他为龙虎将军，把他看做"忠顺学好，看边效力"[3]的良好的地方官。此外，努尔哈赤注意收容降众，整顿内部秩序，发展经济。他"定国政，禁悖乱，戢盗贼，法制以立"[4]，"招徕各部，环满洲而居者皆为削平"[5]，"互市交易，

1 《满洲实录》卷三。
2 《清朝实录采要》卷一。
3 《明代满蒙史料》篇四，第307页。
4 《清太祖实录》卷二。
5 《满洲实录》卷二。

以通商贾，因此满洲民殷国富”[1]。

建州女真的统一和努尔哈赤的崛起，必然会引起与同样强大的海西女真发生冲突。1593年（明万历二十一年），海西叶赫部领袖纳林布禄纠集了哈达、乌拉、辉发、科尔沁、锡伯、瓜尔佳、朱舍里、讷殷九部，组成三万联军，分三路向努尔哈赤发动进攻。这是努尔哈赤起兵以后的第一次关键性战役，九部联军声势浩大，兵力占压倒性优势。但是，努尔哈赤临危不惧，从容镇静，他正确地分析了九部联军内存在的不可克服的矛盾，认为：“彼部长甚多，兵皆乌合，势将观望不前”[2]，“伤其一二头目，彼兵自走”[3]，“我兵虽少，奋力一战，固可必胜耳”[4]。他满怀信心地鼓舞将士，迅速行动，抢在联军的前头，在古勒山立营，“立险要之处，诱彼来战”[5]。在战斗时，集中优势兵力，重点出击，斩杀叶赫首领布斋，俘获乌拉首领满泰的弟弟布占泰，“叶赫贝勒等见布斋被杀，皆痛哭。其同来贝勒等大惧，并皆丧胆，各不顾其兵，四散而走”[6]。努尔哈赤取得了“破九部三万之众”的重大胜利，这次胜利为进一步统一女真各部奠定了基础。

努尔哈赤破九部联军后，乘胜挥军东进，征服了朱舍里、讷殷二部，力量迅速壮大。此时，努尔哈赤及其弟速尔哈赤，各有战将一百五十余人和四十余人[7]，各有战兵一万多人和五千多人[8]，军事力量已经相当强大。此后二十多年，努尔哈赤为统一女真进行了艰苦的斗争，主要就是对付部众很多、力量强盛的海西四部。

1 《清太祖实录》卷二。
2 《满洲实录》卷二。
3 《清太祖实录》卷二。
4 《满洲实录》卷二。
5 《满洲实录》卷二。
6 《满洲实录》卷二。
7 参见［朝鲜］申忠一：《建州图录》。
8 参见《李朝实录》，第28册，《宣祖》卷六九，第405页。

他认识到自己不可能一举攻灭四部，他说:“欲伐大木，岂能骤折，必以斧斤伐之，渐至微细，然后能折。相等之国，欲一举取之，岂能尽灭乎？”[1]因此，采取了分化和逐步蚕食的政策。一方面，与海西四部中较强大的叶赫、乌拉两部结盟联姻，特别是拉拢乌拉部领袖布占泰，努尔哈赤和速尔哈赤娶布占泰的侄女与妹妹为妻，速尔哈赤又把女儿嫁给布占泰，目的是拆散海西四部的联合，以便各个击破。另一方面先逐步攻灭较弱小的哈达部与辉发部。当时，明朝政府害怕女真统一以后，力量强大起来，希望保持各部分立，玩弄力量平衡、分而治之的手段，袒护渐趋衰落的海西四部，压抑正在勃兴的建州女真，努尔哈赤为了避免与明军冲突，仍表示服从明朝的命令。1599 年，努尔哈赤已攻灭哈达部，擒其首领蒙格布禄，但在明朝政府的干预下又不得不在表面上恢复哈达部，立蒙格布禄之子武古尔岱为哈达首领，而自己则在幕后控制。至于对蒙古更是加意笼络，蒙古科尔沁部、扎鲁特部都归附了努尔哈赤，成为他在统一战争中的得力帮手。

在与海西四部长达二十多年的斗争中，对东海女真的争夺是个焦点。东海女真分散居住在乌苏里江以东、黑龙江两岸、北至外兴安岭的广大地区内，还处在较低的社会发展阶段上。他们是兵员和奴隶劳动力的后备军，也是财富的来源，无论是海西女真还是建州女真，谁能够争取东海女真的归附，谁就能在统一东北的战争中稳操胜券。因此，争夺沿边各部族、各民族的斗争十分激烈。1607 年（明万历三十五年），东海瓦尔喀部斐优城（今吉林省珲春附近）的首领穆特赫苦于乌拉部的骚扰，自愿归附努尔哈赤。努尔哈赤派弟速尔哈赤及子褚英、代善率兵三千前往斐优城，迎接穆特赫的部众眷属。乌拉部布占泰率兵万人，在图们江一带袭击。速尔哈赤回军途中，在乌碣岩与乌拉兵遭遇，褚英、代善

1 《满洲实录》卷三。

等“缘山奋击，乌拉兵大败”，“斩三千级，获马五千匹，甲三千副”[1]。乌碣岩战斗的胜利，打开了通往东海诸部的大门。从此，努尔哈赤“威行迤东诸部”，乌拉“不敢窥望其去留，兵锋所指，莫敢谁何”，随之瓦尔喀部皆“望风归附”[2]。1609年，派扈尔汉攻占窝集部的瑚叶路（今兴凯湖附近）。1610年派额亦都率军收抚窝集部的那木都鲁、绥芬、宁古塔、尼马察四路，并攻打了雅兰路（今前苏联东海滨的雅兰河）。1611年派阿巴泰攻取窝集部的乌尔古宸和木伦二路；同年，东海瑚尔哈部的扎库塔居民来附。

统一女真各部的战争在顺利地发展，这就要求建州内部权力的集中和统一的调动指挥，原始部落残留下的军事民主的传统越来越不能适应形势发展的需要，建州内部出现了矛盾。这一矛盾在满族兴起的历史上留下了很深的烙印，由此而产生了一场又一场的政治阴谋和家庭悲剧。这时，努尔哈赤的同母弟速尔哈赤拥有自己的部众和财产，和努尔哈赤共同掌管着建州事务，他和其兄发生了权力冲突和意见分歧。在乌碣岩战斗中，速尔哈赤虽是统帅，却不同意努尔哈赤对乌拉的态度，因而放弃指挥，消极旁观，“率五百人止山下……未能多所斩获”[3]。努尔哈赤斥责他“临阵退缩，时有怨言”[4]，速尔哈赤不服。以后，要他派部众服役修筑城寨，他却叫“部下不赴工”，而自己要另建一城。[5]1609年，速尔哈赤企图率部众“出奔他部居焉”[6]，被努尔哈赤发现，把他拘禁起来，没收他的财产和奴隶，并把一些怂恿煽动者处死，清除了内部的分裂势力，为统一女真各部踢开了绊脚石。

努尔哈赤清除内部分裂势力后，把统一女真各部的战争推向新

1 《清太祖实录》卷三。
2 《李朝实录》，第30册，《宣祖》卷二〇九。
3 《清太祖实录》卷三。
4 金梁辑：《满洲秘档·太祖责弟》。
5 参见程开祜：《筹辽硕画》卷一。
6 《满文老档·太祖一》，万历三十七年三月；金梁辑：《满洲秘档·太祖责弟》。

高潮。1612 年（明万历四十年），努尔哈赤率军攻打乌拉，获胜而归。第二年再次进攻乌拉，乌拉灭亡，从而拔掉了通往东海和黑龙江流域的钉子。1614 年，遣兵征服窝集部的雅兰、西林二路。1615 年，又派兵攻占窝集部东额赫库伦城（今前苏联纳赫塔河附近）。1616 年（明万历四十四年、后金元年）7 月，努尔哈赤首次派兵进入黑龙江、精奇里江、牛满河一带的萨哈连地区[1]，攻占 52 个村寨，同年 9 月又招服了黑龙江和乌苏里江汇合处以东的使犬部。1617 年，再次派兵继续收服东海散居各部，并对那些“岛居负险不服者，乘小舟尽取之”[2]，攻占库页岛及其附近岛屿，于是“库页内附，岁贡貂皮，设姓长、乡长、子弟以统之”[3]。1619 年，努尔哈赤又派兵收取东海瑚尔哈遗民，同年灭叶赫部，统一海西四部。

努尔哈赤是中国历史上的杰出人物，是我国女真族的民族英雄。他以遗甲十三副起兵，为女真各部的统一奋斗了三十多年，从小到大，由弱变强，发展到拥有精兵六七万，“自东海至辽边，北自蒙古、嫩江，南至朝鲜鸭绿江，同一语音俱征服”，使“诸部始合为一”[4]，基本上完成了统一女真各部的大业。努尔哈赤顺应历史发展的趋势，利用女真人民的力量，结束了女真长期分裂割据和动荡不安的局面，这对于推动女真社会的发展、加强各族人民之间的经济文化交流、加强和巩固我国东北边防都做出了积极的贡献。

随着女真各部逐渐走向统一，其农业、手工业、采猎业、商业等都得到发展，尤其是农业生产更为显著，成为社会生产的主要部门。努尔哈赤为了加强统治，在新的形势下，逐步地弃旧立新，建立各种制度和机构，对政治、经济、军事与文化等方面，采取许多改革措施。

1 参见《清开国初征服诸部疆域考》，载《燕京学报》，第 23 期，第 179~180 页。
2 《清太祖实录》卷五。
3 《库页岛志略》卷一。
4 《清太祖实录》卷三。

第一，创建“八旗制度”。这种制度是“以旗统人，即以旗统兵”[1]的军政合一，又是“出则备战，入则务农”[2]的兵民一体的社会组织形式，具有行政管理、军事征伐、组织生产的三项职能。它是在统一战争中逐步发展起来的，是由女真人狩猎时实行“牛录”组织演变而来的。当时“凡遇行师出猎，不论人之多寡，照依族寨而行。满洲人出猎开围之际，各出箭一枝。十人中立一总领，属九人而行，各照方向，不许错乱。此总领呼为牛录（意为大箭）厄真（意为主也）”[3]。1601年（明万历二十九年），努尔哈赤在这种“牛录”组织的基础上，参考其先世金朝猛安谋克制度，正式创建旗制。设立四旗，即黄、白、红、蓝四色，规定每三百人编为一牛录，每牛录设牛录厄真一人，管理该牛录内的一切事务。到了1615年（明万历四十三年），因“归附日众，乃析为八”，在原有四旗之外，增设镶黄、镶白、镶红、镶蓝四旗，黄、白、蓝均镶红边，红旗则镶白边，合为八旗。并规定三百人为一牛录，设牛录厄真一人；五牛录为一甲喇，设甲喇厄真一人；五甲喇为一固山，设固山厄真一人，副职二人称美凌厄真。固山厄真即旗主，领有步骑七千五百名。努尔哈赤是八旗的最高统帅，并有巴牙喇（直属精锐卫队）五千余骑，各旗旗主也有人数不等的巴牙喇。当时努尔哈赤领两黄旗，代善（努尔哈赤二子）领两红旗，皇太极（努尔哈赤八子）领镶白旗，莽古尔泰（努尔哈赤五子）领镶蓝旗，杜度（努尔哈赤长孙）领正白旗，阿敏（努尔哈赤侄子）领正蓝旗。[4]他们是每个所辖旗的最高统治者，掌握军

1 《清朝文献通考》卷一七九《兵考》一。

2 《明清史料》丙编，第1本，第15页。

3 《清太祖实录》卷二。

4 参见李民寏：《建州闻见录》：“胡语呼八将为八高沙（旗主），奴酋（努尔哈赤）领二高沙、阿斗（阿敦）于斗（努尔哈赤女婿）总其兵，如中军之制，贵盈哥（代善）亦领二高沙、奢、夫羊古总其兵，余四高沙，曰红歹是（皇太极）、曰亡古歹（莽古尔泰）、曰皂斗罗古（杜度）、曰阿未罗古（阿敏）。”

事、行政和组织生产的大权，八旗之间是平行关系。所以“凡有杂物收合之用，战斗力役之事，奴酋（努尔哈赤）令于八将（八旗主），八将令于所属柳累（牛录），柳累将令于所属军卒，令出不少迟缓”[1]。而“牛录”是八旗制度的基层单位，它是以地缘为主、血缘为辅组成的。牛录厄真下设代子二人为副职，再置四名章京、四名拨什库，并把三百人组成的牛录，分编成四个塔坦（即村或部落），一章京和一拨什库管理一个塔坦的各种事情。[2]可见八旗制度是一套完整的军事组织和政权的统治机构，它把分散的女真各部都组织在旗下，进行生产和战斗，保证了统一战争的胜利。

第二，兴筑城池。努尔哈赤原居二道河村南山上，“土垒方里”[3]，城高十余尺，“无雉堞、射台、隔台、壕子”[4]，该城十分狭小简陋，俗称旧老城。1603年（明万历三十一年），在苏子河与嘉哈河交汇处的东岸，“因山为城，垒土为郭”[5]，“周四里，南一门，东二门，北一门”[6]，称为赫图阿拉，俗称老城。1605年，努尔哈赤又加筑一道外城，城高六丈，作门八处[7]，该城“杂筑土石，或用木植横筑之，城上环置射箭穴豆，状若女墙，门皆用木板”[8]。由上可见，赫图阿拉有内外城，当时内城居住着努尔哈赤及其他贵族，外城居住着旗兵，而奴隶则居于城中，各种工匠皆

1 李民寏：《建州闻见录》：“胡语呼八将为八高沙（旗主），奴酋（努尔哈赤）领二高沙、阿斗（阿敦）于斗（努尔哈赤女婿）总其兵，如中军之制，贵盈哥（代善）亦领二高沙、奢、夫羊古总其兵，余四高沙，曰红歹是（皇太极）、曰亡古歹（莽古尔泰）、曰皂斗罗古（杜度）、曰阿未罗古（阿敏）。”

2 参见《满文老档·太祖四》，万历四十三年十一月。

3 《兴京县小志》卷一一《古迹·古郡城》。

4 ［朝鲜］申忠一：《建州图录》。

5 《兴京县小志》卷一一《古迹·古郡城》。

6 嘉庆《大清一统志》卷五八《兴京》。

7 参见［朝鲜］李星龄：《春坡堂日月录》卷二七。

8 程开祐：《筹辽硕画》卷一《奴儿哈赤考》。

居城外，全城约有三万多人。赫图阿拉城不仅规模大了，而且有一定的布局，它是努尔哈赤管辖地区的政治、军事、经济和文化的中心。

第三，选人才，设议政，理诉讼。由于统一战争使疆土不断扩大，人口日益增多，管理事务也繁忙了。为了进行统治，需要大批官员，努尔哈赤采取推荐和选拔的方式，并指出选择时不要看血统，而要看才德，看是否有一技之长，符合条件的人予以录用，使之执政。[1]1615 年设议政五大臣，与八旗旗主一同议政，参决机务。“每五日集朝一次，协议国政，军国大事，均于此决之”[2]。这种联席议政制是建州政治、军事的中枢决策机构。与此同时，还颁布法制，命扎尔固齐十人，分任庶务，负责审理诉讼案件。如有刑民案件，先由扎尔固齐十人审问，然后报告五大臣，再由五大臣复查，并把案情告诉诸贝勒，讨论议决。如果原被告一方不服，可以申诉，由努尔哈赤查明情由，最后裁决。虽然当时法规还很原始，有些是习惯法，有打、罚、处死等刑，但是努尔哈赤十分强调要有法规，使每人预先知道，有所遵循，从而改变了以往随意处分、说打就打、说罚就罚的混乱状况，建立了层层会审制度。

第四，创制满文。努尔哈赤早期，原先的女真文已不通行，此时女真人只有自己的语言，而无本民族的文字。“凡属书翰，用蒙古字以代言者，十之六七，用汉字以代言者，十之三四”[3]。这种情形当然不能适应新的形势。1599 年（明万历二十七年），努尔哈赤命额尔德尼和噶盖两人，以蒙古文字母与女真话音拼成满文。此种满文，其字形和蒙古文很相似，称为老满文，又称无圈点满文。尽管老满文的文法不完备，缺点很多，但是作为本民族

1　参见《满文老档·太祖四》，万历四十三年十一月。

2　金梁辑：《满洲秘档·太祖行军琐记》。

3　福格：《听雨丛谈》卷一一。

文字，开始应用推广，这标志着女真社会向前迈进了一步。

努尔哈赤推行以上各项措施，无疑是为了加强和巩固以他为首的奴隶主贵族的统治。但是，这些措施是统一战争的产物，它又反过来推动了统一战争，而这场统一战争是进步的，对满族共同体的形成，对促进社会生产力的发展，对加强各族之间的经济和文化交流，都起着积极作用。努尔哈赤顺应历史潮流，基本上完成了统一女真诸部的历史使命。1616 年（明万历四十四年），努尔哈赤遂称汗登位，建立“大金”（又称后金），建元天命。他把分散的女真诸部统一在后金地方政权之下，因而使后金力量迅速壮大，成为与明朝中央政府相对抗的强大的地方势力。

毛主席指出:“历史上的反动统治者，主要是汉族的反动统治者，曾经在我们各民族中间制造种种隔阂，欺负少数民族”[1]。明朝统治者正是这样，它在政治上推行民族歧视和民族压迫的政策，对女真采取“分其部落以弱之，别其种类以间之，使之人自为雄，而不使之势统于一者”[2]。它在建州和海西各部中挑拨离间、制造分裂，如支持乌拉多次侵犯建州，怂恿叶赫长期与努尔哈赤为敌，破坏女真各部走向统一。同时，明朝辽东官吏还视女真“如昆虫，极其侮慢”[3]，任意殴打，随便加罪，无端杀害，加深了民族间的隔阂和矛盾。它在经济上竭力阻碍女真地区的生产发展，明朝管理朝贡和马市交易的官吏，乘官私贸易之机，短价强取，多征税银以肥私。万历中叶以后，明朝对建州实行经济封锁和物资禁运，1608 年（明万历三十六年）停止了建州朝贡，第二年又关闭了马市，这两年里就使建州腐烂人参十余万斤。而且严禁汉民进入女真地区，并且无理向建州强索柴河、法纳河等处的耕地，还不许收割耕地上的庄稼。明朝诸如此类的行径，激起女真人民的无比

1　毛泽东：《论十大关系》，第 278 页，1977 年。

2　《明经世文编》卷四八〇《熊经略集一》《答友人》。

3　《李朝实录》，第 34 册，《仁祖》卷一六，第 443 页。

愤恨，努尔哈赤就曾愤愤不平地说，“保守天朝地界九百五十里，俺管事十三年，不敢犯边，非不为恭顺也”[1]，可是“有辽东边官，只要害我途（图）功升赏”[2]。

哪里有民族压迫，哪里就有民族反抗。1618年1月，努尔哈赤对诸王大臣秘密宣布“今岁必征明”，并说“朕与明成衅，凡七大恨，其余小忿更难悉举，宜往征之”。他命八旗将士“治甲胄，修军器，豫畜牧”[3]。规定每牛录的五十名披甲人，留十名在家守城，四十名出战，一切行动必须听从牛录厄真的指挥。同年4月13日，努尔哈赤率步骑二万征明，以“七大恨”作为伐明的檄文，分兵两路向明军发动进攻。努尔哈赤亲率右翼四旗（镶黄、正白、镶红、镶白）攻打抚顺，明军守将李永芳举城投降；同时还命左翼四旗（正黄、正红、镶蓝、正蓝）攻占东州、马根单等地。明朝辽东巡抚李维翰急遣总兵张承荫率明兵一万去镇压，遭后金兵伏击，全军败没。7月，努尔哈赤又率八旗兵进入鸦鹘关，围攻清河城，明将邹储贤固守抵抗，结果城破被杀。接着后金又占领一堵墙、碱场二城。努尔哈赤在军事上的节节胜利，不但使“全辽震动”，而且北京也“举朝震骇”，就连饱食终日、万事不理的神宗皇帝也深感“辽左覆军陨将，虏势益张，边事十分危急”[4]。

明朝为了安定辽东，巩固其反动统治，早日把后金势力镇压下去，决定发动一次大规模进攻后金的战争。然而，由于明末政治腐败，驻守辽东的明军业已腐朽不堪，名义上虽有八万多人，实则能作战的不过一万多人，而且兵备松弛，士气颓靡，“累年以来，不修兵具，朽戟钝戈，缓急不足为用，金鼓几于绝响，偶

1 《李朝实录》，第28册，《宣祖》卷七三，第469页。

2 ［朝鲜］申忠一：《建州图录》。

3 《清太祖实录》卷五。

4 《明神宗实录》卷五六八，万历四十六年四月丙辰。

令之截杀，股栗腕战，面孔殊无生色”[1]，这样的军队实在不堪一击。所以明朝政府只好“以倾国之兵，云集辽沈，又招合朝鲜、叶赫”[2]。可是，从全国各地征调的军队也和辽东明兵一样腐朽，许多人“伏地哀号，不愿出关”，不少将领“哭而求调”[3]。由此可见，明朝出师并无取胜的把握，只是打一场孤注一掷的冒险战争。

明朝命杨镐为辽东经略，以杜松、李如柏、刘綎等为副，调兵筹饷。经过九个多月的准备，到了 1619 年（明万历四十七年，后金天命四年）的 4 月，赴辽的明军都先后到达，再加上胁迫征调的一万三千名朝鲜兵，总共有十万余人[4]，号称四十七万大军。杨镐与诸将议定，分四路进攻后金：总兵刘綎率军出宽甸由东，总兵马林率军出三岔口由北，杜松率军出抚顺关由西，李如柏率军出鸦鹘关由南，其中以西路杜松为主力，皆直指赫图阿拉。此外，王绍勋总管各路粮草，杨镐坐镇沈阳。明廷被自己虚张的声势所欺骗，洋洋得意地认为“数路齐捣，旬日毕事耳”[5]。

努尔哈赤掌握了明军的战略部署和行动计划，正确地分析了形势，认为明军是采用分兵合击、声东击西的战术。努尔哈赤说：“明使我先见南路有兵者，诱我兵而南也；其由抚顺所西来者，必大兵也；急宜拒战，破此则他路兵不足患矣”[6]。因此，只派五百人抵御和阻滞东路的刘綎军，而把全部兵力集中起来，打击从西而来的杜松的明军主力，所谓“凭尔几路来，我只一路去”[7]。这一部署是正确的，因为从兵力上看明军有十万多人，而后金只有六万人，处于劣势。但明军分成四路，兵力分散，再加上刘綎、

1 程开祜：《筹辽硕画》卷四《仰陈未仪大伸挞伐疏》。
2 《东华录》，天命四年三月。
3 《明神宗实录》卷五七一，万历四十六年六月壬戌。
4 参见王在晋：《三朝辽事实录》卷一。
5 《李朝实录》，第 33 册，《光海君》卷一二九，第 433 页。
6 《清太祖实录》卷六。
7 《辽事述·辽左兵端》。

马林和李如柏三路山高水险，行军困难，一时不易到达，只有杜松一路出抚顺，渡浑河，沿苏子河而上，道路平坦易行，两日就可到达赫图阿拉。努尔哈赤以六万人对付杜松的三万人，才能够在战役上稳占优势，取得主动权。于是他亲自统率八旗大军迅速开赴西线，阻击明军。两军在萨尔浒一带相遇，揭开了著名的萨尔浒之战的序幕。

萨尔浒之战作战经过示意图

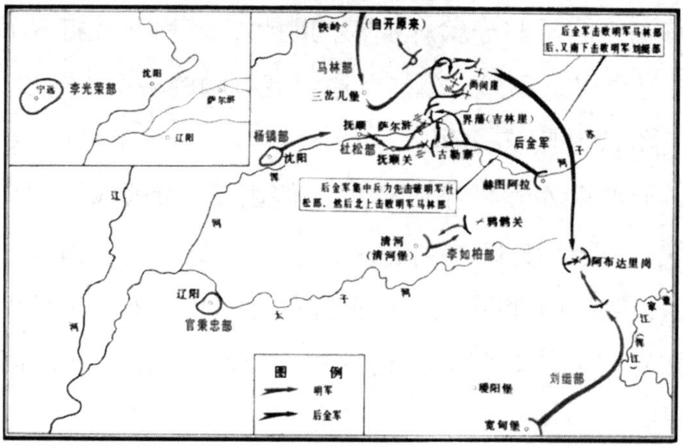

此战可分三个阶段：

第一阶段是萨尔浒、吉林崖战斗。4 月 13 日，杜松率领三万明军，出抚顺关，14 日到达萨尔浒。得知后金正派兵构筑界凡城，阻挡明军东进，于是杜松留下两万人驻守萨尔浒，自领一万人攻打界凡城，把已经分散的兵力再行分散。此时，努尔哈赤率领八旗兵已到界凡以东，迅速地抓住了各个击破的战机。他说："先破萨尔浒山所驻兵，此兵破，则界凡之众，自丧胆矣"[1]。便派代善、皇太极带领两旗截击杜松，自己亲率六旗猛打萨尔浒的明军。明军遭到突然攻击，纷纷逃往萨尔浒河西岸，结果在得力阿哈一带全部被歼。而杜松在吉林崖下，陷入重围，杜松丧生，

1 《清太祖实录》卷六。

全军覆没。“死者漫山遍野，血流成渠，军器与尸冲于浑河者，如解冰旋转而下”[1]。

第二阶段是尚间崖、斐芬山战斗。4 月 14 日，马林率明军与叶赫兵出三岔口，扎营于富勒哈山的尚间崖，派潘宗颜领一军驻守斐芬山，又遣龚念遂率一军守卫斡辉鄂模，互为犄角，彼此声援。

努尔哈赤在西线消灭明兵主力以后，乘胜挥戈北上。15 日，后金兵首先击溃了驻守斡辉鄂模的明兵，随后又攻打尚间崖，明兵大败，马林仅以身免，逃往开原，斐芬山的明军也被攻灭。

第三阶段是阿布达里冈、富察战斗。4 月 10 日，刘綎一路出宽甸，此路明军虽然出师最早，但由于山道陡峭，大雪封山，进军迟缓，迟至 15 日才到达深河。后金的少数守军沿途拦截，且战且退，竭力阻滞明军的前进速度。16 日，刘綎进抵阿布达里冈，姜弘立率领的朝鲜兵到达富察（富车），距离赫图阿拉还有五六十里。

这时，努尔哈赤已在西北两路获胜，立即派扈尔汉、阿敏、代善、皇太极先后出发，日夜兼程赶赴东线，很快在东线集中了三万多人，“隐伏山谷”，待机而动。明军却焚毁村寨、“分掠部落”，并无戒备地前进。后金军“不意突出，冲断前后”，刘綎战死，全军覆没。[2]代善随之集合八旗兵，攻打富察一带的朝鲜军，姜弘立的军营被紧紧围住，“孤阜狭隘，人马逼侧，屡日饥卒，兼之焦渴，欲走则归路已断，欲战则士皆股栗，至有抛弃器械，坐而不动者，事无可为”[3]，于是姜弘立以下，全军投降。

杨镐惊悉三路丧师，急令李如柏撤兵，明朝的四路大军只有这一路逃脱了败灭的厄运。

1　《满洲实录》卷五。

2　参见李肯翊：《燃藜室记述》卷二三《深河之役》。

3　李民寏：《自建州还后陈情疏》。

萨尔浒之战是集中使用兵力、选择有利的战场和战机，连续作战、速战速决、各个击破，在战略上以少胜多的典型战例。在战斗中，充分显示了努尔哈赤机动灵活的指挥才能和后金将士的勇猛战斗作风。在五天之内，在三个地点进行了三次大战，战斗前部署周密，战斗中勇敢顽强，战斗结束后迅速脱离战场，立即投入新的战斗。结果，后金大胜，明军惨败。萨尔浒之战对双方都十分关键，从此，明朝的力量大衰，它阻碍女真各部统一发展的政策彻底失败，不得不由进攻转入防御；后金的力量大增，它的政治野心和掠夺财富的欲望随之增长，由防御转入了进攻。

努尔哈赤战胜后，挥军西进，蹂躏辽东，攻破了开原、铁岭，大掠人口、财物、田禾。8月，又攻灭叶赫。辽东地区，一片混乱，明军“坚甲利刃，长枪火器，丧失俱尽”，将士们“一闻警报，无不心惊胆丧”，“身无片甲，手无寸械，随营糜饷，装死扮活，不肯出战”，“各营逃者，日以千百计”，“人人要逃，营营要逃”[1]，明廷在辽东长期经营所建立的精兵重镇，完全解体。明朝政府派熊廷弼为经略，赴辽东督师，责令他进攻后金，收复失地。熊廷弼认识到：新败之后，军事力量的对比大大不利于自己，只有用“坚守渐逼”之策，采取持久的防御的方针，才能削弱后金的锐气，积蓄力量，徐图反攻。他守辽一年多，大力整顿军务，申明纪律，修城筑堡，练兵制械，屯田积粮，以守为战，得到了很好的效果，使努尔哈赤不敢轻于西进，据朱童蒙说：“经略熊廷弼……任事才十余月耳，而辽阳之颓城如新，丧胆之人复定，至奉集、沈阳二空城，今且俨然重镇矣。迄于今，而民安于居，贾安于市，商旅纷纷于途，而后之人因之以为进战退守之地”[2]。

统治阶级内总有那么多的唯心主义者，虚骄自大，高论连篇，

1 熊廷弼：《熊襄愍公集》卷一《辽左大势久去疏》。

2 王在晋：《三朝辽事实录》卷三。

闭眼不看现实情况，不肯老老实实承认自己方面的弱点。当时，明朝的许多大官僚就是这样，他们怀着大民族主义的偏见，瞧不起新起的后金，反对采取持久的防御的方针，攻击熊廷弼花费很多钱财，却漫无布置，不敢出击，催促他采取进攻的方针，挞伐后金，速战速决。熊廷弼在朝廷的压力下去职，明朝政府派了一个毫无军事才能的袁应泰代替他。袁应泰上任后，改变熊廷弼的许多设施，嫌熊廷弼用法太严，“以宽矫之，多所更易”[1]，并且盲目地要发兵攻打后金。明军还没有来得及出动，1621 年（明天启元年）3 月，努尔哈赤已率领大军围攻沈阳，经过几次激战，沈阳失守。后金兵又进攻辽阳，守卫辽阳的明军不到一万人，却进行了顽强抵抗，后金“以铁骑四面扑攻”，明军“奋勇迎击，败白标兵，又败黄标兵，击斩落马者二三千人”，经过三天激战，终于寡不敌众，3 月 21 日，辽阳失守，袁应泰自杀。后金兵席卷辽河以东，占领了镇江、海州、耀州、盖州、复州、金州等七十余城。努尔哈赤为了加强对新占领区的统治，由萨尔浒城迁都到辽阳。

辽沈失陷的消息传到北京，举朝震惊，明廷又起用熊廷弼为辽东经略，以王化贞为辽东巡抚。可是，进攻还是防御，这一战略方针的争论不但没有解决，反而更加激化。熊廷弼仍坚持防御方针，主张加强广宁的防御，稳住河西的动荡局面，然后再向东步步推进，另一些大官僚没有从再一次的失败中吸取教训，还主张进攻，尤其是王化贞“素不习兵，轻视大敌”[2]，要倾关外之兵，同后金决一胜负。这样，经略主守，巡抚主战，“二人议论，遂成水火”[3]。王化贞掌握实权，拥兵十余万，为所欲为，熊廷弼仅有兵四千，无可奈何。1622 年正月，努尔哈赤利用熊王矛盾，

1 《明史》卷二五九《袁应泰传》。

2 《明史》卷二五九《王化贞传》，第 6698 页。

3 计六奇：《明季北略》卷二《广宁溃》。

发兵渡辽河而西，熊廷弼主张集中力量守卫广宁，而王化贞却把兵力分散于各城堡，摆出一副被动挨打的态势。后金兵围攻西平，王化贞派其心腹孙得功前去援救，结果战败，孙得功奔回广宁，蓄意投降后金，“疾呼军民宜早剃头归顺”，于是“一城讧然，争夺门走”[1]，王化贞仓皇西逃，广宁失陷。接着后金又连陷四十余城，占领辽河以西的大片土地。以后，努尔哈赤为了便于进一步和明朝作战，又从辽阳迁都沈阳。他还声称：“大而变小，小而成大，古来兴亡变迁之道甚多……我金汗身行正道，上天眷爱，况南京、北京、汴京本非一人所居之地，乃女真、汉人轮流居住之地”[2]。很显然，这时，努尔哈赤兵强马壮，屡败明军，几乎奄有全辽之地，已具有和明朝政府争夺全国统治权的力量和雄心了。

广宁失守以后，熊廷弼、王化贞被下狱处死，明廷派王在晋经略辽东。王是一个胆小鬼，主张放弃关外，退守山海关，在关门外八里铺修筑重关，设兵防守。这一消极防御的主张，遭到中下级将领袁崇焕等人的反对。袁崇焕原是个下级文官，很有谋略和胆识，广宁失陷时，曾单骑出山海关巡阅。他奉命“往前屯安插辽民，四鼓入城，夜行入荆棘蒙茸虎豹潜伏之地”[3]，不避艰险，敢于任事。他调查了关外的形势，说：“予我军马钱谷，我一人足守此”[4]。他认为：若保关内，必守关外，若保关外，必守宁远（今辽宁省兴城县），因为“宁远在山海之东，广宁之西，当要冲之地”[5]，附近大海中的觉华岛可以设水师，屯粮秣，作为掎角，在广宁失守之后，这里是山海关的屏障，不可轻弃于敌。袁崇焕的主张得到兵部尚书孙承宗的赞同与支持，不久，明廷起用

1 《辽事述·熊王功罪》。

2 《满文老档·太祖四十一》，天命七年四月。

3 ［日］稻叶君山：《清朝全史》，上册，第135页。

4 《明史》卷二五九《袁崇焕传》，第6707页。

5 《宁远卫庙学碑》，见《满洲金石志稿》，第2册，第34页。

孙承宗代替王在晋经略辽东。孙承宗继承熊廷弼“以守为战”的战略方针，采纳袁崇焕的建议，大力整顿山海关的防务，重点加强宁远的防御力量，派袁崇焕、祖大寿等驻守宁远，兴工修筑宁远城，又修建了锦州、大小凌河、松山、杏山及右屯诸要塞。这样就构成以锦州、宁远为重点的关外防线，使得努尔哈赤无机可乘。1625 年（明天启五年，后金天命十年）9 月，孙承宗因耀州之役战败，遭到阉党的攻击，便辞职不干了。

明廷以高第接替孙承宗，高第认为关外不可守，一反孙承宗的措施，“撤锦州、右屯、大小凌河及松山、杏山、塔山守具，尽驱屯兵入关，委弃米粟十余万，而死亡载途，哭声震野，民怨而军益不振”[1]。袁崇焕劝说不听，不肯从命，坚守宁远孤城。1626 年（明天启六年，后金天命十一年）正月，努尔哈赤率大军西进，围攻宁远城，致书要袁崇焕投降。袁激励将士，誓以死守。宁远城防守坚固，后金兵强攻不克，努尔哈赤亲临前线督战，城上以红衣大炮轰击，努尔哈赤久攻不下，“大挫而退”[2]。宁远大捷是明朝对后金作战的第一次重大胜利，它打击了后金的锐气，挫败了努尔哈赤夺取全辽、直薄关门的企图，保卫了山海关和关内的安全。努尔哈赤在宁远失败后，退回沈阳，悒悒不自得，这年 7 月身患毒疽，8 月 11 日病死，这是清朝初兴时期遭到的最重大的损失。

（摘自《简明清史》，第一册）

1 《明史》卷二五九《袁崇焕传》，第 6709 页。

2 ［朝鲜］李星龄：《春坡堂日月录》卷一二。

康熙和鳌拜

康熙和鳌拜之间的冲突是诸多矛盾积累和发展的结果，康熙一举擒拿权臣鳌拜，夺回了政权，为以后建立清朝的政治基业扫清了障碍，显示了这位少年天子的胆识、魄力和智慧。

一　鳌拜其人

鳌拜，满洲镶黄旗人，姓瓜尔佳氏。他的叔父费英东早年追随努尔哈赤起兵，是清朝的开国元勋。鳌拜本人随皇太极征讨各地，战功赫赫。他参加过 1637 年（崇德二年）的皮岛战役。当时皮岛守备森严，清军久攻不下，鳌拜请为先锋，誓言："不得此岛，勿复见王。"（《清史列传》二册）乘舟渡海，直冲敌阵，战斗时，鳌拜大呼，冒矢石勇敢搏战，跃登城墙，敌兵大败。清军攻克皮岛，皇太极十分欣赏鳌拜的英勇善战，论功行赏，封三等男，赐"巴图鲁"号。

鳌拜以后又屡建大功，崇德六年，松锦会战中，他"以步战败明军步军营，功最"（《清史列传》二册）。明总督洪承畴率大军十三万来援，皇太极亦亲率大军应战，鳌拜"辄先陷阵，五战皆捷"，明军败遁。皇太极命鳌拜追杀，又获全胜，"擒斩过半"。八年，随阿巴泰征明，入长城，围北京，攻掠至山东、兖州、临清而返。

顺治元年，清兵入关后，多尔衮考核群臣功绩。鳌拜“以忠勤戮力，晋一等子”（《清史列传》二册）。随阿济格征湖北，破李自成军，又随豪格入四川，与张献忠战于川北西充，“大破之，斩献忠于阵”（《清史列传》二册）。

鳌拜不但是一员骁勇战将，而且也是皇太极忠心耿耿的心腹。皇太极死后帝位继承发生问题。皇太极长子肃亲王豪格与皇太极之弟多尔衮争立。正黄旗与镶黄旗拥立豪格（索尼、遏必隆、鳌拜属两黄旗），而正白旗与镶白旗拥立多尔衮。当时恰值李自成打进北京，明朝覆亡，满族统治者在关键时刻，互相妥协，将矛盾缓和下来。豪格和多尔衮都不当皇帝而让皇太极第九子六岁的福临继帝位，是为顺治帝，避免了关系破裂而喋血萧墙。鳌拜始而拥戴豪格，继而拥戴福临。他是黄旗的重要代表，是效命疆场，为清朝争夺江山的元勋。

二　康熙初年的政局矛盾

顺治遗命索尼、苏克萨哈、遏必隆、鳌拜四大臣辅政。索尼的资格最老，威信很高，但年纪老迈，畏事避祸。遏必隆亦出自名门，为开国元勋额亦都之后，屡立战功，与鳌拜交好。而苏克萨哈为正白旗，先时依附多尔衮，多尔衮死后，朝局一变，苏克萨哈出来告发刚刚死去的多尔衮，因此亦受顺治帝重用。四辅臣中，索尼列名第一，能够得到大家认同，而苏克萨哈因是公主的儿子，且反戈一击，揭发多尔衮有功，列名第二，就较勉强，尤其是资格老，军功高，而名列第四的鳌拜很不服气。当时，朝廷中存在三对矛盾：

第一，黄白旗之争。从皇太极死后，黄白旗为争立皇帝，关系紧张，以索尼为首的两黄旗大臣盟于大清门，带兵入宫，张弓挟矢，要和两白旗兵戎相见。后来幸而以妥协告终，但彼此成见甚深。多尔衮是正白旗之主，摄政时压制反对他的两黄旗。索尼、遏必隆、鳌拜均曾得罪，或降职，或罢官。顺治亲政，朝局一变，黄旗抬头，白旗失势。苏克萨哈虽以白旗投靠黄旗，但索尼、遏必隆、鳌拜都瞧不起他。黄白旗之间的矛盾一直延续到康熙初年。

第二，更换圈地的利益之争。清初圈地时，多尔衮当权，偏袒正白旗，将冀东肥沃之地圈给正白旗。康熙时鳌拜提出圈地应按八旗排列顺序。冀东的土地按顺序应归黄旗所有。他要求和正白旗换地。如果土地不足，“别圈民地补之”（《清史稿·鳌拜传》）。圈地已过去二十年，如果黄白旗换地，牵涉面太广，骚动过甚。当时户部尚书苏纳海、直隶总督朱昌祚、巡抚王登联都以“旗人安业已久，民地曾奉谕不许再圈”为理由（《清史列传》二册），加以反对。苏克萨哈属正白旗，也坚决反对。但索尼、遏必隆则支持鳌拜，形成四辅臣之间的利益冲突。

第三，进步与保守之争。清朝入关后，在如何统治中国的问题上存在严重分歧。顺治帝认为，采用汉族的制度，吸取汉族的文化才能使清朝长治久安。而四辅臣缅怀满族的旧制度、旧习惯，主张退回到旧时代中，“率祖制，复旧章”（《清史稿·索尼传》），凡事都要“遵照太祖太宗例行”（《清圣祖实录》卷二三）。对汉族则施行高压政策。顺治帝刚去世，江南就发生“奏销案”，“江苏省逋赋绅衿一万三千五百十七人；下部斥黜有差”（《清史稿·圣祖本纪》）。探花叶方霭只欠交赋税一文钱，亦遭处分，故民间有“探花不值一文钱”之谚。康熙二年又大兴文字狱，庄廷鑨因修《明史》得罪，株连甚众，刑罚残酷。对汉族地主知识分子，打击不遗余力。

三　中西文化冲突的插曲

在鳌拜事件中还夹杂有中西文化的冲突。孝庄太后与顺治帝善待西方传教士，与汤若望关系密切，相信西方的自然科学。顺治帝封汤若望为通玄教师，并采用他所编新的历书“时宪历”。顺治死后，辅臣们厌恶西方传教士，守旧的历学家杨光先、吴明烜“依附鳌拜，捏词陷人”（《东华录》康熙九）。辅臣们将汤若望下狱，拟处汤若望死刑。恰好北京发生地震，孝庄太后出面干预，称上天示警不可妄动，汤若望才免死获释。但汤若望的“时宪历”仍废止不用，而采用吴明烜“大统历”，却错误百出，其中“康熙八年闰十二月应是康熙九年正月，又有一年两春分两秋分种种差误”（《东华录》康熙八）。康熙以实事求是的态度对待这一问题，认为“天文最为精微，历法关系国家要务，尔等勿怀夙仇，各持己见，以己为是，以彼为非，互相争竞”（《清通鉴》四，第1447页）。而以实际测量为标准，钦派大臣，进行实际测验。结果，“立春、雨水、太阴、火星、木星与南怀仁所指逐项皆符，吴明烜所称逐项不合”（《东华录》康熙八）。康熙帝相信实测结果，恢复使用“时宪历”，授南怀仁钦天监监付。辅臣不懂和无视科学，康熙对辅臣们盲目无知、刚愎自信、反对科学甚为反感。这场科学上的是非之争也夹杂在康熙和鳌拜的政治斗争风波中。

四　矛盾的爆发

斗争的突破口在圈地换地之争以及辅政大臣苏克萨哈的被杀。由于苏纳海、朱昌祚、王登联三位大臣反对黄白旗之间换地，鳌拜痛恨他们，必欲置之死地。康熙出面调解，召四辅臣商议此事。索尼、遏必隆附和鳌拜，主张以抗旨论死，苏克萨哈不作声，以沉默对抗，形成三比一的局面。康熙此时尚未亲政，无法阻挡辅臣们的决定。苏、朱、王三大臣竟被处死。过了四十年，康熙提到这场冤狱，痛心地说：“鳌拜、遏必隆为圈地换地杀尚书苏纳海、总督朱昌祚、巡抚王登联，冤抑殊甚，此等事皆朕所不忍行者，朱昌祚等不

但不当杀，并不当治罪也。”（《清圣祖实录》卷二二四）

康熙和鳌拜之间的冲突正是上述诸多矛盾积累和发展的结果。鳌拜代表着关外旧臣的势力，把持朝政。他的弟弟穆里玛，有镇压李自成余部夔东十三家之功，封靖西将军，儿子那摩佛娶公主为妻，是康熙的姐夫，一门贵幸。鳌拜的亲信班布尔善、玛尔赛、阿思哈、济世盘踞政府要津，心腹爪牙遍布内外。这时随着康熙的成年，满族统治者中间新的一代正在成长，以康熙为核心集聚了索额图、明珠、岳乐、杰书等青年俊才。索额图、明珠都是康熙的侍卫，岳乐、杰书是皇族，已封安亲王、康亲王。他们对关外时期的生活和传统并无留恋之情，而一心要营建统治全中国的宏伟大业。这一新的势力集团的崛起预示着鳌拜集团的覆灭指日可待。

鳌拜性情刚愎，器量狭隘，势力愈张，骄横日甚。朝贺新年时，鳌拜身穿黄袍，仅其帽结与康熙不同。又经常把各地奏折拿回自己家中和心腹们商议办理，不把朝廷官员放在眼里。有一次鳌拜装病，康熙去探望他，鳌拜卧床，席下放一把刀。康熙的侍卫搜检出这把刀，局面很尴尬而紧张。康熙虽年轻却从容镇静，笑着说：“刀不离身是满洲故俗，不要大惊小怪！”（《啸亭杂录》）可见鳌拜的跋扈，也可见康熙把紧张局面消弭于谈笑之间的机智应变。

五 智擒鳌拜

康熙十四岁亲政，鳌拜大权独揽，仍把持着权力不放，要把年轻的皇帝变成任凭自己摆布的傀儡。苏克萨哈要求辞职，还政皇帝。这一举动触及鳌拜要害，因为排名第一位的苏克萨哈辞职(时索尼已死)，遏必隆、鳌拜势必也要让出辅政的职务，鳌拜不甘心退出政治舞台，他诬陷苏克萨哈的辞职“背负先帝”，“别怀异心”（《清史稿·苏克萨哈传》），罗织二十四条罪状，要把苏克萨哈斩首抄家。康熙不同意，以“核议未当，不许所请”。但跋扈成性的鳌拜在康熙面前挥拳捶胸，疾言厉色，对康熙恐吓要挟，最后连康熙也无法改变鳌拜的决定，结果苏克萨哈被处绞刑。

“是可忍孰不可忍”，年轻有为的康熙如何能容忍这样骄横凶狠的权臣。他在暗中准备着。他挑选一批有勇力的少年侍卫在宫中练习布库（布库即摔跤）。鳌拜上朝也不回避。鳌拜以为不过是小孩子的游戏，不以为意，他误以为“帝弱好弄”，“心益坦然”（《啸亭杂录》），未加戒备。

康熙的祖母孝庄太后具有崇高威望和非凡才智，不容许任何人侵犯自己心爱的孙子。各种势力迅速地倒向皇帝一边。客观形势对鳌拜愈来愈不利，而他还懵然不察。康熙八年五月，武力夺权的时机终于到来。康熙与索额图密谋，将鳌拜的亲信派往各地，离开京城，又以自己亲信掌握了京师的卫戍权。康熙召集侍卫武士说：“你们都是我的股肱亲旧，你们怕我，还是怕鳌拜？”大家说：“怕皇帝。”（《啸亭杂录》）康熙即宣布鳌拜罪状。在鳌拜单独入朝时，由布库少年突然擒拿下狱，宣布鳌拜三十条罪状，但念鳌拜资深年久，屡立战功，且无篡弑之迹，康熙对他宽大处理，免死禁锢。其党羽或死或革。康熙夺回政权，经过周密策划，精心布置，不动声色，没有动用大军，没有经过恶战，在社会上未发生重大骚动，所以人们评论他：“声色不动而除巨恶，信难能也。”（《啸亭杂录》）

康熙清除鳌拜集团，使皇权巩固，扭转了倒退的政策趋势，撇开了阻挠历史前进的保守力量，使清王朝的封建化和满汉融合的政策得以贯彻，为进一步恢复生产力，削平割据，抵御俄罗斯入侵，实现国家统一，建立繁荣的康雍乾盛世奠定了基础。

（《北京日报》2001年12月11日）

康熙收复东北失地的军事准备和谈判方针

一　清政府收复国土加强边防和争取和平谈判的方针

清政府为和平解决中俄两国之间的争端，进行了长期的努力。从1666年清政府派切普切乌尔到尼布楚希望和俄国当局进行谈判起，中间经过沙拉岱、孟格德多次去尼布楚，尼果赖来华，康熙的历次致函以及明爱的谈判。在十多年的外交交涉以后，俄国方面仍坚持扩张主义方针，不理睬清政府的劝告和抗议，问题不但没有解决，俄方侵略活动反而变本加厉。事实证明：仅仅依靠外交谈判是不可能使侵略者歇手的，武装的侵略必须用武装才能击退。

在长期交涉没有取得结果以后，清政府不得不进行作战准备。但是，清政府并没有放弃和平谈判的努力，它一面进行战斗准备，一面通过各种途径进行外交试探。

清朝政府之所以采取这一方针，主要是由国内形势所决定的。

1644年清朝入关之后，致力于夺取全国统治权的斗争。它和李自成等农民起义军余部以及南明政权进行了近二十年的战争，直到1662年初，南明的桂王被俘杀，南明政权覆灭，清王朝取得了胜利。1673 年盘踞在西南和东南地区的“三藩”——吴三桂、耿精忠、尚之信等又举行叛乱，占领长江以南以及四川、陕西、甘肃等大片地区，叛乱势力扩及半个中国，清政府全力进行讨伐，战斗达八年之久。1681 年，清军攻克昆明，平定了“三藩”之乱，1683 年又统一了台湾。这时中国西北边疆的厄鲁特蒙古准噶尔部封建主噶尔丹又在并吞周围部落的战争中逐步强大起来，对国家的统一和清王朝的统治形成严重威胁。清王朝在入关以后的四十年内，经历了连年的战争，还来不及把国内的割据分裂势力全部平定，因此，它不愿意也不能够和外国进行大规模的、长期的战争，而希望通过外交谈判解决与俄国的争端，这就是它争取进行和平谈判的原因。一个封建国家的对外政策决定于国内的形势和国际间的力量对比，在康熙统治的前期，清王朝的统治还没有完全巩固，国内的割据分裂局面亟待解决，并没有力量和外国长期作战，特别是谈不到对于迢迢万里以外的俄国抱有什么“领土野心”和进行什么“军事征服”。

在这种形势下，清政府愿意和俄国和平解决边界问题。但是，当时清王朝并不是一个怯懦、腐朽、可以任人欺凌宰割的没落王朝。从努尔哈赤以来，它进行了将近一个世纪的战争，在长期的激烈的战争中清王朝一直是胜利者，它具有保卫自己的意志、力量和战斗经验。正像伟大的无产阶级革命导师马克思所指出，黑龙江流域是“中国统治民族的故乡”[1]，俄国侵入了满族的诞生地，严重地威胁到国家的领土完整和清王朝的安全与威信。清政府绝不能容忍俄国长期侵占黑龙江流域，为保卫国家的领土、自己的家乡以及统治权的安全，清政府是不惜与任何强大势力作战的，军事压力和虚声恫吓都不可能把它吓倒。康熙说：“朕十三岁

1　马克思：《俄国的对华贸易》，见《马克思恩格斯选集》，第 2 卷，第 11 页，人民出版社，1972 年。

亲政之后（康熙亲政在1667年，即康熙六年），即留意于此（指俄国侵占黑龙江流域），细访其土地形胜、道路远近及人物性情”[1]。可见，康熙长期以来很注意东北边防情况，收复黑龙江流域，驱逐俄国侵略者，这是清朝统治者的强烈愿望，其决心是不可能动摇的。

为了抵抗俄国侵略，收复黑龙江流域，首先必须依靠军事斗争。没有强大的武装力量，不经过激烈的战斗，是无法劝说侵略者自动放弃侵略活动的，清朝政府和俄国打了几十年交道，稍稍懂得了这个道理。但是仅仅依靠单纯的军事斗争还不够，要永远根绝俄国的侵略，就必须在收复的国土上驻兵永戍，充实边防。这样，清政府的任务就是不但要把侵略者赶跑，而且要把篱笆扎紧，谨防它再来，否则就会重演17世纪50年代的历史。在50年代，俄国侵略者初次窜犯黑龙江流域，清政府用很大力量打退了俄国侵略军，歼灭了斯捷潘诺夫匪帮，但由于在边境上没有派兵驻守，因此不久以后，俄国侵略军又卷土重来。康熙认识到了这一点，他说：“今纵克取雅克萨城，我进则彼退，我退则彼进，用兵无已，边民不安”[2]。

因此，17世纪的黑龙江问题并不是单纯的军事问题。失去的国土必须要使用军事力量去收复，但军事斗争不应该关闭和平谈判的大门，中俄两个封建大国的冲突只能通过和平谈判、确定彼此的边界来解决，而边界的长期安定又必须依靠派兵永驻、巩固边防的一系列措施来保证。一个美国历史学家说：“康熙不想征服俄国，而是要向俄国表明：自己有力量和俄国进行谈判解决”[3]。因此，在黑龙江上的这场斗争中，军事、外交、政治、经济错综复杂地结合在一起。清政府在雅克萨战争中奉行的就是军事斗争、

1 《清圣祖实录》卷一二一，康熙二十四年六月四日癸巳，第11页。
2 《清圣祖实录》卷一一九，康熙二十四年正月二十三日癸未，第8页。
3 曼考尔：《俄国和中国》，第115页。

外交谈判、充实边防三者并举的方针，而这一方针的贯彻却遇到了严重的干扰和阻力。

清政府内有一些官僚和将军并不赞成这个方针。他们害怕俄国的强大，害怕俄国的枪炮精利，不敢进行斗争。在他们看来，黑龙江路途遥远，气候寒冷，出兵打仗有很多困难。俄国虽然已经侵入黑龙江，但毕竟离北京很远，不是最紧迫的威胁，因此他们根本不赞成出兵。当时的理学家李光地就高唱“虽有强邻敌国侵略，也应当修文偃武”[1]。清王朝的谕旨中说“征剿罗刹，众皆难之”，“征罗刹之举诸臣咸谓地势最远，输饷最难，故皆不愿”。但是，康熙和主张抵抗的官吏反对他们的意见。康熙认为：“征剿罗刹之役，似非甚要，而所关最巨”，他“不徇众见，决意命将出师，深入挞伐”[2]。也就是坚持出兵抵抗，驱逐侵略者。

确定了出兵抵抗的方针以后，又在怎样进行抵抗的问题上产生了分歧。一些官僚和将军把事情单纯地归结为出兵打仗，主张立即开战，速战速决，把俄国侵略者赶走完事。他们对于长期驻兵、充实边防的重要意义认识不足。长期驻兵势必带来筑城设官、物资供应、交通运输以至屯田生产等一系列复杂的任务，他们对完成这些任务没有信心。特别在前敌将领中存在着怕困难、怕吃苦的思想情绪。到黑龙江去打仗已经是一桩苦差使，但时间较短，打完仗就可以回家，打了胜仗还有军功和赏赐。至于守卫边境，要在冰天雪地、人烟稀少的地方长期驻守，那就是另一回事了。平时锦衣玉食、养尊处优的官僚和将军们无不视“长期戍边”为畏途。康熙曾经指出：“南方各省，人人愿往。至宁古塔，则不愿者多矣”[3]。宁古塔（今吉林省宁安县）在当时人心目中是流放犯

---

1 李光地：《榕村全书》卷三。

2 《平定罗刹方略》卷二。

3 《清圣祖实录》卷一一二，康熙二十二年九月十日戊寅，第 8 页。

人的苦地方，何况雅克萨还在宁古塔以北几千里以外！所以，一提到“永戍黑龙江”，清朝的官僚、将军中间那种目光短浅、畏难怕苦，置边防大局于不顾的错误思想就经常表露出来。在雅克萨战争期间，清朝最高统治者不但要筹划军事，和俄国侵略者做斗争，而且还要克服内部的意见分歧，和一些官僚、将军中的错误思想和错误主张做斗争，以保证军事斗争、外交谈判和充实边防三者并举的方针得以贯彻。

1682年（康熙二十一年），即平定“三藩”叛乱的第二年，清政府立即把注意力转向东北，为驱逐俄国侵略者进行作战的准备。

这年 4 月，康熙到盛京“谒陵”。“谒陵事毕，欲巡视边疆，远览形胜，省睹祖宗开创之艰难，兼讲春搜之礼”[1]。由抚顺、兴京、哈达城（今西丰），出柳条边，5 月至船厂（或称吉林乌喇，即今之吉林市），航行于松花江上。康熙这次远出巡视，不仅仅是礼节性的，而是去实地视察边防情况，准备抗击俄国侵略军。

1682 年 9 月，康熙派副都统郎谈、公彭春率领几百人，以捕鹿为名，到雅克萨侦察地理形势和水陆交通。郎谈等从墨尔根北行，经过 16 天至雅克萨，沿途“林木丛杂，冰坚沙结”，又从雅克萨沿黑龙江而下，“舟楫可通，无险阻之患”[2]，经过 15 天到达瑷珲。1683 年 1 月，郎谈等回到北京报告说，“雅克萨可下，罗刹可破”，“攻取罗刹甚易，发兵三千足矣”[3]，并建议集合军队，准备粮食，添造船只，调取红衣大炮二十门，“俟来春冰解时，水陆军克期齐发”[4]。这个建议是用单纯的军事行动来解决边界问题，立即出兵，一鼓作气，速战速决，收复雅克萨，把侵略者驱

1 高士奇：《扈从东巡日录》。

2 《八旗通志初集》卷一五三《郎谈传》。

3 《清圣祖实录》卷一〇六，康熙二十一年十二月二十七日庚子，第 23 页。参见《平定罗刹方略》卷一。

4 《八旗通志初集》卷一五三《郎谈传》。

逐出境。它不但没有考虑充实边防的问题，而且这样没有经过充分准备的战争能不能获胜，也还是疑问。

康熙否定了郎谈等的建议，从更长远的观点来对待问题。他说:“兵非善事，宜暂停攻取”[1]，下令调兵一千五百人，暂勿进攻，而在黑龙江（即瑷珲）和呼玛两地建立城堡，与俄国对峙，并贮存粮食，修造船只，筹划屯田，开辟驿路，进行持久而充分的准备。

命令下达以后不久，担任前线统帅的宁古塔将军巴海提出了不同的方针，他主张把瑷珲、呼玛两地筑城的方案合而为一，筑城于更靠近内地的瑷珲，这已经是一个贪图省事的办法。他又提出:“罗刹倘水陆运粮，增兵救援，更难为计。宜乘其积贮未备，速行征剿。俟造船毕，度七月初旬，能抵雅克萨，即亲统大兵，直薄城下”。这个建议不过是复活了郎谈等的意见，在准备还不充分的情况下，企图速战速决，把敌军暂时赶跑便算大功告成。这个建议得到很多人的支持，甚至得到了议政王大臣的批准。

康熙坚决反对这一错误意见。1683年5月，他下谕说:“所议进征罗刹军务，殊为疏略。乌喇、宁古塔兵，来历征战，不谙行阵纪律。将军巴海及副都统官兵，又彼此不合。巴海著留守乌喇(即今吉林)。萨布素、瓦礼祜俱以副都统领兵前往，不必授为将军。至所议七月兵到，即行攻战，亦属未可”[2]。不久，巴海因谎报粮食歉收被罢官降职，巴海的被罢官显然是由于他干扰了已定的边防方针。

此后，官僚和将领中还经常出现不利于增强边防的错误主张。1683年夏，康熙命令派吉林、宁古塔兵五六百人，达斡尔兵四五百人于明年秋天到黑龙江去，永远驻守。将领中又提出了一个取

1 《清圣祖实录》卷一〇六，康熙二十一年十二月二十七日庚子，第23页。

2 以上均见《清圣祖实录》卷一〇九，康熙二十二年四月八日庚辰，第7页。

巧偷懒的建议：只派五百名达斡尔士兵携带家属到额苏里（在瑷珲稍北）垦荒耕种，屯田永驻，而把乌喇和宁古塔的三千士兵分为三班，轮流驻守瑷珲。这是一个偷梁换柱的办法，把“派兵永驻”改成“轮流驻守”，反映了将领中害怕艰苦环境、反对派兵永驻的错误意见。康熙认为这不是一个长久的办法，遂于1683年10月批驳了这一建议，认为轮流驻守的办法“兵丁频事更番，必致困苦，非久长之策。其在黑龙江建城永戍”。

为了保证“建城永戍”的方针得以贯彻，康熙同时又提出以下措施：

> 预备炮具船舰，令设斥堠于呼马尔（即呼玛）。自黑龙江至乌喇置十驿，驿夫五十人。遇有警急，乘蒙古马疾驰。寻常事宜，则循十驿以行。由水路陆续运粮，积贮黑龙江。此兵既往，且立二年之业，仍设将军、副都统领之。如罗刹船由黑龙江下，我舟师尾击甚易。况黑龙江地势辽阔，照内地置十驿，又易安置家口，如此一一区画，则罗刹自穷蹙归诚矣。[1]

清政府的方针已定，措施落实，各项工作先后开展起来。从1683年到1685年，清政府作了如下部署：

（一）军队的调动派遣

1683年夏天，第一批乌喇、宁古塔官兵1000人在副都统萨布素的率领下到达瑷珲。[2]1684年秋，又有乌喇、宁古塔官兵及增派

1　《清圣祖实录》卷一一二，康熙二十二年九月九日丁丑，第7页。

2　据《大清会典》，《则例》卷五四四、《事例》卷一一二七载：“康熙二十二年（即1683年）以宁古塔副都统萨布素征伐俄罗斯，即授为镇守黑龙江等处将军”，“设驻防八旗满洲兵千名”。

的达斡尔官兵1000人携带家属赴黑龙江屯田驻守。[1]这两批军队共2000人永驻黑龙江（瑷珲）[2]，是守卫边境、对俄作战的主力。

1683年冬，为了协同作战，从北京派兵五六百人往黑龙江。[3]1685年初，为了对付俄国的火枪，又调动了安插在山东、山西、河南的善用藤牌的福建官兵420人开赴前线。[4]这两批军队共约一千人是协同作战的部队，并非永驻黑龙江，战斗结束后就撤回。

以上投入作战的清军全部作战人员共四批3000人。这个数目和郎谈等在1683年1月侦察雅克萨以后向康熙建议“发兵三千足矣”[5]是完全符合的。

此外，清政府还调派一些军队到黑龙江，但并非直接为作战之用。1684年春，盛京官兵600人在副都统穆秦的率领下到瑷珲帮助筑城，城工告竣，这批军队即撤回盛京；1685年初，因瑷珲驻军进攻雅克萨，又派盛京官兵500人前往瑷珲，代替黑龙江官兵守城种地；雅克萨战斗前夕，又调索伦蒙古兵500人，在明爱

1　1683年1月，清政府原定派兵1500人驻守黑龙江，但这年夏天萨布素带去只有1000人，尚有后续待派部队500人。1683年秋，康熙命令“应派乌喇宁古塔兵五六百人，达斡尔兵四五百人于来秋同家口发往（黑龙江）”。其中乌喇宁古塔兵是补足原定驻守黑龙江的1500百人之数，而达斡尔兵则是增派的。这道命令下达后，萨布素提出3000分成三班轮流派兵的办法，代替派兵永驻。按萨布素的办法，1000人就算足额，后续部队可以不必派出。但这个办法受到康熙的驳斥，军队的调动部署，“一如前议”。所以，康熙的命令仍执行。后续的乌喇宁古塔兵与达斡尔兵约1000人仍于1684年秋前往黑龙江。

2　《尼布楚条约》订立后，黑龙江将军从瑷珲移驻墨尔根，带走士兵500人，此后长驻瑷珲的军队即为1500人左右。

3　1683年5月，康熙在谕旨中说:“京城每旗精简五十人，参以军前获罪人员，委授夸兰大参领别遣将由陆路直趋，五旬可达（黑龙江）”（《平定罗刹方略》卷一）。“每旗精简五十人”，八旗即为400人，加上“军前获罪人员”，估计总数五六百人。这批军队行到达黑龙江当不迟于1683年冬，因为1684年初这支部队已经在黑龙江下游和俄军作战。

4　1685年春，“议政王等议选派官二十员、兵三百八十名，共足四百名之额，兵部给官印扎，以便约束，令林兴珠及何祐统兵以行……上报可，仍于官员外派足兵四百名”（《平定罗刹方略》卷二）。

5　《清圣祖实录》卷一〇六，康熙二十一年十二月二十七日庚子，第23页。

的率领下，设立雅克萨至墨尔根之间的临时驿站，以传递军情文报。这三批军队共 1600 人，都是临时调动，没有投入战斗。

以上是清政府在雅克萨战争期间的兵力调动情况。

（二）建筑黑龙江城

萨布素率领的第一批军队到达黑龙江以后，士兵们立即开始修筑城堡，建造房屋，城名“黑龙江”（即瑷珲）。城址原在黑龙江东岸瑷珲旧城的废墟上。第一次雅克萨战争以后（1685 年秋），迁往西岸。

1683 年 10 月，萨布素升任黑龙江将军，下设副都统、协领、佐领等，在此置兵设治，长期屯驻。

（三）征贮粮食、进行屯田

为供应黑龙江驻兵的食用，清政府从科尔沁十旗、锡伯、乌喇之官屯征得粮食 1.2 万石，可供三年之用，并派马喇至索伦村购买牛羊牲畜。后来又在科尔沁旗的漠尔浑屯设立仓库，贮粮 1 万石备用。

清兵驻扎瑷珲后，在当地屯田。“康熙二十四年分，盛京官兵至黑龙江垦地一千五百余垧”[1]。清政府派侍郎萨海，往黑龙江监督耕种，后来又派马喇“督理农务”。屯田士兵中有很多是索伦、达斡尔族。据记载：“索伦、达呼尔（达斡尔）不谙农事。康熙间，特遣部员，课其耕种，尝以郎中博奇课耕有法，禾稼大收，奉旨褒美。事在二十五年”[2]。

（四）修造船舰

对俄作战，需要大批战船和运输船。清政府在松花江畔的乌

1 《盛京通志》卷二四《田赋·旗田》。

2 西清：《黑龙江外纪》。

喇（今吉林市）设厂造船。乌喇亦名船厂，明初已在这里造船，年久废弃。顺治末，宁古塔昂邦章京沙尔虎达抵抗俄国入侵，开始在这里恢复造船。[1]1676年，宁古塔将军移驻乌喇，此后，乌喇取代了宁古塔，成为国防重镇和船舶修造的中心。有人记载1682年该地的情形："建木为城，倚江而居，所统新旧满洲兵二千名，并徙直隶各省流人数千户居此。修造战舰四十余艘，双帆楼橹与京口战船相类，又有江船数十，亦具帆樯，日习水战，以备老羌(指沙俄)"[2]。

1683年初，清政府确定对俄方针，全盘规划黑龙江防务，派户部尚书伊桑阿带领工匠到乌喇大规模修造船舰。黑龙江上有大战船10艘，二号战船30艘，江船10艘；松花江上原有战船破损，都拆毁重修，康熙命巴海备齐重修战船一百艘所需的木料。此外，黑龙江、松花江、易屯河和辽河上有几百艘运粮船。[3]水手则从士兵、奴仆和流放犯人中征发。[4]

（五）组织运输

在当时的条件下，把大批粮食、军火和其他物资运往黑龙江是颇为复杂的工作。清政府组织了从盛京到黑龙江（瑷珲）之间的分段运输。

1　"船厂设于顺治十八年，昂帮章京萨儿吴代（沙尔虎达）造船于此，所以征阿罗斯也。"（杨宾：《柳边纪略》卷一）

2　高士奇：《扈从东巡日录》。

3　船舰数目，据乾隆年修《盛京通志》卷一六《船舰》。但杨宾《柳边纪略》和西清《黑龙江外纪》所载船舰数目略有不同。

4　杨宾《柳边纪略》卷四说，"船厂（吉林）、宁古塔流徙者多爱浑（瑷珲）将军调度，本地将军以下不得主。爱浑将军旧管宁古塔，熟知流人姓名，按籍稽，无得免者。故流人奴仆，年壮者皆为爱浑水手艌匠正身，年老文弱者皆为帮儿，帮儿帮正身者也。每年出银六两给正身家。庚午年（康熙二十九年，1690年）自将军以下、帮儿以上皆移家爱浑，朝廷给移家银，官四十两，披甲水手半之，帮儿不与。余去宁古塔时，尚未尽行也。"

第一段为辽河，从盛京以西辽河上的巨流河渡口起到辽河上游等色屯（或称邓子村，在今吉林省梨树县），有运粮船 100 艘，溯辽河而上，“若逢淤浅，束水以行”。

第二段，从等色屯至易屯门（今吉林省伊通县），路程虽仅一二百里，但无河流，不通舟楫，粮食物资，由水起陆，“派蒙古官兵车辆陆续运往”。

第三段，从易屯门经易屯河（今伊通河）、松花江顺流而下，至松花江与黑龙江会流处，有运粮船 100 艘。

第四段，溯黑龙江而上至瑷珲，有运粮船 80 艘。

这条运输线路全长四五千里，沿途设防兵、招夫役、浚河道、筑粮仓，工程很大。清政府的准备工作做得较细致，派人在各段实地勘察测量道路远近，水势深浅，确定所造船只的大小和运载量，还在通州到瀛台之间装米行船，作了试验性的航行。[1]这条运输线路是 17 世纪末沟通东北黑、松、辽三大河流的交通大动脉。

（六）开辟驿路

为了传达公文、情报，新辟了从乌喇到瑷珲的驿路，共长 1340 里。中途设驿站 19 个，每站设官吏、驿丁几十人。拨给“台站丁地”，一面传送文报，一面垦田耕种。

二　俄国侵略军的战争准备

清政府为了保卫国土，抵抗侵略，采取了自卫措施，而俄国侵略者为了进一步扩张领土、侵略中国，更狂热地进行战争准备。

1680 年，俄国政府已把尼布楚地区升级为督军区。第一任督

1　《清圣祖实录》卷一〇八，康熙二十二年三月八日庚戌。

军沃依科夫到任以后，拼命扩大军力、修筑工事，千方百计地企图解决粮食和各种军需品的供应。

首先是改建和加固雅克萨的城堡工事。为此，沃依科夫派他自己的儿子安德列担任雅克萨侵略军的头子，命令安德列“用最大的努力尽速完成对阿尔津城堡及其所有防御工事的补建”，安德列到了雅克萨，督促侵略军加固城堡。他写信向他的父亲报告：“我马上命令修炮楼，挖壕沟，在木桩间夯土、竖木栅”[1]。据安德列说：经加固和扩建后的雅克萨城堡，周围长165.5俄仗，城门及司令部都筑了炮楼。

为了建立一支机动、快速的攻击力量，以便深入中国内地作战，进一步扩张领土，沃依科夫在尼布楚增设了哥萨克骑兵部队。他非常热衷于建立这样一支进攻性的力量，大叫大嚷：“在尼布楚，没有哥萨克骑兵是不行的！”[2]

沃依科夫还企图解决粮食问题。他说：“二十年来，由叶尼塞斯克供应粮食的经验证明：这样下去是不行的，必须依靠本地的粮食供应[3]”。他在尼布楚和雅克萨一带掳掠中国的各族人民，把他们变成为农业奴隶，并招徕俄国的流放犯，开垦土地，种植粮食，建立了一批使用奴隶劳动的殖民主义农庄。

应当指出：这些殖民主义农庄的生产和经营并不成功。奴隶经常反抗、逃亡，各个农庄收不到多少粮食。据俄国的记载说：尼布楚地区“一六七九——六八二年没长粮食，庄稼受铁锈病害和虫害。一六八二年下大雨……粮食全淹了”，“六年之内，半数俄亩的地是不成样子的”，“尼布楚地区的农业殖民化进行得非常缓慢”。“从一六八三年至一七〇〇年，尼布楚农民（指俄国的农户主）的人数没有增加。一六八三年有二十三人，而一七〇〇年

1 华西里耶夫：《外贝加尔哥萨克史纲》，第1卷，第158页。
2 华西里耶夫：《外贝加尔哥萨克史纲》，第1卷，第161页。
3 华西里耶夫：《外贝加尔哥萨克史纲》，第1卷，第150页。

只有二十四人”[1]。

雅克萨的殖民主义农庄比尼布楚要多得多。殖民主义农庄和侵略据点结成一体，散布在广阔的中国领土上。从额尔古纳河口至雅克萨十余处，雅克萨至布尔马大河口十余处，“筑室散居，耕种自给，因以捕貂”[2]。据说：1684 年雅克萨地区的俄国农户主多达 480 人，这些人既是沙皇的士兵，又是小奴隶主。他们掳掠和奴役当地的中国居民，驱迫中国居民担负繁重的劳动，“纵掠民间子女，构乱不休”。第一次雅克萨战争中，清军一举就夺回和释放了 160 名被掳做奴隶（包括人质在内）的中国各族人民。[3]

俄国侵略者从各个方面加强殖民统治，增建寨堡工事，改善粮食供应，增派援军。据俄国西伯利亚事务衙门于 1683 年编制的报告中说：整个达斡利亚地区（包括贝加尔湖以东及尼布楚、雅克萨等地）共有俄国军职人员约两千人[4]，还有许多大炮、枪支、火药、铅弹，其军事力量占整个西伯利亚地区的将近一半（当时西伯利亚地区共有俄国军职人员四千至五千人），可见，俄国在这里的扩军备战已达到了力所能及的顶点。

即使如此，俄国在这里的势力仍然是很虚弱的，因为它抢的地方实在太大了。从贝加尔湖以东到黑龙江，直至海边，都有它的侵略据点，都要一下子吞并霸占过去，把两千名侵略军分散在这样辽阔广大的中国东北和北部边境上，处处看守，防不胜防。沙皇政府不管再增派多少军队来，一踏上中国的土地，便犹如跌进人民群众的汪洋大海之中。伸手太长，力量不足，这是俄国侵略者在中国边境上碰到的不可克服的困难。

1　华西里耶夫：《外贝加尔哥萨克史纲》，第 1 卷，第 184 页。

2　《清圣祖实录》卷一一五，康熙二十三年五月十九日甲申，第 20 页。

3　参见《八旗通志初集》卷一五三《郎谈传》。

4　参见雅科夫列娃：《一六八九年第一个俄中条约》，第 124~125 页。

当时，从贝加尔湖以东直到海边，处处燃起了中国各族人民抗俄斗争的熊熊烈火，使俄国侵略者心惊胆战。一个俄国历史家说："沿西伯利亚整个漫长的南部边境线所处的惊慌不安的地位，使莫斯科政府束手无策"[1]。1682 年，楚库柏兴（色楞格斯克）附近的蒙古人爆发了抗俄起义，击毙、击伤许多俄国侵略军，夺回许多被抢去的牲口。楚库柏兴俄国当局向各地求救，而另一据点乌的柏兴（乌丁斯克）也被人民起义所震撼，还在惊惶失措地向楚库柏兴求救。同年，俄国勾结喀尔喀蒙古札萨克图汗的部属罗卜臧台吉额林沁（即阿尔金汗）进攻札萨克图汗，企图吞并札萨克图汗部。札萨克图汗成衮坚决反击，打败并擒获了额林沁，俄国的吞并阴谋被粉碎。[2]1684 年，喀尔喀蒙古领袖土谢图汗再次派遣使者到楚库柏兴，要求俄军撤出中国土地，释放被掳去的中国蒙古族人民。中国土谢图汗的使者指出：只有俄国停止侵略，才能使边境有安定与和平，他说："和平的言论将不会带来和平，你们别想霸占我们的国土，你们的那个城堡（指侵略据点楚库柏兴）不能再存在"。他还强调指出：蒙古是中国的一部分，服从清政府的命令，"我们的斡齐尔赛音汗（即土谢图汗）同大清皇帝一致行动"[3]。俄方置之不理。1685 年，蒙古人起义，袭击了侵略据点通金斯克。俄国侵略者惊呼："强大的斡齐尔赛音汗和他的兄弟巴图尔·珲台吉是色楞格斯克哥萨克的主要敌人。从一六七八年起，他们经常威胁着色楞格斯克"[4]。

俄国国内政局不稳，内部矛盾尖锐，也使得俄国政府不可能集中力量加强对黑龙江流域的统治。1676 年，老沙皇阿列克塞·米哈伊洛维奇死去，之后，十四岁的长子费多尔即位，贵族们便加

1 华西里耶夫：《外贝加尔哥萨克史纲》，第 1 卷，第 149 页。

2 参见《清圣祖实录》卷一〇四，二十一年八月四日己卯，第 2~3 页。

3 沙斯金那：《十七世纪俄蒙通使关系》，第 118 页。

4 华西里耶夫：《外贝加尔哥萨克史纲》，第 1 卷，第 176 页。

紧争权夺利。1682 年，费多尔又死去，留下两个年幼的弟弟，一个是老沙皇阿列克塞前妻所生的伊凡，另一个是老沙皇的后妻那里什金皇后所生的彼得（即彼得一世）。争权夺利的贵族大臣们分成了两个阵营，一个以老沙皇前妻家的米洛斯拉夫斯基家族为中心，拥护伊凡；一个以后妻家的那里什金家族为中心，拥护彼得。双方展开了激烈的夺权斗争。1682 年 5 月，莫斯科发生兵变，士兵们冲进了克里姆林宫，全城陷入了大混乱，接着又发生广泛的农奴暴动。伊凡和彼得的姐姐索菲亚公主利用混乱局面夺取了政权，宣布两个弟弟伊凡和彼得并立为沙皇，而索菲亚则掌握着实权。在索菲亚公主的统治下，俄国政府内部钩心斗角，互相倾轧，政局很不稳定，无暇顾及远东，不可能调动更多兵力来加强它在黑龙江上的殖民统治。

同时，尼布楚督军区内部也在发生激烈的权力争夺。督军沃依科夫和雅克萨的俄国侵略军发生内讧。沃依科夫把自己的儿子安德列安插在雅克萨当头子，雅克萨的侵略军不肯服从，不但和安德列争吵，而且指责督军克扣军饷。沃依科夫亲自跑到雅克萨去平息不满，军队仍不买账，撵逐了安德列，由另一个名叫伏洛西尼柯夫的哥萨克出来当头子。这场争吵闹得不可开交，沃依科夫平息不了这场内讧，只好带着儿子跑回尼布楚，这个俄国督军自己也承认在他统下的雅克萨“是座贼堡，是一群强盗建立的”，“那里住的是一群哥萨克强盗”[1]。他向沙皇控告这伙土匪不但不服从命令，还抢劫政府的贡物和征购的粮食。雅克萨的俄国侵略军则反过来也控告沃依科夫排挤哥萨克，饿死人质，克扣军饷，营私舞弊。这一群大狗、小狗、饱狗、饿狗正在进行激烈的争夺，也不可能集中力量去加强他们的侵略据点。

1683 年，第一批中国军队 1000 人在萨布素的率领下开抵瑷

1　巴赫鲁申：《哥萨克在黑龙江上》，第 5 章。

珲，筑城驻守，与俄国侵略军对峙，俄军慌乱惶恐，一夕数惊。“关于中国军队的人数有着没完没了的混乱谣言。有些谣言被历史家们信以为真。一个说，有九千军队带着二十年口粮；另一个说，有一万五千军队攻打雅克萨，而更多的军队攻打尼布楚；第三个说，有一万五千军队开向雅克萨，二万五千军队开向尼布楚，还加上一万军队从水路到来，这五万军队带着可供三年之用的物资；还有另一个谣言说，中国军队共有一万五千人，其中六千人要打雅克萨，九千人要打尼布楚”[1]。

沙皇政府急急忙忙调兵遣将。1683 年任命亲信大臣康斯坦丁·谢尔巴托夫公爵为叶尼塞斯克督军。沙皇的谕旨中说：“达斡尔服役人员禀告说：一六八二年，中国人水陆两路，大批集结，准备进攻达斡利亚各城堡……由于这些城堡中人数很少，无法防御……因此，一六八三年派大臣康斯坦丁·谢尔巴托夫公爵到叶尼塞斯克去……命令他尽可能地保卫色楞格斯克，保卫整个贝加尔湖地区、达斡利亚地区和其他城堡”[2]。

1683 年 4 月 20 日，沙皇命令在托博尔斯克地区立即招募 1000 名哥萨克，编组军队，由普鲁士军官拜顿（Беитон, Афанасий）[3] 率领向雅克萨增援。

处在前线的楚库柏兴、尼布楚、雅克萨的军事指挥也作了全盘调整。尼布楚督军沃依科夫因和部下争吵、互相控告弄得声名狼藉、威信扫地而被撤职，由伊凡·叶夫斯塔菲耶维奇·弗拉索夫继任。弗拉索夫当时是伊尔库次克的督军，他长期在外贝加尔地区活动，对当地情况很熟悉，“莫斯科政府注意到当地事务的复杂性，一反常规，决定从莫斯科直接任命一位因服役有功而晋升的督军”，“在这种惶恐不安的时刻，需要派了解边陲情况

1　戈尔特：《俄国在太平洋上的扩张》，第 59 页。
2　华西里耶夫：《外贝加尔哥萨克史纲》，第 1 卷，第 170 页。
3　拜顿一说为苏格兰人。

的人去”[1]。

黑龙江地区的殖民占领体制也作了大的调整。雅克萨从尼布楚督军区划分出来，新成立雅克萨督军区。沙皇政府在这里投入了更大的力量，任命托博尔斯克的军役贵族额里克舍·托尔布津（АДексей Толбуэин）为雅克萨督军，统率已在黑龙江上的全部侵略军和正在西伯利亚编组、准备开往黑龙江的另外1000名哥萨克。额里克舍·托尔布津的父亲伊拉里昂·托尔巴津在1662~1667年间担任过尼布楚俄军的总管，额里克舍·托尔布津本人也当过雅克萨俄军的头目和尼布楚总管，父子两人都是坚决与中国人民为敌的杀人刽子手，额里克舍更以凶悍闻名，并熟悉雅克萨当地的情况。沙皇政府在关键时刻将他提拔为督军，放到第一线的重要岗位上。在这些新任的侵略军头子的指挥和监督下，整个西伯利亚地区在狂热地进行侵略战争的准备，到处呈现一片紧张忙乱的气氛。

大批哥萨克们应召，纷纷涌到托博尔斯克，拜顿在紧张地编组侵略援军，为了提高士气，给应召的哥萨克增加饷金，每人发给五卢布恩俸；大批军械物资从莫斯科源源东运；叶尼塞斯克在忙忙碌碌地征购、贮藏和运送粮食；上图里耶地区奉命赶造船只，供运输士兵和物资之用。楚库柏兴是镇压日益沸腾的蒙古人民反抗的据点和支援尼布楚、雅克萨的后方，其重要性更加突出了。贝加尔湖以东的许多城堡都划归楚库柏兴管辖，俄国当局计划把这里的驻军增加到500人。楚库柏兴旧城堡附近在匆忙地修筑新城堡，以应付紧急事态，俄国的计划中“还要在蒙古草原上，沿鄂尔浑河和楚库河建立一些新城堡，以吓唬蒙古人”[2]。弗拉索夫和托尔布津在1684年分别赶到尼布楚和雅克萨上任，弗拉

1　华西里耶夫：《外贝加尔哥萨克史纲》，第1卷，第171页。

2　华西里耶夫：《外贝加尔哥萨克史纲》，第1卷，第175页。

索夫在筹划从西伯利亚移民 500 户到尼布楚来，托尔布津忙于加固城防，添筑工事，搜集和贮存粮食物资，以便迎接即将到来的 1000 名援军。

这样，中俄双方都在动员人力、物力。中国方面决心要收复国土，抗击侵略军；俄国方面坚持要用武力进一步扩张、霸占中国的土地。黑龙江上战云密布，一场侵略和反侵略战争已迫在眉睫了。

三　前哨战，清政府争取和平谈判的屡次努力（1683~1684 年）

1683 年的 7 月，盛夏降临到黑龙江上。天空中老是阴沉沉的，密云不雨，森林和沼泽地带蚊蚋孳生、群兽出没。不久以前，黑龙江的江面还是雪积冰封，现在碧色的浪涛已在咆哮奔腾了。

有 4 艘平底木船和 2 艘货船沿着黑龙江向下航行。船上有 67 个全副武装的哥萨克，为首的名叫梅利尼克（Мылънкг，中国史籍中称吉礼过里）。这是雅克萨俄国占领当局派出的一支队伍。每年这个季节，雅克萨都要派出一批又一批队伍，到黑龙江中下游和松花江去劫掠中国各族居民。这支 67 人的队伍，就是雅克萨俄军当局派去侵扰中国黑龙江下游恒滚河（今前苏联境内阿姆贡河）一带的侵略部队。

从雅克萨到恒滚河，路程很远。船只沿黑龙江下驶，过了瑷珲，进入牛满河（今苏联境内布列亚河），然后沿着牛满河上溯，可以到达恒滚河的上游。其中，靠近瑷珲的一段深入中国的腹地，随时可能碰到中国军队。本来，在离瑷珲不远的地方俄军修筑了一个多伦禅据点，紧靠着精奇里江，专门探听和监视中国军队的调动，由于听说中国军队即将到来，多伦禅据点里的俄军害怕自己突出在敌前，容易受到进攻，已经放弃了据点。但雅克萨俄军不甘心放弃这个地方，让梅利尼克路过这里，侦察中国的动静。

梅利尼克等从 7 月 27 日离开雅克萨，已经航行了 11 天，快要到达额苏里，再有几天路程就可以通过瑷珲，到达牛满河口。梅利尼克等提心吊胆地注视着前方的动静。

突然，下游出现了异样的情况。远处有一队船只迎面驶来。事情是一清二楚的，这里除了中国水师的船队以外，不可能有别的船队。梅利尼克慌忙下令船只靠岸，全体哥萨克做战斗准备。

但是，中国的船队并没有驶近开火，它也在远处对岸停泊下来。

梅利尼克还想逃走。他盘算着或是立即回航，或是弃舟登陆，但时间太晚了，回航的江面已被中国兵船封锁，岸上也出现了中国骑兵。梅利尼克很快就发现，自己已陷入天罗地网之中。

这支中国军队属于中国索伦族军官博克率领，是萨布素带到瑷珲来筑城永驻的一千名士兵的前锋部队。它刚刚到达瑷珲不久，就碰到了俄军的入侵。在当地居民的协助下，清军掌握了俄军的活动路线和当地地形，成功地部署了这次包围。

中国军队并没有立即开火。船队、骑兵和俄军保持着一段距离，监视着俄军的行动，就这样相持了一夜。第二天，两个中国军官来到梅利尼克的船上，要求梅利尼克到中国军营中去谈判。梅利尼克带着 10 个哥萨克来到中国军营，博克很有礼貌地接待他，劝他缴械投降，并且明确地告诉他：顽抗是无济于事的，只能白白送命，如果放下武器，可以得到优待。梅利尼克吓破了胆，乖乖地投降。他的队伍中有一部分人跳水逃走，跑到西林穆丹河上的据点西林穆宾斯克去了。

中国方面的战略是先扫外围，后攻中心。在俘获了梅利尼克的队伍以后，立即沿精奇里江而上，多伦禅据点中的俄军早已撤走，西林穆宾斯克据点中的俄军在梅利尼克队伍里的人逃来后，得知中国军队到来的消息，也脚底抹油，狼狈逃跑。这伙匪徒贼性不改，逃跑的时候也没有忘记带着人质，拖曳着许多赃物，“沿途还向异族人征收实物税。但是，通古斯人（指中国鄂伦春、鄂温克族）为中国人即将到来的传闻所鼓舞，中途袭击了哥萨克，打了他们个措手不及，结果有十五人被打死，人质也被他们夺回。剩余的哥萨克抛弃了雪橇，四散逃命”[1]。清军收复和拆毁了这个据点。在精奇里江上游新结雅斯克据点中的俄国侵略军，由于离得较远，没有得到清军到来的消息，被清军包围，很快也缴械投降了。

后来逃回雅克萨去的俄国侵略军，张皇报警，夸大其词，一会儿说中国有 160 艘船，每艘船上有 20 个士兵，还有几千名骑兵；一会儿又说有 300 艘船，船上有大炮。其实，这都是捕风捉影的无稽之谈，当时只有萨布素率领的 1000 名士兵到达黑龙江，而俘获梅利尼克队伍的不过是萨布素所属的一支前锋部队而已。

中国军队进驻黑龙江的消息，像春雷一样迸发，震动了黑龙江。长期受俄国侵略军欺压蹂躏的当地居民欢欣鼓舞，他们纷纷起来，用原始的武器对侵略军发动零星的袭击，到处掀起了反对俄国军事占领的汹涌怒潮。牛满河上的奇勒尔族奚鲁噶奴等打死侵略军十多人。精奇里江上的鄂伦春族朱尔铿格等两次袭击俄国侵略军，第一次击毙俄军四十余人，第二次击毙俄军二十余人。[2]黑龙江下游的费雅喀族和奇勒尔族掀起了更大规模的抗俄斗争，和俄军展开激烈的战斗，“击杀罗刹甚众”[3]。俄军从“北海”（即鄂霍次克海）增援，费雅喀族人民也向清军求援，清将夸兰大鄂罗舜（或作鄂洛诚）等率兵三百、炮四门奉命驰援，在费雅喀

1　巴赫鲁申：《哥萨克在黑龙江上》，第 6 章。

2　参见陈仪：《萨布素传》，转引自《吉林通志》卷一〇四。但《清圣祖实录》和《平定罗刹方略》只记载朱尔铿格击毙俄军五人并缴获其枪支，没有两次袭击和毙六十余俄军的记载。

3　《平定罗刹方略》卷一。

族噶克当阿等的向导下，清军冒着严寒，在冰天雪地中长途行军，于 1684 年初抵达恒滚河口，包围了俄军的寨堡。清军派俄国俘虏进寨堡去，劝令俄军放弃抵抗。俄军闻风丧胆，先交出火枪 20 支，释放鄂伦春族的 3 名人质，接着 21 个侵略军向清军投降，其他侵略军突围向鄂霍次克海方向逃跑。[1] 清军在当地各族人民的配合下，收复了大片中国领土，拔除了黑龙江下游杜吉根斯克、图古尔斯克、聂米伦斯克等侵略据点，这些据点里的俄军不是投降，就是逃跑或被击毙。

中国军队开到黑龙江上只有半年多时间，在当地各族人民的支援和配合下，如风卷落叶一样扫荡了俄军的外围据点，收复了广大的国土。到 1684 年初，除了雅克萨、尼布楚以外，整个黑龙江的中下游及其各条支流上的俄国侵略势力都已被肃清。

1684 年夏，达斡尔"副头目"倍勒儿（原为雅克萨人）等至雅克萨进行侦察。他们英勇机智地深入俄军巢穴，击毙俄军二人，俘获一人，探明了俄军在雅克萨、杭屋莫（或称昂古墨阿山顶，为雅克萨东面要隘）一带的设防情况以及俄军人数、船只、粮食贮备等。据倍勒儿等探明，当时麇集在雅克萨的俄国侵略者约有九百人。[2]

中国军队的活动体现了清朝政府把军事斗争和外交交涉结合起来的方针。每次战斗都先礼后兵，留有余地，敞开着谈判的大门。清军在进攻每一个俄军据点之前，都先派人去做政治劝说工

1　一百二十多年后（1808 年），日本人间宫林藏奉政府的命令，到库页岛和黑龙江下游进行侦察，他看到了当年中国军民抗击俄军的战地。他写道："此日经过名为山靼卫之地方（按：在恒滚河口之特林），从前俄罗斯强盗曾沿亨（恒）滚河下航，来此地盘踞。他们招抚附近夷人并掠夺其产物，企图蚕食这一带土地，后为满洲人讨伐，兵败归国。当时贼夷所建房屋尚在"。又间宫林藏经过"迭浩高"地方又写道："据说此地也曾被俄罗斯强盗掠夺，满洲人讨伐，击退俄贼"。见间宫林藏：《东韃纪行》下卷。

2　参见《平定罗刹方略》卷二。

作。在清政府的劝说下，许多俄军放下了武器，所以，扫清外围据点时所碰到的抗拒是很轻微的。俄军投降或被俘以后，不但一个不杀，而且受到优待。康熙一再下令对俄国俘虏“加意赡养，时其饮食，毋得缺乏，以示轸恤之意”[1]，并且“赏以衣帽”、“给以官职”，有的被封为骁骑校，有的被封为七品官。这些俄俘大部分被遣返回国，一部分不愿意回俄国去为老沙皇卖命的下层士兵被安置在北京，娶妻生子，成家立业。1683 年 11 月，清政府命令：“罗刹归顺人颇多，应令编为一佐领，令其彼此相依，庶有资藉”[2]，这就是镶黄旗满洲第四参领之第十七佐领，并派 35 年前（1648 年）在黑龙江上最早降清的俄国兵伍朗格里担任管理。1685 年底，因雅克萨投降的俄军四十余人，不足编为半个佐领，康熙命酌量归入上三旗内。[3]

清政府优待俄俘是为了表明自己不愿和俄国打仗的和平意愿，以便和俄国重开谈判，促使俄军主动撤出雅克萨，“康熙皇帝仍希望不必经过一场全面战争而能解决这个争端”[4]。1683 年下半年，两个中国官员带着 17 名士兵前往尼布楚，要求俄方派人到齐齐哈尔进行谈判，俄国方面只派出了四个低级官员和士兵，而且态度蛮横，拒不撤退。清政府希望和俄国高级当局直接联系，进一步释放俄俘回国[5]，让俄俘携带一封咨文交给雅克萨俄国当局，咨文内容是理藩院誊抄康熙的谕旨，用满文、蒙古文、俄文三种

1 《清圣祖实录》卷一一一，康熙二十二年七月十五日甲申，第 7 页。

2 《清圣祖实录》卷一一二，康熙二十二年九月二十七日乙未，第 18 页。

3 参见俞正燮：《俄罗斯佐领考》。

4 塞比斯：《耶稣会士徐日昇关于中俄尼布楚谈判的日记》，第 3 章。

5 释放俄俘的数目不可考。俄文史料中说：俄俘经由雅库次克、托博尔斯克、色楞格斯克、雅克萨四条不同的路线回俄国，释放的俘虏为数当不少。据中国方面的记载：放回雅克萨的俄俘有宜番和米海罗莫罗对两名，不久又有鄂佛那西和费礼普两名。1685 年进攻雅克萨时又放回费咬多里等三名，还有从喀尔喀回国去的六名俄俘。1686 年第二次雅克萨之战中又释放鄂克索木果（或作鄂克顺科，俄国史籍中作奥克先卡）。

文字缮写。1684年初，俄俘宜番、米海罗莫罗对把信件带到了雅克萨，信件内容如下：

> 鄂罗斯国罗刹等，无端犯我索伦边疆，扰害虞人，肆行抢掠。屡匿根特木尔等逃人，过恶日甚。朕不忍即遣大兵剿灭，屡行晓谕，令其自释过愆，速归本地，送还隐匿逃人。前次所差彼使尼过来（即尼果赖·斯帕法里），亦经晓谕。但罗刹尚执迷不悟，反遣其部下人，于飞牙喀、奇勒尔等处，肆行焚杀。又诱索伦、打虎儿（即达斡儿）、俄罗春（即鄂伦春）之打貂人额提儿克等二十人入室，尽行焚死。此曹虽经晓谕，藐不畏法，因特遣将军统兵驻守黑龙江、呼马尔等处，不许罗刹仍前恣意妄行，遇即擒杀。顷者罗刹诸人，经过黑龙江地方，遇我将卒，降其三十余人。奏至，朕体好生之德，未戮一人，皆加豢养，使各得其所。今雅克萨、尼布潮（即尼布楚）罗刹等若改前过，将根特木尔等逃人送来，急回本地，则两相无事，于彼为益不浅。倘犹执迷不悟，留我边疆，彼时必致天讨，难免诛罚。如路远难归，倾心投诚者，朕亦纳之，必加恩恤，使各得其所。[1]

清政府虽然做出了和平表示并进行了政治劝说，但这种单方面的表示和劝说是不可能使侵略者放下屠刀、撤出中国领土的。俄方决心要顽抗下去，置不作答。

清政府没有得到俄国方面的答复，但仍在考虑除战争以外能够促使俄军撤出中国领土的其他办法。它从当地居民中了解到：俄国侵略军在粮食物资的供应方面存在着很大困难，清政府希望

1 《清圣祖实录》卷一一二，康熙二十二年九月九日丁丑，第4~6页。这封信的俄译本见于班蒂什—卡缅斯基编《俄中外交文件汇编》，第36页。

通过较小的军事行动进一步切断俄军的供应，以迫使它撤出中国。1684 年，清政府命令萨布素出兵抢割雅克萨附近俄国殖民主义农庄上的庄稼，又命令蒙古车臣汗断绝对俄贸易。在军队抢割庄稼以前，又派人通知俄军："尔等据我雅克萨、尼布潮，多历年所，屡令撤还，迁延不去，且收我逃人，侵我边民。今大兵水陆进剿，尔其远退，以保余生"[1]。清政府认为，这一行动或者可以迫使侵略军自动撤退，至少也可以削弱其顽抗的力量。

"凡是反动的东西，你不打，他就不倒。这也和扫地一样，扫帚不到，灰尘照例不会自己跑掉。"[2]清政府苦口婆心，再三劝说，又采取了警告性措施，但俄国侵略者置若罔闻，继续霸占着中国的土地，为非作歹。清政府争取和平解决边界问题的多次努力都碰了壁。

在前线的清朝将领不理解这种迂回曲折的斗争策略，他们不赞成政府规定的军事斗争、外交谈判和派兵永驻相结合的方针，对于长途跋涉，到寒冷而荒凉的黑龙江地区作战和长期驻守颇为不满，因此对于抢割庄稼并不积极，磨磨蹭蹭，行动迟缓。等到俄国殖民主义农庄上的庄稼收割完毕，清朝将领还没有采取行动，并且向政府提出增调关内的军队和火器到黑龙江去助战的要求。康熙帝对于前线将领违背既定方针、拖延执行命令的消极态度很不满意，斥责他们"坐失机会，更借端题请，殊属不合"，"一应咨题，多属支吾，借端延滞"，并进一步指出："此皆谪遣黑龙江狂悖之人，从中沮议，不欲成事"[3]。可见，清政府在反对俄国侵略的同时，还要同自己政府和军队内部的不抵抗主义者或速胜论者进行斗争。

---

1 《清圣祖实录》卷一一五，康熙二十三年五月十九日甲申，第 21 页。

2 毛泽东：《抗日战争胜利后的时局和我们的方针》，见《毛泽东选集》，第 1029 页，人民出版社，1966 年。

3 《清圣祖实录》卷一一九，康熙二十四年正月二十三日癸未，第 5 页。

四　清政府主动停战并实现单方面撤军

1686年下半年，清军包围了俄国侵略军，雅克萨城旦夕可下。这时候，有一支三十多人的俄国队伍正从西伯利亚急急忙忙地向东奔驰。这支队伍是沙皇政府派遣的先遣信使，到北京去递送国书，为首的是尼基弗尔·文纽科夫（Венюков Никифор，旧译米起佛儿·魏牛高）和伊万·法沃罗夫（Фаворов Иван，旧译宜番·法俄罗瓦）。[1]

这个先遣信使队是因何派出的？怎样派出的？[2]

多年以来，清政府一次又一次地写信给俄国政府，要求俄军停止侵略，举行谈判，俄国政府未予理睬。1685 年 11 月，莫斯科政府知道了第一次雅克萨战斗的消息，同时收到康熙帝给沙皇的信件和清军统帅彭春给雅克萨俄军当局的咨文。在信件和咨文中，清政府明确地申述了自己的立场：由于俄国入侵中国，清政府不得不起而抗击，但是它不愿意和俄国作战，希望俄军撤出中国领土，“以雅库（次克）为界”，遣使谈判，和平解决争端，“如此，则边界地方永得安宁，而无侵扰之忧，互相贸易遣使，和睦相处”。

雅克萨战争的消息和这两封远方来信，在莫斯科的宫廷和官场中引起了一阵骚动。贵族大臣们议论纷纷，究竟是坚持武装侵略增兵攻打中国，还是接受中国方面的倡议遣使举行谈判？经过了几天的议论、争辩，1685 年 12 月初，沙皇政府决定接受清政府的倡议，派出使团，和清政府进行谈判。

沙皇政府贪得无厌，绝对不会放弃对外扩张的方针。但是，它

1　参见《兵部为通告俄国撤回罗刹、于雅库立界致察罕汗咨文》（康熙二十五年七月三十日），故宫博物院明清档案部藏。

2　参见加恩：《早期中俄关系史》，第 8 页。

在不同的情况下，可以采取军事的或者政治的手段以达到其侵略目的。在当时，俄国的国际、国内形势不允许它再增派大量军队到中国来进行大规模战争，因此在使用军事手段以外同时也接受了谈判建议，企图用外交手段，保持和扩大它在远东的侵略利益。

当时，俄国正由彼得一世的姐姐索菲亚公主执政，统治阶级内部矛盾重重，斗争十分激烈，政局很不稳定，它在西方又连年进行战争。俄国那时在西方还没有一个出海口，波罗的海沿岸被瑞典控制着，一时无法打通；黑海沿岸是克里米亚汗国的土地，也不能通过。长期以来，俄国处心积虑要并吞克里米亚汗国，占领黑海沿岸，以夺取出海口。但克里米亚汗国背后有土耳其的支持，因此，俄国和土耳其的关系十分紧张。1676 至 1681 年爆发了俄土战争。这次战争没有解决出海口问题，俄国很不甘心，又去拉拢波兰，准备成立同盟，对土耳其发动一次新的战争。当雅克萨之战的消息传到莫斯科的时候，新的对土战争已如箭在弦上，迫在眉睫。俄国的侵略重点始终在西方。沙皇政府不可能使这场关系“俄罗斯帝国”命运的新战争停止下来，而把人力、物力移用于远东方面，因此，它接受了清政府的建议，派出了谈判使团。

沙皇政府派出谈判使团并不意味着改变了对华侵略的方针。中国是一块肥肉，老沙皇一向垂涎三尺，但是这块肉很硬，咬不动。俄国对中国的武装侵略碰了钉子，增兵又不可能，它不得不考虑对外扩张日程表上轻重缓急的顺序，不得不将武装侵略和外交谈判两种手段交替地使用。因此，对老沙皇来说，外交谈判是战争的继续，是进行侵略的另一种手段；而对清政府来说，谈判则是在另一种形式下保卫领土主权的斗争。

俄国政府决定派出使团，前往中国进行谈判。在使团出发以前，文纽科夫和法沃罗夫等奉命为先遣信使，驰往北京，呈递沙皇的书信，将俄国政府接受清政府建议、派出使团的消息通知清政府，要求清政府停止围困雅克萨。

1685年12月30日，文纽科夫、法沃罗夫一行从莫斯科出发，1686年8月从中国北部边境入境，中国喀尔喀蒙古地方政府立即奏报北京中央政府，清政府派人往喀尔喀地区迎接。1686年11月10日，文纽科夫等到达北京。这时候，第二次雅克萨战争已经进行了将近四个月，黑龙江前线的俄军死伤殆尽，只剩下一百数十人，雅克萨城即将被攻克。

1686年11月12日，俄使在午门前呈递了沙皇约翰（即伊凡）与彼得给康熙皇帝的书信，清政府派大学士明珠、尚书科尔坤、佛伦等多次接见文纽科夫，进行谈判。

雅克萨战争是由于俄国入侵中国领土引起的。但是，沙皇在书信中百般抵赖自己的侵略罪行，反而倒打一耙，气势汹汹地质问："中国皇帝之军队来我边界，我属下人并未作恶滋事，中国皇帝为何缘故，抛弃祖先之互相和睦相处，事先未通晓缘由，即行出兵？"这种说法完全是颠倒是非的诡辩。俄军明明入侵了中国领土，反说中国军队"来我边界"；俄军在黑龙江上杀人放火，无恶不作，反说"我属下人并未作恶滋事"；清政府写了许多信件，要求举行谈判，俄国政府置之不理，反说"事先未通晓缘由"。沙皇在信中还威胁说：俄国"方派不可胜数之精兵，令其抵挡你军。我英勇之官兵，也愿与你军为敌"，并且无理地要求清政府"退还你所取之地，为首寻衅之人当治罪"[1]。

当然，清政府不会屈服于俄国的虚声恫吓，大学士明珠等驳斥了沙皇信件中的诡辩和谎言。在多次谈话中，明珠等向俄使追述了发生雅克萨战争的原委，指出战争的责任完全在俄国政府方面，并阐明了清政府一贯主张和平谈判的立场。明珠说：中国"向无伤犯尔国之处，尔国人却无故以枪炮掠杀我居雅克萨等地手无器械之虞人（即猎人），并屡次纳我逃人"，"复又抢劫我手无

1　《俄皇约翰和彼得为请解雅克萨围遣使会议致康熙帝国书》。此书签署日期为公元1685年12月20日，故宫博物院明清档案部藏。

器械之虞人奇勒尔、索伦等，并窜入我黑龙江下游亨滚（亨滚河）等地，骚扰滋事”，“如此骚扰滋事之处，曾多次向察罕汗（即沙皇）颁敕遣人，并无复奏，也未加制止滋事之人”[1]。

正是俄国的不断侵略和俄国政府对中国和平谈判的倡议置若罔闻，使得中国方面忍无可忍，不得不进行自卫反击。这场战争的责任，俄国政府是抵赖不掉的。明珠等进而反驳说："如今你奏文中，若谓我先进犯，则你俄罗斯人过雅克萨，近二三千里，直入我亨滚等地，骚扰滋事，所拿获者至今尚在，问其于何地被擒甚明"，“此谓我先下手，或谓你先下手？”[2]。

明珠等的这番驳斥，有理有据，义正词严，说得“俄罗斯使臣无言以对”。

尽管沙皇的信件对中国进行了颠倒是非的指责和蛮横的威胁，但清政府仍希望与俄国迅速实现和平，因此提出了中俄双方立即就地停战的建议。清朝官员向文纽科夫说："大兵围困雅克萨城，城内之人陷于饥馑，以致于穷竭倒毙"，并再三敦促俄方“令你人员携执照与我人员一同驰驿，速往止兵，以迅速了结双方之事”。表示中国方面可以把军队“撤至一处，驻于战船附近，使城里人任意出入，寻觅食物，砍伐柴草”[3]。

不料，清政府这一善意的就地停战建议，却遭到文纽科夫的拒绝。文纽科夫不满足于就地停战，要求清军从雅克萨撤回内地，而让俄军继续留在雅克萨，霸占中国领土。他说："若撤回大兵（指清军），我则遵从皇帝（指康熙）旨意，派我人员去雅克萨，甚至尼布楚。倘若只停围，仍留兵于该地，城内人迫于饥馑，致

1 《大学士明珠等为俄使奏文仪式及撤围雅克萨与文纽科夫交涉记事》（康熙二十五年九月二十八日），故宫博物院明清档案部藏。以下版本同。

2 《大学士明珠等为俄使奏文仪式及撤围雅克萨与文纽科夫交涉记事》（康熙二十五年九月二十八日）。

3 《大学士明珠等为俄使奏文仪式及撤围雅克萨与文纽科夫交涉记事》（康熙二十五年九月二十八日）。

生盗劫之事，反将归咎于我，故断然不可派遣”。清朝官吏反复譬解，再三劝说，文纽科夫一味推托、拒绝。他一会儿说自己无权下达停战令，“我即使往雅克萨派人行文，也于事无益”；一会儿说“寒冷时节，如此前去，我等穿戴均甚单薄，途中恐将遭冻死”；一会儿又说先遣使团“其中一二人有货”[1]，要求在北京贸易，销售带来的私货。他节外生枝地提出这些不成其为理由的理由，不肯派人到雅克萨去下达停战命令，却坚持要清军在中国领土上单方面撤退。

最后，清政府从促成中俄两国进行谈判的大局考虑，一让再让，决定满足俄方的要求，实行单方面撤兵，以等待俄国使团前来谈判，并允许俄国先遣信使人员可在北京贸易十天，赏赐衣帽靴袜，供给驼马差秣，堵塞了文纽科夫的一切口实，排除了通向和平谈判道路上的障碍。同时，清政府向文纽科夫声明：由于当时已入寒冬，黑龙江已经封冻，中国船只被冻结在雅克萨的河湾里，不能移动，因此中国答应单方面撤军，也必须等到明年天暖解冻以后，才能撤退；又再三向俄使说明：中国单方面撤军是为了促成谈判，并不意味着承认俄军霸占雅克萨，恰恰相反，中国政府收复失地的决心是不可动摇的。文纽科夫给沙皇政府的报告中说：“近臣们（指清朝大学士明珠等）谈到，路上札尔固齐（指陪送俄使的清朝官员）也说过：阿尔巴津（雅克萨）当然不能归沙皇陛下所有”[2]。

1686 年冬在北京进行的这场停战谈判，表现了清政府极大的和平诚意，也暴露了俄方的侵略野心。雅克萨是中国的领土，只有俄军停止侵略，撤出雅克萨，才能保持中俄两国之间的和平。但清政府为了促成谈判，在雅克萨即将攻克的时候，主动提出就

1 《大学士明珠等为俄使奏文仪式及撤围雅克萨与文纽科夫交涉记事》（康熙二十五年九月二十八日），故宫博物院明清档案部藏。

2 《十七世纪俄中关系》，第 2 卷，第 116 页。

地停战，等待谈判划界，这已经是很大的让步。俄使却得寸进尺，要求中国在自己领土上单方面撤兵，而俄军仍留在雅克萨，这就充分暴露了俄方在谈判的幌子下坚持霸占中国领土的侵略意图。清政府为了早日举行谈判，实现和平解决，委曲求全，不惜一让再让，最后决定在自己领土上单方面撤军，表现了极大的和平诚意和忍让态度。文纽科夫再也找不到推托的理由，这才不得不同意派人到雅克萨去传达停战命令。于是，清政府派御前侍卫马武等四名官员与文纽科夫派出的沙拉波夫和布什科夫二人一同驰往雅克萨，对双方军队下达停战命令。

1686年 12 月，马武等到达雅克萨，向清军宣读康熙的谕旨："萨布素等撤回雅克萨之兵，收集一所，近战舰立营，并晓谕城内罗刹，听其出入，毋得妄行攘夺。俟鄂罗斯后使至定议"[1]。沙拉波夫和布什科夫却告诉拜顿等人，"在阿尔巴津不能高枕无忧，要注意人员和城堡的安全，以防中国人突然袭击"[2]。尼布楚督军弗拉索夫在接到停战消息以后，更命令雅克萨俄军加强备战，"免得为议和所惑"[3]。

这时候，雅克萨被围日久，疾病流行，死亡累累，又缺少粮水木柴。萨布素和俄方具体安排停战时说明："皇帝命令中国军队长官停止进攻雅克萨以待举行全权大使谈判，军队长官将不再进攻雅克萨，要雅克萨城内军役人员（指俄军）放心，可以到黑龙江取水"，"由尼布楚到雅克萨可以允许通行"，"如果被围城中缺少什么，城内守军可以向军队长官说明，他们将下令予以帮助"，"只是希望雅克萨城内人员不要出城来滋生事端"。又说明：中国军队从雅克萨完全撤退，须待明年开冻以后，"因为他们的

1 《清圣祖实录》卷一二七，康熙二十五年九月二十八日己酉，第 24 页。

2 《十七世纪俄中关系》，第 2 卷，第 118 页。

3 《十七世纪俄中关系》，第 2 卷，第 115 页。

木船在黑龙江上冻住了，炮和军需品不能启运，他们自己也没有可乘的船”[1]。

雅克萨俄军本有 826 人，最后只剩下 66 人。[2]清军给他们送去粮食，还准备派医生入城给他们看病。尼布楚俄军把粮食物资运到雅克萨来，清军让他们自由出入。1687 年 5 月 16 日，清军退至查克丹，8 月全部撤离雅克萨，返回瑷珲。

清军信守单方面撤军的诺言，而俄军却趁清军停战撤兵的机会，不断向雅克萨运送战争物资，增派军队，加固城防。到 1688 年秋，雅克萨俄军又增加到了 300 人[3]，而且一些殖民主义农庄也恢复起来。

由于中国方面倡议和平谈判并实行单方面撤军，战争才得以结束，中俄关系的历史进入了谈判阶段。

（摘自《一六八九年的中俄尼布楚条约》）

1 《十七世纪俄中关系》，第 118 页。

2 据俄国方面记载：到清军完全撤围为止，雅克萨围城内幸存的俄军共 66 人，1687 年 10 月俄国政府奖赏这 66 人。但据中国方面记载：“杯顿（拜顿）已病危，唯余二十二人，亦皆羸病”（《八旗通志初集》卷一五三《郎谈传》）。

3 据 1688 年 8 月雅克萨俄军向俄国大使戈洛文报告：城中有军役人员等二百人左右。不久，戈洛文即命令弗拉索夫再派一百名口粮充足的军役人员前往雅克萨。参见《十七世纪俄中关系》，第 2 卷，第 353~354 页。

雍正继位的历史疑谜

近日，全国正在播放电视连续剧《雍正王朝》。此剧描述并赞扬了雍正帝的历史功绩。雍正的确是一位安邦治国的杰出政治家。电视剧围绕当年太子的废立、皇位的争夺、惩治贪污、西北用兵等展开了一幕又一幕惊心动魄的斗争。我这里只是从一个历史研究者的角度，对雍正继位的问题谈点个人见解。

一

关于雍正的继承帝位，历史学界从来就有两种意见：一种认为雍正是由康熙临终传位的合法君主，另一种认为雍正继位是夺权篡立。后一种篡立说由孟森、王钟翰、许曾重、杨珍等学者的研究，提供了越来越多而坚实的证据。

康熙六十一年冬，康熙帝在热河和南苑行猎之后"偶感风寒"，住在畅春园休息，命皇四子胤禛往天坛代行冬至祭典。十一月十三日凌晨，康熙帝病情恶化，至夜间猝然逝世。据称：临终遗言由皇四子胤禛继位，即雍正帝，官书言之凿凿，似无可怀疑。但当时社会上流言四起，说雍正系篡立夺位。较早见于记载者为《大义觉迷录》，其中说：

"先帝欲将大统传与允禵，圣躬不豫时，降旨召允禵来京，其旨为隆科多所隐，先帝宾天之日，允禵不到，隆科多传旨，遂立当今。”

“圣祖皇帝原传十四阿哥允禵天下，皇上将‘十’字改为‘于’字。”“圣祖皇帝在畅春园病重，皇上就进一碗人参汤，不知何如，圣祖皇帝就崩了驾，皇上就登了位，随将允禵调回囚禁。太后要见允禵，皇上大怒，太后于铁柱上撞死。”

此处所说雍正夺位的情节，曲折离奇，与官书记载大相径庭。一方面官方文书不可全信，因为它是雍正即位后编写的，自然不会有篡立的痕迹。另一方面民间流言，亦不可全信，因为这些流言多出自雍正政敌之口。雍正继位之谜遂扑朔迷离，成为千古疑案。例如改写遗诏之说是不可能的。按照清朝的书写格式，允禵写作“皇十四子”，胤禛写作“皇四子”，第一个“皇”字不可省略，改诏是不可能的。但否定这一民间传言，并不排斥雍正的矫诏篡立。雍正继位确实存在许多疑点，这件公案扑朔迷离，众说纷纭，成为千古疑案。

康熙帝晚年，因太子废立，闹得举朝不安，储位虚悬已十年之久。但康熙心目中似乎已将皇十四子允禵视为自己的接班人。当时准噶尔入侵西藏，清援军入藏战败，西线军情紧急。康熙五十七年，允禵被任命为抚远大将军，率大军西征。这次援藏之役，出兵多，任务重。当时，太子人选正待确定，康熙给允禵这一重大任命，当意有所属，大概是为了考验和锻炼允禵的才能。为了树立允禵的威信，此次出兵仪式隆重，规格甚高，康熙“亲诣堂子行礼”。允禵可用正黄旗纛，称大将军王。随允禵出征的有一批亲王、郡王及康熙的几个爱孙。康熙十分看重允禵的才能，对蒙古亲王说：“大将军王是我皇子，确系良将，带领大军。深知有带兵才能，故令掌生杀重任。尔等或军务，或巨细事项，均应谨遵大将军王指示，如能诚意奋勉，即与我当面训示无异”（《抚远大将军奏议》）。

允禵到前线后，康熙对他关怀备至，屡通音问，告诉他“阿玛、额娘身体都好……自去年以来，一剂药也没吃……上炕时不再需要旁人扶持，骑马时也不用安放马蹬了”，“朕的白头发、白胡子有些变青了，你不要将此告诉别人”（《满文朱谕》）。允禵在前线两年内受赏赐物件食品达16次之多，包括眼镜、鼻烟壶、康熙用过的腰带，“凡有各省进献之佳品，父皇皆一项不漏，立即赏给臣”（《满文朱批奏折》）。允禵的几个儿子也被康熙带到热河“仁爱训育”，使他们“时常依绕皇祖膝前”（《满文朱批奏折》）。允禵的儿子弘春和女儿结婚，康熙亲自照料，赏赐财物妆奁。康熙给允禵兵权，且关系十分亲密，这在当时已给人以允禵将是接班人的印象。故皇九子允禟说允禵“聪明绝世”，“才德双全，我弟兄们皆不如”，“十四爷现今出兵，皇上看得很重，将来这皇太子一定是他”（《文献丛编·允禩允禟案》）。连当时的朝拜使者也说：“十四王拥兵在外，屡建大功，众心咸属”（《燕行录》）。

把这些记载和雍正夺位后对允禵出任大将军之事的评论相对照。雍正说：“（康熙）知允禵在京毫无用处，况秉性愚悍，素不安静，实借此驱逐之意也”（《大义觉迷录》）。照这说法，康熙竟会派一愚悍不安静的儿子担任大将军之职，视军务如儿戏，这是不可信的，是雍正为了破坏允禵形象的诋毁之词。

二

康熙怎样传位给雍正，据官书所说，也是破绽百出，无以自圆其说。最早是雍正元年八月上谕：“圣祖……命朕缵承统绪，于去年十一月十三日仓猝之间，一言而定大计”，这里未提及听到遗命的人。至雍正五年十月上谕说：“皇考升遐之日，召朕之诸兄弟及隆科多入见，面降谕旨，以大统付朕。是大臣之内，承旨者唯隆科多一人。”这里出现了诸皇子和隆科多聆听遗命的记载。至雍正七年九月，雍正为了驳斥夺位流言，写《大义觉迷录》，叙述康熙临终授命情形，极为详细具体：

“康熙六十一年十一月冬至之前，朕奉皇考之命，代祀南郊。时皇考圣躬不豫，静摄于畅春园……至十三日，皇考召朕于斋所。朕未至畅春园之先，皇考命诚亲王允祉、淳亲王允祐、阿其那(即允禩)、塞思黑（允禟)、允䄉、允祹、怡亲王允祥、原任理藩院尚书隆科多至御榻前，谕曰：‘皇四子人品贵重，深肖朕躬，必能克承大统，著继朕即皇帝位。’是时，庄亲王允禄、果亲王允礼、贝勒允禑、贝子允祎俱在寝宫外祗候。及朕驰至问安，皇考告以症候日增之故，朕含泪劝慰。其夜戌时，龙驭上宾。朕哀恸呼号，实不欲生，隆科多乃述皇考遗诏。朕闻之惊恸，昏仆于地。诚亲王等向朕叩首，劝朕节哀。朕始强起办理大事”（《大义觉迷录》)。

这段话存在许多问题：其一，康熙传位的重要情况，按理当在雍正即位之初，即行披露，何以延至七年之后才说出来？其二，雍正一直强调，自己在康熙去世之前，不知道会继承帝位，“朕向者不特无意于大位，心实苦之。前岁十一月十三日，皇考始下旨意，朕竟不知。朕若知之，自别有道理，皇考宾天之后，方宣旨于朕”（《上谕内阁》)。而按照《大义觉迷录》所言，雍正在康熙弥留之前八个时辰赶到了病榻前，其时康熙尚能言语，“皇考告以症候日增之故”，何以康熙未向雍正透露已传位于他？这是何等大事，是康熙遗忘了吗？还是向雍正保密？这都于理不通。而且已听到康熙面谕传位的兄弟们和隆科多亦无一言道及，直到康熙死后，“隆科多乃述皇考遗诏”，情形未免离奇。其三，隆科多既是面承遗诏的“唯一大臣”，而雍正五年的谕旨中却说“圣祖仁皇帝升遐之日，隆科多并未在御前，亦未派出近御之人”（《东华录》)，前言后语相互矛盾。其四，雍正说，康熙死时，果亲王允礼（皇十七子）亦“在寝宫外祗候”，而隆科多却说：“圣祖皇帝宾天之日，臣先回京城，果亲王在内（指皇宫内）值班，闻大事出，与臣遇于西直门大街，告以皇上绍登大位之言，果亲王神色乖张，有类疯狂，闻其奔回邸，并未在宫迎驾伺候”（《上谕八旗》）。可见允礼并不在“寝宫外祇候”，他听到康熙去世的消息后立即赶往畅春园，在西直门大街遇到隆科多，才听说雍正继位，深感意外，甚为惊骇，逃回家去。其五，据雍正说：“皇考升遐之日，朕在哀痛之时，塞思黑（允禟）突至朕前，箕踞对坐，傲慢无礼，其意大不可测”（《大义觉迷录》）。“圣祖仁皇帝宾天时，阿其那（允禩）并不哀戚，乃于院外倚柱，独立凝思，派办事务，全然不理，亦不回答，其怨忿可知”（《清世宗实录》）。允禩、允禟的举止不像是八个时辰以前已聆听康熙的传位遗言，而像是康熙刚刚逝世，听到雍正即位的消息而胸怀激愤之情。由此可见，所谓八人受康熙面谕传位雍正的事十分可疑，很可能是在七年之后伪造出来的。

三

从皇族中对雍正继位的反应亦可看出问题。雍正的兄弟很多，支持雍正继位的只有皇十三子允祥一人。皇十四子允禵和雍正是一母所生，二人又是角逐帝位的死敌。允禵从军前调回北京奔丧，与雍正发生口角冲突，被永远囚禁。皇八子允禩、皇九子允禟是雍正的死对头，他们势力大、影响广，对雍正篡立不服，进行抵制，是雍正的重点打击对象，至雍正四年，允禩、允禟被迫害致死。两人死后雍正把他们改名为阿其那（狗）、塞思黑（猪），可见积恨之深。皇十子允䄉是允禩一党，雍正二年即永遭囚禁。皇三子允祉也反对雍正继位，雍正说他“与阿其那、塞思黑、允䄉交相党附”（《清史稿》）。其子弘晟看不惯四叔的作为，雍正斥其“凶顽狂纵，助父为虐”，与父亲同被禁锢。皇五子允祺是位胆小怕事的人，但他的儿子弘昇也对雍正不满，被削除世子。皇十二弟允祹，本封履郡王，于雍正元年因“并不感激效力”，降为贝子。其他兄弟年龄较小，未卷入皇位的争夺，故得保全。雍正的生母德妃，民间流言说她触柱而死，虽无确切佐证，但雍正和允禵两个亲生儿子为争位而拼得你死我活，小儿子被大儿子终身囚禁，她在康熙去世、允禵被囚后“不饮不食”，不久死亡，其死因可能与帝位争夺、兄弟阋墙有关。连雍正的大儿子弘时（三阿哥）也不满父亲的所作所为，有所抗争，雍正竟和他断绝父子之情，令他去当允禩的儿子。“雍正四年二月十八日奉旨：弘时为人断不可留于宫庭，是以令为允禩之子。令允禩缘罪撤去黄带，玉牒内已除名，弘时岂可不撤黄带？著即撤去黄带，交与允祹，令其约束赡养”（《宫中档雍正朝奏折》）。到雍正五年，弘时又进一步与其他几个皇室兄弟获罪，被雍正赐死。

雍正初年，皇室内部这场血腥的屠杀，是雍正篡立而引起皇族内部的集体抗争，不仅他的许多兄弟参加，连他的生母、亲子也站在敌对营垒中。朝内外稍知情形者均不直雍正的行为，不服的人很多。故雍正说“在廷诸臣为廉亲王（允禩）所愚，反以朕为过于苛刻，为伊抱屈，即朕屡降谕旨之时，审察众人神色，未尝尽以廉亲王为非”（《上谕内阁》）。故清除允禩、允禟集团中被株连杀害的皇室、大臣甚多。连朝鲜的史料中也说，“清皇（指雍正）为人自圣，多苛刻之政，康熙旧臣死者数百人”（《朝鲜李朝实录中的中国史料》）。如果雍正确属康熙传位，是合法继承，就难以想象会集结起这样强大的反对力量，会激起众叛亲离，只剩孤家寡人。

雍正对年羹尧、隆科多、张廷玉等大臣的态度也很令人费解。这三人都是雍正夺位的功臣，年羹尧是雍邸旧人，妹妹是雍正的贵妃。当时，允禵在西北为大将军王，手握重兵。雍正夺位，按当时的集权体制，允禵很难举兵反抗，但雍正也不能不心存顾虑，而当时年羹尧任川陕总督，掌管粮饷，扼允禵之后路，正好是牵制允禵的一枚重要棋子。故雍正对年极为倚重，言听计从，荣宠异常。雍正对年羹尧的批语中甜言蜜语：“你此番心行，朕实不知如何疼你。尔此等用心爱我处，朕皆体会到，每向怡（怡亲王允祥）舅（隆科多），朕皆落泪告之。”雍正二年十月年到北京，雍正尚称其“公忠体国，不矜不伐，内外臣工当以为法，朕实嘉重之至”（《雍正朱谕》）。不久，雍正突然翻脸，年羹尧的奏折中“朝乾夕惕”被误写作“夕惕朝乾”，雍正斥其有意倒置，“羹尧不以朝乾夕惕许朕，则羹尧青海之功，亦在朕许不许之间未定也”（《清史稿》），将年贬为杭州将军。官员们看到年失宠，纷纷上奏劾年，不久逮年至北京，胪列92条罪状，令年自尽。

另一功臣隆科多，以国舅之尊任职步军统领，掌管北京的卫戍任务。康熙去世，他正手握兵权，一手促成雍正登基。雍正以前和隆科多交谊不深，在关键时刻隆科多倒向雍正一边，雍正对他感激涕零，尽心笼络，脱略了君臣的形迹。雍正即位，对年羹尧说：“舅舅隆科多，此人朕与尔先前不但不深知他，真正大错了。此人真圣祖皇考忠臣，朕之功臣，国家良臣，真正当代第一超群拔类之希世大臣也”。隆科多究竟立了什么大功，值得雍正这样吹捧他，不能不令人怀疑。后来也突然翻脸，以隆科多私藏玉牒（皇帝的家谱）在家，犯大不敬罪，罗织罪名41条，囚禁至死。

如果说年羹尧、隆科多恃宠狂傲，擅作威福，贪污纳贿，任用私人，那也是雍正娇宠太过而造成的。年、隆一贯的作为，雍正心内始终很清楚，何以即位之初，甜言蜜语，而突然翻脸，即屠杀囚禁，前恭后倨，一至于此？雍正曾批评：“年羹尧、隆科多办事不能慎密”。如果雍正继统有不可告人的秘密，年、隆二人完全掌握其中隐私，他们平时出言不慎，透露了消息，可能是遭到杀身之祸的主要原因。

康熙晚年，身边有一位内务府重要官员赵昌，他贴身侍候康熙，照料其起居，传达其意旨，康熙晚年和传教士的交往都通过赵昌进行。据当时在京的意大利传教士马国贤说:“雍正即位，发布了一个使全国震惊的命令，赵昌被拘执，处死刑，财产抄没，子女为奴”（《京廷十有三年记》）。为什么雍正即位后急急忙忙要处死此人？合理的解释是：赵昌知道康熙去世和传位的真相，而且不肯附和雍正，所以拿他问了刀。最近出版了《雍正朝满文朱批奏折全译》，雍正元年正月初六即赫然列有查抄赵昌家产的奏折，计有奴才家丁四百余人、房五百余间、田地五千六百余亩及大批金银物件，可以证实马国贤所说赵昌很快被杀为不虚。

张廷玉的命运和年羹尧、隆科多、赵昌完全不同。康熙晚年，张还是中级官吏，且是汉人，对雍正登基帮不上忙。雍正即位后，他被提拔上来，做文字工作，雍正夸奖他“纂修《圣祖仁皇帝实录》，宣力独多，每年遵旨，缮写上谕，悉能详达朕意”（《清世宗实录》）。《实录》是清朝的历史，康熙晚年有太子废立和雍正继统两件大事，如何编写这段历史，关系到雍正的威信和名誉。张廷玉撰纂《实录》，把历史剪裁得完全符合雍正的心意，而且天衣无缝，不留破绽。故雍正特别宠信他，称他是“第一宣力之大臣”，允诺张廷玉死后可配享太庙，在清一代，汉臣中得此殊荣者唯张廷玉一人。其实，张廷玉专事笔墨文字，从未建功立业，他的功劳就是撰写历史，销毁档案，为雍正掩饰当年夺位的真相。张廷玉还有一个不同于年羹尧、隆科多的长处，即是保密，不从自己嘴里流露半点机密，他的作风影响到后来的军机处，“致使汪文端、于文襄辈（汪由敦、于敏中皆乾隆时军机大臣）互相承其衣钵，缄默成风，朝局为之一变”（《啸亭杂录》）。

雍正如果矫诏夺位，又用残酷手段处置了诸兄弟和儿子，那就不能不受到良心的谴责。后来乾隆说：允禩、允禟“觊觎窥窃，诚所不免。及皇考绍登大宝，怨尤诽谤，亦情事所有，特未有显然悖逆之迹。皇考晚年屡向朕谕及，愀然不乐。”这明显透露了雍正的惭愧不安，故乾隆即位后，很快就为牵涉到此案中的哥哥、叔叔及宗室、大臣们平反昭雪。

雍正的举动也很异常。他口口声声说自己是最受康熙爱重的孝顺儿子，但即位之后，似乎很害怕康熙的亡灵。康熙一直住在畅春园，这是当时规模最大、富丽堂皇的皇家园林，雍正弃而不用，另营新居，大兴土木，扩建圆明园，作为自己起居的行宫。康熙经常去热河避暑山庄，行围打猎，练兵习武，接待蒙古王公，雍正先前也常陪侍父皇去热河。但他即位以后的 13 年，一次也没有去过避暑山庄。顺治、康熙的陵墓都在北京以东遵化马兰峪。此处形势雄峻，地面开阔，后称“东陵”，雍正偏偏不肯和康熙葬在一起，到北京西南易县，另建“西陵”，仿佛在故意躲着康熙。须知，尽管雍正雄才大略，很有见识，但迷信思想很浓重，他说：“鬼神之事，即天地之理，不可以偶忽也，凡小而丘陵，大而川岳，莫不有神焉主之，故皆当敬信而尊事”，“朕于天人感应之际，信之甚笃”（《东华录》）。一个相信天命鬼神的人如果干了对不起父亲、兄弟的事，他就会心中有鬼，无论起居、娱乐、埋葬都要远远地躲开他父亲的亡灵。这虽然算不上夺位的直接证据，但如果其他证据能够成立，也不失为一个旁证。

雍正继位存在很多疑点，很可能是矫诏篡立，由于改写了历史，销毁了档案，现在难于找到更确凿的证据，斧声烛影，是千古难解的疑案。当然，即使篡立是实，也不能抹杀雍正的历史功绩。应该说，封建统治阶级为争夺权位而相互残杀，是经常发生的。汉武帝攻杀儿子、唐太宗屠弟逼父杀子，武则天杀子，即使英明的君主也往往用阴谋手段和残酷斗争来为自己开辟道路，巩固地位，雍正并不是个例外。雍正，作为最高统治者，他具有杰出的才能，勤于政务，洞察下情，办事认真，御下严格，以雷厉风行的手段纠正了康熙晚年吏治疲玩、贪污公行的弊端，又实行“地丁合一”、“耗羡归公”、“改土归流”的政策，减轻人民负担，促进经济发展，巩固国家统一，雍正统治13年，厉行整顿改革，为以后的乾隆盛世奠定了基础。

(原载《中华儿女》1999年第3期)

雍正的廉政

最近中央电视台播放连续剧《雍正王朝》，歌颂雍正帝的功绩，在思想性和艺术性上确是上乘之作。历史剧是艺术，艺术允许有虚构、夸张、创造，其中的人物、情节、时间、地点并不和历史吻合，不能作为信史看待，对此不能苛求。剧中描写雍正在惩治贪污、澄清吏治方面确实反映了历史的一个侧面。

洞悉流弊，厉行惩贪

康熙晚年，政尚宽大。其流弊是政纪废弛，贪官污吏收受贿赂，挪用库银，无所忌惮。户部亏银 250 万两，苏州等地历年积欠 1600 万两，这项弊端雍正登基以前就了解，他说：“历年户部库银亏空数百万两。朕在藩邸，知之甚悉。”故即位后，厉行整顿，采取了许多措施。首先在中央设立会考府，以怡贤亲王允祥（康熙十三子）、舅舅隆科多、大学士白潢、尚书朱轼管理，负责稽核钱粮报销，清理亏欠，凡亏空库银的官员，或革职，或下狱，或充军，或抄家，限三年内偿还，后又展限三年。凡查实侵贪入己者正法。各省的亏空，除令该省督抚清查追赔外，又派钦差大臣前往办理，如雍正四年派迈柱清查江西钱粮，令前任江西巡抚裴徫度及藩司张楷、陈安策等大批官员均留江西听候询问追查。经过八九年坚持不懈的整顿，积欠基本上得到清理，一扫官场贪污之风。国库存银在康熙逝世时仅存800万两，到雍正五年增加到5000万两。几十年后，著名历史学家章学诚评论说："我宪皇帝(雍正)澄清吏治，裁革陋规，整饬官方，惩治贪墨，实为千载一时。彼时居官，大法小廉，殆成风俗。贪冒之徒，莫不闻风革面。"

廉政措施种种

雍正廉政，成效显著，所以能取得巨大成绩，首先是雷厉风行，突出一个"严"字。无论官员职务多高，地位多尊，一触贪网，即依法追究，决不姑息。在他统治下，因亏空贪污而被杀被关的人很多。湖南的州县官共65人，一年之内罢黜得罪者30人，几近一半，其他省份的情形亦类似，以致有的督抚说："若再提参，恐无人办事矣。"康熙十二子履郡王允祹，因亏空银两，勒限追赔，只得将家用器物摆在大街上出卖。康熙第十子敦郡王允䄉，亏欠亦多，赔交几万两尚未还清，被查抄家产。御弟尚且如此，对其他人更不手软。有的官员侵贪巨款，畏罪自杀。雍正对追赃亦不放松，着落其家属亲族代赔。雍正自己说，"严治贪婪，情厘帑项，概不得免，而追呼牵扰，亦有所不恤。"

雍正最讨厌那种包庇贪污分子，成为他们保护伞的上司官员。他指斥那些顾惜情面，徇隐欺饰，取悦于人的"巧宦"，是"德之贼也"。他说：督抚大员"最要者惟当在甄别属员之贤否，将贪庸不肖、众恶民怨之守令，严行参处"。如果上司官员不改变包庇欺饰的风气，地方政务不能整饬，"相率而为苟且之计，吏治何所依赖乎！"

雍正能够破格用人，提拔那些廉洁而勇于任事敢于严惩贪污的官员。如李卫、田文镜本来都是小吏，雍正加以重用。他知道李卫无文化，且有"粗率狂纵"的缺点，但他说"朕取其操守廉洁，勇敢任事，以挽回瞻顾因循，视国政如膜外之颓风耳。除此，他无足称”。田文镜死后，雍正给他的评语是："自简任督抚以来，府库不亏，仓储充足，察吏安民，惩贪除弊，殚竭心志，不辞劳苦，不避嫌怨，庶务俱举，四境肃然。”李卫、田文镜都是雍正反贪奖廉的得力心膂。

雍正廉政取得成效，还在于他对官场情弊十分了解，心中有底。他十分重视调查研究，改进和发展了康熙时的奏折制度，允许很多官员密折奏事，议论国政，评价人物，以广言路，特别对各级官吏的操守、才能、政绩，准许风闻言事，建立官吏之间相互监督的机制。雍正从多方面了解官吏的情况，博采舆论，反复衡量，并亲加考核。如雍正为了解贵州巡抚毛文铨为人，向年羹尧、隆科多、高其倬等人咨询，年称其“操守平常”，隆称其“操守尚好”，高称其“老成谨饬”，莫衷一是。于是又向贵州总兵石礼哈、丁大杰询问，石、丁声称毛文铨“悖理之事甚多”。雍正还是放心不下，亲自召见毛文铨谈话，对毛的印象极佳，认为毛“人甚妥尚历练”、“殊可大用”。雍正听政极勤，被认为“自古勤政之君未有及世宗者（即雍正）”。正是他勤于考察百官，重视调查研究，才对许多官员的贪廉、才干、政绩、性格了然于胸。这是他廉政工作取得成绩的一个重要原因。

雍正的廉政和其政治改革齐头并进，改革保证了廉政的成功。其重要改革即是“耗羡归公”和“养廉银”制度。清朝俸禄很低，一品大员年俸仅银 180 两、知县年俸仅 45 两，这不但不能应付公事开支，连养家糊口也不够用。低俸制伴随着贪赃营私，这是造成普遍贪污的客观原因。雍正即位后，实行“耗羡归公”。所谓“耗羡”是指人民交纳赋税时，因银两换算、保存、运送中有一定损耗，故酌收附加费用。向来由地方州县征收，作为地方办公及官吏额外收入，此项附加并无法定征收额，州县随心所欲，从重征取，有的抽正税一两，耗羡达五六钱之多，人民负担甚重。雍正认为这是一项弊政，决心进行改革。雍正二年从山西巡抚诺岷之议，开始实行“耗羡归公”，即将此项附加税变为法定征收，减轻税额，由督抚统一管理。所得税款，除办公费用外，作为官员们的津贴，称“养廉银”。清朝官员不设副职，数量较少，而耗羡总数很大，耗羡归公，用以养廉，养廉银很丰厚，督抚每年可得二三万两，知县可得数百上千两，比年俸增加一百多倍或几十倍。实行此项改革，既限制了耗羡征收的苛重，减轻了人民负担，又大幅度提高了官吏们的待遇，促进了廉政建设，故雍正自称“自行此法以来，吏治稍得澄清，闾阎咸免扰累”。

雍正性格的缺陷

雍正还有很多历史功绩，如“摊丁入地”、“改土归流”、“解除贱籍”、“平定罗卜藏丹津”等。但他在政治上和个人性格上也存在很多缺陷，他性情褊急、手段残酷，造成不少冤假错案。又好大喜功，急于求成，四川清丈、河南垦荒、陕西挖井、直隶营田均劳而无功。他继承帝位是否篡夺有很大疑点，且有逼母、屠弟、杀子的恶名。在他统治下，政治关系很紧张。故他死后，乾隆登基，一反雍正苛严之治，实行“宽严相济”的政策，平反冤假错案，昭雪死者，释放大批人犯（包括雍正的弟弟和宗室）。故后人评“纯皇帝（乾隆）即位，承宪皇帝（雍正）严肃之后，皆以宽大为政，万民欢悦，颂声如雷”，迎来了乾隆盛世。但乾隆的统治，是建立在雍正整顿、改革的基础之上的。如果没有雍正的整顿、改革，也就不会有乾隆时代的繁荣兴旺。故雍正之功，实不可没。

（原载《北京日报》1999 年 3 月 14 日）

历史上的雍正

雍正是一位十分复杂而矛盾的历史人物，他是勇于革新、勤于理政的杰出政治家，对康熙晚年的积弊进行改革整顿，一扫颓风，使吏治澄清、统治稳定、国库充盈、人民负担减轻。但他毕竟是封建皇帝，有着重大过失和种种局限，他的继位为帝，也存在很大疑点。

雍正的主要功绩有：

摊丁入地。这是一项重大的赋税改革。中国自古就有人丁税，成年男子，不论贫富，均须缴纳人头税。雍正实行改革，将人丁税摊入地亩，按地亩之多少，定纳税之数目。地多者多纳，地少者少纳，无地者不纳，是谓“摊丁入地”，一举取消了人头税。这项措施有利于贫民而不利于地主，是我国财政赋税史上的一项重大改革。

耗羡归公。我国古代以银、铜为货币，征税时，银两在兑换、熔铸、保存、运解中有一定损耗，故征税时有一定附加费，此项附加费称“耗羡”或“火耗”，一向由地方州县征收，作为地方办公及官吏们的额外收入。耗羡无法定征收额，州县随心所欲，从重征收，有的抽正税一两，耗羡达五六钱，人民负担甚重。雍正实行“耗羡归公”，将此项附加费变为法定税款、固定税额，由督抚统一管理，所得税款，除办公费用外，作为“养廉银”，大幅度提高官吏们的俸入。这样，既减轻了人民负担，又保证了廉政的推行。故雍正说:“自行此法以来,吏治稍得澄清,闾阎咸免扰累。”

创立军机处,推广奏折制度。明代权力集于内阁,故有权相产生。清雍正把权力进一步集中在皇帝手中,创立军机处,作为皇帝的秘书班子,为皇帝出主意,写文件,理政务,“军国大计,罔不总揽”。其特点是处理政事迅速而机密。军机大臣直接与各地、各部打交道,了解地方情形,传达皇帝意旨。此机构存在200年,直至清末。与创立军机处伴随的是推广奏折制度。由于以前的官文书批转手续繁复,且经多人阅看,时间拖延且难于保密,而奏折则向皇帝直接呈送,直达皇帝本人。雍正扩大了可向皇帝上奏折的人数,不同身份的官吏可以及时反映情况,报告政务,使皇帝洞察下情,以便制定政策;也使官员们相互监督,皇帝得以了解他们的贤愚、勤惰、政绩、操守。

改土归流。我国西南及其他一些少数民族聚居的地区,实行土司制度,其职务为世袭,仅名义上接受清朝的册封。土司们生杀予夺、骄恣专擅。这种制度妨碍了国家的统一和地区经济文化的发展。雍正即位后,废除了云南、贵州、广西、四川、湖南各地的许多土司,改成和全国一致的州县制度。“改土归流”是一场激烈的斗争,许多土司武装反抗,雍正坚决派兵平定。在平叛战争中虽然也累及无辜,给少数民族造成伤害,但从长远来说,“改土归流”是进步的措施,打击和限制了土司的割据和特权,对民族地区的经济文化发展有利。

此外,雍正还有许多值得称道的政绩,如惩治贪污、解放贱民、平定罗卜藏丹津、始派驻藏大臣等,为中国的统一与发展做出了贡献。

但是,雍正也有严重的过失和局限。他在位期间虽没有出现大规模农民起义,但零散的反抗经常发生。雍正的镇压措施十分严厉,不论具体情节,抗官者即以反叛论处,斩杀不赦。甚至拒捕时，有人“共在一处，虽非下手之人，在旁目观，即系同恶共济”，均斩立决。对民间秘密结社，嘱咐官吏们“时时察访，弋获首恶，拔树寻根，永断瓜葛”。苏州手工业工人要求增加工资，罢工叫歇，雍正严加惩处，立碑永禁叫歇。雍正时文字狱日益频繁，汪景祺因“谄附”年羹尧被立斩枭首，查嗣庭因趋奉隆科多被戮尸示众，陆生楠因议论时政被军前正法。最为轰动的是吕留良案。吕是清初具有民族思想的学者，已去世40年，后有曾静、张熙读吕氏之书，受其影响，竟去策反岳钟琪，要他反清复明，酿成大案。吕留良被开棺戮尸，其儿子、学生被处死刑。雍正朝文网甚密，株连人众，处刑严酷。知识分子动辄得咎，形成闭眼不敢看现实、缄口不敢谈政治的沉闷风气。

雍正遵奉重农业、轻工商的信条。他说“农为天下之本务，而工贾皆其末也。市肆之中多一工作之人，即田亩之中少一耕稼之人。群趋为工，则物之制造者必多，物多则售卖不易，必至壅滞而价贱，是逐末之人多，不但有害于农，而并有害于工也”。根据这一理论制定的政策必然不利于工商业的发展。他又认为，开矿“断不可行”，因为开矿将引诱人们离开农本，追求末业，而且矿工聚集一地，易于闹事。

雍正在对外交往中亦故步自封。当时来华贸易的外国商人日益增多，但雍正却不许中国商人出洋贸易，并设置种种障碍，声言“海禁宁严毋宽，余无善策”。后来，在沿海各省的再三要求下，虽稍稍放宽海禁，但仍加以种种限制。尤其对久住外国的华侨商贩和劳工，“逾期不归，甘心流移外方，无可悯惜，不许其复回内地”。当时，西方先进国家正在鼓励海外贸易，而中国即使是杰出的君主也缺乏世界眼光，限制对外交往，故而成为国际潮流中的落伍者。

雍正还好大喜功，急于求成。正因如此，河南垦荒，四川清丈，陕西挖井，直隶营田，本意为利民，却劳而无功，反成民间之累。他的性情偏急，喜怒无常，手段残酷，造成了许多冤假错案。他死后，乾隆继位，一反雍正苛严之治，实行“宽严相济”的方针，昭雪死者，释放囚犯，缓和了矛盾。故后人评：“纯皇帝（乾隆）即位，承宪皇帝（雍正）严肃之治，皆以宽大为政，万民欢悦，颂声如雷。”

谈起雍正，就会想到他的继位问题，学术界历来有两种意见：一种认为他受康熙遗诏继位，是合法继承；一种认为康熙并未传位与他，雍正是矫诏夺位。由于雍正即位，篡改了历史，销毁了档案，现在已找不到他矫诏夺位的确凿证据。斧声烛影，已是千古的疑案，但从各种迹象推断，他的继位确实存在很多疑点。

康熙晚年，太子废立，诸子争位，闹得乌烟瘴气，储位虚悬，人心不定。当时因准噶尔入侵西藏，康熙命皇十四子允禵为抚远大将军，统兵援藏，给以大权，用正黄旗纛，称大将军王，礼仪隆重，规格极高，康熙当是意有所钟。康熙称赞允禵的才能：“大将军是我皇子，确系良将，带领大军，深知有带兵才能”。很多人心目中也以允禵为接班人，如皇九子允禟说允禵“聪明绝世”，“才德双全，我弟兄们皆不如”；“十四爷现今出兵，皇上看的也很重，将来这皇太子一定是他”。可是，康熙在畅春园猝然去世，雍正与时任步军统领、掌管京师兵权的隆科多勾结密谋，夺取了帝位，而允禵远在青海，鞭长莫及，故而帝梦成空。雍正后来所讲康熙弥留前遗命传位雍正的情形，仔细推敲，矛盾甚多。如说隆科多为唯一顾命之大臣，而其他谕旨中却说，康熙死时隆科多不在御前；又说康熙传诏时皇十七子允礼在寝宫外侍候，而其他史料证明，允礼时在皇宫内值班，并不在畅春园寝宫外，如此等等。因此，是否存在这一临终传位的现场，实属疑问。

由于雍正夺位篡立，激起了皇族内部的集体抗争，除皇十三子允祥以外，雍正的其他兄弟大多反对雍正继位。允禵是争夺皇位的对手，被从前线调回，永远禁锢。皇八子允禩、皇九子允禟是雍正的死对头，雍正对他们痛恨入骨，将二人迫害致死。皇十子允䄉和皇三子允祉、允祉的儿子弘晟均被永远囚禁，皇十二子允祹被降爵贬秩，连雍正的亲生儿子弘时也不满其父的作为，竟站在八叔允禩一边，被雍正处罚致死。据朝鲜的记载，雍正上台，被杀的宗室、官员达数百人。连康熙身边一位照料皇帝起居的内务府官员赵昌，在康熙死后也立即被杀，引起举朝震惊，这大概是赵昌太了解康熙去世和传位的真相，因而得祸。康熙生前长住畅春园，死后葬在东陵，而雍正长住圆明园，别建西陵，似乎要远远躲开父亲。须知雍正的迷信思想很浓厚，如果做了对不起父亲的事，就会有这类悖于常理的举止。雍正后来似乎也愧恧不安，乾隆说：允禩、允禟"觊觎窥窃，诚所不免，及皇考绍登大宝，怨尤诽谤，亦情事所有，特未有显然悖逆之迹。皇考晚年屡向朕谕及，愀然不乐，意颇悔之"。这是不是雍正受到了良心谴责的内心表露呢？

雍正的继位存在很多疑点，可能出于矫诏篡立。这样说并不是要抹杀他的历史功绩，应该说封建统治者骨肉相残是经常发生的。封建社会中，即使一个英明的君主也往往要用阴谋手段和残酷斗争来夺取和巩固统治，汉武帝、唐太宗、武则天、努尔哈赤都有屠兄弟、杀儿子、逼父亲的行为，雍正并不是个例外。他作为一个最高统治者，勤于政务，洞察世情，以雷厉风行的姿态进行整顿改革。雍正统治的 13 年是清朝统治的重要时期，承上启下，为以后乾隆时期的繁荣盛世打下了基础。

（原载《人民日报》1999 年 3 月 13 日）

乾隆帝的青少年时代

一　仁慈的祖父

乾隆帝的先世是声名显赫的满族爱新觉罗氏，我国历史上最后一个封建王朝——清朝的开国和奠基的君主。第一代努尔哈赤，即清太祖，年号天命；第二代皇太极，即清太宗，年号天聪、崇德；第三代福临，即清世祖，年号顺治；第四代玄烨，即清圣祖，年号康熙；第五代胤禛，即清世宗，年号雍正。乾隆则是第六代皇帝。在他即位以前大约一个半世纪的时间内，中国大地上干戈扰攘，风云变幻，给满族和爱新觉罗氏造成了崛起东北、驱兵入关、问鼎中原、统一全国的形势与机遇。这六代皇帝都是中国和满族中的杰出人物，雄才大略，挥斥方遒，经过长时期的奋斗，建立了有清一代的牢固基业。乾隆皇帝是在前五代皇帝已奠定的基础上，继续努力，发挥自己的政治智慧和治国才能，创造了自己的光辉事业和杰出功绩。

乾隆帝最崇拜自己的祖父康熙，认为他天纵圣明，文武兼资，功德彪炳，是自己学习和仿效的楷模。而且乾隆的童年时代和康熙有一段特殊关系，被乾隆视为一生中最大的“荣遇”。以后他经常回忆这段往事，反复申述，津津乐道。

康熙皇帝统治 61 年，治绩辉煌，贡献极大，要大略介绍一下他的事迹，也必须写厚厚的一本书，因此，这里不能详细叙述。

他一生经历许多磨炼，即位时只有八岁，南明的势力尚未完全消灭，李定国抗师于滇边，郑成功移兵入台湾，接着是吴三桂、尚可喜、耿精忠三藩的割据势力恶性膨胀，东南和西南地方，非清廷政令所能及，康熙帝成功地对付了这些异己势力，于康熙六年擒鳌拜，夺回了权力。他毅然下削藩令，经过八年鏖战，于康熙二十年平定三藩，不久又统一台湾，收降郑克塽。这时，南方底定，而北部边疆又因俄国入侵和准噶尔蒙古的崛起而扰攘不宁。此后，康熙帝把战略重点转移到北方，在雅克萨击败俄国入侵军，于康熙二十八年，与俄国签订《中俄尼布楚条约》，划定了中俄两国的东段边界。第二年，准噶尔领袖噶尔丹攻打喀尔喀蒙古，追兵南下，与清军战于乌兰布通，此后长期作战，康熙多次亲征，至康熙三十六年，噶尔丹败死，从此，清政府赢得了全国范围内长期的安定局面。康熙在发展农业生产，治理黄河、淮河、永定河，开垦荒地，赈济灾荒，减免赋税，整顿吏治等方面做了很多事情，促进了历史的发展。但他晚年的统治，政务宽纵，法纪松懈，官场腐败，贪贿之风日盛。特别是内部政争激烈，他的儿子们争夺储位，势如水火，每个企图争到储位的皇子，身边都有一群支持者，皇族和朝臣们都卷进了纷争，人心惶惶。年老的康熙，英明一世，面对儿子们的这场阋墙之争，却一筹莫展，措置乖方，心中十分痛苦。弘历出生时，这场内部斗争已趋白热化。

弘历在雍亲王府长到十二岁，他的祖父康熙竟还不认识他。这在一般人家说来是难以想象的，可对皇家的特殊情况来说，却没有什么可怪的。因为康熙的子孙成群，孙子有 97 个，还有一大批孙女，很多孙儿孙女，他从未见到过，甚至连名字也没有听说过，弘历就是这样。但弘历是个聪明伶俐的孩子，胤禛（雍正皇帝）决定把弘历介绍给父皇康熙，他相信康熙一定会喜欢这个小皇孙的。

弘历的机会果然来到了。康熙六十一年春，正是春光明媚的一天，胤禛的赐园圆明园的牡丹台（后改名镂月开云，或称纪恩堂）鲜花盛开，胤禛恭请父皇来园，观花开宴，乘机奏进弘历的名字，康熙立即召见。这个十二岁的孩子容貌俊秀，应对得体，经书娴熟，博得祖父的欢心，对他奖掖有加，爱抚备至，命将弘历养育宫中，这是对皇孙的特殊待遇。不久，康熙去热河，就把弘历带在身边，弘历和祖父一起生活仅仅半年，在这段短时间内，祖孙朝夕相处，感情很融洽。康熙在畅春园时，弘历住在园内澹宁居；康熙在避暑山庄，弘历住在山庄的万壑松风，离康熙的寝宫不远。康熙读书写字，批答章奏，接见官员，传膳设宴，弘历都不离左右，甚至讨论军国大事，弘历都毋庸回避。年老的康熙和年幼的乾隆，祖孙二人形影不离，关系十分亲密。所谓“日觐天颜。绨几缗书，或示章句；玉筵传膳，每赐芳饴；批阅章奏，屏息侍旁；引见官吏，承颜立侧”[1]。有一次，弘历看康熙写字，他很喜欢祖父的书法，却又不敢索要，康熙看透了这孩子的心思，说：“你喜欢我的字吗？给你写几张罢！”就书写了长幅一、横幅一、扇面一，弘历高高兴兴地拿上，送给父亲珍藏起来。又有一次，康熙泛舟湖上，御舟停泊亭旁，弘历正在岩壁间游玩，望见御舟，急忙奔跑过来请安。康熙担心他跌倒，在船上高喊他的名字，要他小心慢走。这些情景在弘历心中留下了非常深刻的印象。60年后，乾隆回忆说：“即今步履偶借扶，那复腾跄健如昔，白头宫监消磨尽，只有岩松足为质，左右无人知此者，六十年遥迅瞬息，而我勿言更谁言，永勗惕乾酬祖德。”[2]祖孙一起在湖上垂钓，老皇帝吩咐弘历将钓得的鱼送给胤禛。胤禛等皇子随康熙来热河，各有自己的赐园，胤禛的赐园在狮子园。每隔十天半月，康熙就让弘历回狮子园去看望父母。也许是由于弘历的缘故，有一次康

1 《御制文二集》卷一二《避暑山庄纪恩堂记》。

2 《御制诗四集》卷九一《晴碧亭忆旧》。

熙驾幸狮子园，在园中进膳，指名要看看弘历的生母，这是格外的恩荣，由胤禛的嫡福晋带领乾隆生母钮祜禄氏进谒，康熙端详了很久，连称“果是有福之人”。乾隆晚年的诗中还提到背诵书文的往事：“忆幼龄经读爱莲，濂溪义解圣人前。”诗注说“时扈从皇祖来山庄，曾于观莲所命诵爱莲说，并陈义解，皇祖深喜之。今余年七十有七，荏苒时光已六十有五年矣”[1]。《爱莲说》是周敦颐写的文章，简短清新，寓意深远，旧时常作为童蒙课文。周敦颐号濂溪，乾隆在康熙面前背诵并讲解周敦颐的文章，故诗云“濂溪义解圣人前”。

康熙喜欢弘历，他不仅有过人的文才，而且娴熟武事，小小年纪已能驰马挽弓，“或命步射，以示群臣，持满连中，皇祖必为之色动”。康熙命善用火枪的皇十六子胤禄教弘历使用火枪。初次练习，胤禄在一百步外缚一羊，弘历一发毙羊，康熙知道这个优异成绩十分高兴。后来，康熙去南苑狩猎，亲自在南衙门宫门口考试弘历的枪法，竖立的靶子较远，弘历还是个孩子，抬不动沉重的火枪，枪中放置的子弹火药较少，因药少力弱，子弹未能达到靶子，但落地后反弹仍打在靶子上。康熙很高兴，大加称赞，还赐给一枝“旧准神枪”，乾隆视为至宝，一辈子保存着祖父所赐的神枪。[2]

弘历还跟康熙去围场狩猎。他们进入永安莽喀，康熙用火枪击中一熊，熊倒地很久，康熙以为熊已被打死，命侍卫带领弘历去射箭，本意要让弘历博得“初围获熊”的美名。不料弘历刚上

1 关于这段背诵《爱莲说》的故事，系据《御制诗五集》卷二三《荷》，《清高宗实录》亦有此记载。但据同集卷九一《游狮子园》则称：“康熙六十年，予年十一，随皇考至山庄内观莲所廊下，皇考命予背诵所读经书，不遗一字。时皇祖近侍，皆在旁环听，咸惊颖异。”这两次同样在观莲所背书，一是十一岁时在父亲面前背诵经书，另一是十二岁在祖父面前背诵《爱莲说》。不知是两次背书还是同一次背书而记忆有误。

2 参见《御制诗五集》卷七六《题旧准神枪》。

马欲进，熊突然起来前奔，康熙急忙发枪将熊打死。这段危险的经历使老皇帝捏了一把汗，他还帐告诉随驾的和妃说："这孩子的福气比我要大，如果他早一点上马走过去，熊起马惊，会发生什么乱子啊！"这位和妃是康熙晚年心爱的妃子，在弘历养育宫中期间，和妃尽心照料孩子的起居生活，乾隆十分感激她。和妃活到八十六岁，死于乾隆三十三年。乾隆即位后，尊她为温惠贵太妃，礼敬甚隆。

自从猎熊遇险后，康熙不再让弘历去冒险了。有一次，围中出现老虎，康熙命皇二十一子胤禧去猎虎，弘历请求同去，康熙坚决不放，摸着弘历的面颊说："这次你不能去，等我去的时候，才能带上你。"

康熙和乾隆之间确有一段亲密关系，甚至雍正传位给乾隆的遗诏中也说："圣祖仁皇帝于诸孙之中，最为钟爱，抚养宫中，恩逾常格。"有人据此推想：是不是康熙因钟爱弘历，故而传位给胤禛，使弘历子承父业，以后可继登帝位，甚至朝鲜使臣在雍正即位后一个月听到一种说法：康熙病危时对阁老马齐说："第四子雍亲王胤禛最贤，我死后立为嗣皇。胤禛第二子有英雄气象，必封为太子。"[1]这种说法似难成立，因为康熙年近七旬，钟爱幼年子孙是老人的常情，康熙晚年身边经常有子孙陪侍，弘历只是其中的一个，且陪侍时间较短，只有半年。有的子孙陪侍时间更长，也得到宠爱。如康熙的幼子皇二十四子胤祕，比乾隆小五岁，据雍正说，"素为皇考所钟爱"。还有皇二十一子胤禧，只比弘历大八个月，骑射出色，文才亦佳，康熙曾命弘历向胤禧学习射箭。康熙最钟爱的孙子应是废太子胤礽的第二子弘皙，时弘皙已成人，作为皇长孙，地位与众不同，且他的人品、才能，远近称赞。据朝鲜国的使臣说："皇长孙（即弘皙）颇贤，难于废立。"又说："或

1 《朝鲜李朝实录中的中国史料》，第 11 册，第 4378 页。

云太子之子甚贤，故不忍立他子而尚尔贬处云矣。”[1] 弘皙必定和康熙有一段更为亲密的关系，且贤名闻于异国。如果挑选储君要考虑第三代继承人的话，膺选者更可能是成年的弘皙而非童稚的弘历。朝鲜使臣听到的话可能是新皇帝雍正为证明自己继承的合法性而制造的舆论。

二　严酷的父亲

康熙六十一年，康熙帝逝世，胤禛即位，改元雍正。胤禛是乾隆的父亲，康熙帝的第十一子，由于胤禛的哥哥很多幼年早殇，不排入行次，胤禛排在第四位，故称皇四子。胤禛的生母吴雅氏，亦即乾隆的祖母，被册封德妃，后来追尊为孝恭仁皇后。胤禛是吴雅氏的长子，同胞兄弟三人，姊妹三人，但除了皇十四子胤禵(曾名胤祯) 以外，都逝世在乾隆出生之前。乾隆见到过的嫡亲叔叔只有胤禵一人，而胤禵恰恰是他父亲胤禛争夺皇位的死对头。

胤禛聪颖好学，熟悉儒家和佛家经典，才思敏捷，擅长书法。处理政务，精明练达，勤劳不怠；批答章奏，往往连篇累牍，剖析事理，洞中要害，行政效率极高。而且刚强果决，生性严酷，喜怒无常。他早年已分封建府，独立生活于宫外，又常陪侍父皇康熙出巡，观政问俗，故接触社会较多，了解民生疾苦。胤禛生长在兄弟众多、政争激烈的严酷环境中，他在长期复杂的斗争中锻炼出一副铁腕手段和残暴性格，不惜以一切手段去追求自己的目的。他在争夺皇位的斗争中取得胜利，固然是出于幸运的机会，但也和他的能力和性格有关。下面我们即将叙述当年发生在皇室内部的重大斗争。

雍正的统治虽然只有 13 年，但他做出了重要贡献。康熙晚

---

1 《朝鲜李朝实录中的中国史料》，第 10 册，第 4323、4334 页。

年，吏治废弛，凡事宽纵。雍正帝针对时弊，雷厉风行地进行整顿。清理财政，追查亏空，改革赋税制度，实施地丁合一，实行耗羡归公，发给养廉银，惩治贪污腐败，奖励生产、兴修水利，解放贱民奴仆，中枢设立军机处，集中权力，提高行政效能。经过严格整顿，吏治财政均有明显的改善。雍正的统治是承上启下的关键，如果没有他的整顿和改革，康熙晚年的腐败政治不能迅速纠正，乾隆前期的极盛局面也不可能出现。

尽管雍正帝是一位英明有为的君主，但关于他的继承帝位流传着种种说法，是难以理清楚的一桩历史公案。康熙晚年，诸子之间抢班夺权，进行斗争时间很长，株连极广，影响深远。这场斗争的高潮正发生在弘历的童年和青少年时代，关系着他父亲和他自己的前途和命运。在他幼稚的心灵上，自然会留下不可磨灭的痕迹。

这里只能简单叙述发生在弘历幼年时代这场家庭中的大变故。

康熙共有 35 个儿子，长大成人的有 20 个。初立皇二子胤礽为皇太子，胤礽聪明俊秀，能文能武，康熙对他十分宠爱。不料长期的皇储地位，在胤礽周围集结起一批依附和拥戴他的势力，形成了第二个权力中心，胤礽的行为也越来越专横放纵，使他和康熙之间产生了矛盾，父子之间的矛盾日益尖锐，至康熙四十七年而公开爆发。康熙指责胤礽"肆恶虐众，暴戾淫乱，专擅威权，纠聚党羽，窥伺朕躬起居动作"，"更可异者，伊每夜逼近布城（康熙所居的大帐）裂缝，向内窃视。令朕未卜今日被鸩，明日遇害，昼夜戒慎不宁。如此之人，岂可付以祖宗宏业"[1]。权力的争夺已使父子关系恶化到你死我活的地步，康熙废掉皇太子，将胤礽圈禁起来。

这一事件激发了康熙诸子之间抢夺储位的斗争，他们争先恐

1 《东华录》卷八一，康熙四十七年八月。

后，肆无忌惮地进行活动。皇长子胤禔因系庶出，未立为太子，见胤礽废黜，认为自己的机会已到，怂恿康熙杀掉胤礽。后来康熙又发现胤禔曾请喇嘛用巫术镇魇胤礽，于是怀疑这是胤礽精神失常的原因，斥胤禔为“乱臣贼子”，将其圈禁。皇八子胤禩才具优长，深孚众望，而野心亦大。他拉拢兄弟和朝臣们拥戴自己，当康熙向大家征求意见时，大家一致推荐胤禩继立。康熙发现胤禩在背后邀结人心，大骂胤禩“柔奸性成，妄蓄大志”，“朕与胤禩父子之恩绝矣。胤禩因不得立为皇太子，恨朕切骨，伊之党羽，亦皆如此”[1]。胤禩亦遭圈禁。同时因参与抢夺而被圈禁的还有皇三子胤祉、皇四子胤禛、皇五子胤祺。康熙经历这场家庭变故，内心十分痛苦，精神大受刺激，导致措置反复，政策失当。5个月以后，他出人意料地释放胤礽，复立为皇太子。在康熙以为，胤礽的不轨行为出于一时病态，企图与胤礽和解。事实证明，父子关系已被权力深深腐蚀，裂痕已难弥合，胤礽复位后，很快又纠集旧势力，对康熙形成威胁。康熙五十一年，不得不再废皇太子。据供职宫廷的意大利传教士马国贤目击康熙这次废黜太子、训诫皇子的场面：“当我们到达畅春园，我们惊恐地看到花园里，有八到十个官员和两个太监跪在那里，光着头，双手背绑着。不远处，皇子们一排站立，也光着头，双手绑在胸前。不久，皇帝乘坐肩舆从房间里出来，到皇子们面前，爆发出虎吼一样的忿怒。责骂皇太子，把他关在宫内，公开宣布废掉这个不幸的皇子。”[2]

围绕立储的长期纷争，闹得年老体弱的康熙愤懑抑郁，心力交瘁。此后，直到康熙去世为止，没有再立皇太子，而且这一问题成了康熙心中的隐痛，不许人们议及。老皇帝心目中属意哪个儿子，大家不免会有种种猜测。看来，最有希望成为皇位继承人

1 《东华录》卷九四，康熙五十三年十一月。

2 ［意］马国贤：《京廷十有三年记》十五章。

的似乎轮到了皇十四子胤禵，胤禵原名胤祯，和皇四子胤禛（即雍正）是一母所生，却和胤禩交好。康熙对他也多有称赞。

一个合理的推断是：康熙的意旨传位胤禵，可能未及公开宣布就突然死去。当时皇舅隆科多是步军统领（俗称九门提督），手握重兵，负责北京的警卫任务，并一直随侍康熙左右。老皇帝得病，他的地位足以左右大局。隆科多为佟国维之子，本属胤禩集团，后来却倒向胤禛，他们乘局势混乱之际，借老皇帝的命令，宣布胤禛继位，造成既成事实，且临以兵威，使诸皇子措手不及，不能反抗。胤禛即位一个多月后，在给另一亲信年羹尧的批文中说："舅舅隆科多，此人朕与尔先前不但不深知他，真正大错了。此人真圣祖皇孝忠臣，朕之功臣，国家良臣，真正当代第一超群拔类之稀有大臣也。"[1]隆科多究竟有什么大功，刚刚即位的雍正竟对他发出如此溢美的赞誉？合理的解释是他在皇位继承问题上帮了胤禛大忙，故胤禛对他感激涕零，形之笔墨。再看皇子们的表现，雍正说："圣祖仁皇帝宾天时，阿其那（胤禩）并不哀戚，乃于院外倚柱，独立凝思，派办事务，全然不理，亦不回答，其怨忿可知。"[2]又说"皇考升遐之日，朕在哀痛之时，塞思黑（胤禟）突至朕前，箕踞对坐，傲慢无礼，其意大不可测。若非朕镇定隐忍，必至激成事端"[3]。据隆科多说：康熙死后，他进城，在西直门大街遇见皇十七子胤礼，"告以皇上绍登大位之言，果亲王（即胤礼）神色乖张，有类疯狂，闻其奔回邸，并未在宫迎驾伺候"[4]。看来，雍正即位，诸皇子均感突然，有的凝思，有的质问，有的逃跑。但胤禛和隆科多已设好圈套，诸皇子进入彀中，已无可奈何，其怨恨激愤可知。

1 《掌故丛编》，第 10 辑，《年羹尧奏折》，朱批。

2 《清世宗实录》卷四五，雍正四年六月。

3 《大义觉迷录》。

4 《东华录》卷一五，雍正七年十月。

雍正即位以后，对昔日的政敌残酷镇压。先是集中力量打击胤禵、胤禟、胤䄉，把胤禵从前方召回，胤禵和胤禛本属同胞兄弟，眼看皇位被夺，气愤难平，见之辞色。雍正斥责他“无知狂悖，气傲心高”，将其囚禁于康熙的陵地。胤禟被发往西宁，以后又调回保定监禁，在雍正的密令下，被折磨致死；胤䄉被派往张家口外，又以不愿出口为名，调回革爵，抄家囚禁。雍正对胤禵、胤禟、胤䄉开刀最早，对最有能力、结怨最深的胤禩反而晋封他为廉亲王，让他参与总理政务，其实，这不过是雍正逐个击破的缓兵之计。胤禩心里也很明白，他向人说：“皇上今日加恩，焉知未伏明日诛戮之意，其目下施恩，皆不可信。”果然，不久就逐步剪除胤禩的党羽，今天杀戮几个，明天囚禁一批。到后来，年羹尧和隆科多这两个对雍正功劳最大、备受宠信的大臣也遭到惨祸。雍正的脸色一变，年羹尧被赐死，隆科多遭囚禁，他们获罪的真实原因也许就是“杀人灭口”，正所谓“狡兔死、走狗烹”。这场皇室惨剧的高潮在雍正四年，胤禩和胤禟先后被折磨致死，卷进这场漩涡被杀、被囚、被贬的皇子、宗室、大臣甚多。还有雍正的儿子、乾隆的哥哥弘时也惨遭大祸，据《清皇室四谱》记载：“皇三子弘时……雍正五年丁未八月初六日申刻，以年少放纵，行事不谨，削宗籍死。”弘时是当时还活着的雍正最大的儿子，二十四岁，已娶妻生子。官书上对弘时的事讳莫如深，雍正朝实录上连弘时的名字也没有。弘时以皇帝长子的地位被削宗籍，处分严厉的程度和胤禩、胤禟一样，而且当时就死去，如果不是被赐死，也是忿激自尽。他的罪行一定特别严重，雍正的儿子并不多，他何以这样严厉地惩治他的长子，致其死命？可能是弘时对父亲的残忍手段有反感，目睹皇位斗争的全过程，眼看祖父、祖母、叔伯以至宗室们的遭遇，青年人血气方刚，反对父亲的所作所为，甚至和父亲发生严重的顶撞争吵。应当注意：他的获罪致死发生在两个叔叔惨死不到一年后，而且同时恒亲王胤祺的儿子弘昇、淳亲王胤祐的儿子弘曙被革世子。看来，小字辈也卷进了这场斗争中去，除了弘昉、弘晟、弘旺、弘晹已获罪外，弘时和弘昇、弘曙是小字辈中年龄较大、地位较高的几个人，是不是他们有所联系，对雍正的暴虐行为进行抗争，因而惹得雍正大发雷霆，不惜严厉处分自己的亲生儿子，同时将两个侄子革去了世子呢？

我们用了不少篇幅来概略地介绍康雍之间皇家内部的政争。事情的本末虽不完全清楚，但斗争的残酷性使人震惊。乾隆皇帝，这时已是懂事的青少年，康熙死时，他十二岁；胤禩、胤禟两个叔叔被害时他已十六岁；哥哥弘时获罪致死时，他已十七岁。一系列伦常惨变给少年时代的弘历必定刺激极深，惊骇、迷惑、痛苦、彷徨交织在一起，使他性格发生分裂，从利害和感情上讲，他理应站在父亲一边，亲子之情自然深厚，而且父亲当了皇帝才有自己今天的皇子地位、今后继位的希望；可残杀中强烈的血腥味使他不能不掩鼻，在道义上、理性上难于认同父亲的所作所为。当然，弘历比他哥哥弘时更冷静沉着，不敢过分表露。从他即位后为叔伯、哥哥迅速平反，并全盘改变雍正的严厉政策，可以窥见他内心世界的矛盾与不安。

三　生母之谜

名义上乾隆帝有两位母亲，一位是雍正皇帝的皇后乌喇那拉氏，内大臣费扬古之女，雍正帝的正妻，康熙册封她为雍亲王的嫡福晋。雍正登基被封为皇后，后称孝敬宪皇后。她于康熙三十六年生过一个儿子，名弘晖，是乾隆的嫡长兄，比乾隆大十四岁，但弘晖到七岁时病死，后被追封为端亲王。如果这个孩子不死，以皇后嫡长子之尊，必是帝位的有力竞争者，乾隆也许轮不上做继承人。按照清宫廷的礼仪，嫡母地位很高，做皇子的弘历对她敬礼有加。孝敬皇后寿诞，他曾写过一首祝寿诗，题为《恭祝皇母圣寿》：

> 蓬莱晓日照金扉，纠缦云成五色辉。
> 觞捧六宫趋綵仗，嵩呼四海仰慈闱。
> 琼筵恭进仙人膳，文锦欢呈玉女衣。
> 叨沐恩勤逢令节，年年拜舞庆春晖。[1]

这首诗不过是描写宫廷庆典的盛况，多为颂扬铺陈的套话，看不出他对嫡母有多深的感情。雍正九年，乌喇那拉皇后病逝，其时乾隆二十岁，还没有即帝位，雍正帝和这位皇后感情似属平常，皇后死时，雍正得病，刚刚康复，未亲临含殓，并“以明会典皇后丧无亲临祭奠之礼”，也未亲临祭奠，弘历和弟弟弘昼代替父亲，行祭奠之礼。

乾隆帝的另一位母亲钮祜禄氏，是他的生身之母，出自名门，是满族八大家之一，多名臣名将，世代和皇族联姻。康熙的第二个妻子孝昭仁皇后，即是钮祜禄氏，还有一个温僖贵妃则是孝昭皇后的胞妹，姊妹两人都嫁给康熙。胤禛所纳的钮祜禄氏，即乾隆生母，大概是孝昭皇后、温僖贵妃的远房侄女，乾隆生母这一支裔已属式微，近族中没有著名人物。乾隆的外祖父凌柱仅是四品典仪，是个名不见经传的中下级官吏，乾隆生母十三岁时就被送进皇四子胤禛府内，胤禛当时是个贝勒，她成了贝勒府中一位平凡的格格。入府七年后生下了弘历。在封建宫廷内，妻以夫荣，母以子贵，随着雍正、乾隆相继登上帝位，这位原来卑微的贝勒府格格，地位逐渐上升。雍正即位，她被封为熹妃和熹贵妃，乾隆即位，被尊为皇后及皇太后，称孝圣宪皇后，竟然万人之上，母仪天下了。她寿命很长，活到八十五岁。乾隆四十二年正月初

1 《乐善堂全集定本》卷二四《恭祝皇母圣寿》。

九，乾隆帝奉圣母皇太后在圆明园九州清宴观灯，她身体健康，尚无病症，十四日发病，似是受凉感冒的小病，医治调理，病情已好转，但老年人毕竟虚弱，疾病反复。至二十二日稍感困乏疲倦，但言笑仍如常，夜间，痰忽上涌，二十三日丑时病逝于圆明园内长春仙馆。皇太后逝世时，她的儿子乾隆帝已是六十六岁的皤然老翁了。

钮祜禄氏身体健康，性格活泼好动，在她身上可以寻找出乾隆皇帝强壮体魄和活跃性格的遗传原因。乾隆帝以后巡幸各地、游观娱乐，总是带着母亲，名义上是“奉皇太后安舆出巡”。这位老太太也乐此不疲，不管年龄已大，路途遥远，总是高高兴兴地出外旅游。一路上供应侍候，自然十分周到、殷勤，但风尘仆仆比在宫中园中无事静养，总要辛苦得多。也许正因为她不喜欢宫廷中寂寞刻板的生活节奏，她宁愿跟着儿子到处奔走，游山玩水。她随乾隆四次南巡，二次幸五台，三次去泰山、谒孔林，又曾至嵩山。皇帝每年去避暑山庄，太后大多同行，她在避暑山庄有自己的专用房舍“松鹤斋”。她逝世前一年，即乾隆四十一年，已经八十四岁，春天跟着乾隆巡幸山东，登泰山，步履甚健，乾隆写诗说：“八旬五母仍康步，六十六儿微白头，上瑞古今真此罕，后言是否听其浮。”[1]巡幸山东历时60天，回北京后半个多月，母子俩又前往避暑山庄。如此高龄的老太太还兴高采烈地攀登舍利塔顶。乾隆又写诗说：“曼寿已登八十五，堵波犹陟九层尖，如此健步佛仙佑，益切衷心爱庆兼。”[2]

乾隆对他的母亲，感情深挚，发自天性，故礼敬有加，始终不渝。平日园居，乾隆住在圆明园，皇太后住在畅春园，相距不远，乾隆经常到母亲那里，三天问安，五天侍膳，对母亲的生活

1 《御制诗四集》卷三六《登泰山九依皇祖诗韵》。乾隆此诗中所说年龄，系按中国的传统习惯，比其周岁增多一岁。这年，孝圣皇太后周岁实为84，乾隆帝周岁65。

2 《御制诗四集》卷三九《恭侍圣母登舍利塔喜而成什》。

起居关心备至。还常把母亲接进圆明园，住在自己昔日的书房长春仙馆内，共叙天伦之乐。她的诞辰都要大事庆贺，“先期，日进寿礼九九。先以上亲制诗文、书画，次则如意、佛像、冠服、簪饰、金玉、犀象、玛瑙、水晶、玻璃、珐琅、彝鼎、瓷器、书画、绮绣、币帛、花果、诸外国珍品，靡不具备”[1]，极尽奢侈铺张之能事，比皇帝的诞辰更要盛大隆重。皇太后的遗诰中赞扬儿子的孝道：“木兰秋弥前期，必奉予幸避暑山庄，以协夏清之礼；新正御园庆节，必奉予驻长春仙馆，以惬宴赏之情。至凡遇万寿大典，必躬自起舞，以申爱敬，每当宫廷侍宴，必亲制诗画，以博欣愉。”[2]皇太后逝世，乾隆十分悲恸。他本有诗癖，这一年内诗兴大减，作品寥寥。他写过一些思念母亲的诗，其中一首是“山陵无奈日以远，色笑如常梦乃虚，只有阶前一泓水，流音呜咽答长歔”[3]，表达了自己深深的哀思。

尽管乾隆母子之间感情深笃，但皇太后恪守祖宗法制，从不干预儿子的政务。皇帝也注意不使母亲卷入政务纠纷，乾隆即位后第三天，就发出一道谕旨，告诫宫内太监女子：“凡国家政事，关系重大，不许闻风妄行传说，恐皇太后闻之心烦……宫禁之中，凡有外言，不过太监等得之市井传闻，多有舛误，设或妄传至皇太后前，向朕说知其事，如合皇考之心，朕自然遵行。若少有违，关系甚巨，重劳皇太后圣心，于事无益。尔等严行传谕，嗣后凡外间闲话，无故向内廷传说者，即为背法之人，终难逃朕之觉察，或查出，或犯出，定行正法。陈福、张保系派出侍奉皇太后之人，乃其专责，并令知之。”[4]这道命令被严格地执行，尽量使皇太后与外间隔绝，使得皇权独尊，不受任何干扰，也保证了母子之间

1 《清史稿》，《列传一·后妃》。
2 《清高宗实录》卷一〇二五，乾隆四十二年正月庚寅。
3 《御制诗四集》卷六〇《永慕斋叠前岁旧作》。
4 《清世宗实录》卷一，雍正十三年八月。

长期的和睦关系。有一次顺天府东有一座庙宇已废圮，太后命乾隆重加修葺，乾隆当然只能应命，但太后怎么会想起修葺这座庙宇？自然是太监们出的主意，乾隆对太监们提出了警告。好事的太监引悟真庵的尼姑进入大内，又带领太后的弟弟进宫，入苍震门谢恩，这都是违反后宫规章的，乾隆碍在太后情面上，不好发作，但对太监们屡次提出告诫。乾隆对母族亲戚虽优加赏赐，但并无特权，更不允许外戚干政。头等承恩公、散秩大臣伊松阿是皇太后的亲侄、乾隆的表兄弟，虽无过错，却长年患病，不能供职，本应罢任，乾隆念他“系太后戚属，是以特加优封公爵，免其革退”，但俸禄却减少了一半，可见他不因私情而影响公务。

关于乾隆皇帝的出生，民间流行着各种传说。一种传播甚广的流言说，乾隆出生于海宁陈氏官宦之家，诞生后被胤禛府抱去，用府内一个女婴偷偷换了弘历，陈家也不敢声张出去。故乾隆皇帝是汉人血统，他长大当皇帝后，南巡必去海宁，住在陈家，为陈家题写了“爱日堂”、“春晖堂”等匾额，追念其本生父母。按：浙江海宁陈氏，世代簪缨，康乾之际的大官僚有陈诜、陈元龙、陈邦彦、陈邦直、陈世倌等，家中确实有皇帝赐的匾额，乾隆南巡，几次住在陈家，但这些都和乾隆的出生无关。首先，胤禛没有必要去抱养别人家的男孩子，因为在弘历以前已有四个男孩，这些男孩虽都早死，但弘历生时，他的三哥弘时尚在，已有八岁，弘历的弟弟弘昼也快要出生，仅比弘历小三个月。胤禛既有男孩，而且另一位格格也将分娩，为什么要用自己的女儿去偷换别人家的儿子呢？而且，当时胤禛和兄弟们争夺储位的斗争很激烈，行为小心谨慎，如果此事被揭发，将成为政敌们攻击的口实，胤禛也不会愚蠢到这种程度。至于海宁陈家的匾额，并非乾隆所写，其中“爱日堂”是康熙御笔赐给陈元龙的，“春晖堂”也是康熙御笔赐给陈邦彦的，不能张冠李戴，套在乾隆头上。皇帝写这类匾额，是对大臣们父亲、母亲的褒奖，并非指自己的生身父母。至于乾隆南巡，确有四次到过海宁，每次都住在陈家安澜园内。这是因为要视察浙江的海塘工程，故而御驾频临，不能附会到海宁去探亲。海塘是当时的水利要工，费帑无数，关系民生甚大。乾隆第一、二次南巡在十六年和二十二年，海塘工程还不十分重要，因此乾隆并未去海宁，第三次南巡在二十七年，因海潮北趋，海宁的塘工吃紧，而当时又有柴塘和石塘的争议，所以乾隆才亲临视察，以便决策。此后海塘工程长期延续，乾隆多次南巡，每次必去海宁。如果他去海宁是为了探亲的话，为什么第一、二次南巡偏偏都没有到过海宁呢？至于他在海宁每次都住在陈家安澜园，因为海宁是个小县城，此处并无可供皇帝住的地方，安澜园属于官宦人家的私园，是海宁最优美的园林，地方宽敞，景色清幽，最适于皇帝驻跸。乾隆很喜欢这个地方，“安澜”之名也是他起的，寓意海澜平安，和视察塘工之意相关。总之，乾隆生于海宁陈家的传说是没有根据的。

还有一种流言，说乾隆不是钮祜禄氏的亲生子，而是胤禛陪侍康熙帝围猎，和大队失散，跑到避暑山庄附近和一个丑陋宫女野合所出，这个传说还被写进了小说，颇为人知。其实也是子虚乌有，因为在地点和时间上都对不拢。围猎的地方在今围场，离避暑山庄有数百里之遥，要走几天路程，胤禛在围猎中离队，怎能走到山庄附近？而且狩猎都在秋天，故称“秋弥”。乾隆的生日是八月十三日，根据妊娠日期推算，他母亲怀孕应当在前一年的阴历十一月。隆冬气候，皇帝和皇子们早已离开围场和避暑山庄，回到北京，哪有留在这里狩猎之理？这是根本不可信的。

四　兄弟情谊

乾隆帝有 10 个异母兄弟，他们的名字、生卒年、行序、生母如下页表所示。

乾隆帝如按年齿行序，是雍正的第五子，但按皇室排行却是第四，故称皇四子。按清朝前期的惯例，排行与序齿是不一致的，凡是皇子幼殇，不排入行次。由于乾隆帝的二哥弘昐只活了一年半，属于幼殇，未排行次，故而本是第五子的弘历成了皇四子，而乾隆的大弟弘昼成了皇五子，十弟弘瞻成了皇六子（因雍正的七、八、九三子均殇，未排行次）。但到乾隆时，改变了宫廷惯例，所有皇子不管活了多久，全都排入行次，又将幼殇的弘昐、福直、福惠、福沛排七、八、九、十。因为四、五、六已被乾隆和弘昼、弘瞻占用，弘昐等只能排第七以下，屈居其弟之后了。

雍正诸子表

名字	生卒年	年龄	序齿	排行	生母
弘晖	康熙三十六年至四十三年	七岁	1	1	孝敬皇后乌喇那拉氏
弘昐	康熙三十六年至三十八年	二岁	2	7	齐妃李氏
弘昀	康熙三十九年至四十九年	十岁	3	2	
弘时	康熙四十三年至雍正五年	二十三岁	4	3	
弘历	康熙五十年至嘉庆四年	八十八岁	5	4	孝圣皇后钮祜禄氏
弘昼	康熙五十年至乾隆三十五年	五十七岁	6	5	纯懿皇贵妃耿氏
福直	康熙五十九年至六十年	一岁	7	8	敦肃皇贵妃年氏
福惠	康熙六十年至雍正六年	七岁	8	9	
福沛	雍正元年至雍正元年	生下即死	9	10	
弘瞻	雍正十一年至乾隆三十年	三十二岁	10	6	谦妃刘氏

乾隆帝的10个兄弟，活到成年的只有四人，即弘时、乾隆、弘昼、弘瞻。

弘时是乾隆帝的三哥，比乾隆大七岁，齐妃李氏所生，死于雍正五年，二十三岁。官书中对这位皇子记载甚少，雍正实录中连弘时的名字也没有出现过。事实上，他是在与父亲雍正帝发生严重冲突中，被削籍致死，官书中对这段难言的隐情讳莫如深。但据《清皇室四谱》的记载："皇三子弘时……雍正五年丁未八月初六日申刻，以年少放纵，行事不谨，削宗籍死"。弘时是当时还活着的最年长的皇子，已娶妻妾，生子永坤。弘时以皇帝长子的地位，受到削宗籍的严重处分，并因而丧命。用"年少放纵，行事不谨"这类轻描淡写的话是说明不了他的弥天大罪的。这样的严重处分，雍正帝曾施之于他最痛恨的胤禩和胤禟两个弟弟，如果不是重大的政治冲突，雍正帝何忍这样严厉地惩治自己的亲生子？而且弘时被削宗籍的同时丧命，如果不是被赐死，也可能是弘时愤激羞辱而自尽。雍正活着的儿子并不多，他如此狠心地对待自己最年长的儿子，削其宗籍，致其死命，骨肉伦常之间的相残莫甚于此。官书中没有宣示弘时的罪名，其中必有难言之隐，合理的推测是他和父辈那场皇位继承的斗争有牵连，他可能对父亲的残忍手段有反感，目睹大家庭内喋血萧墙的全过程，眼看祖母、叔伯以及宗室、大臣们的遭遇，二十多岁的青年血气方刚，反对父亲的所作所为，形之于色，甚至和父亲发生严重的顶撞争吵，这并不是不可能的。据说雍正的生母德妃即是反对儿子的所作所为而撞铁柱身亡，又乾隆帝刚刚即位，就马上为此案平反，可见雍正的残暴行为连他的母亲、儿子都是不支持他的。弘时的削籍身亡发生在两个叔叔——胤禩和胤禟被雍正帝害死不到一年之后，很可能是在这一敏感问题上和雍正闹翻，因而获罪。值得注意的是：弘时获罪的同时，恒亲王胤祺（雍正的五弟）的儿子弘昇、淳亲王胤祐（雍正的七弟）的儿子弘曙同时获罪，被革去世子，此事发生在雍正五年八月，也是极严厉的处分。《清史稿》简单提到弘昇、弘曙“雍正五年，坐事，削世子”[1]，未明言他们的罪，而弘时之死也在雍正五年八月。他们三人同时得罪，恐非巧合，而是表明三个人是同一案件的罪犯。看来，小字辈都被卷进了这场残酷斗争中去。在此以前弘昉（雍正长兄胤禔之子）、弘晟（雍正三兄诚亲王胤祉之子）、弘旺（雍正八弟胤禩之子）、弘晹（雍正九弟胤禟之子）、弘春（雍正十四弟胤禵之子）均受牵连得罪。弘时和弘昇、弘曙是小字辈中年龄较大、地位较高的几个人，可能是他们年少气盛，不明利害，仗着自己的地位、身份联合起来，对雍正帝的残暴行为进行抗争。是不是因此而惹得雍正帝大发雷霆，不惜置亲生子于死地，同时将两个侄子革去了亲王世子的呢？

看来乾隆帝对自己三哥的悲惨遭遇颇为同情，故即位后立即为弘时平反昭雪，收入玉牒。但乾隆帝和弘时平时接触似不多，两人相差七岁，年龄、性格、兴趣各不相同，也不在一起读书。雍正帝曾聘王懋竑为弘时的业师，王曾作《朱子年谱》，是当时的名儒，“雍正元年，调安庆教授王懋竑来京，乾清门引见。奉旨，授翰林院编修，著在三阿哥处行走”[2]。不过王懋竑第二年即乞假归里，只在短时间内当过弘时的教师。雍正帝为弘历、弘昼择师也在雍正元年，教师中并无王懋竑的名字，可见当时已十八岁的弘时和十一岁的两个弟弟弘历、弘昼并不在一起读书。又乾隆帝即位前写了许多诗文，常常提到和自己年龄相近、一起读书的叔叔和弟弟，但从未提到自己的三哥弘时。

在诸兄弟中与乾隆帝关系最亲密的是五弟弘昼，封和亲王。他与乾隆同岁，小三个月，为雍正的侧室耿氏所生，耿氏后封裕

1 《清史稿》，《列传七·诸王六》。

2 《清宫述闻》卷四。

贵妃。弘历与弘昼从小生活在一起，同吃同住、同师读书，从未分离过。两个天真的小孩子生活在深宫之内，手足之情甚笃。乾隆帝说:“吾弟少于吾甫三月。皇父在潜邸时，育吾二人于东西室，及九岁读书，同受经于傅先生”，“与吾自孩提以至于今，且孺且耽，怡怡如也……余既以同气之亲，相亲相勖于平日，晨夕之与俱，笔砚之与共，尔我形骸之悉化。”[1]又说:“予与王幼同学同课，习为诗古文词。当是时侍奉皇考膝下，优游书府，日寝馈于经史文字中，世纲尘务，毫发不以婴其心。吾两人者，相观以善，交相勉，相得无间，如是者垂二十年，天伦之乐无过于是。”[2]乾隆所说他和弘昼幼年相处的兄弟友情，大概是事实。弘昼也说:“吾兄随皇父在藩邸，朝夕共处，寝食相同。及皇祖见爱，养育宫中，恪慎温恭，皇祖见之未尝不喜，皇父闻之，未尝不乐，而又念弟之在家，不能常聚，迹虽两地，心则相通……及皇父尊居九五，吾二人下帷读书，朝夕共处，寝食相同者如旧。同气之欢，岂语言文字所能尽载乎!”[3]这篇文章是弘昼在乾隆即位以前写的，口气是对哥哥说话，并非有意奉承皇帝。他们兄弟俩长期在一起，只在十二岁时弘历曾被祖父带进宫中，不到一年时间，两个小孩子隔离两处，不能见面，互相思念，“迹虽两地，心则相通”，可见他们之间感情的深挚。他们读书在一起，吟诗、作画、打猎、游乐也在一起。乾隆帝即位以前所写的诗文，赠给弘昼或记载与弘昼一起活动的篇章甚多。如送弘昼往山东祭孔庙序文，同游玉泉、西苑诸诗，同去南苑围猎，同舟夜归，同过万寿寺，同读杜诗，寿五弟以及题五弟葫芦笔筒等诗，反映了青少年时代两兄弟的亲密关系。

雍正帝秘密建储，并未公开宣布自己的继承人。但他早就属

1 《乐善堂全集定本》卷七《稽古斋文钞序》。

2 《御制文初集》卷一〇《新刻稽古斋文集序》。

3 弘昼：《乐善堂文钞序》。

意于乾隆，雍正元年，即将弘历的名字写入传位诏谕中，密封藏于乾清宫正大光明匾额之后。他在表面上似乎不露声色，两个儿子一样对待，不分轩轾，政治和生活待遇上是平等的，同受教育，同享尊荣。雍正九年，兄弟同时受封，弘历被封为和硕宝亲王，弘昼被封为和硕和亲王。两人又经常被派代雍正帝执行重要的祭祀活动。以后，兄弟二人又同时受命参与苗疆事务的讨论和决策，以锻炼他们的政治才能。雍正帝的用心，是让人们不知道谁是将来的帝位继承者，以免像康熙时预立太子，形成一个皇太子的势力集团，尾大不掉，引起内争。

其实，谁是雍正的继承人，当时的王公大臣们完全可以猜测出来。因为雍正即位时，活在世上的儿子仅有四人，即弘时、弘历、弘昼、福惠（幼子弘瞻，迟至雍正十一年生）。弘时虽已成人，但平素得不到父亲的眷爱，雍正五年获罪，被削籍身死，他不会被选为继承人。福惠年幼，雍正即位时仅两岁，活到雍正六年死去，连正式的名字尚未赐给，也可以排除在继承人之外。只有弘历和弘昼，年龄相同，同受父亲宠爱，似乎都有接班的资格。在某种意义上说，这两个亲密的兄弟实际上是皇位的潜在的竞争对手。但如果仔细考察，弘历各方面的条件又比弘昼优越得多，他比弘昼大三个月，在弘时死后，他是雍正帝最大的儿子，以中国封建时代立嫡立长的传统观念衡量，他自然胜出一筹。更重要的是弘历幼慧，受康熙帝宠爱，曾被养育宫中，这段历史是弘历最重要的政治资本。雍正居藩邸，两个儿子是同龄人，他只把弘历介绍给康熙，康熙也只把弘历带进宫内，弘昼却没有这种优遇，可见两代老皇帝的宠眷所在。雍正帝秘密建储的诏谕中说：“宝亲王皇四子弘历秉性仁慈，居心孝友。圣祖仁皇帝于诸孙之中最为钟爱，抚育宫中，恩逾常格……著继朕登基，即皇帝位。”[1]弘历

1 《清世宗实录》卷一，雍正十三年八月己丑。

资质聪明，确也比弟弟强得多。两人一起读书，弘历资性颖悟，所授课程很快就能熟记背诵，而弘昼较迟钝，功课总是落在后面，到了该散学的时候，他的功课尚未做完。他们的老师福敏对弘历说："弟弟还在书房里，做哥哥的怎好先走？"就给弘历增加些新功课，使兄弟俩一起散学。弘历还是个小孩子，心中不高兴，但因此多学了不少课文，增长了更多知识，后来乾隆帝回忆这段经历："余幼时，日所授书，每易成诵，课常早毕。先生即谓予曰：'今日之课虽毕，曷不兼治明日之课。'比及明日复然。吾弟和亲王资性稍钝，日课恒落后。先生则曰：'弟在书斋，兄岂可不留以待之。'复令予加课，俟其既毕同散，彼时孩气，未尝不以为怨。今思之，则实有益于己。故余所读之书倍多，实善诱之力也。"[1]弘昼自己也承认比不上哥哥，"弟之视兄，虽所处则同，而会心有浅深，气力有厚薄，属辞有工拙，未敢同年而语也"[2]。这些话确也反映了一定的实情。

雍正帝在世时，虽未宣布弘历为继承人，但从存世的四个皇子中，人们不难推测到谁会继承帝位。而且雍正在言语和行动中也有意无意地暗示了消息，皇子们自己的心中也是清楚的。雍正元年正月，祈谷礼成，雍正单独召见弘历，分赐胙肉，这种特殊礼遇非同寻常，弘历当时也是明白的。他八十五岁时回忆说："雍正元年正月，皇考召予至养心殿，以肉一脔赐食，而和亲王未与也。予尝之，味纯美而不辨何肉，皇考亦未明谕，敬识之勿敢忘。践阼后，回忆是日正祈谷礼成后，圣意必以初元郊祀，将予后日克承大宝，上告昊穹，付托之重，已定于此时矣。"[3]又同年年底，康熙帝逝世一周年，按理雍正应亲往景陵祭拜，却命弘历代自己前去。乾隆帝七十八岁时提及这段往事："雍正元年，皇考曾两诣

1 《御制诗四集》卷五八《怀旧诗·龙翰福先生》。

2 弘昼：《乐善堂文钞序》。

3 《御制诗五集》卷九三《洪范九五福之五曰考终命联句》。

景陵，冬至月届，皇祖周年大祭，俯允诸王大臣之请，因停往谒，命予恭往代祭，实不无深意也，时予年十三。”[1]应该说，包括弘历本人在内的一些人对雍正帝这些举动的含义是清楚的，只是心照不宣而已。还有一点可以注意到：弘历的生母钮祜禄氏，本为雍邸格格，雍正时封熹妃、进熹贵妃，位分仅在皇后之下，而弘时的生母李氏藩邸时已为侧福晋，雍正间仅封齐妃；弘昼的生母耿氏，亦为藩邸格格，年龄、资格长于钮祜禄氏，但仅封裕嫔、裕妃；弘瞻的生母刘氏，仅封谦嫔。终雍正之世，这四位皇子的生母中，只有钮祜禄氏得封贵妃，位分最高。“母以子贵”，由此可以推想到，哪一位皇子该是雍正帝属意的继承人。

雍正在位，弘历和弘昼朝夕相处，友爱颇深，但一旦弘历登上了宝座，身份和关系骤然变化。既是兄弟，又是君臣，两者之间不容易取得一个平衡点。弘昼要在往常平等相待的弘历面前俯首称臣，内心未必能平静；而乾隆帝对这位曾是帝位潜在竞争者的弟弟，也未必不心存芥蒂。弘昼性格骄亢，盛气凌人，满朝文武都畏惧他。有一次，他和军机大臣讷亲闹意见，竟不顾体面拔拳相向，当众殴辱讷亲。他又奢侈贪财，雍正藩邸的私产悉归所有，在王公宗室中是首屈一指的豪富，还想索要雍亲王原府邸。乾隆帝以此府为两代龙飞之地，不宜作为王府，断然拒绝他的要求，而将原雍亲王府改为礼佛的喇嘛庙——雍和宫。弘昼以御弟的身份言语不甚检点，有一次，乾隆帝命他在正大光明殿监试八旗子弟，乾隆帝迟迟未退席，弘昼请皇帝退朝就食，乾隆怕八旗士子习性顽劣，夹带作弊，仍未退朝。弘昼发起小脾气来，对皇帝说：“你难道连我也不相信，怕我被士子们买通了吗？”对皇帝说这种话，极不恭敬。乾隆帝很不高兴，但没有说话，即退朝走了。有人提醒了弘昼，第二天，弘昼向皇帝请罪，乾隆告诫他：“昨天，

1 《御制诗五集》卷五三《烟郊行宫作》。

如果我答复一句，双方顶撞起来，你就该粉身碎骨了。你的话虽然不好听，但我知道你内心友爱，故而原谅了你，今后要谨慎，不要再说这种话了。”小小的言语失检，在专制统治者面前可能招致杀身之祸，即使亲兄弟也不例外。乾隆帝为了改变清前期宗室王公干预朝政的习惯，对皇亲国戚，包括自己的弟弟在内，在名位和生活上给以隆重的优遇，但政治上要求很严格，不许干政，还经常借些小事对他们敲打敲打，提醒他们循礼守分，不要忘乎所以。“上即位后，优待和、果二王（即和亲王弘昼、果亲王弘瞻），每陪膳赐宴，赋诗饮酒，殆无虚日。犹必时加训迪，不许干预政事，保全名誉”[1]。乾隆十七年和亲王弘昼与裕亲王广禄、履亲王允祹、慎郡王允禧、顺承郡王台斐英阿奉命盘查仓库。这本来是例行公事，这些王爷们马马虎虎，敷衍了事，想不到皇帝却借此做文章，责他们“未能尽心”，要议他们的罪。宗人府哪敢得罪这些凤子龙孙，议革他们所兼的都统，或罚都统俸饷，请皇帝在两种处分中任择其一。乾隆很不高兴，指责宗人府“两议请旨，故意尝试，甚属取巧，如此瞻徇，岂受其请托耶？抑借以倾陷耶？”[2]将宗人府王公严加议处，命都察院严察议处。都察院的官吏们接到这一棘手的案件，战战兢兢，不知道皇帝的葫芦里卖的是什么药，只得从严议处，革去王爵。不料乾隆帝又大发脾气说：“王公等非干大故，从无革去王爵，降为庶人之理，都察院果以此议为当乎？否乎？……明知朕必不革去两亲王两郡王，而故如此立议，以为可以立身无过，而于朝廷之体制，事理之当否，概不之论，是岂大臣实心敬事之道……乃诸臣议事，一不衷之于理，非以尝试取巧，则以从重而恩出自上，为自全之术，无以实心为国家任事者，朕将奚望，亦甚自惭。”[3]结果，王爷们罚王俸一年，

1 昭梿：《啸亭杂录》卷一《友爱昆仲》。

2 《清高宗实录》卷四一〇，乾隆十七年三月辛未。

3 《清高宗实录》卷四一一，乾隆十七年三月己卯。

而都察院官员们俱革职留任。皇帝的天威，高深莫测，这无非要让王爷们知道：自己是绝对的权威，对任何人可以生杀予夺。同时，也告诫百官们，即使皇亲国戚，也必须依法处理，既不许徇情包庇，也不许故意重处，以避嫌疑，而把处理的责任推到皇帝身上。

弘昼锦衣玉食，但在专制皇权的压抑下，不得不小心谨慎，饱食终日，无所事事，喜欢听戏曲，专爱弋阳腔，家中养着戏班子，自己将旧剧戏文改写，用弋调演唱，大概改写的水平低下，客人们掩耳厌听，而弘昼乐此不疲。又因长期抑郁寡欢，养成一种变态心理，无聊地演习自己的丧礼，制订了死后的丧礼仪式，自己高坐院子里，装成活死人，陈设各种冥器，命王府的护卫仆从供饭哭祭，自己则吃着祭品，以此自娱。弘昼死于乾隆三十五年，年六十岁。

乾隆帝的幼弟弘瞻，谦妃刘氏所生，乾隆即帝位时只有两岁。这位小弟弟似乎从小就对哥哥怀着畏惧的心理，因他幼时常住在圆明园，故称圆明园阿哥。有一次，幼小的弘瞻在园内玩耍，乾隆帝看到了他，召他近前想和他说话，他却害怕皇帝哥哥，一溜烟跑掉了。乾隆帝满心不高兴，不好责怪小孩子，把太监们骂了一顿。弘瞻长大以后，善作诗词，且富藏书，他的老师是著名的诗人沈德潜。雍正帝的第十七弟允礼，封果亲王，颇受信任，乾隆初参与辅政。允礼死于乾隆三年，死后无子，即以弘瞻过继。允礼“在诸王中较为殷富，弘瞻既得嗣封，租税所人，给用以外，每岁赢余，不啻巨万”，但弘瞻性俭啬，积聚许多钱财，对待下属很苛刻严厉，行为放纵不检，因开设煤窑，强占平民产业，又曾奉命前往盛京，恭送玉牒，他却上奏要先去打猎，然后再去盛京。乾隆帝对他很不满意，屡加训饬。但弘瞻却以为这些小事情，仗着御弟身份，以为皇帝不能把自己怎么样。兄弟之间的矛盾日积月累，终于在乾隆二十八年爆发，当时审理两淮盐政高恒代京师王公大臣贩人参牟利一案，据高恒供称：弘瞻因欠了商人江起镨的钱，派王府护卫带江到高恒处，托售人参，牟利以偿还欠债。这件事大失御弟的身份。乾隆帝决心进一步查究，查出弘瞻令各处织造、关差购买蟒袍、朝衣、刺绣、古玩以及优伶，只给很少价钱。又朝廷简派官吏，弘瞻以门下私人嘱托军机大臣阿里衮选用，阿里衮未答应。乾隆帝对此事极为恼火，斥责“弘瞻冥心干与朝政，毫无顾忌，一至于此。此风一长，将内务府旗员之不已，外而满汉职官，内而部院司寺，势将何所不可……朕实为之寒心”[1]。乾隆帝决定要惩戒这位放纵的幼弟，把他一切乖谬的行为揭发出来，算一笔总账。弘瞻的生母谦妃寿辰，乾隆未曾加赐称祝，弘瞻愤激不满，形之于色，向乾隆帝微词讽刺。乾隆反驳他：坐拥厚，而侍奉母妃菲薄，反而常向母妃索取财物，“岂为人子者所宜出此耶！”有一次，圆明园“九州清宴”失火，诸王都进园救火，弘瞻住处最近，来到最晚，且和皇子们嘻嘻哈哈，毫无关念之情。又弘瞻和弘昼一起至皇太后宫中请安，在皇太后座旁藤席跪坐，该处正好是皇帝平日跪坐之地。乾隆帝责备两个弟弟“仪节僭妄”、“尚知有天泽之辨哉！”诸罪俱发，弘瞻被革去亲王，降为贝勒，解除一切差使，永远停俸，连弘昼亦因“于皇太后前跪坐无状”，罚王俸三年。这是乾隆帝和幼弟之间矛盾不和的集中爆发。弘瞻被革去亲王后，闭门家居，抑郁不欢，得病。病危时，乾隆帝亲临视疾，弘瞻在衾褥间叩首谢罪。乾隆帝被手足之情所感动，呜咽失声，拉着弘瞻的手说：我因你年少，故而稍加处分，以改变你的脾气，想不到你会因此得这样重的病。立即恢复弘瞻的封爵，弘瞻不久即死，时在乾隆三十年三月，年三十二岁。

---

1 《清高宗实录》卷六八六，乾隆二十八年五月己巳。

五 理学名师

弘历幼年时代，父辈的争权斗争虽很激烈，但他的生活却平静、安定，享受着皇家的富贵尊荣，受到良好的教育。雍正即位以前，他住在雍亲王府，和弟弟弘昼分居于东西室。附近有柏林寺，弘历、弘昼常去玩耍。做皇帝后，他对这个地方很眷恋，重修柏林寺时，他题写碑文说："人之情虽善忘，而孩提时事，或不忘者，以其见闻久而孺慕切也。兹寺之葺，其不可已者以此。"[1]二百数十年以来，柏林寺之名相沿未改，它坐落在今雍和宫东侧，为北京图书馆之古籍部。

弘历、弘昼六岁时读书，书房在如意室，起初似乎没有正式聘请老师。九岁时，胤禛给两个儿子请了一位翰林院庶吉士福敏，启蒙授读。福敏为满洲镶白旗人，康熙三十六年进士，但官运不佳，二十余年未得升迁。福敏服膺程朱理学，为人方正耿直，宽容有度，"公严气正性，凛不可犯……廓然无城府"。且教读有方，对学生严格要求。弘历对他十分尊敬，终生感念师恩。说他："循循既善诱，严若秋霜披。"[2]大概因他教读皇子有功，雍正三年放外任，署浙江巡抚，又署湖广总督，内调为吏部尚书、左都御史、协办大学士等职。他做官的本领似属平常，雍正末屡遭谴责。到他的学生登上帝座，又一次发迹，擢武英殿大学士，加太保。乾隆帝说："先生服官，政绩无所表见，而方正严惮，且能多方诱迪，于课读为长。余初就外傅，始基之立，实有以成之，故每追念不置云"[3]。

雍正即位后，弘历、弘昼成了皇子，身份提高了，对他们的

1 《御制文初集》卷二〇《重修柏林寺碑文》。

2 《碑传集》卷二二，雷鋐《记所闻相国福敏公语》。

3 《御制诗四集》卷五八《怀旧诗·龙翰福先生》。

教育也不同了。雍正始设上书房，上书房在乾清宫附近，屋五楹，北向，并制定了教育皇子的严格制度。雍正元年，聘请徐元梦、张廷玉、朱轼、嵇曾筠四人为师傅。按从前的规矩，皇子拜师，彼此长揖，雍正帝特别重视儿子们的学业，尊重他们的师长，命在懋勤殿向四位老师行拜见之礼。这四人中，徐元梦是满族，正白旗人，康熙十二年进士，资历最老，康雍乾三朝都曾授皇子读书，他是精通满语的专家，担任宫廷的满语教习，不久因罪去职，故教读弘历的时间很短。张廷玉，安徽桐城人，是雍正朝最受宠信的大学士，撰旨任务繁忙，很少有时间参加教学，但他长在北京，管理翰林院，有时也去上书房察看，对皇子们的教育稍有影响。嵇曾筠，江苏长洲人，康熙四十五年进士，是一位水利专家，入值上书房不久，即出为河南巡抚、河道总督，长期在外治河，未实际教读。这四人中，只有朱轼教学最久，故乾隆诗中说："皇考选朝臣，授业我兄弟，四人胥宿儒，徐（元梦）朱（轼）及张（廷玉）嵇（曾筠），设席懋勤殿，命行拜师礼。其三时去来（原注：徐未久得罪去，张以书写谕旨事繁，旬月中偶一至上书房，嵇则出为河督，惟先生常至书斋，为余兄弟讲授），可亭则恒矣（引者按：可亭即朱轼），时已熟经文，每为阐经旨，汉则称贾董，宋惟宗五子（原注：谓周程张朱），恒云不在言，惟在行而已，如坐春风中，十三年迅耳。"[1]

朱轼（1665~1735），江西高安人，康熙三十三年进士。他从知县开始，历任主事、郎中、陕西学政，颇有政绩。康熙末官至浙江巡抚，治理钱塘江工程，亦有成效，擢左都御史。雍正时，入值上书房后，晋吏部尚书、太子太傅、文华殿大学士。朱轼是著名的理学家，研究《礼记》，又精明能干，躬亲治事，政务虽繁，不废学问，生活则很俭朴。"公为政，练达有体。自为县及

1 《御制诗四集》卷五八《怀旧诗·可亭朱先生》。

浙抚，未尝假宾佐，摘伏多洞中，吏不能为奸，政事之外益著书”[1]，“自诸生至宰相，食不二味，衣不鲜华，而爱国忘家，唯民休戚是念，凡所学必以身践之”[2]。朱轼服膺宋张载的学说，主张身体力行，后来乾隆帝也经常强调这一点，可能是受老师的影响。他担任师傅时，弘历兄弟十二岁，“已熟读诗书四子书，背诵不遗一字”，学业已有良好的基础，但尚待进一步培育深造，他们的性格气质以及兴趣爱好，则尚在发育变化，并未定型。朱轼的教导，对于乾隆帝性格、志向、知识、爱好的形成，起了巨大的作用。他根据皇子们已有的程度，教读易经、春秋、戴礼以及宋儒性理诸书、通鉴纲目、史记、汉书、唐宋八家之文，向皇子们讲解儒家经典以及理学的精蕴奥义，兼及社会现实、民生疾苦、前朝历史。所谓“学术醇正、望重朝端”、“朕自幼读书宫中，常闻讲论”，“今上（指乾隆帝）在藩邸时闻公讲生民休戚，历朝治乱甚悉”[3]。朱轼所讲是儒家那套修齐治平、南面帝王之学，他确实成功地按儒家的模式，参与塑造了一位杰出的封建帝王，赋予他必要的观念、知识和能力。乾隆帝对这位老师十分尊敬，即位以前，他给朱轼赠诗，可见他的景仰之心：

早岁承纶綍，成童授简编。
芳规看表帅，函丈获周旋。
……
十载如旬日，高山复大川。
汲长难试绠，质鲁记窥渊。
惟借开陈力，常资接引缘。
前途粗省识，往籍事精研。

---

1 《国朝耆献类征初编》卷一三，黄永年《朱轼墓志铭》。
2 《国朝耆献类征初编》卷一三，张廷玉《朱轼墓志铭》。
3 《国朝耆献类征初编》卷一三，袁枚《朱轼神道碑》。

方示寻邹屐，旋招泛泗船。

高深终莫测，言象未忘筌。[1]

雍正死时，朱轼方被派赴浙江勘视海塘，走到半路上，乾隆即位，由于他长期住在宫中，未自建藩府，又不交接外官，所认识和了解的官员极少，他想到的第一个可靠而又能干的人，就是自己的老师朱轼，立即召朱轼折回北京，协同总理事务。在短短一年时间内，朱轼和乾隆帝关系特别密切，“公以旧学重臣，日趋内廷，辰人酉退，屡陈便宜”。乾隆初政，以宽大纠正雍正的严刻，这一方针的制定与执行当与朱轼有关。袁枚为朱轼撰写的《神道碑》中说：“公奉世宗诏，侍皇上青宫最久。皇上登极未一载，仁言圣政，重累而下，九州八陔，靡不异音同叹，庆尧舜复生。然则公启沃之功可以想见，而公之风概，又岂可求诸唐虞下哉！”[2]可惜朱轼到乾隆元年九月即病死，年七十岁。在乾隆帝急需支持、帮助的时候匆匆地离开人世，使新皇帝在较长一段时间内只能使用雍正留下的大臣们，无法组成自己所熟悉、所信赖的新的工作班子。

尽管朱轼学问优长，久侍讲幄，可是他的官位已高，兼职繁多。教读期间，他曾往江浙修海塘工程，协助怡亲王允祥管理畿辅的水利营田，允祥死，又归他主管。他事务繁杂，精力分散，雍正帝为了不耽误儿子们的学业，又于雍正元年六月聘请了一位专任教师蔡世远。蔡在对乾隆的教育上，和福敏、朱轼一样，起了重大作用。后来，乾隆帝只承认这三人才是自己真正的老师，为了尊敬他们，称他们为“福龙翰先生”、“朱可亭先生”、“蔡闻之先生”。

---

1 《乐善堂全集定本》卷二四《春日寄朱可亭先生五十二韵》。

2 均见《国朝耆献类征初编》卷一三，袁枚《朱轼神道碑》。

蔡世远，福建漳浦人，康熙四十八年进士，是张伯行、李光地的门生，曾协助李光地编纂《性理精义》，这本书也是后来弘历、弘昼兄弟学习的课本。蔡世远是一位教育家，他和父亲两代主持福建鳌峰书院。“手定学约，躬行率先，儒风大振。父子相继为全闽学子师，前此未有也”。蔡世远入值上书房后，虽得了礼部侍郎的官衔，但并无实际兼职，故能致力于教读，侍值内廷十年，“卯入而酉出，未尝一日辍”[1]。蔡是一个崇拜宋儒的纯正的理学家，他称:“宋朝当理学昌明之会，周程张朱，比肩而起，德性学问之功，昭昭若揭天壤。”[2]其讲学的内容，自然也是这一套，“公侍皇子，凡进讲四书五经及宋五子之书，必近而引之身心发言处事所宜”，“自身心以至治平之道，一以程朱为训，而必本于诚”[3]。乾隆帝虽然对理学有一些不满的言论，但综观其一生，其言行仍不出程朱理学的牢笼，这当和他三位理学家老师的教育是分不开的。而蔡世远对乾隆帝的作用十分重要，乾隆一生崇奉韩愈文、杜甫诗，即是受蔡的影响。乾隆自已说:“所从之师虽多，而得力于读书之用，莫如闻之先生……皇考命入尚书房授读，余时学为古文，先生谓：当以昌黎为宗，且言惟理足可以载道，气盛可以达辞，至今作文资其益。”[4]乾隆帝自认得益于蔡世远，而蔡的见解与桐城派的文论极为相似，这也并不奇怪，因为蔡世远和桐城派的创始人方苞正好是志同道合的好朋友。弘历和这位老师的关系很亲密，蔡世远得病，弘历写诗送给他：

早起披衣唤小僮，新裁柔翰走诗筒。

1 《国朝耆献类征初编》卷六九，李绂《蔡世远墓志铭》。
2 陆言辑：《政学录》。
3 《国朝耆献类征初编》卷六九，方苞《蔡世远墓志铭》。
4 《御制诗四集》卷五八《怀旧诗·闻之蔡先生》。

问师冷日迭遭景，忆我春风坐卧中。[1]

表现了师生间嘘寒问暖的融洽之情。蔡世远死于雍正十二年，没有来得及看到自己的学生登上帝座。他著有《二希堂集》，自称“学问未敢望朱文公（朱熹），庶几其真希元（真德秀）乎！事业未敢望诸葛武侯（诸葛亮），庶几其范希文（范仲淹）乎！名二希堂之旨以此”[2]。弘历曾为此书作序。后来，乾隆在养心殿辟“三希堂”，收藏历代名家法帖，他所以命名“三希”可以作三种解释，一是希贤、希圣、希天；一是藏有王羲之《快雪时晴帖》、王献之《中秋帖》、王珣《伯远帖》，皆稀世之珍；一是蔡世远有“二希”，自己欲希蔡世远之“希”。由此可见，乾隆对自己这位老师也是钦佩之至。

乾隆的老师，除以上提到福敏、朱轼、蔡世远以及徐元梦、张廷玉、嵇曾筠之外，还有一些人在雍正年间入值上书房，陪侍读书。雍正七年有顾成天，八年有蒋廷锡、胡煦，九年有邵基，十年有鄂尔泰，十二年有梁诗正，其他还有蔡珽、刘统勋、任启运、戴瀚等人。乾隆帝后来追忆当年上书房的旧人说：“皇考重英贤，率命书房走。鄂（尔泰）蒋以阁臣，蔡（珽）陈（法）列卿九，胡（煦）、顾（成天）、刘（统勋）、梁（诗正）、任（启运）、邵（基）、戴（瀚）来先后。其时学亦成，云师而实友，不足当绛帷，姓名兹举偶。”他认为：这些人实际上不是自己的老师，真正的老师是福敏、蔡世远、朱轼三人。乾隆皇帝自称于福敏“得学之基”，于蔡世远“得学之用”，于朱轼“得学之体”。

1 《乐善堂全集定本》卷二六《立春前五日以诗代书问蔡先生病》。

2 《国朝耆献类征初编》卷一三，方苞《蔡世远墓志铭》。

六　同窗知己

和弘历、弘昼一起读书，关系最亲近的有两人，一是诚亲王允祕，一是平郡王福彭。

允祕是康熙帝的第二十四子，也是最小的儿子，于弘历等是叔辈，却比弘历小五岁，赋性聪颖，得康熙钟爱。雍正帝说："朕幼弟允祕，秉心忠厚，赋性和平，素为皇考所钟爱。"[1]弘历被康熙养育宫中，就和允祕生活在一起，故弘历说："每忆髫童际，亲承圣祖恩……辟咡依前膝，含饴共夕飧，七龄叔敏达，十二我愚芚。"这是弘历描写康熙和他们两个孩子一起进膳的情形。雍正即帝位，设上书房，允祕年幼，和两位年龄稍大的侄子弘历、弘昼一起读书，也在一起赋诗饮酒，写字赏画，游春踏青，泛舟娱乐。《乐善堂全集定本》中留下了与二十四叔（允祕）赋诗、行猎与郊游的若干诗篇。其中一首说："近岁恩加渥，书斋业共敦。文章森义府，翰墨焕崇垣，缃帙循环诵，琼编次第翻，数曾相赏析，几度易寒暄，讲学欣同幄，延师更一门，晓晡常并席，岁腊偶开鐏，联骑趋香陌，轻舟泛御园，騄骊工步骤，鸾凤必腾骞。"[2]这首长诗描写他们一起在书房攻读课业，论文诵诗，而且同席饮食，同游共乐。他对这位年轻的叔父甚为称赞敬重，说他："性情恒静正，体貌更恭温，尚友希千载，成文易百言，夙尝勤典籍，频自惜朝昏，深领书中味，浑忘户外喧。"看来，允祕是一位温文尔雅、勤奋读书、才学出众，且超脱于世事尘务的谦谦君子。允祕与弘历、弘昼同时得封亲王，他死于乾隆三十八年，年五十八岁。

弘历另一位亲密的同学是平郡王福彭，努尔哈赤的八世孙，

1　《清史稿》卷二二〇《诸王六·允祕》。

2　均见《乐善堂全集定本》卷二七《奉题二十四叔父裕德轩三十韵》。

属于代善、岳托一支。岳托因战功始封克勤郡王，后世改称平郡王（乾隆中叶又恢复原名克勤郡王），是清代世袭罔替的八家“铁帽子王”之一。论岁数，福彭比弘历大三岁，论辈分，弘历、弘昼是福彭的祖父辈。福彭是伟大文学家、《红楼梦》作者曹雪芹的亲表兄，他的生母曹氏是平郡王讷尔苏的嫡福晋，即是曹寅的亲生女。福彭英年早慧，受康熙、雍正、乾隆三朝皇帝的赏识，是王公子弟中的佼佼者。早年即被康熙皇帝看中，养育宫中读书，“王幼而侍圣祖仁皇帝宫中，躬承恩眷”[1]，这是不同寻常的优遇。康熙的孙子太多，近百人，有许多他连相貌、名字也不知道，更不要说进宫和皇帝一起生活。乾隆皇帝到十一岁时才被祖父赏识，入宫读书，被乾隆帝视为不世之荣，一辈子感铭不忘。福彭以远支宗室的幼童亦被养育宫中，更为难得。若非福彭聪明绝顶，才智过人，一定得不到这样的令许多权贵羡慕的优遇。

雍正六年，弘历、弘昼已满十八岁，无论学业上、性格上、身体上都在发育成熟。比他们大三岁的平郡王福彭被挑选入宫，陪同皇子们读书，这是雍正帝希望品学兼优的福彭能够影响弘历、弘昼，使他们健康地成长，从此，福彭成了皇子们的同窗挚友。这时，由于福彭之父讷尔苏已获罪革爵，福彭嗣封平郡王。雍正八年，福彭奉诏代雍正帝前往盛京，修理祖陵前的水道，临行前，弘历写序赠送。不久，福彭又被派管理旗务，署都统，擢宗人府宗正。雍正十一年四月，在办理军机处行走，是当时最年轻的一位军机大臣，可见雍正帝对他的器重。当时，清军和准噶尔作战，在和通泊失利，溃不成军，前线营伍混乱，需要一位有胆略、有才能的统帅去收拾残局，整顿军队。清廷不乏能征惯战的宿将，而雍正帝都没有看中，偏偏选上了只有二十五岁的福彭，雍正十一年任命他为定边大将军，驰往边关，肩负起前线的军事重任。

1 《乐善堂全集定本》卷七《送定边大将军平郡王西征序》。

福彭和弘历兄弟同窗六载，友谊甚深，可称莫逆之交，临行之日，弘历送行到清河，赋诗三首赠别。其一云：

武略文韬藉指挥，书斋倍觉有光辉。
六年此日清河畔，君作行人我独归。[1]

这首诗表现了同学之间依依惜别之情。乾隆帝在即帝位前所作的《乐善堂全集定本》中，赠给福彭的诗文甚多，他对这位同学推挹备至，称赞福彭“年虽少而器识深沉，谦卑自牧，娴学问，通事理”[2]，又说“王器量宽宏，才德优长，在书室中与之论文，每每知大意，而与言政事，则若贯骊珠而析鸿毛也”[3]。在福彭赴前线以后，弘历对这位挚友眷念甚深，在和福彭离别的一周年，他写诗：

徘徊倚石栏，闲望抒清吟。
却忆昨年秋，今夕送知音。
（原注：癸丑年八月三日平郡王奉命西征）
边陲渺天末，飒沓霜风侵。
抚景怀契阔，踌躇思不禁。
南仲方出车，颉利未生擒。
月明人尽望，壮士秋思沉。[4]

又一个秋夜雨中，弘历躺在床上，回想起当年雨中和福彭驾舟游览的情形（诗中如心居士即福彭之别号）：

1 《乐善堂全集定本》卷二七《清河送平郡王西征》。
2 《乐善堂全集定本》卷七《送平郡王奉命往盛京修理福陵前河道序》。
3 《乐善堂全集定本》卷七《送定边大将军平郡王西征序》。
4 《乐善堂全集定本》卷二一《八月三日作》。

夜凉霜簟好安眠，芭蕉响滴残梦醒。
醒后悠悠动远思，思在龙堆连霜岭。
如心居士在军营，年来王事劳驰骋。
即此清凉夜雨秋，行帐残灯悬耿耿。
……
犹忆去年烟雨中，绿蓑共泛沧波艇。
……
借有好风吹送诗，知君应在三秋领。[1]

在某个冬夜，弘历住在温暖的房中，却想起万里以外的福彭天寒戍边的辛苦，又写诗：

暖阁熏炉刻漏移，闲情万里忆相知。
高斋趣永三余乐，绝塞风寒列戍悲。
约计凯旋应指日，欲缄书寄更无期。
难堪剪烛清吟夜，念到寒更毳幙时。[2]

从这些赠诗中，可见弘历与福彭同学六载相交之恳挚，友谊之深厚。

福彭驻节乌里雅苏台、科布多、鄂尔坤等城，又筑城额尔德尼昭，治军有方，颇著劳绩。雍正十三年，雍正帝死，乾隆继位，立即召福彭回京，协办总理事务处。这一机构在雍正帝丧期内是代替军机处的最高中枢机构。福彭的地位仅次于两位皇叔——庄亲王允禄和果亲王允礼，而在鄂尔泰、张廷玉、讷亲之上。看来，

1 《乐善堂全集定本》卷二〇《夜卧听雨忆平郡王》。
2 《乐善堂全集定本》卷二八《冬夜忆平郡王》。

乾隆帝非常赏识和倚重这位老同学，他的政治前途正未可限量。但情况的发展受多种因素的制约，尽管福彭年轻有为，又当乾隆帝正在用人之际，福彭仍属于乾隆初年政治舞台一瞬即殒的明星，未能大展其抱负。原因是，乾隆帝鉴于清前期宗室王公把持政局、屡次酿成内部斗争，决心铲除宗室干政的旧习，将所有亲王、郡王排斥于中枢机构之外，为贯彻这一政治原则，连自己的知心好友福彭亦不例外。乾隆二年十一月裁撤总理政务处，恢复军机处。允禄、允礼和福彭从优议叙或议叙，但均未进入军机处，这样，才学优长的福彭成了乾隆初政治改革的牺牲品，断送了他的政治前程。从此以后，历经乾嘉道三朝一百二十多年，无宗室王公进入军机处者。[1]直到1860年北京政变后，慈禧太后与奕䜣锄灭肃顺等，奕䜣加议政王，在军机处行走，又开晚清宗室柄政之局面。

福彭虽有才能，与乾隆同窗至好，一度被重用，但由于乾隆帝锐意革新，只给宗室王公优厚的待遇，不使他们掌政，故福彭失去了一展政治才能的机会，后来虽曾管理过正黄旗、正白旗事务，但未曾大用。乾隆十三年十一月，福彭病逝，年四十岁。谕旨称:“平郡王宣力有年，恪勤素著。今闻患病薨逝，朕心深为轸悼。特遣大阿哥携茶酒往奠，并辍朝二日。”[2]这是特殊的礼遇，乾隆帝对这位昔日同学怀有很深的感情。

和乾隆帝同学的除弘昼、允祕、福彭之外，允禧也是交谊很深的伴侣。允禧是康熙帝的第二十一子，虽为弘历叔辈，但为同龄人，仅长八个月。早在弘历受知于康熙、被养育宫中时，两个小孩子就结下了友谊。据弘历说：自己入宫时，诸叔父“咸善视予，而二十一叔尤肫然有加也”[3]。允禧则称:“康熙六十一年，爰

1 嘉庆四年，成亲王永理命在军机处行走，仅10个月，以非祖制停止。又咸丰三年恭亲王奕䜣在军机大臣上行走，共二年，亦停值。

2 《清高宗实录》卷三二九，乾隆十三年十一月戊辰。

3 《乐善堂全集定本》卷八《四余室记》。

命皇四子宝亲王（按：即弘历）入侍内廷，以示宠异。是时，王年方舞勺（指十二岁），而予齿亦埒，相对甚欢。及皇上（指雍正帝）绍膺大宝……每入觐皇上时，遇王辄承奖许，把握深谈，大有乳水之合。”[1]可见他们二人幼年结交，极为投合。从允禧的文章中看，他只在入觐雍正帝时，才和乾隆帝相遇，可见他未在上书房与弘历同学。[2]但允禧文武双全，善骑射。据说，康熙帝曾命允禧教弘历射箭，允禧能够教同龄的弘历，可见他身手不凡。他又好读书，擅长书法绘画，“诗笔清秀，擅名画苑”[3]，自署紫琼道人，画风似董源、文征明。弘历对允禧的诗才画笔很钦佩，屡次和诗索画，称赞他：“吾叔乃诗翁，裁句清而好，近复参画禅，颇得画中道。”[4]有一次，弘历写诗给允禧，索取诗画，诗云：“胸中早贮千年史，笔下能生万汇春……琼瑶乞并缣缃惠，景仰还期步后尘”[5]，此诗表现了他对允禧的倾倒。允禧送给他诗画后，弘历又写诗三首志谢，再一次表示赞美之情，其中一首是：

南华秋水一泓新，抚景悠然觉爽神。
已愧征诗裁下里，还叨步韵咏阳春。
心情近似天边月，花竹聊充榻上宾。
桂露满瓶熏手读，恐教仙藻污凡尘。[6]

1 允禧：《乐善堂文钞序》。

2 弘历和允禧的早朝诗中有“髫年书史共追陪”之句，大概是指康熙年间，弘历在宫中曾和允禧一起读书。见《乐善堂全集定本》卷二六《奉和二十一叔父癸丑元日早期原韵》。

3 昭梿：《啸亭杂录》卷一〇《三王绝技》。

4 《乐善堂全集定本》卷一九《题二十一叔父山静日长小景》。

5 《乐善堂全集定本》卷二九《夏日寄二十一叔父索诗画》。

6 《乐善堂全集定本》卷二九《前寄诗索二十一叔父近制，承惠尺幅，兼辱和章仍用元韵志谢》。

弘历还有两位叔叔，一个是二十二叔允祜，也和弘历同年，雍正十二年封贝勒；另一个是允祁，比弘历小两岁，雍正八年封镇国公，乾隆登基后，晋贝勒。当康熙逝世时，他们尚未成人，由雍正养育宫中，亦应在上书房和弘历一起读书，但弘历从没有说起和他俩同学，也没有唱和的诗或一起游玩的记载。康熙帝的小儿子允禧、允祜、允祁、允祕，他们的生母地位均不高，唯允祕得康熙厚爱，能与弘历、弘昼一起读书，且早封诚亲王，其他三人可能在别处读书。而雍正帝最为宠信的十三弟怡亲王允祥，其子弘晓于雍正八年袭怡亲王爵，雍正帝命他在宫中读书，与弘历兄弟亦为同学，弘历和弘晓交往甚疏，早年诗文中也从未提到弘晓。乾隆即位不久，曾责弘晓"性耽安逸，不知黾勉向学，以付皇考期望之意，屡烦圣心，降旨训饬，而王仍未能悛改，皆朕所亲见者"[1]。乾隆帝还有一位身份特殊的同学，即蒙古活佛章嘉三世，他幼年颖悟，雍正二年，奉召入宫读书，时年七岁，比弘历小五岁，这是我们所知乾隆帝唯一的一位非皇室的同学。

七　读书生活

雍正帝设立上书房，聘请名流宿儒为老师，以教育皇子们，制度和管理很严格。"我国家之制，诸皇子六岁以上，即就上书房读书，即皇孙、皇曾孙亦然。既选京堂翰林以分课其读，复派大学士、尚书数人以总视其成，更简满洲、蒙古大臣、侍卫等以肄之国语骑射，长幼相聚，昕夕程功。"[2]乾隆帝就是在这种严格的书房生活中接受了十多年教育。据目击到皇子们上学情形的赵翼说，他在军机处值班，每逢早班，五鼓入宫，这时各部院的官

1　《清世宗实录》卷四，雍正十三年十月。

2　《东华录》卷八八，乾隆四十三年九月。

员还没有到来，只有几名内务府苏喇来往应差，“黑暗中残睡未醒，时复倚柱假寐。然已隐隐望见有白纱灯一点入隆宗门，则皇子进书房也。吾辈穷措大专恃读书为衣食者尚不能早起，而天家金玉之体，乃日日如是。既入书房，作诗文，每日皆有程课。未刻毕，则又有满洲师傅教国书、习国语骑射等事，薄暮始休。然则文学安得不深、武事安得不娴熟？宜乎皇子孙不惟诗文书画，无一不擅其妙，而上下千古成败理乱，已了然于胸中，以之临敌，复何事不办？”[1]赵翼所见是乾隆前期的事，而这正是沿袭了雍正以来的做法。人们说，清代皇帝虽出于少数民族，但他们的才能、品质以及对儒家传统文化的了解，更胜于汉、唐、宋、明的一些帝王。这种说法有一定的道理，其原因是，培育皇室成员的一套教育制度很正规、很严格，这是起了很大作用的。

弘历等学习非常勤奋，非常专心，成天诵经研史、吟诗作文，或者骑马射箭，每天学习的时间约在10个小时以上。他的老师蔡世远“侍值内廷十年，卯入而酉出，未尝一日辍”[2]，老师在宫中滞留的时间，大体上就是学生们的学习时间。人们称赞他们“朝有课，夕有程，寒暑靡间”[3]，“皇四子（指弘历）无日不酌古准今，朝吟暮诵，无日不构思抽秘，据案舒毫”[4]。

皇子们读书的上书房，在乾清宫左，五楹，面北向，皇帝在乾清宫可以听到上书房的读书声，故乾隆帝有《每御乾清宫，辄闻尚书房诸皇子诵读声，欣然会心，兼忆旧况诗》[5]。雍正帝很关心儿子们的学业，万几之暇，亲自到上书房考察课程。雍正七年，他来到书房，一时兴至，执笔展纸，写了一副对联“立身以至诚

1 赵翼：《簷曝杂记》卷一《皇子读书》。

2 《国朝耆献类征》卷六九，李绂《蔡世远墓志铭》。

3 张廷玉：《乐善堂文钞序》。

4 胡煦：《乐善堂文钞序》。

5 参见《国朝宫史》上册，卷一二，第210页。

为本，读书以明理为先”，赏给弘历、弘昼。雍正帝擅长书法，这副对联寓意深切，写得苍劲有力，兄弟俩挂在书房中作为座右铭。后来，弘历专为此写了两篇论文，解释并发挥对联的含义。

弘历的读书处在上书房，平日居住在西二所。雍正五年，他和皇后富察氏结婚时，即以此处为新房，其后将西二所改建升格，称重华宫。乾隆帝认为，这是一座有纪念意义的建筑，里面贮藏着青少年时代的日用旧物，包括康熙、雍正和乾隆母亲所赐物品，富察皇后的遗物（富察皇后死于乾隆十三年），以及皇子时代的衣服和用品。“重华宫为朕藩邸时旧居，朕频加修葺……现在重华宫陈设大柜一对，乃孝贤皇后嘉礼时妆奁，其东首顶柜，朕尊藏皇祖所赐物件，西首顶柜之东，尊藏皇考所赐物件，其西尊藏圣母皇太后所赐物件。两顶柜下所贮，皆朕潜邸时常用服物”[1]。重华宫前有乐善堂则为乾隆青少年时代的书房。舜所谓“乐取于人以为善”，后汉东平王所谓“为善最乐”。乾隆自称：“于大舜之善与人同，虽有志而未逮，而东平王之为善最乐，则不敢不勉焉。”[2]因而将自己的书房取名为“乐善堂”，他未即位前所写诗文，亦以“乐善堂”为名。

弘历等有时不住在宫内，随处所至，均有书房，如南海瀛台附近的补桐书屋，即为其幼年读书处之一。他自己说：“雍正二年，在此读书，屈指至今二十年矣。”[3]还写诗说：“三千插架有芸编，占毕明窗忆向年，旧学商量无寸进，补桐书屋自依然。”[4]南海的日知阁也是他读书的地方，故他将自己所作一些短篇辑为《日知荟说》。圆明园中，弘历起先住桃花坞（此地后改名“武陵春色”），以后移居长春仙馆。桃花坞内有两处书房，一为“乐善

1 《东华录》卷一二〇，乾隆六十年十月。

2 《乐善堂全集定本》卷八《乐善堂记》。

3 《钦定日下旧闻考》卷二二《国朝宫室》。

4 《国朝宫史》（上册），卷一四《御制雨后瀛台揽景杂咏诗》。

堂”，与大内重华宫前的“乐善堂”同名，这是非常幽静别致的去处，“余有书屋数间，清爽幽静，山水之趣，琴鹤之玩，时呈于前。菜圃数畦，桃花满林，堪以寓目。颜之曰‘乐善堂’者，盖取大舜乐取于人以为善之意也”[1]。此外，弘历还去过南苑与避暑山庄，故南苑行宫有荫榆书屋、裕性轩、澹思书屋，避暑山庄有万壑松风等处，都是他曾经读过书的地方。

对弘历的教育是用理想的封建帝王的模式来陶冶他、塑造他。他朝夕讽诵，从四书五经中寻求智慧和哲理，从历史书籍中体会帝王的统治术，从宋代理学家的著作中钻研性命理欲的一套大道理。应该说，这种教育是相当成功的。历史上的帝王还很少有像他这样长期、严格、系统地受到教育。青年时代，他写作大量经说、史论、序跋、诗赋。雍正八年，曾将所作辑成《乐善堂文钞》一四卷，至乾隆元年，作品更多，正式刊刻为《乐善堂全集》四〇卷，乾隆二十三年对这个刻本不满意，进行删削，成为《乐善堂全集定本》三〇卷，此外尚有《日知荟说》。这是弘历读书时的课业与作品，从中可以窥见其青少年时代的生活和思想。他还学写过枯燥呆板的八股文，但后来编文集时乾隆帝命令把八股文删去。

弘历早年服膺宋儒，尤其推崇朱子。他认为，汉以后大道沦丧，宋代理学家们则使道统得以恢复、发展，功在不朽。他在诗中说：

> 自汉迄宋初，道昏人如醉。
> ……
> 二程实见知，主敬标赤帜。
> 朱子集其成，经天复行地。

1　《乐善堂全集定本》卷八《乐善堂记》。

……

绝续递相衍，斯文统绪寄。[1]

他在许多文章中讲论内圣外王之学，发挥修身、齐家、治国、平天下的道理，标榜仁义道德，和当皇帝后所写的经筵讲义差不多。他说："治天下者，以德不以力，故德盛者王，德衰者灭"[2]，"上下一心，君臣相得则治，反之则乱……上下志交则天下乂安，民受其福"[3]，"圣帝明王为治，莫不以礼为本，然后渐之以仁，摩之以义，和之以乐，而天下化成"。当然，他也很懂得，单靠儒家那套仁义的说教还不能进行巩固的统治，武力和刑法也是不可缺少的统治手段，因此也讲恩威并施，"以威御之则近而不至于不孙"[4]。

他似乎特别喜爱历史，所写史论五十余篇，还有许多咏史诗，议论各个朝代的统治特点，许多皇帝和历史人物的是非功过，上下古今，褒贬评骘，探讨他们的施政得失，从中吸取经验教训。弘历眼界很高，历代帝王中没有几个他瞧得上的，真是睥睨千古，无足当意者，只勉强选取了汉文帝、唐太宗、宋仁宗三个人，但他认为汉文帝虽贤而辅佐乏人，宋仁宗才能亦不足，只有唐太宗是帝王中的佼佼者。"文皇（即唐太宗）治世功，在汉文景右，斗米值三钱，太仓粟腐臭，关东暨岭南，开门夜无寇，论古缅遐思，治功非幸觏，文贞（指魏徵）立朝端，弥缝而匡救，九重亦虚已，勤政夜继昼，励精图至治，俗用臻富厚，二十余年间，中外称明后"[5]。他也指出唐太宗的缺点，如后期的志满倦政以及家

1 《乐善堂全集定本》卷一九《古风》。

2 《乐善堂全集定本》卷八《书新唐书兵志论后》。

3 《乐善堂全集定本》卷一《上下交而其志同论》。

4 《乐善堂全集定本》卷一《家人上九有孚威如终吉论》。

5 《乐善堂全集定本》卷一四《读贞观政要》。

法不正致身后发生武则天的“女祸”。值得注意的是，他所写史论，集中在汉、唐、宋三代。在封建专制统治的淫威下，即使贵为皇子，也不敢对近期的历史（包括明代和本朝历史）有所议论。只是到了乾隆统治的中后期，他才专心研究明清历史，翻了许多案，提出许多观点，为清朝统治寻找意识形态的根据。

弘历资性颖异，读书勤奋，撰文敏捷，析理透彻。鄂尔泰称他“动容出辞，温肃之气具备，偶聆议论，则穷本探源，有经有纬”[1]。福彭说他“每为文，笔不停缀，千言立就，而元思泉涌，采翰云生”[2]，张廷玉说他“常不假思索，一挥数千言立就。清词邃旨，首尾烂然，数年来俱不下千余篇”[3]。这些虽然是恭维话，但弘历确有过人的才能，思敏文捷，故既能处理繁剧的政务，而留下的诗文作品也特别多。

弘历经长期的教育熏陶，对儒家经典上的政治教条和历史上的治乱兴亡十分熟悉，保证了他日后进行统治得心应手。为了最高统治的利益，他必须按照封建政治原则去行事和施政。他学会了自我克制，压抑或改变自己的意愿、感情、欲望，一切站在君主的立场上去思考，去判断，去实施。当然，他作为一个普通的人，天性、爱好、情绪又往往不由自主地流露出来。譬如，他一生独揽大权，专断独行，而内心深处又有不竞得失、淡于荣利的思想。他写过这样的诗句：“失者何必愁，得者何必喜，我愿世间人，平等观如是”[4]，“持竿不为贪鲈脍，天水空明万虑消”[5]，不像是操持生杀大权的专制皇帝的口吻。他进行过许多次战争，以“十全武功”自诩，但在其早期作品中强烈地追求和平，厌恶战

1 鄂尔泰：《乐善堂文钞序》。
2 福彭：《乐善堂文钞序》。
3 张廷玉：《乐善堂文钞序》。
4 《乐善堂全集定本》卷一七《遣兴》。
5 《乐善堂全集定本》卷二四《柳溪垂钓》。

争，“洗尽尘氛永息师，男归其家妇育儿，九州安堵乐雍熙，壮士勇力亦奚为”[1]，“军营十万壮男儿，各各归家勤稼穑”[2]。一个模范的封建皇帝，他需要决断，需要割弃感情，需要掩盖自己的真实思想，去进行取治角逐。他比普通人处在内心世界更加激烈、永远不断的矛盾与战斗之中。

我们没有看到弘历青年时代对当前政局有何评论，这对皇子来说是绝不容许的。但在《乐善堂全集定本》内有一篇论说，曲折地透露了他的心情。这篇论文的题目是《宽则得众论》，写于雍正后期，文章中大加赞扬宽大政治，说:“诚能宽以待物，包荒纳垢，宥人细故，成己大德，则人亦感其恩而心悦诚服矣！苟为不然，以褊急为念，以刻薄为务，则虽勤于为治，如始皇之程石观书，隋文之躬亲吏职，亦何益哉!”[3]我们知道，雍正帝为整饬吏治而严刑苛法，诛戮臣下甚多，人人惶恐不安，而弘历却说应该“宽以待物，包荒纳垢，宥人细故，成己大德”，这不是和当前的政治趋向恰恰相反吗？他指责为“褊急”、“刻薄”的秦始皇、隋文帝“程石观书”、“躬亲吏职”岂不正好是他父皇的写照吗？可以推想，弘历早就对雍正苛严的方针有意见，这篇论文是他真实思想在无意中的流露。雍正帝虽然钟爱弘历，并且已写下密诏，传位给他，但父子之间性格不同，观点差异，政治上有分歧。这一点雍正帝似乎早已觉察，曾批评过弘历。据乾隆帝后来说:“皇考尝以朕为赋性宽缓，屡教诫之。朕仰承圣训，深用警惕。”[4]

弘历除学习汉文功课外，还学习满、蒙文。他精通满族的语言文字，自称“国语自幼习之”[5]，他极力提倡满族要学习满文，

1 《乐善堂全集定本》卷一七《拟杜工部洗兵马行》。

2 《乐善堂全集定本》卷一九《夜坐》。

3 《乐善堂全集定本》卷一《宽则得众论》。

4 《清世宗实录》，雍正十三年十月。

5 《御制诗四集》卷八〇《古稀》诗注。

机密的军机文书有时用满文而不用汉文。如征讨准噶尔时，谕令将军永常，“所有关系军机事件，俱用清字具奏”[1]。为提倡满文，每御经筵，满汉文并用，自己将御制论说先用汉文读一遍，又用满文读一遍。他又懂蒙古文，自己说：“乾隆八年始习蒙古语。”[2]能用蒙古语和蒙古族王公们交谈，故更能赢得他们的信任、爱戴。他后来还学会了维吾尔语与藏语、金川番语，可算是一位语言学专家。

诗文书画是弘历平生爱好。这种爱好在青少年时代已培养起来，年岁越大，兴致越浓。他主张写诗是抒发性情，反对雕文断句，“我闻古人语，诗以道性情，题韵随手拈，易如翻手成”[3]。其诗的优点是平易自然，但不经推敲，率而成句，缺少诗味。古代诗人中，他最推崇杜甫，其次则是陶渊明、白居易。他说：“大雅止姬周，何人继三百，卓哉杜陵翁，允擅词场伯，歌谣写忠恳，灏气浑郁积，李韩望后尘，鲍谢让前席，缅想浣花溪，披读仰高格，诗史非妄评，良足娱朝夕。”[4]表明了他对杜诗的倾倒。他青年时曾经学画，绘画水平不高，画作亦少，但很有鉴赏能力，所见历代名画很多，流连欣赏，为各种画幅题诗甚多。

八　田猎、娱乐和其他

骑马射箭是满族青少年的必修课，弘历对此极为精通。他十一岁就随祖父往热河、南苑打猎，曾向第十五叔允禄、第二十一叔允禧学习火枪、射箭。他经常和兄弟叔侄或到西厂骑马射箭，或去南苑行围打猎，留下了不少诗篇。你看他打猎时兴致勃勃，

1　《清高宗实录》卷四六五，乾隆十九年五月。
2　《御制诗四集》卷八〇《古稀》诗注。
3　《乐善堂全集定本》卷二〇《遣兴》。
4　《乐善堂全集定本》卷一五《读杜诗》。

大显身手："秋阳皎皎秋风起，千山万山收红紫，南苑平芜晓色寒，游丝白日长空里。我从前岁罢秋围，经年未到南海子，重来历历忆旧游，真教见猎心犹喜。黄羊麇鹿满平郊，捷射争夸驰騄駬……合围少试秋草原，骁腾未改旧时美，一驰射中双兔儿，再驰殪彼一封豕"。[1]弘历等驰逐郊原，多么称心惬意。再看他们在西厂骑射，暮春天气，落英缤纷，弘历等一面跨马扬鞭，弯弓发箭，一面欣赏着周围景色："离离紫陌花，苒苒暮春天，纷红一以萎，绿杨全锁烟，可惜流莺语，惊起晓窗眠。秣我青骊驹，策我珊瑚鞭，乘兴联骑去，晴郊草芊芊，驰射平原中，随意娱芳年。"[2]骑射田猎既是讲习武事，也是户外活动、锻炼身体、欣赏风景、游览娱乐的好机会。这些皇室青年长期憋在深宫中，一旦到野外活动，内心的欢乐可想而知。弘历的很多诗都表露了这种心情，他所写有些习射、田猎诗几乎就是春游诗，如："拂柳穿花过小溪，紫骝不用锦障泥，东风可是能裁剪，飘沵香红散马蹄。""西海清流漾碧鲜，相将此日荡兰船，溶溶新涨春芜合，始识分来自玉泉。"[3]这两首诗从字面和句意上理解是地道的游春和泛舟诗，但他的题目却是《西厂习射即事》，可见习武田猎和春秋郊游几乎是一回事。

尽管弘历自幼生长深宫，长期在书斋中读书，还是有一定的机会接触社会、接触实际。他十分关心农业生产，了解民间的疾苦。他在御园内开辟一小片土地，督促太监们种麦莳菜，以体验农事，他写诗说：

秋露零场圃，金风气萧索。

百谷已告成，呼童庤钱镈。

1 《乐善堂全集定本》卷一五《白马行》。

2 《乐善堂全集定本》卷一六《春暮西厂骑射》。

3 《乐善堂全集定本》卷二三《西厂习射即事》。

为地只盈亩，颇可验耕凿。

居兹西成候，策杖课收获。[1]

他经营这片土地相当认真，天旱，麦苗枯萎，他命太监们戽水浇灌，救活麦苗，“须臾苗尽起，生意良可玩，尔仆听我言，莫怨体流汗，不见万顷田，农夫遍浇灌”。[2]他出外谒陵、打猎或散步，常常有机会观察农事，和农民谈话，了解情况。他在一首诗里描写喜获丰收时田间的情形相当生动、逼真：

麦苗入夏结穗黄，东垄西垄硕且长。

老农此日走田忙，腰镰遍割乐岁穰。

笑看黄云各成片，密茎随手行行乱。

肩挑背负晒檐头，馇粥有余他不羡。

呼儿莫逐飞来雀，令渠亦识收成乐。[3]

他虽然身居高位，锦衣玉食，还想到农民的痛苦，希望当政的人能体恤农民疾苦。他在观看秋收时曾写下如下的诗：“畦东与畦西，是处竟秋获，手刈赛疾迟，背负争强弱，遗秉与滞穗，寡妇亦云乐。吾闻四民中，惟农苦莫若，有年谷价低，歉年委沟壑，即今丰稔收，租重主人索，益信为政者，仁民最先著。”[4]某个冬夜，弘历坐在暖阁的火炉旁，想到了啼饥号寒的穷人：“地垆然炭暖气徐，俯仰丈室惭温饱，此时缅想饥寒人，茅屋欷歔愁未了。”[5]尽管这种同情只停留在诗歌咏叹上，但以

1 《乐善堂全集定本》卷二二《观刈》。

2 《乐善堂全集定本》卷一七《灌麦》。

3 《乐善堂全集定本》卷一六《观刈麦》。

4 《乐善堂全集定本》卷一四《观获》。

5 《乐善堂全集定本》卷二一《冬夜对月书怀》。

帝子之尊，多少表现了对贫苦人民的关心，也是难能可贵的。他还熟识北京的民风习俗，写过一些饶有情趣的风俗诗，如其中一首："儿童队队趁闲行，市口新张卖画棚，不惜金钱多买取，归来弟妹笑相迎。"[1]

留恋山水胜景，欣赏自然风光，也是弘历的一大爱好。他自己说"山水与我有宿缘，每遇佳景辄欢畅"[2]，"我非山中人，爱说山中话，行遇好山水，自觉心中快"[3]。他常常和叔叔、弟弟踏青游园，登山泛舟，享受大自然的乐趣。某个初秋，弘历、弘昼、允祕三人同游玉泉山，泛舟平湖，穿行于残荷之中，举目远望，天宇澄澈，心底感到格外的宁静和满足，忘掉了尘世的喧嚣和宫中的繁华，"便狎鸥鹭群，讵羡笙歌沸"。他们停舟于古寺边，礼佛寻僧，弹琴闲话，观赏鱼鸟，一洗书斋中的沉闷和疲劳，尽兴返棹，"归来坐明月，苍然暮色深"[4]。另有一次，他和弘昼驾舟夜归，湖光潋滟，月色皎洁，万籁俱寂，只有周围的芦苇中点点流萤，飞舞明灭。兄弟俩轻船打桨，赋诗唱和，"诗成泊岸松窗卧，还听沿阶蟋蟀鸣"[5]。多么悠闲自在的生活！此外，他也记下了随侍父皇游圆明园的情景，春风浩荡，百花盛开，金鞭黄伞，大辂御辇，百官和侍卫们夹道欢呼，又另是一番繁缛豪华的气象。

除了打猎、骑射、观赏风景以外，弘历还有种种娱乐活动，他似乎曾对斗蟋蟀感兴趣，写下长诗形容蟋蟀"怒气奋振敌胆寒，阔颡修腰振两翼"[6]的对抗情形；他也喜好冰上活动，写过许多关于冰床的诗，描写"细长明铁当车轮，架雕文木铺重茵"[7]的冰床

1 《乐善堂全集定本》卷二三《帝京杂咏》。

2 《乐善堂全集定本》卷一七《题唐岱重溪烟霭便面》。

3 《乐善堂全集定本》卷一八《唐寅山静日长图》。

4 《乐善堂全集定本》卷二二《秋日同二十四叔父、五弟游玉泉诸名胜，即事志兴》。

5 《乐善堂全集定本》卷二一《同五弟月夜舟归》。

6 《乐善堂全集定本》卷一六《斗蟋蟀》。

7 《乐善堂全集定本》卷一七《冰床》。

与“暖坐冰床过玉津”[1]的冰上观景；有空时，他也下围棋，“消遣凭何物，楸枰差可乐，布子定规模，就势觇强弱”[2]；看到从外国进贡的自鸣钟“铜轮铁弦，机轴循环”，惊叹其“精巧绝伦疑鬼工，倕班流汗难追踪”[3]。此外，他还饲鹤养鸽，烹茶品茗，收集古董文玩，等等。但他的诗中极少提及饮酒和歌舞戏曲，他不善饮酒，不喜欢檀板金筝、轻歌曼舞，故不论青年时代以至60年当皇帝时期所写几万首诗中，几乎找不到饮酒或歌舞的场面。

雍正帝鉴于康熙晚年对儿子们放松教育，渐至跋扈结党，揽权纷争，故对弘历、弘昼管束很严格。儿子们虽已长大成人，但不让他们独立建府，出宫分居，不让他们有自己的属官，禁止他们结交官吏，过问外事。雍正八年曲阜孔庙修葺竣工，已经十九岁的弘昼与淳郡王弘暻奉旨前往祭祀，雍正帝为了不让儿子干预外事，特谕此行“专为文庙祭祀大典，并不与闻地方一事，若有无知生事之人，向皇五子前告状者，严拿治罪”[4]。所以，弘历兄弟除读书、写诗、田猎、游园以外，无所事事，所交往的人，除老师、同学之外，别无他人，生活颇为单调寂寞。对弘历来说，自由活动的好机会是奉派去祭陵，顺治的孝陵和康熙的景陵都在京东遵化。雍正不常去祭陵，此事常由弘历代劳。就在雍正元年十一月康熙帝的周年忌日、二年十一月的两周年忌日，都由弘历单独前去祭陵，其他如四年的夏至和冬至、五年清明以及十一年、十三年，也是弘历前往遵化祭扫祖陵。年轻人远出扫墓，不啻是踏青寻胜、游览自然风光的好机会。不过在皇父的管教和众多侍从的陪同下，弘历也不得不克制自己的游兴，适可而止，不敢长时间在外逗留。祭陵途中要经过京东盘山，弘历对此名胜地心向

1 《乐善堂全集定本》卷二九《蜡日坐冰床渡太液池志兴》。

2 《乐善堂全集定本》卷二二《奕》。

3 《乐善堂全集定本》卷一四《自鸣钟》。

4 《清世宗实录》卷一〇〇，雍正八年十一月。

往之，却从未顺道去游览，只写下了“寄语山灵还订约，他时拟上最高峰”[1]的心愿。直到他即位后，才到盘山游览，并在此建立了“静寄山庄”。

雍正五年七月十八日，弘历即将满十六岁，举行婚礼。新娘子是满族名门富察氏，后称孝贤皇后，比弘历小一岁，是康熙前期著名大臣米思翰的孙女、察哈尔总管李荣保的女儿。弘历与富察皇后结缡 21 年，伉俪情深、恩爱甚笃。富察皇后贤淑节俭，以通草织绒作首饰，不佩戴金玉珠翠，并用鹿皮和绒毡给皇帝做荷包、佩囊，以示不忘关外先世之遗风，弘历对她十分爱重。皇后死于乾隆十三年，乾隆帝十分悲痛，说“追思皇后之淑德，惟朕知之最深”[2]。富察氏一门贵盛，乾隆前期最有权势的大学士、首席军机大臣傅恒即是皇后的亲弟，额驸福隆安和战功显赫、死后追封文襄王的福康安都是皇后的亲侄。

弘历在藩邸还有两位侧福晋和七位格格。侧福晋乌拉纳喇氏，在孝贤皇后死后被封为皇后，另一侧福晋高氏，为大学士高斌之女，后封贵妃。七位格格是苏氏，后封纯皇贵妃；陆氏，后封庆贵妃；金佳氏，后封嘉妃；海佳氏，后封愉妃；富察氏，后封哲妃；陈氏，后封婉妃；黄氏，后封仪嫔。弘历二十四岁即帝位以前，见于记载的妻妾共有 10 人。

雍正十一年，弘历与弘昼已二十二岁。弘历被封为和硕宝亲王，弘昼被封为和硕和亲王，同时被封的还有雍正的幼弟，他们亲近的二十四叔允祕为和硕诚亲王。从此以后，雍正帝有意让他兄弟二人出头露面，更多地主持重大的祭祀活动，在政治舞台上频频亮相，这不需要特殊的才能，只需兴拜趋走，行礼如仪。雍正十一年，弘历除往祭景陵外，又奉命祭孔子、祭太岁之神。十

1 《乐善堂全集定本》卷二六《盘山》。

2 《清高宗实录》卷二一五，乾隆十三年五月。

二年奉命祭太庙，祭关帝，祭方泽（地坛）。十三年奉命祭太岁之神，祭景陵，祭太庙，祭方泽，祭社稷。这年，弘历、弘昼已二十四岁，雍正才让他们参与政务，以资历练。五月，命允礼、弘历、弘昼、鄂尔泰、张廷玉、庆复、魏廷珍、宪德、张照、徐本、李禧、甘国璧、吕辉曾等 13 人办理苗疆事务。当时，贵州的苗民为反对改土归流，起而反抗清朝政府，阖境鼎沸，这是当时的棘手问题。弘历兄弟在父亲的主持下，参加苗疆事务的讨论，这是弘历第一次接触实际政治。三个月以后，雍正帝逝世，他早已留下了传位密诏，立弘历为帝，此遗诏藏在乾清宫“正大光明”匾额之后。在铁腕人物雍正帝抚育、培植下的弘历已经成熟，立即顺利地接过担子，肩负起统治中国的重任。他就是统治中国 64 年之久的乾隆皇帝。

（摘自《乾隆帝及其时代》，中国人民大学出版社，1992 年）

乾隆初政和“宽严相济”的统治方针

可以说，乾隆是中国历代帝王中的一个幸运儿。他寿登上考，活到八十九岁。在位期间，国力强盛，四海升平，经济、文化发展鼎盛。他以强大的武力和比较正确的政策，平定西北，保护西藏，加强了国家的统一，奠定了中华的版图。他完成“十全武功”，编纂《四库全书》，6 次巡幸江浙，5 次普免钱粮，文治武功，臻于极盛。到了后期，尽管社会矛盾激化，反抗烽火遍起，外国殖民主义叩关而至，咄咄逼人。但是，终乾隆之世，清朝还能够控制全国的局势，长时期承受内外压力，坚持着强大的外貌，屹立于东亚。乾隆的一生，顺境多，逆境少；胜利多，挫败少；60 多年，他进退人物，生杀予夺，叱咤风云，指点河山，演出了威武雄壮的活剧，在中国历史上造成了深远的影响。研究乾隆一生的活动和是非功过是一项重要的、长远的任务。本文只对他即位后最初几年内的政局变化、政策措施和统治方针，作介绍评述。乾隆的初政对他以后 60 年的统治格局和施政作风的形成，是极有关系的。

雍正十三年八月二十三日（1735 年 10 月 8 日），雍正去世，二十五岁的乾隆即位。他继承了一份也许会使所有帝王感到歆羡的基业。因为，经康熙、雍正之后，社会秩序安定，人口和财富迅速增加，国力蒸蒸日上，一片升平的气象。所谓“国家继绪百年，累洽重熙，至于今日，可谓承平无事”[1]。而且乾隆登基，平稳接权，没有一点波澜。回想13年前，他父亲雍正接位时，矛盾尖锐，争夺激烈，刀光剑影，喋血萧墙的情景，人们不免会打寒战。就是他的祖父康熙、曾祖顺治当皇帝的时候，冲龄践祚，孤立少援，外有劲敌，内有强臣，主少国疑，基业未稳，情况也是相当危险的。为了皇冠的争夺，历史上有过多少诡谲的阴谋，肮脏的交易，明枪暗箭，血雨腥风。乾隆却侥幸地躲开了这类帝王登基时常有的情形。他这时已长大成人，有了相当的知识和经验。他的继位，名正言顺，所以平稳过渡，诸事顺利。他是雍正当时活着的诸子中年龄最长、最有才干的一个，又受祖父康熙的宠爱。关于康熙喜爱乾隆的故事，清朝的官书、野史、笔记中记载甚多。本来，老年人喜欢小孙子是人之常情，没有什么值得渲染的。可康熙和常人不同，和别的皇帝也不同，真是“帝王家庭怪事多”。他生了55个儿女，长大成人的有28个；有97个嫡孙，还有数以百计的孙女、外孙、外孙女、曾孙辈。老皇帝晚年闹家务事，儿子们相互火并，这且不说。他有这么多的儿女孙曾，面貌能否认得清？名字是否记得住？恐怕是个问题。大概只有一些聪明出众的小孙子才能邀皇祖的青睐，博得恩宠。就在康熙去世的那年，他到胤禛（雍正）的赐园圆明园“镂云开月”去赏花，见到了十二岁的孙子弘历（乾隆）。这个聪明伶俐、才华初露的小孩子，书课娴熟，应对得体，立刻博得老皇帝的欢心。以后弘历被带进宫去，陪伴祖父。康熙读书、写字、办事、批折、巡幸、围猎，弘历总在他的身边。时间虽然只有半年，可这段恩遇成为乾隆一生津津乐道的光荣史，甚至也是他攀登皇帝宝座的一块垫脚石。据乾隆后来回忆：“予幼龄仰蒙皇祖恩眷，养育宫中，俾得日侍左右，亲聆训言。盖圣鉴洞烛至今，隐有付托之

1 《清高宗实录》卷一六二，乾隆七年三月庚申，第2页。

意。”[1] 似乎康熙看中了十二岁的乾隆，要把江山托付给他。这种说法，未必符合事实，但康熙钟爱乾隆，是乾隆后来绍登大位的重要政治资本。所以，雍正即位，很快就决定传位给乾隆。元年八月，雍正书写弘历的名字，藏在乾清宫最高处“正大光明”匾额的后面。后来雍正的传位诏书中说：“宝亲王皇四子弘历秉性仁慈，居心孝友。圣祖仁皇帝于诸孙之中，最为钟爱，抚养宫中，恩逾常格……今既遭大事，著继朕登基，即皇帝位。”[2]

正因为乾隆本人的品质、才能以及他和祖父的亲密关系，他的兄弟中没有一人能和他竞争帝位。康熙生了那么多儿子，一个比一个能干，一个比一个更有野心，继承问题极为尖锐，闹得举国不宁。雍正也有10个儿子，其中7个早死。雍正去世时，乾隆的三个哥哥都不在了，他排行老四，还有五弟弘昼、六弟弘曕。弘昼和乾隆同年，只小三个月，哥俩一起长大，一起读书，弘昼的才学远不如弘历，弘历读书快，老师经常要弘历停止下来，复习旧课业，以等待落在后面的弘昼。六弟弘曕，年龄更小。所以，乾隆即位，出于雍正预定的步骤，明诏宣布，光明正大。在乾隆以前，清朝的5个皇帝登位都经过激烈的斗争，只有乾隆是一帆风顺，未经波折，顺顺当当完成了权力的交接。

这时候，算得上政治清明，八方无警，国泰民安。中国封建专制政治中给皇权造成严重威胁的种种势力，如母后、外戚、宦官、朋党、权臣、强藩等被削弱到最低程度，丝毫不可能威胁或牵制皇权。乾隆的帝位，有磐石之固。国内没有强大的反对势力，没有严重的水旱灾荒，没有大的抗清起义，没有紧迫的经济财政问题；吏治方面，经过雍正的整顿和养廉制度的实施，贪污行为有所敛迹，行政效率有所提高。西北地区，虽然存在着强大的准

1 《乾隆御制诗初集》卷三《恭谒景陵》，第13页。

2 《清高宗实录》卷一，雍正十三年八月己丑，第8页。

噶尔割据政权，征战连年，不久前还经过两次大战（1731 年和通泊之战、1732 年光显寺之战），但雍正去世以前，清廷正在和准噶尔议和，关系已经缓和。乾隆继位，双方互派使节，加紧接触和谈判，达成了和平协议，西北得以撤军，清廷的军事压力和财政负担大大减轻。唯有西南地区，改土归流之后，善后措施不当，贵州的苗民，群起反抗，形成一片混乱。这是雍正死后需要立即处理的最迫切的遗留问题，但毕竟是局部问题。乾隆即位以后，撤换了前线的将帅，部署兵力，很快把苗民的反抗镇压了下去。

总的来说，乾隆继位时，没有爆炸性的危机，也没有不能解决的棘手问题。可是，社会矛盾是普遍存在的，国家的强盛与安定也是相对而言的。如果要问：乾隆继位时，面临的最大的政治问题是什么？那就是：雍正统治 13 年，实行铁腕政治，诛戮宗室大臣，打击异己分子，政令峻急，刑法严酷。不少人无辜被杀，横遭迫害；不少人罪轻罚重，家破人亡；不少人株连受累，含冤莫伸。社会和官场弥漫着紧张气氛和不满情绪，这对封建统治者来说并不是什么好兆头，乾隆对此必定是有很深体会的。雍正后期，乾隆已长大成人，封宝亲王，参与政务，他对父皇的政治措施是看得很清楚的。他既钦佩父亲的才干、魄力、手段，但对雍正的猜忍苛严也会有所不满。当然，作为皇子，他不会，也不敢公开表示出来，可是在他的一篇习作课业中，却无意中透露了他的心情。这篇课业的题目是《宽则得众论》，写于雍正后期，收在《乐善堂全集》内。《乐善堂全集》所收都是乾隆青年时代、未当皇帝以前的作品。文章中赞扬宽大政治，其中说："诚能宽以待物，包荒纳垢，宥人细故，成己大德，则人亦感其恩而心悦诚服矣！苟为不然，以褊急为念，以刻薄为务，则虽勤于为治，如始皇之程石观书，隋文之躬亲吏职，亦何益哉！"这是一篇值得玩味的文章。当时，人们在苛严的政令下，动辄得咎，惶惶不安，乾隆却说应该"宽以待物，包荒纳垢，宥人细故，成己大德"，这是不是有感而发的呢？他指责为“褊急”“刻薄”的秦始皇、隋文帝，“程石观书”“躬亲吏职”，岂不是在为父皇作写照吗？可以推想，雍正虽然钟爱乾隆，并决定传位给他，但对父子间的性格差异、政治分歧并非毫无觉察。据乾隆说：“皇考尝以朕为赋性宽缓，屡教诫之。朕仰承圣训，深用警惕。”[1]

乾隆初年，为了缓和紧张的政治气氛，改善各方面的关系，对雍正的政策做了较大的改变和调整。他在元年颁布的谕旨中明确宣称：“政令繁苛，每事刻核，大为闾阎之扰累。……朕即位以来，欲减去繁苛，与民休息。”[2]

任何一位英明有为的君主，在他个人起居、嗜好、交往方面，往往有许多昏愦糊涂的举动，雍正也是如此。他接近佛道，相信修炼术，宫廷内豢养一批道士，给他炼长生不老的金丹。雍正晚年多病，由于服食丹药引起慢性汞中毒，这可能就是他死亡的原因。乾隆对于父皇身边的这批骗子十分痛恨，即位以后，第一件事就是把道士驱逐出宫。他说：“皇考万几余暇，闻外间有炉火修炼之说，圣心深知其非，聊欲试观其术，以为游戏消闲之具，因将张太虚、王定乾等数人置于西苑（今之中南海北海）空闲之地，圣心视之如俳优人等耳。未曾听其一言，未曾用其一药，且深知其为市井无赖之徒，最好造言生事。皇考向朕与和亲王面谕者屡矣。今朕将伊等驱出，各回本籍。”“若伊等因内廷行走数年，捏称在大行皇帝御前一言一字，以及在外招摇煽惑，断无不败露之理。一经访闻，定严行拿究，立即正法，决不宽贷”[3]。乾隆匆匆忙忙地采取这一行动，并竭力为雍正洗刷辩护，倒成了“此地无银三百两”，反而暴露了雍正对修炼术的迷信。

雍正一生中最受指责的是他对兄弟宗室的处置。这是因继承

1 《清高宗实录》卷四，雍正十三年十月甲戌，第30页。
2 《清高宗实录》卷一四，乾隆元年三月乙巳，第21页。
3 《清高宗实录》卷一，雍正十三年八月辛卯，第20页。

帝位而引起的残酷斗争，不管雍正的继位是否正当、是否合法，但他对自己兄弟手足实在太残忍了。他的大哥允禔、二哥允礽是被康熙禁锢的，雍正自然不会释放他们，两人都被监禁至死。他最恨八弟允禩、九弟允禟，此两人被禁锢削籍，改名阿其那（狗）、塞思黑（猪），百般折磨，秘密处死。三哥允祉、十弟允䄉、十四弟允禵也永远囚禁；五弟允祺之子弘升、七弟允祐之子弘曙被削去世子，连雍正的亲生子弘时，小小年纪，也被削宗籍。宗室中或因不肯附从、或因其他罪状，被杀被关、夺爵削籍、抄家流放的不计其数。社会上对这场兄弟阋墙、家庭惨变，暗下传布种种流言，对雍正的政治声誉损害极大，在乾隆的心灵上也形成了创伤。乾隆即位，这场斗争已时过境迁，当年强大的反对势力被诛戮殆尽。乾隆虽不便为父亲的政敌公开平反，但适当地弥缝补过，实行宽大处理，不会带来政治动荡，相反，却能树立新皇帝仁慈宽厚的形象。因此，即位一个多月，就旧案重提，连发许多谕旨。雍正十三年十月初八日发出的第一道谕旨说，允禩、允禟得罪已死，但他们的子孙也是天潢支派，屏弃宗牒之外，处理过重。“当初办理此事，乃诸王大臣再三固请，实非我皇考本意，其作何处理之处，著诸王满汉文武大臣翰詹科道各抒己见，确议具奏。”[1]新皇帝的倾向性已很明确，他要官吏们各抒己见，实际上是要大家做好翻案的思想准备。隔了两天，另一道谕旨命令宗人府查明因罪革退之宗室觉罗，分赐红带、紫带，载入玉牒。一大批得罪的皇子皇孙，可以恢复名号，重见天日了。又过了两天，许多被禁锢的王公宗室，包括新德、新福、云乔顺、宗教、鄂齐、丰库、裕伸、德存、勇端、讷尔苏（此人即曹雪芹的姑父，原封平郡王）、广宁、扬德、华玢等释放回家。又过两天，侥幸存活下来的两个最重要的政治犯皇十子允䄉、皇十四子允禵也宽大

1 《清高宗实录》卷四，雍正十三年十月癸酉，第28页。

释放，并赐给公爵衔（其他被囚的允禔、允礽、允祉、允禩、允禟都已死去）。乾隆也没有忘记昭雪已死去的三哥弘时，承认弘时的皇子身份，收入谱牒。几个月之内，还有许多重要的王公宗戚如延信、苏努、乌尔古、阿灵阿的子孙，恢复原来的身份。短短的时间内，乾隆了结了这场历史公案。他小心翼翼，尽量维护雍正的威信，只是对罪犯宽大处理，并非平反全部案情。特别是对允禩、允禟的处理，政治上最为敏感，乾隆把它长期搁置起来，直到晚年，才为他们作了开脱。乾隆四十三年正月的上谕说："圣祖第八子允禩、第九子允禟结党妄行，罪皆自取。皇考仅令削籍更名，以示愧辱。就两人心术而论，觊觎窥窃，诚所不免，及皇考绍登大宝，怨尤诽谤，亦情事所有，特未有显然悖逆之迹。皇考晚年屡向朕谕及，愀然不乐，意颇悔之，若将有待。朕今临御四十三年矣，此事重大，朕若不言，后世子孙无敢言者。允禩、允禟仍复原名，收入玉牒，子孙一并叙入，此实仰体皇考仁心，申未竟之绪，想在天之灵亦当愉慰也。"[1] 乾隆明明在改变雍正严酷的处置，但仍然说成这是雍正的本意。

雍正另一件很不明智的举动是对曾静、张熙案的处理。曾静、张熙从清初学者吕留良那里接受了一套华夷之辨的反清思想，竟投书川陕总督岳钟琪，劝说他起兵反清。又从允禩、允禟门下的太监处，辗转听到一些宫廷流言，说雍正弑父篡立、逼死生母、屠杀弟兄、淫烝父妃，这都是大逆不道、耸人听闻的奇闻。此案发生后，雍正刊刻《大义觉迷录》，在批判传统的华夷之辨的同时，驳斥了种种宫廷流言。《大义觉迷录》被广为散发，每逢朔望，向士民宣讲，这是绝大的蠢事。历来的封建统治者对付政治流言的最有效的办法就是秘密查禁，而不公开驳辩。聪明一世的雍正，大概被真真假假的流言气得发了昏，竟公开驳辩，刊刻散

1 《清史稿》卷二二〇《诸王六》。

发，朔望讲解，岂不诚心要搞臭自己，为流言制造者作了义务宣传！雍正对此案罪犯的处理也很离奇，主犯曾静、张熙免罪释放，而死去40多年的吕留良反倒开棺戮尸，吕的儿子、学生被斩首，家属遭株连。雍正似乎预料到将来会旧案重提，为了保全曾静、张熙，特别声明“朕之子孙，将来亦不得以其诋毁朕躬而追究诛戮”。

乾隆一上台，使雍正导演的这场丑剧赶紧收场。他违反雍正的遗命，将曾静、张熙锁拿解京，凌迟处死，并停止讲解、传布《大义觉迷录》，命各省督抚将原书“汇送礼部”。

除上述以外，对其他重要案件和罪犯，也重新判处，多从宽发落。著名将领傅尔丹、岳钟琪都因贻误军机，被判死刑，总督蔡珽因朋党罪，斩监候，乾隆均予释放；御史谢济世因诽谤程朱，发配军台，也得赦免；司道沈起元、马维翰等，因过被黜，复加任用；查嗣庭、汪景祺是文字狱的要犯，被处决，罪及家属，诏旨宽释。还有许多官员亏空钱粮，侵吞公帑，曾勒令追赔，严加处分，乾隆多所豁免，“朕临御以来，凡八旗部院及直省亏空银两，施恩豁免，已不下数千万”[1]。他即位3个月，一次就宽免了69名欠帑亏空的官员，“或已经充发，或监候枷禁，或扣俸扣饷，及妻子家属已人辛者库等罪，概行宽释”[2]。

乾隆即位后，明显地改变雍正的政策，还有以下一些方面：

一、核实垦田升科。清初，地广人稀，奖励垦荒本是促进生产力的善政。当然垦荒多，田赋收入也就多，垦荒有成绩，官吏可得奖励晋升。但到雍正时，人口大增，荒地已少，官吏仍然报垦大量荒地，搞了很多谎报假冒，以邀奖叙。垦田是虚，升科是实，只能增加人民的赋税负担。乾隆指出：“朕见各直省督抚题报

1 《东华录》，乾隆二年七月。

2 《清高宗实录》卷七，雍正十三年十二月辛酉，第30页。

开垦者，纷纷不一，至于河南一省，所报亩数尤多，而闽省继之。经朕访察，其中多有未实。或由督抚欲以广垦见长，或由地方有司官欲以升科之多，迎合上司之意，而其实并未开垦，不过将升科钱粮飞洒于现在地亩之中，名为开荒，而实则加赋，非徒无益于地方，而并贻害于百姓也。”[1]责成各省查核，“实系垦荒，然后具奏”，以后又规定新开垦的地头山脚、畸零瘠土，免予升科纳赋，以减轻人民的负担。

二、停止清丈土地。清丈是为了清理隐匿的田地，增加税收，本来也不失为一项善政。但奉行稍有失当，就会侵犯人民的利益。雍正任用宪德为四川巡抚，清丈四川的土地，还特派京官多人，分掌其事，推行峻急，苛派虐民。两年内清丈完毕，全省地亩从23万顷激增至44万顷，田赋负担也相应增加，引起垫江、忠州一带人民的武装反抗。乾隆反对这种竭泽而渔的做法，一上台就以“识见卑鄙，昏愦糊涂”，将宪德解任（时任刑部尚书），以后不再搞清丈增赋的措施。

三、停契纸契根法。雍正重用的河南山东总督田文镜创为契纸契根之法。民间田地房产交易，不准自立契券，都要使用藩司衙门颁发的契根契纸。这样，民间交易甚感不便，也给官吏提供了敲诈勒索的机会。“书吏夤缘为奸，需索之费，数十倍于从前。”乾隆命令，民间交易，“仍照旧例，自行立契，按则输税”，“将契纸契根之法，永行禁止”。乾隆很讨厌以严酷闻名的田文镜，他说雍正最重用的三个大臣鄂尔泰、李卫、田文镜，鄂尔泰最好，李卫次之，田文镜最下。“河南地方，自田文镜为巡抚总督以来，苛刻搜求，以严厉相尚，而属员又复承其意旨，剥削成风，豫民重受其困。”[2]这一段对田文镜的指责，也隐约地指出了雍正政治的特点和弊端。

---

1 《清高宗实录》卷八，雍正十三年十二月辛未，第14页。

2 《清高宗实录》卷七，雍正十三年十一月丙辰，第19页。

四、停止营田水利和井田。直隶的营田水利和试行井田是雍正和怡亲王允祥的“杰作”，经营多年，耗帑数百万，并无实效。乾隆上台，撤销营田观察使，他说：“州县地方原有高下之不同，其不能营治水田，而从前或出于委员勉强造报者，自应听民之便，改作旱田。”[1]还有，雍正生前在霸州、固安、永清、新城一带，拨出一批土地，试行井田。乾隆认为“古制难复”，撤销井田，全部改为屯庄，“应令按亩完纳屯粮”[2]。

五、停捐纳。雍正时，西北连年用兵，西南改土归流，军务繁忙，耗饷甚多。雍正竭力整顿财政，但短时期内显不出效果，不得不开办捐纳，卖官鬻爵。乾隆上台，和准噶尔谈判成功，西北大规模撤军，省下了大量经费。而且头几年风调雨顺，农业收成较好，下令停止捐纳，只保留了纳粟入监的制度。

乾隆改变雍正的政策，也有改过了头，扞格难行的。碰到这种情形，就不得不根据实际情况，调整修改自己的政策。例如，雍正不但相信炼丹的道士，还好谈佛理，接近僧人。乾隆为了防止他们招摇生事，告诫“凡在内廷曾经行走之僧人……倘因偶见天颜，曾闻圣训，遂欲借端夸耀，或造作言辞，或招摇不法。……朕一经察出，必按国法佛法，加倍治罪，不稍宽贷。”[3]乾隆一反雍正优容僧人的做法，严行度牒之法，“嗣后情愿出家之人，必须给度牒，方准披剃”[4]。又规定禁止新造寺庙神观，企图逐步减少僧尼。毕竟佛教势力很强大，执行中碰到了阻力，这些措施逐步缓和下来，最后仍取消了发给度牒的办法。

另如，雍正时，查禁私盐很严格，小民往往触犯法网。乾隆允许老百姓携带和贩运少量食盐，“贫穷老少男妇，挑负四十斤

---

1 《清高宗实录》卷五三，乾隆二年闰九月乙亥，第3页。
2 《清高宗实录》卷三一，乾隆元年十一月壬子，第6页。
3 《清高宗实录》卷二，雍正十三年九月辛丑，第18页。
4 《清高宗实录》卷三，雍正十三年九月已未，第19页。

以下者，概不许禁捕”[1]。不料命令颁布不久，天津就有许多人，“以奉旨为名”，肩挑背负，贩运盐斤。镇江、广州等地“强壮奸徒，无不籍口贫民，公然贩私，成群结党，目无法纪”[2]。这使盐商的经营和官府的收入大受影响，乾隆的政策不可能逾越统治阶级利益所许可的范围，他也就改变态度，加紧了对私盐的查缉。他慨叹说：“朕自临御以来，时时以我皇考爱养百姓之心为心。凡从前官吏之奉行不善、涉于烦苛者，皆次第革除，务期与民休息。……即如私盐一事，朕本欲酌宽其禁，以养恤穷黎，而奸民乘机伺隙，结党呼众，凡向来之畏法而不敢轻犯者，今则公然肆横，无所惮慑。观此情形，是奸顽之民，不容朕行宽大之政也。”[3]当统治秩序被扰乱，政府利益受侵犯，乾隆是会毫不容情采取镇压措施的。他声称自己“岂肯姑息养奸，贻风俗之忧”，警告“远近百姓，各自醒悟，洗心涤虑，务为良善奉公之民”。

以上是乾隆初政，从各方面改变雍正苛严的政策。尽管少数政策碰了壁，但总的说来，实行宽大政策的效果是良好的，缓和了紧张关系，减轻了民间负担。乾隆自己说：“从前奉行不善，间有一二苛细者，渐次改除，民情颇觉顺适。”[4]后人记载“高宗（即乾隆）登极，所布诏令，善政络绎，海宇睹闻，莫不蹈舞”[5]。“纯皇帝（即乾隆）即位，承宪皇（即雍正）严肃之后，皆以宽大为政，罢开垦、停捐纳、重农桑、汰僧尼之诏累下，万民欢悦，颂声如雷”[6]。这些评论，并不都是臣下的颂谀之词。连当时在北京的朝鲜使臣也称赞乾隆的初政。一个使臣说：“新主政令无大疵，

1 《清高宗实录》卷一一，乾隆元年正月乙卯，第12页。
2 《清高宗实录》卷一八，乾隆元年五月戊戌，第6页。
3 《清高宗实录》卷一八，乾隆元年五月丙申，第8页。
4 《清高宗实录》卷一一，乾隆元年正月甲子，第26页。
5 陈康祺：《郎潜纪闻二笔》卷二《鄂文端之谦抑》。
6 昭梿：《啸亭杂录》卷一《纯皇初政》。

或以柔弱为病，边境姑无忧。”另一个使臣说：“雍正有苛刻之名，而乾隆行宽大之政。以求言诏观之，不以论寡躬缺失、大臣是非，至于罪台谏，可谓贤君矣。”[1]

乾隆的政策，也有人坚决反对，如王士俊。此人本是田文镜的心腹，继田任河南山东总督，乾隆上台撤销了这一官职，把王士俊调署四川巡抚，实际上是降了他的职。王于乾隆元年七月上一个密折说：“近日条陈，惟在翻驳前案，甚有对众扬言，只须将世宗（即雍正）时事翻案，即系好条陈之说，传之天下，甚骇听闻。”[2]王士俊敢于如此顶撞皇帝，明明是指责乾隆的新政全面违反了雍正的政策。所以乾隆说“是即谓朕为翻案矣”。在这一严重的指责下，乾隆进行驳辩：“从来为政之道，损益随时，宽猛互济。……皇祖、皇考与朕之心，原无丝毫间别。无如法久自必弊生，奉行每多过当，不得不因畸重畸轻之势，而为之维持调剂，以归于正直荡平之道，此至当不易之理。乃王士俊訾为翻驳前案，是诚何言，是诚何心耶？”他痛骂王士俊“佥邪小人”，“巧诈之习，牢不可破，外饰鲠直，以便己私，敢将悖理之言，妄行陈奏”。将王士俊革职拿京，原拟斩决，后来总算也“从宽”发落，免死驱逐回籍。

乾隆初政，虽然有个别的死硬派如王士俊坚决反对，但大多数人是拥护的。因为这些政策，根据实际情况出发，纠正了雍正时期的弊病，合乎情理，颇得人心。所以，在实现政策转变时，没有遇到强大的阻力，也没有引起社会的动荡。乾隆初登帝位，勤于政务，励精图治，而处事却很审慎。他告诫臣下“一切经理，皆当自度力量识见，缓缓为之，不可为近功邀利之举”[3]。又说：

1　均见《朝鲜李朝实录中的中国史料》，第 11 册，第 4489、4504 页。

2　《清高宗实录》卷二三，乾隆元年七月辛酉，第 16 页。

3　《清高宗实录》卷五，雍正十三年十月乙未，第 51 页。

“当今之政，莫若谨守皇考十三年以来之整理，而向日一二奉行不善，过于苛细者，渐次缓改，则吏治而民安，毋庸我君臣汲汲皇皇。”[1] 乾隆对自己的政策的性质，归结为一个“宽”字，“宽”是为了缓和矛盾，相对于雍正的“严”；对自己政策的推行，归结为一个“缓”字，“缓”是为了避免引起动荡，相对于雍正的“急”。“宽缓”二字反映了乾隆初政的特色，甚至一定程度上影响乾隆 60 年的政治格局。

乾隆虽然较大幅度地改变了雍正的政策，但在人事上却未作大的更动。俗话说“一朝天子一朝臣”，而乾隆则不然，他尽量利用老班子，推行新政策。27 个月居丧期间，设总理事务处，由庄亲王允禄、果亲王允礼、鄂尔泰、张廷玉参予，这些都是雍正的旧人。他也起用自己的老师朱轼（不久去世），少年时的伴读福彭（此人是曹雪芹的表兄），年轻有为、颇有锋芒的讷亲以及老臣海望、徐本等协办总理处，而这些人也都是雍正重用的人。雍正鉴于自己兄弟争立的教训，防范周密，所以乾隆弟兄和前一辈皇子的情况大不相同，在藩邸时并无自己的私属。乾隆说：“今朕所用之人皆皇考所用之人。”[2] 这倒避免了新旧之间的倾轧与摩擦，减少了推行政策的阻力。当然，旧人之间，也有矛盾冲突，如鄂尔泰与张廷玉的各立门户，但他们的势力、影响，丝毫不能妨碍皇帝的权威。乾隆操纵两派之上，暂时不作处理。后来，他逐步使亲王脱离实际政务，打击鄂、张的势力，重用自己的妻舅傅恒，才算冲破了雍正用人的圈子，形成人事方面的新格局，那已到了乾隆十几年后，并非初政的范围了。

应当指出，乾隆虽多方面改变雍正的政策，但其性质仍不超出纠偏补过的范围，并非全盘否定，彻底变革。雍正许多重要的、

---

1 《清高宗实录》卷一五，乾隆元年三月甲子，第 28 页。

2 《清高宗实录》卷一六，乾隆元年四月戊辰，第 8 页。

正确的政策措施，如地丁合一、耗羡归公、养廉银制度，虽也有人建议改变，但乾隆并未采纳，仍坚持实行。

一个杰出的统治者，不但要根据实际情况，因时损益，制定政策，以自己拥有的全部权威，扫清道路，使之贯彻，并且还要善于作思想论证，阐明自己政策的正确和必要，大张旗鼓地晓谕臣下和人民。乾隆就是这样，他在位初期，不但成功地改变了雍正的某些政策措施，并且提出“中道政治”和“宽严相济”的施政方针，为自己的政策转变制造根据，进行舆论宣传。他一上台就宣称:“治天下之道，贵得乎中，故宽则纠之以猛，猛则济之以宽”；“天下之理，惟有一中。中者无过不及，宽严并济之道也。”[1]他写的诗中也说:“一张一弛文武道，吾亦因之悟政要。”[2]乾隆初年，讲了许多“宽严相济”的道理，反复阐述，不厌其详。乾隆不讳言自己“赋性宽缓”，有时候，他公开说，“政尚宽大”，宽比严好。他在经筵讲章中发挥这个思想，“宽、信、敏、公，乃圣王治世之大本，而必以宽居首”，“圣王出治，舍宽其何以为敷政宁人之本哉!”[3]乾隆晚年的诗句中也说“政实宜宽弗宜猛”[4]。但在绝大多数场合，总是宽严并提，“宽以济猛，猛以济宽，政是以和”[5]，这是乾隆认定进行统治的不二法门。

根据乾隆的说法，康雍乾三朝总的方针是一脉相承、并无差别的，但具体的政策措施，因时变异，各有特色。康熙的特点是“宽”，到了晚年，臣下奉行不善，“宽”流于废弛，“昔我圣祖临御六十余年，政崇宽大，而内外臣工，奉行不善，怠玩成风，遂致办事暗藏弊端，国帑率多亏空”[6]。这样，雍正即位，不得不

1 《清高宗实录》卷一四，乾隆元年三月乙巳，第 21 页。
2 《乾隆御制诗二集》卷七九《急雨口号》，第 1 页。
3 《乾隆御制文初集》，《经筵御论·宽以得众》。
4 《乾隆御制诗五集》卷四四《观张照书旧作冬夜煎茶之什》，第 4 页。
5 《乾隆御制文初集》，《经筵御论·宽以得众》。
6 《清高宗实录》卷八六，乾隆四年二月丙戌，第 9 页。

济之以“严”。“我皇考临御之初，见人心玩愒，诸事废弛，官吏不知公事，宵小不知畏法，势不得不加意整顿，以除积弊，乃诸臣误以圣心在于严厉，诸凡奉行不善，以致政令繁苛，每事刻核，大为闾阎之扰累。”乾隆说：雍正的严是不得已的，是为了纠正康熙晚年宽纵之弊，而自己修正雍正的政策，同样出于不得已，“朕即位以来，深知从前奉行之不善，留心经理，不过欲减去繁苛，与民休息”[1]。“朕自嗣位以来，蠲免租赋，豁除赔累，裁革积弊，广增赦条，无非惠保良民，使得从容休息，衣食滋植”[2]。因此，康熙、雍正、乾隆，祖孙三代，总的制度方针，仅是“酌量调剂”而非“轻议更张”。他说：“朕仰承皇考贻谋远略，一切章程，惟有守而不失，间或法久弊生，随时斟酌调剂则可，若欲轻议更张，不独势有不可，亦朕之薄德，力有所不能。”[3]

清朝帝王十分重视“祖制”，标榜“敬天、法祖、勤政、爱民”四项信条，祖宗的制度是千万动不得的。本文前面谈到王士俊批评乾隆翻了雍正的案，这确是很严厉的指责，难怪乾隆要大发雷霆。其实，乾隆也不是要根本改变制度、政策，而只是纠偏除弊。“宽严相济”这一理论的提出已给乾隆大幅度的回旋余地，去修改旧政策，制定新政策。所以乾隆再三强调自己继承祖、父之业，“朕凡用人行政，皆以皇考为法，间有一二事酌量从宽之处，亦系遵奉皇考遗诏，并非故示优容”[4]。

什么是“宽大”，乾隆对此有所阐述。“宽大”就是要爱民，“与民休息”，去民之累，去民之扰。“所谓宽大者，乃爱养良民，俾无失所，求尽父母斯民之道耳”[5]；“为治之道，在于休养生

---

1 以上均见《清高宗实录》卷一四，乾隆元年三月乙巳，第21页。

2 《清高宗实录》卷一四，乾隆元年三月壬寅，第12页。

3 《清高宗实录》卷一三六，乾隆六年二月乙巳，第17页。

4 《清高宗实录》卷六二，乾隆三年二月壬辰，第11页。

5 《清高宗实录》卷七〇，乾隆三年六月乙酉，第11页。

民，而民之所以休养，在乎去其累民者，使其心宽然自得，以各谋其生、各安其业”。他告诫臣下，要把宽大与废弛区别开来，“宽大之于废弛，判然不同。不顾民生，专务纷更，以矜干济者，外似振作，而实则废弛也。勤恤民隐，安静悃愊，以培元气者，乃非废弛，而真能振作也”[1]。又指出：对于贪官污吏、恶棍奸民是不能宽大的，“若谓贪官污吏，一切包容，恶棍奸民，概从宥释，以示宽大，是滋稂莠而妨嘉谷，纵虎狼而贼生灵，残忍酷虐，无过于此，尚何宽大之有？”[2]“恤民之与惩奸，二者原相济为用，欲恤民断不可不惩奸，而非惩奸又断不能恤民。……务期宽严并济，惩劝兼施，洗因循之积弊，归平康之淳风。”[3]

乾隆很懂得，在纠正一种政治极端的时候，必须谨防另一种政治极端的产生。纠正雍正的苛严不算难，难的是要同时防止宽纵、因循的弊病抬头，重蹈康熙晚年的覆辙。在他即位以后两个月，政策刚开始放宽，就说“观近日王大臣等所办事务，颇有迟延疏纵之处，想以朕宽大居心，诸臣办理，可以无事于整饬耶？此则不谅朕心而与朕用宽之意相左矣”[4]。以后，他经常告诫大臣们不要误解自己的宽大，“相率而趋于纵弛”，“若视朕之宽而一任属员欺蒙，百弊丛生，激朕将来有不得不严之势，恐非汝等大员及天下臣民之福。诚使朕为宽大之主，而诸臣奉公守法，则朕可常用其宽，汝等可明知朕意”[5]。

“宽严相济”，这是乾隆总结了康熙、雍正几十年统治经验而得出的政治理论，也是他用以纠正雍正苛严作风的思想武器。乾隆统治初期，他反复阐述、运用这一理论，逐步地形成了有别于

1 《清高宗实录》卷十，乾隆元年正月丙申，第 2 页。

2 《清高宗实录》卷七〇，乾隆三年六月乙酉，第 11 页。

3 《清高宗实录》卷二〇三，乾隆八年十月乙亥，第 17 页。

4 《清高宗实录》卷四，雍正十三年十月甲戌，第 30 页。

5 《清高宗实录》卷一一，乾隆元年正月甲子，第 26 页。

康熙、雍正的统治格局和作风。乾隆一生的政治实践正是体现了宽严相济、刚柔兼施的妙用。有时候，可以把政策放宽，一些事情，听其自然，不加干涉，使矛盾缓和，博得宽厚的好名声；有时候也可以严格整顿，雷厉风行，把螺丝钉拧紧。乾隆统治 60 年，诛杀大臣不少，处理贪污案件相当严厉，制造文字狱最多，镇压人民反抗更是不遗余力，充分显示专制统治的淫威。乾隆虽然标榜“宽大”，但还有“济之以严”作补充，因此，在需要采取镇压手段的时候，他并不比其他封建统治者更加心慈手软。

乾隆中期以后，很少长篇大论阐述“宽严相济”的道理了，但这一思想，一旦形成，会长久保持其影响。直到乾隆当皇帝的最后一年，即乾隆六十年，谕旨中还说：“朕办理庶狱，一秉大公，宽严相济。近年以来，刑政未免稍宽，今外省遂有馈送婪索之事，自系宽之所致，不得不纠之以严。”[1]可见，“宽严相济”几乎和乾隆一代的施政相终始。研究我国 18 世纪的政治和朝廷的政策，必定会注意到带有一定变革精神的乾隆初政，而“宽严相济”的统治方针，形成于这一雍乾之际政策转变的过程之中，其影响颇为深远。对此应进一步探讨，以求更清楚地了解这一统治方针的产生、作用和精神实质。

（原载《上海社会科学院学术季刊》1986 年第 1 期）

1 《东华录》，乾隆六十年八月。

论乾隆

乾隆皇帝姓爱新觉罗，名弘历。清康熙五十年生，嘉庆四年死，年八十八岁。他在位 60 年，传位于皇十五子颙琰（即嘉庆帝），又当了 3 年多太上皇。他是中国历代帝王中寿命最长的一个，在位时间仅比祖父康熙少一年而居第二，但做太上皇时仍独揽大权，因此，他实际掌握权力的时间比所有的帝王更长。

乾隆帝的生父为雍正帝，生母钮祜禄氏，其母初为雍亲王府格格，后尊为孝圣宪皇后。乾隆帝有兄弟 10 人，多早殇。他排行第四，初封和硕宝亲王，他幼即聪颖，深得祖父、父亲的宠爱。雍正即位时，定秘密建储的制度，将弘历的名字密写封缄，藏于大内乾清宫“正大光明”匾额之后，雍正病逝，启视传位密诏，弘历继皇帝位。1736 年，改元乾隆。皇位授受之际，没有经过祖辈、父辈那样刀光剑影、惊心动魄的激烈争夺。他即位，既有雍正煌煌遗诏的合法根据，他兄弟十人又大多已不在人世，继位时在世的只有两位弟弟，一位是与他同龄的五弟弘昼（封和亲王），另一位是年仅两岁的十弟弘瞻（后封果亲王）。这两个人的地位、才智或年龄均不足以和弘历争逐帝位。因此，乾隆继位，顺利接班，风平浪静，没有发生政治动荡。

乾隆统治时期，清王朝国力鼎盛。当时，经济繁荣、国库充裕、社会安定、户口大增，边疆的统一得以巩固，中国的版图于此奠定。而政治、经济、军事、文化达到了封建社会前所未有的高峰。但在高度的繁荣昌盛之中，社会矛盾逐渐激化，外国资本主义势力也叩关而至，清王朝正走过了全盛的阶段，几千年从未有过的严重危机正在日益临近。

研究乾隆帝，既要研究他的思想、行为、政策、功绩、失误，也要研究他的经历、性格、才能、爱好、心态，而更重要的是要着眼于一个时代，即18世纪的中国。乾隆帝诞生于18世纪之初，逝世于18世纪的最后年代，高度发达的中国封建社会培育了这样一个有才能、有作为、有个性的统治者，产生了一位既仁慈、又残暴，既英明、又短视的君主。他的思想、行动，制定的政策是在中国18世纪的特定环境中形成的，甚至他的优点和缺点都鲜明地具有时代的特色。环境造就了历史人物，而人物又在改变、创造环境。乾隆帝长时期站在18世纪的最前列，运筹帷幄，驱遣群僚，叱咤风云，在他的巨大身影下，翻过了一页又一页的历史篇章。他所思、所言、所行深刻地影响着时代。他是18世纪中国历史的参与者、领导者和塑造者。

一

乾隆帝知识广博，才能卓越，自幼聪慧。十一岁时晋谒祖父康熙帝，当面背诵书文，一字无误，得到老皇帝的欢心，被养育宫中，随侍左右。乾隆帝后来经常怀念这段经历，视为不世之恩荣。少年和青年时代受到严格的、良好的教育，熟读儒家经典，得到名师福敏、蔡世远、朱轼等的教导，研经习史，作文吟诗，又酷爱书法、图画、文物，精娴音律，热心园林建筑，全面通晓中国的传统文化。他的爱好和才能是多方面的，兼具学者、诗人、艺术家、鉴赏家的气质，又通晓多种语言，不但精于汉文，又熟谙满语，与大臣讨论政事，经常使用满语，还懂得蒙古语、维吾尔语、藏语，能和来朝的少数民族领袖直接交谈。而且爱好体育武事，经常骑马射箭、秋狝围猎，观看水嬉、摔跤、龙舟等。曾多年随侍皇帝左右的著名历史学家赵翼说："上最善射，每夏日引见武官毕，即在宫门外较射，秋出塞亦如之。射以三番为率，番必三矢，每发辄中圆的。九矢率中六七者，此余所常见者。"[1]由于勤习武事，经常锻炼，故身体健康，精力过人，很少生病。乾隆五十五年，他已七十九岁，朝鲜使者洪仁点觐见后，说他"尚如六十余岁人，筋力则耳目聪明，步履便捷矣。"[2]

乾隆帝身材匀称，丰腴而略矮，身高约 1.6 米（据觐见他的英国使团人员说身高 5 尺 2 寸、约 1.6 米）。脸庞呈长方"同"字形，两腮稍削，皮肤白皙，微带红润，眼睛黑而明亮，炯炯有神，鼻稍下钩，体态文雅，外表平和。青年时代是一位英俊潇洒的翩翩佳公子，老年时代，则显示出尊严、和蔼与慈祥。

乾隆帝有多方面的兴趣和才能，但作为一位政治家，他勤于理事，始终不懈，独揽大权，能谋有断。他即帝位时是个刚满二十三岁的青年（按中国的传统算法是二十四岁）。在父丧的哀戚气氛中初登宝座，这个青年在俯视着王公百官匍匐脚下，聆听自己的谕旨，高呼万岁时，内心第一次体验到作为"天下主"的愉悦和满足，同时也唤起强烈的使命感。他认识到：治理一个幅员辽阔、情况复杂、问题繁多的庞大帝国，如同进入一个充满着种种弊端、陷阱和阴谋的世界，必须小心谨慎，努力以赴，勤勉从事。他告诫自己："人君之好恶，不可不慎，虽考古书画，为寄情雅致之为，较溺于声色货利为差胜。然与其用志于此，孰若用志于勤政爱民乎？"[3]在多年之内，工作的重担使他大大减低了生平的爱好——写诗和游景。故初年诗作较少，也不常出外巡游，整天埋头于千头万绪的棘手事务中，处理堆积如山的文牍奏折。赵翼记

1　赵翼：《檐曝杂记》卷一。

2　《朝鲜李朝实录中的中国史料》，第 11 册，第 4829 页。

3　《御制文三集》卷九《续集〈秘殿珠林〉〈石渠宝笈〉序》。

下了乾隆帝勤政的情形："上每晨起，必以卯刻。……自寝宫出，每过一门，必鸣爆竹一声。余辈在直舍，遥闻爆竹声自远渐近，则知圣驾已至乾清宫。计是时，尚须燃烛寸许，始天明也。余辈十余人，阅五六日轮一早班，已觉劳苦，孰知上日日如此。"[1]这是平常无事的情形，如果有战事、河工、赈灾、祀典等重要政务，就更加忙碌，精力贯注，孜孜不倦。例如在平定准噶尔战争中，"每军书旁午，应机指示，必揭要领。或数百言，或数十言，军机大臣承指出授司员属草，率至腕脱。或军报到以夜分，则预饬内监，虽寝必奏。迨军机大臣得信入直庐，上已披衣览毕，召聆久矣。撰拟缮写，动至一二十刻。上犹秉烛待阅，不稍假寐"[2]。

乾隆帝夙兴夜寐，孜孜求治，在他统治的前期和中期尤其如此。平日的生活起居也很有规律，"卯时而起，进早膳后先览中外庶政，次引公卿大臣与之议决，至午而罢。晚膳后更理未了公事。间或看书、制诗、书字，夜分乃寝"[3]。他几乎每天如此，循环往复，度过时光。不仅每天的工作和生活都有固定的安排，而且一年四季的行踪、起居，也有近乎不变的日程表。每年正月各种典礼祭祀活动最多，皇帝的活动最繁忙，筵宴宗室王公大臣，必在重华宫吟诗联句，上元节必在圆明园之"山高水长"观看烟火花灯。二月祭社稷、行耤田，开经筵。此时天气渐转暖，从大内移居圆明园。清明则谒东西陵（遵化和易县），或逢巡幸之年，多在本月内启行。四月以后，北方春夏多旱，行雩礼以祈雨。五月端午在圆明园福海观龙舟竞渡。夏秋间，多往避暑山庄，每去必住两三个月，大会蒙古王公，举行木兰秋狝。夏秋如在北京，常去清漪园、玉泉山、香山、汤山、盘山的行宫走动，有时也在南苑骑射行围。八月为乾隆寿诞，十一月为皇太后寿诞，这是两

1 赵翼：《檐曝杂记》卷一。

2 昭梿：《啸亭杂录》卷三。

3 《朝鲜李朝实录中的中国史料》，第 11 册，第 4892 页。

个最重要的节庆日，张灯结彩，点景演戏，成为全国的娱乐日。十一月冬至，举行隆重的祀天大典，从此由圆明园回居大内。十二月朔日开笔写“福”字，分赐王公大臣。年底，外藩来觐，又必有络绎不绝的召见、赏赐、宴请，至于皇太后处，每隔几天必去请安问好。这一大致的日程表，岁以为常，周而复始。乾隆帝就像舞台上的演员一样，按照编写好的剧本，扮演皇帝这一角色。当然，突发事件和皇帝个人一时兴会所至，随时可以改变日程，但一年的生活起居大致脱离不了这一刻板的程序。一个专制皇帝拥有绝对权力，他自然可以自由自在地做他想做的事情，而实际上，他的行动却按着固定的节拍机械地运转着，不过，这种固定节拍由传统、习惯、礼仪需要所形成，皇帝自觉自愿地接受，已变成了专制皇帝个人意志的一部分。

传说中把乾隆帝说成是充满奇闻轶事的风流天子。其实，他生活很有节制，不喜饮酒。他一生写了几万首诗，从不以“酒”字入诗，从不暴饮暴食，即使举行庆节贺宴，日落而止，不举行夜宴，“凡曲宴廷臣，率不过未申时”[1]。他处事有条理，不躁不乱，很有涵养。他自己说：“‘事烦心不乱，食少病无侵。’此二语为予养心养身良方，原别无求养生之术也。”[2]和其他皇帝一样，他有三宫六院许多嫔妃，却并不沉溺女色。他和自己的结发妻孝贤皇后富察氏感情极笃，伉俪情深，皇后不幸于乾隆十三年早逝，其时乾隆年仅三十六岁，哀伤思念，直至晚年。他历年写了许多富有深情的悼念诗赋，其中一首说：“维糟糠之未历，实同甘而共享”；“影与形兮难去一，居忽忽兮如有失”；“信人生之如梦兮，了万事之皆虚。呜呼！悲莫悲兮生别离，先内佐兮孰予随”[3]。继立乌喇那拉氏为皇后，但与继皇后感情不和。乾隆三十

1 《御制诗文十全集》卷四四《上元后一日小宴廷臣即事得句》。

2 《御制诗五集》卷一三《偶园》。

3 《御制文初集》卷二四《述悲赋》。

年第4次南巡，至杭州，因事龃龉，皇后忿恚，自剪其发，乾隆震怒，置继皇后于别宫。翌年皇后死，乾隆帝不以后礼相待，只以皇贵妃礼仪治丧。从此之后，再也不立皇后。帝内宫虽有爱宠，但管理严格，不准胡作非为。晚年有爱妃惇妃，恃宠骄横，宫女得罪，竟被杖责致死。乾隆帝恼怒，将惇妃降革为嫔，谕旨说："事关人命，其得罪本属不轻，第念其曾育公主，故量从末减耳。若就案情而论，即将伊位号摈黜，亦岂得为过当乎！"[1]

乾隆帝受儒家政治哲学的熏陶，以之作为治国的指导思想，他视君主为政治社会结构中的主体，"君者为人伦之极，五伦无不系于君"[2]；"臣奉君、子遵父、妻从夫，不可倒置也"[3]。他也很重视儒家学说中的民本思想，认为君主有责任保护民生，关怀民瘼，重视民心，"民之所与，即天之所与，是以人君祈天永命，奠先于爱民。得民心则为贤而与之，失民心则为否而夺之。可不慎乎？可不惧乎？"[4]他认为：君主应养育万民，控驭万民，就像父亲对待儿女一样。庶民安居乐业，政权才能巩固、长存。人民的力量以被动的形式明显地反映在他的政策中。他曾模仿李迪的《鸡雏待饲图》作画一幅，墨刻多份，赐给各省督抚们，要他们照顾百姓，就像照料饲养的小鸡一样，"即雏哺之微，寓牧民之旨，欲督抚等体朕惠爱黎元之心，时时以保赤为念，遇有灾赈事务，实心经理，勿忘小民嗷嗷待哺之情"[5]。这种重民、爱民的思想固然促使他尽可能去减轻人民的负担，改善人民的生活，但并不影响他在很多场合采取严厉的手段去镇压人民起义。他认为：君与民的关系如同父与子，父亲有养子、教子的责任，而儿子亦有尊

1 《清高宗实录》，乾隆四十三年十一月。

2 《清高宗实录》，乾隆三十一年二月。

3 《清高宗实录》，乾隆十一年六月。

4 《御制文二集》卷三六《读韩愈对禹问》。

5 《清高宗实录》，乾隆五十三年十月。

亲孝父的义务。不论老百姓穷困到什么程度，都不能违犯国法，反抗朝廷。否则就是“刁民”、“莠民”，就是不孝的忤逆之子，人人得而诛之，故“恤民”与“惩奸”是相反相成的两个方面。“盖恤民之与惩奸，二者原相济为用，欲恤民断不可不惩奸，而非惩奸又断不能恤民。……务期宽严并济，惩劝兼施，洗因循之积弊，归平康之淳风”[1]。因此，他对聚众闹赈、抗租抗粮、秘密结社、武装起义竭力镇压，常责怪官吏们姑息养奸，邀誉市恩。他处治此类案件都是从重从严，还斩尽杀绝，决不心慈手软。在这方面，充分暴露了他作为专制君主的狰狞面目。

乾隆帝统治的时间很长，晚年吏治趋于腐败，诸弊丛生，阶级矛盾尖锐，社会动荡，反抗斗争蜂起。他禅位给儿子嘉庆帝的时候，正值湖北白莲教揭竿而起，发动了轰轰烈烈的大起义，清朝统治盛极而衰。从乾隆帝个人来说，进入老年，理政不如早年之勤劳，用人不如早年之明察，办事不如早年之决断，体力渐衰，精神不支，而一切军国要务仍要由他一人决断。习惯站在权力巅峰的君主不会因自己精力的衰退而让出权力，甚至禅位以后，乾隆仍是实际的统治者，嘉庆仅仅是名义上的皇帝。新皇帝很识趣，“自丙辰（嘉庆元年）即位以来，不欲事事。和珅或以政令奏请皇旨，则辄不省。曰：‘惟皇爷处分，朕何敢与焉’”[2]。老皇帝掌握实权，但管不了事，新皇帝又不敢管事，正因为如此，和珅得以狐假虎威，窃取权力，擅作威福。

任何专制统治者，当他经历了漫长的人生道路，到达晚年，日益走向生命的终点时，他的知识、经验非常丰富，对生活中出现的问题都形成了一套固定的反应模式，几乎是以不变应万变。他的思想和性格也发生了重要的变化，年青时代的许多优点，日

1 《清高宗实录》，乾隆八年十月。

2 《朝鲜李朝实录中的中国史料》，第 12 册，第 4982 页。

益向其反面转化，顽强变成顽固，自信变成自诩，严格变成严苛，道德上的正当要求变成僵化的清规戒律。甚至心理失常，行为怪癖，出人意料。人们既不能理解他，又不敢违拗他。他看着以往亲近的伴侣、臣僚、侍役以及从前的敌人，一个个从人世间消逝。连他亲生的 17 个儿子也大多数先他离开尘世。只有皇八子永璇（仪亲王）、皇十一子永瑆（成亲王）、皇十五子颙琰（嘉庆帝）、皇十七子永璘（庆亲王）还在他的身边。一批又一批的年轻人在他的宝座下成长、接班、任职，皇帝的周围被越来越多的陌生人占领、包围。由于他据有最高的统治地位，本来就不容易接触实际，了解下情。他在这个日益变得陌生的世界上更加孤寂。他遇事独断，无人可以商量，只能自思自忖，倾听自己心底的回声，越来越难以和其他人进行思想交流。据说乾隆当太上皇时，嘉庆常与和珅入见。乾隆闭着眼睛，仿佛已经睡着，但口中却念念有词，也不闻是何语言。久之，乾隆忽然睁目问道："这些人什么姓名？"嘉庆不知如何对答，和珅却应声说"高天德、苟文明"（按：此二人为当时白莲教起义的著名领袖），嘉庆听了也莫明其妙。过了几天，嘉庆"密召珅问曰：'汝前日召对，上皇云何？汝所对作何解？'珅曰：'上皇所诵为西域秘密咒。诵之则所恶之人虽在数千里外，亦当无疾而死，或有奇祸。奴才闻上皇持此咒，知所欲咒者必为教匪悍酋，故以此二人名对也'"[1]。一个叱咤风云的英明君主，晚年对农民起义无可奈何，独自念咒，意欲置敌于死地，这种行为典型地反映出一个意志昏瞀的孤独老翁的心理状态，别人几乎不能理解他。只有一个和珅还能揣摩他的一点心思。乾隆帝晚年所作诗文，词语重复，陈话连篇，流露出浓厚的自我陶醉、自我吹嘘，有时又自我忧伤、自我愤懑的气息。

1　易宗夔：《新世说·术解》。

二

乾隆帝即位之前，由于雍正的严刑峻法，社会和官场中弥漫着战战兢兢的紧张恐慌气氛。乾隆帝决心加以纠正，他悄悄地但又大幅度地调整政策，提出“宽严相济”的方针，要以宽大去纠正前朝的严刻。所谓“纯皇帝（即乾隆）即位，承宪皇（即雍正）严肃之后，皆以宽大为政，罢开垦、停捐纳、重农桑、汰僧尼之诏累下，万民欢悦、颂声如雷”[1]。尽管乾隆前期改变了雍正严厉的统治方针，但其性质不超过纠偏补过的范围，并非全盘否定前期的方针，特别是雍正时期制定的重要的、正确的政策，乾隆时基本沿袭下来，如地丁合一、耗羡归公、养廉银制度、秘密建储、军机处以及改土归流、对准噶尔议和等。

“宽严相济”的方针几乎和乾隆朝的统治相始终。从根本上说，政策的“宽”或“严”决定于当时的形势和各种社会力量的对比，当社会安定、吏治清明、矛盾缓和的时候，用不着严刑峻法，社会发展任其自然，政策必趋于宽松，一旦矛盾激化，社会呈现无序和纷乱，而政府还保持着一定的权威时，就需要并能够进行严格的整顿。封建社会中不同的客观态势决定其统治政策或张或弛的节奏。乾隆帝很懂得封建的统治术，他的政策时宽时严，宽严结合，适应不同时期的需要。他虽然标榜宽厚，但也经常采取极严厉的镇压手段，以消灭真正的或者只是他臆想中的危害。譬如乾隆十三年因金川战败而大批诛杀大臣的风波，又如乾隆十六至十八年因伪造孙嘉淦奏稿案而追索株连、祸及无辜，再如乾隆统治中期众多的文字狱。

乾隆时代，中国封建的经济、政治、文化发展到了最高峰，

1 昭梿：《啸亭杂录》卷一。

其繁荣盛况大大超过了包括汉唐在内的所有王朝，这可以从以下四个方面来看：

第一是经济方面。乾隆时代经济发展大大超过前代王朝，这可以从人口数量进行测定。乾隆朝以前，历朝历代的人口最高数目约在六七千万人，许多专家认为：由于统计方法不完善，这个数字比实际偏低，明朝后期中国人口实际已达 1 亿以上。即使如此，而乾隆六年全国人口已有 1 亿 4 千万，即已超过历史上的最高峰值。其后继续增长，至乾隆六十年达 2.97 亿人。人口增长必须有农业生产的相应增长作为前提，也就是说，乾隆以前中国社会最多曾经生产过能够养活 1 亿多人口的粮食，而到乾隆末，中国已能生产足够养活近 3 亿人之多的粮食，大大超过了历史上的最高水平。农业生产力所以有如此巨大的发展，原因是多方面的，一是社会安定，中原地区长期没有战乱，人民得以安心生产；二是清廷重视农业，奖励垦荒，减免赋税，兴修水利，赈济灾荒，一系列政策措施有力地促进了农业生产；三是农业新品种的推广，主要是番薯、玉米、花生等高产作物在明末传入，在 18 世纪广为传播，各地普遍种植，使粮食和油料产量大增；四是边疆的开发，乾隆前期经过平定准部、平定回部的战争而巩固了国家的统一与和平，广阔的边疆纳入中央政府的有效管辖之下，在政府的倡导、支持下，中原地区过剩的人口向四周辐射迁徙，东北、内蒙古、新疆、云贵、台湾地区，人口激增，荒地大量开辟，耕地面积有较大的增加。封建社会的主要生产部门是农业，农业生产力的巨大增长是乾隆时代经济鼎盛、超过了历代王朝水平的主要标志。

手工业方面，在丝织业、棉纺织业、制瓷、采铜、冶铁、造纸、井盐等行业中有了手工业工场或包买商，经济生活中出现了资本主义的萌芽。这些萌芽集中在长江三角洲、珠江三角洲以及若干商业城镇内，从全国范围来说还十分稀少，十分嫩弱，要成长发展到取代汪洋大海般的自给自足的封建小农经济，还要经过遥远而艰难的路程。但新的因素毕竟已经出现，并且手工业无论在质和量上也超过了前代的水平。此外商业城镇的增加，对外贸易的发展以及国家财政状况、国库贮备都达到了前所未有的水平。

第二是政治方面。清王朝承袭了传统的封建专制君主政体，皇帝统驭全国，享有无上的权威和尊严，在专制君主这一个人身上体现了社会的宏观控制机制。皇帝之下有一整套金字塔式的官僚统治机构，皇帝高高在上，站在金字塔的顶端，并通过它传达谕旨，贯彻命令，执行政策，使庞大、复杂而极不平衡的社会的各个部分，相互协调，按照相同的方向和节奏进行有秩序的运转。封建专制政体难以克服的弊端，是由于种种原因，集中在皇帝手中的权力经常旁落，形成母后、外戚、宦官、宰相的专政或藩镇、朋党的争夺，统治阶级内部充塞着无休止的倾轧与纷争。2000多年的封建专制政体和这些弊端相终始，成为自身不可根治的毒瘤。清代的康熙、雍正、乾隆三朝十分注意吸取前期的历史教训，采取一系列预防措施，使这类弊端减轻到最低程度。故有清一代，无外戚、宦官、宰相之专政，藩镇割据曾出现于清初吴三桂等三藩之乱，旋即扑灭。母后擅权发生于晚清之慈禧太后身上，亦无汉、唐两代之严重。只有朋党之争在清代前期极为激烈，努尔哈赤时有其弟舒尔哈齐、其子褚英的分裂活动；皇太极时有四大贝勒之争；顺治年间有多尔衮、豪格、济尔哈朗的斗争；康熙年间有索额图、明珠的分党；康雍时期，围绕皇位继承问题，诸皇子之间各树门户，进行长期争夺，引起社会动荡。

乾隆帝对承袭下来的专制政治体制有所改进，除对母后、外戚、宦官、藩镇等严立章程，预先防范外，特别注意解决困扰已久的宗室干政与朋党争权，努力使中央的权力更加集中。当他初登帝位时，周围是雍正任用的王公大臣，分掌权力。乾隆帝在皇子时代，长期居住宫中，并未分藩建府，没有自己的亲信部属，亦未担任军政职务，不掌握任何实权。他继位之初，只能承袭父亲时代的统治格局，任用父亲遗留下的工作班子，包括果亲王允礼、庄亲王允禄、平郡王福彭以及鄂尔泰、张廷玉、讷亲等王公大臣。他首先下决心把宗室贵族完全摈斥于权力圈子以外，以彻底根治宗室干政之弊。乾隆三年果亲王允礼病逝，四年庄亲王允禄得罪斥革，谕旨责其结党营私，往来诡秘，群相趋奉，恐尾大不掉。同时得罪的有乾隆帝的一批堂兄弟弘晰（理亲王）、弘升（贝子）、弘胶（宁郡王）、弘昌（贝勒）、弘普（辅国公）。特别是弘晰，他是康熙废太子允礽的嫡子，自幼聪慧，得祖父欢心，陪侍左右。他和康熙帝在一起的时间较乾隆更长。据当时传说：他可能是帝位的继承人。但雍正即位后，他能安分守己，故被封亲王。乾隆初，允禄和弘晰隐然成为宗室王公势力的核心。乾隆帝何等精明，看到了这一隐患，不允许这一势力继续发展，故允禄被革退，弘晰的罪名更大，责备他“自以为旧日东宫之嫡子，居心甚不可问”。着在景山永远圈禁。至于平郡王福彭虽和乾隆帝是青年时的挚友，并无罪过，亦退出了军机处，只担任管理旗务等不重要的闲差。

当时，最高统治圈子里，还有鄂尔泰、张廷玉各树门户，结党纷争，这已不足以威胁皇权的稳定。乾隆帝在很长时间内还需要依靠鄂、张的势力进行统治，所以还能够优容包涵，但亦不时告诫，裁抑其势力之发展。这两党势力随着鄂尔泰与张廷玉的去世而渐归渐灭。乾隆十三年因金川兵败又杀了首席军机大臣讷亲。在雍正旧臣逐渐凋零的同时，乾隆帝提拔了年轻的新进，即：傅恒、舒赫德、阿里衮、兆惠、富德、于敏中、阿桂以及更后的和珅、福康安等。乾隆帝高踞于这些官僚之上，牢牢地控制大权，生杀予夺，不和任何人分享权力。他自称：“朕为天下主，一切庆赏刑威，皆自朕出。即臣工有所建白，采而用之，仍在于朕。”[1]他所任用的文臣武将，虽都有相当的才干，但在乾隆这个专制君主巨大阴影的遮蔽下，在历史上并无耀人的光彩。

乾隆皇帝非常重视君臣关系，重视中央集权，树立皇帝的绝对权威。他写过一篇文章批评北宋王禹偁的《待漏院记》。王禹偁很强调宰相的地位和作用，而乾隆帝反驳他："所谓一国之政，万人之命，暴于宰相，则吾不能无疑也。”因为宰相有贤相、奸相、庸相的区别，选用宰相的权力在君主，宰相“岂能自用，用之者君也”，宰相仅是君主手中的工具。“是则一国之政，万民之命不悬于宰相而悬于为君者明矣。”[2]

乾隆朝后期，风气改变，吏治败坏，和珅用事，贪污贿赂公行，而乾隆也企图挽回这一江河日下的趋势。他命令检举整顿，屡兴大狱，严厉打击贪污不法行为，虽不可能根本扭转腐败风气，但大案迭起，严刑峻法，因贪污不法行为而被杀戮、被关押、被遣戍的大官僚多得不可胜计，虽先朝老臣（如鄂善），军功名将(如富德)、国舅至亲（如高恒、高朴)，如果罪证确凿，亦斩首不贷，这类案子的处理发生了一定的震慑作用。在他的统治下，努力消弭专制政体所必然带来的弊害，使之相对改善，一定程度上抑制了这些弊害。他自己说："前代所以亡国者，曰强藩、曰外患、曰权臣、曰外戚、曰女祸、曰宦寺、曰奸臣、曰佞倖，今皆无一仿佛者。”[3]这些话虽是乾隆的自吹自擂，但一定程度上反映了真实情形。

第三是军事方面。乾隆朝武功极盛，扬威绝域，为完成国家统一、保护领土主权而进行的战争，比前朝规模更大，意义更重要。乾隆帝自诩有“十全武功”，即：两次平定准噶尔，一次平定

1 《东华录》卷七，乾隆三年六月。

2 《御制文三集》卷十《王禹偁待漏院题辞》。

3 《清高宗实录》，乾隆四十五年八月。

回部，两次平定金川，两次反击廓尔喀入侵以及征讨缅甸、安南和镇压台湾的林爽文起义。其实乾隆的战争还远不止这 10 次，其他还有征讨瞻对藏民、湘黔苗民，镇压王伦起义、黄教起义，乌什维民起义、甘肃回民起义以及川楚白莲教起义等。历次战争的背景、起因、性质、规模、战果、意义很不相同。有的是为实现统一或击退侵略的正义战争，有的则是镇压农民起义、压迫少数民族或无端侵扰邻国的非正义战争。对乾隆朝频繁的战争应当分别看待，具体分析。

乾隆朝战争频繁，而乾隆帝本人主观上并不好大喜功、穷兵黩武。相反，他常以“佳兵不祥”、“息事宁人”自勉和告诫子孙。故其统治的前期重大军事行动甚少。他说：“予自少读书，即钦天地爱物之心，深知穷兵黩武之戒，是以继位之初，即谨遵皇考之训，许准噶尔之求和，罢兵宁人，将二十年矣。”[1]但如果必须用战争手段保护国家和民族的利益，且有利的战机到来，千钧一发，不容延误时，他也能迅下决心，做出坚决而正确的判断，平定准噶尔之役即是典型。

在康熙、雍正两期，清廷与准噶尔割据势力的战争已断断续续进行了半个世纪之久。这场战争涉及西北、北部和西南广大边疆地区的安定和统一，关系重大。清朝投入了极大的兵力和财力，但康雍两朝仅能阻遏准噶尔的入侵，却不能深入作战，捣穴擒渠，取得全胜。乾隆前期，准噶尔部内讧，其领袖和牧民络绎不绝地归附清朝中央，先后有达什达瓦部、三车凌部、阿睦尔撒纳、纳默库班珠尔、玛木特等率众来降，这给清廷造成了千载难逢的作战良机。朝中大臣大多数畏葸迂腐，以为道路遥远，准备不及，难以作战。乾隆帝为完成国家统一计，力排众议，迅速发兵。乾隆帝后来说：“西师之役，在廷诸臣，皆有鉴于康熙、雍正

1 《御制文三集》卷九《补咏战胜廓尔喀之图序》。

年间，未获蒇事，莫不畏难沮议。朕以达瓦齐篡夺频仍，诸部瓦解，接踵内属，机有可乘，且无以妄来者。爰命将兴师，分路致讨。斯时力排众议，竭尽心力。”[1]事实证明：乾隆帝的决策，英明及时。清军以压倒优势进军天山南北，战事虽经反复，但挫而复胜，转危为安，终于消除了准噶尔的割据政权。以后又乘胜进取，击败维吾尔族大小和卓的叛乱，收复新疆南部。历时5年的平准、平回战争，最后完成了中国的统一，其影响所及，强化了中央对西藏的管辖，并保障了青海和内外蒙古的安定。此后，清朝在边疆地区设官驻兵，筑城戍守，移民屯田，使广袤的边疆地区在政治上、经济上、精神上与内地联结成不可分割的整体，大大增强了中华民族的向心力、凝聚力。特别是在帝国主义即将侵入中国的前夕，乾隆帝及时地完成了国家的统一，其功绩应充分肯定。

乾隆朝反击廓尔喀入侵是又一场保卫祖国神圣领土的正义战争，也是中国历史上最艰苦卓绝的军事活动。乾隆五十三年和五十六年，居住在喜马拉雅山南侧的廓尔喀军，两次入侵西藏，侵占日喀则，蹂躏骚扰，抢劫班禅所居的札什伦布寺，造成边疆的危机和全藏的恐慌。不少大臣认为：后藏遥远，山高天寒，军行困难，粮饷不继，不能出兵征讨。但乾隆帝坚持西藏是中国的领土，不容他人侵犯，“若付之不问，何以安卫藏而靖边圉”[2]，毅然决定搬兵入藏，驱逐侵略者，保护领土完整和藏民安全。清军从四川入藏，长途跋涉，冒雪冲寒，驱逐廓尔喀军，收复被侵占的土地，并越过喜马拉雅山，进抵加德满都附近。在没有现代交通和通讯的条件下，完成这一军事远征，实令人惊叹！其路途之远，山川之险，补给之难，军行之艰，为世界战争史上所罕见。

---

1 《御制诗五集》卷九二《阅旧所书卷识后示诸臣咸为悦服复成口号》。

2 《清高宗实录》，乾隆五十七年八月。

乾隆帝说："廓尔喀则在万里三藏之外，更数千里。陡壁线路，不临深川，不能容马，人皆踵迹而行"[1]，"经越艰险，冒雨步战，手足胼胝，用兵之难，为从来之未有"[2]。应该说：乾隆帝不畏艰险，花费极大的财力人力，保卫西藏的领土主权，是值得赞扬的。

战争仿佛是个放大器，它能充分表现出一位决策者、指挥者的才能和优点。因为只有战争时期，他的意志和领导能力最大程度地受到了考验。同样，在战争时期，也会招致意外的失败，使一支威武浩荡的军队顷刻瓦解，显示出领袖的无知与失误。古往今来，没有常胜的将军，而战争的或胜或负，常常取决于指挥者是否知己知彼，是否头脑冷静，是否有坚强的意志和灵活的指挥才能。当平定准部、回部，取得了意想不到的胜利以后，乾隆帝被冲昏了头脑，多次发动了错误的战争，即缅甸、安南和第二次金川之役。缅甸之役，清军深入缅境，后路被切断，援兵不到，粮饷断绝，战斗失败，主帅明瑞阵亡。安南之役，乾隆帝错误地支持腐败的黎民政权，劳师远征，攻入河内，遭到强力反击，全军覆没。第二次金川之役，山险河深，番众人虽少而心志齐，清军被阻于石碉之下，寸步难移，乾隆帝依仗兵多粮足，必欲克之，屯兵坚城，劳师糜饷，如狮子搏兔，用尽全力，虽最后得胜，而耗时之久，费帑之多，为十全武功之冠，实为得不偿失。这些战役中所犯的致命错误是乾隆帝在平定准回大胜之后，视事太易，失去冷静审慎的判断，用对准部、回部的同一把尺子去衡量地形、气候、民风、内部组织都很不相同的缅甸、安南与金川，于是招致了战争的失败，屡次碰壁，大量的钱财和兵力填进了战争的无底洞。像乾隆这样一个精明能干的皇帝不乏审时度势、当机立断的能力。但客观环境十分复杂，专制君主很容易犯的错误就是被

1　庆桂：《国朝宫史续编》卷六五《西次间北壁圣制补咏战胜廓尔喀图序》。

2　《清高宗实录》，乾隆十九年九月。

胜利冲昏头脑，他每天接受阿谀的意见和歪曲的情报，很难作正确的判断和选择，因此被错误的信息诱入错误的歧途，采取错误的行动，而且越陷越深，难于拔足。等到碰得鼻青脸肿，翻然觉悟，改弦更张，例如停止对缅甸、安南的征讨，议和修好，边界反而得以宁静，国家之间的关系亦得以改善。

第四是文化方面。历朝历代的文化艺术各有其造诣和特色，很难简单地评说孰优孰劣。乾隆朝的文化成就较之前代，并无逊色。除大量编撰各种经说、方略、官书、续三通以及十三经刻石，翻译佛藏外，编纂了我国历史上最大的丛书——《四库全书》，共收书籍 3400 多种，近 8 万卷，分成经、史、子、集四大类。此书包罗宏富，浩瀚广博，为我国古代思想文化遗产总汇。编纂工作从乾隆三十八年设立四库馆始，至五十二年《四库全书》缮写完毕止，历时 15 年。参加编纂、校对、辑佚、提要的很多是当时的第一流学者，并撰写了《四库全书总目》，对 1 万多种图书（包括著录和存目）作了介绍和评论，“凡六经传注之得失，诸史记载之异同，子集之枝分派别，罔不抉奥提纲，溯源彻委”[1]。

民间之学术文艺亦臻于极盛。以惠栋、钱大昕、江永、戴震、段玉裁、王念孙、王引之、焦循、阮元为代表的考据学派，如日中天，盛极一时，被称为“乾嘉学派”，著作繁多，影响深远。史学方面还有赵翼、全祖望、章学诚、崔述；地学方面还有齐召南、祁韵士、徐松、李兆洛，各有突出的成就。曹雪芹的《红楼梦》、吴敬梓的《儒林外史》均成书于乾隆初年，为最负盛誉的现实主义杰作，我国文学宝库中的瑰珍。诗歌方面，沈德潜的“格调诗”，袁枚的“性灵诗”，翁方纲的“肌里诗”；散文方面，方苞、刘大櫆、姚鼐的“桐城派”，恽敬、张惠言的“阳湖派”，如奇花异葩，竞放于诗坛文苑。绘画则有“扬州八怪”及文人画、宫廷

1　阮元：《研经室二集》卷五《纪文达公集序》。

画、西洋画；书法则有张照、邓石如、刘墉、永瑆等名家辈出，乾隆帝刻印的《三希堂法帖》集中了历代书法的精华，为后世临摹的范本。戏曲方面，昆腔与乱弹并行，正处在蜕变时期；乾隆末年，徽班进京，我国最大的剧种——京剧，于此时诞生。乾隆朝的文化学术和文学艺术，云蒸霞蔚，俊彩星驰，呈现一片繁荣的景象。

三

乾隆朝的政治、经济、军事、文化发展鼎盛，达到了我国封建时期的最高峰。当然，历史并不只是光辉的、先进的一面，还有其黑暗的、落后的另一面。清朝恰恰在乾隆时代，由盛转衰、走向了下坡路。

乾隆朝人口急剧膨胀，大大超过了耕地面积的增加，人均占有耕地数量迅速地减少，再加上土地兼并严重，社会财富被集中到少数贵族、官僚、地主、富商的手中，绝大多数农民失去土地，生计维艰，并且连年水旱，灾荒频仍，吏治败坏，贪污公行。阶级矛盾逐步尖锐化，人民流离失所，不得不铤而走险。下层的反抗斗争从零星分散的抗租抗粮，逐渐走向竖旗建号的大规模、有组织的武装斗争。乾隆三十九年山东临清爆发王伦起义，在运河沿岸，南北交通的大动脉上发难，切断了漕运和文报，打破了近一个世纪中原无战争的升平局面。接着，乾隆四十六年、四十八年，有甘肃苏四十三和田五领导的回民起义；乾隆五十二年有台湾林爽文起义；乾隆六十年有贵州湖南的苗民起义；至嘉庆元年，白莲教起义爆发，声势浩大，斗争持久，蔓延甚广，形成对清王朝一次强大的冲击波。乾隆禅位之日，星星之火，已燃烧成燎原之势。此后，全国进入干戈扰攘、战乱频仍的时代，历经嘉庆、道光两朝 50 多年，北方的秘密宗教多次发动斗争，南方的会党起义亦层出不穷，清廷顾此失彼，疲于奔命。这场社会的大动荡一直延续到近代的太平天国起义。

乾隆朝在其政策方面的问题、矛盾或落后、失误至少可指出以下几点。

清政权实质上是满汉地主阶级的联合专政，只占人口极少数的满族必须团结汉族地主和知识分子，才能保持稳定的统治，乾隆帝基本上沿袭了这一传统政策。尽管他本人浸透了汉文化的熏陶，但他对汉族的警惕、防范几乎超过了清代其他帝王，他对汉族大臣和绿营兵很不信任。杭世骏在乾隆前期即批评当时天下巡抚尚满汉参半，而总督则无一汉人，终乾隆之世，情况并无大变，出任总督的汉人占极少数。乾隆时期，当政的文臣武将，前有鄂尔泰、讷亲、傅恒、张广泗、舒赫德、兆惠，后有阿桂、和珅、福康安都是旗人，只有张廷玉、于敏中少数汉员，身居要职，也仅是供奉内廷，述旨撰诏，相当于皇帝的秘书，不是实际的决策者。当时，满汉矛盾虽然不是社会的主要矛盾，但始终是影响政治的重要因素。

乾隆帝致力于保存满族的文化习俗和尚武精神。他认为：这是清王朝长治久安的保证。他说："马步箭乃满洲旧业，向以此为要务，无不留心学习。今国家升平日久，率多求安，将紧要技艺全行废弃不习，因循懦弱，竟与汉人无异，朕痛恨之。"[1]尽管乾隆帝再三告诫，并采取了种种措施，可是事与愿违，八旗贵胄生活骄奢、浸染汉俗、废弃武事的趋势愈演愈烈，竟不可遏止。而一般旗人，虽有额俸，但清廷禁其从事生产和经商，致使日益滋生繁衍的满族衣食无着，发生严重的生计问题，可说是爱之适以害之。

上面讲到了乾隆朝文化繁荣的一面，不幸的是这种繁荣并未

1 《清高宗实录》，乾隆三十九年九月癸酉。

导致文化思想在性质、内容上的飞跃，反而时常遭到风刀霜剑的凌逼摧残。乾隆朝的文字狱和禁毁书十分苛严，有人估算乾隆朝文字狱有 130 起，比康雍两朝大大增加。且多属捕风捉影，深文周纳，硬加莫须有的罪名。士子吟诗作文，用字不慎，即招飞来横祸，乾隆朝因文字得罪的多下层知识分子，罪名大多是影射讥讪，触犯圣讳，措词不当，实际上并无鲜明的反清思想。鲁迅先生说过："大家向来的意见，总以为文字之祸是起于笑骂了清朝，然而，其实是不尽然的"，"有的是鲁莽，有的是发疯，有的是乡曲迂儒，有的不识忌讳，有的则是草野愚民，实在关心皇家"。由于乾隆帝以文字罪人，民间相互揭告，往往以细微仇嫌，陷人死罪，官吏们怕失察受责，故意罗织罪状，张大其词。为什么乾隆中叶文网严密，文狱迭起？这实际上是统治阶级对下层人民反抗的预防性反应。当时，大规模的武装斗争尚未展开，但零星的反抗已渐频繁，统治者日益感受到来自下层反抗的威胁，企图加强思想统治，显示镇压手段，以防不测，以儆效尤。这种预防性反应出自统治者谋求安全的心理，罪名的真实性并不重要，重要的是用严厉的惩处使社会慑服，将达摩克利斯之剑预先悬挂在可能的叛逆者的头上。文字狱的恶劣影响，使得知识分子对现实，甚至对历史不敢议论，噤若寒蝉。龚自珍说："避席畏闻文字狱，著书都为稻粱谋"，正是乾隆时知识界共同心态的写照。

另外，乾隆帝趁编纂《四库全书》之机，搜检全国的书籍，对所谓"悖逆""违碍"书籍进行查禁、销毁或篡改。"初下诏时，切齿于明季野史。其后，四库馆议，惟宋人言辽金元，明人言元，其议论偏谬尤甚者，一切拟毁。……隆庆以后，至于晚期，将相献臣所著，靡有孑遗矣"[1]。古代典籍遭到了一次极大的厄运。

1 章太炎：《訄书·哀焚书》，第 58 页。

乾隆朝一项重大的政策谬误，是变本加厉实行闭关政策。它虽然并不拒绝对外通商，但规定只开广州一口，制定了详细的章程，限制中外交往和贸易，并强化了作为贸易中介的行商制度，形成了对外封闭的严格体制。乾隆五十八年英国政府派马戛尔尼使团来到中国，在热河觐见皇帝，提出扩大贸易的要求，但在觐见的礼节上发生严重的争执，英国使团被拒。毫无疑问，马戛尔尼使团代表英国资产阶级的利益，所提要求包含着侵略性的条款，会给中国带来消极的影响。但当时的英国尚不能向中国发动武装进攻，只能采取和平谈判的手段，谋求进入中国。中国迫切需要疏通外交渠道，进行经济文化交流，扩大视野，以了解世界的潮流。进行和平谈判有助于改变中国的隔离状态。但是，乾隆帝没有感到和外部世界加强联系和交往的迫切性，他以天朝上国自居，轻视和蔑视外国，因使团的礼节不周，心中不快，砰然关闭了谈判的大门。马戛尔尼使团带来了丰厚的礼品，大多是显示科技成就和工业实力的仪器、模型、机械和工业制品。但乾隆帝缺乏科学知识，不屑一顾，说什么："单内所载物件，俱不免张大其词。此盖由夷性见小，自以为独得之秘，以夸炫其制造之精奇。……著征瑞（接待英使之清朝官员）于无意之中向彼闲谈：尔国所贡之物，天朝原亦有之。庶该使臣等不敢居奇自炫。"[1]自大心理与愚昧无知蒙住了自己的眼睛，错过了认识外部世界的一次机会。中英两国如同两艘巨大的航船在逐渐接近，中国方面，从维护统治出发，希望与外部世界保持安静而隔离的局面，并力图取得外国表面上的臣服，以满足自己的虚荣心理。而处在产业革命中的英国却在全球寻找殖民地，开辟商品市场。两个国家的制度、传统、追求的目标完全不同，一场大规模的冲突将不可避免。在天空的远处，正酝酿一场几乎使中华民族惨遭灭顶之灾的强烈风暴。

1 乾隆五十八年八月六日谕旨。

乾隆帝，作为18世纪中国的最高统治者，不但丝毫没有觉察，而且，他的政策堵塞了其臣民和后人去了解、探索外部世界的渠道，这反映了乾隆帝思想保守落后的一面，其影响深远，造成了难以弥补的恶果，应对历史负重大责任。

在评论乾隆帝的是非功过时，巡幸和土木两事是通常的热门话题。乾隆帝一生到各地巡游，曾6次南巡，至苏杭、南京；8次去山东，至泰山、曲阜；4次去盛京、谒祖陵；5次西巡，至五台山，一次至河南开封、洛阳、嵩山；至于到热河避暑，木兰秋狝；到天津、白洋淀或巡视永定河；到遵化或易州谒东西陵，更是多得不可胜计。有人统计他一生的巡幸活动达150次之多，真是一位“马上皇帝”。

乾隆朝国力强盛，财政充盈，皇帝爱好园林建筑，故大兴土木。60年间，扩建和修建圆明园、清漪园（今颐和园）、静宜园（今香山）、静明园（今玉泉山），加上康熙修建的畅春园，形成北京西郊“三山五园”的园林格局。又大规模改建、扩建皇宫、中南海、北海以及坛站寺庙、市廛房舍、道路桥梁、城垣、兵营、官署，浚治湖泊河流。其规模之大、用工之精、耗帑之多以及艺术水平之高，为历代所不及。

巡幸和土木都要花费许多钱财，历代均视为劳民伤财的弊政。连乾隆帝自己也说：“工作过多、巡幸时举二事，朕侧身内省，时耿耿于怀。”[1] 不管人们和乾隆帝自己怎么看，平心而论，巡幸、土木亦应一分为二地进行分析，这当然有劳民扰民的一面，但如果转换一个视角，作为一个幅员广大的国家的君主，垂拱端坐，深居宫禁，虽然省钱省力，但是不接触社会，不了解情况，对运筹决策、用人施政是不利的。历史上有许多从不出巡的皇帝，很多是昏庸之辈，而像秦始皇、汉武帝、唐太宗、元世祖、明成祖、

1 《清高宗实录》，乾隆十五年五月己未。

清康熙帝等雄才大略的君主却到处巡游。巡幸是封建君主与社会保持联系的一条渠道，虽然很狭窄而又间接，但对一个生长深宫与世隔绝的皇帝来说，保持这一点点联系仍是非常重要的。乾隆出巡当然包含着游山玩水的动机，但还有政治和经济的目的。如视察黄河、运河、浙江海塘，打围习武、训练士卒，考察官吏治绩、农业收成，风俗民情等等。

至于大兴土木，在乾隆帝自属欣赏享乐的浪费行为，客观上却又是进行城市建设、美化自然环境之举。那时候国家财力充足，在养兵给饷、军事征战、减免赋税、赈济灾荒、兴修水利等方面花费了大量帑银之外，国库藏银仍多达每年财政收入的两倍。乾隆时还没有现代意义的经济建设，不可能投资于工厂、铁路或科学事业，富余资金可能的流向是编纂图书的文化工程或者建造园林、宫殿的环境建设。乾隆帝说："方今帑藏充盈，户部核计已至七千三百余万。每念天地生财只有此数，自当宏敷渥泽，俾之流通，而国用原有常经，无庸更言撙节。"[1]兴建各种土木工程兼寓"以工代赈""教财于民"之意。清廷用工、用料不像前朝那种无偿的劳役和征索，用工全是雇募工人，发给工值，用料则由官府制造或在市场购买。所谓："物给价，工给值，丝毫不以累民，而贫者转受其利。"当然，乾隆帝在大兴土木的时候，丝毫没有想到在200年以后这些建筑会变成人民所有的财富，但这一切今天已是我们珍贵的文物遗产和旅游资源。如果没有乾隆一朝的土木工程，作为中国第一个历史文化名城的北京将会完全是另外的样子。我们所熟悉，所热爱的许多宏伟和优美的景点、建筑将不复存在，北京城将失去璀璨的光辉而黯淡无光。

1 《御制诗三集》卷八五《降旨普元天下正供，诗以志事》。

四

乾隆时代，或者说18世纪的中国，在政治、经济、军事、文化各方面均有许多成绩，为前代所不能企及，这是就历史的纵向比较而言。

但是，中国并不是孤独的存在，和它同时存在于地球上的还有许多其他的国家。古代，人们难以打破重洋的阻隔，中国长期处在一个相对隔离的环境中。到了近代，经济、科技的进步，交通的发达，日益打破了国家之间的隔绝状态，相反的撞击和影响越来越频繁。18世纪正是世界殖民扩张的时代，外国的传教士、外交官、商人陆续来到中国，引起了各种摩擦、纠纷。如果把乾隆朝取得的成绩作横向的考察，即放到当时世界范围中，与欧美国家相比较，那就会呈现出另一幅黯然失色的图景。18世纪的欧美国家正处在资本主义上升时期，生产力和科学技术突飞猛进，革命已经爆发，社会突破了封建桎梏而进入人类历史发展的又一阶段，即资本主义时代。而中国仍处在封建时期，即使取得了封建社会中所能达到的最大成就，如果与欧美国家雄健迈进的步伐相比，仿佛像一个龙钟老人，行动迟滞，步履蹒跚，越来越落后于西方国家。

乾隆时代，即18世纪的中后期，欧美国家的变化翻天覆地，一日千里，可以从5个方面来考察。

（一）产业革命。乾隆在位60年，正好是英国经历了产业革命的全过程。当乾隆即位前两年，即1733年，英国的凯伊发明了飞梭，揭开了产业革命的序幕。从60年代起（即乾隆中期），英国棉纺织业发生了革命性的变化，1764年（乾隆二十九年）织工哈格利夫士发明新式纺车，1768年（乾隆三十三年）阿克莱物发明新式织机，纺织业的生产能力迅速提高。其他行业也仿效纺织业采用机器工作。工作机的普遍使用使动力变得非常紧张。1769年（乾隆三十四年）瓦特发明蒸汽机，成为适用于各种机器的“万能动力机”，使人类摆脱了对自然能源的依赖。此后机械制造业取得了重大进展，出现了刨床、铣床、钻床，各种机械开始实现规范化、标准化，提高了工效。18世纪末，机器大工业出现，工厂中形成了由工作机、传动机、动力机三部分组成的机械系统，工场手工业逐渐让位于机器工业，开始了社会化的大生产。

（二）科学发展。与产业革命相表里，欧洲的自然科学，积累了丰富的资料与研究成果，跨进了近代科学的殿堂。18世纪在数学领域，概率论、微积分、数论、投影几何取得了进展。物理和化学方面，人们已能分辨各种气体，并用各种方法获得氢、氧、二氧化碳等。1777年（乾隆四十二年），法国拉瓦锡证明燃烧现象是可燃物与空气中的氧化合的结果，推翻了传统的“燃素说”，揭开了自然界燃烧之谜。

电学方面，1752年（乾隆十七年），美国富兰克林做了有名的风筝试验，证明雷电是一种自然现象，粉碎了各种迷信和神话。后来意大利人伏打制造了能够产生电流的伏打电堆，成为近代电池的滥觞。

天文学方面，1655年（乾隆二十年），德国哲学家康德发表《宇宙发展史概论》，用星云说解释太阳系的起源。1796年（嘉庆元年），拉普拉斯对星云说作了更加完善的论证。还有德国学者赫歇尔长期观察恒星，提出银河系构成的假设，1781年（乾隆四十六年），他在观察天空时发现了一颗前所来知的星座，即天王星。

地质学、生物学方面，成果累累，学派林立，争论迭起。一些人主张岩石水成说，认为岩矿的成因是洪水泛滥，造成岩层的堆积；另一些人主张火成说，强调地下岩浆和火山喷发以地壳和岩层形成的作用。在地球历史演变上则有灾变说和渐变说之争，法国生物学界居维叶以地球经历了多次灾变来解释生物化石缺乏中间传承环节的现象，而英国的赖尔则认为地球自然环境的变化是长期微小渐变积累而成。还有瑞典博物学家林耐，搜集了数以万计的植物标本，首创植物分类，主张物种恒定不变，而法国的布封提出比较分类法，开始认识到物种之间的变化传承关系。

以上的发现、创造、学派、学说都出现在相当中国的乾隆时期，西方科学家通过观测、实验、计算、分析、争论，对自然界客观现象和运动规律，逐步取得了正确而系统的认识，使人类提高了利用和改造自然界的能力。恩格斯高度评价18世纪自然科学的成就。他说："18世纪综合了过去历史上一直是零散地、偶然地出现的成果，并且揭示了它们的必然性和它们的内部联系。无数杂乱的认识资料得到清理，它们有了头绪，有了分类，彼此间有了因果联系，知识变成了科学。各门科学都接近于完成，即一方面和哲学，另一方面和实践结合了起来。18世纪以前根本没有科学，对自然的认识只是在18世纪（某些部门或者早几年）才取得了科学的形式。"[1]

三、法国的启蒙运动。发生于18世纪的法国启蒙运动是资产阶级革命的舆论先行，其代表人物有伏尔泰、孟德斯鸠、卢梭、狄德罗等。

伏尔泰是法国杰出的哲学家、政治家、文学家，他著作宏富，知识渊博，一生不倦地反对教会、僧侣和专制主义；孟德斯鸠的名著《论法的精神》发表于1748年（乾隆十三年），提出三权分立思想，成为日后资产阶级政体结构的原则；卢梭的名著《论不平等之起源》和《民约论》分别发表于1754年（乾隆十九年）和

1 《马克思恩格斯全集》，第1卷，第656页。

1762年（乾隆二十七年）。他在前一书中，尖锐地批判了封建等级制度，敏锐地指出私有制是产生不平等的根源，在后一书中主张消灭不平等，尊重“天赋民权”。18 世纪中叶（乾隆前期），狄德罗主编的《百科全书》，把启蒙运动推向高潮。此书卷帙浩大、内容丰富，汇集了当时自然科学和社会科学的新成果，向封建制度发动猛烈的攻击。参加《百科全书》编纂的有一大批著名学者，除前已提及的伏尔泰、孟德斯鸠、卢梭以及主编狄德罗外，尚有副主编达兰·贝尔，唯物主义哲学家霍尔巴赫、爱尔维修，自然科学家布封、孔多塞，经济学家魁奈、杜尔阁，美学家拉美特利等。他们学识广博，才华过人，是一批杰出的反封建战士。启蒙运动虽有其资产阶级的局限性，但它激起的思想革命的巨澜，汹涌地冲击着封建社会的堤坝，为行将到来的法国大革命做好了准备。

四、美国独立。北美洲本是分属于英、法的殖民地。殖民主义者一方面屠杀当地的印第安人，另一方面奴役欧洲普通移民和从非洲来的黑奴，由此激起反抗，先在波士顿一带发生连续的抗英斗争。1775 年（乾隆四十年），殖民地人民吹响了独立战争的号角，举行反英起义。华盛顿被人民拥戴为总司令，武装斗争的烈火猛烈燃烧。英军在人数和装备上虽占优势，但革命人民斗志昂扬，越战越勇，击败了英国殖民军。1783 年（乾隆四十八年），英国不得不承认美国独立。这场延续 8 年之久的美国独立战争是 18 世纪的重要事件，从此，美国挣脱了殖民主义锁链，跃入资本主义的行列，1783 年（乾隆五十三年），华盛顿当选为美国的第一任总统。

五、法国资产阶级革命。法国从 18 世纪 30 年代起（乾隆即位之初），资本主义发展加快，社会分化加剧。国王、贵族、教会占有大部分土地，农民、手工业工人、城市平民以及企业主均属于第三等级，处在无权的、被压迫地位，阶级矛盾日益尖锐。

80年代发生经济萧条，农业歉收，企业倒闭，财政破产，要求召集三级会议以制定新的税法。1789（乾隆五十四年）三级会议召开，受启蒙思想教育的第三等级的代表，得到人民的支持，要求分享国家权力，宣布成立制宪会议。法国国王派兵镇压，巴黎人民群情激愤，于1789年7月14日举行起义，攻打巴士底狱，法国大革命爆发。革命迅速扩及全国，废除了人身依附、各种封建特权和苛捐杂税，并制订《人权宣言》。此后反动势力企图复辟，国王路易十六勾结外国势力来镇压革命。雅各宾派领导人民，打败了外国干涉军，废黜国王，于1792年宣布成立共和国。翌年（乾隆五十八年），路易十六被推上断头台。此后，雅各宾派单独执政，国内各政党的争夺十分激烈。大资产阶级为了自己的利益，颠覆了雅各宾政权，国外则英、普、奥、荷、西等王国组成反法同盟。1795年（乾隆六十年），巴黎国民公会起用青年军官拿破仑来对付内外的敌人，拿破仑的权力增强，形成军事独裁政权。1799年（嘉庆四年，这年乾隆帝逝世），拿破仑发动政变，建立执政府，在欧洲进行连年战争。法国资产阶级大革命推翻了法国封建王朝，废除了等级制和封建特权，并震撼了欧洲的封建体系，开辟了一个资本主义广泛发展的新时代。

以上对欧美国家在18世纪30年代以后发生的重大事件作了简单的回顾。这六七十年间欧美国家的进步胜过了以往的1000年，它正在经历政治、经济、科学、文化领域全面而深刻的革命。历史是在量变的积累下走向质变的，质变必须有量变作准备；而一旦发生质变，其变化之速、成绩之大、影响之远，是量变时的许多世代所不能比拟的。西方正在突破封建主义的桎梏而飞速前进，而中国的种种成就仿佛还在强化着封建的体制。两个不同的世界，其变化的性质和方向形成强烈的反差，中国越来越落后于西方世界。

历史人物要对自己时代的进步和落后负责任。尤其像乾隆帝长期站在统治阶梯的最顶端，没有一个人曾经像他那样对 18 世纪的中国历史打下如此深刻的印记。他的思想、言论、行为、政策自然会对历史发生或正、或负的重大影响。18 世纪，闭塞已久的中国极其需要开通对外渠道了解世界状况，放宽思想禁制，增进科学知识，以迎接行将到来的世界性挑战，但乾隆帝没有像略早于他的俄国彼得大帝那样知己知彼，把自己放在世界潮流中，正确定位，引进和学习外国的先进事物，致力于改革和富强。乾隆帝以自我为中心的天朝上国观念，闭关锁国政策，他严厉蛮横的思想压制、动辄以文字罪人，他对科学技术毫无认识又缺乏兴趣，他以不变应万变的形而上学的政治哲学，严重地阻碍历史的进步，窒息了社会蓬勃发展的生机。世界潮流在奔腾前进，而中国的统治者昏昏然如在梦中，毫无觉察，未能采取更加开放开明的政策，失去了及时地了解世界和跟上世界的机会。

当然，中国的落后也不能简单地归咎于某些个人和某些政策。历史的道路固然有赖于具有远大目光和聪明才智的人去开辟、去展拓，不过远大目光和聪明才智的人物也只能在特定的环境中产生。正因为乾隆皇帝并不生活在俄国彼得大帝的环境中，所以他未曾有过彼得大帝那样的追求和理想。18 世纪的中国是一个被禁锢着的世界，乾隆帝也是这个世界中的一员。禁锢已久，习惯成自然，他的政策正反映了被禁锢者习于禁锢、安于禁锢的心态。

中国为什么落后于西方？这一巨大的历史谜团困惑着许许多多的政治家和学者。何以在很长时间内中国人未曾察觉到外部世界正在发生的历史巨变？何以专制体制和保守、僵化的政策长期通行无阻？何以中国没有产生像西欧那样“直前冲刺”的巨大历史动力？其深层原因必须到长期历史发展和整个社会结构中去寻找。历史表面看来似乎是不相连缀的片断，实际上，古今之下有着长远的、不可分割的联系。影响近代社会发展的根本原因深埋于古代的历史之中。

18世纪的中国并未像西欧那样发生质变，因为，以前的时代还没有走完从量变到质变的过程。事情不会无缘无故地发生，也不会无缘无故地不发生，乾隆帝和他的同龄人可以在历史上和传统提供的舞台上扮演角色，推进或阻滞社会的前进，但他们不能超越历史和传统，去完成力所不及的使命。历史不是体育场上的接力赛跑，在体育场上，前 3 名选手都跑在别人的前头，但竞赛最后还是失败了，人们理所当然地要责怪第 4 名选手的低能和失误。康熙和乾隆尽管在中国历史上作出了前所未有的重大贡献，但按历史序列而言他们正好处在第 4 位选手的尴尬位子上。应该说明的是：体育场上，每名选手竞跑能力只属于个人的，而历史接力赛中却不是这样，因为这是几种文明之间的竞赛，每个选手都代表着这种文明所特有的速度、耐力和精神状态。当后一名选手接过前一名选手的接力棒时，同时也接过了这种文明所能发挥的竞跑能力。乾隆帝的思想和政策，不是从天上掉下来的，也不是完全从头脑里想出来的，而是孕育于中国长期的历史之中，孕育于前代遗留下来的经济基础、社会结构、政治体制和文化传统之中。因此，乾隆帝对 18 世纪、对中国历史的相对落后，自应负一定责任，但他不能超越时代，自行其是。他像所有的历史人物一样，代表着并属于自己的时代。从某种视角观测，乾隆帝像是一个矛盾的综合体，先进与落后、英明与庸碌、聪睿与愚昧、理智与荒唐、仁慈与残酷、光辉与黑暗，错综复杂地交集于一身。他的性格、意志、动机似乎很难捉摸，但把他的所思所言、所作所为放在当时的环境中认真研究，可以看出这些基本上是统治阶级对 18 世纪历史发展所作出的合乎逻辑的反应。

我们研究乾隆帝，并不停留在对他政绩的讴歌或对他过失的谴责上，重要的是要理解他和他所处的时代。18 世纪是中国历史发展中的重要阶段，乾隆帝是当时杰出的历史人物，他留下了许多经济、政治成就，军事功勋和文化业绩，同时也留下了缺陷和过失。大浪淘沙，曾经喧嚣一时的历史人物和事件退出了舞台，隐形于消逝了的漫长时间之中。但现实是由历史发展而来，现实深深植根于历史之中。研究 18 世纪及其人物为的是要弄清历史，理解现实，认识国情，增长智慧，坚定信心，选择正确的方向，迎着光辉灿烂的明天更好地前进。

（原载《清史研究》1992 年第 1 期）

我国最多产的诗人乾隆帝

乾隆帝（爱新觉罗·弘历）是清朝的第 6 个皇帝。他活到八十九岁，是历代帝王中活得最长的。实际统治中国 63 年多（当皇帝 60 年，当太上皇 3 年），是中国封建社会晚期一个关键性的历史人物。他的年号，家喻户晓，众所周知。对他有各种各样的议论、评价、传说。人们知道有关他的许多事情，“十全武功”啦，“四库全书”啦，“六下江南”啦，还有和香妃的艳史，跟海宁陈家的关系，晚年对和珅的宠信等等，有的是事实，有的是捕风捉影的传闻。总之，他是一个被人谈论很多、充满传奇色彩的人物。但是，有一点却很少有人提起，乾隆帝一生喜爱读诗、喜爱写诗，是中国诗史上创作最宏富的第一名多产诗人。

乾隆的御制诗集共 5 集，434 卷，收诗 41800 首。这是在位 60 年间所写的，平均每天要写两首诗。所谓“五集篇成四万奇，自嫌点笔过多词”[1]。此外，在他即位以前，当皇子的时候，有《乐善堂全集》；在他退位以后，当了太上皇，有《御制诗余集》。这些还在 41800 首以外。其诗作之多，有史以来，首屈一指，无人可望其项背。就拿康熙年间编印的《全唐诗》来说，搜罗宏富，洋洋大观，共 900 卷，收集唐代 300 年中 2200 多位诗人的作品，也才只有 48000 余首，乾隆帝一个人的诗作，篇幅上竟可与遗留

1　乾隆朝，《御制诗余集》卷一九《鉴始斋题句》，第 2 页。本文以下所引《御制诗》均系乾隆朝。

下的全部唐诗相比拟，其数量之多，创作之勤，实可令人惊愕。

写诗是乾隆一生的嗜好，他无日不在咿呀吟哦之中。在大内、御园居住办公也好，到江南、塞北巡幸围猎也好；有时军书旁午、公务繁忙，有时四方无事、政清刑简，可他始终保持写诗的习惯，留下大量诗篇。他自己说："平生结习最于诗"[1]，"笑予结习未忘诗"[2]。又说："几务之暇，无他可娱，往往作为诗古文赋。文赋不数十篇，诗则托兴寄情，朝吟夕讽。其间天时农事之宜，莅朝将事之典，以及时巡所至，山川名胜，风土淳漓，莫不形诸咏歌，纪其梗概"[3]。

诗是文艺作品，写得多不一定写得好。乾隆的诗，水平怎样？自然，他的大臣们对皇帝的作品大加赞誉，竭力恭维，什么"金声玉振，函盖古今"；什么"神龙行空，瞬息万里"，这类过分吹捧的话是不能相信的。乾隆对自己的诗，有两个字的评价，即"拙速"。"拙速吾犹惯"[4]，"拙速由来我所能"[5]，这多少反映了他写诗的特点。他写诗很快，不拘格律，不事雕饰，信口拈来，便成篇什。有些诗还比较清新自然，但总的来说格调不高，佳作不多。

乾隆主张诗以言志，贵有内容，标榜"清真雅正"的诗风。不主张立异猎奇，不使用绮辞丽句，"志言要归正，丽句却须删"[6]，"触兴便拈吟，绮丽非所羡"[7]。他对杜甫十分倾倒，"葩经到此千余载，只爱杜陵菽粟文"[8]，"我读杜诗亦已屡，每

---

1 《御制诗三集》卷二五《题郭知达集九家注杜诗》，第19页。

2 《御制诗五集》卷七〇《题玉澜堂》，第24页。

3 《御制文初集》卷一一《初集诗小序》。

4 《御制诗五集》卷二二《至保定府行宫驻跸》。

5 《御制诗四集》卷八《再游平山堂》，第12页。

6 《御制诗五集》卷二一《藻韵楼》，第4页。

7 《御制诗三集》卷三三《盘岚精舍》，第12页。

8 《御制诗初集》卷二〇《漫兴》，第16页。

一开编兴会殊”[1]。他特别反对宫体诗、香艳诗，诗风和前代帝王陈后主、隋炀帝、李后主、宋徽宗迥异。不少人误以为乾隆是个风流天子，一定会写些缠绵悱恻、儿女情长的诗句，而实际上，他的诗具有强烈的政治色彩和正襟危坐的道学气味，绝没有儿女情、脂粉气。在他写的那么多的诗中，却没有美女宠妃的形象，也没有轻歌曼舞的场面，甚至诗中从来不用“酒”字。他说：“予向来吟咏，不为风云月露之辞，每有关政典之大者，必有诗记事，即游艺拈毫，亦必于小中见大，订讹析义，方之杜陵诗史，意有取焉。”[2]

由于乾隆要“小中见大”，想在诗中说点大道理，又总想表现自己的“勤政爱民”、“文治武功”，因此他的诗矫揉、自诩和说教的味道很浓厚，不能不落入诗的下乘。再加上写诗太多，出手太滥，不加锤炼推敲，所谓“岂必练研求警句，兴之所至笔因拈”[3]，诗味不足。许多应兴即景的诗，信手涂鸦，千篇一律，味同嚼蜡。有些诗还要遵照程式旧例，譬如每年的元旦、上元、冬至、除夕，都要按例写诗，诗的体裁、字数是预先规定好的，“每岁元旦及试笔诗，皆七言，除夕诗皆五言，数十年来，遂成常例”[4]。这类诗，谈不上什么真性情、真胸臆的抒写。还有一些诗，要凑成五、七言，任意减字、增字，如“土尔扈特”减一字，成“土尔扈”，“札什伦布”加一字，成“札什焕伦布”。这种杜撰的词汇和生硬的用句，比比皆是。有时字句省略太多，上下不相连贯，意义晦涩不明。例如，乾隆四十一年，他在巡幸途中，接到北京下雨的报告，咏诗一首：

1　《御制诗初集》卷四四《读杜诗》，第 1 页。

2　《御制诗余集》卷二《惠山园八景》诗注，第 10 页。

3　《御制诗三集》卷六三《永恬居》，第 14 页。

4　《御制诗五集》卷三五《元旦试笔》，第 1 页。

阁报例应隔日至　均称二寸雨欣滋
然斯乃谓十八彼　料彼未知旬九斯

这首诗，不但没有诗味，而且意义费解，不知所云。幸亏乾隆的许多诗，附有很长的注文，以详叙事实，说明诗意。看了注文，才知道原来乾隆在巡幸中，照例两天一次收到北京送来的阁报。阁报中说北京下了两寸雨，他感到很欣慰。可是又接到直隶的报告，说易州在19日下雨4寸，易州和北京下的雨量不一样。北京所报是18日的情形，大约还不知道19日的情形罢！这里省略了下雨2寸和4寸的差别，省略了直隶奏报，省略了两地雨量的比较，只剩下18日和19日，如果不看诗注，怎么也弄不清诗的意思是什么。

乾隆写诗很快，有时每天可写诗十几首。例如，乾隆三十六年，他乘船去昆明湖，不到一个小时就写了8首诗，“舟行十里诗八首，却未曾消四刻时”[1]。又如，乾隆四十九年，他去香山游览，“自十一日驻跸香山，五日得诗凡六十七首”[2]。他自述写诗迅捷的体会，“放舟揽景，俄顷之间，得诗数首，非欲与文士争长，正以理精辞熟，自觉有水到渠成乐趣”[3]。事实上，乾隆的好胜心很强，常常因自己“诗才敏捷”而流露出沾沾自喜的心情。和珅就很会投其所好，大拍乾隆的马屁，“皇上几余吟咏，分章叠韵，精义纷纶，立成顷刻，真如万斛泉源，随地涌出。昔人击钵催诗，夸为神速，何曾有日咏十余，韵至十叠者”[4]。

乾隆写诗，也有写得少的时候，一是即位之初，孜孜求治，致力于政务，怕写诗会分散自己的精力，故诗作极少。乾隆元年

1 《御制诗二集》卷九九《过广源闸换舟遂入昆明湖》，第7页。
2 《御制诗五集》卷一五《香山旋跸》，第28页。
3 《御制诗五集》卷九五《由玉河泛舟至万寿山清漪园》，第10页。
4 乾隆五十八年重华宫联句，和珅诗。

他写的诗里说："賸有忧怀批奏牍，那余逸兴赋诗篇"[1]。从乾隆元年到乾隆四年，每年只有几十首诗，以后逐渐增多，乾隆十年以后，每年写诗均达数百篇。二是他的诗兴，也有季节性，春季诗兴最浓，诗作最多，夏秋次之，到了冬天，好像文学灵感也要冬眠似的，很少写诗。冬至以后，几乎搁笔。三是在忧伤烦闷的时候，写诗的雅兴，随之衰退。乾隆四十二年，他的母亲孝圣皇太后逝世，他十分悲痛，这年的诗作明显锐减。又如，他当太上皇以后，白莲教起义声势浩大，他焦虑不安，说"迩来心绪懒吟兴"，"近因盼望捷报，心绪焦劳，吟兴为之稍减"[2]。但总的来说，他的诗兴一直是很高的，创作活动也长久旺盛而不衰。

乾隆作为至尊的天子，不屑与文人墨客为伍，可为了写诗，也要找几个诗友联句唱和。他的两个弟弟和亲王弘画、果亲王弘瞻，常陪他吟诗。"上即位后，优待和、果二王，每陪膳侍宴，赋诗饮酒，殆无虚日"[3]。乾隆早年对著名诗人沈德潜最为倾倒，说，"德潜早以诗鸣，非时辈所能及。余耳其名已久。频年与之论诗，名实信相副"。还有钱陈群也常与乾隆唱和，"陈群深于诗学，书法亦苍老。家居以后，每岁录寄御制诗百余篇，命之和，陈群既和韵，并写册页以进"[4]。还有一些新进小臣，陪着皇帝写诗，颇得皇帝欢心，如张南华（鹏翀）就是一个。"上天纵多能，鹏翀诗才敏捷，每日宣召至再至三。词馆诸臣，艳称奇遇"[5]。

乾隆诗作所以很多的原因之一，是有些诗不是他亲自写的，而由臣下代笔。有时候，兴之所至、口吟一二句，尚未完篇，便

---

1 《御制诗初集》卷一《览旧作志怀》，第 4 页。

2 《御制诗余集》卷一六《江兰等各报雪泽情形》，第 15 页。

3 昭梿：《啸亭杂录》卷一《友爱昆仲》。

4 《御制诗四集》卷五九《怀旧诗》，第 9 页。

5 余金：《熙朝新语》卷十，第 9 页。

令侍监抄录，由词臣续成。也有的诗，臣下代笔后，经乾隆改定，或乾隆自己写的诗，交臣下修改。曾在军机处当过章京的著名诗人、历史学家赵翼就曾为皇帝捉刀撰文，赵翼说:“寻常碑记之类，亦有命汪文端（汪由敦、军机大臣）具草者。文端以嘱余，余悉意结构，既成，文端又斟酌尽善。及进呈，御笔删改，往往有十数语只用一二语易之，转觉爽劲者，非亲见斧削之迹，不知圣学之真不可及也。”[1]赵翼说的是代写文章，写诗大概也有类似的情形，特别是逢年过节的应酬例作，不见得是皇帝的手笔。沈德潜死后，在徐述夔的文字狱案中受到牵连，被夺官爵、扑墓碑。据传，沈得罪的原因之一就是曾替乾隆写诗，而又把这些诗收进了自己的诗集，“追归愚（沈德潜）疫殁，上命搜其遗诗读之，则己平时所乞捉刀者咸录焉，心窃恶之”[2]。对于封建时代的皇帝来说，并没有像现代知识分子那样的著作权观念，朝廷养活一批学士词臣，他们的任务之一就是要给皇帝草写谕旨诏诰以及诗赋文章。在学士词臣们看来，这是莫大的荣耀，皇帝也把别人代写的作品心安理得地视作自己的作品。不过，乾隆倒在事前作了声明，并不讳言请人捉刀。他当皇帝的初年，在《乐善堂全集》的序文中说:“自今以后，虽有所著作，或出词臣之手，真赝各半。且朕亦不欲与文人学士争巧，以贻后世之讥。”[3]

平心而论，乾隆的诗，历史的价值大大超过艺术价值。乾隆在位的时间长，亲理政事，“朕临御四十三年，事无巨细，必躬必亲”[4]。他的诗都是在政务之暇，纪事抒情而作。有的叙述某件史事，有的表现某些制度、政策，有的记录自己的行踪游迹，有的反映自己的思想观点与喜愠心情。而且许多诗附有详细的诗注

1 赵翼：《檐曝杂记》卷一《圣学一》。

2 《清朝野史大观》卷三《沈归愚诗狱》。

3 《御制文初集》卷九《乐善堂全集序》。

4 《东华录》乾隆朝，卷八八。

或序文，或胪陈史实，或解释典故，或说明诗意。他的大量的诗作，详细、具体而又形象地记录了一生的政治活动和思想感情，乾隆也把自己的诗看做是生平的历史记录，所以说："拈吟终日不涉景，七字聊当注起居。"[1]他的篇幅浩瀚的诗集是研究当时历史和乾隆其人的绝好的史料，可供历史学家的发掘、钻研和利用。

乾隆不像历史上大多数封建皇帝那样，深居高拱，不问外事，与世隔绝。他常年在外走动，江南塞北、盛京五台、东陵西陵、泰山嵩山，到处游历山川名胜，调查风俗民情，询问农事耕作，筹议河工水利，亲行围猎骑射，观察官方士习。他不仅接触了很多贵族官僚，也在一定程度上接触到了普通老百姓，"常山翠华初驻旃，老幼瞻依夹道填"[2]；"野老扶儿望六飞，停鞭问处话依依"[3]；"老幼黎民日日添，马前舆后任翘瞻"[4]。这是他诗中描写的皇帝出巡、群众围观的热烈场面。老百姓万人空巷，迎銮接驾，堵塞了街道，踩踏了农田，有时候，乾隆还和他们交谈问话。这种方式的接触群众，了解民情自然是很有限的，但处在那个时代，以乾隆那样的身份，不可能再超出这样的范围。由于他还知道一点下情民瘼，所以写出了一些颇有思想内容的好诗。如乾隆七年，他去易州西陵的途中，遇见一位从山东逃荒来的老人，孑然一身，无妻儿家室，佣佃度日，贫病交加。乾隆听了他的悲惨遭遇，写了如下的诗：

我闻凄然悲　所悲非野父
曾记周诗云　君子民父母
教养违其方　黎民失怙恃
命医施针砭　或可离痛楚

1 《御制诗五集》卷六四《东甘涧》，第 7 页。
2 《御制诗二集》卷二〇《赵州道中作》，第 31 页。
3 《御制诗初集》卷一六《郊行》，第 2 页。
4 《御制诗五集》卷三《过仰化集》，第 30 页。

白金稠其窘　屋居免露处
固知煦妪仁　所愧泽未溥[1]

同年，他去遵化东陵的路上，又遇见一位贫穷老农，在交纳了赋税地租之后，已罄无所有，不能维持生活。他写诗道：

路旁一农父　倚杖愁默默……
租吏下乡来　款接完赋额
吏去业主来，逋欠坐求责
吾农三时劳　曾无一日适
我闻凄然悲　执政无良划
罔民焉可为　恒产究安则
翁其善保躯　展转增叹息[2]

乾隆二十七年，南巡至浙江，他目睹了盐工灶户的辛勤劳动，体会到盐商对盐工的剥削，他写诗道：

苇庐灶户日煎盐　辛苦蝇头觅润沾
嘘燉胼胝耐燥湿　厚资原是富商兼[3]

当然，作为最高统治者的乾隆，他的思想、愿望、政策、行动都要全力维护封建阶级的利益，像这类咏叹民间疾苦的诗章只占很少数。但他毕竟了解到一点群众的艰辛生活，劳动人民水深火热的处境曾拨动过他的心弦，他写过这样一首诗：

1 《御制诗初集》卷八《路旁》，第 9 页。
2 《御制诗初集》卷一一《石门驿》，第 10 页。
3 《御制诗三集》卷二一《塘上》，第 17 页。

老农炙背耘田苗　汗湿田土如流膏
广庭挥扇犹嫌暑　彼何为兮独不苦
独不苦兮无奈何　未见应比见者多
农兮农兮良苦辛　惭愧身为玉食人[1]

一个封建皇帝，能写出这样的诗句，就算难能可贵的了。

乾隆所写另一类重要的诗是有关战争的诗，对历史研究很有价值。乾隆朝有“十全武功”（两征准噶尔、两征金川、两征廓尔喀以及征回疆、台湾、缅甸、安南之役），还有不计入“十全武功”的多次战争（乌什、王伦、苏四十三、田五、苗疆、川楚白莲教）。每一次军事行动都留下许多诗和诗注，相当完整、详细地反映了战争的全过程和乾隆的决策、指挥。后来，曾把有关“十全武功”的诗文，汇编为《御制诗文十全集》，共54卷，包括文11卷、44篇；诗42卷、1520首。这些诗大多取材于前线的奏折军报，可与实录、方略、档案相印证，也有一些是听了从战场返回的将领侍卫们的口述，是文书中所没有的。诗中叙述了战争的起因、发展和战斗细节，透露了作战中的困难、失误，乾隆个人对战局的估计、判断以及随着战争的胜负，或喜悦、或焦急的心情。例如，平定准噶尔的战争，时间拖得很长，局势屡变、时胜时败，前线将领不很得力，几次临阵易帅。乾隆在诗中自怨自艾：

西陲方荡平　卒未得休师
勤远非初意　三年乃逮兹
设能先执领　安用屡移棋
事顺乏人干　乏人责在谁[2]

1　《御制诗初集》卷九《耘田者》，第22页。

2　《御制诗二集》卷七五《西陲》，第13页。

又如，征缅甸之役，作战于炎暑瘴疠之地，屡遭挫折，劳师糜饷，损兵折将，乾隆不得不承认自己的失策：

一时思靖缅　讵曰非兵佳
二字蹈轻敌　况复失徘徊[1]

又如，在镇压甘肃回民起义时，起义军已被重重围困，断绝水源，势穷力竭，但仍英勇作战、宁死不降，使得乾隆帝很感惊讶，在诗中呼为“大奇事”：

贼首虽阵斩　余党十遗回
乃竟弗出降　死守华林寺
釜底困犹斗　延廿日弗溃
邪教固人心　亦诚大奇事
筑栅近逼之　火攻下策试
纵拚命跳踉　围戮无噍类[2]

再如平定金川以后，清政府为加强对该地的统治，撤销土司，改设流官，驻兵屯田，恢复农业生产，取得一定效果。乾隆的诗中反映了这一政策措施：

险疆费力始平之　不合仍将俾土司
戍卒轮班拨近地　降番散处垦荒陂
已看树艺欣作息　即寓屯耕相制维
永赦蛮方靖兵火　由来万事在人为[3]

1 《御制诗三集》卷一二《数诗再效鲍照体》，第 14 页。
2 《御制诗四集》卷八四《阿桂奏报净剿番回信至诗以志事》，第 6 页。
3 《御制诗四集》卷三九《明亮等奏新疆事宜，诗以志慰》，第 25 页。

山东王伦起义后2年，他路过临清，详询了战斗情形，亲历了战场，作长诗《临清歌》，原原本本记述了这一事件的全过程。乾隆晚年，传位给嘉庆，自己当了太上皇，而干戈迭起，湖南、贵州爆发了苗民起义；湖北、四川、河南、陕西爆发了白莲教起义。战火日益蔓延，难以遏制。乾隆晚年写的许多诗篇中表现了惶惶不安的焦急心情：

忽忆捷章仍未到　片时那得获心宁[1]
湖北川东兵未消　执凶盼捷正无聊[2]
外靖内安思昔咏　歼苗平楚致今忙
依然书屋凭窗坐　惭愧人称太上皇[3]

嘉庆四年正月初二日，一生写了4万几千首诗的最多产的诗人乾隆年已八十九岁，正在病中，写了最后一首诗，念念不忘前线军情，埋怨将士作战不力，盼望擒获义军领袖。诗中说：

三年师旅开　实数不应猜
邪教轻由误　官军剿复该
领兵数观望　残赤不胜裁
执讯迅获丑　都同逆首来[4]

这首诗的注文说："现在已届新正，惟冀喜音迅递，将各路著名匪犯悉数生擒，接踵而至，即可计日蒇功，盼望尤为殷切。"过了两

1 《御制诗余集》卷一一《对瀑》，第6页。
2 《御制诗余集》卷一三《汪新、英善各报麦收分数》，第9页。
3 《御制诗余集》卷四《旧衙门行宫即景》，第22页。
4 《御制诗余集》卷二〇《望捷》，第26页。

天，即嘉庆四年正月初四日（1799 年 2 月 6 日）乾隆逝世。嘉庆帝为太上皇诗集作跋写道："己未正月二日，力疾成望捷之诗，孰意此章，竟为绝笔。"[1]这位文治武功，赫赫不可一世的大皇帝，始终没有见到这场震撼清朝统治的农民起义的平息，他带着未了的心愿，饮恨而终。

乾隆写诗的另一重要题材是农业生产，这类篇章，数量之多，难以计算。

遍野青青秋麦萌　扶犁亦见有新耕
斯吾第一关心处　岂是寻花问柳行[2]
看耕端似胜看花　那觉鸣鞭十里遐
吩咐长官恤民隐　乏籽种者不妨赊[3]

这都是他在路上察看农情的诗作。封建的中国，以农立国，每年雨泽的调和、耕作的勤惰、收成的丰歉，直接影响着人民生活、财政盈亏和政治稳定。作为最高统治者的乾隆，从长远的利益出发，对农事十分关切。为了重农劝耕，每年春天要祭社稷、耕耤田。又在中南海的丰泽园、圆明园的北远山庄开辟农田，试种作物，以验证农事。北海新建了蚕坛，清漪园旁立碑镌刻耕织图。各省都要向朝廷及时上报雨泽、收成、粮价。乾隆说："朕于各省雪雨情形，民食攸关，无时不为缱念。偶或奏报少迟，当即驰旨询问，令该督抚据实复奏。凡有奏到之折，多有即为题什，以志慰幸者。"[4]正是"无刻弗因农系念，抚时惟觉岁关心"[5]。当春季

1　《嘉庆跋乾隆御制诗文余集》。
2　《御制诗三集》卷九五《齐河道中作》，第 27 页。
3　《御制诗三集》卷二《马上见耕者》，第 23 页。
4　《御制诗五集》卷八八《批折》，第 8 页。
5　《御制诗五集》卷九一《夜雨》，第 5 页。

天旱时，他常常带着皇子和大臣们跑到西北郊黑龙潭去求雨。他的诗中说：

较晴量雨四九岁　较量每比穑夫早
微缺雨即虑成旱　略连霖豫恐致涝
初时犹弗觉太甚　年复一年首忽皓[1]

有时久旱不雨，他诗篇中明显地表现出焦急不安的心情：

人穷反本呼天吁，旱甚因谁责己知
计穷力已竭　敢虔举大雩
彻悬屏丝竹　减膳用菜蔬
思过冀回天　返躬唯责吾[2]
每日宫中在上帝及龙神各处拈香拜祷，几于坐卧不宁[3]

有时久旱逢雨，他又十分高兴，兴致勃勃地吟诗志喜：

弥月甘膏已觉稽　晚来云重雨凄凄
通宵喜听波声注　诘晓才看霁色夷
何处非民非赤子　即今惠我惠青齐
京畿一带齐霑否　驿旅惓章此伫徯[4]
昨朝几番雨而晴，四鼓檐前复注声
已喜作泥跋山路　更思透壤报都京

1 《御制诗五集》卷十《较晴量雨》，第 12 页。
2 《御制诗二集》卷八六《躬举大雩祈雨》，第 20 页。
3 《御制诗五集》卷八七《书麟、孙士毅、勒保各报春月雨雪情形》，第 13 页。
4 《御制诗三集》卷三七《舟中夜雨》，第 5 页。

遥瞻云聚西南势　切望心驰滂沛情
渐北田功渐加美　曰欣曰盼寸心萦[1]

乾隆十二年春，他检阅近期内的诗作，发现其中很多是求雨写的诗。他说："正月望雪，继望雨，二月十五以后雨而少慰。三月十五前后复望雨，下旬至四月初，雨足而大慰。四月十五后复少，望雨，十九日雨而复慰。凡此皆有诗，至今则又复望雨云。"[2]这类作品，充满在乾隆的诗集中，正是"壁多望雨盼晴什，复有忧霖盼霁诗"[3]"晴久则盼雨，雨多则盼晴，农事关怀，无时可以自释"[4]。如果把他诗集中望雨盼晴的诗收集在一起，可以相当完整地显示出乾隆一朝晴霁阴雨、气候变迁的情况。

乾隆诗集中还有很多记述各地收成和赈灾救荒的诗篇。每年各省申报夏收、秋收的成数，他几乎都要写诗。如乾隆五十三年，江苏和安徽奏报收成。他写诗说：

两江各报收成数　上乃七分下九分（上指安徽、下指江苏）
近北因教潦水被　远南欣得稔秋闻
界邻幸可通融济　转壑实无饥馑纷
仍恐向隅有独叹　缓征谕吏抚绥勤[5]

乾隆帝对赈济灾荒，态度很积极。他懂得：要使统治稳定，必须维持人民起码的衣食，"不饥自鲜盗，村村乐宁谧"[6]。一场

1 《御制诗五集》卷九〇《雨》，第10页。
2 《御制诗初集》卷四一《偶阅今年诗稿索题》，第5页。
3 《御制诗三集》卷五八《寝殿粘壁诗，即目兴怀》，第1页。
4 《御制诗五集》卷九一《创得斋》，第8页。
5 《御制诗五集》卷四二《上下江巡抚各报收成分数》，第18页。
6 《御制诗三集》卷四二《出哨》，第14页。

严重的自然灾荒必定会带来社会动荡。所以，一有灾荒，他立即派遣官吏，发帑运粮，办理赈务，不稍吝惜。后人评论说“纯皇(即乾隆)忧勤稼穑，体恤苍黎，每岁分命大吏，报其水旱，无不见于翰墨，地方偶有偏灾，即命开启仓廪，蠲免租税，六十年如一日”[1]。他写的大量赈灾诗都是告诫官吏，要体恤民情，尽心赈事，不可匿灾不报，不可侵吞赈银。如乾隆二十八年，山东水灾，甘肃干旱，乾隆令两省官吏办赈，写诗说：

十行宽大讵虚谈　实政应教惠泽覃
东廑低田沴齐鲁　西忧瘠土旱凉甘
贫分极次为赒赈　令饬抚藩慎再三
恩戒侵渔须遍逮　春来胥俾力农蚕[2]

乾隆还经常在诗中就各种问题提出看法，发表议论，阐述自己的哲学思想和历史观点。作为一个深受礼教熏染的封建皇帝，他服膺儒家学说，崇奉程朱理学，有很多陈腐的、唯心主义的说教。如说：

天理与人欲　只争一线多
出此入乎彼　为学戒蹉跎[3]

这是掇拾理学家“存天理、灭人欲”的牙慧，把为学看成只是自身的修养工夫。又如：

万事及万物　无不由心者

1　昭梿《啸亭杂录》卷十《纯皇爱民》。
2　《御制诗三集》卷三五《降旨加赈山东甘肃去岁偏灾州县》，第 8 页。
3　《御制诗初集》卷八《读朱子诗》，第 10 页。

心为一切本　则皆心写也[1]

他把“心”看作一切事物的根本，是典型的唯心主义思想。

尽管乾隆思想中，封建的糟粕不少，但也有一些积极合理的因素。例如，他强调实践，强调“行”的重要性。他说：

曩余佩古训　治理颇能言
行之扞格多　乃悟实践难[2]
知得一尺时　不如行一寸[3]

基于这一思想，他施政读书都很重视实地的调查考察。为了治理黄河，他几次亲临阅视，指示河工措施，并派人勘探黄河源，亲自撰写河源的考证。为了修筑浙江海塘，他几次南巡至浙，第一站即赴海宁，勘视塘坝工程。他遇事爱动脑筋，不肯人云亦云。即使是孔孟程朱的话，乾隆也要提出一些颇有见地的疑问和反驳。例如，诗经中有“泾以渭浊”之句，照字面讲，应是泾水本清，因渭水而浊，可是朱熹注诗经，却称“渭清泾浊”。乾隆怀疑注文有误，命陕西巡抚秦承恩亲至泾渭二水考察，果然是泾水清、渭水浊，改正了朱熹的错误。又如：朱熹注诗，认为虹是“天地之淫气”。乾隆大不以为然，他在《月令七十二候诗》中加以反驳：“天地缘何淫气行，晦翁（即朱熹）此语我疑生”，“朱子集传乃以虹为天地之淫气，殊害于理。夫虹乃日光雨气相薄而成，并无淫义”[4]。显然，朱熹之说，穿凿附会，而乾隆的说法是合乎科学道理的。乾隆不但敢于驳斥朱熹，甚至敢于怀疑和驳斥孔孟。

1　《御制诗三集》卷三八《写心精舍》，第32页。
2　《御制诗初集》卷八《右风》，第1页。
3　《御制诗初集》卷八《读朱子诗》，第11页。
4　《御制诗四集》卷五七《月令七十二候诗》，第7页。

《论语》中记载:“子曰吾久矣不复梦见周公。”乾隆对此表示怀疑,他认为:人不可能梦见另一个从未见到过的人,所以人不能梦见自己的远祖。孔子怎能梦见几百年以前的周公呢?乾隆说:“夫子未识周公形容,何从见诸梦寐。怪力乱神,子所不语。岂肯为此无稽之说乎?”[1]这一反驳也是颇有道理的。至于反驳孟子就更多了,孟子见梁惠王,劈头第一句话就训斥,“王何必曰利”。乾隆在诗注中说:利有“公利”、“私利”,“公利”为什么不能讲呢?“利在乾元五德之中,古圣所言,岂可去其一而不用”[2]。虽然乾隆以天子之尊,说话可以无所顾虑,但在儒学盛行的当时,敢于反驳孔孟朱熹,也是要点胆量和见识的。

乾隆喜爱读历史,写过很多史论。他时常用历史教育皇子和大臣们。乾隆四十三年,他用 3 个月时间写成一套以历史为题材的组诗,长达 106 首。洋洋洒洒,上下古今,蔚为大观,名为《全韵诗》。按照四声的 106 韵,每韵写诗 1 首。上平下平声共 30 韵,作诗 30 首,写清朝兴起和发展的历史,一唱三叹,歌颂赞美;上去入 3 声共 76 韵,作诗 76 首,写上古以迄明亡的历史,缕述前代帝王的功罪得失,遍加评述,或褒或贬。“是诗也,历代兴废之大端,略见于此。而我皇朝之良法美政,亦毕述梗概”[3]。此外,乾隆还写了很多读史吊古的诗篇,歌咏、评论了很多历史人物、历史事件,从这些诗中,可以了解他的历史观点。

除了上述以外,乾隆还有和宫廷大臣们的联句,或给他们的赠诗。联句多以政事为题,原原本本地叙述某一历史事件的始末,赠诗则表现了君臣之间的相互关系;有大量的游览作品,抒写山川名胜,反映江南塞北的各种风光;有歌咏亭台楼阁、离宫别苑的诗,对于研究古建筑和园林建置很有价值;有治理黄、淮、运

1 《御制诗三集》卷三六《谒元圣祠》,第 32 页。

2 《御制诗五集》卷四五《西直门外作》,第 1 页。

3 《御制诗四集》卷四七《全韵诗序》,第 2 页。

河的诗，可以窥见当时的自然灾害和水利工程；有欣赏音乐戏曲、描写骑射冰嬉的诗，反映当时的艺术活动和体育风尚；有品评书画、鉴赏文玩、题写版本刻石的诗，显示了皇家的丰富藏品和乾隆帝个人的爱好和文化素养；还有记载他自己的日常生活，听政、批折、召见、祭祀、读书、作画、写字、行围。总之，乾隆，作为中国有史以来最多产的一位诗人，留下了宏富众多的诗篇，艺术性虽然不高，但与时政密切相关，多写实之作，表现的方面很广泛，内容丰富，有重要的历史价值。他的诗，对于研究我国18世纪的历史和乾隆一生的活动、思想都是不可缺少的珍贵资料，可以补充官书、档案之不足。

（原载吉林大学《社会科学学报》1985年第5期）

乾隆皇后之丧及有关的政治风波

乾隆十三年三月十一日，从济南到德州的路上，皇帝东巡的仪仗、扈从，匆匆北上，风舆中的皇后富察氏病得奄奄一息。到了德州水次，皇后被抬上运河中御舟，即于深夜亥刻晏驾。这一偶然事件却在政治生活中掀起很大波澜，犹如火山喷发，大地震颤，使皇族和官僚们措手不及，蒙受突然的灾难。

乾隆对结发妻子的感情极为深厚，夫妻恩爱，伉俪情深，一旦永诀，十分哀恸。虽万乘之君不可能改变命运之神的安排，难以弥合精神上的创伤。他为皇后之死，写了一篇《述悲赋》，其中说，“纵糟糠之未历，实同甘而共辛”；“影与形兮难去一，居忽忽兮如有失”；“信人生之如梦兮，了万事之皆虚，呜呼，悲莫悲兮生别离，失内佐兮孰予随”[1]。他的诗中说：“廿载同心成逝水，两眶血泪洒东风”[2]。皇帝的哀思是深沉而真挚的，乾隆既是凌驾亿万人之上的君主，又是有血有肉，具有爱恨悲欢感情的普通人。皇后这次跟着皇太后和皇帝到山东巡幸，谒孔庙、登泰山，旅途劳顿，到济南感染风寒，休息了几天，病情略有好转，却过分匆忙地赶路回京，途中病情复发，遂至不起，酿成乾隆帝的终生憾事。此后，乾隆多次南巡，路过济南，怕触景生情，引起悲怀，永不进入济南城。乾隆三十年，皇后已死去 17 年，第 4 次南巡，

1 《乾隆御制文》初集，卷二四。

2 《乾隆御制诗》二集，卷三《悼皇后》。

路过济南，绕城而行。乾隆写诗说："济南四度不入城，恐防一人百悲生，春三月昔分偏剧，十七年过恨未平。"[1]乾隆对孝贤皇后（富察氏死后谥号孝贤）的感情是深挚而持久的。

孝贤皇后之死给乾隆帝精神上极大的打击。可是，"祸不单行"，在这之前，皇后所生的两个儿子都先于其母去世，这两个儿子都很聪明，深得皇帝钟爱。一个是皇次子永琏，"聪明贵重，气宇不凡"，那时，老祖父雍正皇帝还在位，很喜欢这个孩子，"隐然示以承宗器之意"。乾隆登基后，很快按照雍正的立储办法，将永琏名字密藏于乾清宫正大光明匾额之后，"是永琏虽未行册立之礼，朕已命为皇太子矣"。不料，乾隆三年十月十二日，永琏猝患寒疾，当即死亡。孝贤皇后以后又生皇七子永琮，只长到两周岁，却"性成夙慧，岐嶷表异。出自正嫡，聪颖殊常"，虽然没有来得及秘密册立，但乾隆的思想中已默定这个孩子继承帝位。到乾隆十二年除夕，灾难临头，永琮出痘死亡。这对乾隆夫妇又是一次重大的刺激。孝贤皇后之死仅仅在永琮逝世以后 70 天，因此，皇后除了旅途的疲劳之外，丧失爱子的悲痛可能是更为重要的致病原因。

乾隆的家庭悲剧到皇后之死还没有结束。第二年，即乾隆十四年，皇九子殇，这位皇子年幼庶出，对饱经家庭变故的乾隆影响尚不大。可是又过一年，即乾隆十五年三月十五日，皇长子永璜逝世。永璜系哲妃所生，乾隆并不喜欢他，但他毕竟是长子，而且长大成人，已二十三岁，生下皇长孙绵德，自然在乾隆的心绪上又增添了几分哀伤，所以他说："朕近年屡遭哀悼之事，于至情实不能已。"[2]

乾隆帝中年丧偶，又失去几个儿子，如果事情仅止于此，那

1 《乾隆御制诗》三集，卷四五《四依皇祖南巡过济南韵》。

2 《清高宗实录》，乾隆十五年三月戊午。

也是无数家庭中常常发生的悲剧，在历史的长河中无关宏旨。但由于皇后的丧葬事件引起了大官僚一连串的贬责黜革甚至赐死，使乾隆初年相对平静的宦海突然掀起了波澜。朝廷的政策方针从“宽”趋“严”，向着新的统治格局和统治作风演变。

陷入极度悲痛的乾隆帝心情暴躁易怒，待人处事，一反常态。第一个碰钉子的就是皇长子永璜，他年轻不懂事。因为死去的不是自己的生身母亲，没有哀伤的表示。乾隆责备他：“遇此大事，大阿哥竟茫然无措，于孝道礼仪，未克尽处甚多。”[1] 永璜被公开训饬，他的师傅、俺达受处分，其中和亲王弘昼、大学士来保、侍郎鄂容安各罚俸三年，其他师傅、俺达各罚俸一年。一个月以后乾隆发现皇后的册封文书，译为满文，误将“皇妣”译为“先太后”，乾隆勃然大怒，指责翰林院大不敬，特别指出，管理翰林院的刑部尚书阿克敦“心怀怨望”，交刑部治罪。其他刑部官员见皇帝盛怒，加重处分，拟绞监候。不料，暴怒的君王尚不满意，责备刑部“党同徇庇”，故意“宽纵”。将刑部全堂问罪，包括署理满尚书盛安、汉尚书汪由敦。侍郎勒尔森、钱陈群、兆惠、魏定国、均革职留任，而阿克敦则照“大不敬”议罪，斩监候，秋后处决（后得赦）。这样严厉的处分使当时官僚们胆战心惊。

此后，大批官僚都被卷进因皇后丧葬而引起的政治漩涡中，五月间，工部因办理皇后册宝不敬，“制造甚属粗陋”，全堂问罪，侍郎索柱降三级，涂逢震降四级，其他尚书、侍郎从宽留任；光禄寺因置备皇后祭礼所用之饽饽、桌张，“俱不洁净鲜明”，光禄寺卿增寿保、沈起元，少卿德尔弼、窦启瑛俱降级调用；礼部因册谥皇后，议礼舛误，“诸凡事务，每办理糊涂”，尚书海望、王安国降二级留任，其他堂官也分别受到处分。

因皇后丧葬而引起的贬革之风也刮到了外省。皇后之死，有

1 《清高宗实录》，乾隆十三年三月丙子。

些外省官员具折奏请赴京叩谒梓宫，这本来是表面文章，因为事实上外省官员各有职守，没有可能也不必要一齐来京服丧行礼。想不到乾隆对于那些没有具折奏请来京的官员，横加挑剔，特别对满人更加不满。他说：“盖旗员地分亲近，沐恩尤为深重。一遇皇后大事，义当号痛奔赴，以尽其哀慕难已之忱。即或以外廷不敢预宫闱之事，而思及朕躬当此事故，亦应奏请来京请安，庶君臣之谊，不致漠不相关也。”因此，各省满族的督抚、将军、提督、都统、总兵，凡是没有奏请赴京的，各降二级，或销去军功记录。这样受到处分的有两江总督尹继善、闽浙总督喀尔吉善、湖广总督塞楞额、漕督蕴著、浙江巡抚顾琮、江西巡抚开泰、河南巡抚硕色、安徽巡抚纳敏等53名满族文武大员[1]。

接着，风暴又袭入宫廷。两个年龄最大的皇子，大阿哥永璜、三阿哥永璋仍是由于没有表露哀伤的感情而遭斥责，皇帝的口气非常严厉。“试看大阿哥年已二十一岁，此次于皇后大事，伊一切举动尚堪入目乎？父母同幸山东，惟父一人回銮至京，稍具人子之心，当如何哀痛，乃大阿哥全不介意，只如照常当差，并无哀慕之忱。……今看三阿哥亦不满意，年已十四岁，全无知识。此次皇后之事，伊于人子之道，毫不能尽……伊等俱系朕所生之子，似此不识大体，朕但深引愧而已，尚有何说！”永璜、永璋除了未尽人子之道以外，他们具体的罪状并没有说清楚。乾隆似乎回顾了康熙末年继承问题的教训，对永璜、永璋深具戒心，竟谈到立储续统问题，斩钉截铁地宣称：“此二人断不可承续大统……伊等如此不孝，朕以父子之情，不忍杀伊等，伊等当知保全之恩，安分度日，……倘仍不知追悔，尚有非分妄想，则是自干重戾矣！……须知此一位，但可传一人，不可分传数人，若不自量，各怀异志，日后必至弟兄相杀而后止，与其令伊等弟兄相杀，不如朕

1 参见刘桂林：《孝贤皇后之死及丧葬余波》，《故宫博物院院刊》，1981年第4期。

为父者杀之。……今满洲大臣内，如有具奏当于阿哥之内，选择一人立皇太子者，彼即系离间父子，惑乱国家之人，朕必将伊立行正法，断不宽贷。”[1]

这时，皇后之丧刚满百日，乾隆失去二、七两子以后，心目中并没有可以继承帝位的人。他方当盛年，健康极佳，继承问题并未提到日程上，而永璜、永璋年龄尚小，也并无争夺嗣位的举动。乾隆却对他们深恶痛疾一顿痛骂，狗血喷头，摒绝他们继承帝位的任何可能。这种过分的做法，似乎出于丧妻后过度悲恸所产生的一种变态心理。

因孝贤皇后丧葬而掀起了风潮，皇子和大批官吏被卷进政治漩涡。百日丧满以后，风潮还在发展，这就是查究丧期内擅自剃发的案件。按满族旧习，帝后之丧，为表示哀思，官员在百日内不得剃发。七月间，发现山东沂州营都司姜兴汉、奉天锦州府知府金文淳在百日丧期内剃头。乾隆大发雷霆，声言丧期内剃头“祖制立即处斩。亦如进关时，令汉人薙发，不薙发者无不处斩之理”，姜兴汉、金文淳几乎被杀掉，只是后来发现违制剃头的大有人在。像盛京、杭州、宁夏、京口、凉州、四川的驻防满洲兵丁很多剃了发。这才饶赦了姜兴汉、金文淳的性命。其实，所谓“祖制”仅是暧昧不明的习惯，律例会典中并无明文记载，汉官甚至满员对此也不甚清楚。十多年前，雍正皇帝去世时，许多官员没有遵照习惯，丧期内即已剃发，朝廷并没有追究过问。这次乾隆却要追究了，不久又发现大官僚江南总河周学健和他所属的文武官员全都在百日内剃发。乾隆震怒，大骂周学健“丧心悖逆，不惟一己敢于犯法，并所属官弁同时效尤，弃常蔑礼，上下成风，深可骇异”[2]。还有许多大官僚丧期内并未剃发，却也受到牵连，

1 《清高宗实录》，乾隆十三年六月甲戌。

2 《清高宗实录》，乾隆十三年闰七月戊辰。

如两江总督尹继善“知情不举”，被斥为“好名无耻之徒”；刑部尚书汪由敦与金文淳“谊属同乡，辈称前后”，金下狱时汪由敦给金以照顾，开锁迅速，汪被革职留任；江西巡抚开泰查抄周学健家产，乾隆警告他“若稍有回护袒庇之意，断不能保其首领”；大学士高斌将周学健押解至京，“伊素与周学健交好，或令周学健自尽，不得到京明正典刑，惟高斌是问”。这些官僚有不少是皇后丧葬案中第二次得罪了。更倒霉的是刑部尚书盛安，他未将金文淳斩立决而判为斩监候，乾隆认为是有意包庇，竟将盛安也判为斩监候，至于周学健本人，则因发现他还有贪污行为，于这年十一月赐令自尽。

其实，违制剃头的大官僚何止周学健一人，湖广总督塞楞额、湖南巡抚杨锡绂、湖北巡抚彭树葵也于百日内剃头。听说乾隆严厉追究此事，吓得战战兢兢。杨锡绂准备自行检举，以求减轻罪愆，塞楞额因是旗人，恐加重治罪，阻止杨锡绂自首，后来事情败露。乾隆的怒气更是火上加油，大骂塞楞额“丧心病狂，实非意想所及”，令其自尽，杨锡绂、彭树葵革职。

皇后死后的半年，因丧葬而掀起轩然大波，除上述的大官僚以外，还有江苏巡抚安宁被解任，罪名之一是“伊于孝贤皇后大事，仅饰浮文，全无哀敬实意。伊系亲近旧仆，岂有如此漠不关心之理”[1]。这年冬至，翰林院撰拟皇后祭文，用“泉台”二字，乾隆又吹毛求疵，认为这两字用于常人尚可，“岂可加之皇后之尊”，大学士张廷玉以及阿克敦、德通、文保、程景伊等“全不留心检点，草率塞责，殊失敬理之义”[2]，俱罚俸一年。

因孝贤皇后的丧葬而引起的政治风波，震动极大，大臣们或被斥、或降革、或罚俸、或赐死，形成前所未有的大案。乾隆初

1 《清高宗实录》，乾隆十三年闰七月庚午。

2 《清高宗实录》，乾隆十三年十月辛丑。

年，一向标榜宽大政治。“纯皇帝（即乾隆）即位，承宪皇（即雍正）严肃之后，皆以宽大为政。罢开垦、停捐纳、重农桑、汰僧尼之诏累下，万民欢悦，颂声如雷”[1]。的确，在乾隆初期处分大臣十分谨慎，不像后期动辄杀戮。乾隆十三年以前处死的大员只有提督鄂善一人。乾隆六年，鄂善被揭发贪污银1600两，鄂善是亲信大臣，乾隆不忍杀他，“垂泪谕之，令其自尽”，有点“挥泪斩马谡”的味道。乾隆自己说:“降旨之后，心中戚戚，不能自释，如人身之失手足也。”[2]号称“宽大”的乾隆竟因皇后丧葬案件，处分大员100多人，小题大做，株连众多，量刑从严。这一偶然事件和皇帝恶劣的情绪在平静的宦海中竟搅起如许巨大的波澜，可见在封建统治之下，“人治”的作用很大，政治的发展很大程度以个人的意志为转移。专制皇帝的权威支配一切，没有可以制约和平衡的力量。他的反常情绪和任性放纵，有时会一发不可收拾，导致政治上的大灾难。

从孝贤皇后的丧葬事件，我们看到了个人的意志和情绪会对历史产生很大影响。乾隆十三年，官场遭到的灾祸显然是乾隆丧偶以后，极度悲痛，情绪恶劣，因而在烦恼焦躁中采取了过分严厉的惩罚措施。但是，对历史的研究不能到此止步，需要进一步探索的是，在自由意志和不正常情绪的背后是否潜伏着更为深刻的原因？乾隆采取这些措施除了情绪的冲动之外，是否还有“理智”的考虑？过分的严刑峻法是在什么背景下发生的？它引起了什么影响和后果？

如果我们不满足于“悲痛心情下的极端措施”这一表面印象，而把视界更加拓展的话，就会注意到同年内正在进行征伐金川的战争。这是乾隆前期的第一次大规模战争。尽管当时海内富庶，

1　昭梿：《啸亭杂录》卷一《纯皇初政》。

2　《清高宗实录》，乾隆六年三月庚寅。

国力鼎盛，金川之战却碰了大钉子，由于金川番民的顽强抵抗和地形崎岖、碉堡难攻等原因，清廷虽投入大量的兵力、财力，却劳师无功。关于这场战争的情形不能在本文中赘述。由于金川的失利，大批官僚将帅得罪，甚至被处死。皇后丧葬案和金川失利案，几乎同时掀起两股贬黜、杀戮大官僚的风潮，对当时的政界和社会造成极大的冲击。

因金川失利被处死的最重要的官僚是讷亲。他出身满族世家钮钴禄氏，属镶黄旗。他的姑姑是康熙的皇后，“讷亲贵戚勋旧，少侍禁近，受世宗知，以为可大用，迨高宗，恩眷尤厚”[1]。乾隆初，他授保和殿大学士、首席军机大臣，兼管吏部、户部，是一个炙手可热的大人物。金川事棘，他受命督师，刚到前线，即逢腊岭兵败。乾隆一反平昔的宠信态度，责骂讷亲畏葸贻误，于十四年正月将讷亲正法于四川军营。另一个被杀的是川陕总督张广泗，汉军镶红旗人，雍乾之际，他因平定苗疆立功，乾隆对他十分信任，赞誉他“目下精于戎行，能运筹制胜者，朕以为莫过于卿。”金川战败，张广泗被革职解京，十三年十二月处斩。还有一个论死的庆复，满洲镶黄旗人，国舅佟国维之子，隆科多之弟，历任两江、云贵、川陕总督。他是金川战争首开衅端的人，又谎报军情讳饰冒功。十三年下狱，十四年赐令自尽。其他因金川战争而被杀被贬的尚有总督纪山、班第，提督李质粹、袁士弼，总兵许应虎、宋宗璋、马良柱等大官僚和高级将领。

前线将帅应对战局负责，因金川之败而惩处指挥不当、战斗不力的将士本来是正常的。但处决讷亲、张广泗却罚非其罪，或罪轻罚重。金川战争，决策出兵、命将供饷以至具体的战斗都是乾隆遥控的，讷亲并不熟习军务。他赶到前线在六月初九日，而腊岭之战开始于 6 月初，至 6 月 16 日战败结束。讷亲猝至前敌，实际上也

1 《清史稿》卷三〇一《讷亲》。

来不及去指挥腊岭战斗，怎能把战败的责任推到他身上？张广泗则了解金川战争的艰巨性，反对强攻硬拼，主张持久围困，但他的意见未被采纳。讷亲、张广泗、庆复都是金川败绩的替罪羊。这一年，乾隆家庭遭变、军事受挫，心情十分恶劣，故大批诛杀贬革大臣，约一年内被处死的大学士、总督、巡抚、提督等大员有塞楞额、周学健、常安（浙江巡抚，因贪污论绞）、讷亲、张广泗、庆复、李质粹等。被贬革者不计其数。和他13年以来宽大作风形成鲜明对照，就像他自己所说："朕御极之初尝意至十三年时，国家必有拂意之事，非计料所及者。自去年除夕，今年三月，迭遭变故（指皇七子永琮和孝贤皇后之死），而金川用兵，遂有讷亲、张广泗两人之案，辗转乖谬，至不可解免，实为大不称心。"[1]

把孝贤皇后的丧葬案和金川战争案联系起来，可以看出：当时皇帝和大臣的关系十分紧张，这是皇权和官僚机器矛盾加剧的表现。而这一矛盾普遍存在于封建的政治史上，不过，它的表现形式和解决途径，多种多样。乾隆前期，以皇后丧葬和金川失利为契机而爆发了皇权与官僚机器的冲突，这一普遍性矛盾在偶然的形式中表现出来，并带有浓重的个人情绪的色彩。

封建制度依靠庞大的官僚机构进行统治，而官僚机构总是伴随着贪污腐败、营私舞弊、矛盾倾轧、效率低下等不能根本克服的弊端，这种弊端又危及封建制度的长治久安。封建统治机器需要不断进行调整、清洗，以保持一定的素质和效能，这是符合封建阶级长远利益的。在高度的中央专制集权下，皇权至高无上，它既是官僚们的统治者、庇护者，又是监督、抑制、调整官僚机器最强大的力量。因此皇权和官僚机器，既相互依赖，又存在矛盾。君主为保持官僚机器遵照自己的意志而运转，必须经常进行整顿，以排除故障，洗涤积垢，防止失控。为保持君主的绝对权

1 《清高宗实录》，乾隆十三年十二月辛卯。

威，严刑峻法是必不可少的，重要的不在于用什么具体理由去惩罚官僚们，而在于牢固地掌握惩罚的权力，并毫不怜悯地付诸实施，就像驱使骏马飞奔，离不开御者的呼叱和鞭打一样。

从这种意义上说，康熙捉鳌拜，杀索额图，雍正处死年羹尧、隆科多和乾隆在皇后丧葬和金川战争中处分大批官僚是属于同一范畴的事件。不管处分的理由正当或不正当，皇帝的思想情绪正常或不正常，一旦作出严厉的处分，就足以整肃群僚，震詟视听，收到冲刷官场积弊的效果。这就是为使骏马奔驰而必须采用的统治术，一切雄才大略的封建君主都懂得它，并善于运用它。

乾隆十三年官场掀起的风波，似乎是偶然的，因为它是皇帝在不良心情下过分处罚的结果，但在另一个层次上说，这种处罚又是皇权对官僚机器进行控制和整顿的表现，是解决两者之间矛盾的手段，因此，它又是必然性链条上的重要环节。在这里，必然性和偶然性相互联结。必然性以偶然性为其存在的躯壳，而偶然性的背后隐藏着必然的东西。

乾隆即位之初，为纠正雍正的苛严而政局宽大，在一定时期内放松了控制，但却带来了副作用，官僚机构逐渐废弛，贪污腐化现象滋长。乾隆很早意识到这一点，并对官僚们提出过警告，“若视朕之宽而一任属员欺蒙，百弊丛生，激朕将来有不得不严之势，恐非汝等大员及天下臣民之福”[1]。事态的发展就像乾隆预先指出的那样，吏治日益腐败，乾隆对官吏的惩治也随之加重，螺丝钉正在拧紧，朝廷的政策由宽大而趋于严厉。自从乾隆六年，鄂善因贪污赐死以后，乾隆对鄂尔泰、张廷玉两个势力最大的官僚集团特加贬抑。乾隆七年，因御史仲永擅自泄漏机密，进行追究，将鄂尔泰交部议处，其子鄂容安被革职。乾隆八年，因谢济世案件，湖南全省大官僚均被革职，包括巡抚、藩司、臬司以及

1 《清高宗实录》，乾隆元年正月甲子。

湖广总督。乾隆九年顺天乡试，查获许多人夹带作弊，谕令“科场怀挟之弊甚多，势不得不严行搜检”。乾隆十一年，各地抗粮闹赈事件激增，乾隆认为“民风日刁”，加强了镇压，并责怪官僚们，“似此懈怠废弛，盗风何由宁息”。将安徽省自乾隆元年以来任臬司者，均交部察议。乾隆十一年，为了整顿日益废弛的官场和营伍，命讷亲南下巡视。这年，乾隆发现各省亏空甚多，“朕观近年来亏空渐炽，如奉天府霍备任内，则有荣大成等五案，山西则有刘廷诏之案……揆厥由来，实缘该管上司，见朕办理诸事，往往从宽，遂一以纵弛为得体”[1]。在乾隆的心目中，实行宽大政策已产生了流弊，官僚机器不适应统治的需要，他对现职的大官僚失去了信任，雷厉风行地进行整顿已是刻不容缓的要务。以上所举乾隆十三年以前的一系列事件，已显示了政策的渐趋严峻，对官僚们的处罚越来越加重。皇后丧葬和金川战争刺激乾隆采取更加极端的手段，促进和加速了政策从宽到严的趋势。正好像在许多次小地震以后，终于爆发了一场8级大地震一样。

以皇后丧葬和金川战争为契机而对官场的整顿，产生了重要的后果，这就是加快了廷臣的换班和两代人的权力交替。乾隆初年，所用大臣都是雍正遗留下来的老臣，如允禄、鄂尔泰、张廷玉、海望、来保、阿克敦、张广泗等，连最年轻、最有权力的讷亲也是雍正特别选拔上来的。乾隆整顿吏治的锋芒正是针对着这些旧人和老臣，他擢用了一批新人以代替旧臣，其中最重要的就是孝贤皇后的弟弟傅恒，还有乾隆的亲信侍卫，如舒赫德、兆惠、富德、明瑞、阿桂等人，正是依靠这批新进的年轻人，不久以后完成了平定准噶尔和回部的业绩，开拓了乾隆中期的统治格局。

乾隆十三年孝贤皇后的丧葬和金川战争失利所掀起的政治风波，值得研究者的注意。因为它反映了皇权控制和整顿官僚机器

1 《清高宗实录》，乾隆十二年四月丙戌。

的一种形式，显示了拥有至上权威的专制君主的意志和情绪会对历史产生很大影响，并且它又展现了 18 世纪中叶清廷政策演变的趋势以及当时政治舞台上崛起的一代新人。这些对理解清代政治史的发展是有重要意义的。

（原载《清史研究通讯》1986 年第 1 期）

光绪之死

在距今一百年前的1908年（光绪三十四年），名义上是清朝皇帝，实际上却被囚禁在瀛台的光绪帝和统治中国近半个世纪之久的慈禧太后几乎同时死去。皇帝死于光绪三十四年十月二十一日酉时（下午五至七时），太后死于十月二十二日未时（下午一至三时），相距不到20小时。这正当八国联军攻入北京后的第八年，中国备受帝国主义的欺凌侮辱，国势阽危，民生凋敝，国将不国。光绪和慈禧同时死亡，老百姓深感震惊、诧异、惶惑，有识之士担心中国这艘千孔百疮的破舟会不会在惊涛骇浪中沉没？其命运如何？光绪和慈禧在政治上势不两立，矛盾尖锐，一个是三十八岁的壮年，一个是七十四岁的老人，两人同时死亡，这难道是偶然的巧合？其中是否有不可告人的阴谋？会不会是慈禧太后临死之前恐怕光绪皇帝复出掌权、全翻历史的成案，故而谋杀了光绪？一天阴霾，疑云纷起。逃亡到海外的保皇党人为光绪吊丧，大肆声讨慈禧太后与袁世凯，指责他们是谋害光绪的主犯，舆论讨伐，沸沸扬扬。但他们远在海外，并不清楚光绪是怎么死的，仅在两人的死亡时间上质疑，拿不出确凿的证据。国内大众也狐疑满腹，流言纷纷，清廷严加查禁，“奉旨著民政部、步军统领、各督抚悬赏购缉造言煽乱匪徒”。[1]宫廷事秘，“斧声烛影”，谁也不明真

1　许宝蘅：《许宝蘅先生文稿·巢云簃日记摘抄》，中国书籍出版社，1995年，第207页。

相，也不敢公开议论。胡思敬回忆当时的情形说："德宗（光绪）先孝钦（慈禧）一日崩，天下事未有如是之巧。外间纷传李莲英与孝钦有密谋，予询问内廷人员，皆畏罪不敢言。"[1]

其实，在皇帝、太后死亡之前四年，即光绪三十年，早已有人预言到光绪先死。清朝外务部右侍郎伍廷芳早在1904年就对日本公使内田康哉透露光绪皇帝必定会死在慈禧太后之前。内田康哉问伍廷芳：当皇太后驾崩后皇上会如何？据《内田报告》："伍言道：亦如世间传闻，诚为清国忧心之事，万望无生此变。伍话中之意，皇太后驾崩诚为皇上身上祸起之时。今围绕皇太后之宫廷大臣，及监官等俱知太后驾崩即其终之时。于太后驾崩时，当会虑及自身安全而谋害皇上。此时，万望能以我守备兵救出皇帝。"[2]

其实，慈禧死前必定会谋杀光绪，许多官员太监对此心知肚明，但不敢说出。国内较早指出这一弑君阴谋的是长期陪侍光绪皇帝的翰林院侍读学士、起居注官恽毓鼎。他的工作是记录光绪的起居言行。在清朝灭亡以前，即宣统三年四月他已写成《崇陵传信录》，这是光绪帝的一本传记。其中说：

"(光绪三十四年）十月初十日，上率百僚，晨贺太后万寿，起居注官应侍班，先集于来薰风门外，上步行自南海来，入德昌门，门鎛未阖，侍班官窥见上正扶阉肩，以两足起落作势舒筋骨，为拜跪计。须臾忽奉懿旨：'皇帝卧病在床，免率百官行礼，辍侍班。'上闻之大恸。时太后病泄泻数日矣，有僭上者谓帝闻太后病，有喜色。太后怒曰：'我不

1 胡思敬：《国闻备乘》，中华书局，2007年，第111页。

2 孔祥吉、村田雄二郎：《罕为人知的中日结盟及其他·绪论》，巴蜀书社，2004年，第9页。

能先尔死。'"[1]

这是恽毓鼎在光绪死前十一天亲历的记载，所记慈禧的话和伍廷芳告知日本公使的话完全符合。十月初十日是慈禧的生日，光绪率领百官前往慈禧处探病与请安，从南海步行到德昌门，恽毓鼎随从侍班，皇帝扶着太监的肩头，做身体起落的活动，以舒筋骨，可见身体尚健康正常，但太后不愿与皇帝见面，传谕竟说：光绪已有病卧床，不必再见面了。光绪听了大概很吃惊，话中包含杀机，是不祥之兆。这是武昌起义前半年多的记载。到了民国二年正月十七日，此时清朝已亡，言路已开，无所禁忌，恽毓鼎在《日记》中说道："清之亡，虽为隆裕（即光绪的皇后，称隆裕太后。辛亥革命推翻清朝，批准发布退位诏书的是隆裕太后），而害先帝，立幼主，授载沣以重器，其祸实归于孝钦也。"[2]恽毓鼎直接指出了"害先帝"的是慈禧太后。民国以后，《崇陵传信录》传播甚广，慈禧谋害光绪之说得到佐证。越到后来，记事者日多，传闻更甚。如《方家园杂咏纪事》中说："吾闻南斋翰林谭组庵，内伶教师田际云皆言，大变之前二日，尚见皇上步游水滨，意志活泼，证以他友所闻，亦大概如此。"[3]尚书陆润庠曾为光绪请脉，对人说："皇上本无病，即有病，亦肝郁耳！意稍顺当自愈，药何力焉。"[4]许多曾给光绪看过病的医生虽然都认为光绪身体虚弱，常年生病吃药，但死前一段时间病情未见加重，身体尚属正常，并未突发急性致死的病症。其中名医屈桂庭说光绪死前三天"在

1　恽毓鼎：《恽毓鼎澄斋日记·崇陵传信录》，国家清史编纂委员会《文献丛刊》，浙江古籍出版社，2004 年，第 792 页。

2　史晓风整理《恽毓鼎澄斋日记》第 2 册，国家清史编纂委员会《文献丛刊》，浙江古籍出版社，2004 年，第 632 页。

3　王照：《方家园杂咏纪事》，沈云龙主编《近代中国史料丛刊》，第 27 辑，文海出版社，1968 年，第 595 页。

4　胡思敬：《国闻备乘》，中华书局，2007 年，第 111 页。

床上乱滚"，"向我大叫肚子痛得了不得"，且"面黑，舌焦黄"，"此系与前病绝少关系"。[1]晚清内务府大臣增崇的儿子回忆，他幼年时适逢光绪之丧，他父亲接到光绪死的消息，跟叔叔们说："就是不对，前天，天子受次席总管内务大臣继禄所带的大夫请脉，没听说有什么事。""前天继禄请脉后说：'带大夫的时候，上头还在外屋站着呢，可怎么这么快呢？'一位叔父说：'这简直可怕啦！'另一位叔父说：'这里头有什么事儿罢！'我父亲叹了一口气，又摇摇头说：'这话咱们可说不清啦！'"光绪死后，穿戴入殓，一反常规，都由宫内太监一手包办，未让内务府插手。"光绪身故后，便是销声匿迹地移入宫中，甚至入殓之际究竟是什么样，也无人能知其详，就连在内务府供职的我的父亲、叔父们都讳莫如深，避而不谈。"[2]

还有曾经陪侍慈禧太后、在宫中生活多年的德龄在《瀛台泣血记》中写道："万恶的李莲英眼看太后的寿命已经不久，自己的靠山快要发生问题了，便暗自着急起来，他想与其待光绪掌了权来和自己算账，还不如让自己先下手为好。经过几度的筹思，他的毒计便决定了。"据德龄所述，光绪之死，就是在慈禧同意下李莲英下毒所致。德龄对慈禧很有好感，书中很多处赞扬慈禧。但德龄还是说："我竭力袒护老佛爷，可是对于她之经常虐待光绪，以及她谋害光绪性命的事，我却无法替她找出丝毫藉口。"[3]

新中国成立以后，溥仪从战犯变成了平民，写了一本《我的前半生》，其中说："我还听见一个叫李长安的老太监说起光绪之死

1　朱金甫、周文泉《从清宫案论光绪帝载湉之死》，《故宫博物院院刊》，1982年第3期，第4页。

2　耆存者：《关于光绪之死》，《文史资料选辑》，第122辑，中国文史出版社，1981年，第145~150页。

3　德岭：《慈禧外传》，大夏出版社，1978年，第170页。

的疑案。照他说，光绪在死的前一天还是好好的，只是因为用了一剂药就坏了。后来才知道这剂药是袁世凯使人送来的。”[1]

这许多人所说虽然在细节上有不同和矛盾之处，但都猜测或肯定光绪是被毒害致死的。凶手是谁？多数说是慈禧，也有人说是袁世凯或李莲英。提供证言的有长期陪侍光绪的起居注官恽毓鼎，有给光绪治病的医生，有内务府大臣的儿子，有光绪继承人宣统，有陪侍慈禧太后的德龄，还有早就预言了光绪之死的晚清高官伍廷芳。众口一词，都认为光绪被害而死，因此距今 30 年之前，历史学界和社会上大多数人都相信此说。

20 世纪 80 年代以后，事情发生了变化。清史研究更加重视清宫档案，档案数量汗牛充栋，涉及各个方面，其中有光绪病史的记录，积存甚多，保存相当完整。于是历史学家、档案学家、医学专家共同合作，仔细收集和研究光绪的脉案和药方，探索其一生的健康情况，得出了和上述截然相反的结论。认为光绪一生身体虚弱，百病丛生，久治不愈，尤其光绪三十四年之后，病情加重。他的去世属于正常死亡，并非慈禧等人谋杀，“光绪之死，既无中毒或伤害性的迹象，也没有突然性早亡的迹象，应该是属于正常的病亡。”[2]

专家们在详细研究分析了光绪的脉案之后，说光绪幼年即身体虚弱，大婚之前稍感风寒，必头疼体瘦，年仅十五六岁已弱不禁风，二十七八岁患耳鸣脑响，渐次加重，又长期遗精。平日因慈禧虐待，生活清苦。戊戌以后长期软禁，食不果腹，衣不暖身，御前所列菜肴虽多，但大多腐臭，不能进口，有时令御膳房添换一菜肴，必先奏知西太后，太后常常以俭德责之，光绪竟不敢言。瀛台涵元殿光绪居所年久失修，四处透风，隆冬天气并无炉火，

1　爱新觉罗·溥仪：《我的前半生》，中华书局，1977 年，第 21 页。

2　朱金甫：《揭开光绪帝" 猝死" 之谜》，《故宫轶事》，上海文化出版社，1984 年，第 268 页。

寒冷已极。侍候光绪的老太监王商去和内务府大臣立山商量，立山也同情皇帝处境，偷偷整修了涵元殿，糊好了涵元殿的窗户纸。不料慈禧闻知此事，怒责立山，“看来你越来越能干了，会走好运了，明儿我派你去打扫瀛台”，吓得立山连掴自已耳光，连称“奴才该死”。义和团起时，大概以为立山会与光绪、外国人连通一起，慈禧竟把立山处死。

这些虐待光绪的情形很多。专家们认为，慈禧的虐待使得光绪心情不舒畅，病体更加重，以致死亡。专家们称：“详考清宫医案，用现代医学的语言来说，光绪是受肺结核、肝脏、心脏、风湿等慢性病长期折磨，致使身体的免疫力严重缺失，酿成了多系统的疾病，最终造成心肺功能衰竭，合并急性感染而死亡。”[1] 也有的专家说：“光绪之死与慈禧之死，其间并无必然之联系。光绪帝之死按脉案记录之病理、病状分析，属于正常的疾病死亡。没有发现突发性的意外病变之可能。所谓他是被慈禧所毒害而死的议论，至少，在目前来说，尚没有可靠的史料作依据。……他母子二人的接连死去……其实这不过是当时一种偶然的巧合，并没有什么值得可疑之处。”

另一位专家说：从光绪帝临死前的脉案及其亲书的《病原》来分析，其死因属于虚劳之病日久，五脏俱病，六腑皆损，阴阳两虚，气血双亏，终以阳散阴涸，出现阴阳离决而死。

1938 年，易县的崇陵（光绪陵墓）被盗掘，尸体遗物暴露在外。1980 年清理并重新封闭了崇陵，曾将光绪的遗骨作过简单检测，当时没有先进的检测仪器，并没有发现有外伤的痕迹，亦无中毒表现。此次检测过程较简单，故只能以脉案作分析，光绪之死属于正常死亡，遂成定论。崇陵重新封闭时，将光绪的若干头发、遗骨与衣服保存在西陵文物管理处的库房内。

1 冯伯祥：《清宫档案揭秘光绪之死》，《档案春秋》，2006 年第 12 期，第 38 页。

社会上虽有人提出了不同意见，但并没有更强有力的新证据。如《启功口述历史》中说，慈禧太后病痢，他的曾祖父（启功为清朝宗室，其曾祖父溥良为晚清礼部尚书）在太后住所外侍疾，“就在宣布西太后临死前，我曾祖父看见一个太监端着一个盖碗从乐寿堂出来，出于职责，就问这个太监端的是什么？太监答道：‘是老佛爷赏给万岁爷的塌喇。’塌喇在满语中是酸奶的意思。当时光绪被软禁在中南海的瀛台，之前也从没有听说过他有什么急症大病，隆裕皇后也始终在慈禧这边忙活。但送后不久就由隆裕皇后的太监小德张（张兰德）向太医院正堂宣布光绪皇帝驾崩了”。[1]但由于对光绪的脉案进行了详细研究，大多数人相信光绪是正常死亡，所以启功先生这段证言未引起学术界和社会的重视。

进入21世纪，光绪之死的谜案又被提上日程，由中央电视台清史纪录片摄制组、清西陵文物管理处、中国原子能科学研究院反应堆工程研究设计所和北京市公安局法医检验鉴定中心四个单位共同合作，组成“清光绪帝死因”专题研究课题组，运用最先进的技术，采用最精密的仪器，对光绪遗体的头发、遗骨、衣服以及墓内外环境进行反复的检验和缜密的分析研究。该研究工作极为复杂艰难，研究时间长达五年之久。

由于崇陵已重新封闭，不可再开棺检验，且年代已久、检材不足，因此研究工作困难巨大。但课题组运用侦查破案的思维方式，按照法医工作规范，充分利用“中子活化”、“X射线荧光分析”、“原子荧光光度”、“液相色谱/原子吸收联用”等一系列现代专业技术手段，通过开展对比、模拟实验进行双向推理、多维论证等工作，对西陵保存的光绪头发、衣服、遗骨进行检测和研究，最终破解了光绪帝死亡之谜。

在研究中，为准确分析和推断光绪帝死时体内微量元素的情

1　启功：《启功口述历史》，北京师范大学出版社，2004年，第25页。

况，研究人员将光绪帝的头发检样清洗晾干，再剪切成 1 厘米长的若干截段分别测试，结果发现，光绪帝的两缕头发截段中含有高浓度的元素砷（As），其最高含砷量为 2404 微克/克，远高于正常人头发的含砷量 0.25~10 微克/克，且各截段含量差异很大。砷在自然界分布很广，多以硫化物和氧化物形式存在，主要有雄黄（二硫化二砷）、雌黄（三硫化二砷）、砒霜（三氧化二砷）等，其中砒霜（三氧化二砷）是剧毒的砷化合物。

为验证光绪帝的头发砷含量是否确属异常，研究人员分别提取了隆裕皇后、一清代草料官及当代人的头发样本分别进行同时代、同环境、同性别发砷测试，结果证实，光绪帝的几处头发截段中最高砷含量不仅远远高于当代人样本，也分别是隆裕皇后的 261 倍和清代草料官的 132 倍。为验证光绪帝头发中的异常砷含量是否因长期服用中药雄黄等而导致慢性砷化物中毒所造成，研究人员又将其与当代慢性砷化物中毒的人发砷进行了对比实验，结果显示，光绪帝的头发上最高含砷量是慢性中毒患者最高含量的 66 倍，且砷分布曲线与慢性砷化物中毒者的砷分布曲线完全不同。由此证实：光绪帝头发中的高含量砷既属异常现象，又非自身慢性砷化物中毒而成。

那么光绪帝的头发的高含量砷究竟从何而来呢？为弄清这一问题，研究人员首先进行了光绪棺椁内外等环境取样与砷元素含量检测，检验结果：光绪帝头发中的最高砷含量是其棺椁内帷幔碎屑等物品最高砷含量的 83 倍，是墓内外环境样品包括棺椁盖上土最高砷含量的 97 倍，环境样品中的砷含量远低于光绪帝头发上的砷含量。由此，环境污染的可能被排除。接着，研究者又进行了含砷物质浸泡模拟实验，结果发现，外界的砷化合物不经过自身机体代谢，也可以吸附、渗透到头发内。由此推测，光绪帝头发中的高含量砷是由光绪身体内含有高浓度砷的物质沾染所形成。随着研究工作的逐步拓展与推进，在排除了周围环境物质的沾染后，各种研究数据把光绪帝头发上的大量砷元素的唯一来源，集中指向了光绪帝的腐败的尸体。

光绪尸体是否是沾染其头发的砷的唯一来源？如果是，那高浓度砷化物是什么？这些高浓度砷主要存驻于尸体何处？其化合物种类和总量是多少？是否能致其死亡？为搞清这些问题，研究人员决定扩大检测分析范围并依照法医工作规范取样检验。首先，对光绪头发上沾染的残渣物进行了重新检测，检测结果是残渣物的砷含量高于头发。由此，进一步证明了含高浓度砷的残渣物是头发高含量砷的来源；其次，对提取的光绪帝的遗骨进行了表面附着物的刮取与检测，结果表明，其中两块遗骨（一块肩胛骨和一块脊骨）表面沾染了大量的砷，说明这些砷确实来源于腐败尸体；随后，对光绪帝的随葬衣物进行了全面系统的砷的分布的检验。光绪帝的送检衣物共有五件即四件上衣（或外衣），一条裤子。由于年代已久，五件衣物除龙袍保存状态尚为良好外，其余三件内衣均已不同程度腐烂。根据尸体腐败对穿着衣物侵蚀由内向外会逐步减轻的一般规律，研究人员依次推定出四件上衣由内到外的穿着顺序。随后依照物质吸附和信息转换还原原理，对接近光绪帝尸体特殊部位的衣物分别取样，进行了砷的分布的检验。

检测数据结果表明：从同一件内衣看，每件衣物的胃区部位、系带和领肩部位的含砷量都高于其他部位：从穿着层次看，里层衣物的含砷量大大高于外层；从尸体的特殊部位看，衣物掉落下来的残渣（胃肠内容物）的砷含量极高。这说明，大量的砷化合物曾存留于光绪帝尸体的胃腹内，并在尸体腐败过程中由里向外侵蚀衣物，由此造成胃腹部位衣物的高含砷量。

随着研究工作的推进，大量砷化物曾在光绪帝体内驻存已被实验所证实，但具体是何种砷化物以及其总量是多少还尚不明确。砷化物不同种类具有不同的毒性，总量又能否致人中毒死亡。因此，研究人员又对光绪帝发中高含量砷的砷种态（即砷价态或形态）进行了分析，采用液相色谱/原子吸收光谱联用分析法研究不同种态砷的比例关系，结合进行动物小鼠模拟实验，以判定可能导致光绪帝中毒死亡的砷化合物种类。同时，通过衣物、头发、附着残渣等对光绪帝尸体中的砷化合物总量进行了仔细测算。

实验结果表明：光绪帝摄入的砷化物是剧毒的三氧化二砷即砒霜，而其腐败尸体仅沾染在部分衣物和头发上的砒霜总量就已高达约 201.5 毫克。根据相关研究，人口服砒霜（三氧化二砷）60~200 毫克就会中毒死亡。光绪帝摄入体内的砒霜总量明显大于致死量。至此，光绪帝死因终于破解，即光绪帝系砒霜中毒死亡。其胃腹部衣物上的砷是其含毒尸体腐败后直接侵蚀遗留所致，而其衣领部位及头发上的大量砷，则由其腐败尸体溢流侵蚀所致。

这次检测和研究的详情、方法、数据和结论由钟里满等十三位专家写成《清光绪帝死因研究工作报告》，结论是："光绪帝系砒霜中毒死亡。"[1] 此研究工作报告已公开发布。研究过程表明，这项工作走出了一条超常规之路，是运用现代科学技术和侦查思维解决历史问题的成功尝试，是自然科学研究与社会科学研究并肩合作的范例。研究结果也会对我国史学界和全社会发生重大影响。一百年前光绪和慈禧的死亡，预示了长达两千多年的中国专制帝制的崩塌。三年之后，武昌起义，孙中山领导的民主革命胜利，建立了共和国，清王朝终于被推翻。光绪帝被毒害致死，百年之后得以确证，尘埃落定，真相大白。

本课题的主题是光绪是否被毒死，已得到答复。至于主要凶手是谁？尚可研究讨论。以当时的条件、环境而论，如果没有慈禧太后的主使、授意，谁也不敢、不能下手杀害光绪。慈禧蓄意谋杀光绪已非一日，早在戊戌变法后，就已酝酿废立与弑杀阴谋。

1　钟里满等：《国家清史纂修工程重大学术问题研究专项课题成果：清光绪帝死因研究工作报告》，《清史研究》，2008 年第 4 期，第 12 页。

光绪二十四年八月初十日，太后再出训政后四天，即以光绪名义发布谕旨称："朕躬自四月以来，屡有不适，调治日久，尚无大效。京外如有精通医理之人，即著内外臣工切实保荐候旨，其现在外省者，即日驰送来京，毋稍延迟。"[1] 其实从四月以来，光绪正精神振作，意气风发，雷厉风行地进行百日维新，每天颁发许多诏谕，怎么会"屡有不适，调治日久，尚无大效"？这分明是假话，即使偶有小病，北京有太医院，何以立即要通告全国，征请全国名医为光绪治病。这不过是慈禧怀着废立与弑杀的心肠，在全国制造光绪病重的假象，以便有朝一日实现她的目的。慈禧玩弄的把戏当时许多人已洞若观火，因而有上海绅商经元善等1200人联名发电，"请保护圣躬"。全国各地和海外华侨也纷纷反对。外国公使也关心光绪的安全，强硬要求由法国医生入宫为光绪看病。两江总督刘坤一说："君臣之分已定，中外之口难防"。社会上激烈的反对声浪阻止了慈禧阴谋的实施。

从官方档案众多的脉案、药方看，光绪确实体弱多病，但并非因病而死。对这些脉案、药方，也要谨慎从事，考察它是什么环境条件下形成的。

如江苏名医陈莲舫被征召入京，为光绪治病，"叩头毕，跪于下，太后与皇帝对座，中置一矮几，皇帝面苍白不华，有倦容，头似发热，喉间有疮，形容瘦弱，……故事，医官不得问病，太后乃代述病状，皇帝时时颔首，或说一二字以证实之。殿廷之上，惟闻太后语音，陈则以目视地，不敢仰首。闻太后命诊脉，陈则举手切帝脉，身仍跪地上，据言实茫然未知脉象，虚以手按之而已。诊毕，太后又缕述病情，言帝舌苔若何，口中喉中生疮如何，但既不能亲视，则亦姑妄听之而已。"[2]

1 《清德宗实录》卷四二六，光绪二十四年八月辛卯。

2 许指严：《十叶野闻》，中华书局，2007年，第139、140页。

原来所谓看病如此而已！所谓“脉案”是依照慈禧所说记录在案，这样的“脉案”怎能确证光绪的真实病况？

不久，陈莲舫因如此诊治，承担极大风险，向太监行贿，告老称病逃回了家乡。其他医生亦有类似回忆。内务府总管大臣增崇是带领众多医生入宫看病的官员，据他的儿子回忆：“从当时的情况看，无论太医或外省保荐的医士，给光绪请脉，都得依慈禧的脸色行事。凡干不长的，多半是违背了慈禧心意；干长的则是切合了慈禧的‘需要’了。至于世人所能见到的光绪的脉案、处方究竟如何，不待言说。对于这些事，我父亲（指增崇）、叔父们心中有数。我听得多了，也有些明白。”[1]

还有当时著名诗人陈衍也说：“冬，西后与德宗先后一日崩殂。初，德宗久病未愈，征医各省，处方有效则后怒。”[2]

总之，慈禧唯恐自己先死，光绪复出掌权，尽翻旧案，故而在全国求医问药多次，大造光绪病重的舆论，希望光绪因体弱多病而先死，在人间悄悄地消失。但事与愿违，偏偏自己先罹重病，势将不起，故临终前令亲信下手毒死光绪。从检测结果与史料记载来看，这应是事实的真相。

（原载于《清史研究》2008年11月第4期）

1　耆存者：《关于光绪之死》，《文史资料选辑》，第122辑，中国文史出版社，1981年，第147页。

2　徐凌霄、一士：《凌霄·一士随笔》、沈云龙主编《近代中国史料丛刊续编》，第64辑，文海出版社，1976年，第415页。

光绪之死与袁世凯“告密”真相

光绪三十四年十月二十一日（1908年11月14日）傍晚，三十八岁的光绪皇帝，躺在冰凉寂静的中南海瀛台涵元殿，满含悲愤离开了人间。第二天下午，操纵晚清政权达半个世纪之久的慈禧太后，也死在中南海仪鸾殿内，终年七十四岁。光绪皇帝和慈禧太后去世的消息一传出，也就震惊了海内外。人们普遍认为，年纪轻轻的光绪反而死在了七十四岁的慈禧的前面，而且只是差一天，这不是巧合，而是处心积虑的谋害。于是，光绪被人谋害致死的种种说法也就由此产生了。

光绪临终病情

那么，光绪究竟是怎么死的呢？让我们看看中国第一历史档案馆当年光绪病情档案是如何记载的吧。

光绪帝三十七岁时写的《病原》中说：遗精已经将近二十年，前几年每月遗精十几次，近几年每月二三次，经常是无梦不举就自行遗泄，冬天较为严重。腰腿肩背经常感觉酸沉，稍遇风寒必定头疼，耳鸣现象也近十年。光绪二十六年以后，光绪的病不断恶化，从未好转。从现代医学角度来分析，光绪已患有严重的神经官能症、关节炎和骨结核以及血液系统的疾病，这是导致光绪壮年夭亡的直接原因。

光绪二十四年三月初九，御医曹元恒在《脉案》中写到，皇上肝肾阴虚，脾阳不足，气血亏损，病势十分严重，在治疗上不论是寒凉药还是温燥药都不能用，处于无药可用的严重局面。五月初十，御医陈秉钧写的《脉案》上写有“调理多时，全无寸效”的话。七月十六日，江苏名医杜钟骏为皇帝看过病后说：“我此次进京，满以为能够治好皇上的病，博得微名。今天看来，徒劳无益。不求有功，只求不出差错。”拖到九月，光绪的病状更加复杂多变，脏腑功能已经全部失调，死亡只是早一天晚一天的事了。

十月中旬，光绪的病情已经进入危急阶段，他出现肺炎症及心肺衰竭的临床症状。十月十七日，周景涛、吕川宾等三名御医会诊，一致认为光绪皇帝已是极度虚弱，元气大伤，已处于病危状态。并私下对朝臣说：“此病不出四日，必有危险。”十月十九日，光绪已出现胸闷气短，咳嗽不断，大便不通，清气不生，浊气下降，全身疲倦乏力的症状。到二十日，光绪已经是眼皮微睁，流着口水的嘴角轻轻颤抖。当天夜里，光绪开始进入弥留状态，肢体发冷，白眼上翻，牙关紧闭，神志昏迷。到了二十一日的中午，光绪的脉搏似有似无，眼睛直视，张嘴倒气。拖到傍晚，光绪怀着满腔的怨恨与世长辞了。

我们从光绪去世前八年的档案记录来看，可以认为：光绪帝从开始病重一直到他的临终，他的病状演变是属于一步步加剧地恶化，并没有特别的症状出现，既没有中毒或其他伤害性的迹象，也没有突然暴死的迹象，应该是属于正常病死。

帝后之争

同治十三年十二月初五的深夜，同治皇帝因为患天花病突然去世。临终没有留下由谁来继位的遗命，而国家又不能一天没有君主。在第二天召开大政会议，讨论究竟由谁来继位，慈禧太后压制了其他一切意见，坚持由4岁的载湉，入宫来继承皇帝大位。载湉之所以能够当上皇帝，一方面是因为慈禧亲生之子同治皇帝去世后，没有留下儿子继承皇位，更重要的还是慈禧权欲熏心，想找个儿皇帝，创造再次垂帘听政的机会。光绪元年正月二十日，4岁的载湉在太和殿正式即位。从这一天起，光绪就被慈禧牢牢抓在手里。光绪虽然当了皇帝，是一国之君，但是自从他入宫以后，陪伴他的只有孤独，他是在繁琐的宫中礼节，慈禧经常不断的严词训斥中长大的，他从小就心情抑郁，精神不快，身体积弱，难以抵挡疾病的侵袭，留下了难以治愈的病根。

光绪十五年正月二十日，十九岁的光绪皇帝举行大婚典礼。光绪的一位皇后两个妃子都是慈禧做主选的，皇后不是别人，正是慈禧亲弟弟桂祥的女儿叶赫那拉氏。慈禧选自己的侄女为皇后，为的是在把朝政交给光绪后，还能利用皇后来控制和操纵皇帝，起码可以监视和掌握皇帝的一举一动。

光绪的两位妃子是瑾妃和珍妃，二人是亲姐妹，但相貌性格却大不相同。瑾妃相貌一般，而且性格脆弱；珍妃貌美端庄，性情机敏。珍妃对光绪的同情和体贴，激起了光绪对未来的憧憬和热情，同时，也引发了他要在政治上摆脱束缚有所作为的欲望。大婚后的数年间，他与珍妃共同度过了一生中显得较为轻松的时光。

光绪临朝亲政后，五十三岁的慈禧表面退居颐和园颐养天年，实际上权势依旧，一如既往地把握着国家政务。她一方面处处限制光绪的权力，国家重要大事都要秉承她的懿旨去办理；一方面又通过自己的侄女隆裕皇后及亲信太监李莲英等人，暗中监视光绪的行踪。

光绪二十四年四月二十三日，光绪皇帝颁布“明定国是”诏书，宣布变法，强调博采西学，推行新政，授予康有为“专折奏事”特权。那些守旧的权贵重臣害怕光绪皇帝的改革会触动他们的地位，纷纷投靠慈禧并竭力挑拨他们“母子”的关系。慈禧也深恐光绪改革的成功会影响到她的独裁。这样朝廷大臣里出现了“后党”与“帝党”，双方展开了激烈的斗争。光绪亲政的十年，是与慈禧进行政治和权力斗争的十年，从中日甲午战争到戊戌变法运动，双方矛盾日益尖锐。

重创：戊戌变法失败

光绪二十四年八月，在以慈禧为首的守旧势力的反对和镇压下，变法运动最终失败，康有为、梁启超出逃，谭嗣同等“戊戌六君子”遇害，光绪本人也被囚禁在中南海瀛台，他的政治生活到此结束。此后，光绪度过了10年没有人身自由的囚徒生活。

光绪也深知慈禧的险恶用心，日夜担惊害怕，提心吊胆，对天长叹：我连汉献帝都不如啊！被囚禁在瀛台的光绪，心情抑郁，病情日益加重，体质直线下降。

光绪二十六年七月二十一日，八国联军入侵北京。慈禧带着光绪皇帝仓皇出逃，相传她临行前还不忘处置珍妃，命令太监崔玉贵把珍妃推到宁寿宫外的井中害死了。当光绪得知珍妃的死讯以后，精神就更加崩溃了，旧病复发，日趋严重，再也无法康复了。

由此可见，从光绪自幼多病，到青年以后的病情逐步加重，都与他的政治处境和精神生活密切相关。慈禧的长期压制和打击，是光绪得病的重要原因，从这一点看来，民间传说是慈禧把光绪害死的，并非全无道理。

传统说法留重重疑团

戊戌变法中袁世凯的告密是关键情节，传统的说法是：因袁世凯告密而导致慈禧政变，究竟袁世凯怎样告密？至今众说纷纭，留下重重疑团。

戊戌年七月三十日，光绪帝颁密诏给杨锐，嘱维新派妥筹良策，推进变法。密诏中说：“朕位且不能保，何况其他？”光绪帝意识到将有变故，自己处在危险地位，流露出焦急心情，要维新派筹商对策。八月初二日又由林旭带出第二次密诏，令康有为“汝可迅速出外，不可迟延。”康有为、梁启超、林旭、谭嗣同等维新派的核心人物跪诵密诏，痛哭失声，誓死搭救皇帝，不得已铤而走险，决定实行兵变，包围颐和园，迫使慈禧太后交权。八月初三日谭嗣同夜访法华寺，会见袁世凯，劝袁举兵杀荣禄，围颐和园，对慈禧太后则或囚或杀。此后事情的发展有不同说法，传统说法是：袁世凯是个两面派，一面假意和维新派周旋，骗得光绪帝封他为侍郎，另一面看到慈禧的势力根深蒂固，决定投靠旧党。他用假话哄走了谭嗣同。八月初五日向皇帝请训，当天乘火车回天津，向荣禄告密，出卖光绪帝和维新派。当夜，荣禄赶回北京告变。八月初六日晨，慈禧临朝训政，囚禁光绪，捕拿维新派，杀六君子，百日维新遂告失败。

一个谜：政变之初，慈禧为何不捉拿谭嗣同

以上传统说法长期流行于史学界，但近几十年史学家对此提出疑问，否定了因袁世凯告密导致慈禧政变之说，其理由如下：八月初六日慈禧实行政变时，如果是袁世凯告密导致政变，则政变上谕中必定指名捕拿谭嗣同，因谭是劝说袁世凯围园劫持太后的人，属于“逆首”。慈禧太后绝不会放过他。何以上谕中只命捉拿康有为、康广仁兄弟，没有谭嗣同在内？而且上谕中康的罪名是“结党营私，莠言乱政”，罪名较轻。如果有围园劫太后之谋，则是大逆不道，罪在不赦，上谕中，何以轻轻放过？

又一个谜：荣禄不可能乘火车连夜赶回北京

还有，袁世凯在八月初五日上午觐见光绪后，即乘火车回天津，“抵津，日已落”，袁赶到荣禄处告密，已在夜间，荣禄得知围园消息后，万难在当夜赶去北京，把消息反馈给太后。因为，当时北京、天津之间的火车，通行不久，只有白天行车，没有夜车，也缺乏夜间行车的设备、经验与技术。即使荣禄以直隶总督之尊也不可能下令加开一次夜车。荣禄于八月初五日夜间万万赶不到北京，而慈禧太后实行训政却在初六日上午，可见太后的政变并非由袁世凯告密所引起，政变时还不知道康有为等有围园劫太后之谋。政变是新旧两党长期矛盾积累的结果，守旧大臣杨崇伊等认为维新派乱政妄行，请求慈禧太后出而训政，这是守旧派的一个既定步骤，与袁世凯告密无关。

疑点重重的袁世凯《戊戌日记》

袁世凯在《戊戌日记》中说，谭嗣同深夜来访，再三要求袁世凯举兵杀荣禄，包围颐和园，并说："不除此老朽（指慈禧太后），国不能保。"袁世凯闻言大惊，推辞敷衍，不肯答应。可是《戊戌日记》存在几个疑点。第一，包围颐和园，杀西太后，这是何等重大而紧急的事件，袁世凯告密如果是积极的、主动的，可以在第二天，即初四日在北京找到北京的大臣告密，何必一定要回天津向荣禄告密？初三夜，谭嗣同找他密谈，提出围园杀太后之谋，初四日一天何以袁无所动作，没有在北京告密？第二，据袁世凯说，初五日返津见荣禄，即要告密，"略述内情"，忽有客人入座，因此欲言又止，只好等明天再说。此是何等大事，谭嗣同已募勇士数十人在京，事态一触即发，慈禧有旦夕之祸，却因为座上有客人，把此事延宕一天，难道袁世凯不能禀明荣禄有要事相告，设法把客人支走？袁世凯是何等精明人，办事却何其拖沓、糊涂？

袁世凯与维新党的关系

应该说，慈禧把袁世凯认作维新党人是有道理的。事实上袁世凯与维新党人联系密切，不但与闻兵变之事，而且参与密谋，做出投向维新派的承诺。他在维新变法问题上和康有为的思想十分接近。甲午战争以后，他即和康有为结交。1895 年，在康有为发动公车上书以后，袁世凯时在督办军务处当差，也曾向光绪帝上书，条陈变法事宜，他当时的思想观点和康有为很接近。

1895 年夏，康有为第四次上书，都察院、工部不肯代递，袁世凯曾帮助向督办军务处要求代递。不久，强学会成立，袁世凯积极参加，是发起人之一。后来袁世凯奉派赴小站募新建陆军，康有为等为袁设酒饯行，康有为对袁的印象也极好，认为："袁倾向我甚至，谓吾为悲天悯人之心，经天纬地之才……"

袁世凯通过维新派的荐举，越级提升。袁对维新派感激不尽，他们之间的关系拉得更近了。维新派内部议论的机密事，也不避着袁，而且袁表示支持。不管怎样，光绪帝是合法的君主，袁世凯除了思想上与维新派有一致之处，无论从忠于君主的伦理观念说，或是为个人名利地位计，他也会向维新派靠拢。

八月初三日，当光绪帝的密诏带到康有为那里，维新派的几位核心人物聚在一起，捧诏痛哭，商议救光绪的办法，其中竟有袁世凯的心腹徐世昌在内。如果不是袁已对维新派做出全力支持的承诺，维新派是不会让徐世昌参加这一秘密活动的。

袁世凯虽早已参与维新派的谋划，并承诺要支持维新派，但八月初三日谭嗣同夜访，提出了杀荣禄，调兵入京围颐和园劫持太后之谋，袁世凯犹豫了。因为执行此计划极其冒险且难度很大。袁军虽精锐，但周围有聂士成、董福祥的军队牵制。聂、董的军队人数远在袁军之上。且袁军驻扎小站，离北京二三百里，要长途行军，突破聂、董二军的阻拦，奔袭颐和园，成功的把握实在太小了。

荣禄一直在窥测事态的发展，袁世凯被召进京，封为侍郎，荣禄很紧张。谎称英俄在海参崴开战，大沽口外，战舰云集。故调动军队，把聂士成军调到天津，把董福祥军调到长辛店，以防不测。并写信给袁世凯，催他赶快离京返津，袁世凯回到天津，并没有发生像他在《戊戌日记》中所说与荣禄的谈话，而荣禄只是把他留在天津，未让他回小站营中，并对袁世凯严密防范。袁世凯听说北京发生政变，慈禧太后再出训政，捉拿康有为，吓得魂飞天外，以为密谋已经败露，故“大哭失声，长跪不起”，向荣禄表示忏悔，并将谭嗣同夜访之事，和盘托出，为保全自己，出卖了光绪帝和维新派。

（摘于《北京日报》）

抗清英雄瞿式耜

今年是瞿式耜诞生四百周年。瞿式耜（1590~1651 年），江苏常熟人，明清之际，任南明永历朝的大学士，督师桂林，抵抗清军，城陷被俘，英勇不屈，殉难。今年春间，李克为同志在常熟市政协会议上呼吁纪念四百年前的这位爱国英雄，以弘扬民族正气，倡导爱国主义。我有幸读到这篇发言稿，写信表示赞成拥护。以后，故乡的朋友写信邀请我回常熟去参加纪念活动，我欣然应邀，已准备专程南行。不巧的是纪念会在九月初举行，恰巧我在北京有多次重要的会议活动，时间冲突，不能分身参与盛会，我深深引以为憾。对瞿式耜这位故乡先贤，我一直怀着崇敬之心。在少年时代就听到过关于瞿式耜的故事，因为我的邻居就是瞿家(即江南著名藏书家、铁琴铜剑楼主人瞿启甲)，我父亲和瞿氏交谊甚笃，亲如家人。我从小就知道瞿家珍藏很多书籍，还出过一位“大忠臣”。稍长，曾经看过一本小说，写瞿式耜死后，其后人从广西运回他的尸骨，奔波穷荒，艰难险阻。这是小说家根据瞿式耜及其孙昌文的真实事迹，加以夸张渲染，演义成书。看了这本书，瞿武一门忠臣孝子的形象，铭刻在心。虽然三、四百年前的忠孝观念已不适应于现代生活，但当时这一生动、光辉的故事在我幼小心灵上留下了不可磨灭的印象。我至今认为，当年接受的这类历史和伦理教育，是包含有合理、有益内容的。

以后，我从事历史研究，虽然未下工夫研究过瞿式耜，但因专治清史，自然注意到明清之际这位大人物的生平和事迹，读了一些流传的作品，更多地了解他，也就更加景仰他。这大概是我为什么一读到李克为同志的发言就心潮汹涌，援笔响应的缘故。值得一提的是 1981 年路经桂林，有幸到桂林叠彩山瞿式耜、张同敞的就义处参谒，刚好我们有四个搞历史研究的人同行，又都是常熟籍人，同时来此瞻仰，这四个人是扬州师范学院祁龙威教授，南京大学蔡少卿教授、军事科学院张一文研究员和我（祁、蔡、张现属张家港籍，原属常熟县）。我们四人在瞿、张的纪念碑旁合影留念，我一直珍藏着这帧照片。

常熟自古是文人荟萃之地，英彦辈出，斯文称盛。明清两代的官员、翰林、文士、诗人画家，不乏卓越之人。瞿式耜不但有斐然的文才，特别是受命于危难之际，英勇抗敌，以身许国，被俘后坚不屈服，赋《浩然吟》，慷慨就义。“从容待死与城亡”、“头丝犹带满天香”这是何等坚贞的性格与旷达的胸怀。正是这种重视气节，热爱国家和民族的爱国主义精神，培育了世世代代中华的优秀儿女，成为我们民族的脊梁。近代中国遭到了许多帝国主义的侵略，而从古代传续下来的爱国主义思想和感情，得以发扬光大，使得全民族在危急关头，团结一致，共御外侮，使得中国在经历深重苦难之后，仍能自强不息，巍然屹立于世界的东方。

景仰瞿式耜，纪念瞿式耜，并不只是崇拜某个英雄人物，而是要崇敬和发扬体现在瞿式耜身上的凛凛正气与民族尊严。一个国家，不管在硝烟弥漫的战争岁月里，还是在艰难创业的建设环境中，都需要有精神力量的支持，都需要有为国为民、牺牲拼搏的高尚精神，以鼓舞和推动全体人民奋发上进。没有这种精神，任何国家和民族不可能有团结力、凝聚力，不可能克服困难，迅速前进，不可能生存和发展。而爱国主义就是这种能够动员全民、鼓舞全民，成为全民共有的精神财富。爱国主义是中华民族传统的精神武器。尽管瞿式耜生活在封建社会中，那个时代的爱国主义和今天的爱国主义有很大不同，今天的爱国主义是以热爱全体人民，热爱社会主义新中国为根本内容，而古代的爱国主义则以反对国内的异族压迫为内容。在古人的心目中，君主是国家的代表，因此，他们的爱国思想无条件地与忠君相结合。这也是旧时代的爱国志士往往不能施展抱负而以悲剧结束的一个重要原因。但如果剔除其不适应现代生活的那些内容，他们那种维护民族尊严，力求国家振兴、人民幸福的志向，那种富贵不能淫、贫贱不能移、威武不能屈的节操，那种锲而不舍、苦心孤诣、牺牲个人的奉献精神是和今天爱国主义的内涵相一致的。今天的爱国主义正是古代爱国主义在新时期的继续、丰富和发展。爱国主义精神像黄河、长江一样浩浩荡荡，自古迄今，奔流不息。瞿式耜是这条滋润中华民族心田的奔腾长河中，飞溅而起的一朵灿烂闪光的浪花。我们纪念他，正是为了学习、发扬他的爱国精神，使我们成为高尚的人，成为刚直无畏、公而忘私的人，为新中国实现社会主义现代化而鞠躬尽瘁，贡献一切力量。

（原载《清史研究通讯》1990 年第 4 期）

论福康安

福康安，字瑶林，满洲镶黄旗人，出于名门富察氏。父傅恒，官居大学士，任首席军机大臣20多年，是乾隆朝前期最有权势的大臣。祖李荣保，察哈尔总管。曾祖米思翰，康熙时为议政大臣、户部尚书，力主撤三藩。福康安的姑母是乾隆帝嫡妻孝贤皇后，福康安是皇帝的内侄，椒房近亲，一门贵盛。长兄福灵安，多罗额驸，云南永北镇总兵，病死于征缅之役。二兄福隆安，和硕额驸，赏乾隆女和嘉公主，理藩院尚书，一等忠勇公。弟福长安，户部尚书，封侯爵，后因党附和珅，得罪下狱，革爵贬官。宗族中出任高官的很多。伯父傅清，为驻藏大臣，在殊尔默特叛乱中被杀，追赠一等伯。堂兄明瑞与明亮是当时名将，明瑞为征缅军统帅，授将军，孤军深入，后路被切断，战死于缅甸。明亮为多罗额驸，乾隆中从军直至嘉庆时，久历戎行，身经百战，为著名宿将，封襄勇侯。福康安本人更是乾隆朝最重要的将军，戎马一生，征战频繁，功勋显赫，生封贝子，死后追赠嘉勇郡王。有清一代，除清初吴三桂等以及蒙古领袖得膺王爵封号外，异姓封王者仅福康安一人，在福康安率军入西藏，驱逐廓尔喀入侵军时，乾隆本意要给予王爵封衔，因富察氏一门贵盛，故作裁抑，乾隆上谕中说：

前代功臣，原有身非宗室晋封王爵之例，朕本拟俟红旗

> 递到，加封王爵，以昭异数。今因廓尔喀畏罪投诚，福康安遂传旨受降，班师蒇事。是以止将福康安赏给世职，不克付朕初愿。然由今思之，似此受降蒇功，未始非上天嘉佑我君臣之意。盖福康安系孝贤皇后之侄，大学士傅恒之子，如果得成巨功，或可晋封王爵，在朕只以勋劳甚大，用示酬庸，而天下无识之徒，或谬议朕厚于后族，破格施恩，传之后世，亦且以为口实，几与汉唐之宠任外戚者无异，朕将何以自解，而福康安父子兄弟，多登显秩，福康安又荷王封，富察氏一门太盛，于伊家亦属无益[1]。

像福康安这样的重要人物，官书中对他的生年竟惘然失记，而私家记述又不一致。余金《熙朝新语》所说，比较可信，余金说：福康安“年十九，以头等侍卫统兵随定西将军温福征大金川”。按福康安赴大金川在乾隆三十八年，以此推算，他当生于乾隆十九年。《清朝野史大观》卷六《福郡王之薨》称其“本命属戌”。按乾隆十九年为甲戌年，正相符合，可作其生年之佐证。他死于嘉庆元年，年仅四十二岁，所以乾隆痛惜他死得太早“年力富强，正资倚毗”。另据舒坤批《随园诗话》，称福康安十八岁即为四川总督，按福康安任川督在乾隆四十六年。如此推算，福康安当生于乾隆二十八年，其初次从军金川，年仅十岁，这样幼小的孩子在前线领兵打仗是不可能的，舒坤之说不可信。

乾隆朝的文治武功，在有清一代，极为隆盛。而福康安是当时叱咤风云的大将。乾隆的“十全武功”，他参与其中的三次，即：征金川（乾隆三十八至四十一年），征林爽文（乾隆五十二至五十三年），征廓尔喀（乾隆五十六至五十七年），此外，他又参与镇压甘肃石峰堡回民起义（乾隆四十九年），镇压湘黔苗民起义

1 《清史列传》卷二六《福康安》。

(乾隆六十年至嘉庆元年)。这五次大战役中，征林爽文、征廓尔喀、征苗，均由福康安出任统帅。他曾担任吉林将军、盛京将军、成都将军以及四川总督、陕甘总督、云贵总督、闽浙总督、两广总督、武英殿大学士。他一生奔波劳碌，足迹遍及全国各地以及边疆、海疆。他曾渡海赴台湾作战；隆冬入西藏，翻越喜马拉雅山；因事至新疆阿克苏、喀什噶尔查办叛乱事件；又在甘肃、金川、苗疆等深山密林中长期作战，跋涉山川，劳苦功高，三次被图画紫光阁功臣像。乾隆皇帝对他十分宠信依赖。当福康安病殁于征苗军中，乾隆作诗悼惜:“到处称名将，功成勇有谋。近期黄阁返，惊报大星流。自叹贤臣失，难禁悲泪收。深恩纵加赠，忠笃那能酬。”[1]

但是，福康安死后，政治风向变得对他颇为不利。带头起来指责他的正是新皇帝嘉庆，正是“一朝天子一朝臣”。新皇帝非常憎恶乾隆最宠任的和珅与福康安，和珅的结局，人所共知，被赐死、抄家，家破人亡。福康安虽然不像和珅那样的凄凉下场，但他已死去多年，仍受谴责，要他对清朝军营中的腐败风气负责，嘉庆九年和十年的上谕中说：

> 自福康安屡次出师，始开滥赏之端，任性花费，毫无节制。于是地方承办之员，迎合备送，盈千累万，以及银牌绸缎，络绎供支，不过以赏兵为名，亦未必实惠尽逮戎行也。
>
> 自福康安出师台湾等处，始有自行赏给官兵银两绸缎之事。尔时籍其声势，向各省任意需索，供其支用，假公济私，养家肥己，其后各军营习以为常。[2]

1 乾隆：《御制诗余集》卷六《闻贝子大学士福康安在军营病故，诗志悼惜》。

2 《清史列传》卷二六《福康安》。

不仅追论罪责，而且罚及后裔，追究其子德麟在迎送福康安灵柩时，勒索银 4 万余两，责令赔罚 8 万两。又因事将德麟的贝子爵位革去。此后舆论随风转向，对福康安的批评甚多，有的指责他平庸无能，纨绔成习，不过是靠了椒房之亲、裙带关系，才青云直上；有的说他的功绩，完全是海兰察的，他只是依人成事，得膺王爵之封；有的甚至怀疑他是乾隆的私生子，所以特受宠任。至于记载他的骄横作风和奢侈生活，更是连篇累牍，渲染得淋漓尽致。有的说：福康安台湾战役后，凯旋过浙江，“自三衙方舟下严陵，江舟设重楼，陈百戏，中流鼓吹竞作，从官舟衔舳舻，并两岸疾下”[1]。有的说：“福瑶林用兵时，大军所过，地方官供给动逾数万。福既至，则笙歌一片，彻旦通霄……善歌昆曲，每驻节，辄手持鼓板，引吭高歌，虽前敌交绥，血肉横飞，而余音袅袅未绝也。”[2]

平心而论，福康安骄奢成习，生活奢侈，供应铺张，确是事实；甚至勒索地方，袒庇部属亦所不免，这是他的弱点，也是清中叶以后许多将帅的共同点。但从成就的事业和个人勤劳、才能来看，不失为 18 世纪将帅中的佼佼者，在中国军事史上留下了自己的足迹。他的一生复杂而富有传奇性。人们指责他要对清朝武装力量的衰败负主要责任，当然，福康安作为最重要的统帅，军营中滥赏需索甚盛，福康安难辞其咎。但清朝军营贪污腐败之风，是整个政治腐败的反映，并不是福康安一人所造成的。嘉庆常常指责福康安开军营滥赏之风，“仁宗既亲政，屡下诏戒诸将帅毋滥赏，必斥福康安”[3]。其实，滥赏之风有更深刻的根源，是武装力量衰落中的一种刺激和补救措施。早在福康安之前，此风已开。魏源说：“国朝武功之赏，至乾隆而始重。……汉人封五等，无世

1 《国朝耆献类征》卷三四《福康安》。

2 易家鉞：《新世说·豪爽》。

3 《清史稿》卷三三〇《福康安》。

袭例。至乾隆三十二年，始概予世袭罔替。盖承平久，则人习宴安，非此不足以振励戎行也。”[1] 乾隆三十二年，福康安还是个三四岁的小孩，而军营滥施封赏就已盛行了。

福康安参与了五次大的战争，四次都是镇压农民和少数民族，一次是为了保卫西藏，击退外国入侵军。凭藉当时强大的军力和富盛的财力，他出师屡捷，所至必胜，但也历尽艰辛，胜利来之不易。他组织了在风涛中的渡海作战，参与了丛山密林中的攻碉战，指挥并亲自翻越喜马拉雅山，进行旷古未有的最艰苦的高山作战，在当时的物质条件和交通条件下，组织这些战役的艰难是显而易见的。福康安 40 多年短促的一生，都是在战斗环境中度过的，军书旁午，夙夜勤劳，才赢得了紫阁图形、封王晋爵的最高颁赏。他的足迹遍及全国各地，长年奔走跋涉，风尘仆仆，冲锋陷阵，刀光剑影，说他无功受禄、因人成事是不公正的。人们指出他的豪华奢纵，这是确有根据的，但也应该看到他杰出的军事才能和不畏艰险、勇于任事的精神，他是中国军事史上有所建树、值得称道的一位重要统帅。

福康安参加的多次战争中，最重要的是乾隆五十七年的征讨廓尔喀之役。这次战争，翻越世界屋脊，行程最为险远，而且，它在政治上具有重要意义。廓尔喀是当时统治着尼泊尔的一个部族，勇悍善战，且有英国支持，武器精利。廓尔喀垂涎西藏的财富，乾隆五十四年入侵西藏，清廷即曾派兵入藏，因路程遥远，尚未发生大的战斗，即议和了事。两年以后，廓尔喀军再次入侵，竟占领了班禅额尔德尼驻锡的日喀则，洗劫札什伦布寺，将乾隆赐与六世班禅的大量珍宝财物抢掠一空。当时六世班禅逝世不久，驻藏大臣中竟有怯懦昏愦，主张放弃拉萨，将达赖喇嘛移居青海的主张。乾隆帝坚决驳斥此议，派福康安率兵入藏，进行了一场

1 魏源：《圣武记》附录卷一一《武事余记》。

艰苦的行军和激烈的战斗，将入侵军驱逐出境。福康安深入廓尔喀境数百里，“经越艰险，冒雨步战，手足胼胝，用兵之难，为从来之未有”[1]。最后议和班师，成功地保证了西藏的安定和领土完整。当时廓尔喀背后有英国的支持，廓尔喀军入藏反映了西方资本主义对我西藏地区最早的侵略意图，因此廓尔喀战争后的第二年，英使马戛尔尼来到北京，对于领兵入藏的福康安颇为敌视，印象不佳。廓尔喀之役是鸦片战争以前，中国人民继郑成功收复台湾，康熙进行雅克萨战争之后又一次和外国侵略者的斗争，是保卫祖国神圣领土的正义战争。福康安作为统帅，成功地组织了进军，胜利地完成了反击作战，驱逐了廓尔喀军，其历史功绩应予充分肯定。战后，福康安办理西藏善后事宜，改革达赖、班禅及其他活佛的继承制度，设立金奔巴瓶，转世灵童由抽签决定，减少了因继承而起的争端，又加强驻藏大臣的职权，增进内地和西藏的联系，改革西藏军政，加强其防御能力。福康安主持办理，其功自不可没。

福康安生活奢侈，但战场上却能披坚执锐，不是生长在绮罗丛中的懦夫。十九岁从征金川，他亲临前线，冲锋陷阵，躬冒矢石，尚有早年八旗将士的遗风。在一次战斗中，金川兵“乘雪雾，潜登山，犯副将常禄保营。福康安夜率兵八百，冒雨毁垣入，杀数贼，立毁碉”。在另一次配合海兰察作战时，福康安“疾驱众越过重壕，冒枪石与贼持，使不得他顾，我兵遂得尽破喇穆喇穆碉卡”[2]。福康安在金川3年多，一直在最前线作战，参加了攻打金川据点勒乌围与噶拉依的最激烈的苦战，战功卓著。战争结束后，封为三等嘉勇男，列名于前50功臣，御制赞曰：“代兄以往，继父而奋。矜许廑励，王臣之荩。登碉夺砦，那须蒙甲。嘉勇锡名，

1 《清高宗实录》卷一四一〇，乾隆五十七年八月，第14页。

2 《清史列传》卷二六《福康安》。

世传勋业。”他所得封爵和赞词是和3年战绩相联系的，并不是无功受禄。

在参加的所有战役中，福康安都是胜利的一方。这固然是由于当时清朝尚有强大的实力，而对手比较弱小，力量的对比决定了战争的结局，但和福康安的作用也有关系。他直接指挥的战役共有3次，即镇压台湾林爽文和湘黔苗民，驱逐廓尔喀入侵，这几次战役都是先败后胜，起先清军作战均失利，在派遣福康安为统帅后，才扭转战局，反败为胜。如台湾之役，林爽文起义军在一年时间内屡次战胜，几乎占领了台湾全岛，清朝派往的将帅先后有黄仕简、郝壮猷、常青等，发兵不为不多，但被起义军打得龟缩在几个孤立的据点中，局势已完全失去了控制。福康安渡海赴台，立解诸罗之围，两个多月时间，瓦解了起义军，擒俘了林爽文。故乾隆非常称赞他的指挥才能，说“其经画周密，贤于施世骠、蓝廷珍远甚（指施、蓝两人康熙六十年渡海赴台湾，镇压朱一贵起义），不以福康安易常青之将军则成功必迟”[1]。又如征讨廓尔喀，在第一次廓尔喀战斗中，清廷派鄂辉、成德、巴忠率军入藏，但实际上未曾作战，仅仅用银钱换得了与廓尔喀入侵军的和议，敷衍了事，故不久廓尔喀再次入侵，这才改派福康安入藏，着实打了几次硬仗，越过喜马拉雅山，进入尼泊尔境内，赢得了此后西藏边界的长期安宁。再如，湘黔苗民起义，在福康安率军到达以前，苗民群起抗清，阖境鼎沸，也是福康安深入苗疆，逐步推进，激战一年半，才削弱了苗军的势力。尽管其中两次都是镇压国内人民的非正义战争，但从战争的胜负来看，福康安扭转败局，调度有方，不能不承认他有很高的指挥才能。

有人说：福康安是庸碌之才，不过他每次战斗都和能征惯战的海兰察在一起，他只是因人成事，依靠海兰察才建立了卓越的

1 《清高宗实录》卷一三〇〇，乾隆五十三年三月，第27页。

战功。魏源就说过:“天生海兰察以成就福康安之功名。”从福康安一生的事迹、战功来看，说他是庸才，有欠公允。乾隆对福康安有“秉性忠纯，才猷敏练”的评价，前一句是指他忠于清朝、忠于皇帝的政治品质，后一句则指他作战、理政、治理的实际才能，应该说，乾隆的评价是比较恰当的。福康安依靠勇猛的海兰察，这是事实。海兰察功大而性傲，年资高于福康安，福康安从军金川，海兰察已是参赞大臣。福虽出自名门、皇帝近亲，但位卑资浅，还是个不到二十岁的孩子，而辅佐海兰察作战，颇为得力。10余年后，在台湾作战，海兰察仍为参赞大臣而福康安则是全军的统帅，但福康安对海兰察以前辈相待，敬礼有加，趋拜下风，两人始终团结无间。海兰察作战极为出力，这正是表明了福康安尊贤用能，不因位高而倨傲的大将风度。这一点还是乾隆皇帝看得透，有一次他询问大臣，福康安和另一统帅阿桂的才能相比何如？大臣说:“阿桂能指挥海兰察，福康安则极力周旋之，方得海兰察之力，以此不如阿桂。”乾隆说:“汝所言亦是。但阿桂出师西域，海兰察系末弁，夙感阿桂拂拭之恩，故愿效驱策。海为金川参赞，福康安尚系领队，一旦骤临其上，不能不谦谦自下，倚为干城。两人境地不同，福善周旋，是以平贼。”[1]这正是福康安作为统帅的优点所在。

福康安不但倚靠海兰察，还提拔、重用一大批战将，如普尔普、台斐英阿、额勒登保、德楞泰、杨遇春以及明亮、奎林、鄂辉等人。在福康安的周围，团聚和形成了一个颇有战斗力的集体，才能建立功勋，所向克捷。18、19世纪之交的著名战将，大多出于福康安的麾下，这也表明了他对人才的重视和奖掖。

福康安家赀富有，挥霍成性，但却不是一个只会享福的纨绔子弟。他作战时身先士卒，行军时不避艰苦，乾隆说他“素性勇

1 陈康祺：《郎潜纪闻二笔》卷一一。

往急公，能耐劳苦”[1]，这并非虚誉。入西藏作战，正当岁末，大雪封山，路途难行。朝廷限令他40天到达西藏。为了行程迅速，福康安选择了从青海入藏，这条路线较近捷而条件极为恶劣。“青海口外，俱系草地，时值隆冬，冰雪甚大，炊爨维艰，牧饲缺乏”[2]，福康安于乾隆五十六年十二月初一日从西宁出发，翌年正月初三到达青藏边界，正月二十日到达拉萨。隆冬季节，由此路入藏，即使在今天的交通条件下也是十分艰难危险的，而福康安轻骑简从，在冰雪中跋涉，有时马不能行，只能与士卒一起步行，走过这段艰难的路程，这足以说明福康安绝不是只知享福行乐的纨绔子弟。乾隆御制诗章以表扬这次行军：“然以隆冬行，草枯雪过膝，未免跋涉艰，兼之山气逼。先是有烦言，胥恐行难必，予亦为之虑，率勿安晨夕，将军（指福康安）持志坚，辛苦所弗恤。”[3]在西藏高原的战斗十分艰苦，许多人因高山反应和水土不服而病死，海兰察得病回北京，不久死亡，高级将吏如驻藏大臣舒濂、参赞大臣奎林（福康安之堂兄）、乾清门头等侍卫哲森保、总兵张芝元等均病死西藏。福康安自己也“感寒触瘴，旧病顿发”，回程时病倒巴塘多日。又如在湘西和贵州进攻苗民，“该管深林密箐，路径险阻，大半步行，兼以雾雨连绵，气候蒸热”[4]，“福康安、和琳（和珅之弟，与福康安同在军中）不分昼夜，攀涉险阻于峻岭之间，绕道进取，往来跋涉不下二三百里之遥，备尝劳勚，几于不忍披阅”[5]。福康安在征苗军中度过了一年半，终因劳累过度，原来很健壮的身体垮了下来，一病不起，苗民尚未完全镇压下去，他与和琳相继病死于军营中。

---

1 《清高宗实录》卷一三九二，乾隆五十六年十二月，第1页。
2 《清高宗实录》卷一三九一，乾隆五十六年十一月，第2页。
3 乾隆：《御制诗五集》卷七〇《进剿廓尔喀兵行事宜，诗以志慰》。
4 《清高宗实录》卷一四八六，乾隆六十年九月，第43页。
5 《清高宗实录》卷一四八四，乾隆六十年八月，第18页。

福康安不但有军事才能，也有政治见识和办事能力，乾隆帝说他“平日办事细致，于属员贤否亦能留心察看而眼力不平常”[1]。台湾和西藏的战争结束后，他主持办理善后事宜，拟订章程，恢复秩序，发展生产，巩固防务，建造城垣，对于海疆和边疆的建设起了积极的作用。他在云贵总督任内，整顿铜矿事务，极为尽力，使滇铜产量增加，运道畅通，源源不断地供应鼓铸，因而交部议叙，受到嘉奖。乾隆帝以福康安为办事干练的榜样，高兴地说“可见督抚等于地方公事，尽一分心力即有一分功效”[2]。

人们往往把福康安与和珅相提并论，指为乾隆后期一武一文两个佞臣，甚至说他们二人勾结，朋比为奸，败坏朝政，这种说法也有欠公正。福康安虽与和珅一样得到乾隆的宠信，但福康安劳苦功高，战绩显赫，与和珅一味以谄媚得宠是不相同的。福康安的弟弟福长安确与和珅勾结，和珅赐死，清廷对其党羽的处理比较宽大，唯福长安下狱、夺爵、抄家。但福康安和福长安不是一回事，福康安不但没有党附和珅，两人还存在一定的矛盾。轰动一时的李天培案件即透露了和珅与福康安矛盾的信息。李天培是湖北按察使，因私运木植 1900 根，被劾革职，充军伊犁，查出其中有福康安的木植 800 根，福康安也因此得罪，革职留任，罚总督养廉银 3 年、公俸 10 年。而告发此案的正是和珅的弟弟，当时任巡漕御史的和琳。这是和珅对福康安的一次公开打击。和珅深知福康安受帝信任，恐怕动摇了自己的地位，千方百计找福康安的岔子，并令福康安长期出差或外任，不让他留在皇帝的身边。福康安率军进西藏，“时青草未茂，马皆瘠疲，粮饷屡绝。运粮布政使受和珅指，欲绝其饷，以令其自毙。赖福康安行走疾速，于四旬至前藏”[3]。福康安之母病死，廷旨不让他回京祭葬，福康

1 《清高宗实录》卷一三二八，乾隆五十四年五月，第 17 页。

2 《清高宗实录》卷一一二六，乾隆四十六年三月，第 3 页。

3 《国朝耆献类征》卷三四《福康安》。

安竭力请求，谕旨才准他回北京，但只能在郊外母柩安厝地祭奠，不许进北京城，不许至热河觐见皇帝，这种违反常理、不近人情的命令，恐怕也出于和珅的意志，可见两人矛盾之深。福康安与和珅的弟弟和琳一起入藏，一起攻番，和琳事事进行牵制。后来，嘉庆皇帝的谕旨中说，“和琳同福康安剿办湖南番匪，亦因和琳从中掣肘，以致福康安及身未能办竣”[1]，可见福康安并未勾结趋附和珅。

总之，作为乾隆朝重要历史人物的福康安，虽有骄横、婪索、挥霍的坏作风，但南征北战，戎马一生、驰骋疆场；尽管他多次镇压人民起义，但入藏之役，反击侵略，安定边疆，功绩甚大。他所参加的战争比前于他的兆惠、舒赫德、阿桂更频繁，比后于他的额勒登保、德楞泰、杨遇春更重要，他不失为中国军事史上的一位重要统帅。但他死后，由于新皇帝嘉庆对他的嫌恶，对他颇多指责，他的缺点被夸大渲染，他的功绩被淹没。时间已经过去200年了，时过境迁，这位曾经叱咤风云显赫一时的统帅的名字几乎已被人忘掉了，但作为历史专业工作者，正好可以摒除一切成见和影响，客观而冷静地审视他的一生，对这位重要历史人物作出公正、恰当的评价。

（原载《清史研究通讯》1989年第3期）

1 《清史列传》卷二九《和琳》。

福康安风雪援西藏

乾隆五十六年十二月初一（1791 年 12 月 25 日），有 100 多人从青海西宁出发，驰马急行，向西藏奔去。他们是什么人？有什么紧要事务？

这是乾隆帝为援救西藏派出的一支队伍，为首的是声名显赫的大将福康安，战功卓著，英名远扬。他是乾隆帝的内侄，时任两广总督，年三十七岁。

这是为抵抗廓尔喀入侵而奉命援藏的先头部队。从乾隆五十三年起，廓尔喀（即今尼泊尔）已两次侵略中国西藏，廓尔喀是喜马拉雅山南的一个小国，其民勇悍善战。当时它的大邻国印度已全部沦为英国的殖民地，英国常雇佣廓尔喀人作战，廓尔喀国王在英人唆使和支持下觊觎西藏。其拥有英人供给的先进武器，两次侵藏，藏军大败，占领了包括班禅驻锡地日喀则在内的后藏地区。清廷的驻藏大臣保宁等畏葸怯懦，竟欲挟持达赖、班禅逃往青海，丢弃西藏。乾隆帝闻讯大怒，指责保宁“丧心病狂，一至于此”，决心发兵远征，收复后藏。他说：“卫藏为历辈达赖喇嘛、班禅额尔德尼驻锡之所。康熙、雍正年间两次用兵，俾得安辑。予临御后复加振兴，岂因小丑频年侵扰，即可置之不顾。且此时不痛加惩创，安知贼匪占据后藏之后，不浸寻以次蚕食前藏。”[1]

---

1 《乾隆御制诗》五集，卷七〇《悉故》。

在当时交通极不方便的条件下，大军进藏，不是一件简单的事，行军、运粮、沿途设置台站，事务繁杂。乾隆五十六年，经长途跋涉，内地已有几千官兵入藏，但却没有一位称职的统帅。前线士兵无人指挥，队伍散乱，战斗不力，不能收复失地，乾隆帝心急如焚，只得从广西调福康安回京，面授机宜，派往西藏，统一指挥战争。福康安率领1000名索伦、达呼儿兵在乾隆五十六年十一月离京赴藏。

摆在面前的难题是：前线军情紧急、无人指挥，福康安怎样在隆冬季节尽快进藏？而且乾隆帝下了死命令，必须在40天内或由成都、或由西宁到达拉萨。

当时的进藏路线有两条，一条从成都经打箭炉、巴塘、理塘入藏，一条从青海西宁南行入藏（即今青藏铁路所经）。前一条路较平坦，但有5000余里，后一条路仅4000余里，但据报“青海大道，并无人烟，山路极多，又无林木，冰雪甚大。兼之蒙古住牧遥远，缺乏马草，难以趱行”[1]。乾隆帝听到这个消息，非常担心。下谕说：“若青海一路实有难行之势，由福康安等熟筹，当即改道由四川赴藏，不可勉强。”[2]但福康安为了实现乾隆帝速赴西藏、收复领土的谕旨，仍然选择了路程较短而困难甚多的由青海入藏的路线。

福康安挑选精壮百余人，亲自率领从青海西宁南行，开始了隆冬季节赴援西藏的壮举。一行人等，骑马前进，每人以三马换乘，口粮锅帐、秣草料豆以至烧饭用的柴薪俱用骆驼运载，各项准备极为宽裕。行走数日，“地势渐高，山上厚存积雪，甚觉崎岖，并有川岚瘴气，早晚行走，每致头晕气喘”[3]。他们努力赶路，但求早日进藏。福康安在路上于十二月初九曾发一奏折往北

1 《钦定廓尔喀纪略》卷八。

2 《钦定廓尔喀纪略》卷八。

3 《钦定廓尔喀纪略》卷九。

京，此后，愈行愈远竟未发报。乾隆帝关念甚深，忧心忡忡。他在北京怀念行军中的将士说："然以隆冬行，草枯雪过膝，未免跋涉艰，兼之山气逼。先是有烦言，胥恐行难必，予亦为之虑，率无安晨夕。"[1]而福康安等一路披星戴月，每天寅初（约凌晨三点钟）启程，至戌刻（夜八点）驻歇，每天驻歇牧马仅七个小时，"一日所行道路，较之喇嘛番子人等行走两日路程，尚属有余"[2]。十二月十六日行至玛楚克，因携带物品太多，马匹疲乏，骆驼行走迟缓，索性精简物品，将所带柴薪减去，骆驼全部留作后队，以便轻装速行。十二月二十四日，过黄河、长江的发源地星宿海，"数百里内，溪涧交错，泉水甚多，冬令处处凝冰，远近高下，竟无路途。且该处多系沟磡沙滩，乱石纵横，与冰坎相间层积，马足倾滑行走维艰"。二十八日，过巴颜喀拉山，"地势极高，瘴气最大……人行寸步即喘，头目眩晕，肌肤浮肿，冬间冷瘴，较之夏间尤甚"[3]。其行进道路大体上是沿着今天的青藏铁路。路上，福康安先因受寒得病，后又感染瘴疠，困顿疲乏，因在木鲁乌苏河停歇两天。乾隆五十七年正月初二日到达多伦巴图尔，该地已为西藏界，达赖派员携带牛羊食物在此迎候。但进入藏界，道路依然难行，连遇风雪，气候更冷，一路无柴草可烧，唯捡拾牛马粪便作炊，马匹疲乏，倒毙累累，幸拉萨又遣人迎接，方得换马前进。一过喀拉乌苏，地势稍平。气候转暖，兼程疾走，正月二十日到达拉萨，共计 50 天行走 4000 余里，已超过乾隆帝到达拉萨的限期 10 天。这次赴西藏冒雪冲寒，长途跋涉，为行军历史上所罕见。

此后，经过战斗，收复了聂拉木、济咙等后藏地区。为了驱赶侵藏的廓尔喀军，清军攀登号称"世界屋脊"的喜马拉雅山，

1 《乾隆御制诗》五集，《奎舒奏报进剿廓尔喀兵行事宜，诗以志慰》。

2 《钦定廓尔喀纪略》卷一三。

3 《钦定廓尔喀纪略》卷一八。

展开进攻。廓尔喀军虽有英国供应的先进枪炮，仍抵挡不住清军的凌厉攻势，节节败退。清军翻越山脊，进抵山南，离廓尔喀都城阳布（今加德满都）仅数十里，其战斗详情不赘言。

清军虽战胜，也遭遇严重困难，气候寒冷，冰雪载途，山高路险，粮运不继，登山的8000名清军因战、因病、因饿而大量死伤减员，仅余5000人。

时间已到阴历八月，马上就要大雪封山，如果战争拖延下去，封山之后，山路不通，粮食不能运过来，军队也不能撤回去，势将坐以待毙。好在福康安离京时，乾隆帝嘱咐他，此战意在收复后藏，并警戒敌人，不求割占廓尔喀土地，福康安遂与廓尔喀国王议和。约定：今后不得犯边，并归还从中国后藏抢掳的金银财物和御赐班禅六世的金册，廓尔喀派遣大臣到北京进贡驯象、番马、孔雀、毡绒及乐工13人。福康安遂于乾隆五十七年八月二十一日率大军回国。此后200多年，两国边界安宁，和好无事。

（摘自《当代名家学术思想文库》，万卷出版公司，2011年）

纪念郑成功

1992年是郑成功逝世330周年，也是他收复台湾330周年。我们所以要纪念他，因为郑成功在330年以前收复了我们的宝岛台湾，驱逐了荷兰殖民主义侵略者，保卫了祖国的神圣领土。同时，他又开始在台湾进行大规模的开发，促进台湾的经济文化发展，因此他的功绩是十分巨大的，中华民族的子子孙孙都不会忘记这位伟大的民族英雄。

台湾自古以来是中国领土。高山族和汉族移民，世世代代都生活在这里。到明朝末年，荷兰强占了台湾，时间长达38年之久，任意掠夺，屠杀中国人民。当时郑成功正在福建沿海进行抗清斗争，这场斗争非常艰苦，是一场反抗国内的民族歧视、民族压迫的斗争。在这场斗争中，郑成功锻炼出一支强大的队伍。1661年，郑成功抱着收复祖国领土的决心，同时也为了要把台湾建成一个抗清的根据地，率领他的军队，从金门岛出发，经过澎湖，在台湾人民的支援、配合下，经过将近一年的战斗，打败了荷兰侵略者。1662年2月，也就是离开现在330周年，完全打败了荷兰，驱逐了荷兰殖民主义，收复了祖国的宝岛。从此台湾又回归祖国的怀抱。郑成功在保卫祖国领土完整、反对外来侵略方面做出了巨大的、不朽的功勋。

大家都知道，中国是个文明古国，历史悠久。但中国在古代由于地理环境隔绝，交通不便，虽然和欧洲各国有所交往，但交往并不很多。除了元朝蒙古以外，中国和欧洲国家没有打过仗，直到世界进入资本主义原始积累时期，欧洲国家向海外扩张。葡萄牙、西班牙、荷兰、英国、俄罗斯先后来到中国，殖民主义的浪潮卷向远东。这样中西方两种文明、两种制度发生了冲突。中西方的第一场大规模的战斗，就是郑成功的收复台湾。当时，欧洲殖民主义先后在全世界、在美洲、在菲律宾、在南洋、在印度、在非洲、在世界各地横行无忌，可以说是势如破竹，但是他来到中国时，在中国碰到了坚强的、有组织的抵抗。殖民主义的逆流被阻挡，郑成功的反侵略斗争取得了伟大的胜利，驱逐了荷兰侵略者。在郑成功收复台湾 20 多年后，即康熙中叶，当时俄国已从西伯利亚侵略黑龙江。17 世纪西方侵略中国有两个方向，一个从东南海上，一个从西北、北部侵略黑龙江。在郑成功收复台湾以后 20 多年，清朝康熙皇帝也跟俄国在黑龙江上打了一场战争，也取得了胜利，后经谈判订立了“中俄尼布楚条约”，划分了中俄两国的东段边界，这是中国 17 世纪对西方早期殖民主义的两次伟大的胜利，从两个方向挡住了殖民主义潮流的冲击，这是值得肯定、值得歌颂的。

郑成功的伟大历史功绩是我们永远不能忘记的。他在收复台湾的同时，就开始对台湾进行有计划的、大规模的开发，使台湾的经济、文化从此迅速发展。我们都知道台湾的土地很肥沃，物产很丰富，但自古以来人口很少。虽然已经有居民，有高山族人、汉人，但人数很少，经济上没有得到开发。郑成功的父亲郑芝龙曾经向台湾移民，但人数也不是很多。等到郑成功的时候，率领大批的军队，以及他们的眷属，还有好多的平民进入台湾，并且带来了先进的农业技术，带来了农具、种子、耕牛，因为郑成功想把台湾建成抗清的基地，所以一开始就非常重视台湾的建设。他在到达台湾打败荷兰以后，就发出布告，告诉军民、官兵，容许他们尽力开垦荒地，建造房屋，作为世世代代的产业，实行亦兵亦农、农兵合一的制度，所以他的军队都参加农业生产。同时也允许平民开垦土地。虽然郑成功到了台湾不久就去世了，但他的这种要经营台湾、开发台湾的思想，他的政策、制度被后人所继承，他的后继者，他的儿子郑经，继续开发台湾，招徕了福建沿海的人民到台湾去，特别是闽南人，泉州、漳州人，另外就是广东的潮汕人，以及客家人。这样，大陆的先进的农业技术，先进的文化，在台湾迅速地传播，同时兴修水利，减轻赋税，提倡各种作物，特别是种甘蔗，使台湾出现“糖谷之利”。糖和大米大量运往大陆。几年之内台湾的人口和经济有了很大的发展。在郑成功到了台湾以后，当时台湾的汉族人口大概只是十多万（有的说 20 多万，有的说 15 万，有的说 12 万，大概就是十几万人）但是 150 年以后翻了 10 倍，也就是鸦片战争前达到了 200 万，鸦片战争到现在又是 150 年，现在大概将近 2 千万，又翻了 10 倍。所以从郑成功进入台湾后，人口大量增长、经济迅速发展，大规模地开发台湾得以开始。同时从郑成功到了台湾、收复台湾，大陆的文化也传播到台湾。主要是福建的文化。我们现在把闽台文化连在一起讲就是这个道理。特别是闽南文化，台湾方言主要是闽南话。衣食住行、民风习俗和泉州、漳州几乎是一样。儒家的文化也在台湾得到了推广，最早的孔庙是郑经建立的。许多民间的宗教信仰也跟福建广东沿海一样，像妈祖，像观音、关羽（关公）这种信仰台湾都跟大陆一样，所以台湾文化实际上是闽南文化的一个分支。康熙年间，台湾和大陆统一了，清朝继续进行开发台湾，泉州、漳州这一带人是开发的主力。当年到台湾种地的人，很多是单身的农民，他们的妻子、儿女、父母都留在大陆，每年春天去种地，冬天回大陆，所以大陆和台湾有着割不断的血缘上的联系，有经济上、文化上、政治上的联系。台湾现在的经济很繁荣、生活很富裕，跟大陆的交往也越来越频繁了。饮水思源，我们缅怀 330 年前郑成功既要和清朝打仗，也要和荷兰作战，在那种艰苦的环境中，英勇抗敌，收复台湾、驱逐侵略者，又开始了大规模的经济开发。这种战斗、开发的功绩，这种荜路蓝缕的辛劳，永远值得我们景仰，郑成功的名字，应该永远在中国的历史上大书特书，彪炳于史册。今天我们纪念郑成功，就是要继承他坚强不屈，反对侵略的爱国主义的伟大精神，就是要学习他草创开辟、艰苦奋斗、发展经济的伟大精神，就是要发扬他宏图大略、建设国家、造福人民的伟大精神。这样来促进我们海峡两岸人民的团结，加强海峡两岸人民的交流、往来。

郑成功是我们的伟大的民族英雄，也是我们中华民族的骄傲，也是我们炎黄子孙学习的榜样。纪念他，就是为了今后更好地激励我们前进，早日实现祖国的统一，早日实现祖国的繁荣和富强。

（原载《泉州学刊》1992 年第 3 期）

抗法保台　功不可没
——纪念刘铭传

1996年是刘铭传诞生160周年，也是他逝世的100周年，安徽省召开学术研讨会来纪念他，因为刘铭传在中国近代史上是一位杰出的人物，是一位爱国将领、有远见的政治家，他对国家和民族做出了重大贡献。

刘铭传生于1836年（道光十六年），逝于1896年1月（光绪二十一年十一月）。他的历史活动可以分成两段：前一段是在同治年间的8年，年龄是二十五岁到三十三岁之间，后一段是在1884年中法战争及其以后，大约也是8年。第一个8年，他跟随李鸿章到上海参加淮军，组织铭字营，和太平军作战，以后又和捻军作战，可以说是8年的戎马生涯。铭军是清政府军队中首先使用洋枪洋炮、聘请外国教练进行训练的，在当时是一支战斗力很强的部队。刘铭传在这一时期是镇压太平天国和捻军的急先锋。在这以后，他回到安徽，休闲在家长达16年之久。在中法战争中，清政府起用宿将，把他请出来，他在四十八岁时以巡抚衔督办台湾防务，跟法国侵略军作战，以后又任福建巡抚，并首任台湾巡抚。到了1891年，他辞官回乡，最后在安徽逝世。

我们肯定刘铭传的功绩，是因为他在后八年中做了有功于国家的事情，主要就是反抗法国的侵略和建设台湾。任何人对国家、对民族做了好事，人民是不会忘记他的。刘铭传的历史功绩首先和当时的历史背景、历史条件有关。当刘铭传年轻的时候，适逢中国大地上农民革命大潮汹涌澎湃，地主阶级和农民阶级正在进行生死搏斗，当时，刘铭传站在地主阶级一边，镇压农民军，以“军功”封一等男爵。但 16 年以后，刘铭传第二次出山的时候，中国的形势有了很大的变化，帝国主义侵略步步深入，在中国的南边，云南发生了英国人马嘉理被杀的案件，当时英国侵占缅甸，法国侵占越南；西边发生了俄国占据伊犁的事件；同时，日本又侵入台湾，派出了 3000 名远征军，借口琉球人被害事件入侵台湾等，发生了一系列严重的边疆危机。1884 年进而爆发了中法战争。刘铭传正是在国家危急时刻，挺身而出。他出来的时候，中法已经交战，当时有三个战场：一个战场在越南北部，是陆战；一个战场在福建马尾，是海战；再一个战场就是台湾，主要在台湾北部基隆、淡水、台北一线。刘铭传就是在这种背景之下，出山督办台湾防务的。

从刘铭传后八年的事业来看，他主要做了三件事情：第一件就是抗法，反抗法军对台湾的侵略；第二件是建省，即台湾建省；第三件是台湾的建设，包括经济、文化建设。这三件事应该说都是具有爱国精神的。

第一件事，在抵抗法国军队、法国侵略军方面，刘铭传是坚决的主战派，反对妥协。但他不是空谈，不是坐在那里发表议论，而是到第一线亲自指挥作战。1884 年 6 月底，他在北京奉旨督办台湾防务，这时中国的形势很危急，法国的军舰麇集在中国的海面上，东南海疆战云密布，台湾是海中孤岛，岌岌可危。刘铭传可以说是受命于危难之际。他的任务是非常艰巨的，也是非常危险的。其实，当时他完全可以推辞不到台湾，因为李鸿章再三要求他留在天津帮办军务，但在这个关键的时刻，他义无反顾，而且是受命即行。在奉到圣旨，向皇太后、皇帝请训后立刻就走。他是 6 月 20 日请训，请训之后到天津，与李鸿章商量，商量以后就启程去台湾，7 月 16 日到达基隆。不到一个月时间就到达台北，速度不可谓不快，而且他是排除法方追踪秘密渡台的，因为当时海上法国军舰很多。

刘铭传到达台湾以后半个月，部署稍定，便于 8 月初立即投入战斗。有人说刘铭传受李鸿章影响，消极应战，我看他的时间表，不像是消极应战，而是非常积极，在抗法保台上，态度非常积极。可以比较一下，鸦片战争中，有一位统帅叫奕经，是道光皇帝的侄儿，被任命为浙江方面统帅，去抵抗英国侵略军。他从北京到杭州，走了四个多月，比较起来，刘铭传的行程是非常的紧促。说刘铭传受李鸿章影响而态度消极，对他可是一个极大的误会，因为如果真是那样，那么，第一，他不会接受任命，因为这是一件危险而吃力不讨好的任务；第二，他可以走得慢一点，稍微慢几天，刘铭传就进不了台湾，因为 8 月初法军就炮轰基隆，封锁海面了。可以说刘传铭是披星戴月赶到台湾去接受指挥的任务，而且立即投入战斗。

那么，他在台湾的战绩如何？我觉得应该说是很出色的，指挥也很出色。因为台湾孤悬海中，被法国舰队封锁，得不到大陆的接济，刘铭传孤军奋战。当时法国军队在台湾的力量很大，法国海军司令孤拔把全部的海军都集中在那儿，所以刘铭传在台湾基隆作战、在沪尾作战、在淡水作战，为保卫台北，打了很多漂亮仗。八个月的作战，尤其是沪尾一仗，据说歼毙法军 300 多人，这在当时是个相当大的数目。法国军队在这八个月里始终未能攻进台北。当时法国准备占据台湾，以此作为迫使清政府赔款、割地的砝码，但是没有得逞。刘铭传是在敌强我弱的情况之下和法国军队作战，因此，他唯一能采取的正确战略是防守。这是一种积极防御战略，因为法国有军舰的强大炮火，所以他只能在近海一带，而不能在海边作战。在海边作战非常不利，后来他还退守内地山区，诱敌深入，采取伏击战，避开法军强大的火力。同时他还组织团练，组织起一支庞大的民众队伍来配合军队作战。正因为他实行了这种正确的战略，才能够支持八个月之久。在整个近代战争史上，能够面对强敌在一个地方支持八个月，这种情况也很少。

当时法军寸步难进，虽占领了基隆，但再也不能向前推进，它想占领台北，但占领不了。有人责备刘铭传没有经过战斗就放弃了基隆，说他是怯战，这是不对的。当时法国军队分成两路，一路进攻基隆，一路进攻淡水、沪尾。基隆已遭到炮击、破坏，不利防守，刘铭传主动撤出，确实没有经过大的战斗，是主动撤退，目的是集中兵力防守淡水、保卫台北。我们看近代海防战争，一个重要的教训，就是在敌强我弱的条件之下，该不该采用战略撤退，而不计较于一城一地的得失，哪怕这个城市再重要也不能计较。我看后来在甲午战争中一个很重要的失策，就是清政府害怕日本军队攻入北京，它背着北京的包袱，就不能够坚持下去。刘铭传当时的撤退不是不战而逃，而是集中兵力打击敌人，是为了更有效地打击敌人。在敌强我弱的情况下，分散兵力，两个拳头打人，既要防守基隆，又要防守淡水，恐怕是不行的，所以他的撤退，我认为是必要的撤退。这是关于他抵抗法国侵略的问题。

第二件事，是关于台湾建省。清政府在台湾建省，主要是基于抵抗外国侵略的考虑，因为从鸦片战争以后，台湾一直是在风口浪尖上，一直是外国侵略的目标。鸦片战争的时候，英国军队就在台湾登陆，当时姚莹与达洪阿进行了顽强抵抗；以后是美国的海军将领贝尔率领军舰来到台湾；再以后是 1874 年日本派了 3000 远征军侵入台湾，王家俭先生（台湾师大历史系教授）说，当时是铭军将领唐定奎率部驰援台湾，他也是安徽合肥人，后来通过和谈解决了，清政府赔款白银五十万两，日本撤退；到了中法战争中，又是法国军队入侵。所以，鸦片战争以后，台湾一直处在外国侵略者的炮口之下，为了加强海防，所以清政府要在台湾设立行省。中国有几个行省都是在近代设立的，一个是新疆，是为了抵抗俄国的侵略；再一个就是台湾，为了抵抗列强海上的侵略；后来为了抵抗日俄的侵略，又在东北设立东三省。

当时主张台湾设省的先后有沈葆桢、丁日昌、左宗棠、杨昌浚、刘铭传等。他们的主张当然不完全相同，有的主张设省，有的主张把福建巡抚移驻台湾，但他们的基本精神是一致的，就是提请清政府重视台湾的战略地位。1885 年，清政府采纳了这个意见，决定在台湾设省，刘铭传担任第一任台湾巡抚。有人说，刘铭传对台湾建省不积极，因为拖了两年之久，才在台北建立起巡抚衙门。当然这是学术意见，可以讨论。我觉得刘铭传对台湾建省还是比较积极的，但他确实有不同意见，他曾向清政府提出暂缓设省的意见，清政府没有采纳。他之所以提出这个意见，是有一个长远的考虑。他认为建省应该有充分的准备，应该有步骤、有计划地进行。他说，要建省，首先要解决几个问题，一个是办防，就是防务、防御；一个是练兵，就是训练军队；一个是理财，就是清理财政；一个是抚番，就是招抚少数民族，即当地的土著居民。他又认为，福建与台湾声气相联，互为一体，不要一下子切断联系，如果一下子切断了军事、财政的联系，台湾就不可能存在。正是由于这个原因，他建议暂缓设省，先做准备工作，这个意见被清政府否决了，但清政府对他的建议里的许多主张是采纳的。比如刘铭传讲到台湾单独建成不了一个省，与福建关系太密切，后来决定由福建每年协饷四十四万两，这是一个相当大的数目，台湾全年协饷才八十万两，福建就承担了四十四万两，另外，福建海关还有一部分资助经费不算在内。他是靠福建的财政支持，才能建立起一个省来，没有这笔财政支持是很难的，因为当时台湾的财政收入很少，所以要协饷。如果刘铭传对建省不积极，清政府就不会任命他为第一任台湾巡抚；即使清政府任命他，他也不会接受这个任务。刘铭传这个人对名看得比较淡，而且从他担任台湾巡抚以后的紧张工作来看，他对台湾的建省热情很高，工作认真，贡献巨大。这是我对台湾建省中刘铭传作用的一点浅见。

第三件事，关于台湾的建设。刘铭传担任巡抚以后，在六年多的时间里做了大量的工作，看了他的奏折，觉得这个人真是精力充沛，是实干家，使得台湾从一个新建的、后进的、不能自给的省，一跃而成为全国先进的、能够自给的、近代化水平居于前列的一个省。六年多的时间里，他的工作非常多，非常繁忙，可以说是百废俱举，也可以说是与时间赛跑。读他的奏折，会感受到他那种想把台湾迅速建设起来的非常迫切的心情，这完全是出于他的一片挚诚。他感到台湾是东南七省的门户，孤悬海外，列强随时都会插足，如果不赶快建设，就不能永保严疆。在他的奏折中，这种对国家负责的精神、爱国的精神溢于言表。

从台湾近代化建设的实际情况来看，也是如此。他建筑了全国第一条铁路（除唐胥铁路外，但只有 18 里），开创之功不可没。基隆到台北一段，1891 年竣工，后来向南续修，虽然花的钱比较多，但是这条铁路是自己建筑、自己管理的，不像后来的铁路，除京张路以外全由外国人所建。他创办了中国第一个邮政局，中国最早的邮政局是由他在台湾创办的。在 1888 年就开设了，而全国的邮政总局在戊戌变法前夕才开设，晚了 8 年。他第一个引进华侨资本，派人到新加坡去招商，利用华侨资本。他第一个架设铁路大桥——淡水大桥，这在当时应该是很雄伟的，而且是由中国的工程师自行设计的。他经营了全国第二大煤矿——基隆煤矿，近代煤矿最大的是唐山的开平煤矿，李鸿章办的。当然，基隆煤矿在刘铭传到台湾以前已经开设了，但后来是由他经营并发展起来的。他还搞了全国比较早的市政建设——台北市政建设，台北本来比较荒凉，他修建了几条大街、房屋，比较早地使用了自来水、煤气灯。并且比较早地在台湾制造银洋，设立新式学校，使用电报，安装海底电缆；改编、训练军队，开设兵工厂，建筑防御工事；还有整顿吏治，兴修农田水利，清丈土地。他的清丈土地工作在台湾很有影响，有人说他为台湾农业的现代化奠定了基础。此外还发展对外贸易，出口樟脑、蔗糖，招抚少数民族等。有人说他的精力过人，一看他的工作就吓一跳，六年多的时间内干了那么多事情，当然头绪繁多、工作紧张。

在刘铭传任内，全省的财政收入有很大的增长，据说从每年的九十万两增加到了三百万两，所以五年以后，福建的协饷就取消了，台湾再不是一个财政补贴省份。当然以后台湾的经费还是很紧张，因为上的项目很多。从总体上看，他的这些建设远远超过大陆上的其他省份，当时没有哪一个省能在六年多的时间里干那么多的事情。清代末年，全国许多督抚仍然头脑保守、思想顽固，不懂经济建设。但刘铭传确实有远大的抱负、远大的理想，他曾经立志要用10年的时间使台湾富强，成为东南的门户，成为各省的模范，成为抵抗外来侵略的前哨堡垒。在他的奏折中表达了这样的意思。虽然他在离任前没有完全实现，他也没有当上10年巡抚，只当了6年，但这个成绩相当突出。所以《台湾通史》的作者连横称赞他：“台湾三百年间，吏才不少，而能立长治之策者，厥维两人：曰陈参军永华、曰刘巡抚铭传。”连横认为这两个人对台湾的贡献最大，这两个人都是有远见的政治家。

当然，刘铭传的这些近代化建设也遭到了批评，有人说刘铭传想做的事情太多，摊子铺得太大，影响了效果。刘铭传建设台湾的摊子是否铺得太大，这个问题我没有研究，不敢发表意见，可以进一步讨论。至少，他是为了增强当时台湾的军事、经济实力。这种只争朝夕、勇于任事、知难而进的精神是十分可贵的，比起当时大多数的封建官僚庸庸碌碌，无所事事，是不可同日而语的。试想在一百多年前搞建设，没有经验，没有人才，没有资金，整个官僚机构已经腐败，效率很低。刘铭传处在那样的大环境中搞建设，当然要受到各方面的制约，在建设中当然会有种种失误，这并不奇怪。他没有经验，第一次搞，在他之前李鸿章也搞过一些，但没有刘铭传上的项目那么多，而且刘铭传与大陆洋务派有一点不同的地方，就是他非常重视商民的力量，强调商办，他想把基隆煤矿归商办，铁路也归商办。他上奏主张把经营非常困难的基隆煤矿改归商办，官方不过问，就因为这一点而受到清政府的责备，清政府坚决不同意商办，而且给刘铭传以处分，交部议处。刘铭传也正因为这一点而称病辞去台湾巡抚。自己的主张得不到实行，宁肯不干。这一点比他同时代的许多洋务官僚唯唯诺诺、缺乏主见、没有责任心更是高出一筹。

总之，刘铭传在台 8 年，在抵抗法国侵略、台湾建省和建省后进行经济、文化建设方面，做出了卓越贡献，他是中国近代史上杰出的爱国主义人物，是台湾近代化建设的先驱。当然，刘铭传处在那个时代、那种地位，也像所有的历史人物一样，有他的缺点，有他的局限。评价历史人物要从大处着眼，从大的历史潮流中来进行评价。刘铭传在近代史上，的确是一个值得大书特书的人物。他身上闪耀着爱国主义的光辉，他在抗击法国侵略、推动台湾近代化建设等方面做出了不可磨灭的贡献，值得我们永久纪念。

（摘自《语冰集》，广西人民出版社，1999 年）

从大清史角度看待
刘铭传保台建台的意义

我们目前在党中央、国务院领导的重视和支持下，正在开展重新纂修大型《清史》的工程，盛世修史，这是我们国家和民族的优良传统。由于清王朝是我国历史上的最后一个封建王朝，它的后期已经进入近代社会，对于当代社会有着直接的影响，我们在当代所面临的许多重大问题，如经济建设、政治改革、文化发展、中外交往、人口、宗教、民族、边疆、生态、城市化、地区发展不均衡等问题，都要追溯到清代才能了解其缘由。所以清史的修纂，不仅是我们在新世纪的一个标志性文化工程，而且对于我国现阶段的社会主义现代化建设，有着极为重要的借鉴和参照价值。现在，大清史工程的通纪、典志、传记、史表、图录以及基础文献、译著等各个部类的子项目已经逐步分解、承包下去，正在有条不紊地进行。

那么，如何从宏观的角度来认识和把握清代历史呢？美国有一位华裔历史学家黄仁宇，写过一部《中国大历史》，他讲的是中国上下五千年的宏观历史，影响比较大。我们要修纂的这部大清史，资料浩瀚，事理纷繁，也应该有一个宏观的思路。我在去年8月份上海举行的《世界中国学论坛》上，曾经提出，要从三个视角来认识清代历史的发展：第一个视角是从传统走向现代社会这样一个过程来看待；第二个视角可以从国内民族、地区和国家统一的高度来把握；第三个视角是从世界一体化进程这样一个角度来观察。

从第一个视角看，中国在经历了漫长的封建社会后，到清王朝的康雍乾时期，它的综合国力可以说达到了一个新的鼎盛时期，出现了封建社会的最后一个盛世——康乾盛世。一个显著的例子就是乾隆时期中国有 3 亿人口，而当时全世界一共才有 9 亿人口，要养活这 3 亿人口，就需要大量生产粮食，中国以农立国，在当时分散的小农耕作方式下，要做到丰衣足食很不容易，乾隆朝基本上做到了。乾隆本人是一个十分勤勉的皇帝，宵衣旰食，昼夜辛劳，他一生写了 41800 余首诗，相当大的一部分有关气象、灾害和农业收成的。在当时，西方产业革命以前，欧洲国家也是靠手工劳作，也没有工厂制度和机器生产，中国和西方相比，生产力差距不是很大。而且中国是大国，英法都是小国。从中国国内生产总值来讲，应该说她的整个 GDP 接近于全欧洲的 GDP。也许正因如此，所以当英国派马嘎尔尼来华时，乾隆才会说出“天朝物产丰盈，无所不有，原不藉外夷货物，以通有无”的话，并坚持实行闭关锁国政策。

但尽管如此，中国也受到许多问题的困扰。一个就是人口多。人口多，人均生产就少。当时中国人均土地是 3.5 亩，而英国当时人均生产土地折合成中国的亩则是 10 亩，是中国的 3 倍。农村的富裕能够为工业化提供充分的资金、充分的原料和广阔的市场；再就是中国封建统治者在统治上坚持封建专制主义，而且闭关锁国，失去了向世界先进国家学习的机会。

因而自 18 世纪西方英法诸国实行产业革命以后，中国的经济就落后了，而且距离一步一步拉大，可以说一落千丈。落后就要挨打，先后有过两次鸦片战争，中国可以说是被洋枪大炮轰出中世纪的。这时候中国的先进人士为了救国救民，想了各种办法进行富国强兵，于是有了洋务运动、戊戌变法、辛亥革命、五四运动，向西方学习，把西方国家的许多新事物，一件一件搬到中国来。但是，中国长期的优势文化，对外来事物有一种强烈的抗拒力量，形成一股极为强大的保守势力，所以长时间之内形成了“新学”和“旧学”、“中学”和“西学”之争，近代化进程步伐十分缓慢。

从第二个视角看，中国多民族国家的形成和国家的统一，现在的这个基础是在清代奠定的。中国是个版图广阔、民族众多的国家，中央地区有汉族，人口多，有悠久的文明。周边地区有游牧民族、山地民族，从匈奴、鲜卑、突厥、契丹，到女真、蒙古，他们在历史上都曾经是组织良好、武力强大、具有勇敢精神的民族。中国历史就是在这样一种多民族的、各地区间的交往、斗争、融合、统一中前进。到了清代，统一融合的力量大大增强，尽管各民族、各地区之间也有很长时间的战争。但是，到了乾隆以后，中国基本上形成了民族大家庭，民族的凝聚力大大增强，地区的联系也大大加强。满族作为一个统治民族，他懂得要和汉族相处，所以他努力学习汉文化。另外，满族作为一个少数民族，它又理解少数民族的要求，理解少数民族的心理，知道怎么尊重他们的风俗习惯，所以在统一中国以后，它是按照各个地区、各民族的特点，分别设立行政机构，这在中国历史上是没有的。清朝在东北和伊犁地区设立将军制度，在蒙古设立盟旗制度，在西藏设立噶厦制度，在维吾尔地区沿袭以前的伯克制度，在西南少数民族地区改土归流，实行和中央地区一样的行政制度，所以他是因地制宜、一国多制，这是他非常成功的一方面。可以说中国历史到了清代，游牧民族和农耕民族之间长期的战争情况大大缓和，中国的民族团结和睦关系达到了史无前例的程度。所以清朝三百年留下了一个非常重要的遗产，就是民族团结和我们版图的统一。因此近代以后，帝国主义入侵中国，尤其是从19世纪70、80年代起，我们国家面临着严重的边疆危机，新疆、台湾就在这时候先后建立行省，这是当时的清政府回应列强觊觎瓜分企图的重大举措。中国并没有分崩离析。多民族的和睦相处、国家领土的不可侵犯，是我们民族凝聚力的一个重要标志。

第三个视角是从世界一体化的角度，看待清代中国是如何融入这个一体化进程的。古代世界的几个大文明板块，是相互隔离、不相往来的世界。从哥伦布发现新大陆以后，各大洲之间的地理距离缩短了，全球逐步走向一体化。这个一体化的进程，在鸦片战争前的几个世纪里，可以说是腥风血雨，充满了殖民侵略、战争、掠夺。殖民地国家为发达国家提供了大量资金、原料和廉价的劳动力，为西方国家的发展做出了很多的贡献和牺牲。随着清朝国力的衰落（衰落的重要原因之一就是由于闭关锁国），中国到鸦片战争时，国门也被打开，国人所要面对的是伴随着军舰大炮滚滚而来的商品、资本输入和生产原料、廉价劳动力的掠夺等资本主义市场经济和生产方式，面对的是一个三千年来前所未有的“大变局”。我们这个民族要在这样一种世界一体化的过程中生存和发展下去，就必须急起直追，向西方学习，也就是向侵略自己、掠夺自己的敌国学习，学习他们先进的文明。孤立于世界之外，视野狭窄，闭门造车，肯定是不行的，要遭到淘汰。我们的近代化就是在这样一个特殊的历史背景下开始起来的，这里面有许多深刻惨痛的教训。今天的中国，正在和平崛起，我们提出缔造和平的世界环境，以保障中国和人类的安全。在和平的环境中，中国才能崛起，而中国的崛起对世界的和平会增加保障的力度。我想这是我们在新世纪的一个重大课题，我们必须要善于和世界各国相处，中国绝对不会再重蹈清朝覆辙，再回到那个闭关锁国的时代。

以上述三个视角构成一个坐标，我们再来考察刘铭传在台湾的活动，是不是可以在更为广阔的视野里得出更加深远一些的认识呢？结论是肯定的。

其一，中法战争爆发，法国方面意图以它的远东特遣舰队迅速占领台湾，夺取一两个港口“踞地为质”，作为向清政府讨价还价的筹码，台湾作为“东南锁匙、七省门户”的战略地位因而凸显。对法方的企图，清方的高级统帅如李鸿章、曾国荃等也都十分清楚，问题是谁是最合适的台湾方面的军事统帅？一个重要的事实是，自 19 世纪 70 年代起，尤其是海防大讨论以来，李鸿章系统的淮军已经逐渐在东南沿海一带层层布防，成为国防军的主力。当时，直隶有周盛波、周盛传的盛军，山东有吴长庆的庆军（一度驰援朝鲜），浙江有刘秉璋的良军，广东有张树声的树军，广西有潘鼎新的鼎军，长江口的吴淞口和江阴炮台，也都有淮军的开花炮队驻守。至于台湾，早在 1874 年日本军队入侵时，就有刘铭传旧部将领唐定奎率领 6500 名铭军将士前往驰防，有力地支持了钦差大臣沈葆桢的谈判。因而就全局的战略态势来讲，由刘铭传出任台湾防区的最高军事长官，是最好的选择，以他的资历勋望，足可以与负责沿海各省防务的淮系大员相互援应，联络一气；同时，以他的军事才华和胆略，亦足以在台湾率领孤军奋战、独当一面。所以，当清政府下诏起复他时，他毫不犹豫地辞安就危，也就是谢绝了李鸿章要留他在北洋帮办军务的好意，刻不容缓的奔赴台湾。这里面，可能有他个人获取封疆大吏的功利目的，但从总体上看，他的这一举动是符合清政府保卫台湾、捍卫国家领土完整的战略意图的。后来，他在台湾采取“拖”的方式，坚持持久战，想方设法拖住孤拔部队的主力，牵制其不让北上；并且在岛内努力争取做到军民合作，湘淮合作，是很有大局意识的。

其二，台湾建省后，百废待举。我在前面说过，他在很短时期内能够取得那么多的成效，是很不容易的，要付出难以言计的精力和心血。他这么做，目的只有一个，就是要“思以一岛基国富强”，而且要为全国“树之范”，也就是要把台湾建设成为近代化的样板省，作为全国的典范。因为，他深知，在大陆各省，保守势力过于强大、盘根错节，牵一发而动全局，实行新政、改革，阻力重重；而台湾虽然经济基础差一些，但改革的阻力相对也小，容易做出成绩。加上他本人出身下层，没有科举功名，反而较少封建正统思想的束缚，在行动上有着“敢为天下先”的创新意识，并且一旦确定目标，就毫不犹豫地付诸实施，也不在乎自己头上的顶戴乌纱，这在晚清社会从传统向近代化的进程中，像他这样一辈的方面大员中，是极为难能可贵的。

其三，他在台湾的防务问题上也是只争朝夕。中法战争后，他把加强台湾防务的重点集中在北部，在台北、基隆、淡水以及澎湖列岛都修建了许多新式炮台，一个重要的问题就是防御野心勃勃的日本军国主义侵略势力，他曾经登上基隆炮台，遥望东北的日本方向，激励部下说，我们再不抓紧建设好台防，不出10年，就要成为对方的俘虏。这都说明，他是一个深明国家民族大义的杰出政治家，是胸怀全局、具有远见卓识的战略家。在新旧交替，传统和现代化艰难转轨的晚清社会，能有这样一位杰出的政治家、军事家，作为首任台湾巡抚，承担起保卫台湾、建设台湾的历史重任，是台湾之幸，也是国家民族的光荣与骄傲。正因为如此，所以我们海峡两岸的人民才会不断地以各种方式缅怀他、纪念他。

1985年的第一次刘铭传学术研讨会，当时还只有大陆学者参加，会议讨论本着实事求是、解放思想的精神，把历史上一直将刘氏作为淮军干将，是追随李鸿章镇压太平军、捻军的刽子手的形象翻了个，认为他可以归入近代爱国者的行列，为保卫和建设台湾出了力。这也可以说是一次学术上的拨乱反正。10年以后，随着研究视野进一步拓展和两岸学术交流的蓬勃开展，在1995年的第二次刘铭传学术研讨会上，来自海峡两岸的与会学者，围绕刘铭传领导的抗法保台战争、刘铭传抚台期间台湾的近代化建设、刘铭传与晚清集团人物关系研究、刘铭传的历史定位四个方面展开了热烈讨论，充分肯定了刘铭传的历史功绩，用大量无可辩驳的史实，批驳了“台独分子”鼓吹的“台湾的近代化始自于‘日据时期’的日本殖民总督后藤新平”的谬论。一致认定：刘铭传是一位杰出的爱国将领、有远见的政治家、台湾近代化建设的奠基人。他为维护祖国领土的统一和完整、为保卫台湾和建设台湾，对国家和民族做出了重大贡献。这就使得我们对刘铭传的认识达到了一次飞跃和提高。

但是这仍然还不够。我翻阅过前两次会议的论文集，对于刘铭传抗法保台的战略战术、他在建省过程和台湾近代化建设各项事业所取得的各项成就，都已经有了许多详尽的论述，但是大多侧重于对刘铭传个人事业和功绩的评述。现在又是10年过去了，在新的时代条件下，我们又能有哪些新的发现和新的结论呢？首要的前提当然是从材料出发，我们在即将完成的新编《李鸿章全集》里，看到了李鸿章关于刘铭传在台湾抗战期间的各类往来电稿200多封，内容涉及保台战略技术、后勤补给、通讯联络等各个方面，充分反映了这位淮系首领对于老部下身处孤危绝境的悬系关切之情。在《翁同龢文献》里，可以看到身为户部尚书的他，是如何竭力撙节筹措，为台湾办防和建省初期的协饷经费多方设法。我们也知道，在第一次海防大讨论中与李鸿章意见相左的左宗棠，在中法战争后期以钦差大臣回到福建前线督办军务，他临终前的奏折是极力主张清政府“大治水师”并将台湾改建为行省。他的老部下杨昌濬在闽浙总督任上，不分湘淮畛域，慨然向台湾新省提供年协饷44万两。另外一位清流名臣张之洞，也对台湾的抗法战争表示了实际的支持。这些人都是当时朝中的一等重臣。我们再从李鸿章的奏稿里，可以看到李鸿章为龚照瑗、邵友濂这两位在上海为台湾转运军械、兵员出了大力的道员的请功折；从怡和洋行的档案里，看到另一位道员盛宣怀是如何为刘铭传筹款并通报军情的；从正在整理的淮军文献《周盛波周盛传兄弟手札》

里，可以看到他们是如何向刘铭传提供军援、引荐人才的。整个中法战争期间，吴宏洛、聂士成、王诗正等各路湘淮援军及其军械粮饷，在沿海江、浙、闽、粤渔民冒死突破法军封锁线的护送下，源源不断地抵达台湾。在基隆、沪尾保卫战的战场上，一共有1600多名湘淮军将士血洒疆场，牺牲在保卫祖国的最前线。

这一切都说明，在当时外敌入侵的严峻形势下，无论洋务清流、湘系淮系，也无论上官下吏，平民百姓，他们对于祖国宝岛台湾的兴亡安危所表现出来的极度关切和血浓于水的骨肉同胞之情，是刘铭传能够面对强敌浴血奋战、呕心沥血建设台湾的不竭动力。站在刘铭传身后的，是整个祖国。刘铭传保台建台业绩所彰显的，正是这样一段两岸同根的历史。

（原载《新华文摘》2006年第6期）

清代书法家论略

有清一代，实为我国书法史上的繁荣期，真可谓名家辈出，佳作如林，千枝竞秀，百花争艳，书法艺术丰富多彩。大体上，乾隆以前，帖派独盛，书法家远祧二王（羲之、献之），追摹唐贤（如欧阳询、褚遂良、颜真卿、柳公权、虞世南等），归于赵董（赵孟頫、董其昌），继承传统，发扬光大，各具风格。嘉道以后，碑派复兴，书法家搜求临摹鼎彝碑版，开辟创新，另成蹊径，篆隶真草，诸体大备，达到了书法史上的高峰。

所谓“南帖”“北碑”，其分野始于晋室东迁。江左士族，雅擅风流，羲之、献之为书派南迁之祖。唯南朝不尚碑刻，文字均写于缣帛，谓之“帖”。南派疏放妍妙，长于书牍，而篆隶古字，多所变更。北派则推崇索靖、崔悦，刻碑勒铭之风气盛行，字体古质遒劲，长于碑榜，字体犹存古法。故南帖、北碑之分，实由于时代、地区之不同，书写载体之不同，书法体裁、风格之不同所致。唐太宗喜好王羲之书法，南帖遂掩北碑而上。但唐代书法家尚多识古碑者，能兼习南北书体，故卓然多书界之宗师。自宋刻淳化阁帖出，帖学更广泛流传，而汉魏碑碣，多掩埋于荒草黄沙之中，逐渐磨蚀。故宋、元、明书法家独尊南帖，其所见碑铭亦不多。清代前期承历史遗绪，唯尊南帖。董其昌书疏淡秀逸，为帖学的集大成者。特别是由于康熙帝酷爱董其昌的书法，“上之所好，下必有甚焉”，他刻的《戏鸿堂法帖》风靡海内。至乾隆帝，又好赵孟頫书，一时圆润清丽的赵体字又大行于世。乾隆帝刊勒《三希堂法帖》，收集魏晋至明末的书法家135人，分为32册，其中赵帖占5册，董帖占4册，两人的书法即占了全部篇幅的百分之二十八，可见清前期崇尚赵董的时代风尚。晚清北碑派则又痛加抨击，力诋帖学。如郑孝胥称要“以萧散宏远涤赵董之侧媚”。又说:“国朝竞学董，暗然如乡愿。”[1]康有为则称元明书法多出赵孟頫之门庭，“姿媚多而刚健少”。又称董其昌“俊骨逸韵，有足多者。然局束如辕下驹，蹇怯如三日新妇”。[2]碑学派所说固然也抓住了帖学派的某些弱点，但门户之见太深，贬斥异己，一笔抹杀，未必公正。平心而论，北碑派未必都是好字，南帖派也未必都是劣书，北碑南帖各有特色。阮元的《北碑南帖论》中曾说:“短笺长卷，意态挥洒，则帖擅其长；界格方严，法书深刻，则碑据其胜。”[3]环境和风气对艺术的体裁和风格产生决定性的影响，很难以不同体裁和风格简单地论定艺术之优劣高下。康有为说过另一段话:“人未有不为风气所限者。制度、文章、学术，皆有时焉以为之大界，美恶工拙，只可于本界较之。”这段话说得还比较公正。北碑南帖是不同时代的产物，代表不同的艺术风格，雄浑质厚和俊逸妍秀的艺术品可以并存，体裁和风格的多样化正是清代书法艺术繁荣的表现，而不是信崇汉魏，就一定要贬低元明，推尊北碑就必须把南帖说得一无是处。

由明入清，最著名的书法家是王铎、傅山和朱彝尊。王铎是南明弘光朝的大学士，以迎降清兵为士林不齿，然书法极佳，与董其昌齐名。当时著名学者黄道周曾对他揄扬备至，称:“行草近推王觉斯（王铎字）……骨力嶙峋，筋肉辅茂，俯仰操纵，俱不

1　郑孝胥：《海藏书法抉微》，崔尔平选编点校《明清书法论文选》，上海书店出版社，1994年，第956、938页。

2　康有为著，崔尔平注：《广艺舟双楫注》，上海书画出版社，1981年，第70页。

3　阮元：《揅经室集》三集卷一《北碑南帖论》，中华书局，1993年，第598页。

由人。抹蔡（襄）掩苏（轼），望王（羲之）逾羊（欣）。”[1]评价极高。但因屈节事清，书名掩而不彰。与王铎齐名的书法家傅山则恰好相反，他极重气节，清廷征召不就，以黄冠终老。他在诗里说：“作字先作人，人奇字自古；纲常叛周礼，笔墨不可补。”故傅山论字，推崇颜真卿而鄙视赵孟頫，因颜立朝正直，抗叛死节；赵则以宋之宗室而出仕于元。谓赵字“熟媚绰约，自是贱态”。[2]当时人极称赞傅山的看法：“行草书皆登宋人之堂，隶则中郎（蔡邕）以后，罕见其匹。”[3]稍后于王铎、傅山的另一位大书法家朱彝尊，是一个博学多才的学者，既精经学，又擅诗词古文。其所著《经义考》为世所重；诗词则与王士禛、陈维崧齐名；文章则与魏禧、汪琬相伯仲。朱彝尊为清代讲习汉隶之始。他把汉隶分为“方正”、“流丽”、“奇古”三种风格，以后的郑燮、翁方纲、桂馥、伊秉绶则大畅其流。

清代前期，书法家人才鼎盛，尤侗、徐枋、王顼龄、王鸿绪、陈奕禧、查嗣瑮、林佶、何焯、王澍、金农、张照、郑燮、刘墉、梁同书、姚鼐、梁巘、钱坫、永瑆、铁保等书家竞呈才华，各擅胜场。读者可以在这两册《小莽苍苍斋藏清代学者法书选集》中查找到他们各自的作品。这些书家除王澍、郑燮、金农有所变异外，均可归入南帖一派。他们在王羲之、王献之以及欧阳询、颜真卿、苏轼、米芾、赵孟頫、董其昌的基础上，继承和发展传统，在书法史上留下了众多的光辉杰作。其中最著名的，18世纪前期当推王鸿绪、王澍、张照、郑燮，18世纪后期则有刘墉、姚鼐、翁方纲、永瑆等。

1　黄道周：《石斋书论》，崔尔平选编点校《明清书法论文选》，上海书店出版社，1994年，第404页。

2　傅山：《霜红龛书论》，崔尔平选编点校《明清书法论文选》，上海书店出版社，1994年，第451、454页。

3　陈玠：《书法偶集》，崔尔平选编点校《明清书法论文选》，上海书店出版社，1994年，第580页。

王鸿绪、张照都是江苏华亭（今上海市松江）人，和董其昌是同乡，虽年代不相及，然王氏兄弟（王项龄、王鸿绪、王九龄）为董的嫡派传人，张照又是王氏之外甥。康熙帝酷爱董其昌书，爱屋及乌，宠及王氏兄弟，南巡时曾两次来到华亭王氏之秀甲园。王鸿绪之书法人称“腴润有致”。其甥张照推崇董、王的书法，谓“思翁（董其昌号思白）笔法真造化在手，有明一代推为独座，虽松雪（赵孟頫号松雪道人）亦莫能与京。学思翁者多，唯俨斋（王鸿绪号）司农得其骨。”[1]张照从舅氏得董派书法，而参以赵孟頫，书艺精绝雍乾之间，独步一时。乾隆帝极其推重他的作品。御制《怀旧诗》中称张“书有米之雄，而无米之略；复有董之繁，而无董之弱。羲之后一人，舍照谁能若？即今观其迹，宛似成于昨。精神贯注深，非人所可学。”诗的注中又说：张照“尤工书，临摹各臻其妙，字无大小，皆有精神贯注，阅时虽久，每展对笔墨如新。余尝谓张照书过于董其昌，非虚誉也。”

《清史稿》中对王澍的评价是：“绩学工文，尤以书名”；“摹古名拓殆遍，四体并工，于唐贤欧褚两家，致力尤深。”[2]他考订法帖，用功很深，作《论书剩语》、《翰墨指南》，揭示书法要领、书家宗派。他对赵、董笼罩下的书法界颇感不满，说：“书道关于世运，自思白兴，而风会之下，于斯已极。”他的眼光从传统的法帖开始转移到陆续发现的古碑碣，欣赏其字体的雄浑遒劲。他曾说：“江南足拓，不如河北断碑。”实开后世北碑派的先河。但王澍本人未能开宗创新，他和何焯被视为明代书法家文徵明的传人。

18世纪前期，在董其昌书派鼎盛的氛围中，能够突破藩篱、别创新风的应推“扬州八怪”中的金农和郑燮两人。金农书法得力于《国山》及《天发神谶碑》而自成一格，自创“漆书”，融隶

1　张照：《天瓶斋书论》，崔尔平选编点校：《明清书法论文选》，上海书店出版社，1994年，第678页。

2　《清史稿》卷五〇三《列传二九〇·艺术二》，中华书局，1977年，第13887页。

楷为一体，具有惊世骇俗的怪异风格。郑燮字体以分书入行楷，创“六分半书”，在用笔、结体、布局上卓荦不群，笔法多样而具法度，结构独特，宽窄聚散正斜，错落有致，奇趣横生。他把作画的方法运用来写字。故蒋士铨的诗中说：“板桥（郑燮之号）作字如画兰，波磔奇古形翩翩。”金农、郑燮新颖而怪异的书法，别开生面，引起后人的许多议论。如杨守敬说：“板桥行楷，冬心（金农号冬心先生）分隶，皆不受前人束缚，自辟蹊径，然以为后学师范，或堕魔道。”

18世纪后期至19世纪初的书坛，众推刘墉、翁方纲、成亲王永瑆、铁保为清代中叶之四大书法家。刘墉书体雄厚苍劲，味厚神足。“论者譬之黄钟大吕之音，清庙明堂之器，推为一代书家之冠。”他的书法融会诸家而多变：“少年时为赵体，珠圆玉润，如美女簪花；中年以后，笔力雄健，局势堂皇；迨入台阁，则绚烂归于平淡，而臻炉火纯青之境矣。世人每讥其肉多骨少，不知其书之妙处，正在精华蕴蓄，劲气内敛，殆如浑然太极，包罗万有，人莫测其高深也。”[1]康有为说：“集帖学之成刘石庵也。”[2]翁方纲初学颜真卿，后学欧阳询，隶法《史晨》、《韩敕》诸碑，“双钩摹勒旧帖数十本，北方求书碑版者毕归之。”[3]其隶书、小楷尤为精工。但翁讲书法离不开考据，一点一画，穷究来历。包世臣讥诮他：“宛平（翁为宛平人）书只是工匠之精细耳！”[4]杨守敬也批评他“天分稍逊，质厚有馀而超逸之妙不足。”据说翁方纲的女婿戈某正好是刘墉的学生，戈某问翁：刘墉的书法造诣如何？翁说：去问你的老师，他哪一笔合乎古人法度？戈某果然去问刘墉，刘

1 易宗夔：《新世说》卷六《巧艺第二十一》，周骏富辑《清代传记丛刊·学林类》，明文书局，1922年，第566页。

2 康有为著、崔尔平注：《广艺舟双楫注》，第186页。

3 王昶辑：《湖海诗传》卷一五，商务印书馆，1937年，第349页。

4 包世臣：《艺舟双楫》，《艺林名著丛刊》，第1种，北京市中国书店，1983年，第106页。

墉对戈某说：我写的是自己的字，不论古人法度；去问你的丈人，他哪一笔是自己的字？可见刘与翁的书法风格迥然不同：刘主创新而翁重守成。永瑆、铁保小于刘墉三十多岁，小于翁方纲二十多岁，然四人齐名。永瑆是乾隆帝的第 11 子，封成亲王。永瑆亦学欧阳询、赵孟頫，其手迹刻为《诒晋斋帖》。据说他“幼时握笔，即波磔成文，少年工赵文敏（赵孟頫谥号文敏）。又曾见康熙中某内监，言其师少时犹及见董文敏（其昌谥文敏）握笔，惟以前三指握管悬腕书之，故王推广其语，作‘拨灯法’，谈论书法具备，名重一时，士大夫得片纸只字，重若珍宝。”（昭梿：《啸亭杂录》）铁保楷书摹颜体，草书学王羲之，旁及怀素、孙过庭。刘、翁、成、铁四家，后世亦有訾议。如晚清书学理论家张之屏的《书法真诠》中，对清代帖学派一概抹杀。他有这样一段话：“友人周祇述曰：‘有清一代，大名鼎鼎者，子都置之不齿。若嘉庆时之翁、铁、成、刘则何如？’曰：‘有人负能诗名，而工力薄弱、局径太狭者，昔人称为盆景诗，吾谓书画亦然。古有妙于六法而仅工小幅者，已屡见不一见矣，即可谓之盆景画。清代之翁、铁、成、刘，均以书名震一时，奈既无雄伟之概，亦无妙远之情，是亦盆景字耳。但亦有别焉，翁则盆景之夹竹桃，铁则虞美人，成则吉祥草，刘则仙人掌也。’”四家及清前期、中期之书法家，虽有柔弱的缺陷，但一概斥为“盆景字”，也未免诋谌太甚。

清朝前期至中叶的知识分子，工书者众多，他们都尊崇赵孟頫、董其昌，不入于董，即入于赵。赵董书风相近，善作行楷，以秀逸多姿见胜，故清前期的书法家多工行草小楷。其中魏裔介行书“笔意洒脱，自饶古韵”；尤侗“书法有天趣”；汪琬书“在颜苏之间”；王士禛“书法高秀似晋人”；李光地书“妙在疏散而有风致”；赵执信书“秀逸多姿”；查昇书“含蓄有致”。康熙中江南三书家姜宸英、陈奕禧、何焯，“姜学晋人，用笔蕴藉，吻肩不露，结体亦高雅，不踏时蹊”；但也有人批评他“笔笔拆开看，有未足处。”陈奕禧为海宁望族，家藏碑帖甚多，习学既勤，见识广博。他习字执著，与人论“拨灯法”（写字的指法），至于绝交。也有人批评他“陈知用笔，点画有功，只好古字，反坠河北氈裘气。”何焯“楷书得褚虞神韵，行书有六朝人意趣。”也有人批评他“自己面目少，塌着笔括字，不是提着笔写字。”[1]他和另一书家杨宾曾经在陆氏明瑟园中比赛写字，各逞所能，是日，少长咸集，群聚而观，诧为盛事，凡四日而后罢。何焯、姜宸英均善小楷，而陈奕禧则善大书条幅，浑融沉着。还有林佶亦精小楷，其书“绰约可喜”。汪由敦、裘曰修都是乾隆帝的近臣。汪由敦书法力追晋唐，庄重之中出以冲和渊秀，殁后乾隆帝命将汪之墨迹编入《时晴斋法帖》。裘曰修书法潇洒出尘，似不食人间烟火。乾隆帝得南宋书法家张即之所书《南华经》，缺数册，因裘书法酷似张，令裘补写足成之。著名诗人袁枚亦善书法，但为诗名所掩。张问陶（号船山）称其书“雅淡如幽花，秀逸如美士。一点着纸，便有风趣，其妙在神骨间。”还有金坛蒋氏，三世俱工书法。蒋衡楷书名满宇内，曾与王澍比赛书法，“每临一书，相从质证。”[2]他曾闭户12年，写十三经，乾隆帝命刻石太学，以垂久远。其子蒋骥、其孙蒋和均工书法。嘉定（今属上海市）钱氏叔侄亦工书。钱大昕为乾嘉间朴学大师，善隶法，书迹有金石气。其侄钱坫，幼从大昕习李阳冰（冰读 níng）篆法，昼夜不怠，尤工铁线篆。坫亦颇自负，以为直挑李斯、李阳冰，曾自刻一印云：“斯冰之后，直至小生。”还有并非同宗而称“三梁”的梁同书（浙江杭州人）、梁国治（浙江绍兴人）、梁巘（安徽亳州人）。梁同书初法颜柳，中年学苏米，70岁后变化自如，卓然名家，负盛名60年。清中叶以前，罕有善大字者，而同书擅长擘窠大字，又年登大寿，90岁

1　徐用锡：《字学札记》，纪宝成主编《清代诗文集汇编》第200册，《圭美堂集》，上海古籍出版社，2010年，第585、605页。

2　《清史稿》卷五〇三《列传二九〇·艺术二》，第13888页。

尚能作小楷。“论者谓清中叶善书者刘石庵（墉）朴而少姿；王梦楼（文治）艳而无骨；翁覃溪（方纲）抚摹三唐，面目仅存；汪时斋（承霈）谨守家风，规模稍隘。惟公兼数人之长，出入苏米，笔力纵横，浑中天马行空。汪师茗（由敦）、张得天（照）后一人而已。”（易宗夔：《新世说》）梁国治工楷书，得力于临摹唐人。洪亮吉称其为“堆墨书”。梁巘学书于李北海，书法润泽而骨肉停匀，亦董派传人。他认为得董其昌真传的唯张照一人，其他人均逊一筹。“王虚舟（澍）用笔只得一半，蒋湘帆（衡）知握笔而少作字乐趣。”[1]同时的还有王芑孙、曹贞秀夫妇。王芑孙苏州人，书法唐人。该地书法家皆尚清秀俊逸，而王书则遒厚挺拔，别具一格，人称其为“矫吴门书法”，为300年所未有。其妻曹贞秀，书法钟王，与芑孙共写前后《赤壁赋》，为士林所重。

与刘、翁、成、铁四大书法家同时或稍后的（即相当于乾、嘉、道时期）书法家还有一大批人。其中王杰、王文治、姚鼐、奚冈、钱澧、吴荣光等仍恪守帖派脉络外，邓石如、伊秉绶、包世臣等则别开生面，大力创新，揭起碑学大旗。于是碑帖分流，交相颉颃，书风为之一变。

继承帖学的王杰工赵体字，书法既灵秀而又雍容，人称“有仙佛气，多富贵姿”。王文治的书法与刘墉齐名，但笔法和风格不同：刘墉具魄力，文治讲风神。刘墉为大学士，文治殿试第三名，故世称“浓墨宰相，淡墨探花”。王喜冶游，又耽佛学，辞官不就。乾隆帝南巡时，在杭州僧寺见王文治所书碑，极为欣赏。内廷告文治，招之出仕，卒不就。姚鼐为桐城派主要作家，亦为清中叶之书法大家。包世臣评论清书法家时，以邓石如为第一，刘墉之小真书和姚鼐之行草并列第二，誉为“醞酿无迹，横直相安”之妙品。并认为姚的字体“洁净而能恣肆，多所自得”，“宕逸而

1 《清史稿》卷五〇三《列传二九〇·艺术二》，第13890页。

不空怯，时出华亭（董其昌华亭人）之外”。[1]奚冈是作书神童，9岁即能作隶书，成人后诸体皆精，字体潇洒。钱澧为学颜名家。清中叶学颜者很多，据郑孝胥评论：“书法至鲁公（颜真卿封鲁郡公）实一大变，顾其书拙重有馀，秀丽不足，学之者易趋甜俗。……惟钱南园（澧）学之得其体，伊墨卿（秉绶）学之得其理，何子贞（绍基）学之得其意，翁常熟（同龢常熟人）学之得其骨，刘石庵学之得其韵，各有去取，均能避鲁公之失。盖南园、常熟兼参米法，子贞兼用北碑，石庵远溯钟繇，墨卿独用隶体，均鲁公之功臣也。”[2]

降至嘉道，碑学日隆，而帖派传人亦尚可观。首推吴荣光，书法欧苏，康有为极其推崇他的这位同乡先辈，称赞吴的榜书“神采雍容，气韵绝佳”。又称吴“专精帖学，冠冕海内。”[3]又如李兆洛，终日临池，勤于临摹，尤擅草书。张廷济初学钟王，后法颜欧，力追晋唐风度。梁章钜“书兼欧董，笔法劲秀。”林则徐为近代爱国的民族英雄，又是睁眼看世界的第一人，亦工书法，学欧阳询，精小楷。程春海曾给他赠联云：“理事若作真书，绵密无间；爱民如保赤子，体贴入微。”将林的善书法和从政业绩联系起来，撰成联语，甚为贴切。

清初至中叶，著名书法家极多，以上所举的若干代表人物，在已出版的两册选集中均可找到，由此可观其一斑。他们多崇尚晋、唐、宋以来的书法大家，沿着赵董的道路发展而来，被认为帖学一派。迨清中叶之后，碑派兴起，对帖派颇多非议。他们认为帖派书法卑弱柔媚，千篇一律，缺乏个性。如晚清书法家郑孝胥说：“盖以书取士，启于清代乾隆之世，尔时盛用赵孟頫，间及

1　包世臣：《艺舟双楫》，《艺林名著丛刊》，第1种，北京市中国书店，1983年，第84页。

2　郑孝胥：《海藏书法抉微》，上海书店出版社，1994年，第1006页。

3　康有为著、崔尔平注：《广艺舟双楫注》，上海书画出版社，1981年，第232页。

颜清臣（真卿字），一时名流，书体大率相似，方板纤弱，绝无剑戟森森之气。自兹以后，杂体并兴，欧、赵、颜、柳，诸家并用，体裁之坏，莫此为甚。”[1]他极力贬抑帖派书法家，认为碑学的式微造成了书法界“方板纤弱”之弊。另一晚清书法家叶德辉说：“碑体至宋而微，至元而绝。……自后兰亭、阁帖执耳主盟。终明之季，虽董文敏负书圣之名，于碑法实未梦见。有清一代，百学复古，惟书法一道，陷于禄利之境，虽豪杰不得不随朝廷风气而转移。康熙好董书，故其时朝野上下皆尚董体。乾隆好松雪，故一时书家巨子皆染赵风。道光学颜书，迄于同光，颜体几为帝王家学。当乾嘉时，各书家至今为海内推重者，若刘墉、翁方纲、成哲亲王、梁同书、王文治、钱澧，寸缣片楮，珍若琳琅。刘书先董后颜，翁则一生学唐碑，终以欧阳询小楷《千文》为归宿。成邸早年学赵，晚年学欧，颇饶风采。梁出董，王出赵，钱出颜，均一朝所尚也。诸家唯翁有碑法，馀皆帖耳！”（叶德辉：《郎园山居文录》）和他们的意见一样，康有为说：“国朝之帖学，荟萃于得天、石庵，然已远逊明人，况其他乎！流败既甚，师帖者绝不见工。”[2]他在《卑唐》一篇中，甚至藐视唐代书法，称：“至于有唐，虽设书学，士大夫讲之尤甚。然缵承陈隋之馀，缀其馀绪之一二，不复能变，专讲结构，几若算子，截鹤续凫，整齐过甚，欧、虞、褚、薛，笔法虽未尽亡，然浇淳散朴，古意已漓，而颜柳迭奏，澌灭尽矣。……以魏晋绳之，则卑薄已甚。若从唐人入手，则终身浅薄，无复有窥见古人之日。”[3]

碑派理论家的这种意见，对近代书法界很有影响。其实所见偏执，并非公正之论。帖派、碑派，各有擅长亦各有弱点，“碑重点画，务平直而易成刻板；帖重使转，务姿媚而易入偏软。”技

1 郑孝胥：《海藏书法抉微》，第 937 页。

2 康有为著、崔尔平注：《广艺舟双楫注》，第 34 页。

3 康有为著、崔尔平注：《广艺舟双楫注》，第 145、146 页。

法不同，字体不同，风格不同，不能以此家之标准，衡量别派之短长。譬如宋词，为中国文学中之重要体裁，有周姜之婉约、苏辛之豪放，婉约派抒写花间月下，儿女情长，清丽秀逸，而豪放派则高唱大江东去，英雄襟怀，慷慨沉郁，彼此不能取代，亦难分轩轾。碑帖技法亦不相同。包世臣等碑学家强调“腕子掌竖”“全身力到”，用笔必“逐步顿挫，行处皆留”。这种技法，写大字、写篆隶比较适宜，字体显得刚劲，具金石气。而帖派执笔一般宽松虚灵，有时振迅疾书，勿任拘滞，适宜于行草书，字体显得潇洒流贯。故碑派善篆隶而帖派善行草，各有所长。大书法家明于此理，碑帖皆习，取其长而去其短，左右逢源，得心应手，书艺才能蒸蒸日上。

乾嘉以后，碑派的崛起，给书法艺术注入了活力，焕发出生机，可称是书法史上的一场革命。碑派的兴起自有其历史背景。唐宋以来，帖派统治书坛达 1000 多年，日渐衰落，人心思变，希望开拓书法艺术的新境界。明末清初的徐渭、朱耷、金农、郑燮，书体怪异，代表着对一种新的追求的努力，但尚未能形成与帖派分庭抗礼的新书派。18 世纪中国整个学术风尚丕变，汉学盛行，如日中天，乾嘉之际，名家辈出，崇汉考古之风大盛。而古代的鼎彝、碑刻、摩崖发现日多，其古朴端美的线条，雄浑腾踔的意趣，触发了艺术家的灵感。他们探求、研究、临摹、融通，倾注了大量的精力和热情，使得埋没了千年的破铜断石，漫漶字迹显示出珍贵的价值。回归上古的浪潮犹如整个学术界崇汉之风一样，横扫书法界。于是碑学大盛，一直发展到“三尺之童、十室之社，莫不口北碑，写魏体。”康有为有一段话阐述了碑派崛起的原因：“碑学之兴，乘帖学之坏，亦因金石之大盛也。乾嘉之后，小学最盛，谈者莫不藉金石以为改经证史之资，专门搜辑，著述之人既多，出土之碑亦盛。于是山岩屋壁，荒野穷郊，或拾从耕夫之锄，或搜自官厨之石，洗濯而发其光彩，摹拓以广其流传。……今南北诸碑，多嘉道以后新出土者。……出碑既多，考证亦盛。于是碑学蔚为大国，适乘帖微，入缵大统，亦其宜也。”[1]

对碑体兴起作出贡献的书法家应推桂馥、邓石如、伊秉绶、阮元、包世臣、何绍基等。

桂馥是著名的小学家，著《说文义证》50卷，习写分隶，临摹汉碑，融会贯通，自出机杼。字体醇厚质朴，气势磅礴，人称百余年来，论天下分隶，推桂未谷第一。他观摩清乾隆以前的隶书艺术，对许多书家作了评价：傅青主（傅山字）如蚕丛栈道，级幽梯峻，康衢人裹足不往；王觉斯如壮夫挽强，徒以力矜，不必中的；郑谷口（郑簠号）如淳于髡、东方曼倩（朔字曼倩）滑稽谐谑，口无庄语；林吉人如茅山道士，辛苦求仙，恨无金丹换骨；朱竹蟹（彝尊）如效折角巾，聊复尔尔；陈子文（奕禧）如田舍翁说古事，往往附会；查德尹（嗣瑮）如杨玉环华清浴罢，娇不胜衣；王虚舟（澍）如窗明几净，炉烟缕缕；金寿门（农）如孔雀见人着新衣，辄顾其尾；高且园（其佩）如山阴访戴，兴尽而返；杨已军（法）如左手持螯睥睨食肉人；郑板桥如灌夫使酒骂座，目无卿相。在他看来，写隶书的人虽不少，均未臻上品，没有得到古碑书法的精髓。桂馥算得上是振兴隶体、鼓吹碑学的先驱。

在书法艺术上能够开辟新径、壁垒一新的首推邓石如。邓家境贫寒，布衣一生。少年时即好书法刻印，梁巘见之，以为可造之材，荐到著名数学家梅文鼎后裔的家中居住。梅家多藏鼎彝碑拓，邓石如在此居住8年，尽观秦汉以来金石善本，学篆5年，学隶3年。每日晨起，研墨汁满盘，临池摹写，至夜间墨尽方才休息，严寒溽暑，从不停辍。其篆书习李斯、李阳冰，“而纵横开阖之妙，则得之史籀”；隶书“遒丽淳厚，变化不可方物”。离

1　康有为著、崔尔平注：《广艺舟双楫注》，第39页。

开梅家后，浪迹江湖，在皖南街市售字糊口，为阳湖学者张惠言所见。张告金榜："今日得见上蔡（和峤）真迹。"张金二人都善书法，爱才若渴，冒雨至荒寺中寻访，延请至家。金榜是乾隆时状元，家有宏丽的祠堂，楹联榜额本皆金榜所写，见邓石如书，命尽数撤换，请邓改写，其见重如此。金榜荐邓于尚书曹文埴，誉为"四体（篆、隶、真、草）皆国朝第一。"曹携邓石如入京，著名书法家刘墉见其书法，踵门求见，极赞邓之书法："千数百年无此作矣。"后邓又入湖广总督毕沅幕。邓一生作字，不应科举，不治营生，毕沅为之购置田产养老。邓石如发扬碑体，独步书坛。他撷汉魏之古体，寓近代之神韵，于雄浑古朴之中发扬俊逸的风采，取得了创造性的成就，奠定了碑派的基石。是故当时名流对他无不倾倒。后来康有为也赞颂他："上掩千古，下开百祀，后有作者，莫之与京矣！"

继邓石如之后有伊秉绶，亦碑派中坚。隶法高古，别具一格。外似拙直，内蕴劲秀。笔画坚挺，人称其"力能扛鼎"，康有为誉之为"集分书之成"。还有陈鸿寿，作书空灵奇秀，善大字，酷爱摩崖碑版，亦善隶书，脱略常规，简古超逸。我们可以看到：这时候书法家逐渐向着篆、隶和大字发展，变化创新，改变了清代前期多作行草和小楷的书风。

碑派兴起，为它作理论上的鼓吹者是阮元和包世臣。阮元的书体"盘郁飞动"，其擘窠大字"纵横排荡，俱存法度"。他又是著名的学者，曾作《南北书派论》、《北碑南帖论》，俱载《揅经室集》中，阐明了帖派碑派的书法特色、源流和演变。包世臣更是碑派书法的护法神。他是邓石如的弟子，著名的书法理论家和教育家。其所著《艺舟双楫》为书法艺术的经典之作。包世臣把清代书法家 91 人列为九品，推崇自己的老师邓石如为清代书法第一人，说邓的篆隶是"平和简静、遒丽天成"的神品。他在"论诗绝句"中写道："无端天遣怀宁老（指邓石如），上蔡中郎（和峤、蔡邕）合继声，一任刘（墉）姚（鼐）夸绝诣，偏师争与撼长城。”并在诗注中说：“怀宁布衣邓石如顽伯，篆隶分真狂草，五体兼工，一点一画，若奋若搏。盖自武德以后，间气所钟。百年来，书学能自树立者，莫或与参，非一时一州所得专美也。”[1]包世臣少年时书法不佳，而力学不倦，临摹《兰亭集序》数十遍，每日写 4 字，每字连写数百，“转锋布势，必尽合于本乃已。”晚年，遇邓石如，邓授以笔法，“字画疏处可以走马，密处不使透风。”包世臣评自己的书法：“余书得自简牍，颇伤婉丽。”他的弟子和私淑者很多，几乎统治了晚清的书法界，如吴熙载、张裕钊、赵之谦等。但与包世臣齐名的碑派书法家何绍基却批评他：“慎翁（世臣字慎伯）于平直二字全置不讲，扁笔侧锋，满纸皆是。特胸有积轴，具有气韵耳！书家古法，扫地尽矣。后学之避难趋易者，靡然从之，竞谈北碑，侈为高论。”[2]

何绍基是碑派书家的重镇，造诣极高。早年学颜欧，后习北碑。曾自言其学书过程：“余学书四十年，溯源篆分，楷法则由北朝求篆分入真楷之绪。”又说：“余二十岁时始读《说文》，写篆字，侍游山左，厌饫北碑，穷日夜之力，悬臂临摹，要使腰股之力悉到指尖，务得生气。”[3]这种作字方法称“回腕法”，很费力也很难学。据说何作字片刻，便大汗淋漓。他的字体奇崛生动，清峭飘逸，人称有仙气。郑孝胥最服膺何绍基书法，他在诗中说：蝯叟（绍基晚号）吾酷爱，谓可追杨风。玩其使笔处，如开两石弓。篆书到阳冰，分书迈蔡钟。真行已小低，米董一扫空。主张在北碑，摆脱余颜公。从此诗中可以窥见何绍基作品之佳及用笔方法。

1　包世臣：《艺舟双楫》，《艺林名著丛刊》，第 1 种，北京市中国书店，1983 年，第 84 页。

2　何绍基：《东洲草堂书论钞》，崔尔平选编点校：《明清书法论文选》，上海书店出版社，1994 年，第 834 页。

3　何绍基：《东洲草堂书论钞》，第 834 页。

《清史稿》说：吴熙载“博学多能，从包世臣学书。世臣创明北朝书派，溯源穷流，为一家之学。……熙载恪守师法，……篆分工力尤深。”其书法古雅质朴，圆匀工整。包的另一弟子梅植之，与吴熙载齐名。其书“跌宕遒丽，锻炼旧拓，血脉精气，奔赴腕下，熙载未之敢先。”[1]包门弟子中最杰出的应推张裕钊。他是桐城派的古文大家，工隶楷。隶书得力于《张猛龙碑》，由魏晋六朝以上窥汉隶；楷书亦清峻超俗，神采飞扬。康有为对他极为赞赏，说他“集碑学之成”。“其书高古浑穆，点画转折，皆绝痕迹而得态逋峭特甚，其神韵皆晋宋得意处。真能甄晋陶魏，孕宋梁而育齐隋，千年以来无与比。”[2]并誉之为“新魏碑体”的滥觞。

包派的另一传人赵之谦亦是晚清书坛巨匠，对后世书法影响甚大。他初学颜体，后专意魏碑，篆隶师法邓石如、吴熙载而能融会贯通，自成器局。又能以篆隶之法写行楷，书风圆融、妩媚、流丽，开创了魏碑中新支派。赵之谦将自己的书法与何绍基相比较，称“何道州（绍基系湖南道州人）书有天仙化人之妙，余书不过着衣吃饭、凡夫而已。”他说出了何与自己不同的书风：何书古雅奇崛，难以学习和掌握，而赵书则平易优美，受人喜爱，成为众人摹仿的对象。但康有为对赵似有微辞，他说“赵撝叔（之谦字）学北碑，亦自成家，但气体靡弱。今天下多言北碑，而尽为靡靡之音，则赵撝叔之罪也。”[3]

其他晚清书家，在碑体鼎盛的风气中，无不研习魏碑而写作篆体者特众。其中杨沂孙善作篆籀，将钟鼎文的凝重融入了小篆的线条，表现出方圆互济、明快健劲的特色。他自负篆籀已超越邓石如，说：“吾书篆籀，颉颃邓氏，得意处或过之，分隶则不能

1 《清史稿》卷五〇三《列传二九〇·艺术二》，第13895页。
2 康有为著、崔尔平注：《广艺舟双楫注》，第220页。
3 康有为著、崔尔平注：《广艺舟双楫注》，第221页。

及也。”[1]徐三庚亦宗邓石如，其篆字细腰婀娜，体态多姿。莫友芝的篆书“温厚宽博，有金石气。”吴大澂好集钟鼎，手自摹拓，字形端正，神气内敛。翁同龢幼学欧赵，后学颜真卿，晚年又临摹《张迁》《礼器》等碑，博采各体之长，不拘一格，“蕴藉雍穆，气势雄阔。”易宗夔在《新世说》中说:“相国生平，虽瓣香翁覃溪（方纲号）、钱南园（澧），然晚年造诣，实远出覃溪、南园之上。论清代书家，刘石庵外，当无其匹。光绪戊戌以后，静居禅悦，无意求工，而超逸更甚。”翁同龢书法之所以有很高的成就，在于他既熟习欧颜赵董之体，又“时采北碑之笔”，故能冶帖碑于一炉，巍然为书界名家。

其他书家，如杨守敬收藏金石碑版甚多，四体皆工，尤擅行书，书体腾挪翻覆，如游龙舞凤，曾在日本教授书法。吴昌硕兼善书画刻印，他的楷书学颜真卿，隶书学汉石刻，篆书学石鼓文。他的篆书，用笔结体，一变前人成法，苍劲浑厚，力透纸背，独具风骨，名满天下。近代书画家齐白石、陈师曾、王個簃、沙孟海均出其门下。沈曾植融汉隶、魏碑、章草于一炉，自出机杼，字体生动活泼，仪态万千。郑文焯兼采碑帖之长，“遒逸古雅，美妙冲和”，“得碑意之厚，而无凝滞之迹。”李瑞清早年学颜、柳、黄（庭坚），后习汉魏碑石。他写北碑，参以篆法，又穷究《阁帖》源流，博采众长，自称其书法“纳碑于帖”，亦卓然成家。

晚清书坛的殿军应推康有为。他继包世臣之后，作《广艺舟双楫》，扬碑抑帖，强烈鼓吹碑派书法。其观点不免有偏激处，但阐明书法理论，品评书家特色，陈说书派源流，分析指法笔意，多独到之见。此书嘉惠学人，有功于书界。他少年曾学欧赵苏米各体，后来听老师朱次琦盛赞邓石如作篆第一，“因搜求之粤城，苦难得。壬午入京师，乃大购焉。因并得汉魏六朝唐宋碑版数百

1 《清史稿》卷五〇三《列传二九〇·艺术二》，第13894页。

本，从容玩索，下笔颇远于俗，于是翻然知帖学之非矣。”[1]从此，康有为成为碑派的中坚人物。他攻习魏碑，得力于《石门铭》，称赞此碑“若瑶岛散仙，骖鸾跨鹤”，列为神品。他的书艺作品，雄奇刚健，颇有奇势，开合翕张，富于个性。“其执笔主平腕竖锋，其用墨浸淫于南北朝，气韵胎格，与写经为近。”[2]

以上略述有清一代近270年书法的发展变化。其间名家云涌，碑帖分流，作品繁富，蔚为大观。小莽苍苍斋庋藏的清代学者法书，数量之多，为海内少有。展视藏品，精彩夺目，美不胜收，诚一大快事也。由此可以认知各体之书迹，审察碑帖之递嬗，观赏各家之风采，验证书史之衍变，这实在是书法艺术的一座辉煌宝库。我拙于书法，唯爱好观赏墨宝，且因攻习清史，稍知清代学者才士之生平和成绩。对已出版的小莽苍苍斋藏墨，常置案头，赏玩日久，爱好既深，颇有感悟。因不揣浅陋，聊抒己见，作此序言，缕述清代书学发展之梗概，以就教于方家。

（摘自小莽苍苍斋藏《清代学者法书选集》之序言）

1 康有为著、崔尔平注：《广艺舟双楫注》，第219页。

2 易宗夔：《新世说》，山西古籍出版社，1997年，第353页。

谈桐城派

今天很高兴和各位先生见面，谈谈《桐城派名家文集汇刊》如何编纂。我是搞史学的，对桐城派是外行，很多问题要向你们学习。清史编纂委员会对这个项目非常重视，这是文学领域相当重要的一个项目，困难也比较大。桐城派是清代历史上主要的文学流派，它的重要性、价值和影响都不容低估。我们希望能够编好这部书，也相信在严云绶先生的领导下，各位专家学者努力以赴，一定能够很好地完成这项任务。

桐城派源远流长，传播了两百多年，几乎与清朝历史相始终。从康熙时候开始，一直到清朝灭亡以后，这个文派还在社会上有一定影响。我觉得在中国古代文学史上，桐城派是传承最久、作者最多、影响最广的一个文学派别。它的传承达七世之久，如果戴名世、方苞算第一世，那么刘大櫆就是第二世，他们相距约三十年。刘大櫆到姚鼐又是三十年，姚鼐是第三世。姚鼐的几个弟子，梅曾亮、管同、刘开、方东树，包括他的侄孙姚莹，与他也相距三四十年，是第四世。再下去是曾国藩、吴敏树、戴钧衡，是第五世。曾国藩以后是张裕钊、吴汝纶、黎庶昌、薛福成，这些人都是他的幕僚，是第六世。吴汝纶下边有曾涛、二姚（姚永概、姚永朴）、马其昶、范当世，这样算来总共七世。试看中国文学史上哪有流传七世的文派？没有。中国的文学流派，从散文来讲，《左传》下来是《孟子》《荀子》，以后隔了几百年转到《史记》《汉书》。史汉之后又没有了，转到六朝骈文，至唐宋，散文复兴，韩、柳、欧、苏一代二代而终，韩愈的传人有李翱，苏轼的传人有秦观、黄庭坚，再下去就没有了。所以，中国文坛数不出像桐城派这样的文派，“代有传人”是桐城派在中国文学史上的一个特点。桐城派能够流传下来，发挥那么大的影响，这个特点值得研究。桐城派流传两百多年，人数之多前所未有，有人说共有600人，有人说是1200人，当然像曾国藩、梅曾亮、范当世都不是桐城人，他们也属于桐城派。“天下之文章其在桐城乎！”可见当时影响之大，盛况空前。因此，我认为这个文学派别流传之久，人数之多，与中国历史上其他的文学派别不一样，此现象值得我们研究。我们要跳出清代的范围，与前代的文学流派相比较。史汉以后到六朝骈文，文体变了，从韩、柳、欧、苏下来到明代，古文显得比较疲弱。而清代散文的作者队伍庞大，作品非常多，而且写得很精彩。桐城派的特点是不仅有文学实践，而且有其理论：方苞提出的“义法”，刘大櫆提出的“神气”，姚鼐提出的“义理、考据、辞章”，曾国藩再加一个“经世”。但是理论分散在文章中，没有总结性的。我立这个项目，是从这样的角度来考虑的，不管以前曾经出过多少桐城派的书，是否会重复，我们是从这样一个高度——从总体上看桐城派这个文学现象有什么规律性。所以我们要编这部书，就要抓住桐城派的特点，它究竟是一个什么样的文派，为什么在这个时候会出现这样一个文派，它和以前的文派有什么不同，与其他的文体有什么不同。诗词有很多派别，但都没有桐城派影响那么深，只是昙花一现。只有桐城派的生命力特别强，为什么呢？值得我们深思。我觉得桐城派的研究刚刚开始，值得研究的地方还有很多。

所以我要求编文集要反映桐城派的整体特点、作家在桐城派中的地位。我们现在选定了23位作家，其中有几位作家的集子已经出版，如《方望溪集》《惜抱轩集》和刚刚出版的《吴汝纶全集》。现在就产生一个问题，我们出的文集和已经出版的集子有什么差别？我们不管他们，重复出了也没关系，李白、杜甫、韩愈、苏轼出版的文章不知其数，也不碍于重复。我们出版的应该是选集而并非全集，“取其精华，去其糟粕”，而非将其全集照单全收。名家的作品重复出版的很多，从不同角度选择就有不同的意义。像姚鼐的《古文辞类纂》，所选的古代文章大家都熟悉得很，都是重复的，但是经过姚鼐的选编，成为一个精品。我原来的设想，比如方苞的文章，我们可以抛开《方望溪先生全集》，一篇一篇地重新选。我开始很惊讶，为什么你们的项目一千万字还不够，现在才明白，你们不是选，而是全部搜集进来。我是想有一定的选择，这样就跟其他的全集不一样了，是用我们的眼光来看，最能代表桐城派特色的文章是什么。比如现在我们选《郭沫若集》《巴金集》《冰心集》，他们的全集都出了，有几百万字、上千万字，而我们要出这些名家的汇集，每人只选一本，只选几十万字，这样就可以看出选家的眼光。但是，你们现在已经把框架搭起来了，是根据底本来补、校，补以前文集所未收，所以篇幅更大了。因此，必须明确我们这部“汇刊”不是钩沉辑佚之作，而是选录，用力之处应在精选而非补足。所以有的图书馆拥有佚作，我们要求提供，他们开出了天价，我们不必去补遗失的文章。究竟怎么做，我们可以商量。这就有个诗选不选、选多少的问题。我原来的设想是，诗可以选，桐城派不是以诗著名，但是像范当世是以诗出名的，不选诗不行。我认为每人选 30 万字，20 多个人就是六七百万字。而你们是找到底本去补，那当然会多了，底本里的好多东西可以不要，比如不是代表他最精华的东西。我们这一套书，就是要他最精华的东西，从这个角度来体现选集的价值。当然，我们是代表 21 世纪的人来选的，是代表 21 世纪人的眼光来看问题。到了 22 世纪，人家认为我们选得不好、有偏见，那是另外一回事。

你们现在的做法也是比较费劲的，找底本来补，这样将来就不能再叫《惜抱轩集》，而是以《惜抱轩集》为底本重新编的《姚鼐集》；也不叫《方望溪先生全集》，而叫《方苞集》等等。这样做也有一定价值。我认为我们还是应当选一选，一些比较短的、不太重要的文章可以去掉，经学部分很多可以去掉，诗也可以适当减少——不是搞全集而是选集。由补全集改为精选，当然是较大的改变，但不会很困难。如果某个作家文集中有一百篇文章，削去30%或40%，就选出六七十篇，不必再找其他的书来补充。文集中宣扬愚忠愚孝的，宣扬不近人情的贞女节妇的，为对抗农民起义而被击毙者所作的传记、墓志铭、神道碑，以及含有迷信鬼神、荒诞不经的作品，都可以去掉。总之是把思想性、艺术性很差的文章删去，能删多少就删多少。这样工作量反而减少，不是增加，而“汇刊”的精华之处更加凸现，篇幅也可以大大节约。

桐城派还有个问题，在发展晚期受到五四运动的冲击，这个冲击是非常激烈的，被全面否定、抹杀。在新文化运动中，陈独秀曾说，方、刘、姚等妖魔，“尊古蔑今，咬文嚼字，称霸文坛，胸中无物。所谓桐城派者，八家与八股之混合体也”。陈独秀作为文学革命的主将，对桐城派批评得非常厉害。胡适也同样，他说：“下规姚曾，上师韩欧，皆为文学之下乘，二千年文人的文学都是死文学。”他不仅把桐城派骂倒了，而且把中国整个文学都骂倒了，这显然是不合适的。还有钱玄同，标举要打倒“选学余孽，桐城谬种”。当年五四运动中这些激烈的言论，我们今天都是可以理解的，因为有其时代背景。桐城派形成于封建社会后期，到“五四”时，中国要摆脱封建主义，向近代社会迈进，要求文学能够跟上时代、接近大众。文言文和大众的口语脱节，为了使文学为近代服务，就要从内容到形式进行彻底的改革，使大众传媒革命化。而当时文坛势力最大的就是桐城派，当然不符合时代的要求，所以首当其冲，成为激烈的批判对象。因此他们发出了一些很激烈的言论，矫枉过正，可以理解，不破不立，不塞不流，不止不行。言论虽然有片面，但五四运动的大方向是正确的，功绩是伟大的，开辟了白话文的发展道路。但是他们这种激烈的言论到今天也应该冷静地来看待，所以评价桐城派不能把他们的文章都当成糟粕，扫进垃圾堆。五四运动人物的古文修养实际都是很好的，他们也很了解古代文学中精髓的东西。桐城派古文的“义法”，就是“言有物，言有序”，就是内容的充实和形式的美，这都是文学的要求，不能算是错误的。五四运动中批判的“言有物”是程朱理学。其实桐城派的文章很多都不是讲理学的，而是丰富多彩的，文章讲究形式、讲究艺术、讲究结构和方法，这个还是很有必要的。你可以说它讲的不够，或者不全面、不完整，但你不能说“言有序”有问题。当时将桐城派比之于“八股”，但桐城派的文章与八股文是不一样的，当然桐城派中的许多人善于作八股文，像方苞、戴名世。桐城派的文章在内容上还是比较丰富的，有讲学理的文章，有叙事的文章，有描写景色的文章，也有人物的传记，形式也是曲折变化，不是千篇一律。所以我们今天来编书时，要对这个问题有一个清醒的认识。如何来评价桐城派？它有缺点、问题和时代的局限，比如说有些文章的内容不行，许多妇女传记中讲贞节，还没出嫁就殉死，还有许多文章讲封建的愚忠愚孝。我们要选精华，这是些糟粕，而且相当多，应该将这些宣扬封建道德迷信的东西去掉，要选出桐城派的精神。这样你们的任务就比较繁重了，甚至可以增补几个作者，最好把曾国藩、吴敏树、黎庶昌、薛福成、贺涛、王拯几个人都补上，形成一部千万字以内的“汇刊”。是不是可以打开另外一个思路，每个人选三四十万字，选三十家，不要超过一千万字。有些人可以多选一些，有些人可以少选一些，适当地做出调整。我感觉到，把那些封建糟粕也放在里面，对我们这套书没有好处。

另外，我有两句话：质量重于泰山，质量等于生命。我们编清史关键不在于数量，而在于质量。我最担心的就是质量问题，哪怕少一点，但是做得很精，这就是好书；虽然做得很多，但是很庞杂，也算不上是好书。保证质量，一个就是要用心去搜集文献，另外还要选。选就要有眼光，就看得出功力，用我们时代的眼光去选择。一些无关紧要的东西也可以不选，根据我们的篇幅来决定。再就是编，不一定按照底本来编，将各种版本的文章编在一起。整套书的体例要统一，全部按照时间来编，或者全部按照问题、文体来编，有统一的规范，不要八仙过海，否则就不是一套书了。再一个是校，校勘是很难的，有的是内校，有的是对校，我们能够找到几个文本对校就行了。另外一个就是标点，有很多书是原刻本，没有标点的，我们在标点时千万不能闹笑话，有报纸报导甚至于将五言诗标成七言诗了。最后是校对，完成后的校对也是很复杂的，一两遍是不行的，现在一般要校五六遍。按照新闻出版署的规定，错误率不能超过万分之一，否则就不能评奖，那是很难的，不能完全依靠出版社。所以我拜托先生们要把住这些关，达到一个高的要求。今天就说到这里为止吧。

(2005 年 10 月 15 日于合肥)

汉学探析

一　清初“汉宋兼采”之学
——黄宗羲、顾炎武

在我国封建社会中，儒家经典是封建阶级进行思想统治的主要工具，因此，经学研究很盛行，居于凛然不可侵犯的神圣地位。某个时期经学研究的趋向和风气，总是权威地影响着整个社会的思想，人们对于制度、政策、法令、文化以至人物、事件的评价，几乎都以当代的经学思想为准绳。经学的研究，包罗万象，其他各类学科，在一定意义上说，都处在派生的、附庸的地位。例如：易经的研究包括了哲学和数学；书经的研究包括了政治学、历史学、地理学；诗经的研究包括了文学；三礼的研究包括了政治学、教育学、法学、风俗学；春秋的研究包括了历史学。就是文字声韵以及有关草木鸟兽虫鱼的研究，也都依附于《说文》《尔雅》，离不开经学的范围。在漫长的中国封建社会里，离开了经学，就没有独立的社会科学和自然科学。

有清一代，经学研究的风气极盛，产生了所谓“汉学”。“汉学”是指研究经学回溯和尊崇汉代的经说，是相对于“宋学”而言的。“汉学”作为一种思潮和学术派别，有其宗旨、特色、成就和影响，它的研究范围与重点、研究方法、指导思想、学术作风不同于其他的思潮和学派。称它为“汉学”是就其学术宗旨而说的。汉学的嫡派传人江藩写了一部《汉学师承记》，是宣扬“汉学”的，而汉学的反对派方东树写了一部《汉学商兑》是抨击“汉学”的，不管宣扬还是抨击，汉学家本人和其反对者都把这一思潮和学派称做“汉学”，可见“汉学”是普遍流行的名称。但也有称它为“朴学”或“考据学”的，这是就其学术风格和研究方法而说的；也有称它为“乾嘉学派”的，这是就其时代而说的，这一思潮和学派在18世纪中叶至19世纪初，也就是乾隆、嘉庆统治时期达到全盛阶段。

“汉学”盛行于乾嘉，但也有它的来龙去脉。前于它的是以黄宗羲、顾炎武为代表的清初经世之学，后于它的是晚清的今文经学。清末，著名的今文经学家皮锡瑞曾概括地指出清代200多年学术思想的变迁，他说：

> 国朝经学凡三变，国初，汉学方萌芽，皆以宋学为根底，不分门户，各取所长，是为汉宋兼采之学。乾隆以后，许郑之学大明，治宋学者已鲜，说经皆主实证，不空谈义理，是为专门汉学。嘉道以后，又由许郑之学，导源而上，易宗虞氏以求孟义；书宗伏生、欧阳、夏侯；诗宗鲁、齐、韩三家；春秋宗公、谷二传。汉十四博士今文说，自魏晋沦亡千余年，至今日而复明。实能述伏、董之遗文，寻武、宣之绝轨，是为西汉今文之学。[1]

这里说的“宋学”是宋明理学的总称。皮锡瑞所说：“国初汉宋兼采之学”是指黄宗羲和顾炎武的学术派别，清代的“汉学”是从这个学术派别发展而来的。黄、顾生活在明末清初，经历了暴风骤雨般的阶级斗争和民族斗争的洗礼，富于抗清的民族意识，

1　皮锡瑞：《经学历史》卷十《经学复盛时代》。

提倡经世致用，并有反对专制统治的民主思想的萌芽，形成了具有批判精神和求实精神的新思潮、新学风。但是，黄和顾都脱胎于宋明理学。黄宗羲的老师刘宗周是王阳明学派的传人，而顾炎武则“辨陆王之非，以朱子为宗”[1]，所以皮锡瑞说他们“皆以宋学为根底”。当然，黄宗羲、顾炎武已经不属于“宋学”，他们在许多重大问题上批判了宋学，开拓了清代学术的新风貌。黄宗羲说：“明人讲学，袭语录之糟粕，不以六经为根底，束书而从事于游谈。”[2]他反对这种风气，主张“穷经研史”“经世致用”。黄宗羲和他的学生们都是学识渊博，著作繁富。顾炎武则用“经学”来代替“理学”，他说：“古之所谓理学，经学也。……今之所谓理学，禅学也。不取之五经，而但资之语录，较诸括帖之文而尤易也。”[3]又说：“古今安得别有所谓理学者？经学即理学也。自是舍经学以言理学者，而邪说以起。”[4]黄宗羲、顾炎武的学术宗旨和研究方法是“综名核实”，提倡读书，强调实用，贵创造，重证据，反对主观臆断和空洞的说教，这是和宋明理学的末流相对立的。黄宗羲、顾炎武的学术思想需要专门论述，在这里，只指明他们的学术宗旨和方法，开启了后来的汉学家的风气，与之一脉相承，十分相似。但是，黄和顾还没有像以后的许多汉学家那样独尊汉学，走到只搞烦琐考据的狭隘道路上去，他们要“取近代理明义精之学，用汉儒博物考古之功”[5]，也就是义理与考据并重。所以，完全站在汉学家立场上的江藩不以黄、顾为然，认为：“两家之学，皆深入宋儒之室，但以汉学为不可废耳！多骑墙之见，依违之言，岂真知灼见者哉！”[6]江藩过分贬抑黄宗羲和顾炎

1 江藩：《汉学师承记》卷八。

2 全祖望：《鲒埼亭集》卷一一《梨洲先生神道碑文》。

3 顾炎武：《亭林文集》卷三《与施愚山书》。

4 全祖望：《鲒埼亭集》卷一二《亭林先生神道表》。

5 黄宗羲：《南雷文约》卷一《陆文虎先生墓志铭》。

6 江藩：《汉学师承记》卷八。

武，他的评论并不公正。但由此可以看出，清初学术的特点之一，确像皮锡瑞所说的“汉宋兼采”。

二　向汉学转变——胡渭、阎若璩

17世纪末和18世纪初，即康熙中叶以后，学术界正在发生变化。变化的方向，归根结底，决定于当时的政治和经济状况。一种社会思潮和学术风尚，在其传布的过程中，总是要遵循着统治阶级的利益、意志、爱好进行修正，发生演变的。一些思想、观点与风格，能够与统治阶级的利益、意志、爱好相适应，就会被保存和发扬；另一些思想、观点与风格不能够与统治阶级的利益、意志、爱好相适应，甚至与之相抵触，就会被修正和抛弃。康熙中叶以后，以黄宗羲、顾炎武为代表的具有战斗精神的经世之学，正在向强调通经、重视实证但却拘守、烦琐而复古色彩浓厚的道路上走去。

这时，清朝的统治已趋稳定，经济正在恢复，满汉之间的国内民族矛盾渐渐缓和下来。以明朝孤臣孽子自命的遗老遗少死亡殆尽，抗清斗争已趋消歇。在清朝统治下出生和成长的新一代的知识分子走上了舞台，他们对清朝并不像某些遗老遗少那样抱有强烈的仇恨。知识界普遍地承认了清王朝统治的合法性，从反清变为附清。因此，那种激昂慷慨、剑拔弩张、充满着反满意识的文字越来越少，而向清朝献颂献策的越来越多了。知识界的这一政治转向必然会反映为学术内容和学术风尚的转变。同时，清朝政府对汉族知识分子一面压制，一面拉拢，扼杀了清初思想界生动活泼的局面。顺康两朝，迭兴大狱。通海案、科场案、奏销案，以及庄廷铣《明史》案，戴名世《南山集》案，株连极广，打击很重，令人胆战心惊。知识分子变得谨小慎微，不敢议论朝政，不敢研究现实，不敢撰写历史，研究的领域更加狭窄了。而康熙皇帝尊崇孔子，提倡儒学，编纂书籍，对知识分子诱以功名利禄，把他们的聪明才智引向对古代经典的整理、诠释上去。

继黄宗羲、顾炎武之后，胡渭、阎若璩、毛奇龄、陈启源、万斯同、姚际恒、顾祖禹等人，是清代汉学的先驱，是由清初思想过渡到18世纪汉学的中间站。他们的思想和学术有如下特点：

（一）他们与清初的进步思想家不同，反满意识渐趋泯灭。他们虽然不同于做了清朝大官的理学家魏裔介、熊赐履、李光地、张伯行等，仍保持着“布衣”、“处士”的外观，但实际上已和清朝合作，大多数人是清朝大官僚门下的幕宾、食客。如胡渭、阎若璩、顾祖禹都参加了大学士徐乾学奉旨开设的一统志局，而阎若璩晚年受胤禛（即雍正帝，当时尚未即帝位）的礼聘，入其潜邸，死后胤禛给他办丧事，作祭文，称赞他“读书等身，一字无假；孔思周情，旨深言大”[1]，很受清统治者的恩宠。又如胡渭则得到康熙帝赏识，康熙第四次南巡时，胡渭已71岁，赶到江南行宫迎驾献赋，博得康熙的欢心，又是赐馔，又是赐扇，还赏给御书“耆年笃学”的匾额，被视为不世之荣遇。万斯同是黄宗羲的学生，较有民族意识，清廷开博学鸿儒科，万力辞不赴，但清廷以修明史为钓饵，由大学士徐元文出面延聘万斯同参加明史馆工作，万接受聘请，到北京修史。条件是“不署衔，不受俸”[2]，仍自称“布衣万某”，他和清朝官僚关系很密切，“在都门十余年，士大夫就问无虚日，每月两三会，听讲者常数十人”[3]。还有毛奇龄的政治转向更为突出，他出生较早，明末已是秀才，清兵入浙江，他起而反抗，参加了抗清军，失败后，改换姓名，逃亡藏匿。30年后却去参加清廷的博学鸿儒科，得翰林院检讨，以后向清帝屡次献书，以邀取新统治者的顾盼为荣，章太炎批评他“晚节不

1 江藩：《汉学师承记》卷一。
2 全祖望：《鲒埼亭集》卷二八《万贞文先生传》。
3 钱大昕：《潜研堂文集》卷三八《万先生斯同传》。

终，媚于旃裘”[1]。他们这批知识分子已接受和依附于清朝统治，著作中并没有反抗清朝的痕迹。

（二）他们大体上继承了清初思想家强调读书，反对空谈的学风。黄宗羲曾说，“读书不多无以证斯理之变化”；顾炎武提倡“博学而文”“多学而知”。因此，胡、阎等后继者读书勤奋，学识广博，考辨精审，著述宏富。阎若璩自题楹联“一物不知，以为深耻；遭人而问，少有宁日”，可以想见其学风。阎“长于考证，辨核一书，至检数书相证。侍侧者头目皆眩，而精神涌溢，眼烂如电。一义未析，反复穷思，饥不食，渴不饮，寒不衣，热不解。必得其解而后止”[2]。毛奇龄淹贯群书，博学多能，著作很多，被采入《四库全书》的就有 40 多种。顾祖禹“经史皆能背诵如流水”[3]。万斯同“博通诸史，尤熟于明代掌故，自洪武至天启实录，皆能暗诵”[4]。总之，勤奋、博学、长于考证，这是他们的优点。但是，经世致用的精神却淡薄了，钻进古书堆里，从事字句和个别事实的考证，对当代的政治和经济问题不敢问津。例如，顾炎武研究地理学，作《天下郡国利病书》，论列山川形势、城邑关隘，着眼的是现实。他的后继者也大多精通地理学，顾祖禹作《读史方舆纪要》130 卷，堪称巨著；胡渭作《禹贡锥指》，阎若璩作《四书释地》，都被誉为佳作，但都是诠释经史中的山川地望、州郡设置，进行历史地理的考证，离开了经世致用的目的。

（三）胡渭、阎若璩等人颇具怀疑精神，治学方法较精密，治学态度较严谨。清初思想家已看出了宋明理学家的毛病，读书粗率，囫囵吞枣，不求甚解。本来，儒家经典流传 2000 年之久，传写讹误，颠倒错漏，文字古奥，意义不明，甚至有人作伪掺假，

---

1 章太炎：《訄书》别录甲第六一。

2 杭世骏：《道古堂文集》卷二八《阎若璩传》。

3 江藩：《汉学师承记》卷一。

4 钱大昕：《潜研堂文集》卷三八《万先生斯同传》。

如果不下一番考索订正工夫，儒家经典许多篇章的真实意义是难以弄清楚的。魏晋以后的学者，包括宋明理学家在内很少从事这种基本的研究工作。宋代理学家们却根据这些讹误百出，扞格难通，甚至作伪的儒家经典，大加发挥，高谈阔论，奉之以为不得稍稍违反的圣门教义，岂非可笑！阎若璩、胡渭以颠扑不破的证据推翻了伪古文尚书，辨明了《河图洛书》之后出，这就把长期视为神圣的伪书打落到尘埃，使之显出原形，也暴露了宋明理学家们的愚蠢与昏聩。阎若璩自己说："或谓愚轻议先儒，愚曰：'轻议先儒其罪小，曲循先儒而使圣贤之旨不明于天下后世，其罪大，愚固居罪之小者也。'"[1]与阎若璩同时的姚际恒，写了一本《古今伪书考》，列举伪书数十种，都是古代的著名典籍，开辟了辨伪学的途径。他说："造伪书者，古今代出其人，故伪书滋多于世。学者于此，真伪莫辨，而尚可谓之读书乎？是必取而明辨之，此读书第一义也。"[2]在封建时代，人们把儒家的经籍看做知识的第一来源，现在这些书籍被怀疑，甚至被证明是伪书，知识界会发生多么大的震动。汉学发轫之初，确有一股敢于怀疑、敢于批判、敢于探索的精神。可惜在封建专制统治下，这种精神不能够发扬光大，例如毛奇龄就曾抨击《河图洛书》，怀疑《周礼》《仪礼》，还大胆地批判朱熹的《四书集注》，他作《四书改错》，说："四书无一不错。……然且日读四书，日读四书注，而就其注文以作八比，又无一不错。……真所谓聚九州四海之铁，铸不成此错矣。"[3]可是，康熙帝尊崇朱熹，把朱熹升为孔门十哲之次，毛奇龄听到这个消息，害怕触怒朝廷，赶紧把《四书改错》一书劈板销毁。

(四) 这时候的学者，有不少人离开宋学，向汉学靠拢，尊崇汉代的经学研究。毛奇龄说：解释经义，"汉取十三而宋取十一，

---

1 阎若璩：《潜邱劄记》。

2 姚际恒：《古今伪书考·自叙》。

3 毛奇龄：《四书改错》卷一。

此非右汉而左宋也。汉儒信经，必以经为义，凡所立说，惟恐其义之稍违乎经，而宋人不然”[1]。在他看来，汉人说经较合乎“经”的本来面貌。又如陈启源所作《毛诗稽古篇》是颇有代表性的，宋以前，《诗经》的研究都尊信诗小序、毛氏传和郑康成笺，并没有人怀疑诗序，至宋苏辙、郑樵等指小序非传自子夏而系卫宏的伪托，朱熹作《诗集传》，采郑樵的意见，全废小序，并反对毛传、郑笺，而以封建理学的观点说诗，宋以后的诗经研究者，大多是宋学一派，以理学诠释诗经，猜度诗人的美刺和作诗动机，甚多曲解，而对训诂名物很疏略。朱熹的书为政府尊崇，而诗序、毛传、郑笺很少人去研究了。陈启源一反朱熹的态度，尊信诗序、毛传和郑笺，着重名物考证，驳斥朱熹派的说诗，背离宋学而归趋汉学。《四库全书总目提要》评论陈启源的《毛诗稽古篇》：“训诂一准诸《尔雅》，篇义一准诸《小序》，而诠释经旨则一准诸《毛传》，而《郑笺》佐之。其名物则多以陆玑疏为主。……所辨正者，惟朱子《集传》为多……所掊击者惟刘瑾《诗集传通释》为甚，辅广《诗童子问》次之（按：辅广、刘瑾都是朱熹学派的传人，他们的书都是阐明《诗集传》的思想，为朱熹作护法）……其间，坚持汉学，不容一语之出入。虽未免或有所偏，然引据赅博，疏证详明，一一皆有本之谈。”[2]陈启源的著作已经和继起的专门汉学家十分相似，他也因此而遭到宋学家的攻击，后来，唐鉴（曾国藩的老师，理学家）就斥骂陈启源“横生妄议，诬毁圣人，专门之病，其狂悖一至此乎”[3]。

在汉学发轫之初，最重要的代表人物是胡渭和阎若璩。

胡渭（1633~1714年，明崇祯六年至清康熙五十三年）字朏明，浙江德清人。作《易图明辨》《禹贡锥指》《洪范正论》等

1　毛奇龄：《西河合集》卷五六《经义考·序》。

2　《四库全书总目提要》卷一六《经部诗类》。

3　唐鉴：《国朝学案小识》。

书，尤以《易图明辨》影响最大。《易经》本来是古代的占卜书，并没有图像。五代时，道士陈抟造《河图洛书》，传给种放、穆修，再传李之才、刘牧、邵雍、周敦颐，宋代理学家都相信陈抟编造的鬼话，说《河图洛书》是龙马神龟从河中负出，还有所谓太极、无极、先天、后天之说，附会增益，和《易经》混在一起，托之于伏羲、文王、周公、孔子。《易经》的诠释弄得神秘玄妙、乌烟瘴气。朱熹作《易本义》，采用这些说法，于是道士家的易说流行了几百年。胡渭的《易图明辨》证明了《河图洛书》不过是道士的修炼术，是后代晚出之说。他说："诗、书、礼、春秋，皆不可无图，惟易无所用图，六十四卦、二体、六爻之画，即其图也。"[1] 胡渭的考据，对宋明理学是一次很大的打击。梁启超说："须知所谓无极太极，所谓《河图洛书》，实组织宋学之主要根核，宋儒言理、言气、言数、言命、言心、言性，无不从此衍出。周敦颐自谓'得不传之学于遗经'，程朱辈祖述之，谓为道统所攸寄，于是占领思想界五六百年，其权威几与经典相埒。渭之此书，以《易》还之羲文周孔，以图还之陈邵，并不为过情之抨击，而宋学已受致命伤。"[2] 胡渭以《易》还之羲文周孔，仍是错误的，因为《易经》是古代长期积累的占卜文字，而《易传》则产生于战国秦汉之际，与羲文周孔并无关系。但胡渭以图书还之陈（抟）、邵（雍）是很正确的，这就在很大程度上消除了《易经》研究中附加的神秘色彩。

阎若璩（1636~1704 年，明崇祯九年至清康熙四十三年）字百诗，祖籍太原，生长于淮安。他最有名的著作是《古文尚书疏证》，共 8 卷。《尚书》自秦灭后，西汉初，伏生传述 28 篇，后又得泰誓，共为 29 篇，是为今文，立于学官。汉武帝时，从孔子

1 江藩：《汉学师承记》卷一。

2 梁启超：《清代学术概论》。

家的墙壁中得古文《尚书》，孔安国献之，比今文多出 16 篇。因正当武帝末的巫蛊之祸，古文未立于学官。东汉时，此 16 篇又失传。至东晋梅赜献古文《尚书》，变成了 25 篇，还有所谓《孔安国传》。唐代孔颖达作《正义》，将原今文 29 篇与梅赜的古文 25 篇放在一起，今古文混杂，以后历代有人对梅赜所献的《尚书》表示怀疑。阎若璩证明古文《尚书》25 篇和《孔安国传》都是伪书，从《尚书》的篇数、篇名、字句、书法、文例等提出很多证据，并引用《孟子》《史记》《说文》等书作为旁证。经过阎若璩的这番考证，古文《尚书》之伪，铁证如山，不可动摇。《四库全书总目提要》称赞他："引经据古，一一陈其矛盾之故，古文之伪乃大明。" "反复厘剔之"，祛千古之大疑，考证之学，则固未之或先矣。"[1] 伪古文《尚书》，一千数百年以来，被人讽诵学习，视为神圣的经典，也是宋明理学家的重要依据。例如：被理学家们视作"孔门心传"的 16 个字，"人心惟危，道心惟微，惟精惟一，允执厥中"，就出自伪古文《尚书》的《大禹谟》。古文《尚书》既是伪书，所谓"孔门心传"那套骗人的鬼话也就被戳穿了，理学家们进退失据，非常狼狈。所以，阎若璩的《古文尚书疏证》和胡渭的《易图明辨》一样，其价值不仅在考证方法和古文献整理方面，更主要的是打击了宋明理学，甚至在某种程度上触动了儒家经典的权威，由于胡渭、阎若璩考辨伪经的影响，使有一些人对四书五经提出了怀疑。据李塨说："塨南游时，客有攻辩中庸、大学、易系辞以及三礼、三传者。塨见之大怖，以为苟如是，则经尽亡矣。急求其故，则自攻古文《尚书》为伪书始。"[2]

1 《四库全书总目提要》卷一二《经部书类》。

2 李塨：《古文尚书冤词·序》转引《清儒学案》卷二六。

三　汉学的形成——惠栋和吴派学者

胡渭、阎若璩等都是过渡性的人物，他们治学重视审音读字和具体的证据，但并没有打出“汉学”的旗帜，也没有完全摆脱宋明理学的影响。皮锡瑞评论说：“阎（若璩）证古文之伪甚确，特当明末宋学方盛，未免沾染其说。夫据古义以斥《孔传》可也，据宋人以斥《孔传》则不可。”[1]阎若璩为了证明《孔安国传》之伪，有13处征引宋儒之说，以驳《孔传》，这是阎若璩不彻底的地方。当时，宋学与汉学还在进一步分化，要到下一代，即乾隆时代，才形成了壁垒分明的对立。章太炎说：胡渭、阎若璩，“皆为硕儒，然草创未精，时糅杂宋明谰言。其成学著系统者，自乾隆朝始”[2]。

任何一个自成体系、别立门户的学术派别都有自己的思想宗旨、治学方法、研究重点和学术风格，这是需要长期积累、磨砺，才能够形成的。到了惠栋时（雍乾之际），一切条件才基本具备，才能构筑起“汉学”的牢固阵地，形成和宋学分庭抗礼的局面。惠栋和他的友侣、学生都是江南苏州及附近的人，被称为清代汉学中的“吴派”。当时人这样说：“吴中以经术教授世其家者，咸称惠氏。惠氏之学大都考据古注疏之说而疏通证明之，与六籍之载相切，传至定宇先生（即惠栋），则尤多著纂，卓卓成一家言，为海内谈经者所宗。”[3]“于是吴江沈君彤，长洲余君仲霖、朱君楷、江君声等先后羽翼之，流风所煽，海内人士无不重通经，无不知信古，而其端自先生发之。”[4]

1　皮锡瑞：《经学通论》，第1册。

2　章太炎：《訄书》清儒第十二。

3　任兆麟：《有竹居集》卷十《余仲林墓志铭》。

4　王昶：《春融堂集》卷五五《惠定宇先生墓志铭》。

惠栋（1697~1758 年，清康熙三十六年至乾隆二十三年），字定宇，江苏吴县人。惠氏世代传经，曾祖惠有声是明末秀才。祖父惠周惕、父亲惠士奇是康熙年间的进士，都是有名的学者，著作很多。惠士奇任广东学政，提倡学术，颇有成绩。惠栋生长在学术空气浓厚的家庭环境中，“自幼笃志向学，家有藏书，日夜讲诵。自经史诸子百家杂说及释道二藏，靡不穿穴”。惠栋二十岁就考取秀才，但屡应乡试，均不第。乾隆十五年，诏举经明行修之士，当时惠栋已五十四岁，被推荐，又未被录取。他专心经术，闭户读书，未涉仕途，尤其精通易学。

惠氏的学风，继承了顾炎武的传统，治经从研究古文字入手，重视声音训诂，以求经书的意义。惠士奇说：“礼经出于屋壁，多古字古音。经之义存乎训，识字审音，乃知其义，故古训不可改也。”[1]又据戴震叙述惠栋的治学：“松崖先生（惠栋）之为经也，欲学者事于汉经师之故训，以博稽上古典章制度，由是推求理义，确有据依。”[2]惠栋认为：汉代学者都有师承渊源，训诂由经师口授，经师之说，立于学官，与经平行。要理解经书的真正意义，必须恢复汉儒的训诂，“古字古言，非经师不能辨……是以古训不可改也，经师不能废也”[3]。他批评魏晋以后，治经者常常用俗字代替古字，使经书的意义晦而不彰。他研究《易经》，订正 70 余字，认为：“诸家异同，动盈数百，然此 70 余字，皆卓然无疑，当改正者。”[4]

惠栋提倡由古书的文字音训以求义理，这是汉学家共同信奉的原则，也是区别于宋明理学家的治学特色。惠栋继顾炎武之后开辟了新的学术蹊径，影响甚大。“乾隆中叶，海内之士知钻研

1 以上均见江藩：《汉学师承记》卷二。

2 《戴震集》卷一一《题惠定宇先生授经图》。

3 惠栋：《九经古义·首说》。

4 惠栋：《九经古义·周易下》。

古义，由汉儒小学训诂以上溯七十子六艺之传者，定宇先生为之导也。”[1] 惠栋的后学王鸣盛、钱大昕也抱同样的主张，王鸣盛说：“经以明道，而求道者不必空执义理以求之也。但当正文字，辨音读，释训诂，通传注，则义理自见，而道在其中矣。”[2] 钱大昕说：“六经者圣人之言，因其言以求其义，则必自诂训始。”[3] 就是吴派以外的汉学家，包括戴震等皖派学者，都持同样的观点。所以，激烈地反对汉学的方东树说，“此是汉学一大宗旨，牢不可破之论矣”，“此论最近信，主张最有力，所以标宗旨，峻门户，固壁垒，示信学者，谓据其胜理，而不可夺矣”[4]。汉学家们共同尊奉、反复强调的这个原则当然是有道理的，要弄清楚古代经籍中的思想内容，当然必须弄清古文字的音义。连古文字都不认识，哪里谈得上研究经籍呢？可是，魏晋以后，人们越来越不懂得古文字了，对声音训诂茫然不晓，却大言不惭地治经说经，牵强附会，随意解释，有的人干脆将不认得的古字胡乱地换成俗字，篡改经籍，真意尽失。从顾炎武开始，直到惠栋、戴震正是针对这种不良的风气，强调要从声音、训诂、校勘、考证的基本功夫入手，来整理和研究古代的经籍，这样才能够消除长期以来附加在古书上的误解和歪曲，认识其原来的意义，这是比较严谨，比较科学的治学方法和治学态度。汉学家们对语言文字的研究花了很大精力，这门被称为“小学”的学科本来只是为了研究经籍的需要，是附属于经学研究的。后来，名家辈出，著作很多，积累丰富，附庸蔚为大国，“小学”成了清代的一门很发达的学科。

惠栋治学的另一个重要特点是尊信和固守汉儒的说经，因此，

1 《国朝耆献类征初编》卷四一七《经学七》，张澍《书四世传经遗像后》。

2 王鸣盛：《十七史商榷·序》。

3 钱大昕：《潜研堂文集》卷二四《臧玉林经义杂说·序》。

4 方东树：《汉学商兑》卷中之下。

这个学派被称为“汉学”。“汉学”的名称不能完全反映戴震以后的学术特点，但却颇为恰当地表现了以惠栋为首的吴派学者的特色。惠栋的父亲惠士奇已很重视汉人对经籍的注释，他说，“易始于伏羲，盛于文王，大备于孔子，而其说犹存于汉”，又说：“康成三礼，何休公羊，多引汉法，以其去古未远。”[1]但惠士奇还不算是专宗汉学的，到了惠栋才高举“汉学”的旗帜，“凡古必真，凡汉皆好”，完全撇开魏晋以后的经说，回复到汉以前去。所以，焦循说：“吴人说易，父子殊方。惠士奇《易说》，独申己意。其子栋《周易述》，则持守旧说。”[2]

清代学者回复到汉儒的经说，这是从清初以来学术思想发展的必然归宿。尽管清朝政府大力提倡程朱理学，可是理学的权威已经失坠，人们看到：宋儒说经，连经书中的文字句读、名物典制都没有搞清楚，甚至经书的真伪不辨，恰如盲人摸象，一知半解，猜度臆说。知识界已不能再建立起对宋学的虔诚信念，解除宋学的束缚，摆脱宋学的影响，这是思想潮流的大势所趋。有头脑的知识分子从笼罩数百年之久的宋儒说经的迷雾中冲出来，将走向何处？新的近代知识宝库的大门还是紧闭着的，他们不可能打开它。于是探本寻源，回到古代，希望从遥远的过去寻找到思想依据。在他们看来，汉代去古未远，遗说尚存，是求知的宝藏，要寻求古代经籍的本来面目，只有回复到汉儒的经说。惠栋批评魏晋以后的学术，“盖魏晋以后，经师道丧，王肃诋郑氏而禘郊之义乖，袁准毁蔡服而明堂之制亡，邹湛讥荀谓而周易之学晦。郢书燕说，一倡百和，何尤乎后世之纷纭也”[3]，又推崇汉代经学，“汉儒通经有家法，故有五经师。训诂之学，皆师所口授，

1 江藩：《汉学师承记》卷二。
2 焦循：《雕菰楼集》卷一二《国史儒林文苑传议》。
3 钱大昕：《潜研堂文集》卷三九《惠先生栋传》。

其后乃著竹帛。所以汉经师之说，立于学官，与经平行”[1]。从反宋走向复汉，这是清代前期学术思想的发展趋势，吴派是这段路程的顶点，表现了强烈的复汉色彩。

反宋与复汉是当时思潮的相互联系的两个方面。反宋，意味着摆脱传统学术，在一定程度上是思想解放的表现。反宋的结果却回复到汉学去，在当时也只有回到汉学，才能另立壁垒，与宋学旗鼓相当地对抗。但应该指出，离开宋学而完全回到汉学，表明思想学术界走上了新的歧路，是思想解放的夭亡。宋学固然主观穿凿，是替封建主义服务的学术；汉学也多附会曲解，同样也是为封建主义服务的。当时的社会条件还没有成熟到可以突破封建思想的羁绊，因此，出于此，即入于彼，仍旧在封建主义经学的老框框里兜圈子。这是吴派的局限性，大体说来，也是整个清代汉学的局限性。

吴派的代表人物惠栋专精《周易》，著有《周易述》《易汉学》《易例》《九经古义》《古文尚书考》等书。他说："宣尼作十翼，其微言大义，七十子之徒相传，至汉犹有存者。自王弼兴而汉学亡，幸存其略于李氏集解中（指李鼎祚《周易集解》）。"他撰写《周易述》，研究30年，易稿四五次，完全抛开魏晋以后的注释，"专宗虞仲翔（虞翻），参以荀（爽）郑（玄）诸家之义，约其旨为注，演其说为疏。汉学之绝者千有五百余年，至是而粲然复章矣"[2]。

惠栋的注意力集中于构筑汉学的森严壁垒，对汉人的易说搜辑钩稽，不遗余力，而且推崇备至。汉儒说经，有精华，也有糟粕，惠栋不加别择，全盘继承。汉代经学有今古文之分，惠栋以虞翻为主，虞翻世传《孟氏易》，属今文家；而惠栋又"参以荀、

1　惠栋：《九经古义·首说》。

2　钱大昕：《潜研堂文集》卷三九《惠先生栋传》。

郑诸家之义”，荀爽、郑康成传《费氏易》，《费氏易》却属古文家。因此，惠栋将今古文混杂，兼收并蓄，不免相互抵触。汉人说经，讲阴阳灾异，天人合一，谶纬之学。惠栋的作品中也明显地受其影响。惠栋很得意的是以古字改俗字，如改正《易经》的70多个字，认为“卓然无疑”，是纠正了后儒妄以俗字改古字之误，其实，他改正的字也是成问题的。阮元就批评他：“国朝之治周易者，未有过于征士惠栋者也。而其校刊雅雨堂李鼎祚《周易集解》与自著《周易述》，其改字多有似是而非者。盖经典相沿已久之本，无庸突为擅易，况师说之不同，他书之引用，未便据以改久沿之本也。但当录其说于考证而已。”[1]阮元的批评是有道理的。惠栋强调复古，尊信汉人，可是汉儒的古说并不都是正确的，即使诠释经籍也是这样。《四库提要》评惠栋：“其长在博，其短亦在于嗜博，其长在古，其短亦在于泥古。”[2]王引之也说：“惠定宇先生考古虽勤，而识不高，心不细。见异于今者则从之，大都不论是非。……来书言之，足使株守汉学而不求是者，爽然自失。”[3]

与宋学的空谈相反，惠栋治经，“笃于尊信，缀次古义，鲜下己见”[4]，但也并不是不正面发挥自己的思想。他的《明堂大道录》，自诩是弄清了长期没有弄清的古代明堂之制的真面目，其实不过是依据汉人之说，发挥自己的政治理想。他认为：明堂是古代祭祀、朝觐、养老、尊贤、布政、施教的地方，“立明堂为治天下之大法”。又他对“理”作了诠释，引《韩非子·解老》为根据，说“理字之义，兼两之谓也。人之性，禀于天，性必兼两。在天曰阴与阳，在地曰柔与刚，在人曰仁与义”，这是以事物矛盾

1 阮元：《揅经室一集》卷一一《十三经注疏校勘记·序》。

2 《四库全书总目提要》卷二九《经部春秋类》。

3 王引之：《王文简公文集》卷四《与焦理堂先生书》。

4 章太炎：《訄书·清儒第十二》。

对立的普遍性来解释“理”，和宋儒说“理”，根本不同。又说：“好恶得其正，谓之天理。……后人以天理、人欲为对待，且曰：‘天即理也。’尤谬。”[1]这话直接驳斥了程朱理学，而和戴震的理欲说极为接近。

惠栋的朋友沈彤、学生余萧客、江声以及王鸣盛、钱大昕，大昕的弟侄钱大昭、钱塘、钱坫等都是苏南人。他们大多恪守惠氏尊汉的学术途径，被称为汉学中的吴派，戴震说：“先生（惠栋）令子秉高与二三门弟子，若江君琴涛（江声），余君仲林（余萧客），皆笃信所授，不失师法。……而吴之贤俊后学，彬彬有汉世郑重其师承之意。”[2]

沈彤的代表作是《周官禄田考》。欧阳修曾怀疑《周礼》，认为按《周礼》，官多田少，禄田将不足数。沈彤考证其实施情形，以答复欧阳修的疑难，惠栋称誉此书“二千年来聚讼，一朝而决”[3]。其实，《周礼》是后出的书，成于战国时，书中所言托之西周，未必是西周的实际情形。沈彤据以考证西周制度的实施，未免拘泥过甚。余萧客作《古经解钩沉》，搜辑唐以前经解，是一本辑佚书，钩稽排比，用力颇勤。但成书匆促，精审不足。当时学者王鸣盛、戴震都有所批评，王鸣盛说它“好古而不知所择”，“有本系后人语妄摭入者，有本是汉注反割弃者。书不可乱读，必有识方可以有学，无识者观书虽多，仍不足以言学”[4]。戴震则批评它名为“钩沉”，“有钩而未沉者，有沉而未钩者”[5]。江声与王鸣盛都是继阎若璩、惠栋以后，研究尚书的，学风和惠栋一致。江声作《尚书集注音疏》，一是尊汉注，“取马（融）郑

1 惠栋：《周易述·易微言下》。
2 《戴震集》卷一一《题惠定宇先生授经图》。
3 惠栋：《松崖文钞》卷二《沈君彤墓志铭》。
4 王鸣盛：《采集群书，引用古学》，转引《清儒学案》卷七七。
5 江藩：《汉学师承记》卷二。

(玄)之注及大传(伏生大传)异义(许慎《五经异义》),参酌而辑之,更旁采他书之有涉于尚书者以益之”[1],一是好改书,以古字改俗字,“采说文经子所引《书》古文本字,更正秦人隶书及唐开元改易古字之谬”,并且“以篆写经,复三代文字之旧”[2]。这两个特点,比惠栋还要变本加厉。江声精通古文字,但泥古太深,“生平不作楷书,即与人往来笔札,皆作古篆,见者讶以为天书符篆。”[3]王鸣盛的研究范围稍广阔,但好古尊汉则尤甚。他作《尚书后案》,专尊郑玄。王鸣盛自己说:“《尚书后案》何为作也?所以发挥郑康成一家之学也。”[4]杭世骏为此书作序称:“《尚书》一经,世宗伪孔安国传,郑氏之注灭没于散亡之后……光禄卿王君西庄(即王鸣盛),当世之能为郑学者也,戚然忧之,钻研群籍,爬罗剔抉,凡一言一字之出于郑者,悉甄而录之,勒成数万言,使世知有郑氏之注,并使世知有郑氏之学。”[5]王鸣盛只尊奉郑康成一家,连其他汉儒的经注也放在次要地位,魏晋以后的注疏更不在话下。他评论汉代经学:“两汉经生蜎起,传注麻列,人专一经,经专一师。直至汉末有郑康成,方兼众经。自非康成,谁敢囊括大典,网罗众家,删繁裁诬,刊改漏失,使学者知所归乎!”[6]王鸣盛的长处是别择较严,避免了惠栋兼收并蓄、混淆今古文的毛病,缺点是盲目拜倒在郑康成脚下,被古人牵着鼻子走,偏枯狭窄,不能有创造性的研究。王鸣盛说,“治经断不敢驳经……经文艰奥难通,但当墨守汉人家法,定从一师,而不敢他徙”[7],汉学家的弱点在王鸣盛身上表现得最为集中,而且

1 江声:《尚书集注音疏述》。
2 孙星衍:《平津馆文稿下·江声传》。
3 江藩:《汉学师承记》卷二。
4 王鸣盛:《尚书后案·序》。
5 杭世骏:《道古堂文集》卷四《尚书后案·序》。
6 王鸣盛:《刘焯刘炫会通南北汉学亡半其罪甚大》,转引《清儒学案》卷七七。
7 王鸣盛:《十七史商榷·序》。

更加理论化、固定化了。王鸣盛还以治经的方法治史，作《十七史商榷》，“主于校勘本文，补正讹脱，审事迹之虚实，辨纪传之异同，最详于舆地职官、典章制度，独不喜褒贬人物，以为空言无益也”[1]。

在吴派学者中，学识最博，成绩最大的要推钱大昕。他的研究范围是多方面的，精通经学、史学、天文、历算、音韵、训诂、金石、词章，“不专治一经而无经不通，不专攻一艺而无艺不精”[2]。他虽也恪守汉儒的宗旨，认为“有文字而后有诂训，有诂训而后有义理”[3]，“诂训必自汉儒，以其去古未远”[4]，但态度还不像其他吴派学者的绝对化。他认为：对古人的学说，既不可轻易诋毁，也不应过分株守，“愚以为学问乃千秋事，订讹规过，非訾毁前人，实以加惠后学”[5]，“惟有实事求是，护惜古人之苦心，可与海内共白”[6]。他以毕生精力，作《二十二史考异》，对篇幅浩繁的“正史”作了系统而细致的研究考证。他的方法是用二十二史的不同版本互勘，也用其他书籍碑版作比较，指出了“正史”中的错误、缺漏和矛盾，订正了传抄或刊刻上的讹误。钱大昕不多谈义理，可是他的议论中也有一些突破封建框框的思想。封建社会中，君道最尊，弑君是大逆不道，而钱大昕却认为：被弑的君主都是无道之君，如果君主贤明，也就不会产生乱臣贼子，“君诚有道，何至于弑”[7]。又封建的伦理观不准妇女改嫁，钱大昕却认为：如果夫妇之间，恩爱已绝，“去而更嫁，不谓之失节……使其过不在妇欤，而嫁于乡里，犹不失为善妇。不必强而留之，

1 江藩：《汉学师承记》卷三。
2 江藩：《汉学师承记》卷三。
3 钱大昕：《潜研堂文集》卷二四《经籍纂诂·序》。
4 钱大昕：《潜研堂文集》卷二四《臧玉琳经义杂识·序》。
5 钱大昕：《潜研堂文集》卷三五《答王西庄书》。
6 钱大昕：《潜研堂文集》卷二四《二十二史考异序》。
7 钱大昕：《潜研堂文集》卷七《答问四》。

使夫妇之道苦也”[1]，这些看法是比较大胆的。但他在某些问题上也主观保守，例如：在算学方面，他过分尊信中国的古算，轻视西方数学，江永学习西方数学较有成绩，钱大昕却讥刺江永“为西人所用”[2]。又中国有反切，这是语言学的一大进步，与佛教传入有关，受佛经梵文拼音的影响。钱大昕矢口否认这个明显的事实，硬说《诗经》已有反切的萌芽，他驳斥反切受佛经影响的说法，“岂古圣贤之智乃出梵僧下耶”，“吾于是知六经之道，大小悉备，后人詹詹之智，早不出圣贤范围之外也”[3]。这种想法反映了中国知识界中抱残守缺、夜郎自大的一面。尽管这样，钱大昕仍是清代学者中的佼佼者。当时戴震执学术界的牛耳，极为自负，瞧不起其他人，只器重钱大昕。戴震说：“当代学者，吾以晓征（即钱大昕）为第二人。”“盖东原毅然以第一人自居。然东原之学，以肄经为宗，不读汉以后书。若先生（钱大昕）学究天人，博综群籍。自开国以来，蔚然一代儒宗也。以汉儒拟之，在高密（郑康成）之下，即贾逵、服虔，亦瞠乎后矣。”[4]

四　汉学的高峰——戴震

清代的汉学中，与吴派并称的是以戴震为主要代表的皖派。“吴”和“皖”都是地名，吴派学者大多是苏南人，而皖派学者大多是安徽人。吴派和皖派并不是两个对立的学派，两派的学术主张有很多共同点，因此相互影响，互为师友。皖派稍后出，皖派的主要代表戴震比吴派的主要代表惠栋小二十六岁。吴派多治周易、尚书；皖派擅长三礼，尤精小学、天算。吴派提倡复古，惟

1　钱大昕：《潜研堂文集》卷八《答问五》。
2　钱大昕：《潜研堂文集》卷三三《与戴东原书》。
3　钱大昕：《潜研堂文集》卷一五《答问十二》。
4　江藩：《汉学师承记》卷三。

汉是好；皖派强调求真，方法严密，识断精审。当时学者王鸣盛论惠戴的区别，“方今学者，断推两先生，惠君之治经求其古，戴君求其是，究之，舍古亦无以为是”[1]。王鸣盛是惠派学者，故袒护复古。章太炎论两派的区别，“吴始惠栋，其学好博而尊闻；皖南始戴震，综形名，任裁断，此其所以异也”，又说吴派“皆陈义尔雅，渊乎古训是则者也”，而“戴学数家，分析条理，皆参密严瑮，上溯古义，而断以己之律令，与苏州诸学殊矣”[2]。梁启超论两派的区别:“戴、段、二王（戴震、段玉裁、王念孙、王引之）所以特异于吴派者，惠派治经，如不通欧语之人读欧书，视译人为神圣，汉儒则其译人也，故信凭之不敢有所出入。戴派不然，对于译人不轻信，必求原文之正确，然后即安。吴派所得，断章零句，援古正后而已。戴派每发明一义例，则通群书而皆得其读。故吴派可名汉学，戴派则确为清学而非汉学。以爻辰纳甲说《易》，以阴阳灾异说《书》，以五际六情说《诗》，其他诸经义，无不杂引谶纬，此汉儒通习也。戴派之清学，则芟汰此等，不稍涉其藩，惟于训诂名物制度注全力焉。”[3]章、梁的评断是很有见地的。

皖派的出现，是清代学术发展的高峰。吴派虽然已和宋学分庭抗礼，但还不能排挤宋学。自皖派出，局面为之一变，“震（戴震）始入四库馆，诸儒皆震竦之，愿敛衽为弟子。……震为《孟子字义疏证》，以明材性，学者自是薄程朱”[4]。此后，汉学取代了宋学，支配学术界。

汉学所以成为文化学术的主流，是和当时的社会条件分不开的。乾隆时，清朝的统治已历100年，进入全盛阶段，政治稳定，经济繁荣，承平而富裕的社会提供了学术研究的良好条件。北京

1 洪榜：《初堂遗稿》卷一《戴先生行状》。

2 章太炎：《訄书·清儒第十二》。

3 梁启超：《清代学术概论》。

4 章太炎：《訄书·清儒第十二》。

以及扬州、苏州，政治经济文化尤为发展，人才辈出，书院林立，刻书藏书成风。而雍乾时代，文字狱更加苛密，知识分子多埋头故纸堆中，不敢议政论史，唯以钻研经书为事。清朝的官方政策也倡导注经编书。如果说康熙朝专尊程朱，那么到乾隆时，统治者已觉察到理学已难以维系知识界，而必须同时提倡汉学，使这两个学派都为自己的统治服务。阮元说："我朝列圣，道德纯备，包涵前古，崇宋学之性道，而以汉儒经义实之，圣学所指，海内响风。"[1]在汉学家的倡议下，清政府开始编纂《四库全书》。此举工程巨大，网罗丰富，著名的汉学家均参与其事，对学术研究起了促进作用。还有一批身居要职的官吏，如朱筠、朱珪、王昶、纪昀、毕沅、阮元等，他们本人就是有造诣的汉学家，奖掖提倡，不遗余力，因此，"乾隆以来，家家许郑，人人贾马，东汉学烂然如日中天矣"[2]。

皖派的主要代表戴震（1724~1777 年，雍正元年至乾隆四十二年）字东原，安徽休宁人。家庭贫寒，曾为商贩，又以教书为业。青年时，就学于著名学者江永，"永治经数十年，精于三礼及步算、钟律、声韵、地名沿革，博综淹贯，岿然大师"[3]。江永的贡献，一为礼学，所撰《礼经纲目》等礼学著作数种，录入《四库全书》，被誉为"精核之作"；一为声韵学，江永批评顾炎武"考古之功多，审音之功浅"[4]，改变顾氏古韵十部的分法，而成十三部；一为天算，改正梅文鼎论岁实消长之误。江永的学生除戴震外还有金榜、程瑶田等，都是礼学名家。戴震对江永十分推崇，称"先生之学，自汉经师康成后，罕有俦匹"[5]。戴震在学术

1 阮元：《揅经室一集》卷二《拟国史儒林传·序》。
2 梁启超：《清代学术概论》。
3 段玉裁：《戴东原年谱》。
4 《戴震集》卷一二《江慎修先生事略状》。
5 《戴震集》卷一二《江慎修先生事略状》。

上很受江永的影响，乾隆二十年，戴震三十三岁，还是个穷秀才，因避仇家的陷害，逃到北京，穷困潦倒，“困于逆旅，饘粥几不继，人皆目为狂生”[1]。他带着自己的著作去拜访青年学者钱大昕，钱誉为“天下奇才”。从此，戴震认识了一批新科进士王鸣盛、钱大昕、卢文招、王昶、纪昀、朱筠等，他们都很钦佩戴震的学识，“耳先生名，往访之。叩其学，听其言，观其书，莫不击节叹赏。于是声重京师，名公卿争相交焉”[2]。戴震三十五岁至扬州，客于盐运使卢见曾的雅雨堂，结识惠栋，“惠戴见于扬州，交相推重”[3]。四十岁中举人，此后往来于江西、江苏、直隶、山西，修志编书，五十一岁奉召以举人充《四库全书》纂修官。五十三岁会试又落第，特准参加殿试，授翰林院庶吉士，五十五岁病死。他的学生很多，段玉裁、王念孙、任大椿、孔广森都在门下受业。

戴震的学术成就，在清中叶的学者中最为突出。他学问渊博，识断精审，集清代考据学的大成，而且和其他汉学家不同，写了许多理论文章，抨击程朱理学，阐发唯物主义思想，在中国思想史上留下了灿烂的篇章。稍后的学者汪中评论清代前期的学者，“国朝诸儒崛起，接二千余年沉沦之绪，……亭林（顾炎武）始开其端；河洛图书，至胡氏（胡渭）而绌；中西推步，至梅氏（梅文鼎）而精。力攻古文者，阎氏（阎若璩）也，专治汉易者，惠氏（惠栋）也，及东原（戴震）出而集大成焉”[4]。汪中大体勾画了汉学发展的轮廓，给戴震很高的地位。

戴震的学术成就，一是在音韵训诂方面，他对古韵分部和声类分析均有贡献。在古韵研究方面，他和江永都是审音派，不同

1　钱大昕：《潜研堂文集》卷三九《戴先生震传》。
2　段玉裁：《戴东原年谱》。
3　王昶：《春融堂集》卷五五《戴东原墓志铭》。
4　江藩：《汉学师承记》卷七。

于以前的顾炎武，以后的段玉裁、王念孙、章炳麟的考古派。戴震把古韵分为9类25部，最大的特点是入声韵独立，以之与阴声韵、阳声韵相配，并认为阴阳可对转，而入声是韵类通转的枢纽。他又从古文字的音与声，推求其意义，发现了“故训音声相表里”的规律。他说：“字书主于故训，韵书主于音声，然二者恒相因。音声有不随故训变者，则一音或数义；音声有随故训而变者，则一字或数音。大致一字既定其本义，则外此音义引伸，咸六书之假借。其例或义由声出……凡故训之失传者，于次亦可因声而知义矣。或声同义别……或声义各别……六书假借之法，举例可推。”[1]他说明，必须通音声而明转注、假借，才能弄清楚许多古文字的意义。他提出的“音义相通”的规律，后来王念孙等加以发扬，取得很大成果。由于戴震精通小学，从音韵、训诂的基本工夫入手，所以治经的成绩较大。戴震自言治学的特点：“仆之学，不外以字考经，以经考字”[2]，“一字之义，当贯群经，本六书，然后为定”[3]。纪昀称赞他“戴君深明古人小学，故其考证制度字义，为汉已降儒者所不能及，以是求之圣人遗经，发明独多”[4]。

除了小学外，戴震对名物、制度，古文献的校勘、考证也做了很多工作。如《考工记图》，根据《考工记》本文和郑康成注，绘图以明之，对郑注有订正，此书“图与传注相表里”[5]；又如《尚书·尧典》有“光被四表”一语，从未产生过疑问，戴震却根据《孔安国传》《尔雅》《说文》等书，认为“光”是个错字，应作“横”。他说：古代“横”字与“桄”字通，“桄”被误写作“光”，所以“光被”即“横被”，意即广被。他断定“《尧典》古

1 《戴震集》卷三《论韵书中书义答秦蕙田尚书》。

2 陈奂：《说文段注跋》。

3 《戴震集》卷九《与是仲明论学书》。

4 纪昀：《纪文达公遗集》卷八《考工记图·序》。

5 《戴震集》卷十《考工记图·序》。

本必有作‘横被四表’者”[1]。这话说过以后几年中，他的朋友、学生、亲戚果然从各种古书里找到了“横被四表”或“横被”的好几个例子，证明戴震的论断是正确的。

戴震在古天算、古地理的研究方面，也有不少成绩。他把古代天文理论和古籍中的有关资料结合起来，解决了天文学上的一些疑难，如对“璇玑玉衡”作了考证，纠正了汉以后的误解，又从《永乐大典》中辑出久已失传的古算书多种，包括《九章算术》《海岛算经》《孙子算经》《五曹算经》《夏侯阳算经》，使我国古代的算学遗产，重见于世。在古地理方面，戴震整理了郦道元的《水经注》，此书在流传中，将经文和注文混到了一起，颠倒错乱，无法读通。戴震整理此书，立下三条校勘的原则（例），第一条“《水经》立文，首云某水所出，以下无用重举水名。而注内详及所纳群川，加以采摭故实，彼此相杂，则一水之名，不得不更端重举”。第二条“经文叙次所过郡县，如云又东过某县之类一语，实该一县。而注则沿溯县西以终于东，详记所迳委曲；经据当时县治，至善长（郦道元）作注时，县邑流移，是以多称故城，经无言故城者也”。第三条“凡经例云‘过’，注例云‘迳’”[2]。按照这三条原则，混淆的经与注，就可以清楚地区分开。段玉裁说，“得此三例，迎刃分解，如庖丁之解牛，故能正千年经注之互讹”[3]，基本上恢复了《水经注》原书的本来面目[4]。

戴震不但是个卓越的考据学家，而且是个杰出的思想家、哲学家。他在注释经籍的外衣下，阐发唯物主义哲学，反对程朱理

1 《戴震集》卷三《与王内翰凤喈书》。

2 《戴震集》卷六《水经郦道元注·序》。

3 段玉裁：《戴东原年谱》。

4 早于戴震的有全祖望、赵一清也整理《水经注》，和戴震取得的结果十分相似，因此学术界有两派意见，一派认为戴震抄袭了赵一清的研究成果，如魏源、杨守敬、王国维持此种主张；另一派认为全、赵、戴各自独立研究，得到了大体相同的结果，并非抄袭，如段玉裁、胡适主张此说。

学。他一方面重视小学和考据，他说，“今人读书尚未识字，辄目训诂之学不足为。其究也，文字之鲜能通，妄谓通其语言；语言之鲜能通，妄谓通其心志”[1]。他认为：只有弄清楚古代经籍中的文字、音训、名物、制度，才能懂得其中的意义；但另一方面，他并不停留在音韵、训诂、名物、制度的考释上，而是强调对经籍中思想内容的理解。他说自己是“志存闻道”，至于音训考据不过是“闻道”的手段。他虽是汉学家的领袖，却不满意大多数汉学家墨守古经传注，绝口不谈义理。他说：“义理者，文章、考核之源也。熟乎义理，而后能考核，能文章。”[2]“君子务在闻道也。今之博雅能文章、善考核者，皆未志乎闻道，徒株守先儒而信之笃。”[3]这不啻是对自己学派内只做考据、不谈思想的批评。他似乎预见到以后别人会拿自己在音训考据方面的成就来抹杀哲学观点，因此声明：“六书九数等事，如轿夫然，所以舁轿中人也。以六书九数等事尽我，是犹误认轿夫为轿中人也。”《孟子字义疏证》是戴震最重要的哲学著作，戴震说：“仆生平著述之大，以《孟子字义疏证》为第一，所以正人心也。”[4]可是当时人，包括戴震的朋友和学生，有许多人并不理解戴震的学术宗旨，往往推崇他在小学、考据方面的成就，而并不重视他的哲学思想。

戴震继承了清初思想家的唯物主义传统，对唯心主义理学进行了激烈的批判。他反对理学家所说的“理在气先”。认为：“气”是第一性的，“气”是宇宙万物的本源。自然界的发生发展就是“气化流行”，换句话说，就是物质的运动。他说：“气化流行，生生不息，是故谓之道。《易》曰：一阴一阳之谓道。洪范五行，

1 《戴震集》，《尔雅注疏笺补·序》。

2 段玉裁：《戴东原集·序》。

3 《戴震集》卷九《答郑丈用牧书》。

4 段玉裁：《戴东原集·序》。

一曰水，二曰火，三曰木，四曰金，五曰土，行亦道之通称。”[1]他在这里说的“道”就是运动，阴阴五行就是矛盾着的物质，在他看来：宇宙间阴阳五行的运动变化，使事物不断地产生、变化、发展。戴震认为:“理”只是“气”的运动变化的法则，是第二性的。“生生者化之原，生生而条理者，化之流。”[2]“理”就是事物的“条理”，只能分别地存在于各个具体的事物之中，而并不在事物之外，他说，“就事物言，非事物之外别有理义也。有物必有则”，“物者，事也。语其事，不出乎日用饮食而已矣。舍是而言‘理’，非古圣贤所谓‘理’也”[3]。戴震强烈反对理学家标榜的高出于万物之上的“理”，认为这种玄妙空虚的“理”是不存在的，是从佛教中搬来的，“其以‘理’为‘气’之主宰，如彼（佛教）以‘神’为‘气’之主宰也，以‘理’能生气，如彼以‘神’能生‘气’也”[4]。

戴震从唯物主义的立场出发，提出了人性论和理欲说，这是他思想中最精彩、最富有战斗精神的部分。理学家把人性分成“义理之性”和“气质之性”，认为“气质之性”是产生“情欲”的罪恶渊薮，高唱“惩忿窒欲”。戴震根本反对这种观点。他认为:“性”就是自然的化分，“性者，分于阴阳五行以为血气心知，品物区以别焉”，“血气心知，性之实体也”[5]，因此，“性”只有“气质之性”，宋儒吹嘘的先天的“义理之性”是不存在的。人有人的性，物有物的性。人性得自然化分之全，物性得自然化分之曲，故人性善。戴震非常尊重人性，他认为：人性包括欲、情、知三方面，“欲”是对于声色嗅味的要求欲望，“情”是喜怒哀

1　戴震：《孟子字义疏证》卷中《天道》。
2　戴震：《原善》卷上。
3　戴震：《孟子字义疏证》卷上《理》。
4　戴震：《孟子字义疏证》卷中《天道》。
5　戴震：《孟子字义疏证》卷中《性》。

乐的感情，“知”是分辨是非、善恶、美丑的能力。他说：“人生而后有欲、有情、有知，三者，血气心知之自然也。给于欲者，声色嗅味也，而因有爱畏；发乎情者，喜怒哀乐也，而因有惨舒；辨于知者，美丑是非也，而因有好恶。声色嗅味之欲，资以养其生；喜怒哀乐之情，感而接于物；美丑是非之知，极而通于天地鬼神……是皆成性然也。”[1]他认为，有了人的生命形体，就有欲、情、知，因此，反对宋儒鼓吹的“存天理，灭人欲”，“惩忿窒欲”。在戴震看来：“欲”是每人都具有的自然的生理要求，不应该灭掉，也不可能灭掉；“欲”不像理学家认为的那样是“万恶之源”，只要在理智的指导下，“欲”合乎规律地发展，有节制地得到满足，就是“善”，就是“仁”。他说，“欲也者，性之事也……欲不先之私则仁”，[2]“人之有欲也，通天下之欲，仁也”[3]，“圣人治天下，体民之情，遂民之欲而王道备”。戴震的道德观是和理学家截然不同的，是建立在尊重人性，承认人欲合理性的基础之上。他认为：程朱理学把老百姓的“饥寒愁怨”、“常情隐曲”都说是万恶的“人欲”，因而抹杀了群众正当的生存要求，这是残忍而虚伪的说教。他针对朱熹所说“天理、人欲不能并立”，而提出“理者，存乎欲者也”[4]，“有欲而后有为，有为而归于至当不可易之谓理。无欲无为，又焉有理”[5]。

戴震大胆地揭露理学家的所谓“理”，并不是真理，而不过是统治者的主观偏见，是强者欺凌和压迫弱者的口实。他大声疾呼地指出：现实世界是以强权作为公理的。

1　戴震：《孟子字义疏证》卷下《才》。
2　戴震：《原善》卷上。
3　戴震：《原善》卷下。
4　戴震：《孟子字义疏证》卷上《理》。
5　戴震：《原善》。

"今虽至愚之人，悖戾恣睢，其处断一事，责诘一人，莫不辄曰理者。自宋以来，始相沿成俗，则以理为如有物焉，得于天而具于心，因以心之意见当之也。于是负其气，挟其势位，加以口给者，理伸。力弱气慑，口不能道辞者，理屈。呜呼！其孰谓以此制事，以此制人之非理哉？"

"尊者以理责卑，长者以理责幼，贵者以理责贱，虽失谓之顺。卑者、幼者、贱者以理争之，虽得谓之逆。……上以理责其下，而在下之罪，人人不胜指数。人死于法，犹有怜之者，死于理，其谁怜之？"[1]

"后儒不知情之至于纤微无憾，是谓理；而其所谓理者，同于酷吏之所谓法，酷吏以法杀人，后儒以理杀人，浸浸乎舍法而论理，死矣！更无可救矣！……后儒冥心求理，其绳于理，严于商韩之法，故学成而民情不知，天下自此多迂儒。及其责民也，民莫能辨。彼方自以为理得，而天下受其害者众也"。[2]

真是字字血泪，声声痛切，不知有多少无辜的卑者、弱者牺牲在"理"字之下，"后儒以理杀人"，这是对封建礼教的悲愤控诉和猛烈抨击，打中了理学的要害。封建专制主义除了用军事力量直接镇压人民的反抗以外，就是用法律、礼教、道德来束缚和压迫人民。戴震把封建的"法"和"理"相提并论，看做是统治者的屠刀，这是非常大胆而深刻的见解。

应该注意到：戴震生活在18世纪的中国封建社会，清政府对文化思想的控制很严密，文字狱层出不穷，当时虽然提倡汉学，但理学仍是封建政权的思想支柱。戴震对程朱理学的批判不仅仅是思想学术之争，而是用训释《孟子》字义的形式，巧妙地开展着一场政治斗争，他的批判锋芒实际上对准着封建专制主义和清

1　以上均见戴震：《孟子字义疏证》卷上《理》。

2　《戴震集》卷九《与某书》。

朝的残酷统治。章太炎正确地指出了这一点："戴氏……生当雍正乾隆之交，见其诏令谪人，辄介程朱绪言以玩法，民将无所措手足，故为《原善》《孟子字义疏证》，斥理欲异实之谬。……其所诃固在此不在彼也"。[1]

当然，戴震是朴素的唯物主义者，在很多问题上并不彻底，他不懂得真理的客观性，说"心之所同然，始谓之理"；又不重视实践的作用，说"重行不先重知，非圣学也"[2]，特别是接触到社会历史问题时，更明显地陷入了唯心主义。戴震对封建礼教、程朱理学进行了勇敢的斗争，他的思想中带有争取个性解放的色彩，是 18 世纪最杰出的学者、思想家。但总的来说，他仍尊崇孔孟，笃信经籍，以恢复和继承圣学自居。他的研究范围也局限在儒家的经典中，还不可能冲破封建学术的牢笼。

五　汉学的延续
——段玉裁、王念孙、焦循、阮元等

一种学术派别和思想潮流发展到高峰以后，便会发生分化。站在这一学派和潮流以外的人固然会对它进行抨击，就是属于这一学派和潮流中间的人，也会由于时代变迁而立场互异，对本学派的宗旨产生不同的理解和评价，从而在治学实践中进行修正、改进，以至蜕化，创造出新的学派、新的思潮。思想、学术的发展犹如滚滚不尽的江河，波澜激荡，各种观点进行驳辩，各种风格相互影响，后浪推动前浪，迂回曲折地向前奔流。

戴震是清代汉学发展的高峰。他不但以渊博的学识、精密的考据，开辟了与宋明理学不同的学术途径，树立起新风格，做出

1　章太炎：《菿汉微言》。

2　戴震：《孟子字义疏证》卷上《理》。

了新成就。而且，他的思想深刻邃密，对唯心主义的程朱理学进行了尖锐的批判，这就不能不激怒一批理学的卫道者们。他们虽也承认戴震在考据方面的成就，却拼命地反对他的“义理之学”。与戴震同时的翁方纲说：“近日休宁戴震，一生毕力于名物象数之学，博且勤矣，实亦考订之一端耳！乃其人不甘以考订为事，而欲谈性道，以立异于程朱。”[1]还有桐城派古文家姚鼐攻击戴震“不读宋儒之书，故考索虽或广博，而心胸常不免猥鄙，行事常不免乖谬”[2]，“戴东原言考证岂不佳，而欲言义理，以夺洛闽之席，可谓愚妄不自量之甚矣”[3]。

戴震遭到宋学家的攻击詈骂，这是不奇怪的，汉宋两派的对立，已势同水火。可是，在汉学家内部对戴震的学术宗旨也有截然不同的理解。戴震死后，他的学生洪榜为戴写《行状》，全录戴震逝世前一个月所写《答彭进士允初书》。此信阐述唯物主义思想，揭露批判佛老和程朱陆王的唯心主义，是戴震的杰出作品之一。戴震的朋友朱筠反对在《行状》中录载此文。朱筠是个大官，本人也是汉学家，对汉学有提倡扶植之功，又很佩服戴震的学术成就，但他说：“可不必载，性与天道，不可得而闻，何图更于程朱之外，复有论说乎？戴氏所可传者不在此。”[4]在朱筠看来，戴震在音训考据方面的成就，可以传之后世，而批判程朱理学的富于战斗精神的作品，反倒是糟粕。洪榜不同意这种看法，还写信给朱筠进行辩论。可见在戴震的朋友和学生中，认识也是不同的。

戴震的后继者，包括他的学生和私淑弟子可以分成两派，一派是继承他的音训考据之学，方法更加严密，成绩更加突出，但不谈抽象的“义理”，放弃了反宋学的传统，如段玉裁和王念孙、

1 翁方纲：《复初斋文集》卷七《理说》。
2 姚鼐：《惜抱轩尺牍》卷五。
3 姚鼐：《惜抱轩尺牍》卷六。
4 江藩：《汉学师承记》卷六。

王引之父子。另一派是兼治音训考据和义理之学，继续发挥戴震的哲学思想，但议论渐趋平和，汉宋渐趋合流，如汪中、凌廷堪、焦循、阮元等。

戴震的嫡传弟子是段玉裁、王念孙。他们学识广博，治学辛勤，学风谨严，方法科学，继戴震之后，把音训考据推上新高峰。段、王都善于“发凡起例”，即运用归纳法，从纷乱繁多的古书中，探求“条例”（也就是古书写作的规律），然后以此“条例”作演绎，来解释古书中的疑难，改正其中的错误脱漏，弄清它的内容。他们运用这种方法获得了很大成绩，消除了2000年来对古代文献的许多歪曲与误解，使之恢复本来的面目，显示本来的意义。

段玉裁（1735~1815年，雍正十三年至嘉庆二十年）字若膺，江苏金坛人。他的成绩完全在声音训诂方面，没有戴震那样博大精深的思想体系和多方面的学术成就，但就音训而言，却是青出于蓝。段玉裁分古音为6类17部，不同于戴震，他的方法更重视客观的归纳。现代语言学家王力教授评论戴、段的音韵学研究说：“戴、段大不相同的地方，就是段氏只在《诗经》里作客观的归纳，而戴氏却根据他心目中的音理作主观的演绎。……令人怀疑他的心目中的音理是否可靠，是否只从他的主观去推测古音。所以单就古音学而论，戴氏是不及段的。”[1]段玉裁最重要的著作是《说文解字注》，《说文解字》是东汉许慎所作的字书，收字9300余，一一说明其字形、字音和字义，是后人阅读古文献，研究古文字的最重要的工具书。段玉裁给此书详细作注，阐明音训，改正讹误。他最特出的成绩在于能够创通条例，例如，他说“汉人作注，于字发疑正读，其例有三：一曰‘读如’，‘读若’；二曰‘读为’，‘读曰’；三曰‘当为’。读如，读若者，拟其音也；

1　王力：《汉语音韵学》，第3编，第5章，第29节，第320~335页。

……读为，读曰者，易其字也；……当为者，定为字之误，声之误而改其字也，为救正之词。……三者分而汉注可读，而经可读。”[1]又如，“汉人注经之例，经用古字，注用今字。……学者以此求之，思过半矣”[2]。用他的这些“义例”来研读经籍和传注，果然豁然贯通，可以解决很多疑难。阮元说：“自先生此言出，学者凡读汉儒经子汉书之注，如梦得觉，如醉得醒，不至如冥行擿埴，此先生之功三也。”[3]卢文昭称赞段氏的《说文解字注》，“悉有佐证，不同臆说，详稽博辨，盖自有《说文》以来，未有善于此书者”[4]。王念孙称赞段玉裁“于古音之条理，察之精，剖之密。……于许氏之说正义、借义，知其典要，观其会通。……盖千七百年来无此作矣”[5]。王国维也说段书“千古卓识，二千年来治《说文》者，未有能言之明白晓畅如是者也”[6]。

王念孙（1744~1832年，乾隆九年至道光十二年）字怀祖，江苏高邮人，其代表作为《读书杂志》和《广雅疏证》。《读书杂志》用校勘以及分析语法的方法，结合王氏渊博的知识，考订了许多古书中的音训句读和文字讹误，“一字之证，博及万卷，折心解颐，他人百思不能到”[7]；“凡立一说，必列举古书，博采证据，然后论定，故最足令人信服，苟无强有力之反证，不足驳其说也。清代考证学之成功，由其方法之精密，此书其代表也”[8]。例如《淮南子》一书脱误甚多，王念孙以道藏本和明刻本为主，参以其他刻本以及古书中的引文，订正讹误500多条，更难能可

1 段玉裁：《经韵楼集》卷二《周礼汉读考·序》。
2 段玉裁：《周礼汉读考》卷二《牛人》。
3 阮元：《揅经室一集》卷一一《汉读考周礼六卷·序》。
4 卢文弨：《抱经堂文集》卷三《段若膺说文解字注·序》。
5 王念孙：《王石臞先生遗文》卷二《段若膺说文解字·序》。
6 王国维：《观堂集林》卷七《说文今叙篆文合以古籀说》。
7 阮元：《揅经室续集》卷二下《王石臞先生墓志铭》。
8 肖一山：《清代通史》中册，第640页。

贵的是能够归纳出此书致误的若干原因。王念孙的另一部著作《广雅疏证》是对汉张揖《广雅》一书的校勘和训释，改正原书所收错字580，漏字490，衍字39，颠倒错乱132处，正文和音内字混淆者69。并且根据古代文字音近义通的原则，从一个字的训释考证，“引伸触类”，联系到很多字，找出他们相通之迹，这就是音声通转的法则。王念孙说：“诂训之旨，存乎声音，字之声同声近者，经传往往假借。学者以声求义，破其假借之字而读本字，则涣然冰释。如因假借之字强为之解，则诘屈不通矣。毛公诗传多易假借之字而训以本字，已开改读之先。至康成笺诗注礼，屡云某读为某，假借之例大明。后人或病康成破字者，不知古字之多假借也。”[1]王念孙父子在这方面做出了杰出贡献，把语音和词义联系起来，纠正了前人研究中把字音和字义截然分开的缺点。阮元称赞《广雅疏证》一书“凡汉以前，《仓》《雅》古训，皆搜括而通证之。谓训诂之旨，本于声音，就古音以求古义，引申触类，扩充于《尔雅》《说文》之外，似乎无所不达。然声音文字部分之严，则一丝不乱，此乃借张揖之书，以纳诸说，实多张揖所未及知者，而亦为惠氏定宇、戴氏东原所未及”[2]。

王引之（1766~1834年，乾隆三十一年至道光十四年）字伯申，王念孙的儿子，著《经传释词》和《经义述闻》。《经传释词》是研究古文虚字的作品，古书中的许多虚字，注释家从来不加注释，或者当作实字来解释，因此意义不明，或发生误解。王引之具备文法观念，从古书中归纳出许多虚字，他说：“见其词之发句助句者，昔人以实义释之，往往诘屈为病”，“盖古今异语，别国方言，类多助语之文，凡其散见于经传者，皆可比例而知，触类长之，斯善式古训者也”[3]。所谓“比例而知，触类长之”就

1 《清史稿》卷四八一《王念孙传》。

2 阮元：《揅经室续集》卷二《王石臞先生墓志铭》。

3 王引之：《王文简公文集》卷三《经传释词·序》。

是运用归纳和演绎的方法。王引之归纳了160个虚字，考订其源流演变，解说其意义和用途。他的《经义述闻》是研究古书中的声韵训诂，并订正其讹误的，在王氏的著作中尤为出色。此书集考证的零星成果而变为系统的学术论文，阮元称赞说："凡古儒所误解者，无不旁征曲喻而得其本义之所在，使古圣贤见之，必解颐曰'吾言固如是，数千年误解之，今得明矣'"[1]因其中有不少研究成果是王引之述其父王念孙之说，故名《经义述闻》。王氏父子在声韵训诂和校勘方面，贡献很大。他们的著作都是归纳大量材料，得出结论，有较高的科学价值，因而得到学术界很高的评价。阮元说："高邮王氏一家之学，海内无匹"[2]。章太炎说："高邮王氏，以其绝学，释姬汉古书，冰解壤分，无所凝滞，信哉千五百年未有其人也"[3]。就是站在理学家立场上，激烈反对汉学的人，也不能不对王氏父子的学术成就表示敬佩，如方东树说："高邮王氏《经义述闻》，实足令郑（康成）朱（熹）俯首，汉唐以来，未有其比。"[4]

另一部分学者和段玉裁、王念孙不同，虽然也从事音训考据，却并不局限于此，而兼谈"义理"，治学途径和戴震相似。他们都未直接受业于戴震，却很钦佩戴震。他们是汪中、凌廷堪、焦循、阮元等。

汪中（1744~1794年，乾隆九年至乾隆五十九年）字容甫，江苏江都人。出生于贫苦知识分子的家庭，幼年丧父，生活很艰苦。他考上拔贡以后，就未再应试，为了谋生，长期游幕在外。他也搞音训考证，但很重视求真和致用，文章写得很好。汪中自述治学的宗旨："实私淑顾宁人处士，故尝推六经之旨，合于世用。及

1 阮元：《揅经室一集》卷五《王伯申经义述闻·序》。
2 阮元：《揅经室一集》卷二《王石臞先生墓志铭》。
3 章太炎：《訄书·订文第二十五》，附《正名杂文》。
4 方东树：《汉学商兑》卷中下。

为考古之学，惟实事求是，不尚墨守。”[1]他继承了反理学的传统，指出理学家尊奉的《大学》一书不是孔子所作，他说：“门人记孔子之言，必称‘子曰’、‘子言之’、‘孔子曰’、‘夫子之言曰’以显之。今《大学》不著何人之言，以为孔子，义无所据。”[2]在汪中看来：宋儒为了要控制思想界，把不知何人所作的《大学》拿来冒充圣人经典，并且置于“四书”之首，这是弄虚作假的手法。他最讨厌程朱理学，“君最恶宋之儒者，闻人举其名，则骂不休”[3]。汪中又激烈抨击封建礼教，反对要求妇女殉节、守节。他还很注意诸子的研究，先后校勘考释《老子》《墨子》《荀子》《贾谊新书》《吕氏春秋》，开拓了研究的范围。他对荀子的评价很高，认为荀子才是孔子学说的真正继承人。他又为墨子辩护，认为孟子说墨学“无父”是没有根据的。汪中敢于评论古今人物，在当时算是思想比较解放的，因此遭到某些人的嫉恨。卢文弨说他，“不恕古人，指瑕蹈隙，何况今人，焉免勒帛。众畏其口，誓欲杀之”[4]，这样的人总是经常受打击排挤的。汪中打算写一部规模庞大的古代学术史，书名《述学》，可惜未能完成。现存《述学》一书是他儿子把汪中的文章编集在一起，已不是原计划的著作。

凌廷堪（1755~1809年，乾隆二十年至嘉庆十四年）字次仲，安徽歙县人。他很推崇其同乡江永、戴震的学术，反对宋明理学，认为朱熹、王阳明都袭取了佛、老思想，背离了儒学正统。他的诗中说：“阳明学亦考亭学（指朱熹），窃钩窃国何讥焉。至今两派互相诟，稽之往训皆茫然。”[5]这是对官方哲学何等大胆的蔑视！

1 汪中：《述学·别录》卷一《与巡抚毕侍郎书》。
2 汪中：《述学·别录》卷一《大学平议》。
3 凌廷堪：《校礼堂文集》卷三五《汪容甫墓志铭》。
4 卢文弨：《抱经堂文集》卷三四《公祭汪容甫文》。
5 凌廷堪：《校礼堂诗集》卷一四。

凌廷堪精研礼学，作《复礼》三篇，认为：礼是身心的矩则，行为的规范，“圣人之道，一礼而已”[1]。他反对理学家提倡的“理”，主张以“礼”代“理”，他说“圣人不求诸理而求诸礼，盖求诸理必至于师心，求诸礼始可以复性也。”[2]凌廷堪可称是反宋学的后劲，但他主张回到陈腐烦琐的“礼”，仍没有越出封建意识形态的樊篱。凌廷堪作《礼经释例》，认为《仪礼》17篇，“其节文威仪，委曲繁重，阅之如治丝而棼，细绎之皆有经纬可分也”，因此，必须贯通全书，用归纳法寻求书中的“例”，“例”就是此书的经纬途径，“其宏纲细目，必以例为主”[3]。这也就是戴、段、二王“发凡起例”的方法，不过凌廷堪用这个方法来研究礼学罢了。此外，他对古乐也很有研究，考述唐代的燕乐，作《燕乐考原》。

焦循（1763~1820年，乾隆二十八年至嘉庆二十五年）字理堂，江苏甘泉人。中举人后，即放弃科举，绝意仕进，闭门读书。他很佩服戴震，称：“循尝善东原戴氏作《孟子字义疏证》，于理道天命性情之名，揭而明之如天日。”[4]他精通天文、算学、音训，治毛诗、三礼、论语、孟子，而尤其擅长易学，著《易通释》《易图略》和《易章句》，称《易学三书》。他认为：易经中有“相错”、“旁通”、“时行”三种法则，贯穿于全书。所谓“相错”就是对立物的统一，所谓“旁通”就是按照和谐的秩序发生变化，所谓“时行”就是变化的循环往复。焦循在经学的外衣下建立了自己的哲学思想体系，承认矛盾，强调变化，但又倾向于调和论、循环论。在当时的汉学家中，多数人只搞烦琐考证，像焦循这样的成就确是出类拔萃的。他以数学知识运用于《易经》研究，

1　凌廷堪：《校礼堂文集》卷四《复礼上》。

2　凌廷堪：《校礼堂文集》卷四《复礼下》。

3　凌廷堪：《礼经释例·自序》。

4　焦循：《雕菰楼集》卷一六《论语通释·自序》。

“以数之比例求易之比例”，又注重实测，他说：“夫《易》犹天也。天不可知，以实测而知……本行度而实测之，天以渐而明。本经文而实测之，《易》亦以渐而明，非可以虚理尽，非可以外心衡也。”[1]他这种研究方法突破了历代注疏的藩篱，因而获得了新成果。王引之很推崇他：“奉手书，示以说《易》诸条。凿破混沌，扫除云雾，可谓精锐之兵矣。一一推求，皆至精至实。要其法，则‘比例’二字尽之。所谓比例者，固不在他书而在本书也。”[2]

焦循的哲学是变化的哲学，汉学家内重视发展变化的，焦循是第一个。他推崇“变通”，认为“仁义由于能变通。人能变通故性善，物不能变通故性不善”[3]。正因为世界是变化的，所以典章制度和圣人言论都是有条件的，并不是终极真理，“井田、封建，圣人所制也，而后世遂不可行，则圣人之言且不定也。故有定于一时，而不能定于万世者；有定于此地，而不能定于彼地者；有定于一人，而不能定于人人者，此圣人所以重通变之学也”[4]。焦循的这种看法颇有历史观念，不同于许多汉学家的泥古不化。焦循又认识到：事物具有矛盾着的两个方面，他要求把握两个方面而达到全面性的认识，反对只见其一、不见其二的形而上学。他说，“盖异端者生于执一，执一者生于止知此而不知彼”[5]，“执其一端为异端，执其两端为圣人”[6]。他的学术宗旨是融会众说，兼容并包，而反对党同伐异、门户之争。

阮元（1764~1849 年，乾隆二十九年至道光二十九年）字伯元，号芸台，江苏仪征人。进士，历任督抚要职，官至体仁阁大

1 焦循：《雕菰楼集》，《易图略·自序》。
2 王引之：《王文简公文集》卷四《与焦理堂先生书》。
3 焦循：《孟子正义·性犹杞柳章》。
4 焦循：《雕菰楼集》卷十《说定》下。
5 焦循：《论语通释·释知》。
6 焦循：《论语通释·释异端》。

学士。他积极提倡学术研究，校刊、编印书籍，设立书院，奖掖人才。治学途径则和戴震相似，主张通过音韵训诂，弄清古代经典的内容、意义。他说："圣贤之道存于经，经非诂不明，汉人之诂，去圣贤为尤近。"[1]这是一般汉学家都信奉的原则。但阮元仅把音训看作是寻求"义理"的工具而非治学的目的。他说："圣人之道，譬若宫墙，文字训诂，其门径也，门径苟误，跬步皆歧，安能升堂入室乎？或者但求名物，不论圣道，又若终年寝馈于门庑之间，无复知有堂室矣！"[2]

阮元也擅长用归纳法，例如他研究"仁"，统计了《论语》中105个"仁"字的意义和用法，认为"仁"的原意是"人之相偶"，即指人与人的关系，这是归纳古训以求古义的方法。他反对理学家"生生之谓仁"的解释，也反对端坐静养以求'仁"。他说："凡仁，必于身所行者验之而始见，亦必有二人而仁乃见。若一人闭户斋居，瞑目静坐，维有德理在心，终不得指为圣门所谓之仁矣。"[3]阮元说过一些调和汉学宋学的话，也没有直接批判宋学，但他的思想和学术途径是和宋学家不同的。例如他对"性"、"命"的考释，他举出《尚书·召诰》和《孟子·尽心》中对"性"字、"命"字的用法和意义，排列了诸经的古训，得出结论，认为古代经典中"性"字的原意和理学家的解释不同，阮元说："'性'字从心，即血气心知也。""味色声臭喜怒哀乐皆本于性，发于情者也。"理学家说"性内无欲"，"欲即是恶"，主张"灭人欲"。阮元反驳道："欲生于情，在性之内，不能言'性内无欲'，欲不是善恶之恶。天既生人以血气心知，则不能无欲，惟佛教始言绝欲。……此孟子所以说味色声臭安佚为性也。"[4]阮元承认情

1 阮元：《揅经室二集》卷七《西湖诂经精舍记》。
2 阮元：《揅经室二集》卷二《拟国史儒林传·序》。
3 阮元：《揅经室二集》卷八《论语论仁论》。
4 阮元：《揅经室二集》卷十《性命古训》。

欲的合理性，他的思想是和戴震一脉相承的。

六　汉学的衰落——俞樾、孙诒让

19世纪上半期，也就是鸦片战争前夕，汉学已走过了它的全盛期而趋于衰落。这个学派和思潮，自有其产生和存在的根据。在此之前，理学统治思想界已有 500 多年，已明显地暴露了它的腐败、虚伪和空疏。汉学是作为理学的对立物而产生的。它重实证，强调客观的、具体的研究，反对空谈，反对附会说经，方法比较精密，态度比较严谨。清代汉学家们以极大的功力对古代文献进行了细致的整理爬梳，剔除了 2000 多年来对古代经籍的不少歪曲、误解，弄清了句读训诂，为清理和总结我国丰富的历史文化遗产打下了坚实的基础。汉学家们在治学中发展了小学、校勘、目录、辑佚，也都是研究古代历史文化不可缺少的手段。章太炎评论乾嘉学者“审名实、重佐证，戒妄牵，守凡例，断情感，汰华辞，六者不具而能成经师者，天下无有”[1]。汉学家就是这种抱客观态度，重视材料证据，长于归纳方法，反对主观附会，反对华而不实的学问家。

但是，汉学作为一种社会思潮来说，明显地具有严重的弱点，它的研究对象十分狭窄，局限在古代儒家经典的范围内，一天到晚孜孜矻矻，钻在圣经贤传里面，为经典做注释。注经是中国封建社会中历来做学问的基本形式，它首先是把尧、舜、禹、汤、文、武、周公、孔、孟这些传说和历史人物神圣化、偶像化，认为宇宙中的真理已被这些圣人们所穷尽，后继的子孙只需舐食他们的唾余。人们需要做的不过是去体察圣人的训示，阐发圣人的教诲，使圣人遗教传至无穷而勿使失坠。因此，学者们不是从生

1　章太炎：《太炎文录》初编，卷一，第 117 页。

活中提出新问题，解决新矛盾，而是在圣经贤传中反复咀嚼，寻章摘句，即使有头脑的思想家，往往也以说经注经的形式来发挥自己的见解。学术思想界的这种情况，正是反映了一个长时期以来封闭而停滞的社会的特征，复古主义猖獗，烦琐主义盛行，陈腐保守、思想僵化。尽管汉学家中也有一些杰出的思想家，也产生了许多精深的专业研究的成果，但作为一种社会思潮，汉学走上了歧路，成为一个狭隘、偏枯的学派，越到后来，汉学的缺点暴露得越是明显。

最早起来反对汉学的是理学家翁方纲、姚鼐。翁、姚站在卫道者的立场上，对汉学家攻击谩骂，并没有说出多少道理。与此同时的历史学家章学诚却对汉学作了比较合乎实际的批评，章学诚既反对理学，也反对汉学。理学与汉学虽然是对立的学派，但它们都是封建地主阶级的学术，共同尊奉孔孟，把儒家经典看做是知识的源泉，衡量真理的准绳。章学诚提出“六经皆史”，把儒家经典当做不过是历史书籍、古代文献，没有什么了不起的神秘。他反对汉学家泥古守旧，批评他们“昧于知时，动矜博古”，“学者但诵先圣遗言而不达时王之制度”[1]。汉学家主张必先通音韵训诂，才能读经，才能研究经典的思想内容，章学诚却认为：离开经传也可以发挥好的思想见解，“就经传而作训诂，虽伏郑大儒不能无强求失实之弊，……离经传而说大义，虽诸子百家，未尝无精微神妙之解”[2]。章学诚生活在汉学鼎盛的时代，是第一个能够指明汉学弱点的人。

到了19世纪，汉学的流弊越来越严重，不满和批评汉学的人多起来了。连汉学家本人也承认这一点，如段玉裁自称：“喜言训诂考核，寻其枝叶，略其本根，老大无成，退悔已晚。”[3]最激烈

1 章学诚：《文史通义》内篇《史释》。

2 章学诚：《章氏遗书》卷一三《校雠通义》外篇《吴澄野太史历代诗抄商语》。

3 段玉裁：《经韵楼集》卷八《朱子小学恭跋》。

地反对汉学并且作了系统批判的是方东树。道光初，他写成《汉学商兑》，指责汉学的六个缺点："其一力破理字，首以穷理为厉禁，此最悖道害教；其二考之不实，谓程朱空言穷理，启后学空疏之陋。……其三则由于忌程朱理学之名及宋史道学之传；其四则畏程朱检身，动绳以理法，不若汉儒不修小节，不矜细行，得以宽便其私。……其五则奈何不下腹中数卷书，及其新慧小辨。……其六则见世科举俗士，空疏者众，贪于难能可贵之名，欲以加少为多，临深为高也。"[1]方东树的批评，大多也是宋学家的门户之见，但也有一些击中汉学的要害。例如，他反对汉学的复古崇汉，说："言不问是非，人唯论时代，以为去圣未远，自有所受，不知汉儒所说，违误害理者甚众。"又方氏驳斥汉学家所说"由训诂以通义理"，"夫谓义理即存乎训诂是也。然训诂多有不得直者，非义理何以审之？……解经一在以其左证之异同而证之；一在以其义理之是非而衷之。两者相须不可缺，庶几得之。今汉学者全舍义理而求之左验，以专门训诂为尽得圣道之传，所以蔽也"[2]。这些话确也抓住了汉学的弊病。

历史进入 19 世纪，盛极一时的汉学衰落了，这和当时的社会政治状况是有密切联系的。乾隆、嘉庆时期，阶级斗争已经激化，北方的白莲教、天理教，南方的天地会以及边远地区的回、苗、维吾尔等少数民族，纷纷起来反对清朝统治，战乱绵延，烽火不绝，直至 19 世纪中叶，爆发了伟大的太平天国农民革命，震撼了中国大地。同时，外国资本主义侵略者，声势咄咄，叩关而入，企图把中国变成它们的殖民地。中国历史的进程发生了天翻地覆的变化，封建社会面临着前所未有的危机。知识分子再也不能封闭在古代经籍的小天地里，自我陶醉，不问世事，寻章摘句，皓

1 方东树：《汉学商兑》卷下。

2 方东树：《汉学商兑》卷中之下。

首穷经了。社会的普遍动乱，把他们拉回到现实中来，睁眼面对种种复杂而尖锐的矛盾。很显然，长期禁锢在古代经籍中的汉学，并不能教导人们怎样去认识、分析和处理现实生活中的新问题，这个学派和现实严重地脱节，不能适应迅速变化的形势，不能解答生活中提出的问题。就像魏源说的那样："自乾隆中叶后，海内士大夫兴汉学，而大江南北尤盛……争治诂训音声，爪剖抓析……锢天下聪明智慧出于无用之一途。"[1] 的确，这种无"用"之学，在封建的太平盛世可以作为典雅的装饰品而存在，到了动荡的时代，就失去了继续发展和繁荣的可能。19 世纪前半期，思想界发生进一步的分化和转变，知识分子纷纷离开汉学，从故纸堆里爬出来，转向现实生活，提倡经世致用。有的从事盐政、漕运、钱币的研究，希望弥补清廷财政的漏卮；有的关心边疆地理和民族问题，敏锐地觉察到了外国侵略的危机；有的议论朝政，鼓吹变法，揭露黑暗吏治，同情人民的痛苦。这样，一个崭新的学派，应时而生，这就是清代的今文经学。

今文经学不株守古代典籍的章句文字，而要"寻先圣微言大义于言表之外"，它是一个比较活泼而少受拘束的学派，今文经学家提倡"通于天道人事，志于经世区时"，并且本着"张三世""通三统"的历史进化观点，主张改革旧制度，以适应新潮流，这就使今文学派壁垒一新，与程朱理学或汉学完全区别开来。这个学派，由庄存与、刘逢禄开其端，继之以龚自珍、魏源，至康有为而发扬光大，学术和政治结合在一起，成为戊戌变法运动的倡导者、推动者。

嘉道以后，今文经学兴起，汉学衰落，李慈铭描述当时学术界的风气说：

1 《魏源集》上册《武进李申耆先生传》。

嘉庆以后之为学者，知经之注疏不能遍观也，于是讲《尔雅》，讲《说文》；知史之正杂不能遍观也，于是讲金石，讲目录，志已偷矣！道光以后，其风愈下，《尔雅》、《说文》不能读而讲宋版矣，金石目录不能考而讲古器矣。至于今日，则诋郭璞为不学，许君为蔑古，偶得一模糊之旧椠，亦未尝读也，瞥见一误字，以为足补经注矣。间购一缺折之赝器，亦未尝辨也，随模刻划，以为足傲汉儒矣。金石则欧、赵何所说，王、洪何足道，不暇详也，但取黄小松小蓬莱阁金石文字数册，而恶《金石萃编》之繁重，以为无足观矣！目录则晁、陈何所受，焦、黄何所承，不及问也，但取钱遵王《读书敏求记》一书，而厌《四库提要》之浩博，以为不胜诘矣！若而人者，便足抗衡公卿，傲睨人物，游谈废务，奔竞取名，然已为铁中之铮铮，庸中之佼佼，可不痛乎！[1]

道光以后，汉学的末流，已失去了早期汉学博大精深、方法严密的优点，而成为玩弄古董了。只有少数学者还能保持朴实的学风，继承乾嘉大师的遗绪，在专业领域中做出贡献，最著名的有俞樾和孙诒让。

俞樾（1821~1907 年，道光元年至光绪三十三年）字荫甫，号曲园，浙江德清人。学识渊博，著述宏富，生平宗尚高邮王氏之学，他仿照王引之《经义述闻》的体裁，撰《群经平议》；仿照王念孙《读书杂志》的体裁，撰《诸子平议》；又根据前人和自己研究古籍的经验，对古书中用字造句以及文字、篇章的错乱、衍缺，举出 88 条公例，使读者举一反三，撰《古书疑义举例》，总结出校勘和音训方面的若干规律。俞樾的学生章太炎把他和王氏父子

1　李慈铭：《越缦堂日记》一二《札记》，第 1283 页。

作比较，说："治《群经》（《群经平议》）不如《述闻》（《经义述闻》），谛《诸子》（《诸子平议》）乃与《杂志》（《读书杂志》）抗衡，及为《古书疑义举例》，辎察鳃理，疏珍比昔，牙角财见，细为科条，五寸之榘，极巧以跬，尽天下之方，视《经传释词》，益恢廓矣！"[1]

另一著名学者孙诒让（1848~1908 年，道光二十八年至光绪三十四年）字仲容，浙江瑞安人。他的主要作品有《周礼正义》《墨子间诂》等。《周礼》是今古文争讼的焦点之一，古文学家相信它是周公的制作，今文学家则称之为"六国阴谋之书"，孙诒让是从古文学家的立场来疏注此书，"博采汉唐以来，迄于乾嘉诸儒旧诂，参互证绎"，历时 20 年，至 1899 年成书。孙氏注疏此书，已受到西方资本主义文明的冲击，以注经的形式，鼓吹向西方学习。他说："中国开化四千年，而文化之盛，莫尚于周，故《周礼》一经，政治之精详，与今泰东西各国所以致富强者，若合符契。然则华盛顿、拿破仑、卢梭、斯密亚丹之伦所经营而讲贯，今人所指为西政之最新者，吾二千年前旧政已发其端。"[2] 孙诒让把西方文明说成中国"古已有之"，这当然是不对的。但他同情变法维新，援引古代经典来证明学习西方的合理性，这和同时的今文学家康有为托古改制，实殊途而同归。孙诒让的另一名著是《墨子间诂》，《墨子》一书，2000 多年来视为异端邪说，没有人研究和作注。且文义古奥，错乱很多，难于读通。乾嘉时代的卢文弨、汪中、毕沅、孙星衍等做过片断的考释，孙诒让以毕沅的考释为主，采集各家的研究成果，参以自己的见解，对《墨子》作了全面而细致的整理，使此书基本能够读通。俞樾称赞孙氏的成绩："整纷剔蠹，脈摘无遗，旁行之文，尽还旧观，讹夺之处，

1　章太炎：《太炎文录》卷二《俞先生传》。

2　孙诒让：《周礼正义·序》。

咸秩无紊，盖自有墨子以来，未有此书也”[1]。章太炎则说:“集众说，下己意，神恉洞明，文可讽诵。自《墨子》废二千岁，儒术孤行，至是较著”[2]。现代研究《墨子》的人，在句读训诂方面都以此书为根据。

俞樾、孙诒让上接乾嘉汉学的传统，在学术上还做出了一定的成绩。但这时西方的资本主义文化传入中国，影响日益扩大，思想界则今文学派占主导地位，汉学已走完了全部路程而接近终点了。俞、孙的后一辈，如章太炎、王国维、刘师培等和乾嘉学派也存在着密切关系，他们继承了汉学家的研究方法和学术成果，但时代毕竟不同了，章、王、刘等都程度不同地接受西方文化的熏陶，并在维新变法或反满革命中成长，他们已是资产阶级的学术派别和思想潮流，无论在治学宗旨、研究领域、研究方法以及学术成果方面，都大大不同于乾嘉汉学。他们的学术思想需另作专门的论述。

（原载《清史研究集》第2辑，1982年6月）

1 俞樾：《墨子间诂·序》。

2 章太炎：《太炎文录》卷二《孙诒让传》。

学术大师黄宗羲

新版《黄宗羲全集》是迄今为止最完整的、篇幅最大的黄宗羲著作文集。今年是黄宗羲逝世 310 周年纪念，新版《黄宗羲全集》的出版和我们在这里举行出版座谈会，也是对他一个很好的纪念。黄宗羲寿命很长，活了 85 岁，著作很多，有一百多种、一千多卷，但散失的很多，很可惜。现在浙江的学术界和出版界花了约 20 年时间（从 1985 年到 2005 年）来收集、编校、标点、校勘这么一部书，为学术界提供了一部很好的了解黄宗羲学术造诣和学术成就的好书，这是我们学术界的喜事。

黄宗羲在中国学术史上是一座丰碑，永远闪耀着灿烂的光芒，是名副其实的学术大师。

称得上学术大师，我以为大致应具备四个条件。黄宗羲完全具备了这些条件。第一，学术上博大精深。他有很多重要著作、学术成就，是一个多面手，如《明夷待访录》、《明儒学案》、《宋元学案》等，反对专制君主制度的思想，石破天惊，黄钟大吕。他对当代史也做了很多研究，撰写了《弘光实录》《海外恸哭记》等。他还撰写了《四明山志》《授时历法》，并研究西洋历法，不愧是历史上的学术丰碑。

第二，创造性的思想贡献。黄宗羲的思想贡献主要在政治思想方面，最大的贡献在于倡导民本思想，“为天下之大害者，君而已矣”，与一百年后法国卢梭的思想相近。他提出“工商皆本”，已接近近代的经济思想。他还撰写了《明儒学案》，创造了学案体史书，记述明代的思想学术发展。这几个创造，非常了不起。

第三，学术大师往往桃李满天下，学术上薪火相传，有许多的追随者、继承者。黄宗羲在浙江开创学派，设立证人书院，开坛讲学，培养了大批传人，应者云集，影响很大。清代的很多学术大家，像万斯同、万斯大、全祖望、章学诚、邵晋涵等，都是他的学生和追随者。在清代浙东学派独树一帜，与汉学、皖学、湘学不同，经史并重，一直到戊戌变法，影响到梁启超、谭嗣同，流风余韵，影响了二百多年。

第四，学术大师不仅学问高，而且道德也高。年轻时他为父亲鸣冤。在弘光朝，号召知识分子反对马士英。明亡后，在四明山组织军队坚持进行抗清斗争，达10年之久。顺治时，抗清失败后，坚不出仕，隐居山中，著书立说，坚持民族气节，坚持政治理念。像黄宗羲这样的学术大师，为人的品质非常好，是非分明，严于律己，在中国学术史上是很杰出、很出色的，永远光芒四射。他的著作是留给后人的一笔宝贵的遗产。所以，在这里我感谢浙江的学术界和出版界花了20年时间收集散失的著作并出版全集，这是功德无量的事。

（原载《光明日报》2005年8月18日）

吴、皖、扬、浙
——清代考据学的四大学派

清代学术的主流是考据学，或称朴学、汉学。清代考据学是中国学术史上压轴之篇章。有清一代，学者辈出，群星灿烂。考据学素有吴派和皖派之分，吴派以苏州惠栋为代表，皖派以休宁戴震为代表，其后又有扬派，以高邮的王念孙、王引之，仪征的阮元为代表，他们都属扬州人。我还认为：晚清的浙江学者可以自成一军，他们上承乾嘉大师的朴学遗风，下开20世纪之新学术，其代表人物有德清的俞樾、定海的黄以周、瑞安的孙诒让、余杭的章太炎、海宁的王国维。浙学一派是清代考据学的殿军，又是近代学术的开创者。

以地域来区分学派，可以大致归纳学者的类型，但界限不能十分清晰。有些学者籍贯相同而学风迥异，有些学者地域不同而学风却很一致。吴、皖、扬、浙四个学派实际上代表清代考据学发展的四个阶段，即：乾隆前期、乾隆中期、乾嘉时期和晚清时期。吴、皖、扬、浙时代先后不同，各为其一阶段。学术史上通常有两种情形。一种情形是，在同一时期内存在相互对立的多个学派，他们的学术思想不同，方法不同，师承不同，如两汉的今文学派和古文学派、宋明的程朱理学和陆王心学、清代的汉学与宋学，由于彼此的宗旨不同，相互驳辩质难，进行争论，形成各自的营垒，分门角立，旗帜鲜明。另一种情形如宋代理学中的濂、洛、关、闽，清代朴学中的吴、皖、扬、浙，他们的学术宗旨相同，方法接近，而且有前后师承的关系，本属同一个学派，但在不同时段、不同地区所诞生的学者，他们治学的重点有不同，研究的风格有差异，这种不同和差异，是在学派内部总的一致性之中的具体区别，是大同中的小异，而非根本的对立。

清代考据学或汉学是在反对宋明理学的基础上发展而来。清初学者阎若璩、胡渭、毛奇龄、姚际恒等攻击理学家所据以立论的古代经典很多是伪托或经篡改的古籍。考据学吴派的宗师惠栋认为，要弄清楚经典的原意，第一必须回到汉代，寻求汉人的经说，因为汉儒离孔子不远，遗说尚存；第二，必须从认读经典的文字入手，弄清其音韵训诂，否则连古文字都不认识，哪里谈得上经典研究呢？故有人说:“乾隆中叶，海内之士，知钻研古义，由汉儒小学训诂，以上溯七十子六艺之传者，定宇先生（惠栋）为之导也”[1]。惠栋专治《周易》，实践其学术宗旨，抛开魏晋以后各家注释，专门搜辑和阐发汉代学者的《周易》学说，“约其旨为注，演其说为疏，汉学之绝者千有五百余年，至是而粲然复章矣”[2]。

惠栋治学的特色是尊信和固守汉儒的经说，“凡古必真，凡汉皆好”，希望从遥远的古代去寻找真理，这反映了当时知识界对宋明理学的厌倦心理，努力构筑起汉学的壁垒以与宋学相对抗。惠栋的功绩在于钩稽汉代经说不遗余力，以求从理学的思想束缚中求得解放，开辟了治学的又一蹊径。然而，汉人说经有精华，也有糟粕，惠栋不加别择，全盘继承，这是吴派学术的弱点。故《四库总目提要》批评惠栋“其长在古，其短亦在于泥古”。惠栋的朋友、学生如沈彤、余箫客、江声都是吴派传人。

1　（清）李桓辑：《国朝耆献类征初稿》卷四一九，陶澍《书四世传经遗像后》，明文书局，1985 年。

2　（清）钱大昕：《潜研堂文集》卷三九《惠先生栋传》，王云五主编《四部丛刊正编》，第 89 册，台湾商务印书馆，1979 年，第 379 页。

继吴派之后为皖派，代表人物是休宁的戴震，还有江永、程瑶田、金榜、凌廷堪等，他们都是皖南人。他们和吴派的观点、学风较接近。乾隆二十三年，戴震与惠栋相遇于扬州。时戴震三十五岁，惠栋六十一岁。两派宗师年龄相差一代，而相互推重敬服。戴震初到北京，是个落魄秀才，“困于逆旅，饘粥几不继”。他带着自己的著作去拜访青年学者钱大昕，钱誉其为“天下奇才”，并引来了一批新科进士王鸣盛、王昶、卢文弨、纪昀、朱筠等。他们都非常钦佩戴震，耳先生名，往访之，叩其学，听其言，观其书，莫不击节叹赏。于是名重京师，名公卿争相交焉。

皖派学者和吴派一样，主张治学应从认识古文字入手，戴震说：“仆之学，不外以字考经，以经考字。”但是他不像吴派学者那样固执汉儒经说，吴派的特点是“尊古”，皖派的特点是“求是”，这是两派学术趋向的差异。

戴震的研究范围甚广阔。他研究音韵学，将古韵分为九类二十五部，以入声韵独立，发现了阴阳对转的规律。他研究算学，从《永乐大典》中辑出已佚失的古算经多种，使中国古代的天算之学复明。他研究《水经注》，发现经注混淆的规律，“故能正千年经注之互讹”（段玉裁语）。他不但博学多闻，而且论据缜密，识断精审，故许多人推崇他是清代学术的高峰。王昶说：“本朝之治经者众矣，要其先之以古训，析之以群言，究极乎天地人之故，端以东原为首”。汪中则说：“国朝诸儒崛起，接二千年沉沦之绪，及东原出而集大成焉”[1]。

戴震不但是卓越的考据家，而且超越考据学的范围，在注释经籍的外衣下，阐发进步的思想观点，反对程朱理学。他提出理气一元论以取代程朱所主张的天理之性和气质之性，认为“气”是万物的本源，自然界的发展变化是“气化流行”，而“理”仅是“气”

1 江藩：《国朝汉学师承记》卷七《汪中》，中华书局，1983年，第113页。

运动变化的法则，他是中国历史上杰出的唯物主义思想家。

继皖派之后的是扬州学派。扬派学人都服膺戴震，或则敬佩戴震考据精审，或则赞同戴震学术通博。他们有的受业于戴震，如王念孙、王引之、任大椿；有的私淑于戴震，如汪中、焦循、阮元。刘师培有一段话论述戴震与扬州学派的关系：戴氏弟子舍金坛段氏外，以扬州为最盛。高邮王氏（王念孙、王引之父子）传其形声训诂之学；兴化任氏（任大椿）传其典章制度之学……皆博综群书，衷以己意，咸与戴氏学派相符。仪征阮氏（阮元）友于王氏及任氏，复从凌氏廷堪、程氏瑶田（皆皖派学者）问故，得其师说。甘泉焦氏（焦循）与阮氏切磋……时出新说，亦戴震之嫡派也。故扬州学派，是皖派戴学的继承和发扬。

吴派的特点是“尊古”，皖派的特点是“求是”，而扬派的特点则是“通贯”。“通贯”是为了纠正汉学专注一经一家的门户之见，主张沟通群籍，兼治经子，并淡化汉学、宋学的对立。这是扬派在继承吴、皖二派基础上的变化和发展。如焦循强调古学大兴，道在求其通，提倡“通核之学”，他说：通核者，主以全经，贯以百氏，协其文辞，揆以道理。人之所蔽，独得其间，可以别是非，化拘滞，相授以意，各慊其衷。阮元被称为一代通儒，学风广博而全面，不同于狭隘局促的考据学者。刘师培说：阮氏之学，主于表微，偶得一义，初若创获，然持之有故，言之成理，贯纂群言，昭若发蒙，异于饾饤猥琐之学。阮元也不同于前辈的力排宋学，而倾向于调和折中，崇宋学之性道，而以汉儒经义实之。

扬派学者“通贯”的学风，也表现在治学范围的更加宽广，除群经、音训、天文、历算外，旁及其他。如汪中研究诸子，推崇荀子、墨子。王念孙的校勘及于《广雅》、史汉、老庄、荀、韩、《晏子春秋》《淮南子》等，阮元写《畴人传》为古代自然科学家立传，又嗜好金石碑版，以之补经史文献之讹漏，这是他们知识广博、能通贯各个学科的表现。

1840年鸦片战争以后，传统的中国进入近代，战火连年，民不聊生。外国的船炮机器、声光化电传入中国。随着社会的变化，中国学术界也为之大变。专门研究古代文献、很少关注现实的传统考据学中衰，失去了学术界的主导地位，其他学术流派风起云涌，应运而生，有主张变革的今文经学，有强调民生实用的经世之学，有关心地理边防的边疆之学，有研究修齐治平的性理之学，有向外国学习的洋务之学以及维新之学、革命之学。各种思潮相互激荡，此长彼消。晚清，传统的考据之学在社会变动以及与西方文化的撞击中衰落蜕变，但尚未完全消歇，浙派学术即其嫡传。其代表人物有俞樾、黄以周、孙诒让、章太炎、王国维。

浙派承袭乾嘉学风，俞樾十分敬佩高邮二王，所撰《群经平议》《诸子平议》《古书疑义举例》便是模仿王氏的《读书杂志》《经义述闻》等著作的体例与方法。他说：治经之要有三，正句读，审音义，通古今假借，知此三者，则思过半矣。孙诒让是考据学的直接继承者，自称：我朝自乾嘉以来，此学大盛。如王石臞念孙及其子文简公引之之于经，段若膺先生玉裁之于文字训诂，钱竹汀先生大昕、梁曜北先生玉绳之于史，皆专门朴学，择精语详。其书咸卓然有功于古笈，而某自志学以来所最服膺者也。章太炎作《清儒》《释戴》，阐扬清代学术，总结考据学派的精神："审名实、重佐证、戒牵妄、守凡例、断情感、汰华辞"，"六者不具而能成经师者，未之有也"。这正是清代学术主张实事求是、无征不信的理性主义。王国维少习戴、段、二王之书，发展了考据方法，对考古发掘资料与传世文献并重，即所谓"二重证据法"。

国难当前，浙学和同时的其他学术思潮一样，倾向于经世致用，改变了考据学不问政治的传统，并因受西方学术的影响，力求与西学沟通，其杰出代表能够中西兼纳，推陈出新，故其特点在"创新"。

黄以周、孙诒让都研治礼学，黄作《礼书通故》，孙作《周礼正义》，希望从中国古代的政制、礼俗中寻找富国强兵之道。孙诒让对《周礼》寄予极大希望，称：夫舍政教而议富强，是犹泛绝潢断港而薪至于海也。然则处今日而论治，宜莫若求其道于此经。这虽然是过分推崇了《周礼》的作用，却也表现了浙派将政治和学术紧密结合的特色。

真正具有“创新”精神的杰出学者是章太炎和王国维。章太炎投身于革命，反对清朝专制统治，担任同盟会机关报《民报》的主编，是辛亥革命的主将。他又是俞樾的学生，自称“少时治经，谨守朴学，所疏通证明者，在文字器数之间”。故鲁迅先生称他是“有学问的革命家”。他以精湛的训诂音韵学修养，考论群经，遍及老、庄、荀、韩，旁通佛学，“取证博洽，析义精微”，尤致力于《左传》的研究。他脱胎乾嘉而超越乾嘉，涉览西方及印度学术，驰骋于广阔的世界文化领域，探究治国要道和人生哲理。

另一浙派学者王国维曾习康德、叔本华、尼采等人的哲学，兼擅中西学术，故其方法缜密，识见卓越。他用训诂方法，认识了古书中的联绵字和成语，故释经多新颖见解。又能将甲骨文、古器物与历史文献结合，他撰写的《殷周制度论》《殷先公先王考》，阐明了殷周之间文化的变革和殷帝王的世系次序。这类考据文章并非局限于细枝末节的烦琐考据，而以确凿的证据，解开了中国上古史的重大谜团，成为近代学术史上的不朽典范。

浙派学术的时间跨越19世纪后期和20世纪之初，它是从传统走向近代的桥梁，浙派学术和20世纪的学术文化息息相关。如果说俞樾、孙诒让尚停留在中西文化的比附上，那么章太炎、王国维已能做到融合中西学术，兼取其长，他们超越了传统的考据学派，而成为近代学术的开路人。

（原载《人民政协报》1999年9月29日）

乾嘉史学大师钱大昕

钱大昕，字晓征，号辛楣，又号竹汀。江苏嘉定（今属上海市）人，生于清雍正六年，逝于清嘉庆九年，是18世纪中国的杰出学者，乾嘉时代的史学大师。青少年时代他成长在文化氛围浓郁的江南地区，就学于苏州紫阳书院，与王鸣盛（钱之妻兄）、王昶、曹仁虎等同学，诗名甚著，号称“江南七子”。乾隆十六年，清帝第一次南巡，钱大昕迎驾献赋，特赐举人，任职内阁中书。十九年会试中式，在翰林院、詹事府任官，曾赴山东、浙江、湖南、河南为乡试考官，又任广东学政。他在北京长期任职于清闲衙门，“在京都退食之暇，唯以经史自娱，讨论异同，贯串古今，丹黄不去手，既专心于著书”[1]，与王鸣盛、王昶、纪昀、朱筠、戴震、赵翼、卢文弨、翁方纲、钱载等切磋学问，皆当时名流。自称：“一旦辞家而仕于朝，与贤士大夫游，或接武于公廷，或相访于寓邸，出或同车，居则促膝，收直谅之益，极谈宴之欢，经年累月，无间寒署……故尝谓朋友之乐，唯京朝官所得为多。”[2]

乾隆四十年以后，钱大昕辞官回乡，不复出仕，专心著述，先后担任南京钟山书院、松江娄东书院、苏州紫阳书院院长，居苏州尤久，与著名学者段玉裁、孙星衍、顾广圻，诗人袁枚及弟钱大昭，侄钱塘、钱坫游，讲学问难，游山赋诗。当时，与钱大

1　（清）钱大昕：《潜研堂文集·序》。

2　（清）钱大昕：《潜研堂文集》卷二六《炙砚集序》，第245、246页。

昕青少年时同学的嘉定王鸣盛、青浦王昶亦辞官归里，“三人者所居百里而近，春秋佳日，常聚于吴中，诸弟子执经载酒，称为‘三老’”。其门下弟子2000人，著名者有邵晋涵（攻史学，钱任浙江主考时所取举人）、李文藻（攻版本、金石，钱任山东主考时所取举人）以及书院学生李锐（攻天算）、夏文焘（攻舆地）、朱骏声（攻说文）、孙星衍（攻经学、版本、金石）、钮树玉（攻说文）、张燕昌（攻金石）、潘世恩等。钱大昕逝世时76岁，晚年自题其像赞：“官登四品，不为不达，岁开七秩，不为不年，插架图籍，不为不富，研思经史，不为不勤，因病得闲，因拙得安，亦仕亦隐，天之幸民”，反映了这位宿学耆儒生当太平盛世、生活优适、乐天安命、嗜于著述、潇洒旷达的情怀。

钱大昕学问渊博，考辨审实，造诣精深。当时人江藩称：“先生不专治一经而无经不通，不专攻一艺而无艺不精……戴编修震尝谓人曰：‘当代学者，吾以晓征（即钱大昕）为第二人’，盖东原（即戴震）毅然以第一个自居。然东原之学以肄经为宗，不读汉以后书。若先生学究天人，博综群籍，自开国以来，蔚然一代儒宗也。以汉儒拟之，在高密（即郑康成）以下，即贾逵服虔亦瞠乎后矣，况不及贾服者哉！”[1]。近人陈寅恪称钱大昕“信为清代史学家第一人矣”。[2]金毓绂称他援引精确，分析入微，为前人论史书中所罕见。

钱大昕的著作甚多，光绪十年，长沙龙氏家塾刊刻《潜研堂全书》，所收著作即有34种，遗漏未收者尚多。他的代表作当推《廿二史考异》100卷，《十驾斋养新录》20卷，余录3卷，《潜研堂文集》50卷，诗集10卷，诗续集10卷。

钱大昕的重大贡献是运用实证的方法，系统研究了中国历代史籍。中国历史学极为发达，史籍记载汗牛充栋，仅纪传体正史，

1　江藩：《国朝汉学师承记》卷三《钱大昕》，第50、51页。

2　陈寅恪：《陈寅恪集·金明馆丛稿二编》，三联书店，2001年，第26页。

自史汉以下，绵延不断，这是一笔十分丰富的文化遗产。以前学者，撰史者多而评史者少，评史者又多议论体例、书法或褒贬古人，对已有史书作考证、补遗、纠谬者更少。宋明理学家的流弊是“束书不观，游谈无根”，视浩如烟海的史部著作为畏途。清代汉学家视治经为正途，认为史学是粗学、杂学。在乾嘉时代，有三位杰出的学者提倡史学考证，实开风气之先，这就是《廿二史考异》的作者钱大昕、《十七史商榷》的作者王鸣盛、《廿二史札记》的作者赵翼。他们开启了近代历史学考证的先河，三书各有特色，而钱大昕的著作尤其博洽精当。他少年即嗜读史书，“反复校勘，虽寒暑疾疢，未尝少辍，偶有所得，写于别纸”[1]。四十岁开始编《廿二史考异》，五十五岁完成，可说是竭尽了盛年时期的精力。此书对历代正史作了全面的考证、辨异、校勘、补遗，本着详今略古的原则，尤详于《新唐书》《宋史》《元史》，考证此三史之篇幅占《廿二史考异》全书的47%。

钱大昕坚持历史学秉笔直书的传统，“据事直书，是非自见”，不必画蛇添足，多加褒贬议论。他说：“夫良史之职，主于善恶必书，但使纪事悉从其实，则万世之下，是非自不能掩，奚庸别为褒贬之词？”[2]他批评欧阳修的《新唐书》，朱熹的《通鉴纲目》。《新唐书·宰相表》记载宰相之死，“有书薨、书卒、书死之别，欲以示善善恶恶之旨。然科条既殊，争端斯启。书死者固为巨奸，书薨者不皆忠谠，予夺之际，已无定论。紫阳纲目，颇取欧公之法，而设例益繁，或去其官，或削其爵，或夺其谥。书法偶有不齐，后人复以己意揣之，而读史之家，几同于刑部之决狱矣”[3]。

钱大昕认为：纪传正史，凡官修之书，成于众手，限于时日，故纰谬较多，尤以《宋史》《元史》为甚。《宋史》冗丛无章，

1 （清）钱大昕：《廿二史考异·序》，上海古籍出版社，2004年。
2 （清）钱大昕：《潜研堂文集》卷一八《续通志列传总叙》，第169页。
3 （清）钱大昕：《廿二史考异》卷五六。

编次失当，北宋部分因有根据，质量尚好，南渡后七朝最差，“宁宗以后四朝又不如高孝光三朝之详，盖由史臣迫于期限，草草收局，未及讨论润色之故”[1]。至于元史更为陋劣，“史之芜陋，未有甚于元史者”，因开局修史，仅331天成书，主编宋濂、王祎皆“词华之士”，不谙史法，“征辟诸子，皆起自草泽，迂腐而不谙掌故”，“古今史成之速，未有如元史者，而文之陋劣，亦无如元史者”。[2]钱大昕颇有志重新编撰元史，已有部分成稿，但迄未完竣。

钱大昕考证诸史，尤以舆地、官制、氏族为多。如论晋南迁后，侨置州郡，初不如“南”字。至刘宋禅代后，始加“南”字。而唐人不察，修晋书地理志，俱加“南”字，使得许多地名都弄混了。“史家昧于地理，无知妄作，未有如晋志之甚者”[3]。又如汉代分封同姓与异姓侯王甚多，《汉书》称侯国241，但仅能指名194。钱大昕作《侯国考》，列举其封邑所在和始封姓氏，又补充《汉书》失载者25人。又《廿二史考异》指出《汉书》中年代、封号、地望之错误16处，但这些是否真是错误，尚存疑问。后来得见北宋景祐本《汉书》，证明钱大昕的考证都是正确的。又如研究历史人物必须弄清他的出身、氏族，否则便会张冠李戴，历代史书的舛误不一而足，“有一人而两传，若唐之杨朝晟，宋之程师孟，元之速之台、完者都、石抹也先、重喜者矣；有非其族而强合之，若《宋纪》以余晦为玠子者矣；有认昆弟为祖孙，若元史以李伯温为彀子者矣。至于耶律、移剌本一也，而或二之；回回、回鹘本二也，而或一之。氏族之不讲，触处皆成窒碍”[4]。钱

1 （清）钱大昕：《十驾斋养新录》卷七《南渡诸臣传不备》，上海书店出版社，1983年，第149、150页。

2 （清）钱大昕：《十驾斋养新录》卷九《元史》，第195页。

3 （清）钱大昕：《十驾斋养新录》卷六《晋侨置州郡无南字》，第132页。

4 （清）钱大昕：《潜研堂文集》卷二四《二十四史同姓名录序》，第227、228页。

大昕花费了大量精力，以文献和碑刻资料纠正补充了历代史书中关于人物世系的许多舛误和遗漏。他学识之广、考证之精，人所共推。故陈垣先生说“从前专重考证，服膺嘉定钱氏。事变后颇趋重实用，推尊昆山顾氏”[1]。

对钱大昕考史补史极有裨益的是他在金石学方面的造诣。他到处访求碑碣，京官俸禄微薄，他却不断去琉璃厂，购置许多金石拓片。至身所经历，山厓水畔，黉宫梵宇，有断碑残刻，必剔藓拂尘，摩挲审读，或手自椎拓，积三十余年，遂成巨富。他五十二岁时，有一次兴致勃勃地和学生孙星衍从南京回往茅山访碑，过道观，探山洞，在断垣残壁中寻碑访碣，写了一篇《游茅山记》，寻幽怀古，极富情趣。他又到过宁波天一阁，读所藏碑拓，编《天一阁碑目》，收拓片 580 余通。又毕沅在陕西得碑 797 通，编《关中金石记》；阮元在山东得碑 1700 余通，编《山左金石志》；严子进编《金陵石刻记》，钱大昕均得寓目，撰写序言。由于他精通金石学知识，对勘古书，“举生平所阅经史子集，证其异同得失”，故所获甚丰。例如：北京琉璃厂出土辽蓟州刺史、检校尚书左仆射李内贞的墓志，而《辽史》失载，钱据此碑补正《辽史》的列传和《百官志》；又如《元史》有谭资荣、谭澄父子的列传，而《世祖本纪》中有覃澄，究竟是谭或覃，钱大昕蓄疑于心。后来见到山西发现的碑文中有“交城县长官覃澄”，山东发现的《祭济渎碑》中有“总管覃澄”，《济祠投龙简碑》中又有“总管覃侯”、“总管覃澄”的记载。有了这些证据，钱大昕得出结论：“可证资荣父子本姓‘覃’而传作‘谭’者，误也。”[2] 类似这种以碑补史之例，不胜枚举。日积月累，钱大昕为所见碑碣撰写跋文，编《金石跋尾》一书，其妻兄王鸣盛为此书作序。王认为：古来以金石学名家者 7 人，宋之欧阳修、赵明诚，明之都穆、

1　陈智超：《陈垣来往书集选》，上海古籍出版社，1990 年，第 302 页。

2　（清）钱大昕：《廿二史考异》卷九八，第 1580 页。

赵崡，清之顾炎武、王澍、朱彝尊，最后予妹婿钱少詹竹汀《潜研堂金石跋尾》，乃尽掩七家，出其上，遂为古今金石学之冠。

钱大昕在挖掘历史文献方面，也有很多贡献。《元秘史》一书为记载成吉思汗时代的第一手资料，本为蒙古文，汉译俚俗，人多不识其价值，四库馆臣称其“传闻之词，辗转失真”。钱大昕却独具慧眼，盛赞此书“叙次颇得其实”，“论次太祖太宗两朝事迹者，其必于此书执其衷欤！”[1] 此后《元秘史》遂为治元史者所必读。他又从苏州玄妙观的道藏中，抄录出《长春真人西游记》。此书记述长春真人丘处机应成吉思汗之召，西行至中亚细亚之事，丘的弟子李志常撰述。时人不识此书，甚至以为是吴承恩所作小说《西游记》。钱大昕加以纠正，力荐该书“于西域道里风俗，足资考证”[2]。

钱大昕亦颇留意于当代学术史，熟悉康熙到乾隆时代的学术源流，曾为许多学者写作传记或墓志铭，包括阎若璩、胡渭、万斯同、惠士奇、惠栋、陈祖范、王懋竑、江永、秦蕙田、王峻、戴震、王鸣盛、曹仁虎、陆锡熊、李文藻、邵晋涵等，这些都是清代学术界的中坚。钱大昕详细记述了他们的言行著作。评论其学术成就，均深入切要，研究清代学术史者不可不读。

钱大昕在音韵学方面亦有重大贡献。他致力于古声母研究，提出：古无轻唇音、舌上音，凡轻唇音，古人必重读，如匍匐作扶服、文作门、方作旁、封作邦、勿作没。他从古文献中找到 65 个例证。他又说：“古无舌头、舌上之分。知彻澄三母，以今音读之与照穿床无别也，求之古音则与端透定无异。”[3] 故冲读如动，竹读如笃，追读如堆，陈读如田。他从古文献中找到 30 个例证，援引广博，无懈可击。200 年后的今天，山东银雀山与湖南马王

1 （清）钱大昕：《潜研堂文集》卷二八《跋元秘史》，第 227 页。

2 （清）钱大昕：《潜研堂文集》卷二九《跋长春真人西游记》，第 289 页。

3 （清）钱大昕：《十驾斋养新录》卷五，第 111 页。

堆出土的简帛中使用的古字，又一次证实了钱大昕之说。有人问他：《说文》所列 9353 字，而古代经典中仅见十之四，何以《说文》所收多为经典中不用之字？钱大昕回答：今世所见经典已将字体划一，而当年许慎所见乃汉儒各家之说，师承不同，故所传经典多异文。许慎采录齐备，载入《说文》，故今所见不用之字，很多是当年经典的异体字。他列举出 300 多年异体字，并一一与今本通行字对合，以证其说。钱大昕说："今人视为隐僻之字，大率经典正文也。经师之本，互有异同，叔重（许慎）取其合乎古文者，称经以显之。其文异而义可通者，虽不著书名，亦兼存，以俟后人之抉择。此许氏所以为命世通儒，异于专己守残、党同门而妒道真者也。"[1] 钱氏列举大量证据，证明自己的说法，故能令人心折。

钱大昕还精于天算历法，在京结识著名天算家何国宗。何久在钦天监任职，是前辈学者，已官至尚书。何闻钱大昕之名，主动往访。时钱仅 20 多岁，"与之论宣城梅氏（梅文鼎）及明季利（利玛窦）、徐（徐光启）诸家之学，何辄逊谢，以为不及。出语人曰：'今之贾逵也。'"[2] 钱在天算方面的成绩主要是对刘歆的《三统历》作了整理、疏解。《三统历》存于《汉书·律历志》中，是我国保存下来的最早历书，但内容深奥，文字晦涩，读者难明其意。钱大昕细心爬梳，写成《三统术衍》一书，对其推步原理与测算之法作了详细说明。他在研究中提出"岁星纪年"、"太岁太阴"等问题，为后来天算家研讨的热点。钱氏又对历代正史最艰深的《天文》《律历》志进行了考证述评，为研习古代天算历法者扫除了障碍。晚年，与治史相配合，又撰成《宋辽金元四史朔闰考》。

钱大昕出生之年，正好发生了吕留良的文字狱。此后，文字狱

---

1 （清）钱大昕：《潜研堂文集》卷一一《答问八》，第 102 页。

2 蔡冠洛编纂：《清代七百名人传》，周骏富辑《清代传记丛刊·综录类 9》，第 1639 页。

繁多。乾隆初年，号称宽简。但乾隆十五年发生伪稿案，是一次罗织极文、株连数省的大案（钱大昕时年二十岁）。此后，文网愈密，迭兴大狱。钱大昕在京服官时期，正是历史上文字狱最多、最奇的时候，四库馆亦大举禁毁书籍。这种长期的、大规模的迫害，不能不在知识分子心灵上留下严重的创伤。“避席畏闻文字狱，著书都为稻粱谋”，士大夫都不敢谈论现实和撰写历史。不甘心沉默的人，十分隐晦曲折地表达自己的心声与抗争。如戴震借疏证《孟子》，阐发经义，发表反对宋明理学的哲学见解；曹雪芹建构一座虚无飘渺的大观园，为一群天真烂漫而饱受压迫的弱女子安身立命；袁枚以抒写性灵批判传统的说教；郑板桥在书画中寄托放达不羁的个性。他们在各自的领域，以不同的形式反对封建礼教。钱大昕和他们几乎生活在同一个时代，和戴震、袁枚还是论学谈诗的好朋友。他的特点是：毕生精力尽瘁学术，尤其是史学研究，重视考据，提倡实证，不作空谈，既不作修身养性的说教，亦不涉内圣外王的遐想；治史必有确凿而大量的证据，其证据与结论之间必有严密、实在的逻辑联系，排除武断、臆测、伪证，以为“通儒之学，必自实事求是始”[1]。他以“求是”“求真”为目的，不盲从古人，不株守成见，“后儒之说胜于古，从其胜者，不必强从古可也。一儒之说而先后异，从其是焉者可也。”[2]这种治学精神体现了一定的科学的理性主义的因素，为知识界吹进了一些清醒之风。以钱大昕为代表的乾嘉学派的考史学风影响着19以至20世纪的中国历史学，后人对钱的成就推崇备至。据赵光贤先生回忆，他的老师、我国史学大师陈垣先生这样说过：“顾炎武的《日知录》在清代是第一流的，但还不是第一。第一应推钱大昕的《十驾斋养新录》。先生举《养新录》中考证东晋以来侨置州郡为例：《晋书》中所记南徐州、南青州之类，多是错的。后来沿讹袭谬，直到钱氏始正其

1 （清）钱大昕：《潜研堂文集》卷二五《卢氏群书拾补序》，第235页。

2 （清）钱大昕：《潜研堂文集》卷九《答问六》，第77页。

误。（亦见于《廿二史考异》）先生教导我们说，你们应当学习这种方法。在这基础之上，再写文章就比较容易了。听了先生的话，我又读了《养新录》及其他清人论经考史之作，觉得钱氏考证之学，确乎高出众人之上，而先生（指陈垣）所做的考证文章，取材既博，论证又精，纯是竹汀（指钱大昕）一派学风。”[1]

钱大昕表面上和其他很多乾嘉时代的学者一样，回避政治，埋头学问，生活上恬退、知足，这种回避与恬退掩盖不了他内心对世务的关心和对现实的不满。他是一个专业历史考证家，研究具体问题，不厌其深其细，较少发表议论，即使发表议论，态度也很谨慎，这是环境与性格所造成的。但时而也流露出一些大胆、精辟的见解，令闻者咋舌。例如：钱大昕看到历史上弑君之事，不一而足。他认为篡弑之事，必有原因，探究起来，都是君主无道所致。“君诚有道，何至于弑，遇弑者皆无道君也。……圣人修春秋，述王道以诫后世，俾其君为有道之君，正心修身齐家治国，各得其所，又何乱臣贼子之有？”他进一步发挥：“秦汉以后，乱贼不绝于史，由上之人无以春秋之义见诸行事故尔。”[2]他把中国历史上篡弑频仍、纷争不息的局面都归结为君主的无道，猛烈地抨击秦汉以后的封建统治，全都不能实施“春秋之义”。这种言论违背了纲常名教，对君主有“大不敬”之嫌。又如：妇女在封建社会中被压在底层，道学家提倡妇女“从一而终”，“饿死事小，失节事大”。钱大昕反对这种戕害女性的非人道行为，主张夫妻之间可以离异，“义合则留，不合则去”；“或其夫淫酗凶悍，宠溺嬖媵，凌迫而死者有之。准之古礼，固有可去之义，亦何必束缚之、禁锢之，置之必死之地以为快乎！”他认为：妇女改嫁，合乎情理，不应该受到谴责，“去而更嫁，不谓之失节。使其过在妇欤！不合而嫁，嫁而仍穷，自作之孽，不可逭也。使其过不

1 赵光贤：《回忆我的老师援庵先生》，《励耘书屋问学记》，第159页。

2 （清）钱大昕：《潜研堂文集》卷七《答问四》，第60页。

在妇欤！出而嫁于乡里，犹不失为善妇，不必强而留之，使夫妇之道苦也。”[1] 在封建伦理统治的黑暗年代中，这是难能可贵的清醒的呼声。

武则天是中国历史上独一无二的女皇帝，拥有自己的国号和纪年。但在以男性为中心的社会中，人们不承认武后称帝的事实，把这段历史挂在她儿子唐中宗的账上。尤其是朱熹的《紫阳纲目》“每岁首书帝所在。又嫌于用武氏纪年，乃虚引嗣圣年号”。自二年讫二十一年，至神龙反正而止。于是唐无君而有君，中宗无年号而有年号，武则天做皇帝的事实被历史家的“春秋笔法”一笔抹掉了，“纪称中宗而事述太后，所以正名而尊王室也”。钱大昕极力反对这种抹杀事实、歪曲历史的所谓“春秋笔法”。他叹息说：“此亦极笔削之苦心，而称补天之妙手矣，谓如此而合于春秋之指，则愚窃未敢以为然也。”[2]

封建社会中的刑罚越来越残酷，犯了死罪，不仅有绞斩之刑，后来又有“凌迟”，把身上的肉一片一片地削割下来，使人受尽折磨、极端痛苦而死。钱大昕反对这种不人道的刑罚。他说：“唐律无凌迟之刑，虽反叛大恶，罪至于斩决不待时而已。陆游谓五季多故，以常法为不足，于是始于法外特置凌迟一条。”钱大昕从历史考证，凌迟的普遍使用是由于北宋的激烈党争，“凌迟之法，昭陵以前，虽凶强杀人之盗，亦未尝轻用。自诏狱兴，而以口语狂悖者，皆罹此刑矣。诏狱盛于熙丰之间，盖柄国之权臣，藉此以威缙绅，非深竟党与，不能以逞其私憾。非中以危法，不能以深竟党与，此所以滥酷之刑，至于轻施也。”[3] 这段从考史引申出来的议论，把凌迟之刑与党争联系在一起。而钱大昕出生前夕，正是雍正帝和诸兄弟为继承大位，分门结党，争斗不休，刀光剑

1 （清）钱大昕：《潜研堂文集》卷八《答问五》，第 73 页。

2 （清）钱大昕：《潜研堂文集》卷二《春秋论二》，第 25 页。

3 （清）钱大昕：《十驾斋养新录》卷七《凌迟》，第 156 页。

影，血雨腥风，用刑之滥之酷，超过了北宋。钱大昕这种议论也是深触忌讳的。

钱大昕由于研究天算历法，接触到西方数学，知道西方国家的自然科学远超乎中国之上。他和那些抱残守阙的冬烘先生不同，主张中国知识分子应普遍地学习数学和自然科学。他说：欧洲各国自然科学为什么超过中国，就因为受到普遍重视，“欧逻巴之巧，非能胜乎中土，特以父子师弟世世相授，故久而转精。而中土之善于数者，儒者辄訾为小技，舍九章而演先天，支离附会，无益实用。畴人子弟，世其官不世其巧。问以立法之原，漫不能置对，乌得不为所胜乎？宣尼有言：‘推十合一为士’。自古未有不知数而为儒者。中法之绌于欧逻巴也，由于儒者之不知数也。”[1]钱大昕虽然还并不全面了解世界自然科学的发展水平，但他因研究天算，觉察到中国自然科学落后于西方。当时，封闭的中国知识界自以为中华的声教文明远超全世界之上，许多人根本不知自然科学为何物？“欧逻巴”国家在何方？钱大昕的思想和知识远远超过了同时代人。他大声疾呼“儒者”应当普遍研习数学和自然科学，以追上西方。这是昏闷长夜中的一声清醒的呐喊，可惜人们充耳不闻，这微弱的喊声仍被一片沉寂所吞没。

当然，生活在200年前的钱大昕自有其时代的局限，我们不能苛求他在学术上、思想上有更全面、更重大的突破。他作为一个历史考证学家，在自己的专业领域达到了前所未有的高峰。他虽然不大发表议论，但从一些言论中可以窥见他思想中闪现的灿烂火花。钱大昕是中国18世纪站在时代前列的、卓有贡献的学者，是乾嘉时代的史学大师。

（原载《文史哲》1997年第3期）

1 （清）钱大昕：《潜研堂文集》卷二三《赠谈阶平序》，第212页。

曹雪芹与平郡王福彭

《红楼梦》是蜚声世界的伟大现实主义小说，但作者曹雪芹的事迹湮没不彰，这不能不说是我国文学史上的憾事。

有关曹雪芹的资料极少，故他与平郡王福彭的往来无文献可征。但福彭是曹雪芹的亲姑表兄却是无疑。康熙四十五年，康熙帝传旨令曹寅之妻送女北上与王子完婚，此王子即讷尔苏，袭封平郡王。曹氏所生子即福彭，为雍乾之际政坛上的重要人物。曹氏活得较长，亲姑妈在世的时候，曹家无论如何败落，至亲骨肉，往来必甚频繁。据档案记载，曹頫革职抄家，返回北京，金陵的房屋归继任织造隋赫德所有。雍正十一年，老平郡王讷尔苏（时已革爵）曾帮着曹家向隋赫德索借银两三千八百两，隋赫德不敢违抗。可见平郡王府对曹家的护持。《红楼梦》中描写几个大家族，“一荣俱荣，一损俱损”，曹家的阔亲戚、老关系还不少。因此乾隆初年，曹家家道尚不至败落。福彭和曹雪芹谊属至戚，过去对福彭的了解不多，但在《清实录》和乾隆的诗文中却保留着相当丰富的资料。福彭和一般庸碌王公、八旗子弟不同。他英年早慧，才华出众，受到康熙、雍正、乾隆三朝皇帝的赏识。曹雪芹和他年龄相差不大，福彭长曹雪芹六七岁或十余岁（因曹雪芹生年尚无定说），两人必有往来。除至亲关系外，亦当有惺惺相惜之情。由此推想：曹雪芹思想和性格的某些方面也许受到表哥影响。在文献不足征的情况下，这一推想有相当的合理性。

福彭是努尔哈赤的八世孙，属于代善、岳托的支裔。岳托因功始封克勤郡王，是清代世袭罔替的八家“铁帽子王”之一，后改称平郡王。福彭幼年聪明伶俐，被康熙皇帝看中，养育宫中，这是特殊的恩宠。康熙的嫡孙近百人，多得认不过来，被养育宫中的只有弘历（即乾隆）、弘晳等数人。后来乾隆对此津津乐道，引为殊荣。非颖慧特殊之儿童，虽嫡孙也不能得此待遇。福彭以远支宗室，幼时养育宫中，必有过人之才质。

雍正四年，讷尔苏得罪革爵，年仅十九岁的福彭继其父为平郡王。六年，被雍正选入内廷，与皇子们一起读书，同学五人，即皇四子弘历、皇五子弘昼（后封和亲王）与康熙的两个小儿子皇二十一子允禧（后封慎郡王）、皇二十四子允祕（后封诚亲王）。这五个同学内，福彭最大，年二十一岁。允禧、弘历、弘昼同年，十八岁。允祕最小，十三岁。雍正帝对皇子的教育十分重视，慎选师傅，他特别挑选年龄稍长的福彭与弘历等同窗学习，必是看中了品学兼优的福彭，希望他的为人和学业能影响年龄稍小的皇子们。

在内廷学习期间，雍正八年，福彭曾奉命至盛京修治皇陵前的河道，又派管旗务，署理都统，擢宗人府宗正，又派在军机处行走。雍正九年，清军与准噶尔大战于和通泊，清军战败，溃不成军，这是历史上著名的“辛亥之败”。当时，前线紧急，军队要进行整顿、改组，需要一位有胆有识、英勇能干的统帅。满朝无数宿将，雍正帝都没有看中，却毅然遴选尚在书房读书，二十四岁的青年福彭为定边大将军，赴前线指挥。让他肩负军事重担，这在当时是惊人的破格之举，亦可见雍正对福彭的信赖和器重。

弘历和福彭长年同学，相知甚深，情谊尤笃。当时弘历称“圆明居士”，弘昼称“旭月居士”，这是雍正帝给他们兄弟俩取的雅号，福彭亦称“如心居士”，他敢采用与皇子们类似的雅号，可见同学关系之亲密，这一雅号可能也是雍正帝赐名。弘历即帝位以前，将自己的诗文，辑为《乐善堂全集》。时福彭已统军赴边疆，万里以外，为此书作序。福彭平生所作，除奏折，殆无存留，唯此序文，刊载于御制《乐善堂全集》之卷首。可见福彭与乾隆帝关系之深。《乐善堂全集》内赠福彭的诗文甚多。弘历对这位学侣极为推重称赞，说福彭虽年少而器识深沉，谦卑自牧，娴学问，通事理。更难得的是福彭文武全才，晓畅兵机。福彭为大将军，统兵赴乌里雅苏台，启行之日，弘历亲自送行至京郊清河，依依惜别。弘历青年时代，除了自己的弟弟和年轻叔叔之外，福彭是他的唯一挚友。福彭在边陲 3 年，弘历屡次题赠诗句，称“武略文韬藉指挥，书斋倍觉有光辉”，“暖阁薰炉刻漏移，闲情万里忆相知”，“如心居士知无恙，两字平安藉送来”，可见弘历对福彭的赏识和眷念之情。

福彭受康熙恩养、雍正拔擢、乾隆赞誉，三朝知遇，在历史上极为罕见。这三个皇帝都是中国历史上的英明君主，不轻易赞许别人，是福彭必有过人之才资，才得以重用。曹雪芹有这样一位出类拔萃的亲表兄，想必受其熏陶。在曹雪芹这位伟大作家的成长史上，福彭当是一位重要的人物。端木蕻良先生的小说《曹雪芹》写了平郡王福彭，但性格较粗，资质平庸，与一般八旗子弟相似，与真正的福彭相距甚远。

福彭治军有方，曾驻节乌里雅苏台、科布多、鄂尔坤等地，又筑城额尔德尼昭。雍正十三年，雍正皇帝死，乾隆即位，立即召他的挚友福彭回京，参加总理事务处，为协办总理，地位在老资格的庄亲王允禄、果亲王允礼之下，而居鄂尔泰、张廷玉、讷亲之上。福彭在雍乾之际的政治舞台上是一颗冉冉上升的新星。

尽管福彭才德兼优，与乾隆同窗至好，且一度被重用，但后来这颗明星反而逐渐黯淡。虽曾管理正黄、正白旗事务，但未曾大用，不掌握朝政大权，其原因尚待进一步探索。这可能与乾隆帝用人的路线有关。乾隆帝鉴于康熙、雍正两朝宗室王公掌权，兄弟阋墙之教训，完全排斥宗室亲贵执政，而起用讷亲、傅恒等人。乾隆初，果亲王允礼逝世，庄亲王允禄得罪黜退，平郡王福彭也在改组总理事务处、恢复军机处时退出中枢政权。终乾隆之世再也没有宗室王公参加中枢政权。乾隆对他们礼遇隆厚、优给俸禄而不假以事权，年轻有为的福彭从此息影政界。乾隆十三年十一月，福彭病死，年四十一岁。谕旨称："平郡王宣力有年，恪勤素著，今闻患病薨逝，朕心深为轸悼，特遣大阿哥携茶酒往奠，并辍朝二日。"这是特殊的恩礼，乾隆帝对这位昔年的老同学还有相当旧情。

福彭死时，曹雪芹正在创作《红楼梦》。书中所写富家生活，既有破落前曹家生活的实录，也有采自其他王公家庭的素材。平郡王家是当时最显赫的贵族家庭，又是曹雪芹的至亲，曹目睹姑母家的奢华与排场，印象必极深刻，故能对18世纪满人贵族的豪富生活写得惟妙惟肖，入木三分。

（原载《燕都》1990年第1期）

林则徐与近代新疆开发

林则徐是鸦片战争中严禁鸦片、抵抗英国侵略的民族英雄，是对外国进行调查研究、睁眼看世界的第一人。他又以花甲之年遣戍新疆，致力垦田水利，为开发新疆做出了贡献。

1842年，林则徐因严禁鸦片得罪英国而遣戍新疆伊犁。此时，清廷正在筹划扩大伊犁的屯田，欲在阿齐乌苏开垦荒地。该地原曾垦荒，但因水源不足而废置。这次筹划重垦，林则徐踊跃参加，力肩重任，计划开渠引进哈什河水。哈什河是伊犁河的支流，水流丰沛，“贯注永可不穷”，但工程浩大。林则徐认领了一段最艰难的工程。清廷没有经费投入，林则徐就与当地官员绅民共同捐资。他运用自己在内地长期治河的经验，于1844年（道光二十四年）5月开凿引水道，钉桩抛石，历时4个月，用工十万余，至当年9月渠工告成。哈什河水引至阿齐乌苏，自龙口至渠尾“无不盈科递进，水到渠成”，共可灌溉田地十余万亩。到今天，这条宽广的渠道碧波粼粼，仍滋润着西部土地，当地人民称之为“林公渠”。

伊犁垦田成功，林则徐在修建龙口工程中表现出卓越的才能。伊犁将军布彦泰上奏道光皇帝，称赞林则徐“赋性聪明而不浮，学问渊博而不泥，诚实明爽，历练老成”，“平生所见之人，实无出其右者”。道光帝朱批也说“所办甚属可嘉”。

接着林则徐又承担了勘查南疆荒地的任务。伊犁垦荒的成功激起了清廷大规模开发南疆的兴趣。由于林则徐在伊犁垦荒工作出色，1844 年 10 月清廷派他和喀喇沙尔办事大臣全庆往南疆勘查荒地，勘查地区包括库车、乌什、阿克苏、英吉沙尔、和阗、叶尔羌、喀什噶尔，并附带勘查北疆的吐鲁番、哈密等地。所历地区沙漠绵延，一望无际，山陵起伏，十分干燥。履勘途中，林则徐受到维吾尔族人民的热烈欢迎和大力帮助。

林则徐勘查南疆的任务之一是清丈土地，勘察土质，查明有多少可供开垦的荒地。他到一城，查一城，将实情呈请将军（布彦泰）核奏，绝不敢稍有成见，亦绝不粉饰迎合[1]。具名上奏的是布彦泰，而履勘拟奏的是林则徐。由于勘地离城市遥远，他携带帐篷、粮食、被衾，白天迎风冲寒，走马引绳，丈量土地，夜晚卧宿毡庐中，谛听四野风沙的呼啸声。经过他半年的勘查，共得可垦荒地六十余万亩。林则徐赠给同行全庆的诗中写道：蓬山俦侣赋西征，累月边庭并辔行。荒碛长驱回鹘马，惊沙乱扑曼胡缨。但期绣陇成千顷，敢惮锋车历八城。丈室维摩虽示疾，御风仍喜往来轻。这首诗既反映了勘荒路上的艰险，又倾吐了他为开发西部而不辞辛劳的豪情。

南疆勘荒的任务之二是寻找水源，试筑水渠。林则徐每到一处，必先勘水势，指示渠工。他在叶尔羌查看试挖的渠道后指出，这里的渠身是沙土质地，坝工倍须坚固，挑工更要宽深。他查看喀什噶尔一带，水性浑浊，日久不免停淤，因而指示员工所有渠工坝座，尚须加以岁修，乃可永资利用。林则徐对工程质量的要求极为严格，测量土方，逐段驳诘，加工挑补至再，意犹未慊。

勘荒任务之三是土地分配。南疆居民大多是维吾尔族，他们是开发和建设新疆的主力。林则徐从维护民族团结、加强边疆防

1　林则徐：《致李石梧书》，道光二十五年正月十五日于乌鲁木齐。

务的大局出发，主张将大部分土地交给维吾尔族人民垦种，驳斥了防范维民、不分给土地的错误主张。由于他的极力坚持，库车、乌什、阿克苏、和阗四城的 30 万亩田地全部分给了维吾尔族，喀什噶尔河东地 6 万亩分给了维吾尔族，河西地 1.6 万亩分给了汉族，叶尔羌之地亦汉维兼顾，唯喀喇沙尔及吐鲁番、哈密靠近内地的 10 余万亩土地多招汉民耕种。由于这一分田方案的实施，保护了少数民族的利益，维护了维汉民族的团结。

林则徐在勘荒时见到了坎儿井，这是当地维吾尔族人民创造的地下水利设施。在高温少雨、气候干燥、蒸发强烈的地区是理想的节水灌溉工程。对此，林则徐十分赞赏，称“此处田土膏腴，岁产木棉无算，皆卡（坎）井水利为之也”[1]，“其利甚溥，其法颇奇，洵为关内外所仅见”[2]。他和全庆计划推广坎儿井，制定了《经久章程》。但不久，林则徐奉诏返回内地，后任者秉承他的意志，开凿了许多坎儿井。30 年后，随左宗棠西征的施补华看到了新疆的坎儿井，追怀林则徐的功德。他写诗说：“海族群吹浪，疆臣远负戈，田功相与劝，水利至今多。重柳家家树，回流处处科，白首遗老在，怀德涕滂沱”。新疆的父老们一直在怀念林则徐开发西部、兴修水利的德政。

在林则徐勘地兴垦之后，原来荒无人烟的地方出现了新的绿洲和村落。如和阗达瓦克，开垦一年后除砂碛冈梁之外，均已搭盖房屋，陇亩相望，俨然一大村落。叶尔羌巴尔楚克本空旷无人，后“纠工筑城，开渠引水，招民种地”，“不数月而成街市……穷民携眷安家，以为乐土”。

林则徐以戴“罪”之身，遣戍新疆三年，奔走万里，竭精殚劳，为开发西部做出了杰出贡献。后人称赞他在新疆“浚水源，

1　林则徐：《林公忠公日记》，沈云龙主编：《近代中国史料丛刊续编》，第 5 辑，文海出版社，出版日期不详，第 448 页。

2　王钟翰点校：《清史列传》卷五二《全庆》，中华书局，1987 年，第 4107 页。

辟沟渠，教民耕作”，“大漠广野，悉成沃衍，烟户相望，耕作皆满，为百余年入版图未有之盛”[1]。

（原载《光明日报》2007年7月14日）

1 缪荃孙纂录：《续碑传集》（二）卷二四，周骏富辑：《清代传记丛刊·综录类4》，明文书局，1986年，第306、307页。

李鸿章与伊藤博文的马关谈判

1895年2月8日，日本通过美国使馆声明，清政府若派出有名望的全权大臣，任何时候均可进行谈判，这实际上是要求李鸿章出来谈判，当张荫桓、邵友濂求和被拒后，伊藤博文已把这个要求告诉清政府官员。为了使谈判迅速进行，避免国际干涉，日本政府又于2月16日、19日两次通知清政府，派出的全权大臣必须有商谈朝鲜“独立”、赔款、割地、签订商约的四项权力，否则，“虽再度派遣媾和使前来亦全属无益”[1]。

张、邵被拒和威海卫的陷落使清政府官僚们忧虑恐慌，焦灼无策。日本发出了诱降信号，指定中国全权大臣的人选和条件，清政府一一照办，任命李鸿章为议和全权大臣，谕旨中说：“日本来文，隐有所指，朝廷深维至计，此时全权之任，亦更无出该大臣之右者。李鸿章著赏还翎顶，开复革留处分，并赏还黄马褂，作为头等全权大臣，与日本商定和约”[2]，并召李鸿章到北京听训，所遗直隶总督、北洋大臣之职由王文韶代理。

李鸿章一直主张向日本求和停战。在前线军已一败涂地的情况下，也只有议和乞降才能保持清朝的统治。但是日本的议和条件一定是很苛刻的，尤以割让领土责任重大，最容易激起舆论的反对，只有事前得到慈禧、光绪的授权，王公大臣们的赞同，各

---

1 《秘书类纂·中日媾和记录》，附件第三十六号。

2 《李鸿章全集》卷七九《奏稿·军机大臣密寄》。

帝国主义国家的支持，他才能去进行谈判，签订包括割地在内的苛刻条约。

2月21日，李鸿章到达北京，向慈禧、光绪请训，和大官僚们商讨、辩论，又奔走于各国使馆，向外国寻求帮助，请教谈判的方针。

帝国主义为了拉拢日本，宁肯牺牲中国。他们一致赞成派李鸿章去谈判，“各西人闻中堂奉命，咸额手为然”[1]。李鸿章恳求各国相助，使日本放宽议和条件，各国支支吾吾，设辞推托。英国说：“赴倭后，各国知倭索项，自有商酌，否则倭有以藉口肆行，各国难以干预”[2]；俄国说：“此时倭未说明情节，颇难劝解”[3]；美国则帮着日本，对李鸿章施加压力，美国公使田贝说：“我告诉李鸿章，他必须以一笔巨大的军费赔偿日本。在他没有离开北京之前，他应该让慈禧太后及光绪帝作心理上的准备，准备作重大的牺牲”[4]。

李鸿章还特别就割让领土一事向外国征求意见。他不是考虑割地严重地损害中国领土完整和国家主权，会使千百万人流离失所，沦为亡国奴，却担心会惹恼英俄等国。他说：“日电非有商让土地之权……允之，北则碍俄，南则碍英法，顷商各使，电知本国”[5]。帝国主义从原则上支持日本割取中国的领土。李鸿章在得到外国同意以后说：“连日为土地事，与各使商论，皆谓非此不能结局”[6]。他正是以此为根据去压服主战派的反对，英俄都支持割地，但又不愿意让日本闯到自己的势力圈内，英国希望日本北进，占领中国的东北，俄国希望日本南下，侵吞中国的东南，彼此嫉忌，各怀鬼胎，要把祸水泼向对方。

---

1 《清光绪朝中日交涉史料》第二六一二件，《李鸿章来电二》。

2 《清光绪朝中日交涉史料》第二七〇九件，《出使大臣龚照瑗来电》。

3 《清光绪朝中日交涉史料》第二六六一件，《出使许大臣来电》。

4 魁特：《美日外交关系史》，第2卷，第527页。

5 《李鸿章全集》卷二〇《电稿·寄驻英俄龚许二使》，第18页。

6 《李鸿章全集》卷二〇《电稿·复张侍郎》，第19页。

在战争失败和与各方面接触后，割让领土几已成定局。但李鸿章却声明:“割地之说，不敢担承”，“割地不可行，议不成则归耳”[1]，以谈判必定破裂来吓唬丧魂失魄的王公大臣们。一些主和派就装着劝说李鸿章以大局为重，“勿畏人言”[2]。“孙（毓汶）徐（用仪）怵以危语，意在撮合”[3]。李鸿章出发以前，清廷的谈判基调已确定，那就是“必欲以割地为了局”[4]。

慈禧是主和派的总后台，不惜一切代价地要求议和。因为议和是否成功，关系到她的宝座能否坐稳。但她知道割地是十分敏感的问题，会引起舆论谴责，万人唾骂。她宁肯躲在幕后操纵一切，犯不上亲自出面去承担割地的责任。李鸿章来京请训之前，她就装病说:“今日强起，肝气作疼，左体不舒，筋起作块”[5]，干脆不和大臣见面。当然，她割地求和的心里话，可以由奕䜣和她的心腹奕劻、孙毓汶、徐用仪替她说出。

主战派官吏极其软弱，既无力量，又没有主意，只能一步一步地被主和派牵着鼻子走。光绪第一次召见李鸿章还反对割地，“商让土地一层，上令坚拒”[6]，但以后几次召见，不敢再有所主张。翁同龢原来反对议和，这时已退到“偿胜于割”的防线上，说:“但得办到不割地，则多偿当努力”[7]，这就是说，议和乞降同意了，赔款也同意了，但宁肯多赔钱，希望不要割地。这条防线被主和派一攻即垮，孙毓汶、徐用仪当场抢白他一顿，说“不应割地，便不能开办”[8]。李鸿章也将了他一军，要翁同龢一起去谈

1 《翁同龢日记》，光绪二十一年正月二十八日。
2 《李鸿章全集》卷二〇《电稿·寄芜湖交伯行》，第18页。
3 《翁同龢日记》，光绪二十一年正月二十八日。
4 《翁同龢日记》，光绪二十一年正月三十日。
5 《翁同龢日记》，光绪二十一年正月十七日。
6 《李鸿章全集》卷二〇《电稿·复张侍郎》，第18页。
7 《翁同龢日记》，光绪二十一年正月二十八日。
8 《翁同龢日记》，光绪二十一年正月二十八日。

判，吓得翁同龢推辞不遑："若余曾办过洋务，此行必不辞，今以生手办重事，胡可载！"[1]。

清政府内割地求和的方针已成定局，但谁也不肯承担这一责任。军机处和总理衙门往皇帝身上推，皇帝又往太后身上推，"与枢（军机处）、译（总理各国事务衙门）商，不敢担。上（指光绪）意俟长春（指慈禧）大安，禀商酌定"[2]。慈禧明明主张割地求和，却装出一副不愿轻弃国土的爱国者面孔，把求和割地说成是光绪的主张："李鸿章所奏，恭邸所陈，大拂慈圣之意，曰：'任汝为之，毋以启予也'"[3]。光绪不甘心独担割地的臭名，又把皮球踢过去，两天后，他对大臣们说："汝等宜奏东朝（指慈禧），定使臣之权"。慈禧索性给予闭门羹，"奏事太监传：慈体昨日肝气发，臂疼腹泻，不能见，一切遵上（指光绪）旨可也"[4]。割地求和是慈禧幕后决定的，但表面上不由自己来批准。这时，日本已决定以马关为谈判地点，时间紧迫，不容拖延，帝党官僚在日本催逼、慈禧捉弄、主和派围攻之下，"神丧胆落，不敢出一语。偶蒙顾问，惟顿首流涕，相持嚎哭而已"[5]。最后，由恭亲王奕䜣出面，说是奉光绪的面谕，授李鸿章以割地议和之权。主和派制伏了主战派，割地求和的卖国主张胜利了，慈禧却装得仿佛是违反自己的心愿而屈从了光绪的主张。

议和有望，天下太平！主和派一片欢腾，振振有词地高唱投降有理。李鸿章引古证今地说："中国让地，固难轻以与人。至于戎狄窥边，古所恒有。唐弃河湟之地，而无损于宪武之中兴，宋有辽夏之侵，而不失为仁英之全盛。征以西国近事，普法之战，

1 《翁同龢日记》，光绪二十一年正月二十八日。

2 《李鸿章全集》卷二〇《电稿·复张侍郎》，第 19 页。

3 《翁同龢日记》，光绪二十一年二月初二日。

4 《翁同龢日记》，光绪二十一年二月初四日。

5 《谭嗣同全集》，《思纬壹壹堂短书——报贝元徵》，第 421 页。

迭为胜负，即互有割让疆埸之事，一彼一此，但能力图自强之计，原不嫌暂屈以求伸”[1]。一些王公大臣们也说：“现在勉就和局，所最注意者惟在让地一节，若驳斥不允，则都城之危，即在指顾。以今日情势而论，宗社为重，边檄为轻，利害相悬，无烦数计”[2]。历史上干出丧权辱国、赔款割地的一切投降派都会寻找一些歪理为自己作辩护，这样，就可以更加肆无忌惮，大胆放手地出卖祖国的一切。李鸿章得到赔款割地的授权以后，于3月6日出京。1895年3月15日，李鸿章带着随员仆从135人，其中有他的儿子李经方以及参赞罗丰禄、马建忠、伍廷芳等，还有花15万美元聘请的美国顾问科士达，乘坐德商公义号和礼裕号轮船，从大沽出口，驶往日本。

1895年3月19日，李鸿章一行到达日本山口县之马关（即下关）。日本全权大臣伊藤博文和陆奥宗光亦至马关。3月20日下午2时30分，双方在马关春帆楼开始会谈。

第一次会议上，先审阅和交换全权证书。然后，中国方面要求“两国之陆海军立即一律休战，以为商议和约条款之地步”，“伊藤略思片刻，答曰此事明日作复”[3]。接着，李鸿章和伊藤进行闲谈，达数小时之久。李鸿章说：“贵国兵将，悉照西法，训练甚精，各项政治，日新月盛”，“贵大臣办事有效，整理一切，足征才大心细”，日本天皇“宵旰勤劳，不胜钦仰”。日本侵略中国，屠杀中国人民，蹂躏中国土地，李鸿章却说“中国人虽有多数怨恨日本，但我对日友多感荷”[4]，还说什么中日两国是“天然同盟”，“日本有不弱于欧洲各国之学术知识，中国有天然不竭之富源，如两国将来能相互合作，则对抗欧洲列强，亦非至难

1 《李鸿章全集》卷七九《奏稿·预筹赴东议约情形折》。

2 姚锡光：《东方兵事纪略》，《议款篇第八》。

3 《中东战纪本末》卷五《马关条约商订始末》《问答节略》。

4 陆奥宗光：《蹇蹇录》，第132页。

之事”[1]。这种论调，无非是投合日本所好，显示殷勤讨好的姿态。第一次会议就这样结束。

中国提出停战要求，日本不肯轻易允许。它相信：保持战争压力更易迫使清政府屈服，但谈判期间停止战争是国际惯例，日方没有正当理由拒绝休战，因此想出了很恶毒的对策。陆奥宗光供认："此时他们提出休战要求，实亦无可奈何，如加拒绝，又恐违反各国普通之惯例，因而决定提出严厉的条件，使其无法接受，自动撤回休战的要求"。

第二次会议于3月21日下午2时30分举行。日方拿出准备好的书面答复，提出实现休战的四项条件：第一，日本占领大沽、天津、山海关；第二，上述各处的中国军队须将一切军器、军需品移交给日本；第三，天津、山海关之间的铁路，由日本支配管理；第四，中国政府负担休战期间日本的军事费用。这是骇人听闻的讹诈勒索。日本进攻中国8个月，所占土地并不比山海关至天津大许多，重要性更不能相比，它借休战之机竟要夺取比8个月战争所得还要重大的果实。而且天津是北京的门户，把天津拱手让给日本，无异是以首都作质。中国方面当然不能接受这种休战条件。李鸿章“默读此项备忘录后，似甚惊惶，面为改色，口中连呼‘过苛过苛’”[2]。

这样的休战条件，已无谈判的余地，但李鸿章仍乞求日本放宽条件，说什么“三处皆系直隶所辖，如此于我脸面有关（按：李鸿章是直隶总督）”啦，“今既到如此地步……须为中国预留体面”啦！伊藤博文骄横傲慢，寸步不让，说“国事与交情两不相涉”，“议及停战，必须有险要为质”[3]。李鸿章无可奈何，只好

1 陆奥宗光：《蹇蹇录》，第132页。

2 以上均见陆奥宗光：《蹇蹇录》，第133页。

3 《中东战纪本末》卷五《马关条约商订始末》《问答节略》。

要求不谈休战，先谈媾和，请日方出示媾和条件。伊藤却蛮横地要求中国方面必须撤回休战提议，在今后的谈判中不准再提出休战要求，“中国使臣如不先撤回休战问题，我国不能提出媾和条件”[1]。李鸿章请求考虑一星期后答复，伊藤限期三天。会议上，日方代表气势汹汹，无理凌逼，凶焰万丈。

第三次会议于 3 月 24 日下午 3 时举行。李鸿章用电报向清政府请示之后，对日本的休战条件提出书面答复，表示“万难允诺，殊为遗憾”，“但本大臣之尽心议和初衷，毫不有所减退”[2]，要求日方出示媾和的条件。伊藤答应在明天会议上可以提出媾和条件，为了使中国方面迅速接受条件，伊藤说：“和款一事，两国人民盼望甚殷，愈速愈妙，万不能如平时议事延宕”。这不祥地预示了日方将不允许中国方面对媾和条约多作讨论。伊藤又流露出吞并我国领土台湾的野心，说：“我国之兵，现往攻台湾，不知台湾之民如何？”“贵国如将台湾送与别国，别国必将笑纳也”[3]。会议结束时，双方约定翌日上午举行第四次会议。

当天散会后，李鸿章从会场春帆楼返回寓所引接寺。路上，突然有日本浪人小山丰太郎从人丛中窜到李的轿前，以手枪狙击，子弹击中李鸿章的眼镜，打中左眼下的颧部，李当场昏厥，刺客被捕，谈判遂发生曲折。这个刺杀案件是一桩查不清的公案，至少也是日本政府在国内煽起反华、仇华的歇斯底里狂热的结果。但据日本法庭审判，说小山丰太郎行刺的动机是因为李鸿章破坏了东方和平，这显然是胡说八道。最终小山被判处无期徒刑了事。

刺杀案不免使日本政府感到有点狼狈，它害怕国际舆论的谴责，又怕谈判因而延搁，列强趁机干涉，因此假惺惺地表示接受

1 陆奥宗光：《蹇蹇录》，第 133 页。
2 《秘书类纂·中日媾和记录》，附件第五十一号。
3 以上均见《中东战纪本末》卷五《马关条约商订始末》《问答节略》。

中国方面的休战建议，撤销所提的休战条件。日本侵略者宣扬这次休战是日本对中国表示“宽大”，其实，这是日本政府在李鸿章遇刺后经缜密考虑而采取的最有利于自己的措施，目的是要安抚和引诱清政府继续谈判，迅速缔结条约，避免国际干涉。连陆奥宗光也承认：“内外形势，已至不许继续交战的时机。若李鸿章以负伤作借口，中途归国，对日本国民的行为痛加非难，巧诱欧美各国，要求它们再度居中周旋，至少不难博得欧洲二三强国的同情。而在此时，如一度引出欧洲列强的干涉，我国对中国的要求，亦将陷于不得不大为让步的地步”[1]。这是日本侵略者的担心所在，是它同意休战的真正原因。

3 月 30 日。中日缔结休战条约，规定在奉天、直隶、山东休战；休战期 21 天，至 1895 年 4 月 20 日为止。这一休战条约不包括其他省区。事实上，在牛庄战斗后，战局转入沉寂，日军并没有于近期内在大陆上发动进攻的打算，所以陆奥说：“实战期尚在两三星期以后”[2]。日军进攻矛头当时正转向澎湖、台湾。3 月 23 日，日军已在澎湖登陆，25 日攻占澎湖城。日军有意不把台澎地区包括进休战条约，因此，休战条约对日本计划中的军事进攻实际上毫无妨碍。

李鸿章对日本虚伪的停战姿态表示感激，就在停战条约签订的这天，即 3 月 30 日，他写信给伊藤，表示自己虽然负伤，但也要把谈判继续下去，请求伊藤出示媾和条件，甚至提出“拟于寓内布置会议处所，俾本大臣不至负伤外出受风，仍可与贵大臣会议一切”[3]。日本侵略者见李鸿章求和心切，自然感到高兴。它拟定下一步的方针是：提出媾和条件以后，尽量施加压力，压迫中国接受，时间越快越好，不许进行详细讨论，以免拖延太久，引

1 陆奥宗光：《蹇蹇录》，第 137 页。

2 陆奥宗光：《蹇蹇录》，第 138 页。

3 《中东战纪本末》卷五《马关条约商订始末》《使相徂东公牍》。

起国际干涉。4 月 1 日，日本提出“媾和条约案”。陆奥宗光面告李经方，必须于四日内答复。“媾和条约案”的主要内容如下：第一，朝鲜“独立自主”。第二，中国割让辽东半岛、台湾、澎湖。第三，赔款银三亿两。第四，日本取得通商特权：其中包括开辟北京等七个通商口岸、内河航行、设厂制造、减免税金、以日本货币交税、借用内地货栈、疏浚黄浦江等。第五，为保证条约之实现，日军暂时占领奉天府，清政府负担日本占领军的费用。

日本提出的“媾和条约案”不但十分苛酷，而且项目繁多。李鸿章立即电告清政府，清政府也来不及仔细研究，主战派大臣反对割让土地，“力陈台不可弃”，主和派大臣则声势汹汹，“言‘战’字不能再提”[1]。正相持不决，转瞬之间，4 天的限期已到。4 月 5 日，李鸿章答复日方，提出了一个长篇说帖，除朝鲜“独立”无异议外，说割地太广，中国人民势必“饮恨含冤，日思报复，两国子子孙孙永成仇敌”；赔款太多，中国财力短绌，不能负担，“非大加删减不可”；至于通商条目，琐屑繁多，一时来不及周密考虑，“中国既有可以照准之处，亦即有必加更改之处”，希望中日两国“订一周密完善永远和睦之约章”，“庶东方两大国百姓日后永远和睦，彼此相安，福泽绵长”[2]。

帝国主义的外交，以实力为后盾，有力就是有理。尽管弱者据理陈词，娓娓动听，但强者不认你的理。日本方面对李鸿章的长篇说帖感到很不耐烦，陆奥认为：“如果我方对此泛泛的概论，一开论驳之端，彼方亦必有再三反驳的余地，如此往复论辩，必然成为‘跟着狂人乱跑’的局面”，“与其在空洞的理论上和他们哓哓不休，还不如在事实面前使他们就范”[3]；伊藤也

1 《翁同龢日记》，光绪二十一年三月初十日。

2 《中东战纪本末》卷五《马关条约商订始末》《使相徂东公牍》。

3 陆奥宗光：《蹇蹇录》，第 146 页。

认为:“对彼书中所云，可不作答辩……可单刀直入，以杜绝斤斤于枝叶之争论”[1]。

4月6日，日本答复说：李的长篇说帖是一种“陈情书”，“不过缕述大清帝国之国内情形……不能视为回复我国政府所具条约之意……大清帝国国内之情节如何，当兹议和之时，固不必具论”，要求中国方面对“媾和条约案”作明确表态，“或全案，或按条，可否之处，即予明复”[2]。

为了增加压力，伊藤又于4月8日邀李经方谈话，勒令“明日，即9日为期，对我方提案提出可否之明确答复”。李经方要求就赔款、割地两项再进行当面讨论，伊藤蛮横地拒绝，声称“中国使臣对我提案只能答复能否全部接受，或逐条表示意见”。伊藤还粗暴地威胁说:“日本为战胜者，中国为战败者”，“若不幸此次谈判破裂，则我一声令下，将有六七十艘运输船只，搭载增派之大军，舳舻相接，陆续开往战地。如此，北京的安危亦有不忍言者。如再进一步言之，谈判一旦破裂，中国全权大臣离开此地，能否再安然出入北京城门，恐亦不能保证”[3]。

李鸿章不敢违误伊藤指定的答复期限，他匆匆忙忙地搞了一个修正案，于4月9日交给日方。大体内容是：割让辽东之安东、宽甸、凤凰城、岫岩四厅州县及澎湖列岛；赔款一万万两；中日另订商约，以中国与西方各国现行约章为本。李鸿章知道：日本决不会接受这个修正案，甚至，他连要求跟日方讨论这个修正案的勇气也没有。提出修正案的同一天，他就急电清政府，要求授权自己，能应允更多的赔款、割地。他的电报中说:“倘彼犹不足意，始终坚持，届时能否允添，乞预密示。否则只有罢议而归，

1 《秘书类纂》，《中日媾和记录》，附件第六十六号。

2 《中东战纪本末》卷五《马关条约商订始末》《使相徂东公牍》。

3 陆奥宗光：《蹇蹇录》，第147页。

停战展期已绝望”[1]。作为议和全权大臣的李鸿章，根本不能和日本进行真正的谈判。

日本所提“媾和条约案”本来就是漫天要价，连它自己也并未想全部兑现。陆奥说：“其实，我方最初的提案，本来是作为会谈的基础而提出的，并不是毫无修改的余地”[2]。日本怕的是拖延时间，久则生变。当时，“媾和条约案”已泄露出来，各国报纸的议论渐多，为了使清政府迅速接受条约，日本方面除了挥舞大棒，将压力加到最大限度外，又添加一点胡萝卜，假作让步，以诱骗谈判对手。这时，李鸿章的伤势渐愈，4 月 10 日下午 4 点钟，双方举行第四次会议，伊藤博文装模作样地拿出日方的修正案，声称已将媾和条件减到最低限度。大体内容是：割地，在辽东略微减少，但仍要割占自鸭绿江下游至凤凰城、海城、营口一线以南及台湾、澎湖的全部；赔款减至银二亿两；通商口岸，自七处减为重庆、沙市、苏州、杭州四处。伊藤也承认这个修正案较原案“所减有限”，却又不容中方再作讨论，声称“但有允、不允两句话而已”。李鸿章还苦苦哀求，说什么“譬如养子，既欲其长，又不喂乳，其子不死何待？”被伊藤抢白说：“中国岂可与孩提并论”[3]。最后，伊藤限令必须于四日内对日本修正案做出接受与否的答复。

会议后，伊藤又不断加压，4 月 11 日和 13 日，两次致函李鸿章，声言：日方的修正案“乃最终的条件”，“无论至何时候，亦不允再加讨论”，如果中国方面拒不接受，“则日本帝国全权大臣对因此所生之后果，有权利肯定的说不负一切责任”，“请阁下勿认为今日可徼幸得到日方允诺的媾和条件，至后日亦仍可

1 《李鸿章全集》卷二〇《电稿·寄译署》，第 34 页。

2 陆奥宗光：《蹇蹇录》，第 149 页。

3 《中东战纪本末》卷五《马关条约商订始末》《续问答节略》。

得允诺”[1]。

伊藤的此类虚声恫吓，迫使李鸿章十万火急地电促清政府：“伊藤昨呈所改约款，实系末尾尽头办法，务祈四日内切实回复”，“昨面谈，语已决绝，今又来此函，似是哀的美敦书”，“若议不合，必至决裂……恐非即与订约不可”[2]。清政府的当权派都是软骨虫，慌忙命令李鸿章接受条约，电谕说：“倘事至无再商，应由该大臣一面电闻，一面即与定约”，“如竟无可商改，即遵前旨，与之定约”[3]。甚至，接受不平等条约也少不了要得到外国的同意，德国人德璀琳代表李鸿章向帝国主义探询意见之后也电告李鸿章“拟请哀的美敦期前签约，赫总税司（指赫德）亦同此意”[4]。

4 月 15 日下午 2 时 30 分，中日双方举行第五次会议。李鸿章已没有勇气在大问题上进行争辩，仅在计算赔款利息、割让台湾时间以及交换条约期限等枝节问题上，哀求日方稍稍宽容。但伊藤如饿狼扑食，毫不放松，赔款必须计算利息，台湾必须在两个月内交割，条约必须在 20 天内批准。李鸿章说：“贵国何必急急，台湾已是口中之物”，伊藤早露出一副馋涎欲滴的贪婪相，回答说：“尚未下咽，饥甚！”[5]

第五次会议，以全盘接受日本的侵略条件结束。陆奥宗光洋洋得意地说道：“会见的时间虽长，散会时已到上灯时间，而其结果，他（指李鸿章）唯有完全接受我方的要求”[6]。

1895 年 4 月 17 日（光绪二十一年三月二十三日）上午召开第

1 《秘书类纂·中日媾和记录》，附件第七十一号，第七十三号。
2 《李鸿章全集》卷二〇《电稿·寄译署》，第 38、39 页。
3 《李鸿章全集》卷二〇《电稿·译署来电》。
4 《李鸿章全集》卷二〇《电稿·天津德税务司来电》，第 36 页。
5 《中东战纪本末》卷五《马关条约商订始末》《续问答节略》。
6 陆奥宗光：《蹇蹇录》，第 132 页。

六次会议，举行条约的签署仪式。当天下午，李鸿章一行离日回国，李躲在天津，称病告假，派伍廷芳和美国顾问科士达带着《马关条约》进京，要求清政府迅速批准，以便在 5 月 8 日的规定限期内于烟台与日本使者互换批准了的条约文本。

中日《马关条约》是日本掠夺中国的不平等条约，是帝国主义强加在中国人民身上的又一沉重枷锁。条约共 21 款，主要内容如下：

第一，条约规定：朝鲜“独立自主”。所谓“独立自主”是幌子，实际上是让朝鲜受日本帝国主义的任意宰割。从此，日本对朝鲜的吞并步步加紧，并和帝俄发生了激烈的冲突，成为爆发日俄战争的一个重要原因。直到 1910 年，日本灭亡了朝鲜，把朝鲜完全纳入自己的版图。

第二，条约规定：将中国的辽东半岛和台湾、澎湖割让给日本。这里是中国各族人民世世代代生息繁衍、辛勤开发的土地，面积广大，人口众多，物产丰富。日本侵略者对中国的这些膏腴之地梦寐以求，但是中国人民不甘心当亡国奴，随之而来的人民反抗怒潮汹涌澎湃，永未停息。台湾从 1895 年被日本强行割占，经过中国人民 50 年的斗争，至 1945 年抗日战争后复归祖国的怀抱。台湾人民心向祖国，帝国主义分割台湾的阴谋永远不能得逞！

日本的另一攫取目标是辽东半岛，但因此而引起了早想染指中国东北的沙俄帝国主义的嫉妒。《马关条约》刚刚签署，俄国纠合了德国、法国进行干涉，强迫日本把刚刚吞到嘴里而尚未下咽的辽东半岛吐出来。“日本外交家们在促进他们的国家的声威、权势和野心方面都获得了成功。不过，他们不久就要面临着因和约条款而产生的一个新的局势——列强的干涉”[1]。

第三，条约规定：中国赔款白银 2 亿两，六个月内先交 5000

1 菲立浦·约瑟夫：《列强对华外交》，第 96 页。

万两，又过六个月再交5000万两，余款可在七年内偿清；计算利息五厘，如在三年内将赔款全部偿清，则免计利息。这是一笔很巨大的数目，达到第一次鸦片战争后中英《南京条约》赔款数目的十几倍，第二次鸦片战争后《天津条约》《北京条约》对英法两国赔款总和的近15倍。清政府当时全年财政收入不过8000万两，从哪里去筹措2亿两赔款呢？不得已只好向帝国主义乞贷，从此债台高筑，中国的各项税收与主权抵押与人，国家愈来愈贫困，“从今欲壑成无底，括尽金缯债不停”，而日本帝国主义大发了战争横财，日本政界财政头子井上伯爵说：“得到这笔赔款以前，在日本的财政机关中，上亿日元的款项连提也没有人提过，收入至多到过八千万日元。所以想到有三亿五千万日元（即二亿两）涌进国内，无论政府或私人都产生了一种无限富有的感觉”[1]。此后，日本用中国的赔款扩充军备，建造舰船，兴办实业，开始了所谓“战后规划”。陆军人数扩充了一倍，海军舰艇的吨位扩充了三倍，工商业也迅速发展。日本的资本主义和军国主义吸吮了中国人民的鲜血而恶性膨胀起来。

第四，条约又规定：中国开放沙市、重庆、苏州、杭州为通商口岸，日本在中国取得范围广泛的政治、经济特权。为了具体规定这些特权，1895年底，中日双方在北京进一步举行谈判，中方代表初为李鸿章，后为张荫桓；日方代表为林董，至1896年7月签订《中日通商行船条约》29款。日本取得在中国通商口岸居留营业、开设工厂、租地建房、租栈存货以及内河航行、内地游历、减免税课、雇用仆役、领事裁判权、最惠国待遇等等特权。

在《中日通商行船条约》的谈判过程中，日本得寸进尺，竟要求日本在华所设工厂的产品全免税课，经长期谈判，结果还是中国吃亏，允许日本在天津、上海、厦门、汉口四地设立日本租

1　转引自波波夫：《日本的经济》，第23页。

界，以换取向日厂产品征税的权利，“但其税饷不得比中国臣民所纳加多”[1]。《马关条约》和《中日通商行船条约》中的此项条款彻底地毁坏了中国经济的堤防。在此之前，帝国主义虽然已在中国开设工厂，但并无条约保证，外资在华设厂是非法的。现在，日本取得了在华设厂的特权，其他列强按照最惠国条款取得同样的特权，从此，外国的过剩资本大量涌入中国，如滔滔洪水，泛滥成灾，淹没了幼小的中国民族工业。“从资本主义国家同中国签订的不平等条约看来，这在原则上是一项新的条款。这一条款第一次为日本提供了帝国主义时代所特有的不仅通过贸易，而且通过向中国输入资本来剥削清帝国的条件。不言而喻，日本根据最惠国待遇从中国夺取的一切经济特权，也自动地适用于同中国订有不平等条约的其它列强”[2]。

许多欧美帝国主义分子为《马关条约》的签订而兴高采烈。美国驻上海领事佑尼干说："《马关条约》把中国的大门打开得比任何时期都大，并为文明的新势力找到了合法的途径"[3]。英国的资产阶级作家说："尽管日本在华贸易是较为不重要的，它却提出了广泛的通商利益的要求，这些通商利益正是英国商人们渴望已久、而至今仍未能获得的。如果它获得这些利益，英国人根据他们的最惠国地位，也将获得这些利益……英国商人或许较日本人自己将获得更多的利益"[4]。

中日甲午战争以签订割地赔款、丧权辱国的《马关条约》而结束。中国更深地陷入半殖民地化的程度，东亚的力量对比也骤然发生了变化，帝国主义列强趁着中国战败都想为自己捞取领土和特权，中国面临着崩溃和被瓜分的危机。一些资产阶级历史

1 《中日公立文凭》，光绪二十二年九月十三日。

2 纳罗奇尼茨基等：《远东国际关系史》，第 1 卷，第 233 页。

3 《北美评论》，1896 年 10 月，第 444 页。

4 菲立浦·约瑟夫：《列强对华外交》，第 85 页。

学家评论说："甲午中日战争是中国近代史上的一个转折点的标志，从那次事件以后，中国便一蹶不振，战争的失败把它拖得筋疲力尽，世界各国也就立即乘虚而入"[1]，"马关条约有极大的意义……它在日本向中国的推进中标志着一个重要的早期阶段……它成为欧洲国家向中国提出要求的机会，这些要求威胁着要把帝国早日瓜分掉"[2]。

（摘自《中国近代史稿》第二册）

1 莱特：《中国关税沿革史》，第 348 页。

2 赖德烈：《中国近代史》，第 87 页。

我看张之洞

张之洞是中国近代历史上的重要人物，是一位有名的洋务派，他在近代实业、教育、军事、文化等各个方面做出了很多贡献。

光绪七年张之洞任山西巡抚，后历任两广总督、湖广总督、代理两江总督，晚年入军机处，直到1909年去世，享年七十二岁。他死后两年，爆发了武昌起义，清王朝灭亡。因此，他是清朝268年历史上统治阶级上层中最后一个死去的重要人物。

从张之洞的一生来看，他是个复杂人物。他和近代史上许多人物一样，具有矛盾性格，他身上反映了错综复杂的矛盾，反映了时代的特征。当时中国已是半殖民地半封建社会，民族矛盾、阶级矛盾十分尖锐，封建主义的东西将要退出历史舞台，但还未死亡，还相当强大；资本主义已经产生，但还没有成长壮大。旧的未死，新的方生，正处于过渡时期。张之洞的言论、行动、思想正反映了这个时代特点。一方面，他在历次对外战争中是抵抗派，是爱国者；另一方面，他又是半殖民地半封建统治秩序的维护者。一方面，他在中国近代化起步时，学习西方，开工厂、筑铁路、办学堂，倡导新事物，做出了重大贡献；而另一方面，他对旧事物、旧思想恋恋不舍，千方百计加以维护。他身上的这种矛盾，典型地反映了晚清的时代特征。

尽管他是一个矛盾人物，一生有功有过，但总的说来，他做了许多有益于国家民族、有益于后代的事情。他一生的政绩和事业是很突出的，是应该充分肯定的。

张之洞一生积极地、热诚地、全身心地投入洋务运动，是继李鸿章之后最重要的、最积极的洋务派。他的成绩以办汉阳铁厂(即汉冶萍，武钢前身）为最重要。当时既没有经验，也缺乏经费，不懂科学技术，可以说张之洞是在黑暗中摸索前进，困难之大，问题之多，难以想象，这一点我们从他的书信、奏折中可见大概。然而，他不畏困难和阻力，艰苦创业，面临诸多开拓者所必然面对的问题，终于建成当时亚洲最大型、最先进的钢铁厂(比日本的八幡厂早七年)。张之洞完全可以不去费心建厂，他可以像其他官僚一样去当太平官，养尊处优，无所事事。但他不是这样，而是不畏困难，坚韧不拔。尽管他有许多失误，不懂怎么办工业，花了许多冤枉钱，走了许多冤枉路，但他那种坚持奋斗、为国为民的精神是十分可贵的，无怪乎毛主席说：讲重工业，不能忘记张之洞。当然，他并不仅仅办一个汉阳铁厂，还建了湖北枪炮厂（当时最先进，直到抗战中仍用汉阳造的步枪)，还有湖北四局。在张之洞的倡导带动下，湖北成为工商业最发达的地区之一，仅次于上海，超过了广州、天津。

在教育上，张之洞开设许多书院和新式学堂，同时派学生留日学习。当时的官费留日学生中以两湖最多，占全国 1/4，我们所熟悉的黄兴、宋教仁、蔡锷便是其中的佼佼者。

张之洞在编练新军上也有所贡献。他所编练的自强军成为甲午战后振兴军队的典范，和袁世凯小站练兵同时起步，他的湖北新军第六镇的军事实力仅次于袁世凯的北洋六镇。值得注意的是，张之洞的第六镇与北洋军队不同，它的思想很开明，所以革命青年大批涌入，革命思想广泛传播，后来成为武昌起义的发动者和主力。

虽然张之洞本人是个官僚，有其自身的局限，他开工厂、建铁路、练军队都是为了巩固清朝统治，但结果却走到了反面，挖了清朝统治的墙脚，培养了自己的掘墓人，这是完全出乎他的意料之外的。孙中山曾说，张之洞是不言革命之大革命家。他革了自己的命。不过，他确实做了很多事情，客观上有利于国家民族。晚清封疆督抚大员数百人，有几个肯这样做事？谁肯去办实业、开学堂自讨苦吃，为筹措经费而弄得焦头烂额？当时许多官僚认为张之洞在干傻事，讽刺他好大喜功，我们后人对他作为先驱者碰到的困难和作为开拓者所含的苦衷，应该更多地理解。他在任两广总督时，为办厂而订购好了机器，不料却又调任湖广。他的后任李瀚章是个讨厌新事物的大官僚，怕费钱费事，张只好带了工厂搬家。像李瀚章这样官僚在当时占绝大多数，他们庸庸碌碌，无所作为。我们后人宁可多要几个张之洞，多留几个工厂、学校，而少要几个李瀚章。

张之洞在反侵略战争中抱何种态度呢？我们可以说，他的一生自始至终反对外国侵略，是个抵抗派、爱国者，这可从他在三件大事中的思想、主张和行动来考察。

第一件事是伊犁交涉问题。沙俄占伊犁，崇厚订条约（即《里瓦几亚条约》），丧权辱国，举国哗然。这个时候，张之洞协同张佩纶、陈宝琛带头反对，迫使清政府派曾纪泽改订条约。虽仍旧不平等，却也多少争回一些权利，应该说张之洞这种爱国的言行产生了实际的效果。

其次便是中法战争。由于张竭力主战，清政府就把他从山西巡抚调任两广总督，实际上由他主持战事。张之洞坚决抵抗，积极备战。他提出几件大事，其中一件便是奏请朝廷起用刘永福。当时在是否起用刘永福的问题上有争议，张之洞主张重用，朝廷听从了他的建议，给刘永福以正式官衔，封为记名提督，并发饷15万两。他还起用了老将冯子材，冯子材本来已退休在家，张之洞把他请出山，给以兵权，终于取得了著名的镇南关大捷。另外，张之洞还大力支持刘铭传在台湾抗法，资助30万两饷银，并派粤军支援。在中法战争中，他不是统帅，但实际上是坐镇后方指挥调度，可以说他的功绩是很显著的。

最后便是甲午中日战争了。他在战时已调代理两江总督，为了抗敌，他把两江、湖广的军队大批北调，并借款支援东北的抗战，态度很积极。待到马关谈判签约时，张之洞又坚决反对割台，他大胆陈奏声称：如果签约，“坐视赤县神州，自我而沦为异域，皇太后、皇上将如后世史书何？”锋芒直指慈禧、光绪。及至日本割台，台民激烈反抗之时，朝廷断绝对台支援，而张不顾禁令，由汇丰筹款援助台湾抗日，所以当时有人指责他，说台民“反叛”是他的主使。

在近代史上，身居高位、掌握一定权力的大臣坚决反侵略的很少，可谓凤毛麟角。林则徐、左宗棠较突出，张之洞也可算一位。他虽未带兵上前线，但一生站在抵抗派一边，在关键时刻，有言论、有行动，能考虑到民族利益，有强烈的爱国主义思想，也值得充分肯定。

当然，张之洞本人是过渡时代的人物，在他身上新旧思想冲突很鲜明。他是清朝大臣，忠于朝廷，维护封建统治；他崇俸儒学，维护纲常伦理，这两个方面贯穿于他的思想和行动中。时代在飞速前进，他就跟不上时代，逐渐成为落伍者。戊戌维新时期是张之洞的一个转折点，这时的新旧冲突表现非常明显。他本来支持维新变法，对康梁也很友好，特别是在湖广总督衙门接待当时仅为举人的梁启超，礼遇不亚上宾，实不寻常。另外，戊戌六君子中的杨锐是张最得意的弟子，跟张关系甚密，刘光第也是他所推荐。然而，张之洞和维新派之间渐有分歧，并走向了对立。开始仅是学术上的，张之洞对公羊学有意见，后来发展到政治分歧，反对“民权说”，终与康梁反目。《时务报》主笔汪康年与梁启超之纠纷便反映了这种矛盾。后来，张之洞又著《劝学篇》反对维新派，并镇压了唐才常的自立军，而自立军就是在康有为领导之下，以勤王为名搞武装斗争的军队。

总之，张之洞是个矛盾人物，他做了很多好事，办实业、筑铁路、开学堂、建新军。他在历次反侵略战争中是坚决抵抗的，闪耀着爱国主义的思想光辉，这点正是他同李鸿章的不同之处，也是他和李发生矛盾的重要原因。但张之洞身上有许多旧东西，跟不上时代的前进而落后于时代。中国近代史上许多人物都是这种情况，从先进转向落后，康有为、章太炎、严复、梁启超都是近代历史上的佼佼者，后来又都落后于时代，这是近代历史人物普遍存在的缺陷。新与旧在一个人身上同时并存，激烈交战，时代前进了，如不能及时地抛弃旧思想，吸取新思想，适应新形势，就会走向保守、落后，甚至走向反动。

但无论如何，张之洞的一生在许多方面做出了功绩，值得肯定和纪念，至于他的局限和缺点，可以从他所处的时代和地位得到解释，得到理解，不能够苛求。

（原载《河北师范学院学报》1997 年第 3 期）

论康有为的《大同书》

一

康有为是近代中国向西方寻找救国真理的杰出代表，是资产阶级改良主义运动的领导人。他的《大同书》精心地设计了一个未来美好社会的蓝图，表现了新兴资产阶级反封建的进步精神。康有为的这个大同理想，在中国思想发展史上占有重要的地位。

《大同书》共分十部，开宗明义的第一部是“入世界观众苦”。在这一部里，康有为历数了人世间的种种苦难，他写道：

> 耳闻皆勃谿之声，目睹皆困苦之形。……号为承平，其实普天之家室，皆怨气之冲盈，争心之触射，毒于黄雾而塞于寰瀛也。若夫民贼国争，杀人盈城，流血塞河，于万斯年，大剧惨瘥，呜呼痛哉！生民之祸烈而救之之无术也……苍苍者天，抟抟者地，不过一大杀场大牢狱而已。

《大同书》里尽情倾诉了人生的各种苦难，这无非是对半殖民地半封建中国黑暗现实所进行的揭露和鞭挞。这种揭露和鞭挞为当时政治改良运动的合理性提供了根据，这和康有为设计的未来社会形成鲜明的对照，使得大同理想更加增添了诱人的光彩。

在其余的九部里，康有为具体地勾画了大同世界各个方面的图景。这里是一个“人人极乐”的幸福天堂，“安乐既极、忧虑绝无”，“人人相亲、人人平等、天下为公”，“人性止于至善”。一切都合乎理性，一切都合乎人道。康有为谈论得津津有味，甚至对未来社会的家具、食物、沐浴、丧吊等等细节，也作了周密的设计。当然，他也没有忘记给人们指引通往这个幸福天堂的道路。但是，所有这一切在当时的实际生活里并没有实现的条件。因此，康有为对大同世界的生活细节描绘得愈是细致详尽，他对通往大同的道路谈论得愈是严肃认真，就愈使人感觉到，这个幸福天堂只是存在于康有为脑子里的海市蜃楼，只是他自己主观愿望和荒诞呓语的复杂混合物。

二

康有为的大同学说虽然是一种幻想，但作为一种思想潮流来说，它对当时的政治运动曾经有过积极的意义。它的积极意义在于把资产阶级改良派所要争取的政治改革，和一个尽美尽善的远大政治理想联结在一起，给戊戌变法运动提供了一个虽属虚幻、但却美丽动人的远景。康有为声称：自己所致力的改良主义运动，只是“救今世”的权宜措施，“其事只在小康”。“小康”对于当今的“据乱世”来说，是一个进步；对于未来的“大同世”来说，则又是一个必经的阶梯。有“小康”才能言“大同”，“小康”之世愈早实现，“大同”之世也才能愈早到来。很显然，康有为给当时改良主义运动所加上的这顶“大同”桂冠决不是不关重要的。大同世界愈被描绘得美丽动人，资产阶级改良主义运动的必要性也就愈加得到充分的证明。

康有为以前的改良主义思想家们，如王韬、薛福成、马建忠、何启、郑观应等人，对于黑暗腐败的现实社会曾经作了卓越的剖析和有力的抨击，并且从政治、经济、军事、文化等各方面提出了进步的改革主张。但是所有这些思想家都没有回答一个极其重要的问题，即：实行了这些改革的后果是什么？中国社会将来会变成什么样子？这些思想家的精力完全被吸引在当前的具体问题上，忙忙碌碌地提出一个又一个救急方案，却很少注意到前途，几乎忘却了未来。康有为思想的一个特殊之点是：他不仅如以前的思想家那样，猛烈地抨击现实社会，提出当前的改革措施，而且把精力更多地投入学术和理论领域中，他的目光开始注射到实现改革的社会后果上去，努力为改良主义运动构筑一个未来世界的乐园。

虽然康有为的大同思想从酝酿到成熟是一个漫长的过程，它的公开传布更要晚得多，但实际上，在戊戌变法以前这种思想已争取到一批虔诚的信徒。梁启超在《清代学术概论》里记载：当他和陈千秋等听到康有为演述大同思想以后，“喜欲狂，锐意谋宣传。有为谓非其时，然不能禁也”。“后此万木草堂学徒多言大同矣。”梁启超又说，谭嗣同原来“治王夫之之学，喜谈名理，谈经济。及交启超，亦盛言大同”，并且自许为康有为的“私淑弟子”。大同思想把贴地爬行的改良主义运动提到一个更高的境界，也使普通学人康有为跃登上救世主的宝座。在他周围团聚起最早一批维新派骨干，推动了戊戌变法运动的到来。

应当指出，以前的改良主义思想家很少提到中国的未来，这决不仅仅是出于偶然的疏忽。中国近代思想发展的过程是中国近代社会变革过程的反映。因此，一定阶段思想发展的程度总是受制约于该阶段社会变革的程度。在 19 世纪 80 年代以前，外来的侵略虽已十分严重，但还没有出现后来那样紧迫的瓜分之势，中国的资本主义工业虽已诞生，但其力量和影响极为微弱，社会的阶级结构几乎还没有什么变化。统治阶级还在大吹大擂“洋务富强之道”。中国近代社会还处在变革的初期，不成熟的思想正和当时矛盾尚未进一步展开和进一步激化的社会状况相适应。以前的改良主义思想家虽然预感到了社会变革的必不可免，但是还不能认识这场变革的严重性和深刻程度。对于他们来说，提出一个又一个的救急方案，似乎已经足够应付他们所能预见的中国社会变化的各个方面了。他们的任务是为旧世界补缺修漏，根本没有想到旧世界会全部崩溃，因此在他们的思想体系中当然也不会有对新世界的描绘。

康有为同样是一个为旧世界补缺修漏的改良主义者。但是他的思想酝酿和发展已经临近19世纪的90年代。这时，帝国主义的侵略日益加紧，瓜分之势已迫在眉睫；中国的资本主义有了初步发展；从封建阶级中愈来愈多地分化出一批进步知识分子。他们愈来愈多地扪摸到中国社会这场变局的各种征候，模糊地感觉它空前未有的激烈程度。但是客观矛盾的发展还远没有成熟到足以显示这场变革后果的清晰轮廓，他们仍然不可能认识中国社会的行进方向和未来世界的确切性质。刚从封建阶级分化出来的知识分子，一方面欢呼和推动这场社会变革，宣称“缓变不可，必当速变；小变不可，必当全变”，并积极投身于争取实现变法的政治斗争；但另一方面，他们对变革的后果感到迷惘，无法掌握自己在大变革中的命运，甚至对变革的激烈、深刻程度怀着恐惧心理。康有为在《进呈法国革命记·序》中这样说：“天下民性可静而不可动也，一动之后，如转石于悬崖，不至于趾不止也。”他用法国革命的“可怕后果”警告皇帝，“莫若立行乾断，不待民之请求迫胁，而与民公之”。

改良主义者刚刚开始和封建顽固派进行实力较量，就发现了投射到自己背后的革命阴影。他们既要和顽固派斗争，又在防止这场斗争所可能带来的可怕结局。《大同书》就是在这样的历史条件下酝酿、成熟的。它一方面以历史进化的观点宣称变革的不可避免，借用知识分子所熟知的儒家大同学说，给这场变革涂抹上神圣的光彩，用美丽远景和传统力量来鼓舞知识分子参加斗争；

另一方面又同样用历史进化的观点制造了到达未来美好社会的无穷阶梯，把大同世界的诺言推到遥远时刻，用幻想来抵制一场可能引起的革命灾难，为这场不可捉摸的大变革戴上一副温情脉脉的面纱。

因此，康有为的大同思想，作为解决中国问题的方案来看，丝毫没有现实生活的基础，是彻头彻尾的反动幻想；而作为一种历史性的思想潮流来看，它植根于当时的社会生活中，反映了改良主义知识分子的精神面目。幻想是弱者的表现。康有为对中国前途的幻想，正是刚刚诞生的中国资产阶级软弱性的表现。他的大同学说可以说是集中和概括了当代知识界的憧憬和追求，迷惘和苦闷，恐惧和愿望。

三

在马克思主义诞生以前，任何为人类的长远未来设计方案的企图，不可避免地要成为测字算命式的臆想。康有为大同思想中大量的荒诞呓语是不足为奇的。奇怪的是这个资产阶级代言人，这个极端害怕革命的“救世主”，竟把自己的政治思想涂上一层“社会主义”的颜色。且看他是怎样描绘大同世界的：

1. 大同之世，“必去人之私产”，“凡农工商之业，必归之公”；“举天下之田地皆为公有，人无得私有而私买卖之”；“天下之工必尽归于公，凡百工大小之制造厂、铁道、轮船皆归焉，不许有独人之私业”。

2. 大同之世，生产力高度发展，“电汽极精，飞船满空”，“机器日精”。因此，人们劳动时间将大大缩短，每天“仅三四时或一二时已足，自此外皆游乐读书之时”。在大同世界里，劳动“不惟无苦而反得至乐”。

3. 大同之世，实行计划经济，消灭了资本主义社会中生产“各自为谋”，“不能统算”；“销售与否，多寡孰宜，无从周知，无从预算”的盲目状态。

4. 大同之世，没有国家机器和阶级镇压的各种工具，“亦无帝王，亦无君主”；“刑措不用，囚狱不设”；“无国之争，无家之私，无军兵之拥”。

5. 大同之世，“太平之道，人人无苦患”；“人人极乐，愿求皆获”，“人皆有乐而无忧”。

我们可以惊奇地发现，康有为对大同世界的描绘，包含着多少有意思的想法！当然，这些想法很难说是出自康有为的独创和发明，因为在西欧国家，各式各样的社会主义学说早已风起云涌，上列《大同书》中的想法也大多为西欧的思想家所表述过了。康有为所描绘的大同世界，与其说是一幅西方资本主义社会的蓝图，倒不如说是对西方资本主义社会的否定。事实上，《大同书》中曾一再指出：欧美资本主义国家，虽然“略近升平”，但仍然有种种苦难，“比之大同之世”，“邈如天渊”。

这样就产生了一个必须加以解释的问题。在当时，中国所面临的不仅不是从资本主义制度下解放出来的问题，而且恰恰相反，资本主义生产方式还是向上发展和唯一可能的生产方式。资产阶级制度还是没有成熟的果实，康有为本人就是浇灌这个果实并等待着摘取它的园丁。在这样的历史条件下，由这样一个历史人物，提出这样一种带有主观社会主义色彩的政治理想，这显然是很不调和的矛盾。他在实际争取的正是自己所批判的；他所努力鼓吹的却是自己不可能达到的。

全部问题在于，康有为所代表的那个阶级，不是在别的历史时期、别的社会环境下产生的资产阶级，而是在帝国主义时代，在半殖民地半封建的中国社会中产生的资产阶级。

在英国和法国等资产阶级革命发生较早的国家里，资产阶级启蒙思想家面临的任务是反对封建专制制度。他们借助于人类思维的理性来反对封建特权和封建压迫，反对迷信和偏邪，他们相信所谓“永恒的正义”，宣称人权产生于自然，因而是神圣的、尊严的，宣称人们的自由和平等是不可侵犯的。这些原则在打扫封建主义的肮脏马厩时已经足够用了。但是当资产阶级胜利之后，特别是到了 19 世纪末期腐朽的垂死的帝国主义阶段，“理性王国”完全走到了它的反面，“人权”变成资产阶级剥削和压迫的特权，“自由”变成了无产阶级和广大劳动人民失业、破产的自由，平等只是在老板经理饥饿的鞭子下的平等。资本主义的贪婪、残酷和吃人本性已经暴露无遗。资本主义国家内的工人阶级，为推翻现存的吃人制度而展开了如火如荼的斗争，殖民地人民为摆脱奴役地位、为争取民族独立而正在进行着英勇不屈的反抗。和启蒙学派所作的光辉约言相对照，“理性”胜利所建立的社会制度和政治制度乃是一幅极度令人痛心失望的讽刺画。在这样的历史时代，殖民地半殖民地国家里的进步思想家就不可能简单地重复西方启蒙学派的“理性王国”方案，特别是对于中国来说，外国资本主义的侵略和中国人民的反侵略斗争已经进行了半个多世纪之久，在西方资本主义的侵略下，中国人民受尽了折磨和苦难，任何一种美化资本主义，把西方国家说成“永恒正义”化身的说教，都将被广大人民群众所唾弃。在这样的时代、这样的国度里，那些真诚的、富有创造性的思想家，既要割除封建主义长期溃烂的脓疮，又希望防止在西方国家已经发作起来的资本主义痼疾。这样，西方已经盛行的批判资本主义制度的各种社会主义思潮就成了他们重要的借鉴，他们从各种社会主义的思想武库里拖来了称手的兵器。

这里，我们不免要联想到孙中山。资产阶级改良派的思想代表康有为在提出君主立宪的政治主张的同时，提出了大同理想；

资产阶级革命派的思想代表孙中山在提出民主共和国政治纲领的同时，提出了民生主义。孙中山说，民生主义是鉴于“欧美各国，善果被富人享尽，贫民反食恶果”的不合理现象而提出的。目的是“不愿少数富人专利”，使“家给人足，四海之内，无一夫不获其所”。康有为和孙中山，一个改良，一个革命，同样都提出了批评资本主义的主观社会主义。这决不是偶然的巧合。

对于康有为和孙中山的全部理论和实践活动来说，重要的不是他们同样带有主观社会主义的印记，这种印记丝毫没有妨碍他们争取资产阶级制度的实现。这里最重要的是他们怎样改造从西欧借取来的社会主义思想，以适合面临的任务，怎样填平在长远目标和当前现实之间的巨大鸿沟，怎样为达到理想社会而制定自己的行动纲领。正是这一些，划清了改良派和革命派的原则分野，表现了康有为和孙中山截然相反的政治立场。

孙中山的行动路线是：在建立民主共和国的同时，就设法防止住资本主义灾难的泛滥，这就是所谓“举政治革命、社会革命，毕其功于一役”。这种不畏惧巨大变革，对未来充满信心的积极态度，促使孙中山和其他革命者行动起来，为立即实现美好的未来而坚决斗争。

康有为的行动路线是：把大同世界推到遥远的未来，甚至其“绵远以千数百年计”。实际上，大同世界就成了可望而不可即的空中楼阁。他谆谆告诫人们，千万不要把大同理想误认为可以立即实现的政治纲领。他说：“夏葛冬裘，各有时宜，未至其时，不得谬援比例。”这种无限期地推迟以至取消大同世界的消极态度，表现了资产阶级改良派畏惧行将到来的大变革，畏惧积极斗争的人民群众。改良派给自己规定的任务，就仅仅剩下向统治者叩头上书，乞求恩赐，就仅仅是一枝一节、一点一滴的改革。这条廉价的道路，终于使他们滑进了反革命的泥塘里。结果，他们变成了投靠权门的走卒和一心维持现状的反动派。

四

毛泽东同志说:“康有为写了《大同书》，他没有也不可能找到一条到达大同的路。”真正的大同世界，只有在无产阶级成长壮大起来，以马克思主义为指导，通过无产阶级的阶级斗争和革命专政，才能够到达。当然，康有为形成大同思想的时候，中国还不具备这样的客观条件。

既然实际生活的发展，还没有准备好一条通向大同世界的途径，康有为就只好依靠头脑来“创造”它，“发明”它。他和其他的历史唯心主义思想家一样，乞求人类“本性”的帮助，用康有为的话来说，就是“不忍之心”。人类靠什么走入大同世界呢?靠“人人皆有此不忍之心”。这个“不忍之心”发挥着奇妙的“吸摄之力”，使得人们像磁铁一样“吸摄”在一起，相互关怀。梁启超介绍康有为的学说时写道:“先生之论政论学，皆发于不忍人之心，人人有不忍人之心，则其救国救天下也，欲已而不能自已。”康有为面向着主观世界而背对着客观现实。在他的头脑里，整个宇宙都以“不忍之心”为轴心而围绕着旋转。巍峨的大同殿堂也就建筑在这像散沙一般的唯心主义基础上。

康有为以仁慈的“不忍之心”关怀着世界上所有的人，他的大同之路是一条普度众生的路。他甚至像一个吃斋修行的痴心老妪一样，把动物界的鸟兽虫介都列在自己所要超度的行列之内。在这个抽象的“不忍之心”所主宰的世界里，当然不允许有阶级斗争，不允许有对于剥夺者的剥夺。苦难的人类呀！忘掉仇恨，相互“吸摄”，丢弃“私心”和“争心”，不分贵贱贫富，彼此拥抱吧！彼此亲吻罢！这就是康有为这位自命不凡的“救世主”严肃认真地给芸芸众生所指引的大同之路。

我们看看这位“救世主”慧眼中所观察到的世间苦难，也许是不无意思的。在这里，他也表现出对劳苦人民的同情。他说：

> 哀彼农民，劳种而无少获。举家勤动，终岁不休，而八口嗷嗷，粒食不得。
>
> 农业失收而狼顾，工人罢业而家食，主吏追租而锒铛，室人交谪而远适。

但是，康有为的这种同情是廉价的。他根本不想一想造成劳动人民苦难的根源何在，当然也不会把同情导引到对于剥削制度和剥削阶级的痛恨。相反，这些廉价的同情被湮没在大量的对于一般的“人”的普遍同情的呓语之中，或者说，对于劳苦群众的同情只不过是对于一般的“人”的同情所偶然举出的若干例证。《大同书》一共列举了38种人生苦难，其中涉及社会问题的只有将近一半，另外一半完全是谈的自然现象，例如生老病死、水火疫疠等等。在康有为看来，只要是人，不管你是什么样的人，都逃不脱这些苦难。在另一半接触到社会问题的有关人生苦难的叙述中，《大同书》也总是“不偏不倚”地把怜悯普遍地施舍众生。这部书里甚至还辟出专门章节来讨论“富人之苦”、“贵者之苦”和“帝王之苦”等等。

康有为所观察到的人是抽掉了阶级属性的人，是丧失了社会基础的人，这样的人在现实世界里是不存在的。真实的人不是作为剥削阶级而存在，就是作为被剥削阶级而存在，剥削阶级的欢乐正是建立在被剥削阶级苦难的基础上。对立的阶级不会有共同的苦难和共同的欢乐，也永远不可能同时解脱苦难，同时得到欢乐，除非阶级斗争的发展达到了从根本上消灭阶级的对立。康有为偏偏要大家相信他的抽象说教，要大家抛弃“过激”的阶级斗争，要人们彼此相爱而不要彼此仇恨。毛泽东同志说：“世上决没有无缘无故的爱，也没有无缘无故的恨。至于所谓‘人类之爱’，自从人类分化成为阶级以后，就没有过这种统一的爱。过去的一切统治阶级喜欢提倡这个东西，许多所谓圣人贤人也喜欢提倡这个东西，但是无论谁都没有真正实行过，因为它在阶级社会里是不可能实行的。”

康有为既然避开了阶级压迫和阶级斗争，当然他就既看不到造成人生苦难的真正根源，也看不到解脱人生苦难的真正动力。他在解释苦难的原因时，把社会现象和自然现象的各个方面拼成一只替罪的九头鸟，这就是他所说的“九界”，包括国界（国家）、级界（等级）、种界（种族）、形界（男女）、家界（家庭）、产界（财产）、乱界（政治）、类界（动物）、苦界（生活需要）。他说，“总诸苦之根源，皆因九界而已”，“吾救苦之道，即在破除九界而已”。康有为抓来了这只九头鸟，也就算找到了大同的捷径。这位救苦救难的圣人就像和风车搏斗的唐·吉诃德一样，在自己的主观世界里和这只不祥的九头鸟厮杀起来。在康有为看来，妨碍人类到达大同世界的尤其是“九界”中的“家界”和“国界”。因此，《大同书》里着重阐发的就是“去家界”和“去国界”，即所谓“欲至太平独立性善之美，惟有去国而已，去家而已”。

据康有为说，到达天下为公的大同世界，消灭一切私有财产，“其事甚易”，这里不需要严重的阶级搏斗，不需要剥夺剥夺者，只需要“去人之家”就行了。他写道：

> 男女皆平等独立，婚姻之事不复名为夫妇……行之六十年，则全世界之人类皆无家矣，无有夫妇父子之私矣。其有遗产无人可传，其金银什器皆听赠人。若其农田、工厂、商货皆归之公，即可至大同之世矣。

康有为认为，有了家庭才有私有财产，家庭消灭了，私有财产也就跟着消失了。这真是近便得无以复加的大同捷径！

在《大同书》里，走向大同世界的另一个重要措施是“去国界”。康有为认为，人类有国之后，“各私其国”，于是“养成争心，养成私心”，结果是大吞小，强并弱，兵连祸结，争杀无已。那么，怎样才能“去国界”呢？说来可笑，他的办法是：

> 盖分并之势乃淘汰之自然，其强大之并吞，弱小之灭亡，亦适以为大同之先驱耳。而德、美以联邦立国，尤为合国之妙术，令诸弱小忘其亡灭。他日美收美洲，德收诸欧，其在此乎，此尤渐致大同之轨道也。

这就是说，由于国界的存在，就产生了强大吞并弱小的不合理现象，所以必须“去国界”；而“去国界”却仍是通过强大吞并弱小的办法，甚至还指定德国和美国为了“实现大同”而去并吞欧洲和美洲。当弱小国家都“亡灭”，而且“忘其亡灭”不再反抗的时候，大同世界也就到来了。这种露骨地为帝国主义侵略辩护的立场，实在是对大同世界的恶毒讽刺。

我们巡历了康有为的主观世界，看到这位“救世主”挥劝“不忍之心”的慧剑，破除“家界”和“国界”，为人类打开了走向“大同世界”的两条最重要的途径。至于他怎样冥心思索去破除其余次要的“七界”，就未必再有必要去详加观察了。

康有为从“不忍之心”的历史唯心主义出发，抹杀客观存在的阶级对立和阶级斗争，使他堕落到保皇主义的泥潭里去。其实，当康有为勃然作色，喝令革命派结束革命、停止斗争的时候，他恰好是站在反动阶级方面，向人民群众进行着最猛烈、最残酷的阶级斗争！

假使说，康有为大同思想曾经起过积极作用，那也只在戊戌变法期间的一个短暂时刻内，因为那时候大同思想的锋芒还针对着封建旧制度。历史在汹涌地前进，大同学说像一块顽石一样，躺在历史的激流中。时间的推移逐渐磨光了它的棱角，改变了它的原来位置。在1901至1902年大同思想完全成熟和《大同书》最后定稿的时候，它已经成了明日黄花，不能适应历史的潮流。到1913年，康有为第一次公开发表《大同书》的前两部，它就成了一个恶意地嘲讽革命的反动作品。1935年，康有为已死去8年，《大同书》才全部公开发表。在无产阶级领导的革命暴风雨中，康有为构筑的大同殿堂，这时已经全部坍塌下来，只剩下一片砾堆。

大同思想的破产和康有为的堕落，再一次证明了客观历史的严峻和无情。任何一个企图抹杀阶级压迫和阶级斗争的政治派别，任何一个用“不忍之心”、“普遍人性”自欺欺人的“救世主”，任何一种妄想把历史纳入主观框框的思想体系，其结果总是要从历史的前进列车中远远地抛出去，摔成一堆齑粉。

（原载《人民日报》1963年4月6日）

爱国、先进的改革家、思想家谭嗣同

谭嗣同是杰出的爱国主义者，先进的思想家、改革家，是为救国救民、为中国的独立、繁荣、富强而流血牺牲的伟大人物。在谭嗣同的思想、品质和行动中，有许多值得后人学习与继承发扬的东西。

谭嗣同是一位杰出的爱国主义者，反帝反封建的坚强战士。他生于1865年（同治四年），比孙中山大一岁，比康有为小七岁。这时正是太平天国革命失败后一年，外国加紧侵略中国，强迫中国签订一系列不平等条约，清政府被迫赔款割地，丧失主权，中国逐步沦为半殖民地半封建社会。特别是中日甲午战争以后，中国面临被瓜分的危险，中国人民掀起了爱国主义热潮，希望挽救中国、振兴民族。谭嗣同是最杰出的一个。他怀抱对国家、对民族的热爱之心，痛恨帝国主义的侵略。他说甲午战败后，“经此创巨痛深，乃始屏弃一切，专精致思。当馈而忘食，即寝而累兴，绕屋彷徨，未知所出”。他具有中国知识分子的优良传统，“以天下为己任”、“先天下之忧而忧”，努力探索救国救民的真理。为了救国必须变法，必须反对封建主义。他激烈反封建，反对封建专制政治，反对封建纲常伦理，要冲决罗网。他是19世纪中中国反封建最坚决、最激进的战士。他说：“二千年来之政，秦政也，皆大盗也；二千年来之学，荀学也，皆乡愿也。”认为“君臣一伦，尤为黑暗否塞，无复人理”，控诉“数千年三纲五常之惨祸酷毒”，表达了“志士仁人求为陈涉、杨玄感，以供圣人之驱除，死无憾焉”的心声。他虽是维新派，心底却同情革命，呼唤革命，思想超越了维新派。他是大无畏的战士，坚定地反帝反封建，是中国近代的先知先觉，他的言论在当时沉沉黑夜中放射出耀眼光芒，照亮了后人继续前进的道路。梁启超说:“其思想为吾人所不能达，其言论为吾人所不敢言。”

谭嗣同又是一位博学多才、知识丰富、中西贯通的学者和先进的思想家。幼年他熟读儒家经典，做过考据注疏，学诗做对联，喜好野史兵法，骑马击剑，谈霸王经世之学，并研究数学和自然科学。他的老家在湖南浏阳，生长在北京，几次到大西北，到过江南，游历全国各地，读万卷书，行万里路。他有很扎实的传统学术基础，又努力汲取西方文化的精华，学习西方的社会科学、自然科学，形成知识广博、中西兼采的知识体系。这一点正是中国近代先进知识分子的特点。当时正是西方文化进入中国、中西文化冲突和交流的时代，绝大多数知识分子还抱着旧传统不放，顽固地拒绝西方自然科学和社会科学。谭嗣同受傅兰雅影响，大量阅读译书，如饥似渴，好学深思，用西方当时的“以太”概念来解释仁学；用当时新的自然科学成就来说明西学的先进性及学习西方的必要性；用卢梭的“民约论”思想说明君主和人民之关系，抨击封建专制制度。他可说是当时阅读译著、引用西学最多的思想家。《仁学》这本书就是中西兼通的著作。因当时处在向西方学习的早期，谭嗣同所学杂博而并不专精，这是不能苛求的。另外他对封建学说的反对又有区别。如他反对荀学、反对程朱理学，因为这些是官方哲学，不反对这些学说，中国人就会被束缚在纲常伦理之中，就不能够前进。但谭嗣同不反对孔子，他赞成太史公的论六家要旨，认为孔子是春秋时代的一家，孔子和各家都有贡献，但孔子的学说被后儒所歪曲。可见他虽是很激进的思想家，但对中国的固有文化还能抱分析的态度，并不是全部否定。

谭嗣同是一位政治改革家，是实干家。坐而言，起而行，言行一致。尤其是他为中国改革作出牺牲，无私无畏，为以后20世纪中为国家、民族捐躯的无数先烈作出了光辉的榜样。作为思想家的谭嗣同，其言论主张很精辟，惊世骇俗，振聋发聩。作为实干家，他风尘仆仆，创办了许多学会（算学社、湖南强学分会、测量学会、农学会、不缠足会、南学会、延年会、群萌学会等）、学堂（时务学堂、女学堂、致用学堂）、报纸（湘学报、矿学报、湘报），还办公司，行轮船，开矿山。在短短的几年中，做了很多实事，很多好事。他把全部精力、时间贡献给社会，谋求社会进步。1898年戊戌维新开始时，谭嗣同在长沙被保举晋京，于8月21日到北京。因维新运动碰到阻力，推行不下去，谭嗣同去见袁世凯，想借重袁世凯的兵力进行改革，也是为了有利于国家、民族。由于袁世凯告密，谭嗣同等六君子被处死，维新运动只进行了103天，而从谭嗣同进京到被捕只有36天。当顽固派举起屠刀时，谭嗣同毫不畏惧，这时还来得及躲避，他送梁启超到日本使馆，而自己却留了下来。他说："各国变法，无不从流血而成。今日中国未闻有因变法而流血者，此国之所以不昌也。有之，请自嗣同始！"他的诗"我自横刀向天笑，去留肝胆两昆仑"成为千古传诵的绝唱，也鼓舞后继者为了祖国的独立、民主、富强去赴汤蹈火，万死不辞！

总之，谭嗣同的一生，值得后人景仰和缅怀。他的思想值得研究，他的行动值得歌颂，他的爱国牺牲精神值得中华儿女继承和发扬。

（原载《谭嗣同思想学术研讨会论文集》，1997年10月）

戊戌维新前的资产阶级启蒙思潮

1840年鸦片战争以后，中国逐步地沦为半殖民地半封建社会。中国的思想界随之而发生了急剧的变化，和封建主义思想、帝国主义奴化思想相对立，产生了一股进步的思想潮流，这就是中国近代的资产阶级启蒙思潮。

资产阶级启蒙思潮是中国近代经济和政治发展的产物。帝国主义的侵略和封建主义的压迫阻碍着中国的进步，中国人民展开了不屈不挠的反帝反封建的斗争。这时候，地主和商人出身的一些知识分子抱着救国救民的愿望，揭露和抨击腐败的封建制度，向西方资本主义学习先进的制度和思想，企图改变中国落后挨打的地位，在中国发展资本主义。他们成为中国资产阶级最早的代言人。但是，中国资本主义经济先天不足，后天失调，在19世纪的下半叶，还处于早期发展阶段，十分微弱，它仿佛是被压在帝国主义、封建主义巨大顽石之下的一束柔嫩的小草，很难长得茂盛。因此，中国资本主义在思想上的反映也不能不表现出这个特点。资产阶级启蒙思想家提出过许多进步的、爱国的主张，对于开创风气，启迪民智，促进社会改革起了重大的作用。但他们的主张中有不少糟粕和不切实际的幻想，在某些重要问题上未能和帝国主义、封建主义划清界限。他们不相信群众的革命斗争，而把自己主张的实现寄托于帝国主义的同情和封建统治者的自行改革。当资产阶级启蒙思想家的变法主张触犯了反动派的根本利益，反动势力一加反扑时，软弱的资产阶级启蒙思想家们就弃甲曳兵，束手就戮。历史证明：资产阶级启蒙思潮虽然是中国历史的必然产物，对社会的进步起过重大的作用，但它不可能拯救中国，资本主义的道路在中国是走不通的。

一

中国近代资产阶级启蒙思潮的先驱可以追溯到龚自珍和魏源。他们是鸦片战争前后地主阶级中的进步人士，是封建中国和西方资本主义开始接触时的先进思想家。他们批判了封建旧制度的种种腐朽、不合理现象，在主张抵抗西方资本主义侵略的同时，又主张汲取西方的文明。他们的思想对后继的进步思想家有很重要的影响。

龚自珍（1792~1841年）号定庵，浙江仁和（今杭州）人。生长于“累代仕宦，簪缨文史”的书香门第，父亲龚丽正系进士，官至苏松太兵备道，外祖父段玉裁是著名的经学家。龚自珍从事社会活动，主要在乾嘉之后，当时封建社会已千孔百疮，走向没落，“自京师始，概乎四方，大抵富户变贫户，贫户变饿者。四民之首，奔走下贱；各省大局，岌岌乎皆不可以支月日，奚暇问年岁”[1]。龚自珍逝世前的一年，已响起了鸦片战争的隆隆炮声。他生活的50年，正是中国封建社会解体，开始走向半殖民地半封建社会的时代。他的思想，反映了历史转变关头的时代特征。

龚自珍才华早露，早年所作诗文，“风发云逝，大有不可一世之概”[2]。他长期随父亲游宦于苏、浙、皖各地，耳闻目睹官场

1 《龚自珍全集·西域置行省议》。

2 吴昌绶：《定庵先生年谱》。

的黑暗腐败，广泛接触“田夫、野老、驺卒”等下层群众，对社会情况有较深的了解。他博学多才，“于经通公羊春秋，于史长西北舆地。其文以六书小学为入门，以周秦诸子、吉金乐石为崖郭，以朝章国故、世情民隐为质干。晚尤好西方之书，自谓造深微云”[1]。他的作品淋漓尽致地揭露封建末世的矛盾，尖锐而辛辣地抨击专制主义的种种弊端，因此遭到统治者的忌恨。他三十八岁成进士，此后 10 年，任内阁中书和宗人府主事等小官，浮沉宦海，郁郁不得志。1839 年，他辞官南下讲学。1841 年以暴疾死于江苏丹阳。

龚自珍指出：当时的社会是“日之将夕，悲风骤至”的“衰世”。在社会经济方面，土地兼并十分严重，大官僚大地主依仗权势，霸占大量土地，聚敛大批钱财，出现了“贫相轧，富相耀，贫者阽，富者安，贫者日愈倾，富者日愈壅”的情况。经济上的贫富不均，势必导致政治上的动荡不安，“至极不祥之气，郁于天地之间。郁之久，乃必发为兵燹，为疫疠，生民噍类，靡有孑遗。人畜悲痛，鬼神思变置”[2]，变革的风暴就快要来到了。

龚自珍在指出社会贫富不均的同时，又揭露了封建专制的专横和腐败。他总结历代封建专制王朝盛衰的教训，“昔者霸天下之氏，称祖之庙，其力强，其力武，其聪明上，其财多，未尝不仇天下之士，去人之廉，以快号令，去人之耻，以崇其身，一人为刚，万夫为柔”，在这样的专制统治之下，“积百年之力，以震荡摧锄天下之廉耻，既殄，既狝，既夷”[3]，风气遭破坏，人才被摧残，士大夫养成阿谀奉承、趋福避凶的圆滑习气，看着长官的脸色行事，“历览近代之士，自其敷奏之日，始进之年，而耻已存者寡矣！官益久，则气愈媮；望愈崇，则谄愈固；地益近，则

1 《魏源集》上册《定庵文叙录》。

2 《龚自珍全集·平均篇》。

3 《龚自珍全集·古史钩沉论一》。

媚亦益工”[1]。官场充塞着这班昏庸卑劣之徒，只知道谋一己的升官发财、封妻荫子，置国家安危、民生疾苦于不顾。他又抨击官场论资排辈的用人制度，“累日以为劳，计岁以为阶”，一个人考中翰林，授庶吉士，而“自庶吉士至尚书，大抵须三十年或三十五年，至大学士又十年而弱。……夫自三十进身，以至于为宰辅，为一品大臣，其齿发固已老矣，精神固已惫矣”！这样的人虽然有些经验，但锐气尽丧，瞻前顾后，“因阅历而审顾，因审顾而退葸，因退葸而尸玩，任久而恋其籍，年高而顾其子孙，傫然终日，不肯自请去”[2]。龚自珍把这种人比做衙门口的石狮子，“具形相向坐者数百年”，资格确实是最老的了，却是官僚机构的无用摆设罢了。

龚自珍还批判了封建末世的思想界：万马齐喑，一潭死水。知识分子只会读时文，作八股，脱离实际，志气消磨，所学无用。他认为这是封建专制主义进行思想控制的结果。“当彼其世也，而才士与才民出，则百不才督之、缚之，以至于戮之。戮之非刀、非锯、非水火，文亦戮之，名亦戮之，声音笑貌亦戮之。……徒戮其心，戮其能忧心、能愤心、能思虑心、能作为心、能有廉耻心、能无渣滓心。”[3]最后，人才被摧残殆尽，朝廷上没有贤明勇武的将相，社会上没有优秀杰出的士农工商，连强盗、小偷也都是低能儿，“起视其世，乱亦竟不远矣”[4]。所以，龚自珍发出了震撼人心的呼喊：“九州生气恃风雷，万马齐喑究可哀，我劝天公重抖擞，不拘一格降人才。”[5]他期待着风举雷发，人才辈出，能使中华大地重新呈现蓬蓬勃勃的生机。

1 《龚自珍全集·明良论二》。

2 《龚自珍全集·明良论三》。

3 《龚自珍全集·乙丙之际著议第九》。

4 《龚自珍全集·乙丙之际著议第九》。

5 《龚自珍全集·乙亥杂诗》。

在揭露和批判现实社会的同时，龚自珍竭力鼓吹变法改革。他说：“自古及今，法无不改，势无不积，事例无不变迁，风气无不移易。”[1]他寄希望于统治者的一旦醒悟，能自己进行自上而下的变革。“一祖之法无不敝，千夫之议无不靡，与其赠来者以勍改革，孰若自改革？”[2]他认为：一个朝代的盛衰兴亡，最重要的原因是土地、财产是否分配均衡，贫富悬殊是王朝败亡的根源，“浮不足之数相去愈远，则亡愈速。去稍近，治亦稍速。千万载治乱兴亡之数，直以是券矣”[3]。因此，他主张调整和重新分配土地财产，解决贫富不均问题，缓和阶级矛盾。他描绘了一个未来社会的蓝图，希望把租佃关系纳入宗法家庭关系的框框中去，把人们按照血缘关系分成大宗、小宗、群宗和闲民四个等级，按此授予土地，形成一个“宗能收族、族能敬宗”的和睦社会。这些自然都是实现不了的幻想。值得注意的是：龚自珍虽然主张重新分配土地、财产，但并非绝对的平均，他希望在宗法关系之下允许自由竞争，积累私有财产。他说，“上古不讳私，百亩之主，必子其子”，“有能以尺土出谷者，以为尺土主；有能以倍尺、若十尺、百尺出谷者，以为倍尺、十尺、百尺主”[4]。他主张人尽其才，各人按照耕种能力拥有土地。他反对封建卫道士的“遏欲”、“去私”。这些主张，和他的前辈戴震的思想颇有共同之处。

龚自珍还针对专制君主权力过分集中的弊端，主张加重大臣和地方的权力，改变督抚大臣不能“行一谋，专一事”的不正常情况；他又力主废除八股，用人不限资格，广泛地网罗人才，做到“夹袋搜罗海内空”；他很关心边防海防，主张移民西北，加强防务，设置行省；又提出要警惕西方资本主义“环伺澳门，以窥禺

---

1 《龚自珍全集·上大学士书》。

2 《龚自珍全集·乙丙之际著议第七》。

3 《龚自珍全集·平均篇》。

4 《龚自珍全集·农宗》。

服”。当林则徐被任为钦差大臣，赴广州查禁鸦片时，龚自珍写了《送钦差大臣侯官林公序》，支持禁烟抗英，替林则徐出谋划策。

龚自珍的一些具体改革主张是不可能实现的空想。当历史进程还没有发展到足以提供解决任务的条件和手段时，人们是不可能制订出切实可行的行动方案的。龚自珍思想的可贵之处在于：敏锐地体察并勇敢地揭露了社会矛盾，对旧事物进行抨击讽刺，对新事物热情地期待和赞颂。他的诗歌、文章，是中国封建主义走向崩溃的一曲挽歌，对以后的进步知识分子影响甚大。梁启超说：“自珍性跌宕，不检细行，颇似法之卢骚。喜为要眇之思。其文辞俶诡连犿，当时之人勿善也，而自珍益以此自喜。往往引公羊义讥切时政，诋诽专制……晚清思想之解放，自珍确与有功焉。光绪间所谓新学家者，大率人人皆经过崇拜龚氏之一时期。初读《定庵文集》，若受电然。”[1]

魏源（1794~1857 年）字默深，湖南邵阳人。他和龚自珍都服膺今文经学，倡导经世致用。两人的思想相近，友谊很深，世称之为“龚魏”。魏源出生在小地主的家庭中，少年时代曾广泛接触下层社会。二十一岁随父亲到北京，从刘逢禄学公羊之学，结交了林则徐、龚自珍、姚莹等，共同研究学问，议论时政。二十九岁中举后，会试屡次落第。后在大官僚贺长龄、陶澍处当幕友，为他们编书撰文，研究经济政治，协助他们整顿和改革盐政、漕运、河工。鸦片战争期间，他应邀参加两江总督裕谦的幕府，在浙江前线参加抗击英国侵略的战斗。1845 年，他五十二岁，才考中进士，任江苏东台、兴化的知县，又升高邮知州。在清朝政府对付太平天国革命战争的过程中，他“迟误驿报，劾罢职”。晚年潜心佛学，“不与人事，唯手订生平著述，终日静坐”[2]。1857 年

1　梁启超：《清代学术概论》。

2　魏耆：《邵阳魏府君事略》。

在杭州病逝。

魏源的著述很丰富，既有阐发“微言大义”的今文经学著作《诗古微》《书古微》《公羊春秋古微》《董子春秋发微》等，又有一般地谈论哲学、政治的《默觚》以及探讨财政、经济、军事的《筹河篇》《筹漕篇》《筹鹾篇》《军贮篇》，代人编纂的《皇朝经世文编》，还有历史地理方面的《元史新编》和对山脉水道的考证。他的著作中，最重要、最具有时代特色的是他在鸦片战争以后编著的《圣武记》和《海国图志》，这两部著作反映了他反对外国资本主义侵略的爱国思想，并提出了“师夷长技以制夷”，向西方学习的进步主张。

1840年英国发动的鸦片战争，以中国的失败而告终。从此，中国封建社会发生了重大转折，向着半殖民地半封建社会走去，民族矛盾和阶级矛盾空前地激化。如何对待外国侵略者？如何使国家摆脱危机？每个进步的知识分子不能不进行思考和探求。魏源是当时知识界了解世界形势最清楚，反抗外国侵略最坚决，所提救国主张最切实的人。他认为鸦片战争的失败，主要是政治腐败所造成的，清朝“承平恬嬉，不知修攘为何事。破一岛，一省震；骚一省，各省震，抱头鼠窜者胆裂之不暇，冯河暴虎者虚骄而无实”[1]。他把“人心之寐”和“人才之虚”视为社会的两个病根。所谓“寐”就是糊涂，对世界情势懵懂无知，对当前危机麻木不仁；所谓“虚”就是空洞，夸夸其谈，不切实际，并无真知灼见。他看透了官场和知识界的严重问题，提出“去伪、去饰、去畏难、去养痈、去营窟”以克服“寐”。又提出“以实事程实功，以实功程实事，艾三年而蓄之，网临渊而结之，毋冯河，毋画饼”[2]，以克服“虚”。这位热诚的爱国志士希望鸦片战争的失

1 《魏源集》上册《道光洋艘征抚记上》。

2 《魏源集》上册《海国图志·叙》。

败会激起中华民族的觉醒，引起人们的“愤”与“忧”，能成为“违寐而之觉，革虚而之实”的关键。

魏源针对长期闭关政策造成的不了解世界情况的弱点，提出“欲制夷患，必筹夷情”的主张。1841 年，林则徐被遣戍，路经江口（镇江），与魏源相晤，通宵长谈，林则徐将自己所辑的《四洲志》交给魏源，嘱他续编成书。魏源的诗中记下当时的情景：“万感苍茫日，相逢一语无。”“与君宵对榻，三度雨翻苹。”[1]魏源不负林则徐的重托，编成《海国图志》，他说：“《海国图志》六〇卷，何所据？一据前两广总督林尚书所译西夷之《四洲志》，再据历代史志及明以来岛志及近日夷图、夷语。钩稽贯串，创榛辟莽，前驱先路。”他提出编撰此书的目的是“以夷攻夷”和“师夷长技以制夷”[2]。当时的封建顽固派，把外国先进的科学技术视为“奇技淫巧”，对之深闭固拒，不屑一顾。魏源正确地把外国侵略者和他们掌握的科学技术区别对待，认为反对外国侵略者不是要拒绝一切外来的新事物，恰恰相反，只有学习外来的新事物，才能有效地抗击外国侵略者。魏源这一“师夷长技以制夷”的思想，对后继的政治家、思想家都有很大的影响。

什么是“夷之长技”？在魏源的心目中，主要是指军舰、枪炮以及“养兵、练兵”之法。他建议在广东设造船厂和火器局，聘用外国技师，仿造西方的船只、火器，并且允许商人设厂，“沿海商民，有自愿仿设厂局，以造船械，或自用或出售者听之”。除了船炮之外，他还指出应该学习仿制其他民用工业品，“量天尺、千里镜、龙尾车、风锯、水锯、火轮机、火轮车、自来火、自转碓、千斤秤之属。凡有益民用者，皆可于此造之”[3]。可见魏源主张向西方学习，并不止于军事工业。

1 《魏源集》下册《江口晤林少穆制府》。

2 《魏源集》上册《海国图志·叙》。

3 魏源：《海国图志·筹海篇》。

二

在龚自珍逝世以后和魏源的晚年，中国发生了农民阶级和地主阶级之间一场空前剧烈的大搏斗。太平天国农民运动发生于1851年，它是中国封建社会固有矛盾在外国侵略刺激下的总爆发。19世纪50和60年代，农民阶级和地主阶级处在刀光血影的恶战之中，上层和中层的知识分子几乎都站在清朝方面，以全部精力用来反对农民革命。这时，清朝的某些大官僚已在购买和仿造西方武器，不过那不是用来反抗外国侵略者，而是用来镇压农民革命的。

当第二次鸦片战争之后，帝国主义和中华民族的矛盾上升，农民革命的浪潮渐趋低落，出现了一些思想较敏锐的要求变革的知识分子，冯桂芬就是其中的一个。

冯桂芬（1809~1874年），江苏吴县人，道光二十年榜眼，曾任广西乡试主考、詹事府右中允等职，因受排挤，弃职家居。当太平军进军苏常地区时，他避往上海，曾积极参与向曾国藩乞师援沪的活动，曾国藩因此推荐李鸿章出任江苏巡抚，率师往上海。冯桂芬又主持上海中外会防局，后又在李鸿章的幕中佐理事务。他的政治立场完全站在太平天国的对立方面。但他接触西方事物较多，对外国情况了解较清楚，对比之下，观察中国社会的弊端也更加深刻一些。他著名的著作是1860年所作的《校邠庐抗议》。

冯桂芬思想的一个特色是对腐朽的封建制度进行了多方面的揭露和批判。他在《校邠庐抗议》的自序中指出："奉军国则民力竭、养兵勇则国力又竭"，"文臣不知兵、武士不晓事"，"倍征无艺"，"运道阻、天庾空"，"水利塞、稻田少、民受其饥"，"科目不得人"，"期功陌路、富贵贫贱不相恤"，"民隐不上达"，"俸薄官贪"，"则例猥琐"，"案牍繁多"，"夷患不已"，"器用苦窳”等等，涉及政治、军事、经济、财政、吏治、科举等各方面的弊病，分析很细致，批判较尖锐。例如，他揭露官场的腐败：“外官自督抚以至典史，某缺肥，岁赢若干；某缺瘠，岁赔若干。所谓肥瘠者，皆陋规之属，扬扬然习于人口，不以为怪，骤闻之几疑官名为市肆之名。”[1]他又揭发河工衙门的贪赃受贿：“两河岁修五百万，实用不过十之一二耳，其余皆河督以至兵夫瓜剖而豆分之。闻驯谨河员常以十之三办工，贪冒者递减，甚有非抢险不使一钱者。……此河督以下一切官弁兵丁之必宜全裁者也。”[2]这些言论招致了某些官僚的反感。所以吴云给冯桂芬的文集《显志堂稿》作序时说：“先生悲悯在抱，愤时嫉俗之心，时流露于笔墨间，故立言稍激。”

应该说，龚自珍同样是个“悲悯在抱，愤时嫉俗”的思想家，他的锐利笔锋撞击在封建制度的顽石上，往往激发出光辉的火花。冯桂芬在某种意义上说是继承了龚自珍的传统。但是，龚自珍生活在鸦片战争前夕，封建制度的脓疮刚开始揭开，他还只能从大处落墨，预言式地宣告暴风雨的到来和变革的必不可免。而冯桂芬的《校邠庐抗议》成于太平天国革命的后期，阶级斗争和民族斗争的无情现实搅动了停滞的封建主义污水池，使得沉积在底层的一切渣滓污秽全部浮到表面上，冯桂芬已经有可能进行实际的观察，所以他对于封建主义的病症，诊断得更加准确。当然，他对黑暗腐朽现实的抨击，仍无非是从保卫封建制度的立场出发。他要求改善旧制度的某些方面，企图回复到“内可以荡平区宇，外可以雄长瀛寰”[3]的封建鼎盛的局面。他虽然说过“夷务第一，剿贼次之”[4]的话，但实际上，他在上海主持中外会防

1 冯桂芬：《校邠庐抗议·厚养廉议》。
2 冯桂芬：《校邠庐抗议·汰冗员议》。
3 冯桂芬：《校邠庐抗议·制洋器议》。
4 冯桂芬：《校邠庐抗议·善驭夷议》。

局，与外国侵略者一起，镇压太平天国革命。反动的政治生涯蒙蔽了冯桂芬的视野，他不可能更加深刻地观察社会的矛盾。他所提出的治疗中国社会的方案大体上也没有超出地主阶级所可以接受的范围。

和魏源一样，冯桂芬也提出变法和学习西方的主张。他的变法原则是，“以中国之伦常名教为原本，辅以诸国富强之术”[1]。这一原则和洋务派后来所说的“中学为体、西学为用”，并没有多大区别。他所说的“诸国富强之术”仍只是“坚船利炮”，但比起魏源来，他更着重在“自造、自修、自用”。他不仅主张采用外国的武器，而且强调学习制造武器的方法，他说：“能造、能修、能用，则我之利器也；不能造、不能修、不能用，则仍人之利器也。利器在人手，以之转漕而一日可令我饥饿，以之运盐而一日可令我食淡，以之涉江海而一日可令我覆溺。仓卒有隙，皤然倒戈，舟中敌国，遂为实事。”[2]

为了学习制造枪炮船舰的技能，冯桂芬比他的前辈们更加重视西方科学技术的成就。他说：西方国家的“算学、重学、视学、光学、化学，皆得格物至理，舆地书备列百国山川厄塞、风土物产，多中人所不及”[3]。他一方面主张设立翻译馆，从通晓外国语言文字入手，学习“历算之学、格物之理、制器尚象之法”；另一方面主张以举人、进士的职衔来奖赏精通武器制造的能者，“重其事，尊其选，特设一科以待能者”[4]。冯桂芬在武器制造以外，也提到学习科学、发展工业的主张，他说：“闻西人现用地动新术，与天行密合，是可资以授时……闻西人海港刷沙，其法甚捷……是可资以行水。又如农具织具，百工所需，多用机轮，用力少而

---

1 冯桂芬：《校邠庐抗议·采西学议》。
2 冯桂芬：《校邠庐抗议·制洋器议》。
3 冯桂芬：《校邠庐抗议·采西学议》。
4 冯桂芬：《校邠庐抗议·制洋器议》。

成功多，是可资以治生。其他凡有益于国计民生者皆是。”[1]但这类主张，在他的全部言论中还不占主要地位。在冯桂芬看来，只要掌握了一些西方的科学技术和制造船炮的本领，再加上他臆想的一些复古的办法，就可以解决中国的问题，使封建制度的痼疾霍然痊愈，而且还能超越于西方资本主义国家之上。“始则师而法之，继则比而齐之，终则驾而上之。自强之道，实在乎是。”[2]

当一种全新的事物突然出现时，在最初时刻，人们往往只能瞥见它最特殊的某些方面。从这些方面出发，人们经历一个实践过程，认识逐渐深化，才能够对新事物的本质达到较为深入、较为完整的认识。中国人对西方资本主义的认识，正是这样走过来的。在60年代，中国的一些官僚和知识分子经过对外战争的失败而认识了西方武器的威力，并进而初步承认了西方科学技术和生产力的某些成就。但是，他们还没有认识到产生这些力量的西方社会制度的性质，还没有认识到武器、科学技术、生产力和一定社会制度的必然联系。因此，他们一点也没有意识到西方的社会制度方面还有哪些东西值得学习和借鉴。这是19世纪60年代刚刚从地主阶级中开始分化的一部分改革派的普遍思想状况，冯桂芬就是这样的代表人物。

冯桂芬对清朝统治下的各种黑暗腐朽现象的揭露，给了后来的资产阶级维新运动以较大的影响。在戊戌变法运动中，清廷曾将《校邠庐抗议》一书发交全国官僚们讨论，以集中各方面的意见，并作舆论准备，推进变法运动。立新必须破旧，以后资产阶级改良主义思想家抨击旧制度的锋芒所向，有很多是《校邠庐抗议》中已经指出的那些腐败现象。而改良主义思想家对西方社会制度所达到的认识高度，也还是魏源、冯桂芬等认识的深化和

1 冯桂芬：《校邠庐抗议·采西学议》。
2 冯桂芬：《校邠庐抗议·制洋器议》。

发展。不过，在后来改良主义思想家的认识中，更多地注入了发展资本主义关系的新内容。从思想发展的脉络来说，包括林则徐、龚自珍、魏源、冯桂芬等在内的改革派，是资产阶级维新派的前身。

三

《校邠庐抗议》一书发表以后的10多年内，世界和中国正经历极大的变化。在世界上，某些国家已经开始从自由资本主义向帝国主义过渡。列强分割殖民地的斗争大大加强了，老牌和新起的殖民主义强盗仗剑策马，驰逐在世界的各个角落。在中国，太平天国运动、捻军和各少数民族的起义陆续被镇压下去，大规模地反对清朝统治的群众斗争渐趋消沉，国内的阶级矛盾退居次要地位，而资本主义列强的经济、政治、军事、文化侵略日益深入。从70年代起，对外贸易的入超赤字迅速上升，中国社会经济面临着一场空前浩劫。同时，中国的邻邦和边疆遭到外国侵略者的宰割和武装入侵，形势是非常严峻的。在外国的疯狂侵略下，国家和民族的前途将会怎样？如何能够使祖国在强敌环伺之下继续生存下去？如何能够使贫穷、落后的中国迅速富强起来？这是在一切先进知识分子头脑中占支配地位的首要的问题。

魏源、冯桂芬等曾经认为：只要学习外国的武器和某些科学技术，就足够解决中国的问题。但是，60至70年代洋务派开办军火工业、设立同文馆等的实际成绩，证明了仅仅这些是远不能使中国振兴起来的，从资本主义西方移植过来的这些工业和教育机构，在封建主义的土壤上迅速地变了形，成为封建官僚们贪污浪费和实行专横统治的小王国。这虽然花费了大量的资金，但成效甚微，没有能制造出足以抵抗侵略的武器，也没有能培养出真正的专门人才。这一点是连清朝政府和洋务派首领李鸿章也并不否认的。

1874年（同治十三年），李鸿章在海防争论中提到了“变法”，封建官僚把洋务活动从军事领域推广到了经济、教育等领域，这是洋务历史上重要的一步。在这同时，一些知识分子和中下级官吏也在“变法”的口号下提出种种主张，他们在魏源、冯桂芬所已达到的水平上继续前进。其著名的代表有薛福成、马建忠、王韬等人。他们都长期游历外国或居住香港，对外国的情况了解得更加清楚。他们的言论代表着刚刚出生的中国资产阶级的利益和趋向，但很多方面又和洋务派官僚很接近，难于清楚地判明两者之间的界限。

薛福成（1838~1894 年）字叔耘，号庸庵，江苏无锡人，副贡出身。1865 年入曾国藩幕，后又入李鸿章幕。中法战争中，官宁绍台道，在浙江综理军务，抗击法舰。1889 年任出使英法意比四国大臣。他的著作有《庸庵十种》。其中《庸庵文编》和《筹洋刍议》是反映他前期思想（中法战争以前）的重要作品；《庸庵海外文编》《出使日记》《出使日记续刻》是反映他晚期思想（中法战争以后）的重要作品。

马建忠（1844~1900 年），江苏丹徒人。曾留学法国，后来长期在李鸿章幕下工作，曾任轮船招商局和上海织布局的总办。其重要著作有《适可斋记言》。

王韬（1827~1897 年），江苏吴县人。1862 年曾向太平天国苏州守将刘肇均上书，建议进攻上海。后被清政府发觉，指名缉捕。王韬在英国人的庇护下逃往香港。以后又游历各国，获得了许多新知识。1874 年他在香港创办《循环日报》，宣传变法自强。1884 年后回到上海居住。他的著作很多，在政治思想方面的重要作品有《弢园文录外编》、《弢园尺牍》等。

薛福成和马建忠都是李鸿章的幕僚，都是洋务活动的策划者和执行者。在中法战争以前，他们的思想基本上没有超出洋务派思想的范围。但中法战争以后，他们的思想有了一定的发展，表现出更多的资本主义倾向。王韬则和洋务派关系较浅，他的著作对洋务活动批判较多，提出了一些激进的主张。但是王韬的作品大部分写成于中法战争以前。当时，实际生活还没有证实洋务活动的完全无效，王韬也不可能更多地突破洋务活动的总范围而开辟一条全新的道路。

中法战争前，在薛福成、马建忠和王韬的思想中，“变法”和“学习西方”的范围已经大大地推广了。他们不仅主张学习西方的坚船利炮和声光化电，而且积极主张设工厂、开矿藏、行轮船、筑铁路，以及学习西方的教育、商务、法律和政治制度的某些方面。薛福成说:“西洋诸国，恃智力以相竞，我中国与之并峙。商政矿务宜筹也，不变则彼富而我贫；考工利器宜精也，不变则彼巧而我拙；火轮、舟车、电报宜兴也，不变则彼捷而我迟；约章之利病，使才之优绌，兵制阵法之变化宜讲也，不变则彼协而我孤，彼坚而我脆。”[1]马建忠说:“忠此次来欧一载有余，初到之时，以为欧洲各国富强，专在制造之精、兵纪之严。及披其律例，考其文事，而知其讲富者以护商会为本，求强者以得民心为要。护商会而赋税可加，则盖藏自足；得民心则忠爱倍切而敌忾可期。他如学校建而智士日多，议院立而下情上达。其制造、军旅、水师诸大端，皆其末焉者也。”[2]王韬说:“中西同有舟而彼则以轮船，中西同有车而彼则以火车，中西同有驿递而彼则以电音，中西同有火器而彼之枪炮独精，中西同有备御而彼之炮台水雷独擅其胜，中西同有陆兵水师而彼之兵法独长。其他则彼之所考察，为我之所未知，彼之所讲求，为我之所不及，如是者直不可以偻指数。设我中国至此时而不一变，安能埒于欧洲诸大国而与之比权量力

1　薛福成:《筹洋刍议·变法》。

2　马建忠:《适可斋记言》卷二《上李伯相言出洋工课书》。

也哉!”[1]

由上述言论可见，他们认为值得向西方学习的东西是很多的，范围很广泛。他们的前辈魏源、冯桂芬等对于西方文明的认识尚失之于狭隘，在重重遮掩的封建帷幕的缝隙中，主要是瞥见了西方国家船坚炮利的一面。到了70年代以后，外国对华侵略日益深入，中国和外国的接触日益频繁，封建帷幕上已撕裂了许多大缺口，透过这些缺口，知识分子隐约地窥到了资本主义世界的全景。其中特别引起他们深刻印象的，就是像神话般地发展起来的生产力，对这种经济奇迹，不能不惊为观止。他们对于和生产力相适应的经济基础和上层建筑的某些方面也引起了注意。薛福成、马建忠、王韬在一定程度上克服了他们的前辈魏源、冯桂芬的狭隘眼界，要求在广阔的规模上向西方学习。

但在那时候，先进的知识分子对资本主义文明并没有达到一个总体的认识。西方国家生产力和社会制度的各种表象杂乱无章地浮现在他们的头脑中。他们误认为：各种表象是孤立地存在的，可以把它们逐个地从资本主义机体上切割下来，简单地移植到中国。他们并未认识到各种表象都是整个资本主义链条中互相关联的各个环节。因此，他们的变法方案同样是杂乱无章地罗列着许多具体措施。并且生硬地把它同中国封建主义的旧基础结合起来。薛福成说，“我国家集百王之成法，其行之而无弊者，虽万世不变可也”；“今诚取西人器数之学，以卫吾尧舜禹汤文武周孔之道，俾西人不敢蔑视中华，是乃所谓用夏变夷者也”[2]。这种言论和魏源、冯桂芬如出一辙，和洋务派官僚也没有多大的差别。

和杂乱的措施相伴随的是杂乱的变法步骤。在当时先进的知识分子那里，许多具体的变法措施并列在一起，根本问题和次要问题

1　王韬：《弢园文录外编》卷一《变法中》。
2　薛福成：《筹洋刍议·变法》。

分辨不清。变法应该从哪里入手，采取什么步骤，他们并没有提出明确的答复。尽管王韬再三批评洋务活动杂乱无章，本末倒置，他说："盖洋务之要，首先借法自强。非由练兵士、整边防、讲火器、制船舰，以竭其长，终不能与泰西诸国并驾而齐驱，顾此其外焉者也，所谓末也。至内焉者，仍当由我中国之政治，所谓本也。"但什么是"本"呢？王韬含含糊糊地答道："其大者亦惟是肃官常、端士习、厚风俗、正人心而已！"[1]毫无问题，封建社会的"官常、士习、风俗、人心"是应当改革变化的，但怎样才能够改变这一切呢？在应该提出改革的具体措施和具体步骤的地方，他恰恰停止了下来，他无力提出改变这一切的明确而可行的方案。

有些时候，王韬似乎有跨进一大步的趋势。他说："天下何以治？得民心而已！""治民之大者，在上下之交不至于隔阂。"[2]从这里出发，他认为西方国家的君主立宪制度可以使"上下相通，民隐得以上达，君惠亦得以下逮。都俞吁咈，犹有中国三代以上之遗意焉"[3]。但是，王韬对西方政治制度的赞美，并没有导致他积极地提出在中国实行君主立宪制度的主张。在更多的时候，他又陷入各种复杂表象的迷宫，而抓不住要害。在他看来，使中国富强的首要问题是培养和任用人才，强调"自强尤以得人为先"[4]，"贤才在上则国治，贤才在下则国乱"[5]；"今日我国之急务，其先在治民，其次在治兵，而总其纲领，则在储才"[6]。自然，培养和任用人才是重要的任务，但是如果腐败的封建政治制度不改变，又怎能培养和任用真正的人才。把"储才"放在一切兴革事宜之上，当作挽救中国的首要任务，不能不说是虚幻的空

1 王韬：《弢园文录外编》卷二《洋务下》。
2 王韬：《弢园文录外编》卷一《重民中》。
3 王韬：《弢园文录外编》卷一《重民下》。
4 王韬：《弢园文录外编》卷三《设领事》。
5 王韬：《弢园文录外编》卷一《原才》。
6 王韬：《弢园尺牍·代上丁大中丞》。

想。王韬批评洋务派把军事提到首位是本末倒置，这是正确的。而他自己把人才提到首位，同样也陷入了本末倒置的覆辙。

薛福成和马建忠则表现出另一种倾向。在他们杂乱的变法主张中比较强调“通商”。薛福成说：“西人之谋富强也，以工商为先，耕战立其基，工商扩其用。”[1]马建忠的前期著作一再强调保护商会，发展贸易，减轻商税，修筑铁路等等。但是，在薛福成、马建忠提出的方案中，发展资本主义与巩固封建政治是并行不悖的，他们并没有意识到两者是不可调和的。

薛福成、马建忠、王韬等人正处在全面地接触资本主义的初期阶段。五彩缤纷的西方世界突然地显现在面前，使他们目迷神眩，应接不暇。这时知识界对西方世界的东西基本上停留在直观认识的感性阶段上，还来不及进行深刻的思索和细致的辨析。他们主张学习西方世界的一切，把它介绍到中国来，和中国的旧文化相调和。他们反对顽固的封建保守派，热烈地鼓吹变法自强，并且丰富和扩大了变法的内容和范围，这是他们的功绩。但是，他们不认识资本主义的本质和内在联系，分辨不清变法措施的主次和先后。如果说魏源和冯桂芬的变法偏重在船坚炮利，失之狭隘的话，那么薛福成、马建忠、王韬等虽然避免了前辈思想家的狭隘，但又产生了另外的弱点，这就是：百废俱举，头绪纷繁，失之于庞杂。他们虽然也接触到通商制度、议会政治，但这类光辉的见解又和大量接近洋务派的言论混杂在一起，因而减损了价值。

四

在19世纪70年代和80年代之初，虽然中国的资本主义经济刚刚产生，外国的侵略正在逐步加深，但是李鸿章等搞的一套洋

1 薛福成：《筹洋刍议·商政》。

务措施标榜求强求富，借西方资本主义的技艺以支撑封建制度，这给人一种幻觉，似乎清王朝还有延续和中兴的希望。资产阶级性质的变法要求虽在酝酿，但并没有紧迫地提上日程，而是基本上还处于议论的阶段，因此这种议论就不能不是空泛、凌乱的。

要从庞杂纷繁的变法的议论中向前跨出一步，单单依靠思想家们的主观逻辑显然是不够的。只是由于资本主义经济的发展和民族危机的加深，才使矛盾更清楚地暴露出来，才可能扫除思想家头脑里的模糊性，才使资产阶级的变法要求更加迫切、更加明确起来。客观的社会进程为人们的主观思维不断地开辟着前进的道路。在80年代的中法战争以后，一批先进的思想家在客观形势的推动下，从70年代所达到的思想高度出发，继续向前迈进，提出了更加鲜明的资产阶级要求。

中法战争以后，清朝政府用对外妥协的巨大代价，换取得帝国主义的“谅解”和支持，统治局面出现了相对的平静。但是，在这种表面的平静之下，正在酝酿着并开始翻滚着更大的波涛。一方面，新兴的日本奉行对外扩张政策，气焰日益嚣张，时刻有破坏远东力量均势的可能；另一方面，中国的对外贸易江河日下，国穷财竭，民不聊生。在险恶的形势下，中国的资本主义机器工业开始生长起来，但又不可能顺利地发展。在中法战争中，清政府造船制炮的洋务活动的成果，像纸糊的房屋一样，塌下了半边。一些先进的知识分子产生了怀疑、彷徨和不满，他们从洋务派集团中进一步分化出来，对洋务活动进行批评和抨击，进一步提出改革的要求。其代表人物，除了前面已提到的薛福成、马建忠之外，还有何启、郑观应、陈炽、陈虬等人。

何启（1859~1914年）广东南海人，香港律师。从1887到1900年，他和胡礼垣合作，写作了许多鼓吹变法的论文，集成《新政真诠》一书。郑观应（1842~1922年），号陶斋，广东香山人，出身于太古轮船公司的买办，后参加李鸿章洋务集团，经办过轮船招商局、电报局、织布局等企业。他早期的著作有《救时揭要》《易言》等。甲午战争前夕，他对早期著作大加修订，出版了《盛世危言》。陈炽（？~1899年），江西瑞金人，曾在北京任下级官职，大约在1893年写成《庸书》。陈虬（1851~1903年）浙江乐清人，举人出身，大概曾长期作幕友，约在1893年刊行了《治平通议》。

中法战争以后的先进知识分子，开始从“洋务自强”的幻梦中逐渐清醒过来。推行20多年的洋务措施为什么没有成效？在五光十色的西方资本主义文明中，究竟哪些东西是立国的根本？中国的富强措施应该从何入手？对这些问题，很多知识分子进一步加以思索，开始突破洋务派的牢笼，走向其对立的方面。在70年代，还只有像王韬这样个别的思想家偶尔发表批判洋务派的言论，而到80年代，情况就迥然不同了，如1887年何启所写的《曾袭侯‘先睡后醒论’书后》，洋洋洒洒，慷慨激昂，系统地驳斥了洋务派曾纪泽，抨击了那种认为船坚炮利就可以振兴中国的错误言论。这时，所有的先进知识分子都不同程度地表现出批判洋务派的倾向。如陈炽批评洋务派的学习外国是“弃其菁英而取其糟粕，遗其大体而袭其皮毛”[1]。又说：“今之言洋务者，动曰讲求公法，整顿海防，制器练兵，购船造炮，自以为当务之急，而不知皆缓图也。”[2]郑观应说：“六十年来，外国通商，中外汲汲，然言更新，言守旧，言洋务，言海防，或是古而非今，或逐末而忘本，求其洞见本源，深明大略者，有几人哉！”[3]

以前，王韬在批判洋务派本末倒置的时候，提出要“结民之心，作民之气”，但是他并没有切实地答复怎样才能够“结民之心，作民之气”，因此他的主张流于空泛而难以捉摸。80年代的

1　陈炽：《庸书内外篇·自序》。
2　陈炽：《庸书》外篇卷上《商部》。
3　郑观应：《盛世危言》初刊自序。

知识分子同样批判洋务派本末倒置，但比王韬跨进了一大步。他们认为西方国家“君民共主”的议会政治和重商的经济制度才是治国的根本，变法的纲领，只有抓住这个根本和纲领，才能推动一切改革而使中国臻于富强。郑观应写道：“中华而终自安卑弱，不欲富国强兵为天下之望国也，则亦已耳！苟欲安内攘外，君国子民持公法以永保太平之局，其必自设立议院始矣！”又说：“欲张国势，莫要于得民心；欲得民心，莫要于通下情；欲通下情，莫要于设议院。”这不啻是贯彻和发展了王韬的思想，把王韬“结民之心，作民之气”的主张落实到仿效资产阶级议会政治。郑观应还大声疾呼：各国实行议院制均成效显著，“而犹谓中国尚不可亟行哉！噫，傎矣！”[1]此外，陈虬说：“泰西富强之道，在有议院以通上下之情，而他皆所末。”[2]陈炽说：议院是“英美各邦所以强兵富国，纵横四海之根源也”[3]。他又说，“富国强兵，非商曷倚？……此救时之急务，制敌之先机”；“制国用者必出于商，而商务之盛衰，必系国家之轻重，虽百世可知矣”[4]。尽管各个思想家的变法方案存在着很多次要的分歧，尽管他们都提到军事、行政、外交、教育、法制等各方面纷纭复杂的改革措施，但是他们变法主张的重点几乎全都放在重商和实现君民共主的政治制度上。连长期在李鸿章手下任事，又担任出使大臣的薛福成，其后期思想也有了明显的进步。他说：“西洋各邦，立国规模，以议院为最良。”[5]又说：“欧洲立国，以商务为本，富国强兵，全藉于商。”[6]重商和君民共主成为80年代先进知识界政治思潮的重要特

1 郑观应：《盛世危言》卷一《议院》。

2 陈虬：《治平通议》卷六《上东抚张宫保书》。

3 陈炽：《庸书》外篇卷下《议院》。

4 陈炽：《庸书》外篇卷上《商部》。

5 薛福成：《出使日记》卷二，光绪十六年七月二十一日。

6 薛福成：《出使日记》卷三，光绪十六年八月初九日。

色。他们摒弃了把船坚炮利当作富强手段的地主阶级改革派的思想，克服了魏源、冯桂芬等思想上的狭隘性、片面性，又在纷繁复杂的西方文明中找到了变法自强的枢纽，克服了70年代知识界思想的庞杂和纷乱。他们从多方面发挥自己的主张，形成了资产阶级改良主义者改造旧中国的方案，成为戊戌维新运动的直接先驱。

五

为了进一步理解资产阶级改良主义思想的内容，以下对君民共主说和重商思想作一些简单的分析。

当时的先进思想家们所说的“君民共主”究竟是怎样的政治制度呢？

薛福成这样说：“西洋各邦，立国规模，以议院为最良。然如美国则民权过重，法国则叫嚣之气过重，其斟酌适中者，惟英、德两国之制，颇称尽善。”[1]当时的思想家都认为：英国、德国式的君主立宪政体是最完美的制度，从王韬到何启、郑观应、陈炽、陈虬等人都用不同的语言，表达了和薛福成相同的思想。

对于这些正在从地主阶级中分化出来的知识分子来说，美国和法国的民主共和制度还是一种不能接受的“异端”，还是必须加以抵制的“洪水猛兽”。他们认为，民主共和“权偏于下”（郑观应语），“权不一而志不齐”，“人杂言庞，职卑量隘”（薛福成语），甚至把民主共和制理解为“政柄在贫贱之愚民”，实行这种制度的必然结果就是政治上的混乱和分裂。他们受封建君主专制的传统思想的束缚是这样地牢固，以至无法想象没有皇帝怎能建立一种稳定的政治秩序。他们的改革方案中，“皇帝”仍是至高

1　薛福成：《出使日记》卷二，光绪十六年七月二十一日。

无上的权威，仍是一个必不可少的主导核心。在他们看来，西方国家君主立宪制度中不无遗憾的一大缺陷就是君权过轻。陈炽就这样说："君为臣纲，古有明训，西人倡自主之说，置君如弈棋。其贤者尚守前规，不肖者人思自取。若巴西诸国，彼此相攻，大乱方滋，隐忧未艾。此无君臣之伦者不足以致太平也。"[1]薛福成晚年也讲过："西洋各国……所设上下议院，亦合古之刑赏与众共之之意。唯流弊所滋，间有一二权臣武将，觊窃魁柄，要结众心，潜设异谋，迫令其君退位……此其君臣一伦，稍违圣人之道者也。"[2]

中国早期的资产阶级启蒙思想家并不是一般地摒弃皇帝的权力地位，只是客观实际迫使他们不得不提出对皇帝权力会发生限制作用的"君民共主"的主张，这是因为客观实际已经暴露了专制君主制度不可争辩的腐朽性，各种黑暗腐败现象首先表现为君主专制权力的专横和不合理。在等级森严的君主制度下，一小撮昏庸无能的统治者高高在上，把广大劳动人民践踏在脚底下，上下隔阂，矛盾十分尖锐，连中小地主和新兴的资产阶级也处于无权的地位。而这样一个对内作威作福的专制政权，却在对外战争中屡战屡败，只能以出卖国家主权利益来取得帝国主义的欢心和支持。官场的黑暗腐朽、社会的疮痍残破以及对外战争和交涉中的丧权辱国都在证明君主专制统治是中国贫穷落后的祸根，每一件新的历史事变似乎都在给这种制度宣判死刑。

当时的先进思想家从复杂的历史链条中确实抓住了一个突出的环节，即封建的专制君主制度。他们宣称：中国的落后贫困是由于君民之间存在不正常的政治关系，这种不正常的政治关系可以归结为皇帝、官僚同包括不当权的地主、商人在内的所有人民

1　陈炽：《庸书》外篇卷下《审机》。

2　薛福成：《出使日记》卷五，光绪十六年十二月初一日。

之间的隔阂太深。思想家们认为：隔阂太深，便造成了暴虐腐败的统治，使得社会动荡不安，使得国家贫弱落后。这种意见是很普遍的，我们从冯桂芬那里已经听到过，冯桂芬说："上与下不宜狎，狎则主权不尊，太阿倒持而乱生；上与下又不宜隔，隔则民隐不闻，蒙气乖僻而乱又作。"[1]这种言论，在王韬那里得到了发挥。王韬说："治民之大者，在上下之交不至于隔阂……勿以民为弱，民盖至弱而不可犯也；勿以民为贱，民盖至贱而不可虐也；勿以民为愚，民盖至愚而不可欺也。夫能与民同其利者，民必与上同其害；与民共其乐者，民必与上共其忧。"[2]王韬所说的"犯民""虐民""欺民"，正是封建专制君主统治的特征。他要求待民宽厚，以缓和矛盾。对于封建专制君主统治的不合理，何启说得更加尖锐而无所顾忌。他说："今者中国，政则有私而无公也，令则有偏而无平也。庶民如子而君上薄之，不啻如奴贱也；官吏如虎而君上纵之，不啻如鹰犬也。""豺狼噬人也，犹有饱时，而官府之私橐，无时可饱。"[3]

改良主义思想家对君主专制权力的愤恨和抨击，并没有导致他们要求推翻这个制度。事情看来很奇怪，这些思想家反而认为：专制制度本身是完美的、无罪的，只是由于某些偶然的、外在的因素，才造成"君民隔阂"的状态，如果去掉这些因素，进行某些改革，那么，隔阂就会消除，问题就会解决。在这里，封建统治不合理的责任被推到外在因素上，而君主专制制度本身仍然得到宽容和尊重。由此，思想家们认为自己的理论宣传任务，并不是要鼓动人民去推翻这种制度，而是要使它如何臻于纯洁，如何得到巩固。他们要求至尊无上的皇帝重视民间疾苦，广开言路，倾诚纳谏，使下情上达，政治清明。他们甚至认为，这样做正是

1 冯桂芬：《校邠庐抗议·复陈诗议》。

2 王韬：《弢园文录外编》卷一《重民中》。

3 何启、胡礼垣：《新政真诠》初编《曾论书后》。

为了提高皇帝的权威。陈炽说：实行议会政治之后，“合君民为一体，通上下为一心……民气日舒，君威亦日振”[1]。

看来颇为奇怪的改良主义思想家们的想法，其实并不新鲜，我们在中国的封建传统政治的历史中曾不止一次地碰到过这种情况。当封建社会矛盾尖锐化，专制统治暴露危机的时候，也曾有不少人用“民贵君轻”、“君民一心”、“上下交孚”等封建政治理论来提醒最高统治者，要求统治者设法缓和阶级矛盾。不过，改良主义者和他们的封建前辈是不同的。改良主义者作为救生妙药而注入封建专制制度机体中的是从西方移植过来的议会政治的“异物”，这种“异物”将与专制的机体产生排斥作用，移植的后果会导致专制机体的衰萎和死亡，这是改良主义思想家始料所不及的。他们的主观愿望在于给封建的君主专制制度修缺补漏，而借助于一种必然要限制、削弱专制君主权力的议会制度。他们实际上正在偏离专制主义的政治轨道，却宣称自己的脚步分毫不差地踩在这条轨道上，而且认为“君民共主”的议会制度不过是消除君民隔阂的一种具体措施，恰恰可以使君主长治久安，丝毫无悖于古圣贤提出的君臣之义的教导。在改良主义思想家的手里，封建的统治教条被悄悄地赋予新的解释，资产阶级的政治理论在旧的思想形式中获得了表现。

早期的资产阶级启蒙思想刚刚从西方传入，支持这种思想的新的阶级还不够强大，因此，启蒙思想家们为了使新的观念能够得到旧营垒里的人们的一定同情，不得不去迎合传统的政治教条。在这种情况下，议会制度的意义和作用被大大地缩小了，似乎它可以辅助封建专制君权的不足，而与之共存。在西方资产阶级国家的一般情况下，议会是权力机构，制定法律，决定国家的大政方针，不受行政机构的干预（当然，它实际上也只是资产阶级的

1　陈炽：《庸书》外篇卷下《议院》。

统治工具)。而中国的启蒙思想家心目中的议会，则连这种庄严的外观和表面的权力也是没有的。他们在搬取西方的议会制度时，无不主张“斟酌变通”。经过他们“斟酌变通”之后的议会制度，大概有以下几种情形：

第一种情形是把议会制度和科举制度联系在一起，像何启在《新政真诠》中提出的办法：县议员在秀才中选出，府议员在举人中选出，省议员在进士中选出。省议员每年一次集中到北京开会，“君国大政，其权虽出于君上，而度支转饷，其议先询诸庶民”[1]。这还算是要分取一小部分权力的较激进的方案。

第二种情形是把议会制度和乡官制度结合在一起，像陈炽提出的办法：每乡举乡官 2 人，“其年必足三十岁，其产必及一千金。然后出示晓谕，置瓯通衢，期以三月，择保人多者用之”。议员的任期 2 年，有薪俸和办公机构，定期开会，“大政疑狱，则聚而谘之”；但“贪婪专愎者，官得随时撤之”[2]。不但议员的资格、权力有许多限制，而且议员要仰行政权力的鼻息，官吏可以“随时”撤掉议员。

第三种情形是干脆把议会制度和官僚机构融为一体，像汤震提出的办法：由四品以上的高级官僚组成上议院，属军机处管理；由四品以下的中下级官吏组成下议院，属都察院管理。国家的大政方针，由两院议员讨论其利害得失，“由宰相（军机大臣）核其同异之多寡，上之天子，请如所议行”[3]。在这一方案中，议会成为官僚机构的下级机关，丧失了它的权力和独立性。

这三种方案，有激进与保守之分，具体措施也不相同，但基本精神都要维护皇权的尊严。他们设计的议会不过是皇帝的一个扩大了的咨询机关，而不是权力机关。议员们都是官僚、准官僚

1　何启、胡礼垣：《新政真诠》第二编《新政论议》。

2　陈炽：《庸书》内篇卷上《乡官》。

3　汤震：《危言》卷一《议院》。

或地主、文士。皇帝应该更多地俯顺“民情”。这里所谓“民”，是指不当权的绅商，而非广大的劳动人民。议会制度要建立，可是君主的专制权力是不可动摇、不可分割的。西方资本主义国家中的所谓三权分立和“议会”的独立尊严是没有的。在这里，议会赤裸裸地成为皇帝的仆从，专制政治的点缀。早期的启蒙思想家们对议会制度的理解和要求不可能走得很远，他们的思想受当时经济状况和阶级关系的制约：既然在经济领域中资本主义还十分微弱，封建经济占着绝对的统治地位，既然资产阶级才刚刚诞生，还没有剪断从封建母腹中带来的脐带，他们还根本谈不到去和封建制度对抗，那么他们的政治要求就只能夹杂在大量的封建言论中，不可能更加尖锐、更加鲜明地表达出来。他们虽然已从西方借来了议会制度的武器，但小心翼翼地不敢去触及专制皇帝的权威。

应该指出：当时提出议会政治是符合历史发展要求的，是在民主的道路上跨进了一步，它有利于资产阶级进入政权，分享权力。不过，由于鼓吹和实现议会制度势必削弱专制皇帝的权威，限制专制皇帝的权力，这就自然为专制皇帝及其他贵族所深忌，因之，早期的资产阶级启蒙思想家不得不竭力把自己的主张和封建专制的政治教条调和起来。但是，这种调和只是暂时的现象，不可能维持多久。议会政治的理论一旦出现，它就会随着经济的进步、资产阶级的成长以及民族危机的加深和封建统治的腐朽而日益蓬勃地发展和传播，导致对于封建专制制度的批判、谴责和否定，这是启蒙思想家们巨大的历史功绩。当然，这些思想家还是谨小慎微的，他们始终站在君主立宪的旗子下，不敢越雷池一步。对于他们来说，民主共和与暴力革命还是一种不能接受的“邪说”，进一步用笔墨和刀枪去批判和否定封建君主专制制度的任务，是由以后的资产阶级革命派承担和完成的。

六

除了“君民共主”的议会制度之外，资产阶级启蒙思想家还提出了“重商”的思想，宣称“商”是富国强兵的另一个根本关键。陈炽说：“商务盛衰之枢，即邦国兴亡之券也”。[1]薛福成说：“握四民之纲者，商也。”[2]这种思想和封建顽固派“重农轻商”、“崇本抑末”的论调是直接对立的。

启蒙思想家所说的“商”，包括了以对外贸易为中心的整个国民经济的广泛领域。70年代以后，外国商品大量输入中国，对外贸易的入超成了当代最突出的经济问题。由于外国商品输入激增，所以中国广大农村都成为倾销这种商品的市场，手工业受其排挤，城乡人民日益贫困破产。薛福成说：“今以各国商船论，其于中国每岁进出口货价银在二万万两以上，约计洋商所赢之利，当不下三千万，以十年计之，则三亿。此皆中国之利，有往而无来者也。无怪近日民穷财尽，有岌岌不终日之势矣。”[3]启蒙思想家们目睹时艰，没有一个不力图挽救这种江河日下的入超趋势，堵塞对外贸易的重大漏卮，这样，他们的经济主张、救时方案就自然而然地偏重在对外贸易方面。他们跟西方国家资本主义发展初期的重商主义学派很接近，从流通过程中的现象和危机出发，来理解当代的经济生活和自己的经济任务。这些思想家以为：财富就是货币的积聚，而流通就是实现财富增长的源泉。他们的许多经济主张归结到一点上，就是力求扭转对外贸易的巨大逆差，使金银不致外流，以保持国内的货币贮藏。马建忠说：西方国家“无不以通商致富。尝居其邦而考其求富之源，一以通商为准。通商而出

1 陈炽：《庸书》外篇卷上《公司》。

2 薛福成：《庸庵海外文编》卷三《英吉利用商务辟荒地说》。

3 薛福成：《筹洋刍议·商政》。

口货溢于进口者利，通商而出口货等于进口者亦利，通商而进口货溢于出口者不利”。他把进出口货物的比例视作通商是否有利的准绳，并说：“欲中国之富，莫若使出口货多，进口货少。出口货多，则已散之财可复聚；进口货少，则未散之财不复散。其或散而未易聚也，莫若采取矿山自有之财。”[1] 正是从发展对外贸易和获得货币财富出发，马建忠提出了整顿丝茶贸易、发展纺织事业、开采金银矿山等一系列所谓“富民”的措施。

中国的早期启蒙思想家们对经济的实际运动只停留在表面观察上。在他们那里，资本主义生产方式的特征仅仅在货币资本循环的形态上被表示出来，资本增值的过程被认为是在流通领域内完成的，并且仅仅是货币自身活动的结果，而生产只是货币自身增殖的一个条件。他们把发展生产的要求附属于发展对外贸易和取得货币财富的要求之下。这种观点，是商品经济正在迅速发展，而资本主义大工业生产尚未建立优势的那个社会发展阶段的产物。

尽管启蒙思想家们对资本主义生产的本质并无深刻的认识，但他们的经济思想具有明显的爱国、进步的性质。他们要求发展本国经济，保护民族工商业，和帝国主义进行经济竞争。他们提出“商战”的口号，甚至把抵抗外国经济侵略的重要性放在抵抗外国的军事侵略之上。郑观应曾指出帝国主义侵略的各种形式，除了军事侵略之外，着重地指出其经济侵略和文化侵略。他写道：“洋人之到中华，不远数万里，统计十余国，不外通商、传教两端。通商则渐夺华人之利权，并侵中国之地；传教则侦探华人之情事，欲服华人之心，阳托修和，阴存觊觎。”[2]“彼之谋我，噬膏血非噬皮毛，攻资财不攻兵阵……迨至精华销

1 马建忠：《适可斋记言》卷一《富民说》。

2 郑观应：《盛世危言》卷二《传教》。

竭，已成枯腊，则举之如发蒙耳！故兵之并吞，祸人易觉；商之掊克，敝国无形，我之商务一日不兴，则彼之贪谋亦一日不辍。纵令猛将如云，舟师林立，而彼族谈笑而来，鼓舞而去，称心厌欲，孰得而谁何之哉！”思想家们认识到中外通商是帝国主义侵略的一种形式，并且认识到这种经济侵略的祸害是极为严重的，所以振臂高呼：“吾故得以一言断之曰：习兵战不如习商战。”这种以发展对外贸易为中心的重商思想正包含着抵抗外国经济侵略的积极意义，是爱国的主张。而且，他们对中国经济发展前途很有信心，认为中国学习西方，必能超过西方，“转而相师，用因为革，舍短从长，以我之地大物博，人多财广，驾而上之，犹反手耳”。

启蒙思想家的重商思想，以发展对外贸易为中心，但并非仅仅停留在这一点上。为了发展对外贸易，就必须建立机器工业，发展生产；就必须提倡科学技术，奖励创造发明；就必须改革教育制度，培养人才；就必须发展交通运输，修筑铁路；就必须减轻商税，体恤商艰，实行保护工商业的政策。所以，启蒙思想家所说的“商”，有时候只指商业流通领域，有时候则泛指除农业以外的一切国民经济领域。他们认为商业是整个国民经济的枢纽，但并不否认工业生产的重要性。在他们看来，商业是发展工业生产的前提和基础，而工业又是发展商业的条件与保证，二者相互依赖。郑观应说：“若有商无工，纵令地不爱宝，十八省物产日丰，徒弃己利以资彼用而已。”[1] 也就是说：工业不发展，自己的丰富资源，只能成为帝国主义列强的掠夺对象。因此，他们提出要“以工翼商”（郑观应语），“工实居商之先”（薛福成语）以及“商之本在农，商之源在矿，商之体用在工”（陈炽语）等等。他们无不主张购买和仿造外国机器，设厂开矿，建筑铁路，百废俱

1　以上均见郑观应：《盛世危言》卷三《商战》。

举，在中国立即开展大规模的经济建设。这些思想家对于经济和政治的关系，以及国民经济各部门之间的相互关系当然还缺乏透彻的了解，但他们正在摸索前进，他们的思想正在从狭隘的经验中解脱出来，他们已经领悟到政治对经济的反作用，因而开始鼓吹议会政治；并且对经济规律的认识也日益深化，注意力从流通领域日益转向生产领域。1900年，郑观应在《盛世危言》的增订版中已这样说："西人之富，在工不在商，盖商者运已成之货，工者造未成之货，粗者使精，贱者使贵，朽废者使有用。有工艺然后有货物，有货物然后有商贾耳。"[1]看来，在19世纪之末，思想家们已经走出了重商主义的狭窄胡同。

启蒙思想家"重商"思想的另一特点是，重视国家政权对经济的干涉和保护。他们希望政府减轻商税，奖励制造贸易，发放贷款，保护工商。陈炽建议："宜仿泰西各国，增设商部，管以大臣，并立商律、商情、商平、商税四司，分任其事。"[2]薛福成建议："如西洋各国有商尚书，以综核贸易之盈亏，又有商务委员以稽查工作之良窳。"[3]郑观应建议：在六部之外，特设商部，重要城市设立商务局，各地设商务公所，其任务是研究种植、制造、贩运、销售，"重订税则，厘正捐章"，"凡有所求，力为保护"，以及讲授商学，研究商情，刊印商报等等。他们希望封建政府帮助资产阶级的经济发展。这种想法是可以理解的。当时社会上封建的经济和政治势力占着绝对的优势，幼弱的资本主义经济依靠自身的力量是无法生存和得到发展的，它离开了政权的荫庇简直就寸步难移，这是产生资产阶级启蒙思想家指望由政权来促进经济发展的幻想的客观基础。思想家们的全部言论和主张都是讲给封建统治者听的，都是为了开导、感化顽固的统治者，使他们信

1 郑观应：《盛世危言》卷八《技艺》附论。

2 陈炽：《庸书》外篇卷上《商部》。

3 薛福成：《出使日记续刻》卷五，光绪十八年闰六月二十七日。

服和执行进步的政策。

对于封建统治者来说，为了巩固自己的统治，也可以在一定程度上容纳某些“有益无害”的资本主义新事物。一部分封建官僚转化成了洋务派，对轮船、铁路、工厂、矿山表现了很大的兴趣。这种情形，更加强了启蒙思想家们希望政权来干预经济的幻想。某些思想家本人就是洋务派官僚的入幕之宾，参与制订和执行经济政策，创办企业，从事洋务活动。但是从根本上说，当时的封建政权不可能促进社会经济的发展，而只会阻碍这种发展，呼吁多年的废除厘金制度的要求，不但没有实现，反而苛捐杂税，变本加厉；改订关税受到帝国主义的反对，清朝政府不敢也无权实施；设立商部，颁布商律，体恤商情的建议如石沉大海，并无反响；政府的微薄贷款，被洋务派官僚把持，成为某些企业的专利，一般企业不能问津；洋务派开办的企业，取得对某个经济部门的垄断特权，窒息了经济的进一步发展，而那些企业本身又被洋务派官僚一手控制，成为他们营私舞弊、发财致富的利薮。无数事实都证明了现存政权与资本主义经济扞格不入的本质。这里，一方面资本主义经济急待政权的扶植，没有这种扶植，经济的发展，甚至一个企业的创办都显得非常艰难；另一方面，恰恰是政权的干预成了经济发展的绊脚石，政府的专横干预堵塞了经济进一步发展的通道。这个客观的矛盾造成了启蒙思想家经济思想中的极大混乱，他们关于政权干预经济的观点中包含着种种自相矛盾的说法，表达得前后极不一贯。

许多启蒙思想家都发表过赞成官办和官督商办的言论。如王韬说:“近日所有开矿公司，弊窦丛滋，请皆一切罢之。而悉由国家发出帑金，自行开掘，责以成效。但使总办得人，纲举目张，所出必有可观。”[1] 又说:“最要者莫如官商相为表里，其名虽归商

1 王韬：《弢园尺牍续钞·拟上当事书》。

办，其实则官为之维持保护。”[1]郑观应说，“开矿之事，似宜商办而官为护持”[2]，“全恃官办则巨费难筹，兼集商资则众擎易举。然全归商办，则土棍或致阻挠，兼倚官威则吏役又多需索。必官督商办，各有责成……则上下相维，二弊俱去”[3]。陈炽说：“商办非，官办亦非也。然则奈何？曰：考之于古则增设矿人，参之于今则官督商办。”[4]他们都赞美官督商办，以为这是发展中国经济的良好形式。他们的思想，指明了事情的一个方面，即在中国近代工业产生的初期，单纯依靠商人个人的努力，是很难使企业创办和发展起来的，在这里需要得到政权的参加和保护。启蒙思想家的这种想法，反映了经济生活的客观实际，表现了对封建统治阶级的期望和幻想。

但是，几乎是同一些启蒙思想家，他们在另外的、或稍后的场合，却完全改变了论调，成为官办和官督商办的坚决反对者。王韬说：“若开掘煤铁五金诸矿，皆许民间自立公司，视其所出繁旺与否，计分征抽，而不使官吏得掣其肘。”[5]郑观应在长期参与了官办、官督商办企业管理之后，痛心疾首地宣称：“我国创一厂、设一局，动称官办。既有督，又有总，更有会办、提调诸名目，岁用正款以数百万计。其中浮支冒领，供挥霍者不少，肥私囊者尤多……今欲扩充商务，当力矫其弊，不用官办而用商办。”[6]郑观应甚至说：“名为保商实剥商，官督商办势如虎。”[7]他们这种激烈地反对官办、官督商办的思想，指明了事情的另一个方面，即官与商在企业中的尖锐矛盾，清朝政权压制、排挤资本主义的本

1 王韬：《弢园文录外编》卷十《代上广州府冯太守书》。

2 郑观应：《盛世危言》卷六《船政》。

3 同上书，卷四《开矿》。

4 陈炽：《庸书》外篇卷上《矿人》。

5 王韬：《弢园文录外编》卷一《重民中》。

6 郑观应：《盛世危言》卷八《纺织》。

7 郑观应：《罗浮待鹤山人诗草》卷二。

质。在封建政权的干预下，资本主义不可能发展成长。启蒙思想家的这种想法，也反映了经济生活的客观实际，他们对封建统治阶级的期望和幻想，趋于幻灭。

启蒙思想家时而这样主张，时而又那样主张，这种思想矛盾反映了客观历史的矛盾，这只有在历史的进一步发展中才能得到解决。大约到中日甲午战争前后，资本主义有了初步的发展，社会风气有了某些改变，发展经济成为社会普遍的、迫切的要求，资本家创业的客观环境略有改善，办企业的条件逐渐成熟，私人的企业成批地涌现。而那些官办、官督商办的企业，却呈现奄奄一息的状态。事实证明，企业离开封建政权的干预，能够存在、自立，而且更有生气。在这样的时候，先进思想家才能从政权干预经济的陈旧思想中解脱出来。甲午战争后，何启说过这样一段话:“不问何事，一闻官督，则商民必不敢办。”“今铁路之议，其名曰官督商办，是民之事而主之以官也，是于不宜合谋者而使之合谋也。不宜合而合之，虽在君民最洽之邦，且当绝无疑忌之日，亦戛戛乎其难。”[1]后来，梁启超更明确地宣称:“中国商务之不兴，虽谓李鸿章官督商办主义为之厉阶可也。”[2]先进的思想家们从失败中吸取了教训，认识到官（封建政权）和民（资本家）的本质不同，难以在经济上进行合作。于是，他们不但抛弃了要求政权直接干预经济的主张，而且强烈要求封建政权退出各种企业，甚至要求把一直被封建政权所垄断的军事工业也交给商人来办。“让商人们放手干罢！不要有丝毫的拘束”，这是甲午战争以后带有自由主义色彩的经济格言。思想家们把发展经济的希望，从依靠国家干预转向依靠资产阶级自身，依靠这个阶级的成长和团结。当时思想界关于组织股份公司、成立商会的热烈讨论，正是在这

1 何启、胡礼垣：《新政真诠》第三编《新政始基》。

2 梁启超：《李鸿章》第六章《洋务时代之李鸿章》。

个背景中发生的。资产阶级改良主义者的经济思想，随着中国资本主义的发展和资产阶级的成长而在一步一步地探索前进。

七

戊戌维新运动是中国历史上一次巨大的思想解放运动。这种思想解放的潮流有其来龙和去脉。它对以后20世纪的政治斗争和文化思想发生了深刻的影响。这一思潮从鸦片战争时个别的先进知识分子向西方学习开始，他们探讨救国的真理，提出各种主张，人数还不多，影响也不大，但不久以后迅速地发展起来，涓涓细流，汇为江河，到戊戌前夕，已具有相当的规模和声势。戊戌时代的思想解放是这一思潮的继续和发展。

戊戌以前的启蒙思想家们，具有以下的一些特点。

第一，启蒙思想家鼓吹变法以适应正在急剧变化的客观形势，主张学习西方资本主义文明以抵御资本主义的侵略。如何启说："当今之世而不变今之法……亦无以决疑征信，大得于民。"[1]郑观应在早年著作《易言》中说："由今之道，变今之俗，宜览往古，法自然，诹远情，师长技，攻其所短，而夺其所恃。"[2]这些主张和林则徐、魏源一脉相承。此外，如王韬说："孔子而处于今日亦不得不一变。"[3]陈炽说："惟兼采东西法而后古今之变局不能挠。"[4]还有陈虬说："时变矣，而犹欲袭先业而守旧教，恭己无为，坐致治平，是犹持方枘而周圆凿，其不得适也必矣。"[5]这些启蒙思想家都是西方文明热烈的追求者，是积极的改革派，他们反对

1 何启、胡礼垣：《新政真诠》初编《曾论书后》。
2 郑观应：《易言·自序》。
3 王韬：《弢园文录外编》卷一《变法上》。
4 陈炽：《庸书》外篇卷上《西法》。
5 陈虬：《治平通议·序》。

封建顽固派抱残守缺、泥古不化的保守思想。

第二，启蒙思想家的变法主张和御侮图强的目的结合在一起，具有强烈的爱国主义的性质。例如，郑观应虽是买办出身，却很有爱国思想，他早期的著作《易言》就是在第二次鸦片战争的刺激下，发愤而作的，即所谓“庚申之变，目击时艰，凡属臣民，无不眦裂”[1]。中法战争时，他奔走于西贡、新加坡、槟榔屿，冒暑历险，访察形势，侦探敌情，图谋抗法。中法战争后，李鸿章签订丧权辱国的条约，郑观应气忿地写诗讥讽投降主义的外交和军事上的失败。诗中有云:“堪叹羁縻先议款，那知边牧又扬尘”；“魏绛和戎原下策，杜陵诸将鸣不平”；“三军指顾沉波国，廿载经营付海宫”[2]。中日甲午战争时，郑观应主张抵抗，提出战、守、备三策，他说:“呜呼！居今日而为北洋筹万全之策，盖亦戛戛乎难言矣！门户残破，海军摧败，敌已浸浸入我堂奥。譬之千金孤注，成败在此一举，于万难下着之棋而勉为借箸之谋，则犹有战、守、备三策。”当清政府酝酿和谈投降时，他竭力反对。他说，如果赔款割地，苟安旦夕，“从此文官保全禄位，武将保全身家，不敢谓非国家保全太和之盛德，第恐如此委曲求和，苟且急就，书之国史，实为中国万世之羞”[3]。面临强敌环伺，国家危急的形势，郑观应主张“防外侮更重于防内患”[4]。这是和封建统治阶级“攘外必先安内”的一贯政策不相同的。可见郑观应确是一位具有爱国热诚的先进思想家。其他人的情况也相似，如王韬在中法战争时，力主抵抗，反对妥协，他说:“我国讲求武备，整顿边防，仿效西法，已二十余年矣！非出于一战，则果可用与否，未由见之。今者薄海臣民，忠义奋发，设非一战，则何以作士气？

1　郑观应：《易言·自序》。

2　郑观应：《罗浮待鹤山人诗草·次彭宫保师海南军次秋兴二十四章原韵》。

3　《盛宣怀档案资料·郑观应致盛宣怀条陈中日战争》，光绪二十年十二月十八日。

4　郑观应：《盛世危言》卷五《民团》附论。

何以振人心？何以兴人才？一战不胜则再战，再战不胜则三战，但持之以坚忍不拔之志，则豪杰之士，必闻风兴起。岂独制法人而已哉，将见欧洲诸雄国胥畏之矣！”[1]

第三，当时的启蒙思想家虽然力主改革，但只承认渐变，不承认突变，因此他们被称为“改良主义者”。如王韬说：“天时有寒暑而不能骤更，火炭有冷暖而不能立异，则变亦非一时之所能也，要之在人而已矣！尽人事以听天心，则请决之以百年。”他们都希望说服统治者，采纳自己的方案，实行自上而下的改革。王韬说：“移风易俗之权，操之自上，而与民渐渍于无形，转移于不觉。”[2]陈炽说：“天下之治乱安危，定于人主之意向而已矣。”[3]他们寄希望于最高统治者，而不相信人民群众的力量。

应该说，在中日甲午战争以前，启蒙思想家的变法主张已经相当全面、细致和具体，包罗甚广。大体上，戊戌变法时期的新政措施也没有大量地超越出他们所提到的范围。早期的思想家们为戊戌维新运动作了重要准备，这是他们的历史功绩。

但是，早期的启蒙思想家和戊戌时期的维新派比较起来，在理论上和实践上有所不同，表现出时代的局限性。

从理论上说，早期启蒙思想家的变法方案几乎都是各种具体措施的简单拼凑，缺少坚实的历史论证和系统的理论阐发。这些启蒙思想家过分地注意当前的具体问题，忙忙碌碌地设计应急措施，对理论极为冷淡。他们既没有系统地介绍西方的哲学和各种社会学说，也不大理睬中国传统的儒家学说。也许他们认为这些抽象的理论、学说和当前实际距离较远，不能立竿见影地解决具体问题。他们满足于经验范围内的知识，在思想史上，他们可以算作是一群站在洼地上的矮子。正因为这一点，他们在宣传变法

1 王韬：《弢园尺牍续钞·与伍秩庸观察》。

2 王韬：《弢园文录外编》卷一《变法》。

3 陈炽：《庸书·自序》。

和反对顽固派的斗争中就显得论据不足，并且和洋务派也划不清界限。他们大多也打着“中学为体，西学为用”的旗子，宣称自己的变法主张，不是改变封建主义的根本，而是为了要保卫和发扬它。如薛福成说：“今诚取西人器数之学，以卫吾尧舜禹汤文武周孔之道，俾西人不敢蔑视中华，是乃所谓用夏变夷者也。”[1]郑观应也说过：“中学其本也，西学其末也。主以中学，辅以西学，知其缓急，审其变通，操纵刚柔，洞达政体，教学之效，其在兹乎！”甚至他们中间还普遍地流行着一种奇怪的议论，说西方国家的科学技术，舟车枪炮以至政治、法律、数学、天文都是中国古代圣人的发明创造，自从秦始皇焚书坑儒以后，这些东西在中国都失传了，反而在西方国家得到流传和发展，因此西方资本主义文明都是中国古圣先贤的遗产。这种资本主义文明源出于中国的奇谈怪论，在当时的知识界中却很有市场。郑观应说：“星气之占始于臾区，勾股之学始于隶首，地图之学始于髀盖，九章之术始于周礼。不仅此也，浑天之制，防于玑衡，则测量有自来矣。公输子削木人为御，墨翟刻木鸢而飞，武侯作木牛流马，则机器有自来矣。秋官象胥，郑注译官，则翻译有自来矣。阳燧取明火于日，取明水于月，则格物有自来矣。”[2]甚至连西方的议会制度，也是“颇与三代法度相符”。薛福成也说：“《墨子》一书，导西学之先者甚多。”[3]又说：西方的议院和股份公司与《淮南子》《管子》书中的宗旨相合。既然中国是西学的老祖宗，那么，礼失求诸野，向西方学习，恢复古圣先贤的发明创造，自然是顺理成章，不容反对的了。启蒙思想家们振振有词地说：“以中国本有之学，还之于中国，是犹取之外厩，纳之内厩。尚鳃鳃焉谓西人之学，

1　薛福成：《筹洋刍议·变法》。
2　郑观应：《盛世危言》初编卷一《西学》。
3　薛福成：《出使日记》卷五，光绪十六年十月下旬各条。

中国所未有，乃必归美于西人。西人能读中国书者，不将揶揄之乎？”[1]“知彼物之本属乎我，则毋庸显立异同；知西洋之本出乎中，则无俟概行拒绝。”[2]早期的启蒙思想家就是用这种肤浅而牵强的办法，在封建主义的古老传统中，为自己学习西方和进行改革的主张寻找合法根据，以打破顽固派的反对，减少前进的阻力，正像马克思所说：“一切已死的先辈们的传统，像梦魔一样纠缠着活人的头脑。当人们好像只是在忙于改造自己和周围的事物并创造前所未闻的事物时，恰好在这种革命危机时代，他们战战兢兢地请出亡灵来给他们以帮助，借用它们的名字、战斗口号和衣服，以便穿着这种久受崇敬的服装，用这种借来的语言，演出世界历史的新场面。”[3]

理论方面的局限，带来了实践活动方面的局限。既然一切改革仅仅是为了恢复古已有之的旧东西，既然统治阶级中的个别大人物可以成为力挽狂澜的改革者，那么，这场改革也就被误认为是轻而易举，无需经过严重斗争的了。早期的启蒙思想家只限于著书立说，向统治阶级献策进言，而缺乏积极主动的政治行动，不关心去促成改革胜利所必需的各项条件。他们既没有动员群众的理论和纲领，也没有实现变法的组织手段和斗争手段。他们是一些“纯粹”的思想家，而且还是在狭隘经验知识范围内的思想家。

社会在迅速地前进，变法维新成了当时的行动课题。早期启蒙思想家的主张已不能满足形势的需要，历史要求克服他们的局限性，要求人们积极行动起来，并给变法维新运动以理论的说明以及采取适当的组织手段和宣传手段。这个任务落在康有为等一批维新变法的思想家身上。

---

1 郑观应：《盛世危言》初编卷一《西学》。

2 陈炽：《庸书》内篇卷上《自强》。

3 《马克思恩格斯全集》，第 8 卷，第 121 页。

关于康有为等的理论和政治活动，我们不作详细论述了。在这里只提出这样一点：康有为很早就开始活动，但是，他所走的道路和早期启蒙思想家有所不同。他早年未去过外国，也不懂西方的语言文字，他接受的西方知识完全是靠翻译过来的书籍，是通过一条间接的途径的。因此，他对西方资本主义的了解是肤浅的，很不完整的，他的西方知识还不如他的前辈的某些思想家。但是，这一点并不妨碍康有为把变法维新思想推进到新的高度，并成为向西方学习的杰出代表。一方面，他更多地致力于学术和理论领域，为变法运动寻找理论和历史的根据；另一方面，他又把变法思想在中下层知识分子中广泛传播，扩大了实行变法的社会基础。康有为早年习程朱理学，贯串经史，学识渊博。其后皈依今文学派，承接龚自珍、魏源的传统，并遍观西方书籍和佛学书籍，超越了早期启蒙思想家狭隘的经验知识范围。1884 年，康有为著《人类公理》一书，包含了大同理想的萌芽，为变法运动提出了远大的前景。1888 年，康有为第一次上书，主张变法，开布衣上书的先例。其后，讲学于万木草堂，团聚和培养了变法的骨干，又先后写成《新学伪经考》《孔子改制考》，为变法维新作了理论上的准备。康有为的理论和实践，正是继承了早期启蒙思想家的事业，在一定程度上克服了先辈的局限性，大力地推动了戊戌变法维新运动的到来。

（原载《戊戌维新运动史论集》，1983 年 8 月）

戊戌时代的思想解放

一

每一个剧烈变动的历史时代，都有那个时代的“思想解放”运动。中国在春秋战国之际，濒临着奴隶制度的崩溃和封建制度的生长，封建阶级的代言人感受到了时代脉搏的跳动，对一切旧传统进行猛烈的批判，他们著书立说，相互问难，相互辩论，形成了学术思想界百家争鸣、万木向荣的新气象。这是封建阶级从奴隶制传统观念中解放出来的一次大运动。14 到 16 世纪的西欧，正处在资本主义的发生发展阶段，当时以意大利为中心掀起了一个文艺复兴运动，出现了一大批欢呼新时代的思想家，在哲学、宗教、文学、艺术等各个领域内开始树起人文主义的进步旗帜。这又是西欧新兴资产阶级从中世纪独断主义中解放出来的一次大运动。历史上的这种思想解放运动都是时代的产物，都是当时社会所包含的根本矛盾的产物，历史发展到特定的时期，新的生产力和旧的生产关系之间的矛盾，新的经济基础和旧的上层建筑之间的矛盾，开始激化了、尖锐了。生活给人们提出了解决矛盾、促进社会发展的任务，进步的思想家们站在矛盾的新生方面，解释这些矛盾，提出解决的方案，阐明发展的前途。新时代的思想家们，好像是暴雨欲来时的狂飙，好像是战斗准备前的号角，他们以敢想、敢说、敢做的精神，抨击过去，歌颂未来。横扫前进道路上的许多旧传统、旧观念，动员并号召人们投入战斗。在历史上，差不多每一次经济和政治变革的同时都会相应地出现一次思想的解放，而思想的解放反过来又成为经济与政治变革的推动力量。

60年前，中国也出现了一次资产阶级的思想解放运动，这就是戊戌时代维新和守旧的斗争。这个思想解放运动也是适应当代生活的要求而出现的。当时动荡的时代给人们提出了两个大问题。一个是经济生活中资本主义因素的发生和初步发展，资本主义经济的发展要求摆脱旧的束缚，要求帝国主义和封建主义给自己让道。另一个是自从鸦片战争以后形成的民族危机，特别到 1894 年中日甲午战争以后，出现了帝国主义瓜分中国的形势，中国人民要求抵抗外来侵略，挽救民族、国家的危亡。现实生活所提出的这两个大问题，摆在每一个阶级、每一个人的面前，迫使他们表明自己的态度，提出自己的看法。

当时以慈禧太后为首的地主官僚中的顽固派是“正统”的当权派，他们对任何新事物一概采取敌视和压制的态度，把机器技术看做“奇技淫巧”“雕虫小技”，把提倡工商业叫做“本末倒置”“上下交征”，把西方的政治制度文化制度斥为“邪说诐行”“离经叛道”。他们在几千年的封建老铺子里佩戴上一副有色眼镜，东望望，西瞧瞧，愈是新鲜的、生气勃勃的事物，他们愈是觉得灰溜溜地可憎可厌。在鸦片战争以后的几十年里，他们虽然也吃了西方资本主义国家的一点苦头，但是他们不可能从中吸取适当的教训，他们大言不惭地声称：西方国家有轮船、枪炮、机器，中国则有纲常、礼义、诗书。轮船、枪炮、机器不过是“形而下”的小器，而纲常、礼义、诗书却是“为天地立心，为生民立命”的大道。大道是超过小器的，因此中国的封建主义当然也就一定会战胜西方的资本主义。这班冬烘先生成天在“以拙制巧”“用夏制夷”的昏梦中过日子，但是尽管这样，当外国侵略战争真正临头的时候，顽固派每一次都是最彻底的投降派，因为他们在抵抗外国侵略方面其实是一筹莫展，毫无所能的。

另一个统治集团是地主、官僚、买办的洋务派，这一派以李鸿章、张之洞为代表。他们在基本的政治立场上与顽固派并无分歧，但是这个派别较多地依附于外国资本主义的势力，他们对西方的“船坚炮利”推崇备至。为了适应资本主义侵略者的要求，他们主张对封建制度作一些调整。李鸿章说当前的局面是“千年来一大变局”，“处今时势，外须和戎，内须变法”。他所主张的“变法”与“和戎”并行，其实际内容就是：要求封建顽固派放下虚骄自大的架子，向侵略者屈服，并从侵略者那里找到支持力量，来维护其腐朽的统治。所以梁启超批评李鸿章“其于西国所以富强之原，茫乎未有闻焉，以为吾中国之政教、文物、风俗，无一不优于他国，所不及者惟枪耳、炮耳、铁路耳、机器耳，吾但学此而洋务之能事毕矣”。[1]

随着中国资本主义的初步发展，在中国社会上也出现了一批具有资本主义思想的爱国知识分子，这就是戊戌时代的维新派。维新派代表着中国新兴资产阶级的利益。新兴资产阶级一方面和封建主义帝国主义有非常密切的联系，他们的力量十分薄弱，开办企业的时候要依靠反动势力的庇护和支持，因此他们不敢正面冲撞反动派，不敢展开彻底的斗争；另一方面，他们也承担着帝国主义和封建主义这两座大山的沉重压力，他们只能够在地下伛偻爬行，不可能挺起胸膛，迈步前进，因此对反动势力的钳制也深感不满。维新派就是这一新兴阶级的代言人。维新派思想有不少落后的、软弱的方面，这种落后和软弱的方面，是他们的历史地位、阶级地位所带来的，但是他们要求发展资本主义，挽救被瓜分的危机，在一定程度上主张民主自由和民族独立，要求从封

1　梁启超：《李鸿章》。

建阶级的旧思想中解放出来。维新志士为着自己的抱负，同反动派进行了较量，抛头颅，洒热血，在所不惜。在当时中国满天封建主义的阴云下，维新派的思想和活动是进步的，他们在中国历史上写下了资产阶级启蒙运动的一章。

维新思想的萌芽可以追溯到1840年鸦片战争以后，当时，一批先进的知识分子，从魏源、冯桂芬，到薛福成、马建忠，他们为了挽救中国的危机，曾经从西方介绍了不少知识。但是维新思想真正掀起一个政治运动，却以1895年康有为领导的“公车上书”为起点。当时，正是甲午战争失败后清朝政府在跟日本侵略者谈判投降条件的时候，爱国的人民不甘屈服，在全国范围内掀起了一个反投降的热潮，康有为集合了在北京会试的1200名举人，发起了一个上书运动，提出“拒和、迁都、练兵、变法”四个口号，以拒和作为目的，以变法作为手段。维新派的“拒和、变法”与洋务派的“和戎、变法”显然是本质上不同的两件事情，一个是投降主义的变法，一个是反对投降主义的变法，这样就使得维新派思想和洋务派思想在最根本的问题上，站到了对立的立场上。“公车上书”虽然没有也不可能制止封建阶级的投降活动，但从此以后，维新变法的政治运动和思想运动日益发展。在政治战线上，维新派和守旧派爆发了一场争夺政权的斗争。在思想战线上，新学与旧学，学堂与科举，西学与中学也展开了争夺地盘的激烈斗争。一些先进的思想家，举着“维新、变法”的大旗，向封建制度展开了进攻。由于力量对比的悬殊，维新派没有能够取胜，他们在政治上被反动派打得丢盔卸甲，在思想上也偃旗息鼓，阵脚大乱。戊戌时代的政治改良和思想解放运动好像瞬间凋谢的昙花一样，并没有结出累累的果实，但是它仍有重大的意义，人们久处在封建闭塞的发霉气氛中，忽然从那里吹过来一股新鲜的气息，麻木不仁的头脑开始清醒过来了，僵硬的四肢逐渐动弹起来了。专制独断的皇权思想，昏人神智的八股文章，以及桎梏性情的纲常伦理，这一切曾经是封建阶级麻醉和统治人民的武器，现在这些武器上也长起了斑斑锈痕。人民不仅从戊戌政治运动中认清了反动派的凶恶面目，而且也从戊戌思想运动中吸取了精神解放的力量，把反帝反封建的斗争更加推向前进，这样就使得中国的政治局面很快地从改良主义的阶段迈进到资产阶级革命阶段。

二

戊戌时代思想解放的内容是紧密地和政治斗争相结合的。当时新兴资产阶级主要的政治任务是挤进统治机构中去，分享政权。为了达到这个目的，维新派提出“兴民权”、“开议院”和“君主立宪”等主张，这些主张都是帮助资产阶级进入政权的手段。在世界历史上，资产阶级取得或分享政权的形式不外乎有两个，或者是利用人民群众的力量，彻底摧毁封建制度，建立起民主共和国的资产阶级专政（如1789年的法国资产阶级革命那样）；或者是由于资产阶级的软弱，不能够，也不敢于进行彻底的斗争，反而跟封建主握手言欢，沆瀣一气，建立起君主立宪的地主资产阶级的联合统治（如德国1848年的革命和日本1868年的明治维新那样）。每个国家究竟是实现哪一种形式，是要看当时阶级力量的对比关系而定的。戊戌时代的中国，新兴资产阶级是十分软弱的，没有进行资产阶级革命的力量和勇气，因此，他们从西方的政治模型中选取了“君主立宪”作为蓝本，他们高唱“民权”“议院”“宪法”等主张，其目的无非是要求封建阶级让渡给自己部分的权力。但是，即使是这种并不能触动封建基础的改良主义要求，也遭到顽固守旧的统治阶级的拼命反对。守旧派从封建社会绝对专制主义的皇权观念出发，驳斥维新派说，“民有权，上无权矣”[1]，“使民

1 叶德辉语，见《翼教丛编》卷五。

权之说一倡，愚民必喜，乱民必作，纪纲不行，大乱四起”[1]。所以“议院必不可设，君权必不可下移”[2]。他们直截了当地拒绝了任何分享政权的企图。

为了打通进入政权的道路，推进变法运动，就必须要对作为封建制度有力支持的专制皇权观念进行批判，从理论上阐明资产阶级议会政治的合理性。资产阶级维新派像法国革命前的思想家卢梭一样，论证了国家和君主的起源，提出了君民关系的新观念。维新派的急先锋谭嗣同说：

> 生民之初，本无所谓君臣，则皆民也。民不能相治，亦不暇治，于是共举一民为君。夫曰共举之，则非君择民，而民择君也。夫曰共举之，则其分际又非甚远于民，而不下侪于民也。夫曰共举之，则因有民而后有君；君末也，民本也。天下无有因末而累及本者，亦岂可因君而累及民哉？夫曰共举之，则必可共废之。君也者，为民办事者也；臣也者，助办民事者也。赋税之取于民，所以为办民事之资也。如此而事犹不办，事不办而易其人，亦天下之通义也。[3]

按照谭嗣同这种说法，原来巍巍在上，发号施令的“天子”不过是老百姓“共举”出来的，并不是什么应天承运的权威，而且皇帝办不好事情，还可以“共废之”。这样一来，几千年相传的君权神授观念，一下子被戳穿了。而且，维新派还进一步说，君主的存在是暂时的，有条件的，人们所以“共举”君主，那是由于人类社会还停留在较低级的阶段，“有其相欺，有其相夺，有其强梗，有其患害，而民既为是粟米丝，作器皿，通货财，与凡

1 张之洞：《劝学篇·正权》。

2 《变法首先防弊论》，光绪二十四年九月二十五日《申报》。

3 谭嗣同：《仁学》卷下。

相生相养之事矣。今又使之操其刑焉以锄，主其斗斛权衡焉以信，造为城郭甲兵焉以守，则其势不能，于是通功易事，择其公且贤者，立而为之君”[1]。所以君权的产生并不是由于什么不可捉摸的“天命”，而不过是人类蒙昧时代的一种社会分工而已，随着社会的进步，君权应该是愈来愈削弱，而逐渐趋于灭亡。正是基于这种看法，维新派提出所谓“张三世”的说法，就是“多君为政之世”（据乱世）必然要让位给“一君为政之世”（升平世），而“一君为政之世”又必然要让位给“民为政之世”（太平世）。历史的进化将会使君主制度永归消灭，到了理想的大同世界里，那就“人人平等，无有臣妾奴隶，无有君主统领”[2]了。

维新派的这种解释，并没有真正科学地解释君主制度的发生和发展，因为他们完全缺乏阶级的分析。但是他们却是历史地批判了“君权神授”的传统观念，把君主制度的发生、发展还原为简单的人与人的关系，使专制皇权思想发生根本动摇，这在当时不能不说是一种大胆新颖的见解。而且，维新派对君主制度的抨击并不仅仅停留在理论概念上，他们更进一步对于中国几千年来专制君权制度下的悲惨现实作了一幅淋漓尽致的写照。在这方面，谭嗣同是最激烈的一个，他历数了从秦始皇以来的专制暴政，一概否定了封建社会的政治和学术，认为“二千年来之政，秦政也，皆大盗也。二千年来之学，荀学也，皆乡愿也。唯大盗利用乡愿，唯乡愿工媚大盗”[3]。他直斥清朝统治者“秽壤”“羶种”“禽心”“毳俗”，“如此黑暗地狱，直无一法一政，足备纪录，徒滋人愤懑而已”[4]，甚至他还表示愿意列入起义农民的行列，所谓“志士仁人求为陈涉、杨玄感，以供圣人之驱除，死无

1 严复：《辟韩》。

2 康有为：《大同书》。

3 谭嗣同：《仁学》卷上。

4 谭嗣同：《致汪康年书》。

憾焉”[1]。这种由民主主义思想和民族主义感情所交织成的灿烂篇章，不仅使其他同时代改良主义者的作品黯然失色，而且在整个中国思想史上也闪耀着光辉夺目的异彩。

其他维新派虽然没有像谭嗣同那样激昂陈词，但是他们几乎都众口一词地指出：专制君主制度的存在是中国贫弱落后的根本原因之一。照维新派看来，在专制主义的高压下，君民之间，官民之间存在着无法解决的矛盾，这种矛盾愈来愈尖锐，以致使“民”“屏息潜伏不敢轻议国事，以触文法……其民之气既散，益块然干槁，安于醉生梦死”，“外患猝至，乃如摧枯拉朽，莫能御矣”[2]。资产阶级在对封建主做斗争的时候，总是把自己打扮成全民的代表者，把他们自己与封建主的矛盾说成是全体人民与封建主的矛盾。他们对顽固的守旧派说：这种矛盾发展的后果，必然要弄到亡国灭种的地步，只有实行“立宪”和“议会”，才能“解生民于倒悬之危，置国家于磐石之安”，才能使“君民之间，仍复浃洽，耳目最近，喘息必闻，凡申详反复之繁难，胥吏挟持之弊窦，皆一洗而空之，以故国家无难决之疑，言路无壅蔽之患，内政既清，外侮不作”[3]。总之，维新派在“国家利益”和“全民利益”的盾牌下，竭力想说服统治者，要求按照资产阶级的意愿和利益来安排政治制度，以便自己能插足进统治机构中去。

在阶级利益的推动下，维新派就是这样和专制君主制度展开了战斗，力争从专制主义皇权制度和皇权观念的束缚下解放出来。这是一个有很大意义的进步，因为君权神授观念是封建专制制度的一块重要基石，历代封建主曾经制造了各种荒诞离奇的神话，规定了许多繁文缛节，标榜忠君死节的伦理观念，把专制君权弄得如此地高深莫测，如此地神圣不可侵犯，以致即使是反抗封建

1 谭嗣同：《仁学》卷下。

2 欧榘甲：《论大地各国变法皆由民起》。

3 赵而霖：《开议院论》。

制度最坚决的历代农民起义的英雄们，也被这个传统观念紧紧地束缚住。农民们没有能力来识破这个混乱的历史疑团，因此他们在高举武器反对封建君主的时候，也还没有忘记掉要一个“好皇帝”。维新派在这方面的确是跨进了一大步，他们提出了君民关系的崭新观念，拆穿了几千年来君权神授的全部谎言，尽管维新派并不愿意推翻皇帝，但是仅仅这样一个新观念的提出和传布，在客观上便不能不发生深远的影响。因为当人们从君权神授的迷信中一旦解放出来之后，就有可能继续迈进，走上推翻帝制的革命道路。所以戊戌时代的这一思想解放，为以后许多知识分子的进一步革命化提供了一个出发点。

资产阶级维新派虽然尖锐地抨击了专制皇权观念，但是他们并没有超越改良主义的范围。他们在论述“民权”问题的时候，大多是小心翼翼，不把民权渲染得过分。他们一则说：“及今而弃吾君臣可乎？曰是大不可。何则？其时未至，其俗未成，其民不足以自治也。彼西洋之善国且不能，而况中国乎？”[1]再则说，“权者生于智者也，有一分之智，即有一分之权，今日欲伸民权，必以广民智为第一义”。三则说，“欲兴民权，必先兴绅权，欲兴绅权，宜以学会为之起点”[2]。在维新派看来，中国人民是愚昧的群氓，毫无自治的能力，必须有一个皇帝来统治，所以推翻帝制是遥远渺茫的理想，不是当前所要采取的行动。当前的重要问题不过是要提高“绅权”，让资产阶级分享政权；不过是要改革教育，通过教育来解决其他一切政治问题。这样，维新派的眼睛虽然望着前面的目标，可是他们的两脚却不由自主地从侧面滑到了泥塘里去，在这里，他们的阶级利益被陈述得何等坦率，他们的软弱性又暴露得何等鲜明啊！

---

1 严复：《辟韩》。

2 梁启超：《戊戌政变记》卷八《上陈宝箴议论湖南应办事》。

三

回避斗争，把文化教育当做社会的首要问题，这是当时维新派的一个共同谬误，这个谬误的产生正是由于新兴资产阶级力量的软弱，他们一方面不敢动用更有力的武器来改变旧制度，不敢过分地开罪顽固统治者；另一方面他们在强大的反动势力面前深感自己的力量薄弱，迫切需要培养和团聚起一批肯为资产阶级效忠的人才。正是在这种情况下，推广教育，培养人才的问题在维新派心目中才显得特别的重要。所以康有为认为“欲任天下事，开中国之新世界，莫急于教育”[1]。何启说：“人者致治之具，善修其具，则为逸而功多，不善修其具，则为劳而功少……无其具而欲求其治，譬犹渡川而无舟楫，伐木而无斧斤。”[2]梁启超说：“变化之本，在育人才，人才之兴，在开学校，学校之立，在变科举。”[3]维新派既然把人才看得如此之重要，那么他们究竟怎样来着手培养呢？

显然，封建主义文化教育的老一套是不能够符合资产阶级要求的。资产阶级势必要另外创立崭新的一套。创新必先除旧，不从传统封建文化的束缚中解放出来，就无法树立资产阶级的教育制度，也就无法培养出资产阶级所需要的人才。所以戊戌时代形成了一个批判旧文化旧教育的热潮，特别是科举制度和八股文体几乎成为众矢之的。

科举制度和八股文体是厚古薄今、脱离现实的集中表现，又是废话连篇、言之无物的文字玩弄的典型。它要求知识分子“代

1 梁启超：《康有为传》。
2 何启、胡礼垣：《新政论议》。
3 梁启超：《论变法不知本原之害》。

孔孟立言，禁不得用秦汉以后之书，不得用秦汉以后之事”，因此知识分子只能“遨游于三代之上”，不但脱离现实生活，而且连秦汉以后两千多年的典章制度也茫无所知。它又要求知识分子只能按照固定的八股格式做文章，甚至连字数都是规定了的，结果只能是望题生义地拼凑一阵，乱写一通，只要楷法工正，“则虽一书不读，一事不知，亦可以致高位，持国柄”[1]。在这种制度下所培养出来的知识分子，只能是愚昧无知，抱残守缺的封建卫道者，只知道拿着几本圣经贤传来反对一切新生事物。所以维新派竭力反对这种制度，梁启超说:“八股取士，为中国锢蔽文明之一大根源，行之千年，使学者坠聪塞明，不识古今，不识五洲，其弊皆由于此。”严复称：八股有三大害，一是锢智慧，二是坏心术，三是滋游手，“总之，八股取士，使天下消磨岁月于无用之地，堕坏志节于冥昧之中，长人虚骄，昏人神智，上不足以辅国家，下不足以资事蓄”[2]。类似这种抨击科举和八股的言论，在当时维新派的著作中俯拾皆是。

维新派不仅攻击科举、八股，而且更广泛地批判了封建主义教育的各个方面。归纳起来，维新派认为封建主义的文化教育，有以下几点弊害：第一是教育不普及，“妇女不得入学，以无才为福……既无女学，则四万万之民去其半矣”，“耕农之贫，工作之贱，乡无义学，阀非贵胄，室无诗书，家乏衣食，于此而欲得读书识字，望若云天，二万万人中若此者殆十而九”[3]，所以在封建统治下，绝大多数人是目不识丁的文盲；第二是教学方法方面，“但责诵读，不求义解”，违反由浅入深、循序渐进的原则，“童齿未毁而授以平治天下之书，之无粗识而授以诘屈聱

1　梁启超：《戊戌政变记》卷一《新政诏书恭跋》。

2　梁启超：《戊戌政变记》卷四《推翻新政》。

3　徐勤：《中国除害议》。

牙之奥”，不但学童对所学的内容没有理解，而且也大大摧残了儿童身心的正常发展，结果只能培养出一批畸形古怪的酸秀才；第三是教学方针的厚古薄今，脱离现实，所谓“摇头顿足，高吟低咏，惟腐烂文数篇”，“乡里子弟，读书十年，而不能作一书札”，“通人学士，或有问一里之长几许？无能答者”，甚至“一代名臣而不知范仲淹为何人，曾入翰林而问司马迁为何科前辈”。对于这种教育制度，资产阶级维新派是特别愤慨的，他们干脆把它叫做“愚民”政策。徐勤说：“覆中国、亡中国必自科举愚民不学始也。”“不学而愚之术，莫若使之不通物理，不通掌故，不通古今，不知时务，聚百万瞽者跛者而鞭笞指挥之。”[1]维新派对封建文化教育的这种批判，确是尖锐辛辣，鞭辟入里，触及了封建主义文化教育的本质。

在批判旧文化教育的同时，维新派又大力宣扬自己的文化教育主张。他们共同的方针，一是“学以致用”，二是“讲求西学”，一反以往士大夫空谈性理、玩弄词章、抱残守缺、无裨实际的恶习。维新派对于当时在学术界占统治地位的“宋学”和“汉学”，一般都是抱反对态度的。康有为对宋学的评价是“拘且隘”，对汉学的评价是“碎且乱”[2]。在国难当头之际，不论是空谈心性的“宋学”，或是琐屑考据的“汉学”，都是使得人们脱离现实，磨损志气的精神鸦片，维新派主张，学术应该干预现实、干预生活。谭嗣同说，“凡不依于实事，即不得为儒术，即为坑儒之坑”[3]。这是何等积极的主张！当时现实生活提出了两个重大的要求，一个是发展资本主义、争取民主自由的要求，这就是所谓“求富”，另一个是反对外国瓜分、争取民族独立的要求，这就是所谓“求

1 以上均见徐勤：《中国除害议》。

2 康有为：《礼运注叙》。

3 谭嗣同：《报贝元征书》。

强”。维新派的一切主张都是围绕这两个大问题而提出的，所以他们把自己的学问称为“富强之学”。严复说：“求才为学二者，皆必有用为宗，而有用之效，征之富强。”[1]怎样才能富强呢？就是向西方学习。维新派特别歆羡日本的明治维新，因为明治维新就是东方封建国家向西方资本主义国家学习而得到成效的一个例证。康有为给光绪皇帝进呈了一本《日本明治变政考》，他在序言中写道：

> 夫凡有兴作，必有失弊，几经前车之覆，乃得后轨之道。今我有日本为向导之卒，为测水之竿，为探险之队，为尝药之神农，为识途之老马，我尽收其利而去其害，何乐如之？譬如作室，欧美绘型，日本为匠，而我居之也。譬如耕田，欧美觅种灌溉，日本锄艾，而我食之也。
>
> 若以中国之广土众民，近采日本，三年而宏规成，五年而条理备，八年而成效举，十年而霸图定矣。

为了学习西方，在文化教育方面相应的措施就是翻译西方书籍，大办学堂、学会和报纸。维新派称译书、学堂、学会、报纸这一套资产阶级文化教育事业，是“陈其利害，广其见识，发其神思，开其风气”的唯一工具，也是戊戌变法运动中最重要的措施。维新派的改革工作在其他方面的成就并不大，但在文化教育方面的确做了很多有益的事情：传统的八股取士一度被废止而代之以策论；在北京创办了京师大学堂（北京大学的前身），各地也开设了许多普通学堂和专业学堂，资本主义的学校制度开始起来取代封建主义的学塾和书院；社会科学方面的西方名著，像《天演论》《原富》《法意》《名学浅说》被翻译介绍过来，成为当

1　严复：《救亡决论》。

时最有影响的畅销书；各地的政治性的和学术性的学会如雨后春笋纷纷出现，成为资产阶级团聚力量、准备干部的组织；还有各种各样的报纸，风发泉涌，百花齐放，或者是议论时局，或者是高谈政治，或者是介绍西学，或者是评价人物，在群众中展开了有力的宣传鼓动。这一切都是知识分子从封建传统的文化教育中解放出来的表现，虽然为时不久，变法运动就被顽固派所扼杀，但这种社会风气一开，顽固派费尽心力，也不可能遏制了。就像欧榘甲所说："斯时智慧骤开，如万流潏沸，不可遏抑也。及政变而八股复矣，然不独聪明英锐之士，不屑再腐心焦脑，以问津于此亡国之物，即于高头讲章，舌耕口稿数十年，号为时艺正宗者，亦谓诵之无味，不如多阅报之为愈矣。"[1] 这种风气的改变确是资产阶级维新派不可泯没的一件功劳。

当然维新派当时还不可能从封建文化教育的羁绊中一下子完全解放出来，在他们身上还保留着极其浓厚的封建色彩。例如，维新派把几千年传统学术攻击得体无完肤，称"三代下无可读之书"[2]。但是对于封建学术中最老牌的"孔家店"却不敢有半点冒犯。康有为写了许多著作，把自己的变法主张都托之于孔子的主张，康有为说：孔子的大道几千年来都淹没无光，没有很好地发挥，只有自己才是真正继承和发扬了孔子的微言真传，所谓"天爱群生，赖以不泯，列圣呵护，幸以流传，二千五百年至予小子而鸿宝发现"[3]。这种说法从顽固派的立场来看是"僭窃圣统，狂妄自大"，从革命派的立场来看却是资产阶级软弱妥协的具体表现。大家都知道：孔子学说是封建主义文化的集中代表，维新派一面竭力反对封建文化，一面却又拼命抱住孔老夫子做招牌，这

1　欧榘甲：《论政变为中国不亡之关系》。

2　谭嗣同：《仁学》卷下。

3　康有为：《礼运注叙》。

显然是一个矛盾。这个矛盾正是反映了当时新兴资产阶级既要斗争，又怕斗争的特点。有的顽固派就抓住这一点进行反攻。如湖南的顽固派头子叶德辉大骂维新派说:“二十四朝之君主，谓之民贼而独推崇一孔子，是孔子受历代褒崇为从贼矣。狂吠可恨!”[1]叶德辉是从右的方面来攻击维新派的，可是正由于维新派自己陷在不可摆脱的矛盾之中，所以他们对叶德辉所指责的这一点，只能张口结舌，无言以对。

四

政治观念和文化学术观念方面的斗争，其最终结果必然会转化到更高级的形态，亦即转化为世界观和方法论方面的斗争。顽固派在这场斗争中动员了几千年遗留下来的封建主义陈腐哲学，作为理论上的护符。为了攻击顽固派，资产阶级维新派创造了自己时代的新哲学，从更高的理论原则上来论证变法维新的重要性。在这方面贡献最大的就是谭嗣同。

顽固守旧派的命题是“天不变道亦不变”。他们声称：世界上的各种现象虽然是错综复杂、五光十色的，但是最根本的“天”和“道”总是固定不变的，中国的“道”是圣人发明留传下来的，是世界上最好的东西，何必去学习外国呢？只要我们守好固有的“道”，去应付一切复杂现象，就可以措置裕如了。“以不变应万变”这就是顽固派的态度。像封建社会的三纲、五常、诗书、礼教，在顽固派看来自然都是应该谨守勿失的“大道”。这种哲学观点拒绝改革、反对变法的反动性是非常明显的。

为了反对这种观点，维新派提出了以下三个反命题。

第一个反命题是“道不离器”。维新派认为：世界上并没有像

1 《湖南时务学堂课艺批》《叶德辉按语》。

顽固派所说的脱离具体事物的空洞的“道”，“道”总是离不开器的，也就是说精神、理性是离不开物质的具体形态的。谭嗣同说：“所谓道，非空言而已！必有所丽而后见……丽于耳目，有视听之道；丽于心思，有仁义智信之道；丽于伦纪，有忠孝友恭之道；丽于礼乐征伐，有治国平天下之道。故道，用也；器，体也。体立而用行，器存而道不亡。自学者不审，误以道为体，道始迷离惝恍，若一幻物，虚悬于空漠无朕之际，而果何物也耶？于人何补，于世何济，得之何益，失之何损耶？”“道”和“器”的关系是中国哲学史上一直争论不休的大问题，有些哲学家认为“道在器先”，道是第一性的，这就形成唯心主义营垒。另一些哲学家认为“道在器中”，器是第一性的，这就形成唯物主义营垒。谭嗣同的整个哲学体系虽然并未超越唯心主义的范围（例如，他认为构成宇宙万物的“以太”归根到底仍旧是脱离客观实在的抽象），可是当他正面和反动派论敌对阵交锋的时候，在他的哲学论证中常常不自觉地迸发出唯物主义的光彩，像他在论证道和器的关系时就是如此。谭嗣同运用这个唯物主义的命题有力地打击了顽固派，他说：“夫苟辩道之不离乎器，则天下之为器亦大矣。器既变，道安得独不变？”[1]这样从唯物主义立场提出的反驳，就使得顽固派“天不变道亦不变”的论据失去了立脚点。

资产阶级维新派第二个最有积极战斗意义的反命题是“日新”。所谓“日新”就是变化和发展的观点，一切都在变化之中，一切都在从低级到高级的运动之中，这个观点是被维新派所特别强调的。戊戌时代，中国社会正处在从独立的封建社会变成半殖民地半封建社会的时代，变化着的各种现象实在太多了，介绍过来的西方科学成就也实在太新鲜了。时代的变动和科学发展的成

1 谭嗣同：《思纬壹壶·台短书——报贝元征》。

果反映到中国当时进步思想家的头脑里，就形成了生动活泼的变化和发展观点。谭嗣同说："天不新，何以生？地不新，何以运行？日月不新，何以光明？四时不新，何以寒暑发敛之迭更？草木不新，丰缛者歇矣；血气不新，经络者绝矣；以太不新，三界万法皆灭矣。"又说："昨日之新，至今日而已旧，今日之新，至明日而又已旧，所谓新理新事，必更有新于此者。"[1]梁启超说："凡在天地之间者莫不变，昼夜变而成日，寒暑变而成岁。大地肇起，流质炎炎，热镕冰迁，累变而成地球。海草螺蛤，大木大鸟，飞鱼飞鼍，袋兽脊兽，彼生此灭，更代迭变而成世界。紫血红血，流注体内，呼碳吸氧，刻刻相续，一日千变而成生人。……贡助之法，变为租庸调，租庸调变为两税，两税变为一条鞭。井乘之法变为府兵，府兵变为彍骑，彍骑变为禁军。学校升造之法，变为荐辟，荐辟变为九品中正，九品变为科目。上下千岁，无时不变，无事不变，公理有固然，非夫人之为也。"[2]处在这样一个万物流变的世界里，就必须适应变动，跟上时代。特别是当时的中国，处在"地球既通、万国争并、瓜分豆剖、大势相迫"的危险环境中，怎么还能够死抱住祖宗的陈规遗法，不肯放手呢？维新派经常援用"穷则变，变则通，通则久"的古代成语来开导守旧派。康有为写道："盖变者，天道也。天不能有昼而无夜，有寒而无暑，天以善变而能久；火山流金，沧海成田，历阳成湖，地以善变而能久；人自童幼而壮老，形体颜色气貌，无一不变，无刻不变。《传》曰'逝者如斯'。故孔子系'易'以变易为义。又曰'时为义大'。时者，寒暑裘葛，后天而奉天时，此先圣大声疾呼，以仁后王者耶？泰西之国，一姓累败而累兴，盖善变以应天也。中国一姓不再兴者，不变而逆天也。夫新朝必变前朝之法，与民更始，

1　谭嗣同：《仁学》卷上。

2　梁启超：《变法通议·自序》。

盖应三百年之运。顺天者兴，兴其变而顺天，非兴其一姓也。逆天者亡，亡其不变而逆天，非亡其一姓也。一姓不自变，人将顺天代变之，而一姓亡矣。一姓能顺天，时时自变，则一姓虽万世存可也。”[1]康有为虽然这样的“苦口婆心”，无奈言者谆谆而听者藐藐，顽固派并不理会这一套，他们仍旧在梦想使历史开倒车，高唱“今不如古”、“宁静淡泊”、“守道不变”，顽固派在历史发展的激流中，好像是不知痛痒的木偶一样，他们除了一套纲常伦理、时文八股之外，对国家盛衰，民族存亡根本是漠不关心的。所以谭嗣同愤慨地质问顽固派：你们这种违拗“日新”、反对“变革”的态度，难道真正能够“窒天之生，扼地之运行，蔽日月之光明，乱四时之迭更”吗？难道真正能够阻挡历史车轮的前进吗？当然，这是绝不可能的。谭嗣同指出：在历史规律面前，“彼（指顽固派——作者注）之力又何足云尔哉？毋亦自断其方生之化机，而与于不仁之甚，则终成为极旧极蔽一残朽不灵之废物而已！”[2]不管你愿意变还是不愿意变，历史总归还是要前进的，任何人企图违抗历史发展的潮流，势必要成为历史规律抛弃的可怜虫！梁启超也向顽固派大声疾呼：“变者天下之公理也，大地既通，万国蒸蒸，日趋于上，大势相迫，非可阏制。变亦变，不变亦变，变而变者，变之权操诸己，可以保国，可以保种，可以保教。不变而变者，变之权让诸人，束缚之、驰骤之。呜呼！则非吾之所敢言矣！”[3]就是这样，维新派把发展变化的观点和当前的变法运动紧密地结合在一起，使他们的哲学观点具备了丰富的现实材料和重大的战斗意义，也使他们的政治主张在更高的理论原则上得到透彻而有力的阐发。

1　康有为：《进呈俄罗斯大彼得变政记·序》。
2　谭嗣同：《仁学》卷上。
3　梁启超：《论不变法之害》。

资产阶级维新派提出的第三个反命题是“仁以通为第一义”。这是谭嗣同“仁学”中开宗明义的第一句话。谭嗣同把宇宙的本体叫做“仁”，“仁为万物之源”，按照谭嗣同的说法:“仁”是无所不包、无所不在、无所不通的，所谓“偏法界、虚空界、众生界，有至大之精微，无所不胶粘、不贯洽、不筦络，而充满之一物焉。目不得而色，耳不得而声，口鼻不得而臭味，无以名之，名之曰‘以太’。其显于用也：孔谓之‘仁’”。谭嗣同认为：星地日月，为什么能够互相吸引，构成大宇宙呢？这是由于“以太”的作用，是由于“仁之通”。五官百骸，为什么能够组成人体呢？也是由于“以太”的作用，也是“仁之通”。总之，谭嗣同把一些粗浅的自然科学知识和中国的传统哲学糅合在一起，设想出一个统一的无限的宇宙观，而统一的基础就是“仁”。

谭嗣同的“仁”，虽然离辩证唯物主义的宇宙观还是很遥远的，但它在反对封建主义等级关系和闭塞习气的斗争中却发挥了积极的作用。谭嗣同解释道:“仁”的最大特点就是“通”。“通”有四个意义，即“中外通”、“上下通”、“男女内外通”、“人我通”。封建社会中森严的等级制度使上下隔绝、男女内外隔绝、人我隔绝，显然是和“通”的原则相违背的。而封建主义的“名教”又是这种等级关系在观念上的反映，“名”是讲究封建等级的名分隶属关系，而“仁”是讲究自由平等的关系。所谓“通之象为平等”、“平等者，致一之谓也。一则通矣，通则仁矣”[1]。所以谭嗣同依据“仁以通为第一义”的原则，对封建名教进行了激烈的声讨，他说：

俗学陋行，动言名教，敬若天命而不敢渝，畏若国宪而不敢议。嗟乎！以名为教，则其教已为实之宾，而决非实也。

1　以上均见谭嗣同：《仁学》卷上。

又况名者，由人创造，上以制其下，而不能不奉之，则数千年来，三纲五伦之惨祸烈毒，由是酷焉矣。君以名桎臣，官以名轭民，父以名压子，夫以名困妻，兄弟朋友各挟一名以相抗拒，而仁尚有少存焉者得乎？然而仁之乱于名也，亦其势自然也。中国积以威刑，箝制天下，则不得不广立名，为箝制之器。如曰“仁”，则共名也，君父以责臣子，臣子亦可反之君父，于箝制之术不便，故不能不有忠孝廉节，一切分别等衰之名。[1]

又说：

君臣之祸亟，而父子夫妇之伦遂各以名势相制为当然矣，此皆三纲之名之为害也。名之所在，不惟关其口，使不敢昌言，乃并锢其心，使不敢涉想。愚黔首之术，故莫以繁其名为尚焉。君臣之名，或尚以人合而破之。至于父子之名，则真以为天之所命，卷舌而不敢议。不知天命者，泥于体魄之言也，不见灵魂也。子为天之子，父亦为天之子，父非人所得而袭取也，平等也。……《记》曰：“婚姻之礼废，夫妇之道苦，”本非两情相愿，而强合渺不相闻之人，絷之终身，以为夫妇，夫果何恃以伸其偏权而相苦哉？实亦三纲之说苦之也。夫既自命为纲，则所以遇其妇者，将不以人类齿。……独夫民贼，固甚乐三纲之名，一切刑律制度皆依此为率，取便已故也。[2]

从“仁”和“通”的哲学中，谭嗣同演绎出这样激昂慷慨、精

1 谭嗣同：《仁学》卷上。
2 谭嗣同：《仁学》卷下。

彩透彻的议论，真正是唱出了跟封建名教观念势不两立的对台戏。

维新派提出了如上所述的三个主要命题来反对顽固派的陈腐哲学，当然，由于历史和阶级条件的限制，资产阶级维新派不可能把自己的哲学思想发展得充分圆满。他们的著作中虽然包含着一些唯物主义的因素，但是由于他们的软弱，不敢和传统的儒学、佛学宣告决裂，因而他们并没有成为真正的战斗的无神论和唯物论者。谭嗣同说："仁为天地万物之源，故唯心，故唯识。"[1]康有为也认为沟通天地人我之间者为"不忍之心"[2]。资产阶级维新派并没有摆脱唯心论哲学体系的羁绊。此外，维新派虽然强调变化、发展的观点，但是他们只承认量变，不承认质变，汪康年说："小水之相会，非欲成大川也，然而成大川之道在此矣。众声之相和，非欲成大响也，然而相和已多，则成大响矣。治水者自流，伐木者披枝，事固有由散而后得整，由流而后及源者。"[3]这种渐变论的观点正是改良主义政治主张的理论根据，也是维新变法运动招致失败的根本弱点。

五

以上是戊戌时代思想解放运动的梗概。当然，这样一个思想解放远不是彻底的。维新派虽然抨击了专制主义的皇权神授观念，用资产阶级的民主、平等原则重新解释了君民的关系，但是他们不敢直截了当去推翻帝制，他们还死抱住光绪皇帝，甚至不惜以身殉之；维新派提倡资产阶级的文化和学术，对科举、八股攻击不遗余力，但是，他们托古改制，依附圣贤，盘旋在孔孟的脚下，

1　谭嗣同：《仁学》卷上。
2　康有为：《大同书》。
3　汪康年：《论中国求富强宜筹易行之法》。

不可能和封建主义文化彻底决裂；维新派主张发展变化，反对停滞静心，并且也曾吐露和发挥过唯物主义的个别论点，但是他们反对质变，反对革命，强调“不忍之心”，不去和反动势力进行正面的斗争，却妄想以企求恩赐的办法换取枝枝节节的改良，他们跟形而上学和宗教唯心论仍旧保持着紧密的血缘关系。这就是戊戌时代思想解放运动所达到的和没有达到的。一个时代的思想潮流，归根到底是该时代物质生活条件的反映。戊戌时代，祖国正处在水深火热、任人宰割的重重苦难中，当时，刚刚从地主阶级中分化出来的资产阶级知识分子为了挽救国家危亡而在黑暗中探求摸索，但是，仅仅只有初步发展的微弱的资本主义经济，并不能给他们提供充分的物质支持力量，维新派不仅处在一场力量悬殊、没有胜利希望的战斗中，而且他们自己也带着很浓厚的封建因素，不可能把思想解放的任务进行得再深入一步。不久，当帝国主义奴化思想和封建主义复古思想的反动同盟军，稍稍一反攻，“所谓新学，就偃旗息鼓，宣告退却，失了灵魂，而只剩下它的躯壳了”。历史在继续前进，“五四”以后，中国产生了崭新的文化生力军，这就是中国共产党人所领导的共产主义的文化思想，这支文化生力军以新的武器、新的阵势，向帝国主义文化和封建主义文化展开了英勇激烈的进攻。可是，曾经站在历史潮流前头的维新派却在向后倒退，当年反对专制皇权的主张一变而为“保皇”、“复辟”，当年反对科举、八股的主张一变而为“尊孔”、“读经”，维新派违背了自己主张的变化发展的哲学观点，顽固地违抗历史的前进。最后，他们就像当年守旧派一样，在历史的铁的规律面前碰得头破血流。

戊戌变法运动离开今天整整是 60 年，这 60 年，特别是最近 10 年，社会的发展是多么迅速！戊戌时代那些先进人物的想法和看法似乎离开我们已十分遥远了。我们的祖国，在中国共产党的领导下不但已经摆脱了帝国主义和封建主义的压迫，而且在经济战线、政治战线、思想战线上也取得了社会主义革命的基本胜利。祖国的社会主义经济建设正在以一日千里的速度向前跃进。今天，中国人民又在经历一次新的思想解放运动，和历史上任何时代的思想运动比较起来，今天的思想解放才是真正彻底的解放。今天的思想解放，首先是劳动者的思想解放，它是反对一切剥削阶级的思想观点的，而不是以某种剥削阶级的观点去反对另一种剥削阶级的观点（如戊戌时代以先进的资产阶级思想观点去反对反动的封建阶级思想观点），只有在社会主义的光辉时代里，劳动者才能够真正掌握住自己的命运，才能够成为国家的主人翁，因而他们的精神面貌也必然要发生巨大的革命；今天的思想解放又是全民的思想解放，它并不像历史上的思想运动那样仅仅限制在少数人的狭小圈子里，少数人垄断知识的时代即将一去不复返，文化知识正在大普及，千千万万新的知识分子正在涌现、成长，人民群众无穷无尽的智慧和创造力量得到了真正充分地发扬；今天的思想解放又是理论和实践的统一，人民群众从实践中提出任务，解决任务，真正做到了敢想、敢说，而且敢做，不像历史上的思想运动，与实践脱节，只是“说多做少”，甚至是“只说不做”；今天的思想解放是真正彻底的思想解放，劳动人民对于横亘在前进道路上的一切思想障碍是无所留恋、无所畏惧的，他们将以疾风暴雨的形势扫荡一切剥削阶级观点和主观主义、保守主义思想，为社会主义建设开辟一条宽广的康庄大道。

（原载《历史研究》1958年第9期）

戊戌维新的贡献

一百年前的戊戌年即1898年，中国发生了一场旨在图强御侮的变法运动，史称“戊戌维新”。

自从甲午战争中国战败之后，日本逼迫中国签订丧权辱国的《马关条约》，赔巨款、割台湾、开商埠、夺利权。从此，帝国主义对中国的侵略更为加紧，各自割据势力范围，抢夺铁路修筑权、矿山开采权，企图瓜分中国。中国有志之士，目睹国家艰危，无不义愤填膺，奔走呼号，探索自救之道。1895年康有为等赴北京应试的全国举人，上书清廷，反对《马关条约》，要求搬迁国都，实行变法，继续抵抗日本，是为“公车上书”，开变法运动之先河。继之，维新派以变法救亡为号召，在各地建学堂、开报馆、设学会、译书籍，举办各种实业，以求中国之进步。维新变法思潮，汹涌激盈，不可抑制。一部分上层统治者，包括光绪皇帝和翁同龢在外患日棘的刺激下，也倾向于变法，起用康有为、梁启超、谭嗣同等维新人士。1898年6月11日，光绪帝下诏定国是，申明变法的决心，并斥责守旧大臣：

> 托于老成忧国，以为旧章必应墨守，新法必当摈除，众喙哓哓，空言无补。试问今日时局如此，国势如此，若仍以不练之兵，有限之饷，士无实学，工无良师，强弱相形，贫富悬绝，岂真能制梃以挞坚甲利兵乎？

自此日起，光绪帝在维新派的辅佐下，屡颁谕旨，行使新政。至9月21日，慈禧太后发动政变，变法失败，共103天，史称“百日维新”。百日维新期间，颁布的新政大约有：开制度局以统筹全局；废八股而改试策论；诏举经济特科；命官员保举新政人才；设商务局、农工商局以振兴实业；设立矿务铁路总局，催办京汉铁路及粤汉、沪宁铁路；创办京师大学堂，各省设立大中小学堂，命选派学生赴外国游学；设译书局以翻译西书；用新法练陆军、习洋操；裁撤衙门以减省冗员；各部删订则例，以求办事简便有实效，鼓励士民上书言事，等等。但以慈禧太后为首的守旧派反对变法，9月21日，慈禧从颐和园回宫，囚禁光绪，夺取权力，康、梁逃亡，谭嗣同、杨锐、林旭、刘光第、杨深秀、康广仁六君子被捕遇害。一大批支持变法的官吏知识分子，或罢官、或流放、或拘禁，戊戌变法，如昙花一现，归于失败。

戊戌维新已经过去一个世纪，百年沧桑，神州巨变。戊戌以后14年，即1911年爆发了辛亥革命，推翻了清王朝，埋葬了延续两千多年的封建专制君主制度。戊戌以后半个世纪，民主革命获得胜利。帝国主义和封建主义在中国的统治被推翻，成立了中华人民共和国。戊戌以后一百年，中国人民在邓小平理论的指导下正意气风发地建设有中国特色的社会主义。抚今追昔，感奋实深。回顾百年前的戊戌维新，它的历史贡献在哪里？它的局限性又在哪里？

戊戌维新的主要贡献是在政治上、经济上、文化教育上动摇和局部改变了传统的封建制度，人们尝试着要建立一个独立、繁荣、富强的近代中国。

中国本来是个封建国家，经济上是自给自足的封建小农经济，政治上是绝对的封建专制君主统治，文化教育上崇尚儒家的纲常伦理，实行科举八股的教育考试制度。这样的国家和英、法等正在飞速发展的资本主义近代国家比起来已经大大落后。落后就要挨打，因此，自鸦片战争以后，中国抵抗外国侵略，屡战屡败。事实证明：传统的封建制度在近代世界中已不能生存下去。洋务派已认识到外国的先进性，他们用西法制炮造船，开工厂、筑铁路，但洋务派不想根本改变旧制度，他们只想在器物的层面上学习西方的长处，以补苴中国的旧制度，无意把中国变成一个不同于封建制度的近代国家，这就是“中学为体，西学为用”的实际含义。维新派的先进之处，在于认识到器物层面的某些改变不可能挽救中国，必须从根本制度上进行改革，把传统的封建专制的农业国，改变为近代君主立宪的工业国，才能拯救中国的危亡。所以他们主张要“大变”、“速变”、“全变”，大大突破了洋务派认可的变革范围。因此，维新派的主张不仅为守旧派所反对，也为李鸿章、张之洞等洋务派所不容。守旧派与洋务派勾结起来，共同扼杀了戊戌维新。

戊戌维新的贡献首先在于政治上要求改变封建专制君主制度，建立近代的君主立宪国家。在封建专制制度下，皇帝君临万民，独揽一切，权力不容分割，不受制约，排斥了人民大众参政议政的权利，是造成不公正、不平等以及暴政、动乱、腐败的根源。戊戌时代的维新派强烈要求改变专制制度，他们借用法国启蒙思想家卢梭的“民约论”思想。谭嗣同就尖锐指出：“生民之初，本无所谓君臣，则皆民也。民不能相治，亦不暇治，于是共举一民为君……夫曰共举之，则先有民而后有君，君末也，民本也，天下无有因末而累及本者。亦岂可因君而累及民哉！夫曰共举之，则必可共废之。君也者，为民办事者也；臣也者，助办民事者也……事不办而易其人，亦天下之通义也。”[1]原来巍巍在上、发号施令的“天子”不过是老百姓“共举”出来的，办不好事，

1 《仁学》。

还可以“共废之”。这样一来，几千年相传的专制皇帝神圣不可侵犯的神话被戳穿了，这在当时是十分大胆而新颖的见解，而且他们尽情揭露了君主制度下的悲惨现实，直斥清朝的统治“如此黑暗地狱，直无一法一政足备记录，徒滋人愤懑而已”[1]。有的维新派指出：专制制度是中国贫弱落后的根源。因为，在专制统治下，君与民、官与民之间，存在着不可解决的矛盾，人民“屏息潜伏不敢轻议国事，以触文法……其民之气既散，益块然干槁，安于醉生梦死”，“外患猝至，乃如摧枯拉朽，莫能御矣”[2]。按照维新派的说法：只有召开“议会”，实行“立宪”，使专制君主的权力有所制约，才能“解生民于倒悬之危，置国家于磐石之安”。

尽管君主立宪的主张客观上只能为新兴的中国资产阶级分享政权开辟道路，并不能真正挽救中国，但维新派力争制约君主权力，摆脱专制主义的束缚，这是有重大意义的进步。只有人们不再相信君权的神圣，从专制皇权中解放出来，才有可能继续前进，走上推翻皇帝的革命道路。所以，戊戌时代这一思想解放为许多知识分子的进一步革命化创造了条件。

第二，戊戌维新的贡献还在于经济上倡导民营企业，为民族资本主义的发展开辟了道路。洋务运动中，中国已出现了工厂、矿山、铁路等近代企业，但数量较少，而且大多是官办、官督商办、官商合办，都要挂上“官”的招牌，民营企业则得不到保护。1890年台湾巡抚刘铭传因基隆煤矿亏损累累，上奏清廷，请求将煤矿改为商办，清廷不准。守旧大臣驳斥道:“民有权，则官无权矣。”刘铭传甚至因此被交部议处。

戊戌期间光绪帝采取完全不同的态度，百日维新的第一天，即下谕各省设立商务局。据御史王鹏运的意见“请于各省会设立

1 《仁学》。

2 欧榘甲：《论大地各国变法皆由民起》。

商务局，由各商公举殷实稳健，素有声望之绅商，派充局董，驻局办事”，“毋庸设大臣督办”；以后两次谕令刘坤一、张之洞在上海、汉口试办商务局，创立商会，这是提倡摆脱了官方约束的民间组织和企业；又鼓励士民著作新书，创行新法，制造新器，准许专利，甚至民间可以“兴造枪炮各厂”，“著照军功之例，给予特赏，以昭激劝”（五月十七日上谕）。连枪炮厂都许民间设立，其他民营企业更不在话下。他又奖励商人张振勋、吴懋鼎开办的烟台酿酒厂和天津呢绒厂，命地方官“体察商情，尽力保护”(五月二十六日上谕)。后来光绪帝又在北京设立农工商局，命各省设分局“分别制造，以扩利权，而资民用”。这一系列保护和鼓励民间工商业的谕旨，虽由于守旧派的阻挠拖延大多未能实现，但民营企业的合法地位已不可动摇，对于私人创办工商业起了重大的鼓舞作用。故戊戌变法以后，中国资本主义有了初步发展。洋务运动期间创办的代企业，官办、官督商办、官商合办多达80%以上。而戊戌前后三中（1897~ 1899 年）中国创办的厂矿 54 个，资本额 621 万元，其中商办占 70%，民间企业已成工商业的主流。

第三，戊戌维新的贡献还在于百日维新期间废止了八股文，改了科举制，提倡学习西方，实行近代的教育制度，采取近代的文化措施，如开学堂、设报馆、立学会，等等。维新派非常重视人才的教育，康有为强调:“欲任天下事，开中国之新世界，莫急于教育。”[1]梁启超认为:“变法之本，在育人才，人才之兴，在开学校，学校之立，在变科举”[2]。

科举制和八股文是禁锢心智、脱离现实的典型。知识分子只去读古代的儒家经典，按固定的格式写文章，就可得到高官厚禄。

1 梁启超：《康有为传》。

2 《论变法不知本原之害》。

维新派对此作了猛烈抨击。严复说:“八股取士，使天下消磨岁月于无用之地，堕坏志节于冥昧之中，长人虚骄，昏人神智，上不足以辅国家，下不足以资事蓄。”在变法期间，类似这种抨击科举八股的尖锐言论俯拾皆是。

维新派在反对科举八股的同时，又提出讲求西学，学以致用的主张。他们在教育文化方面，一是主张开办新式学堂，光绪帝在“明定国是”诏中特别提出“京师大学堂为各行省之倡，尤应首先举办”，并令各地筹设大中小学堂和各类专业学堂。二是科举不用八股文，改试策论。“嗣后一切考试，均以讲求实学实效为主，不得凭楷法之优劣为高下”（六月初一日上谕），并开设经济特科。三是鼓励创办报纸，谕改《时务报》为官报，派康有为督办其事。“各报体例，自应以胪陈利弊、开广见闻为主，中外时事，均许据实昌言，不必意存忌讳”（六月初八日谕）。此外还鼓励译书，选派出国留学生，许士民上书言事，开放舆论。在朝廷的大力倡导下，社会风气日新，学堂、报馆、学会纷纷创立，如雨后春笋，一发而不可阻遏。戊戌维新后七年，延续一千数百年的科举取士制度终于被废止，近代教育制度取代了传统的封建教育，报刊等大众媒介也日益普及。

总之，一百年前的戊戌维新在政治上、经济上、文化教育上动摇或部分改变了封建制度的某些方面，为中国的近代化开辟了道路。当然，维新派有自身难以克服的局限性。他们在维新运动中表现得幼稚、脆弱、动摇、冲动、盲目乐观，反映了软弱性、妥协性和不成熟，缺乏远大的规划，切实的行动，纸上谈兵，并无实济。许多应该做和必须做的事，他们想不到去做，或者不可能做，不愿意做。维新派当时的种种失误、缺点和短见，需要用阶级的和历史的分析，求得理解，而不可苛求于前人。

戊戌维新时期，新旧力量的对比很悬殊，守旧势力尚很强大，天下滔滔，皆入于此。而新兴资产阶级刚刚从旧社会的母腹中孕育诞生，非常稚嫩，不足以冲破旧势力的障壁。当年的维新志士们大多是青年知识分子，或为举人、秀才，或为中下级官吏，没有地位、权力与声望，有感于国家的危急，人民的贫穷，他们怀抱救国安民的理想，挺身而出，以天下为己任；那时候还不可能走向民间去动员和组织人民群众，因而得不到社会支援；那时也没有正确的、适合中国国情的理论、方针，以指导变革主体；联系松散，意见分歧，力量薄弱。他们寄希望于光绪皇帝，以为只要说服皇帝本人，同意实行新政，“挟天子以令诸侯”，就可以冲破一切阻力。他们低估了盘根错节的守旧势力。而守旧派，上有慈禧太后高高在上，专横揽权，下有枢廷诸臣、封疆大吏顽固不化，墨守成规。光绪帝百日维新所下的新政诏谕，他们不执行，不办理，推诿拖延，束之高阁。对维新派人士则忌恨怨妒，公开攻讦，势如水火。守旧派大权在握，不可动摇。故慈禧太后一声令下，光绪帝束手就擒，六君子坐待诛戮。变法维新的大厦，突然倾倒，土崩瓦解。

戊戌维新是中国实现近代化的早期尝试。中国的近代化是长期、艰难、曲折、复杂的过程，会碰到许多艰难险域，遭遇种种挫折失败，越过无数急流险滩，需要有正确的、符合国情的指导理论，有克服众多困难的战略策略，有团结坚强、为之冲锋陷阵的改革群体，有支持改革的物质力量和社会基础。这一切，维新派均付阙如，它是一场准备很不充分的政治运动。当年的维新派承担了一项自己难以胜任的任务。就像康广仁批评他的哥哥康有为所说:“伯兄规模太广，志气太锐，包揽太多，同志太孤，举行太大。当此，排者、忌者、挤者、谤者，盈街塞巷，而上又无权，安能有成?”[1]。因此，戊戌维新的失败悲剧有其深刻的根源，是历史的必然。

---

1 《戊戌六君子遗集》，第6册。

一百年来，中国人民艰苦奋斗，取得了革命和建设的胜利。今天的中国已是独立而初步强大的国家，已经实现了戊戌时代维新志士们梦寐以求的理想。但中国仍处于社会主义初级阶段，近代化的道路仍很漫长，缅怀前贤，意气奋发。我们将在邓小平理论的指导下，为建设有中国特色的社会主义，实现国家的全面繁荣而努力奋斗。

（戊戌维新一百周年国际学术讨论会开幕词）

戊戌变法时翁同龢罢官原由辨析

光绪二十四年（戊戌）四月二十七日（1898 年 6 月 15 日），维新运动正在紧锣密鼓地揭开帷幕，变法措施开始颁布时，光绪皇帝忽然发出一道谕旨：

> 协办大学士户部尚书翁同龢，近来办事多未允协，以致众论不服，屡经有人参奏。且每于召见时，咨询事件，任意可否，喜怒见于词色。渐露揽权狂悖情状，断难胜枢机之任，本应查明究办，予以重惩，姑念其在毓庆宫行走有年，不忍遽加严谴。翁同龢著即开缺回籍，以示保全。

这个消息犹如晴天霹雳，使许多人震惊得目瞪口呆。翁同龢的学生叶昌炽时居北京，他在日记中写道："二十八日晨，阅邸钞。虞山师（指翁同龢）奉指放归，朝局岌岌不可终日，如蜩如螗，如沸如羹，今其时矣。"

光绪帝正在开始变法的时候，怎么把教育自己 20 多年的亲密老师、曾经推荐康有为、积极支持变法的翁同龢罢了官？这是什么缘故？当时许多人和历史学家认为：这道谕旨并非光绪帝的本意，而是慈禧太后强令光绪发布的。其目的是：剪除光绪帝的羽翼，打击刚刚开始的变法。这一解释，长期以来得到人们的认同。

以后出现了另一种完全相反的意见，认为翁同龢的罢黜，不是慈禧的主张而是光绪帝主动。理由是戊戌维新前夕，翁同龢与康有为之间产生了严重的意见分歧，光绪相信康有为，怕翁同龢在位，妨碍变法，因而将翁“开缺回籍”，赶回老家去。持此见解者，国内外亦不乏其人，最有代表性的应推旅美华裔历史学家萧公权先生。他在《翁同龢与戊戌维新》一书中，对翁同龢罢官的原由作了全新的解释，并对翁的思想和政治品德颇有责难。

萧公权先生是著名学者，著作繁富、造诣很深，但他对翁同龢罢官原由和政治评价，论证并不充分。萧先生已作古多年，但类似的见解尚在流行，故仍不免叩疑诘难，一吐自己的想法，本文主要集中在辨析翁同龢罢官的原由。

萧公权先生承认翁同龢与康有为有过一段亲密的关系，因翁的推荐，康有为受到光绪帝的器重。萧先生说:“翁与康的亲密关系并未维持很久。在 1898 年元月至 5 月间，北京的情势改变了，翁对康的态度亦随之而变，促成这种改变的理由之一，可以从审察当时的情况中推测出来。康有为大胆的观点以及肆无忌惮的作风引起传统派人士的疑惧，许多死硬派官僚极力反对变法。翁那时已是人所共知的康有为之赞助者以及变法的主要推动者，因而迅即成为‘保守派’的众矢之的；他的政敌自然乐于攫住这个机会来为难、打击他。在 5 月底，情况变得对翁氏十分不利，许多人接二连三地参劾他。正在这个时候，翁氏开始对帝表示他对康氏的憎恶。”这是说翁同龢为了避免别人攻击而疏远康有为，又说翁康两人对“改革的方向和范围迅速发生了歧见，结果翁曾试图阻止康的激进思想”。“康氏想要利用光绪帝来对抗慈禧太后……仅仅这个因素就足以使翁同龢与康有为分手”。“翁同龢两面做法，一方面赞助他所领导的改革，另一方面压抑其政敌所推动的现代化运动，使许多改革派和所有保守派都不欢迎他。”[1]

---

1 所引均见萧公权：《翁同龢与戊戌变法》，第 108、111、113、24 页。

萧先生引用《翁同龢日记》中的两段：

> 四月初七……上命臣，康有为所进书，令再写一份递进。臣对：与康不往来。上问：何也？对以“此人居心叵测”。曰：前此何以不说？对：臣近见其《孔子改制考》知之。
>
> 初八日……上又问康书，臣对如昨。上发怒诘责。臣对：传总署令进。上不允，必欲臣诣张荫桓传知。臣曰：张某日日进见，何不面谕？上仍不允，退乃传知张君，张正在寓园也。

萧先生据此说：“翁显然想要摆脱与康有为的关系，希望缓和其政敌的反对。这是一种卑劣的自保手段。它可能震惊并触怒了光绪帝，因而确实使翁氏陷入极大的困境——夹在其顽强政敌之反对与迄今一直信任他的光绪帝的不悦之间。”萧先生还推想：翁屡次受弹劾可能是康有为唆使御史们干的。

我认为：萧先生据此立论，以为翁同龢罢官出于光绪的意旨，论据是不充分的。

首先，根据《翁同龢日记》来论证翁康关系，使人不能无疑。尽管翁的日记史料价值甚高，但在翁康关系上未可全信，因为戊戌政变、康梁逃亡、六君子被戮，翁同龢的处境很危险，随时可能获重谴。故戊戌前一段日记，经过重新缮写，翁亲自删改，隐讳了翁和康的真实关系。此问题已经汤志钧先生在《戊戌变法人物传稿》（增订本）中详细论述。即以翁同龢推荐康有为一事而言，这是确凿无疑的事实，但翁日记中根本没有这方面的记载，甚至日记中矢口否认自己推荐过康有为。翁同龢不敢把自己和康有为的真实关系和盘托出，极力和康划清界线，以免被守旧派抓住把柄，惹来更大灾祸。在当时险恶的政治环境中，翁的用心及其重缮、删改日记是完全可能的，也是可以理解的。而今天仅以翁同龢日记来论证翁康关系，就不能深信无疑。

为了弄清翁同龢开缺回籍的原由，我们可以找到许多证据，看看当时绝大多数人作何解释。这些人的身份和经历均有充分的作证资格。

第一个人即是戊戌变法的领导者康有为。萧公权先生说，由于翁康之间的矛盾、翁对康“憎恶”导致光绪帝罢黜了翁同龢。如果这样，康有为必会有所表露。但查阅康的言论，只能得出完全相反的结论。

《康南海自编年谱》中记载：

> （四月）二十七日诣颐和园，宿户部公所。即是日，懿旨逐常熟，令荣禄出督直隶并统率三军，著二品大臣具折谢恩并召见，并令天津阅兵，盖训政之变，已伏于是。于是知常熟之逐，甚为灰冷。
>
> 时旧党焰甚炽，常熟频被劾。
>
> （翁）以割胶事为罪谤所归，荣禄嗾其私人劾之，常熟卒以是逐。常熟去官后云悔不听我言也。

这里，康有为十分明确地指出：翁的罢黜出于西太后的“懿旨”，翁被弹劾是“旧党焰甚炽”，是荣禄嗾使（并非如萧公权先生怀疑的康有为的嗾使），而且翁被罢黜，康有为感到心灰意冷，可见，翁康矛盾导致翁被罢黜之说是不能成立的。

我们还可以举出康有为在不同时间所写的诗作证。第一首是政变后康有为刚刚逃到日本时所作《怀翁常熟去国》，诗云：

> 胶州警近圣人居，伏阙忧危数上书。
> 已格九关空痛苦，但思吾党赋归欤。
> 早携书剑将行马，忽枉轩裳特执裾。

深惜追亡萧相国，天心存汉果何如？

此诗所说是康有为在德占胶州湾后，第五次上书，被阻未上达，欲离北京，翁同龢亲至南海会馆挽留。可注意的是此诗有康有为的注文“十一月十九日束装将归。先是常熟已力荐于上，至是闻吾决行，凌晨来南海馆。吾卧未起，排闼入汗漫舫，留行，遂不获归。及常熟见斥，吾又决行。公谓上意拳拳，万不可行，感遇变法，且累知己，未知天意何如也”。此诗注中不但述说翁同龢从前到南海会馆挽留康的情形，而且说翁罢官后还劝康不要离京，康有为对翁同龢极为感激，决不像要排挤掉翁的样子，称“感遇变法，且累知己”，他把翁同龢比作萧何，自比为韩信，以翁的罢官是受自己的牵连，可见康有为心目中自己与翁是何等亲密的关系。翁同龢罢官后还在北京停留了半个月，于 5 月 13 日启程回常熟原籍，在半个月间有可能曾和康联系，仍劝康不要离京，“上意拳拳，万不可行”。我们现在弄不清楚的是亲自会面，还是托人传言。由此可见，翁同龢直到最后离京时尚与康有联系，他在日记中“与康不往来”之说不可全信。这类话明示与康划清界线。有可能是为了避免惹祸而后来窜入的。

康有为的第二首诗是在得知翁同龢逝世后所写《常熟翁公衷词》：

海山凄断海风酸，忽听山颓最痛辛。
誉士岂闻才百倍，救公何止赎千身。
萧何能荐登坛将，王猛曾为入幕宾。
岂料七年悲党狱，竟成千古痛维新。

此诗对翁悼念之情，极为深挚，再一次把翁比作萧何，丝毫没有流露什么翁康矛盾。

第三首诗也是对翁同龢的哀词：

中国维新业，谁为第一人？主明资旧学，变法出元臣。密勿谋帷幄，艰难救国民。峨峨常熟相，凿空辟乾坤。

此诗称翁同龢为中国维新第一人，“艰难救国”、“凿空乾坤”，赞誉备至，评价极高。如果翁康之间在戊戌年已有严重的矛盾，康有为能写出这样的诗句吗？

我们再请出第二位证人，就是维新变法的另一领袖梁启超，他当时在北京，是深知翁同龢开缺回籍底细的人。他在《戊戌政变记》一书中说：

自四月初十以后，皇上日与翁同龢谋改革之事，西后日与荣禄谋废立之事。四月二十三日皇上下诏誓行改革，二十五日下诏命康有为等于二十八日觐见，而二十七日西后忽将出一硃谕，强令皇上宣布，其谕略云……（即翁同龢开缺回籍之谕，从略）皇上见此诏，战栗变色，无可如何，翁同龢一去，皇上之股肱顿失矣。

梁启超接着又指出：翁同龢罢黜起因于谏阻巡幸天津。他说：

荣禄讽御史李盛铎奏请阅兵，因与西后定巡幸天津之议，盖欲胁皇上至天津，因以兵力废立。此意满洲人多知之，汉人中亦多有为皇上危者而莫敢进言。翁同龢知之不敢明言，惟叩头谏止天津之行，而荣禄等即借势以去之，皇上之危险，至此已极矣。

按照梁的说法，翁同龢开缺不仅不是出于光绪主动，而是由于翁极力保护危在旦夕的光绪帝，谏止天津巡幸的结果。

梁启超自言，他写作《戊戌政变记》因出于政治需要，或有夸张失实之处。但梁在此处所谈翁同龢罢官原因系得自可靠方面消息，既非事后推测，亦非道听途说。梁当时给他的好友夏曾佑写过两封信，信中说："二十八日康先生召见，闻今上圣明，诸大臣皆无及者，实出意外，惜覃溪（覃溪为翁方纲之字，此处指翁同龢）以阻天津之幸，至见摈逐，未能大启天下之蒙耳。康先生从容度无所补救，亦将南下"。另一信中则说："常熟去国，最为大关键，此间极知其故，然不能形诸笔墨，俟见时详之。南海不能大用，菊生无下文，仆之久不察者，率皆由此而生也。仆已于前日举行察看之典，未知下文如何耳！初时极欲大办，今如此局面无望矣。科举一变，则守旧之命脉已断，我辈心愿亦几了矣。日间必出都，相见不远也。"前一封信写于戊戌年五月七日，离翁同龢罢官的时间仅 10 天，后一封信写于五月，时间也很近，这可以视为梁启超闻翁被逐后的最早反应。梁当时已指出：此事"最为大关键"，翁被逐的原委"此间极知其故，然不能形诸笔墨"。看来，梁得到了机密消息，或即指废立光绪的阴谋和翁谏天津巡幸，这种宫闱秘密不能在信函内明说，留待以后当面再说。梁启超并且把康有为、张元济、梁启超的"不能大用"和"无下文"的原因归之于翁同龢的被逐。康梁因此甚为沮丧，康要南下，这和本文前面所引康有为《怀翁常熟去国》一诗的注文中所言符合，梁也决心要出都。梁说：由于翁被逐，虽不能大展抱负，但如果废除科举，断了旧派的血脉，自己的心愿也就了却了。看了梁启超这两封信中所说的意见和表露的情绪，谁还能相信翁同龢的罢官是由于翁康矛盾，是出于光绪的主动?

为翁同龢开缺回籍原由作证的第三位就是光绪皇帝。他是第一当事人，最有作证资格，他虽没有留下直接的证言，但从其他人所引光绪的谈话中可以找到间接的证据。

4月28日，翁同龢罢官后的第2天，光绪分别召见了康有为和张元济，康有为在逃亡时曾和中国邮报的记者谈话，提到皇帝的这次召见。当时康有为向光绪帝陈说不能依靠守旧大臣实现变法，“皇帝对这些话的答复是他非常着急，因为实际上他没有黜革这些高级官员的权力。他说，这个权力是握在太后自己手中”。[1] 如果4月27日，光绪帝真正主动黜革了朝中最重要的大功臣、自己的老师翁同龢，那么光绪不应当如此健忘，第二天还对康有为说，自己“没有黜革这些高级官员的权力”。反之，如果光绪对康有为说过以上的话，正好证明前一天黜革翁同龢出于西太后的意旨，而非光绪帝的意旨。

慈禧太后怎样黜革翁同龢，并未留下记录，但我们仍可从另一个重要官员张荫桓的遭遇，略窥翁同龢被黜逐的情况。张荫桓与翁同龢实际上是同案的被告，两人都赞成变法，都推荐过康有为，同署办公，处理外交，关系密切，又同受御史们参劾。因此翁同龢开缺回籍，张荫桓亦岌岌可危。但张仍安然做官，免受处分，直到维新运动失败，六君子被杀，张荫桓才论罪遣戍新疆。为什么翁同龢黜逐时，张荫桓未受惩处，张本人透露了宫廷高层会议的情况。从这次会议上可以看出，当时是谁在主持对高级官员的惩处。张荫桓后来遣戍新疆，路上同两位押解他的官员王庆保、曹景郕谈到晚清的政治内幕，王、曹二人写成《驿舍探幽录》，其中谈到翁同龢罢黜时张荫桓处境可危，原文较长，但因能看出当时处分高级官员的程序，故全部录出：

某等因问曰：夏间翁常熟罢官，外间谣传，颇有波及，确否？

张答曰：今年五月初五有查抄处警。先是太后密召英年，

1　香港《字林西报周刊》1998年10月7日，《中国的危机》。

令传谕崇礼，谓张荫桓有应查办事件，着其预备。是日，太后在颐和园召见庆邸、廖寿恒、刚毅，问近日张荫桓遇事颇为专擅，参奏甚多，尔等有所闻见否？廖寿恒奏对以，总理衙门所称能办事者，惟张荫桓一人，实亦非伊不可。太后闻之怒甚，因云：似尔所言，若张荫桓死了，则将如何？当下诸臣俱碰头莫敢一言。移时，太后复云：我亦知张荫桓颇能办事，究竟有无专擅之迹。廖寿桓等见太后盛怒，因奏对曰：张荫桓在总理衙门遇有事件，有与同官商议者，亦有一人专主者，缘张荫担所识洋人颇多，凡交涉密议，行踪诡密，旁人不得闻知。时皇上亦侍侧，太后因言张荫桓遇事专擅，皇帝明日叫起入见，可以严加申饬，使知警戒。是日，廖仲山以事过寓，初谈闲话，语次因言及今日在颐和园召对如此如此，太后颇怒，甚代惊恐。余遂向询刚子良曾代我说话否？廖云：伊亦颇为力言。余意甚不平，因谓本衙门明日亦有事，当递膳牌，俟觐见看皇上若何？

廖仲山辞去，余因出城拜客，次早入朝至军机处，遇庆邸，告以昨日这事甚险，并将奏参专擅营私各折令看。余见谤书盈箧，不胜气忿，意谓圣意万一难回，惟有请皇上罢斥查办，容当上折申辩。看完，当即叫起，同起者，首庆邸、次廖寿恒、次刚毅，时王文韶初入军机，班在第四，连余五人同入。当闻太监传语，张大人垫子在南边，余跪聆皇上谕云：奏参各折，尔看见否？余奏对云：臣已看过，臣在总理衙门，某事系与某人商议，某事系同某人会办，均可查考。惟某条约，系臣一人专主，然亦众所共知，并未专擅。皇上因向廖寿恒云：尔昨日对太后所言，今日何不陈说？廖寿恒奏对云：昨日太后询问臣等，对以张荫桓在衙门办事，有与同官商议者，亦有一人专主者，系属实在，臣不敢欺。

皇上又向刚毅等问：尔有何言。刚毅等惟只碰头，皇上略谕庆邸云：传知张荫桓，不必忧虑着急，仍令好好办事。刚毅因接口传谕云：有恩旨，令张荫桓改过自新。余闻之心中愈觉愤懑，意谓本自无过，何云自新？故当时并未碰头谢恩。皇上旋谕云：尔先下去，余即下来，须臾皆出。我复对庆邸等云：余意仍欲上折申辩，经众相劝，谓一天风雨已散，何必再行多事？因而中止。[1]

张荫桓这段长篇叙述，略能揭示当时惩处高级官员之程序和内幕。第一，翁张本属同案，同时受弹劾。这年闰三月安徽藩司于荫霖劾李鸿章、翁同龢、张荫桓“误国无状”，4 月，御史王鹏运劾翁同龢、张荫桓“朋谋纳赂”。第二，4 月 27 日，翁被黜逐，8 天以后，即五月初五，讨论对张荫桓的处理。第三，对张荫桓的处理，完全由西太后主持，开始时太后“盛怒”，已令崇礼“预备”，崇礼时为步军统领，职司卫戍，后来政变时六君子即是步军统领衙门捕拿和正法的，可见西太后本欲将张荫桓捕拿下狱。第四，张荫桓所以免罪是廖寿恒、刚毅竭力帮着说话，尤其是刚毅的进言，使太后息怒。当时，刚毅极得太后宠信。故张荫桓向廖寿恒打听“刚子良曾代我说话否？”张荫桓知道：刚毅的话最能起作用。第五，光绪虽参加了会议，却一言未发，他不赞成西太后意旨，但又不敢违拗。第六，太后对张荫桓的态度缓和后，仍令光绪帝出面，对张“严加申饬，使知警戒”，似乎处理过程均由皇帝主持，使运作程序更加合法化。实际上太后操纵一切，光绪只能奉命唯谨。第七，翌日，光绪帝召见张荫桓，语气温和，劝慰有加，并未“严加申饬”，和太后的盛怒迥然不同，这体现了皇帝和太后对此案的不同态度。

由处理张荫桓的会议，可以推想 8 天前处理翁同龢的情况，

1　王庆保、曹景郕：《驿舍探幽录》。

两人本属同案，而翁的资历威望官职皆在张荫桓之上，要黜逐他，至少也要经过类似级别的会议。太后从甲午战争以后，因翁的主战与节减庆典经费，积憾已非一日，加上荣禄、刚毅日进谗言，其盛怒亦可想见。会议上，除了光绪可能曾为翁师傅求情而遭申斥，刚毅只能落井下石，所以翁同龢遭谴是必然的，但翁同龢毕竟两朝帝师，又无明确罪状，西太后只能处以开缺回籍，而未被押拿下狱，但最后处分仍以光绪帝的谕旨宣布，这是亲政后的合法程序。处分翁同龢的过程，我们找不到直接记载，但从张荫桓的谈话中，处理此案系何人主持，何人操纵，已可洞若观火。

以下，再看看翁同龢的学生们如何看待此事，这两个学生当时都在北京，经常出入翁门。一个学生是叶昌炽，他在《缘督庐日记》光绪二十四年四月记载，“二十八日晨，阅邸抄，虞山师奉旨放归，朝局岌岌不可终日……二十九日，谒虞山师未值，佩鹤来云，虞山之去，木讷令兄实挤之，或云与郎亭师一案”，又“七月十二日至别墅，适弢甫在允之座，谈极久；瓶师之归，木讷令兄有力焉”。

“木讷”即是刚毅。叶昌炽认为：翁同龢的开缺回籍是刚毅进谗所致，这是他听弢甫所说。弢甫是翁同龢之侄翁斌孙，常年随侍翁同龢。又说:“或云与郎亭师一案”，郎亭即汪鸣銮，汪也是翁的学生，是“翁门六子”的第一人，光绪二十一年冬与长麟一起革职，其罪名是“妄事揣摩，辄于召对时，语气抑扬，罔知轻重，如侍郎汪鸣銮、长麟上年屡次召见，信口妄言，迹近离间”[1]，这是帝后党争中的一幕。叶昌炽和他的朋友们都认为：翁的黜逐是受了后党的排挤。

另一个学生是唐文治，他的《茹经堂文集》中有《纪翁文恭公事》:“戊戌春，公保工部主事康有为通达时务可用，刚（即刚

1　《清稿史》卷四四二《汪鸣銮》。

毅）随密奏太后，谓公植党荧惑圣听，四月二十四日（应为27日，此处唐文治误记）公奉旨开缺回籍，是日，适公生辰也。呜呼！刚之计可谓巧而毒矣。公丝毫无愠色，越数日，即行，至正阳门外，送者数百人，车马阗噎，有痛哭流涕者。公独坦然谓文治曰：‘人臣黜陟，皆属天恩，吾进退裕如，所恨者不能复见皇上耳。’”叶昌炽和唐文治皆翁门弟子，当时皆在北京，亲见翁的黜逐，他们所说的话，可信程度是很高的。

另一个虽非翁门弟子，身在上海，但与帝党、维新派关系密切的郑孝胥在听到翁同龢罢官的消息后，就知道是守旧派排挤所致。他在日记中说：“二十七日，翁既逐出，拟旨者乃刚毅、钱应溥、廖寿恒等也。度其情形，翁必力主上以变法自强，满洲人及守旧之党，遂构于太后而去之。翁去则上孤，而太后之焰复炽，满朝皆伧楚，而亡在旦夕矣。”[1]郑孝胥熟知当时的斗争形势和派系分野。他虽在上海，却在翁罢黜后的第3天（29日）得到电讯，即时在日记中作出如上的反应。

还可以举出一位不知姓名的维新派（疑即梁启超），政变后逃日本，给日本政府和会社写了一封信，缕述政变的原因，其中把翁同龢被逐视为西太后翦除光绪羽翼的措施，“皇上年既渐长，而外患亦日弥。数年以来，屡思发愤改革，皆见制于西后。凡皇上有所亲信之人，西后必加谴逐，甲午年之窜安维峻，乙未年之褫长麟、汪鸣銮、革文廷式，今年四月之逐翁同龢，皆此类也。盖其意务欲剪尽皇上之羽翼，去尽皇上之腹心，使皇上孤立于上，然后能任其所欲为，此历年以来西后夺权之实情也”[2]。此人看法与梁启超、郑孝胥相同。

再来看看当时在华的外国人如何认识翁同龢的“开缺回籍”。

---

1 《郑孝胥日记》二，光绪二十四年四月二十九日，第662页。

2 原载《知新报》，第79册，转录于《戊戌变法》二，第602页。

一个是英国传教士李提摩太，他在中国办报多年，交游甚广，曾替翁同龢起草维新计划，他在《留华四十五年记》中说："恭亲王于六月间死去，照惯例翁同龢应该补他的缺，但是慈禧将职位畀予了他的亲戚及忠心拥护者荣禄，而把翁同龢免了职，这个举动虽然发生在政变前的三个月，但对于皇帝对慈禧的短期的独立来说是第一次的打击。翁同龢免职后，慈禧临朝，命令各大臣直接向她呈奏。"李提摩太认为：翁同龢开缺，是西太后对光绪的一次打击。

另一个外国人艾·爱·贺璧理，当时住在天津，听到翁开缺后5天，写信给泰晤士报驻京记者莫理循，他说："15日的诏书（阳历6月15日，阴历为四月二十七日，诏书即翁开缺回籍的谕旨）构成了一次政变。它的重要性在于即使不是真正废黜了，也是实际上废黜了皇帝，这样说不算夸大。……慈禧太后胁迫这位可怜的年轻皇帝革去了他的最忠诚的支持者翁同龢的官职。"[1]这位外国人甚至把翁同龢罢官等同于"实际上废黜了皇帝"。对照萧公权先生所说：光绪主动罢免了翁同龢，差距何啻十万八千里。

我们还可以找到当时许多熟谙晚清政局的历史学家们的记载：苏继祖是一位同情变法维新的历史学家，他写了《清廷戊戌朝变记》，记载四月二十七日，"谕旨三道（即翁同龢开缺、召王文韶入京、荣禄署直隶总督）皆奉太后交下敕令上宣布者。皇上奉此谕后，惊魂万里，涕泪千行，竟日不食，左右近臣告人曰：'可笑皇上必中老翁下了镇物了。'"苏继祖所言光绪的态度，和梁启超所言"战栗变色"是一致的。苏继祖写得这样具体，当有所闻而非揣测之词。

另一位历史学家黄鸿寿撰《清史纪事本末》，其中说："同龢在毓庆宫授帝读最久，因鉴于事变，非变法不足图存，时为陈说于

1 《清末民初政情内幕》上册，第107页。

帝前，为太后所闻，撤同龢毓庆宫行走。其荐康有为也，谓‘有为之才，过臣百倍’，请举国以听，太后尤恶其语。又其时天津阅兵废立之谋，渐有所闻，同龢密言于帝，太后侦知之，遂命开缺回籍。”黄鸿寿所说翁同龢反对巡幸天津而遭罢黜，也与梁启超所说符合。

胡思敬是反对维新变法的，他所写《戊戌履霜录》对维新措施抨击颇多，他也说：“或谮翁同龢于太后，太后恶之，又追咎中东战事，免其官，放归田里。”“翁同龢以毓庆宫旧恩，颇蒙宠幸。奕䜣没，太后疑变政之举，皆同龢向导，逐之去位，上孤立失所恃。”胡思敬虽为守旧的历史学家，但所言翁同龢的罢逐，与其他人所言是一致的。

恽毓鼎是长期陪侍光绪帝的臣僚，他在《崇陵传信录》中说：“先是钱塘汪侍郎鸣銮奏对当圣意，屡召见有所陈，太后闻而恶之。忽传懿旨以迹近离间褫汪职，因此尤忌翁，猝用硃笔逐之。盖不欲其在上左右也。”他把翁的被黜与汪鸣銮的褫职联系在一起。

另一位为慈禧立传的费行简在《慈禧传信录》中说：“奕䜣、李鸿藻相继殁，荣禄遂赞密勿，然事皆同龢主之。……荣禄嘱莲英言于后，谓同龢专横。且劝帝游历外洋，后闻大骇，召帝诘之，帝辩无是事，后弗信，竟自为旨，逐同龢去。”他把翁的罢黜归之于荣禄的谗谮。

金梁在《四朝佚闻》中则把翁的黜逐归之于奕䜣临终时的遗言，“光初朝局，系翁一言，同僚议事，偶有不合，翁辄怫然，常入报帝，必伸己意，众已侧目，而恭久受挫，积憾尤深。病笃临视，太后问以遗言，泣奏翁心叵测，并及怙权，遂骤下罢斥之谕。或谓孙（指孙毓汶）实代草，所述皆翁对恭状，而引入严旨，乃成跋扈权臣矣！翁实不能负此重咎也。”

还可以举出陈夔龙、张元济、罗惇曧等人的证言，所言亦类似，不赘引。这里不管是维新派、帝党官僚、守旧派、历史学家或外国人，无不把翁开缺回籍原由归之于守旧大臣的排挤和西太后的意旨。虽在具体情节上稍有差异，但慈禧之黜逐翁同龢，众口一词，已成信史。现在时隔几十年，举出翁同龢日记中所说光绪曾几次责备翁同龢，翁自言与康有为“不往来”，称康“居心叵测”，由此推论因翁康产生矛盾，关系已决裂，光绪袒护康有为而罢黜翁同龢，实难令人信服。这种说法如何能和康有为所说“懿旨逐常熟”相调和？如何能和光绪帝当时所说自己没有黜革高级官员的权力相调和？又如何能和当时许多人的证词相调和？除非能够证明以上所引大量证词俱为虚妄伪说，则光绪罢黜翁同龢之说不能成立。

即使完全相信翁同龢日记中所说光绪曾多次责备翁同龢，也得不出光绪会主动黜逐翁的结论，责备与黜逐不是一回事。光绪帝年轻气盛，甲午战败后，忧愁焦虑，急思变法自强，与大臣议政时多所责难，不能因有责备即认为光绪帝主动罢黜了翁同龢。光绪帝完全了解当时阻挠变法的是一大群守旧官僚，如果光绪帝不是疯子，当不致自坏长城，黜逐在当权大臣中唯一支持变法的人。如果光绪真拥有罢免高级官员的权力，他应该首先罢免荣禄、刚毅之流，而不该拿自己的师傅翁同龢开刀。

萧公权先生从翁同龢黜逐前夕的日记中找到光绪责备翁的材料，断言翁的黜逐出于光绪的意旨。我们同样也可以找到此时光绪和翁同龢关系融洽的材料，以反证翁被黜逐非出于光绪本人的意旨。

4月22日，也就是翁同龢被黜逐的前五天，光绪帝命翁同龢草拟《定国是诏》，这是宣布变法，确定国家大政方针的重要文件，翌日，宣布此诏书，百日维新从此开始。翁的学生张謇在翁书房中亲见“虞山所拟变法谕旨”[1]。如果光绪不信任翁同龢，立

1 《张謇日记》，光绪二十四年四月二十二日。

即要黜逐他，怎么能把这样重要的变法文件交给翁起草呢？

即使在翁的日记中，不少地方也表现出当时光绪对翁同龢的眷念与关注：光绪二十四年正月，翁召对时，突发汗症旧疾，光绪很着急，令太监扶掖，送归寓所，又派大臣去看视他。翁同龢很感动，他说："圣恩如此，自憾衰残，无一报称。"3 月翁又受凉发烧，病 3 日。光绪帝向大臣们"屡问翁某病势如何？垂问谆至"。翁病愈入值，光绪又"垂问再三，问昨归途如何？到家如何？饮食如何？"翁同龢对皇帝的关心"感激无地"，从这些记载中丝毫看不出他们君臣师徒之间的关系已达破裂程度。

翁同龢罢黜前 3 天（4 月 24 日），戊戌科新进士传胪唱名，状元为贵州夏同龢，光绪帝因新科状元与师傅同名，表示高兴，召见军机时，对翁同龢说："今科状元夏同龢与师傅同名，诚为佳话，足见君臣一德，遭际攸隆。"[1] 如果 3 天以后光绪要主动黜逐翁同龢，当无这种高兴的表示。

翁同龢黜逐的 4 月 27 日，适逢翁的生日，后党对翁切齿痛恨，故而偏偏要在这一天下谕黜逐翁，故意羞辱他。如果出于光绪帝一时冲动，罢免师傅，他和翁相处日久，感情很深，当不会选定这个日子去刺激年迈的师傅。

翁同龢开缺回籍的原由似乎是个小问题，但它涉及戊戌时代的党派分野与对翁同龢的评价。如果翁为慈禧所逐，表明了这是后党有计划进攻的重要一步，如果翁为光绪帝所逐，只能说明维新阵营内部的同室操戈和失去理性的自残行为，而对翁同龢的评价亦随之而异。萧先生在论述翁的黜逐出于光绪意旨的同时，又严厉地抨击翁，说翁被黜逐，不仅是翁同龢、康有为意见分歧所致，而且还因为翁妒忌康有为，与康争夺领导权，批评翁在政治上没有原则，时而反对新政、反对修建铁路，时而又支持变法、

1　陈夔龙：《梦蕉亭杂记》卷二。

支持维新。又说：翁的主张，以个人利害为转移，经常改变态度，没有一贯立场，“翁尝试排除康氏，却反而迅速导致自己的失势”。

诚然，翁同龢是出身名门、笃信旧学、受传统教育的老臣，和康有为等具有较激进改革思想的人不可能完全一致。翁对康有为在《新学伪经考》《孔子改制考》中表露的历史观、政治观也不会赞成，但这并不妨碍他对变法的支持，正像湖南巡抚陈宝箴那样，曾竭力反对康的著作，上奏请求劈板禁毁，但并不妨碍他在维新运动中支持康梁，在湖南积极推行新政。翁同龢当时和光绪帝、康有为一样忧心国事，谋求变法，因此，他们能够成为站在一条战线上的同盟者。翁同龢举荐康有为，表现了求贤若渴的忧国襟怀，故康有为终身不忘，把翁称作“维新第一人”，比作汉初的萧何，萧公权先生把翁之荐康解释成翁为利用康有为以排斥李鸿章、张之洞等政敌，在翁利用康有为之后，康声望提高，被旧党攻击，翁又怀着“自保”与“妒忌”的心理，疏远并排挤康有为，结果反被光绪和康有为黜逐，事情几乎全被颠倒，敌友关系随意置换，卑私、阴暗的权欲支配着一切，但这种分析并不符合实际情况，是片面而且无根据的。

李鸿章从甲午战争以后，声望大减。戊戌时他虽不是翁同龢的同道，却并非主要政敌，张之洞远在湖北，更说不上与翁有严重矛盾，翁同龢何必要利用康有为去排挤他们？再说，康有为小小的六品主事，并没有排挤李鸿章、张之洞的力量，以后康有为声望提高，也构不成对翁同龢的威胁，所谓“利用”“妒忌”“排挤”“争夺领导权”等纯系主观想象。

萧公权先生除了所举翁同龢为了避祸而努力与康有为划清界线的显然经过改写的日记之外，举不出翁同龢改变初衷，排挤康有为，与康争夺领导权的任何证据。其实，当时翁同龢、康有为以至光绪皇帝都没有真正的权力，他们只有联合起来，向后党争取权力，故翁同龢被逐，康有为“甚为灰冷”，翁康之间根本无争夺领导权的问题。

至于翁同龢的言论行动，前后确有矛盾。他曾反对修建津通铁路和芦汉铁路（即今之京津路、京汉路），表现保守的倾向；却又进呈冯桂芬《校邠庐抗议》，以后又引荐康有为，支持变法，表现进步的倾向，这不是什么奇怪的事情，而是近代历史人物相当普遍的特征。由于近代历史发展变化很快，人们的思想观点发展变化也很快。同一个人在不同时期经常会发表不同的言论，有时甚至是截然相反的言论。翁同龢不赞成开设同文馆，主张缓修津通铁路（这里不完全是思想保守，而有财政上的考虑），即使这可以作为他思想保守的证据，但以后思想有所变化，特别是甲午战争以后，急谋变法，奋力图强，这是顺应时代的爱国主张，不能看成是“政治上无原则”，“没有一贯立场”。同时代的人物，如伟大的民主革命家孙中山，在甲午战争前夕曾上书李鸿章，表现了改良思想的倾向，但甲午战争中，目睹清廷腐败无能，毅然走上革命道路，组织了兴中会，这是具有历史意义的前进。梁启超说过自己常常“以今日之我反对昨日之我”，这恰恰也是他能够随着时代不断前进的优点。翁同龢毕竟出身封建官宦家庭，在他身上表现出难以逾越的阶级局限与历史局限。但在甲午战争和戊戌变法的关键时刻，他反对妥协，力主抵抗，举荐贤才，支持变法，表现了高度的爱国精神和革新勇气，这在当时的大官僚中并不多见，应当充分肯定。我们不反对用心理和动机来分析历史人物，可是用并不存在的“自保”“妒忌”心理以及“争夺领导权”来概括翁同龢当时的思想和行为，由此得出了光绪帝主动黜逐翁同龢的结论，这样的分析，既不符合于历史事实，又是对古人很不公正的苛求。

（原载《故宫博物院专刊》1995 年 10 月）

继承、发扬孙中山的精神遗产

纪念孙中山先生诞辰130周年学术讨论会，经过3天热烈讨论，圆满闭幕了。这是一次高水平、高质量、高效率、成果丰硕、意义深远的盛会。群贤毕至，少长咸集，会上交流了看法，发表了许多很有启发性的意见。

孙中山先生是中国近代史上伟大的革命家，他的思想一直是历史学家研究的热门课题，有关论著很多，而每个不同的历史时期又有着不同的注意点和侧重点。今天，在改革开放的伟大变革中，我们是以新的视角来探讨孙中山先生的思想和实践活动的。这次大会的主题是“孙中山与现代文明”，我们在建设社会主义物质文明和精神文明的过程中取得了成绩，也遇到了一些问题和困难。我们正是带着今天的问题，以今天的心态，根据时代需要来纪念孙中山，学习孙中山，继承、发扬他的精神遗产的。我们讨论这个问题，就必然想到今天面对的现实。历史与现实沟通，才能意义深远。而会议讨论也集中在这个主题上，会议的一大特色是百家争鸣、各抒己见。

这次会议讨论的问题很广泛，概括起来大体有三个方面：

一　会议讨论了孙中山领导革命的丰功伟绩，阐发了孙中山关于民族独立、国家统一以及民主共和的思想。孙中山从创立兴中会、同盟会，提出三民主义，到推翻清朝，建立民主共和国，经历了很多艰难曲折。他一生带领革命党人和群众奋勇斗争，把中国的民主革命不断推向前进，晚年和中国共产党进行合作，走向了他革命里程的光辉顶点。他的一生是为祖国的独立统一、民主富强而奋斗的一生，为中华民族的复兴、为中国的现代化做出了伟大贡献，所以受到海内外炎黄子孙的一致拥戴。

在小组讨论中，关于孙中山晚年思想的发展存在不同看法：孙中山联俄、联共、扶助农工三大政策是出自内心真诚要求，还是策略上的考虑？这两种意见似乎并不是绝对对立的，一方面是真诚要求，另一方面也有策略上的考虑，可以统一。因为孙中山思想中有倾向社会主义的内在根据，他认同苏联，希望向苏联学习，因此联俄是他的真诚要求；同时他处在险恶的环境中，力量对比对自己不利，希望借助国内外一切可以借助的力量，出于这种策略需要，必须联俄。孙中山晚年思想转变了多少？还有哪些没有转变？这些复杂问题还要留给学者们进一步研究。

会议论文和发言中，对孙中山先生领导的革命和他的革命思想谈论很多，领域非常广泛。有的论者论述了以反满口号进行社会动员的特点和得失，论述了革命和统一的问题，分析了孙中山先生的统一观、统一的含义和来源、统一思想对今天的现实意义，分析了孙中山先生爱国革命思想的时代特点；有的论者论述了孙中山民权主义、民主思想的发展阶段，民权思想对当代中国政治现代化的意义；也有许多论者论述了孙中山和华侨、留学生、会党的关系，论述了孙中山和同时代革命家宋教仁、章太炎、蔡元培、徐锡麟的关系。

会上有几篇从地缘关系上论述孙中山的文章显得颇有特色。孙中山一生除在广东出生地生活外，长期流亡国外，也有一段时间住在上海（“五四”前后），他还去过浙江、北京等许多地方。这次提交会议的文章有的论述广东这个侨乡对孙中山的性格和他走上革命道路的影响，有的论述孙中山对上海建设的关怀，有的论述孙中山建设东方大港的理想，有的则论述孙中山实业计划的地理基础，这些都是富有新意的题目。过去对孙中山在浙江、北京的活动的研究不够，这次会议讲到了孙中山到浙江杭州、宁波、绍兴的活动，还讲了孙中山三次到北京。最近北京的黄宗汉先生，用自己的努力和影响筹集巨款，主持修复了北京湖广会馆。这是孙中山到北京后发表五次演讲的地方，很有纪念意义。现在这里不仅可以演出，可以作为娱乐的场所，而且还设立了孙中山研究室，已成为北京研究孙中山的一个学术基地。

总之，我感到这次会议讨论孙中山的革命思想和革命活动，涉及面广，视角新颖，有许多精辟见解。我看了文章摘要，听了会议发言，深深体会到孙中山思想的博大精深，它像浩瀚的海洋那样宽广、丰富而精深，并对时代所提出的历史课题作出了答复。他的思想确具丰富性、先进性和世界性。

有人提出这样一个问题：孙中山先生算不算一个思想家？这涉及对孙中山的整体评价。对此，过去就有争论。有的论者认为孙中山的思想不够严密，前后有矛盾，虽然文章、讲演不少，但没有大部头的理论著作，因此不是思想家。我个人认为孙中山应该是伟大的思想家。那么什么是思想家呢？思想家可分为两类：一类是康德、黑格尔或者朱熹、王夫之那样的思想家，基本上坐在书房里，伏案著书，运用逻辑推理，构筑庞大精密的理论体系，写出大部头著作；一类是在斗争实践中，直接从现实中汲取营养，回答现实的问题，推动历史前进，也形成了比较系统、比较切合实际的思想体系。孙中山就属于后者。这两类人物都是有大智慧的思想家。近代中国社会变动大，思想的变化也快，因此前后变化以及思想复杂成为近代思想家的一个明显特征，梁启超、康有为、章太炎都是如此。孙中山生活在近代中国，其思想有时也有矛盾，如反满口号和五族共和；又如一贯的民主理想和有时的个人专断；再如思想来源比较纷杂等。我们应该承认他具有作为大思想家的共性，又有自己的个性；有自己的优点，也有其弱点。

毛泽东曾经说孔夫子和孙中山都是中国优秀文化传统的代表。所以，如果否认孙中山是大思想家，那么在中国历史上就很难找到思想家。孙中山理所当然地在中国思想史上占有重要的地位。

二　会议肯定了孙中山最早全面系统地倡导了中国的现代化建设，规划了经济建设的蓝图，希望实现全方位的现代化。这是会议的主题，文章很多，发掘很深，议论很精彩。有些文章指出，实业计划是孙中山近代化建设思想的集中体现，它比前人或同时期的李鸿章、康有为、张謇等人的近代化思想更先进、更系统，内容充实，规模宏大，目标明确。有的文章把孙中山建设中国的思想概括为“振兴实业、均富大同”八个字，有的概括为“经济工业化、政治民主化、文化科学化、社会结构合理化”。孙中山的近代化思想符合历史的趋势和人民的愿望，“外察世界之潮流，内审中国之国情”。和今天相比较，我们建设有中国特色的社会主义在深度、广度、性质和规模上已大大超过孙中山当时所能达到的高度，但在内容上、方法上仍有许多相同或相近的地方，如沿海开发、河流治理、铁路建设、港口城市建设、农业矿业发展和边疆开发等很多方面。孙中山先生的理想规划，仍是我们今天经济建设中可以借鉴学习的思想财富。在现代化建设的方法、步骤和重点方面，孙中山先生提出了一系列正确的比较符合实际的主张。孙中山把经济建设看做是革命胜利以后最重要最根本的任务，主张全面采用机器生产、发展生产力。他说:“能开发生产力则富，不能开发生产力则贫。从前在清政府之下，欲开发而不能，今共和告成，措施自由，产业之勃兴，可以预卜。”他对经济建设的前途十分乐观、充满信心。他认为经济建设必须对外开放，必须适应世界潮流并与国际接轨，积极引进外国资本、专业人才、机器设备和科学技术，以加快中国的经济建设步伐。他说：我无资本，利用外资；我无人才，利用外国人才；我无方法，利用外人方法。他竭力反对闭关锁国，但他利用外资、引进外国人才有一个原则，即“主权在我”，不能把主权丢失掉。这里涉及一个问题，有的论者认为外资引进太多，就会丧失主权，或难以保持主权。我个人的看法是：能否保持主权，关键在于如何引进、利用、管理、控制外来资本。如不引进外资，就无法学会利用、管理外资。外资引进的数量固然有关系，但不是决定性因素。当然这种顾虑提醒我们要看到引进外资和自力更生的辩证关系，要看到引进外资带来的一些问题，必须像孙中山先生说的那样“主权在我”，不能把现代化的希望完全寄托在外国人身上。

孙中山的实业计划经纬万端，涉及方方面面，而最强调的是发展铁路交通。他强调交通为实业之母，而铁路又为交通之母。辛亥革命后他希望十年内修建 10 万英里铁路，并为此而奔走，不遗余力。

孙中山的近代化方案不仅想到了建设兴利的一面，还想到了除弊防患的一面。在如何防止和对待建设以后产生的问题上，他看到了资本主义国家两极分化、贫富对立的现象，提出平均地权、节制资本和发展国家资本。尽管这些仍有很多局限性，也没有能够实现，但毕竟表明孙中山思想中的超前性及其倾向于社会主义的理想。也正因为他有这种思想倾向，所以他在晚年能和共产党合作，提出三大政策，把旧三民主义改造成为新三民主义。

三　会议十分重视研讨孙中山关于文化建设和思想道德建设的论述。孙中山曾说：“吾觉欲收革命之成功，又有赖于思想之变化。”尤其在革命受到挫折以后，他深深体会到唤醒民众，建立健全国民人格的重要性。他在《建国方略》中把心理建设列为第一篇。他强调心性文明的重要性，心性文明实际上包括两个方面：一方面是文化科学知识。“知”在孙中山哲学思想中处在十分突出的地位。所谓“知难行易”，是针对当时社会上愚昧无知、迷信盲从，为了提倡科学、兴办教育、普及文化科学知识而提出来的。另一方面是道德。孙中山很重视道德，他说：“一个国家，要建设强大，最初靠力，但后来要靠文化的发扬，才能成功。但要维持民族国家的长治久安，还要靠道德。有了很好的道德，国家才能够长治久安。”他当时讲的“心性文明”，相当于今天讲的“精神文明”。他对物质文明和精神文明的关系，以及建设精神文明的重要性，已有很深入的理解。

孙中山看到了国民性格和行为中的一些弱点，也看到了中国传统道德中的优良部分。他提倡爱国、合群、以天下为己任的精神，希望把被称为“一盘散沙”的老百姓变成团结有为、朝气蓬勃的公民，继承和改造旧道德，例如忠孝仁爱、信义和平，使古为今用，以之规范人们的思想行为，健全国民人格，使中国成为讲文明、重道德、有礼貌的国家。孙中山的这些思想内涵丰富，与我们当前建设社会主义精神文明的重大任务有密切关系，使我们倍感亲切。

孙中山先生还具有正确的中西文化观。他少年时到檀香山受过正规的西方教育，了解欧美国家的长处。他强调向外国学习，中国要赶上世界潮流必须“学欧美的长处，然后才可以和欧美并驾齐驱”，“对欧美文明必须采取开放态度”，但又强调对西方文明不能全部照搬。孙中山很熟悉并很注意汲取中国传统文化。他把自己的思想归结为两个来源，即中西文化的整合，一是欧美学说，一是五千年来中国的历史文化和传统。这次会议上有好几篇文章谈到古代民本思想和三民主义的关系，也有文章提出不同的意见，认为:“在古代封建民本思想中，民不是主体，而是附庸。所谓爱民重民，是统治者的恩赐。孙中山的三民主义是民有、民治、民享，民是主体。”我认为这个看法有道理，孙中山三民主义中的民众是主体，不是依附，不同于古代民本中的民，但不可否认这两者之间又有继承关系，它们既有联系，又有区别。我想对思想史上的继承关系，都应该这样来理解，既不要把前后思想混为一谈，又要看到它们的联系。

此外，这次会议还涉及历史和现实的关系问题。孙中山先生是历史学界长期以来研究的热点，各方面的问题被很多专家反复地研究过，话似乎已经说得差不多了，但研究工作毕竟是不可穷尽的。这次会上提出了一些尚待深入探究的问题，如孙中山与农民、孙中山和日本的关系、孙中山对宗教的态度等。还有一些新的史料有待发掘，如最近公开的苏联藏共产国际档案中就有大量孙中山晚年活动的记载，英、法、德、日、美各国档案和私人信函、作品中也有很多史料，此外上海工部局档案中的史料也还没有利用。由于时代的发展，研究者的视角不断变换，方法逐步改进，一些从前不受注意的问题会凸现出来，如近年来对孙中山《实业计划》、开放思想以及他对传统文化的态度等的研究。还有运用社会史方法、心态史方法对孙中山的研究，也会得出有意义的新成果。这次会议上还涉及历史学如何为现实服务的问题。我同意这样一种意见，即历史科学可以也应为现实服务，它对现实的借鉴功能是十分重要的，所谓“以史为鉴，可知兴衰”。但研究历史必须实事求是，把历史当做客观进程，按唯物史观，科学地对待它，不要满足于因现实需要而去随意寻找个别的历史例证，更不允许歪曲、篡改历史。利用纪念活动来研究历史，不失为推动历史研究的好形式，好处就在于一段时间内把许多学者、专家的注意力吸引到一个问题上，这有利于研究的深入。但要防止一种倾向，不要因纪念而故意拔高或讳言缺点和不足。这次讨论孙中山就做得很好，既充分肯定了他的丰功伟绩，肯定了其思想的丰富性、先进性，也讲到了他的局限性和缺点。这并不是苛求前人，而是为了更全面、更科学地理解孙中山，更实事求是地评价他伟大的一生。

孙中山先生逝世 70 多年了，他没能看到中国革命的胜利，更来不及看到今天中国社会主义现代化建设的伟大成就。孙中山一生为之奋斗的现代化理想正在中国大地上逐步实现，我们今天的事业正是孙中山等老一辈革命家为之奋斗的事业，他们的功绩、他们的思想值得我们永远怀念、永远学习，并将变成推动我们继续前进的强大动力。

（原载《语冰集》，广西人民出版社，1999 年）

中国近代科学的先驱
——徐寿父子

徐寿、徐建寅父子是我国近代科学的杰出先驱，他们在外国侵略者刚刚进入中国时，率先抛弃科举考试，投身自然科学，翻译西方书籍，为引进先进的科学技术做出了巨大贡献。

1840年鸦片战争以后，极少数先进的中国人，如林则徐、魏源、徐继畬，既看到了西方资本主义的侵略本性，也看到了他们在声光化电、船炮机械以及经济、政治、军事、文化各方面的成就和优势，认识到向西方学习的必要性、紧迫性，主张“师夷之长技以制夷”。徐寿就是早期先进中国知识分子行列中的佼佼者。当时，中国的知识分子日夜讽诵孔孟之书，沉溺于科举八股，以此为升官发财的途径，对高度发展的西方自然科学茫然不晓，且鄙夷视之。徐寿和其他知识分子不一样。他青年时尝一应童子试，既以为不切实用，弃去。在举世以自然科学、机械制造为奇技淫巧的滔滔浊流中，他具有远见卓识，毅然选择了自然科学作为终身事业，涉足于科学知识的海洋中，“专究乎致知格物之学……凡与格致有涉者，如数学、律吕、几何、重学、化学、矿产、医学，靡不穷源竟委焉”。当年，中国知识界在自然科学方面几乎完全是空白，既没有入门的教科书和起码的工具书，又缺乏可以咨询的老师和学友，要走进近代科学的殿堂，需要付出多么巨大的劳动、心智和汗水！徐寿孜孜不倦，奋力攻关，千方百计克服困难。当他获知有一位知名的数学家李善兰在上海墨海书馆工作时，他就从无锡专程到上海去探访，请教数学问题。学习和研究自然科学，需要做实验，徐寿既无现成的仪器设备，也不知道做实验的方法，仅凭一本简单的《博物新编》汉译本，自己动手，边学边干，成功地制造了指南针、象限仪、古代乐器，又用水晶印章磨成三棱镜，做七色分光的试验。他心灵手巧，勤奋刻苦，自学成才，无师自通，在科技领域达到了高深的造诣。同治初，曾国藩以其“研精器数，博涉多通”，奏聘徐寿入军中幕府。徐寿在儿子建寅、朋友华蘅芳的协助下，在南京制造了“黄鹄”号轮船，这是中国人自己制造的第一艘汽轮。以后，他又为江南制造局制造了“惠吉”、“操江”、“测海”、“澄庆”、“驭远”等轮船。

徐寿晚年把主要精力用于翻译科技书籍，所译有《化学鉴原》《汽机发轫》《化学考质》《化学求数》《西艺知新》《营城揭要》等。他在化学方面译书尤多，比较全面地介绍了近代化学的主要内容，为中国的化学学科奠定了基础，而且他的译书流传到日本，对日本的化学界也颇有影响。

徐寿致力于科学技术，为的是使国家摆脱愚昧落后，走向文明、富强。当然，要实现这一爱国宏愿，首先要进行政治改革，从根本上清除政治上的顽固、腐败、专制，否则，国家不可能得救，科学技术也不可能发展，徐寿父子一生的经历雄辩地证明了这一点。徐寿鞠躬尽瘁，钻研科学，制造了大批轮船，翻译了几百卷科技书籍，贡献巨大，但像他这样杰出的科学家却得不到重用，连曾经聘他入幕的曾国藩也并不重视他，只保举他任八品县丞。和那些镇压农民起义有功，因而衣锦缠紫、翎顶辉煌的封疆大员相比，对徐寿的待遇太不公平了。大概徐寿父子在生活经历中也懂得了政治改革的重要性，所以徐建寅继承父业，不仅译出了《器象显真》《轮船布阵》等书，还在他当德国使馆参赞时，著译了《欧游杂录》《德国议院章程》等书，鼓吹学习西方的政治制度。徐建寅和康梁维新派有交往，故戊戌变法中北京设立农工商总局后光绪帝下谕，任徐建寅为督理。但还没有等到徐建寅就任新职，一展抱负，西太后就扼杀了变法运动，农工商总局被取消，徐建寅也被罢斥。他后来到湖北担任技术工作。1901 年，因试制无烟火药，发生爆炸事故，徐建寅和 16 位技术人员、工人一起以身殉职。

徐寿、徐建寅父子孜孜矻矻、坚持不懈，把一生奉献给科学事业，对中国近代科技的始建和发展，厥功甚伟。他们热爱国家，执著地投入专业，刻苦自学，勤奋译书。他们在政治上不断前进、在科学上的求实与创新精神，值得我们认真学习，永远崇敬。

（原载《语冰集》，广西人民出版社，1999 年）

荣庆其人与《荣庆日记》

荣庆，字华卿，号实夫，蒙古正黄旗人，鄂卓尔氏，生于咸丰九年卒于民国六年曾担任刑、礼、户诸部尚书，军机大臣、协办大学士，管学大臣；宣统三年礼部改为弼德院，荣庆初为副院长，旋改顾问大臣、德宗实录馆总裁。在晚清政坛上历任要职。但是，长期以来，人们对他了解的很少，其主要原因盖在于资料缺乏。《清史稿》虽有荣庆传，但失之过简，对于荣庆的身世、政治上发迹的原因及其与慈禧、荣禄、奕劻诸权贵的关系都没有交待清楚；至于荣庆在清末错综复杂的政治斗争中所起的作用，亦未详述。

最近，谢兴尧先生整理点校的《荣庆日记》已由西北大学出版社刊印。这对于我们了解荣庆其人与清末的这段历史，颇多裨益。关于《荣庆日记》的发现与出版，谢先生曾有一段说明：

> 四十年前我因搜集史料，从事写作，经常出入旧书店。……某次在旧书店购得一包抄录的文献资料，归后细审，其内容约分两类：一系抄录的私人日记，卷帙较繁，其余则系抄存的私人函扎记事。二者均属于记述清末当时重要人物彼此往还关系。……惟因全部均系草书，难于辨识；又因年久纸墨漫漶，且有残缺脱落。以其整理困难，置之箧底未暇取视。而人事推移，时光如驶，岁月不留，转瞬之间，竟数十

载！我现在已年逾七旬，日趋衰颓，倘不及时清理，将见此重要史料，沦为废纸，未免可惜！因抽工夫加以整理点校，使其眉目清晰。[1]

这部日记始于光绪四年，终于民国五年，先后总共38年。这期间恰好是中国近代社会发生剧烈动荡的年代，各种政治势力，先进的与保守的，革命的与反动的，彼此展开了你死我活、动人心魄的争斗。荣庆作为一个"位极人臣"的满蒙贵族，赶上了这个风云变幻的时代，参与了许多重要的政治活动。正因为如此，《荣庆日记》中涉及许多珍贵的秘闻，诸如有关清代朝廷之典章制度，政治外交，官风民情。透过这些记载，均足窥见当时宦海背景，"政局里层，较之官书文牍的刻板文章，应酬词句，有所不同。"[2]

然而，荣庆又是一个老于世故，小心谨慎的官僚。对于当时的政治大事、上层内幕与自己真实的思想活动，讳莫如深，很少透露，因此在日记中只是罗列每天的行止，接待的人物，至于谈些什么，他自己的政治态度如何，几乎尽付阙如。不管是对他拥护、笼络的权贵，还是对与他格格不入的政敌，他都不加臧否，不予评论。而且愈是到了历史发生重大转折的时刻，荣庆愈是能保持惊人的沉默。只有在个别情况下，才以寥寥数字，发泄一点感慨与牢骚。

荣庆的这种拘谨的性格，严重影响了这部日记的史料价值，也为我们了解当时的史实与人物增添了许多困难。因此，要了解荣庆其人，除了参酌这部日记之外，还需要翻看与他同时代的函札公牍，披阅清宫档册，才可能勾画出一个比较完整的轮廓。

1 《荣庆日记·序言》。

2 《荣庆日记·序言》。

一

荣庆与一般满蒙权贵不同，他不是靠门户荫典才取得高位，而是靠刻苦攻读、科举起家的。荣庆的祖父皂升官至四川提督，其父亦“负羽军中”，以其生于重庆，故以庆名。然而，在荣庆出生不久，皂升因“年老重听”，奉命致仕，于是举家由重庆迁到成都居住。在荣庆七岁那年，其生父奉命赴重庆采买硝磺，不料身染瘟疫，病死山城。第二年夏天，其祖父亦感染痢疾去世。短短数年间，荣庆家境急剧衰落，“陋巷逼处，非复阀阅矣。”[1]

也许正是这种家计窘迫的生活环境，迫使荣庆发愤读书，刻苦自励。在川期间，荣庆屡次应成都芙容书院、潜溪书院课考，均能名列前茅。

光绪九年荣庆在北京会试中式，3 年后又考中进士，这对于二十多岁的荣庆来说，真可谓平步青云，少年得志了。然而，此后荣庆的仕途却不平坦。他出身寒素，在朝臣中自无奥援，又拿不出钱来向显宦行贿，因此在长达十多年的时间里，一直在翰林院默默无闻地供职。据《清史稿》记载，荣庆中进士后，“以编修充镶兰旗管学官，累迁至侍读学士，蒙古学士，迁转迟滞，荣庆当引见，或讽以乞假。谢曰：‘穷达命也，欺君可乎。’”[2] 其穷困潦倒之状，是不难想见的。

天无绝人之路。在荣庆中进士 13 年之后，终于遇到了一个飞黄腾达的极好时机。是年春天，荣庆被简拔为山东学政。平心而论，像荣庆这样平平的才能，在集中了全国人才精华的翰林院里实在算不上是佼佼者。然而，仅六七年间他却由一省的学政，扶

1 《荣庆日记附录·蜀游草》。

2 《清史稿·荣庆传》。

摇直上，成了刑部、礼部尚书，还当上了军机大臣。其升擢之迅速，曾使许多官僚感到震惊。荣庆政治上发迹的奥秘究竟何在？翻阅日记即可找到答案，原来是他在山东学政任内结识了袁世凯。

荣庆与袁世凯的亲密关系在《日记》中多所反映。当荣庆到济南任职半年之后，由于义和团运动的蓬勃发展，清廷派袁世凯接替毓贤为山东巡抚。荣氏于十一月初九日日记中写道：

> 阅电抄，袁侍郎署东抚。庙谟深远矣。[1]
>
> 十一月二十三日，出西关，袁署抚前旌已至，即同毓中丞跪请圣安。袁抚小坐行。
>
> 十二月十八日，慰亭中丞到，谒慈（指荣庆嫡母）见子女。荐医李少庚，未服其药……[2]

袁世凯抵任之际，适逢荣氏之母患病，故有荐医之举，并馈赠“人参鲜花、儿女辈服物”。新任巡抚的上述举动都使荣庆受宠若惊。是年除夕，荣庆母死，“袁抚军送经并焰口。”当荣氏扶柩回京时，二月初十日到天津，“袁慰廷部下刘直牧永庆来吊，并代办火车一切”。[3]

当后来袁世凯长子云台（克定）到京时，荣氏让“内子等见之。”[4]这种不同寻常的举动，在荣氏整个日记中是绝无仅有的，它反映了荣、袁之间的密切的关系。

然而，仅仅依靠与袁世凯的私交，荣庆还不能骤登显秩，因为袁氏当时仅为一省巡抚，所起作用自然有限。荣庆当时很可能

---

1 《荣庆日记》，第 34 页。
2 《荣庆日记》，第 35 页。
3 《荣庆日记》，第 36 页。
4 《荣庆日记》，第 59 页。

借助了慈禧的亲信荣禄的力量。荣禄，字仲华，瓜尔佳氏，满洲正白旗人，时为大学士，军机首辅。戊戌政变后数年中，“身兼将相，权倾举朝。”[1]荣庆很可能由袁世凯的推荐而与荣禄攀上了关系。

荣庆的日记似乎可以证明这种推断。在赴山东学政之前，《荣庆日记》中几乎没有提到荣禄的名字，但从山东归来后，略相（荣禄字略园）则成了无话不谈的挚友，如在义和团时期，京城兵荒马乱，人心惶惶。围绕要不要依赖义和团向列强同时开仗，在统治集团内部意见纷纭，争吵不休。荣庆在这场纷争中极力主张“请统兵亲王勿兼译署，遣散拳民，保护使馆。”[2]他在日记中写道：

> 五月二十三日，仍预备未召见，闻廊岱（廊房）已开仗，陈仲相条陈以散拳民事，并以无与各国一齐开衅之理。仲相答以：“子之言，我之心也。若再分辩，视为逆类矣。”洒泪而散。[3]

虽是寥寥几语，便可窥二人之间在政治上情投意合，推心置腹的关系。

正是由于荣禄的援引与推毂，荣庆在光绪二十七年三月得以“奉旨署理仓督。”他于奉命之日在日记中写下了“不次之擢，感悚实深”八个字，他倚仗荣禄的支持，颇思作一番整顿。在给荣禄的信中说：“庆二十载京曹，兼以历任仓师，半系知交，其中积弊，闻之颇稔。此时有难办之处，亦实有易办之机，固不敢出以操切，亦何敢再蹈因循。惟自来任大事，挽积习，初办之时，罔

1 《中国近代史资料丛刊·戊戌变法》，第3册，第38页。

2 《荣庆日记》，第37页。

3 《荣庆日记》，第37~38页。

不议论纷腾，阻挠百出。陶文毅之整顿淮鹾，丁文诚之革除川弊，崇文勤之督沈，阎文介之抚东，卓卓诸贤，均不免此，其行之易而收效者，则以胡文忠之在湖北为最。盖地方新复，事同创始，今之时局，大略类此，仓务即其一端，惟庆一点血诚，不愿让前人独步，而识力魄力，究不知撑到几分。”[1]

荣庆的这封信正好是表白他对荣禄感恩效力的心声，他干得颇为出色：“以剥船盗来，改由火车迳运，并仓廒，增经费，杜领米弊端，裁稽查仓务的御史，”[2]清廷皆如所请行。他由一个被人们看不起的翰林院管学官数年间竟成了政治舞台上的一颗新星。仓场总督只干了一年多，就被破格拨擢为刑部尚书，接着又调礼部尚书，复调户部，拜军机大臣，政务大臣，光绪三十一年晋协办大学士。这时的荣庆才刚刚四十出头，年富力强，踌躇满志。一般官僚需要走数十年的漫长宦途而不可获的显秩高官，荣庆才用了五六年的时间就得到了。

二

荣庆在庚子之变后官运亨通，迭交好运，除了他与袁世凯、荣禄之间这种迥非寻常的关系外，还有一个重要条件即他是由科举正途出身。在一群浑浑噩噩的满蒙贵族中间，能够像荣庆那样饱读诗书、擅长诗赋的官僚简直成了凤毛麟角了。然而，正是因为他的这种出身与阶级地位，使他对清末统治阶级推行的新政产生了极为厌恶的感情。

在义和团风暴平息之后，清廷迫于时局的压力，不得不以推行新政相标榜，于是，“废科举”，“兴学堂”成了清末新政的重

1 《荣庆日记》，第 44~45 页。

2 《清史稿·荣庆传》。

要内容。当时，慈禧与光绪还躲在西安“行在”，热心教育的张百熙受命兴学，以振兴京师大学堂为己任。他“奏加冀州知州吴汝伦五品卿衔，总教大学”，凡大学教职员皆自聘，锐意提倡革新教学内容与考试方法，这些做法都引起守旧势力的不满与攻击。因此，慈禧等人在回銮之后，决心要挑选一个最能代表他们意志的官员掺到京师大学堂中去，稍分张百熙手中的权力，被选中的人就是荣庆。《清史稿·张百熙传》谓：大字既负时谤，言官奏称：本朝定制，部官大率满汉相维，请更设满大臣主教事。乃增命荣庆为管学大臣，旋别设学务处，以张嘉亨为大学总监督，百熙权益分。”说的正是以荣庆牵掣张百熙这桩事。

张百熙在刚接到清廷委任他管理京师大学堂的命令时，雄心勃勃，颇多宏伟设想。但是，为时未久，攻击新学的流言蜚语就遍传都下，荣庆等人则更是处心积虑地与新学作对，所有这些都使张百熙这位以开通风气，沟通中西为己任的教育改革先驱者感到心灰意冷，无如何。他在给自己的挚友、同乡瞿鸿禨的密扎中写道：

> 所难者，则学堂也。从前京师议论，皆以学堂为无父无君之地，今犹是见解，犹是议也。昨与夔臣相国言及，同为太息久之。容诣略相及公处详言之。……若因其为难而不为，既无以对朝廷，亦无以对我公与略相也。勉竭小才，至开办后再行陈说，彼时必望公体谅此心耳。[1]

荣庆充当了管学大臣之后，办事皆以遵奉慈禧的懿旨为准绳，坚持“以中国政教之固有，而亟发明以拒异说。”《荣庆日记》中有许多慈禧向荣庆询问有关大学堂事宜的记载。然而，关于荣庆与张百熙为难情况，在荣氏日记中几乎找不到任何痕迹。乍看起

1 徐一士：《一士类稿·一士谈荟》。

来，仿佛荣、张二人相处十分融洽。在张百熙光绪三十三年去世时，荣庆还于日记中写道：

> 二月十七日，未正入署，酉归，冶秋（即张百熙）故报到，挽以联云："负韩欧伟望，输文富大年，天不憖遗斯世痛；钟湘岳灵奇，抱兰荃忠爱，魂兮归去楚江春。"[1]

其实，荣庆的挽联是言不由衷的，关于荣、张不和一事，时人多有记载。

《清史稿·荣庆传》谓："大学堂之创立也，命荣庆副张百熙为管学大臣。百熙一意更新，荣庆时以旧学调济之。"此处所谓"调济"二字，实际上是"掣肘"、"牵制"的同意语。

《清史稿·张百熙传》则云：

> 百熙"始议分建七科大学，又选派诸生游学东西洋，荣庆意不谓可，而百熙坚持之，亲至站送诸生登车。各省之派官费生自此始。……百熙拟建分科大学，以绌于资而止，惟创医学及译学馆、实业馆，遽谢学务。"

这里已将荣庆与张百熙之对立写得比较清楚了。惟"遽谢学务"四字过于简单。其实，此事与荣、张矛盾亦不无关涉。

张百熙谢学务事发于光绪三十二年清廷官制改革之后。时军机大臣瞿鸿机劝百熙就任即将设立的学部尚书，而百熙则因为与荣庆不和，久已存引退之心，其致瞿鸿机密札云：

> 学部非设不可，而兹事体大，下走实不敢承。公之意固

1 《荣庆日记》，光绪三十三年二月十七日。

公而非私，然自揣无此学识，以公一人之意争之，不得固失言，得而不能胜任，使我公有举不得人之悔，而议之者并公而咎之，何如慎之于始也？公谓如何？……非公爱我，谁可与言及此者？幸乘其自任而赞成之，俾潜得以引身而退，公之赐也！……

二三年来，颇有退志，所以迟迟者，始则以东朝万寿，不能不一随班。嗣以学务羁身，难于摆脱，后复以东方事变，万无可言归之理。今东事粗定，但能开去学务，无论身居何部，冀可渐得自由。……忧来无端，聊为知己发之，知公亦不能为潜计矣。

观张百熙此函，即可了解其为人扼抑，而不得伸其志的痛苦心境。据徐一士先生考订，信中“幸乘其自任而赞成之”以应指荣庆。清朝末年，随着革命风潮的日益高涨，广大知识分子和留日学生对统治阶级的倒行逆施愈来愈不满，不少人反戈一击，将矛头指向朝廷。这种局面迫使清廷不能不加强对学生的约束，于是学部就成了新、旧势力争夺的重要地盘。因此，清廷藉光绪三十二年的官制改革将张百熙调离学部，由荣庆“专办部务，”慈禧特别询问荣庆“日本留学生及学堂章程，并学堂管理”。

慈禧将张百熙调离学部一事，在当时曾引起强烈反响，许多热心新学的人，都为此鸣不平。瞿鸿禨在给张氏信中即谓：

“公于学务有益，学务于公亦相宜。吾两人苦心热血，一旦皆付之东流，夫复何说！……连日胸中恶劣，了无佳况，奈何奈何！”瞿氏此处所发泄的自然是对荣庆的怨愤。[1]

1 以上均见徐一士：《一士类稿·一士谈荟》。

荣庆对新学不满，在清朝垮台后的日记中偶而亦有所流露。如民国四年十一月初二日的日记有云：

阅近人大学堂始末，本甚怼我，然挽回风气，爱惜国帑之苦心，不觉为我传出，其中误处不少，亦不置辩也。[1]

不言而喻，“挽回风气”与“爱惜国帑”是荣庆阻挠新学发展的重要理由。在他看来这自然不是坏事，而且是引以自豪的。

三

由于得到了慈禧太后的垂青，荣庆得以进入枢垣、充政务大臣，参预了清王朝的最高决策机构。随着职务的更迭，荣氏亦日趋骄矜，目空一切，引起了朝臣，特别是汉族官僚的侧目。早在荣庆刚入军机处学习行走时，陕西道监察御史王乃徵即上书弹劾，王氏谓：

如荣庆者，外貌轩昂，极似有才，胸中实毫无经纬。……本年充会试总裁，臣亦蒙恩派充同考官，偕赴汴梁。其衡文一切，本无学识。而自满自足，凌厉同官，互相嘲诟，无复大臣体统。又八月下旬，在刑部尚书任内，以无礼之语，当堂斥辱司员，致秋审十数员同日告假辞差，经侍郎沈家本遍诣代为谢过，其事乃解，旋即转升礼部，众谓其自求迁避耳。乃未久忽拜枢臣之命。臣窃以荣庆庸妄骄矜在所不免，但年富力强，如令潜心部务，释躁平矜，练习应事接物，容为卿尹有用之才。今兹危机存亡之秋。畀以翊赞纶扉之任，

1 《荣庆日记》，民国四年十一月初二日。

臣愚不知其所以胜任也。[1]

言官的弹章虽然不留任何情面，而慈禧却不会因此稍稍动摇对荣庆的信任。相反，随着时局的日趋严重，慈禧对荣庆宠信和依赖更超过以往。即以预备立宪而论，这本来是清朝统治者最为棘手的难题，慈禧亦将此难题交给荣庆等人处理。

先是，慈禧等"即内恐舆情之反侧，又外惧强邻之责言"，万般无奈，派出了载泽、端方、戴鸿慈、李盛铎、尚其亨五大臣"分赴东西洋考求一切政治，以期择善而从。"不料五大臣归国后异口同声地请求立宪，要求以"五年为期改行立宪政体，"并认为只有如此，方可以"安宇内，御外侮，固邦基，保人民。"这些出洋考察政治的大臣，还具体提出了"万不可缓，宜先行者三事，"这三件事是：

1. 请朝廷宣布立宪宗旨，仿照日本明治维新，祭天誓浩，明定国是。

2. 实行地方自治，地方官一律由选举产生，仿照外国，由"庶官任其责，议会董其成。"

3. 保障集会、言论、出版自由，并着手制定宪法，五年内改行立宪政体。

不用说，所有这些政治改革都是慈禧等极力反对的。但是，由于局势愈来愈变得不利于清朝的专制政体，与其把政权让给革命党人，毋宁在立宪问题上稍作让步。于是，慈禧下令让亲贵对王公大臣的请求进行讨论，并指定荣庆草拟懿旨。光绪三十二年七月初八、初九日王公大臣们集会商议立宪问题，《荣庆日记》逐日均有记载：

1　中国第一历史档案德藏：王乃徵：《弹劾庆亲王等片》。

七月初八日，入值，袁督（世凯）请安。……未正至外部公所，醇邸、孙、世、那三相、治秋尚书、慰亭直督同本处公阅出洋大臣折件。申后归，慰廷来访，夜有所拟。

七月初十日，入值，邸已到。醇邸以次诸大臣有起。已归，饭后眠起，所拟脱稿。

七月十一日，未初至外部公所，同阅拟谕，庆邸决定。

七月十二日，卯初见，与庆邸再谈……饭后与宝臣访慰亭夜话。

七月十三日，卯入值，已到。辰正后见邸，再见，宣预备立宪懿旨，晓示天下，督勉臣民……

荣庆穷数日之力，绞尽脑汁，苦思冥想，又同庆亲王奕劻、直隶总督袁世凯及铁良、端方等友好反复蹉商辩难，才算拟就了这道在晚清历史上具有重要历史意义的懿旨。这道懿旨宣称：

时处今日，惟有及时详晰甄核，仿行宪政，大权统于朝廷，庶政公诸舆论，以立国家万年有道之基。但目前规制未备，民智未开，若操切从事，徒饰空文，何以对国民而昭大信，故廓清积弊，明定责成，必从官制入手，亟应先将官制分别议定，次第更张。并将各项法律，详审厘定，而又广兴教育，清理财政，整顿武备，普设巡警，使绅民明悉国政，以预备立宪基础。着内外臣工，切实振兴，力求成效，俟数年后规模初具，查看情形，参用各国成法。妥议立宪实行期限，再行宣布天下，视进步之迟速，定期限之远近。[1]

在汹涌澎湃的革命浪潮前，清廷不得不宣布预备立宪，企图

1 《光绪朝东华录》，光绪三十二年七月十三日。

以此抵制和消解革命。这道懿旨字斟句酌，端出了慈禧太后痛苦而狡诈的决策，而其执笔者正是她的心腹大臣荣庆。

当时满族亲贵对立宪的态度也存在着意见分歧，作为预备立宪谕旨的起草人荣庆的真实态度究竟如何？荣氏在重大政治问题上，往往在日记中不吐真言。据当时人记载，荣庆在大臣讨论立宪时，与铁良一起，站在宪政的对立面，他明确表示："吾非不得知立宪政体之美，顾以吾国政体宽大，渐流驰紊，今方宜整饰纪纲，综核各实，立居中驭外之规，定上下相维之制，行之数年，使官吏尽知奉法，然后徐议立宪可也。若不察中外国势之异，而徒徇立宪之美名，势必至执政者无权，而神奸巨蠹，得以栖息其间，日引月长，为祸非小。"[1]可见，荣庆是害怕执政者无权而反对立宪。具有讽刺意味的是实行立宪的谕旨，偏偏出自一个与宪政严重抵触的保守官僚之手，清廷实行宪政之初衷亦于此可见。

（原载《清史研究通讯》1987 年第 3 期）

1 《东方杂志》，光绪三十二年十二月增刊。

《顾炎武论考》序言

顾炎武是明清之际的杰出人物。他著述宏富，行迹万里，交游遍天下，是一位守先待后、继往开来的思想家、学术大师。他行谊高洁，学问广博，见识远大，誉满天下。但是，到现在为止，虽有很多研究他的文章和小册子，却还没有一部大型的传记，这不能不说是一桩憾事。沈嘉荣同志勤力钻研，孜孜以赴，积数年之功，写成了这部 50 万字的《顾炎武论考》，包罗丰富，洋洋洒洒，全面论述、考订了顾炎武的行事和治学，填补了学术史上这一重要的空白。

我对顾炎武无专门研究，曾浏览过他的某些著作，其学如汪洋浩瀚，难窥其涯岸，但至少有几点留下了深刻的印象。

第一，他是节行坚贞的爱国志士，参加过抗清起义。失败后，浪迹天涯，读书著述，誓不仕清，他是一位骨头很硬的铮铮铁汉。多年以前，有人说：满族也是中国人，也有在中国坐天下、当皇帝的权利。反抗满族统治谈不上是爱国，反而是不识时务，违背进步潮流的行为。正是根据这个理由，否定了史可法、顾炎武、瞿式耜等一批人物。此论实在不敢苟同，的确，满族入主中原，这是一个多民族国家的内部事务，不是今天意义上国家之间的侵略与反侵略。但一个国家的内部也有民族矛盾和民族斗争，国内的民族战争也有是非曲直，不能因是国内问题而抹杀了一切区别。一个被欺凌、被践踏的民族起而自卫，虽因力弱势微而失败，但其不屈不挠、苦心孤诣、志存匡复的精神是值得称赞的，这正是中华民族的优良传统。顾炎武和他那个时代的一批抗清志士是值得后人崇敬、纪念的。

第二，顾炎武为学精深广博，提倡经世致用、救世匡时。他研究山川、地理、物产、水利、赋役、户口，作《天下郡国利病书》，为的是要挽救艰难的时局。他作《日知录》，其弟子潘耒称，“朝章、国典、民风、土俗，源源本本，无不洞悉”，“事关民生国命者，必穷源溯本，讨论其所以然”。这种学风与宋明理学的末流坐而论道，脱离实际，空谈性命天理是完全不同的。

第三，他治学勤奋刻苦，严肃认真，搜罗材料，重视证据，排除种种主观的臆想，富有科学精神。他研究的领域广阔，引经据典，加以实地考察，根据充分，立论坚实，下笔审慎，“每一事件必详其始末，参以佐证，而后笔之于书”，对清朝一代学风有极大影响，开乾嘉学派的先河。

沈嘉荣同志这部《顾炎武论考》，详细追踪了传主艰险而传奇式的一生，考订其行事、交谊，分类剖析了顾炎武广博的学术成就，包括哲学、伦理、政治、经济、法制、教育、史学、地理、金石、音韵、诗歌、散文等等，全面地反映了顾炎武的人品和学问，使我们得以更加详细而正确地了解、认识三四百年以前的这位大师。我国学术史上的杰出人物非常之多，如群星灿烂，映耀长空，他们对中华民族的文化做出了卓越的贡献。如果能像沈嘉荣同志这样，对历史上的许多学术大师都做出详尽而高水平的个案研究，那么，大部头、高水平、综合性的中国学术史的问世，将指日可待。这是我们所希望和期待着的。

（原载《语冰集》，广西人民出版社，1999 年）

《恽毓鼎澄斋日记》序言

清朝人有写日记的习惯，许多名人大多有日记刊行于世。如政治家林则徐、李星沅、曾国藩、翁同龢、王文韶、唐景崧，以及学者李慈铭、王闿运、叶昌炽等。名人往往处于历史漩涡的核心，比普通人有更多见证历史真相的机会。他们或铺陈重大历史事件，或书写读书心得，或阐发个人胸臆，或缕述起居琐事，或披露参政内幕，这些文字是十分珍贵的历史资料。也有一些官吏位居中下层，但关心时事，富有才能，又有机会结交权要，出入豪门，甚至行走宫内，侍奉皇帝。他们见多识广，了解政坛内幕，消息灵通，所见所闻写在每天的日记中，常常能透露其他文献资料中见不到的历史真相。这类日记，其历史价值甚高。

摆在我面前的《澄斋日记》的作者恽毓鼎，原籍江苏常州，任晚清史官 19 年，担任过日讲起居注官，翰林院侍讲，国史馆协修、纂修、总纂、提调，文渊阁校理，咸安宫总裁，起居注总办，编书处总校、总纂、总办，功臣馆总纂，讲习馆总办等职，是清廷为数不多的皇帝近臣之一，曾随侍光绪皇帝，写有《崇陵传信录》，是记述清末史事的一部信史。他熟悉晚清宫廷内幕及掌故，成为宫廷事件的旁观者和记述者。《澄斋日记》虽然常从日常生活入手，但记事并不琐碎，保留有大量政治历史资料和宫廷生活细节。

恽毓鼎还于光绪二十七年任过《各国政艺通考全书》的总校

兼总纂。宣统二年，翰林院奏设宪政研究所，以恽氏为总办。因此他也是晚清新政的参与者与见证人。其日记对晚清政治风云与思想变迁颇多反映，时发议论，折射出当时知识分子的思想状况。如光绪二十一年八月日记载称：对官员所上八项变革办法条陈(一铁路，二军制，三变通科举，四造就人才，五筹款项，六重工商，七矿务，八交涉)，恽氏认为第一、第五、第七三条可斟酌而行，其余固宜就今法变通，却反对单纯对西洋之法亦步亦趋地模仿。他的观点是中国自有长处，患在用人不当："故重情面，袭具文，苟且姑息，以致弊端百出耳。必欲舍己从人，而仍用此等丧心误国、贪利营私之人，亦何法不能滋弊哉！"对于器械之道与人相配合的重要性，恽氏以中日战争为例发出了自己的感叹："中日战事，我兵皆望风而遁，无人向东发一矢放一炮者，故使敌人得利耳。岂得咎以器械之不精哉！即尽得外洋火器，而纪律不精，刑罚不严，委而去之，徒资寇也"。这真实反映出面对西方入侵时，晚清士大夫普遍呈现出的焦虑心态。

中日甲午战争是中国知识分子思想转变的一个重要分水岭，中国在战争中的惨败，使有识之士清醒地认识到洋务运动仅仅靠引进西方器械之道使国家走向富强所导致的局限性。以后的戊戌变法即着眼于制度变革，20世纪初年爆发的五四新文化运动对"国民性"素质的质疑和讨论都是由此引发而来。《澄斋日记》中所反映的心态成为时代变迁的晴雨表。

《澄斋日记》按年编排，起自光绪八年恽毓鼎中举始，至其逝世前一年（1917年）止，其间有残缺。恽毓鼎曾将所记内容概括为六类：文献、时事、读经史子集笔记、论古文诗词、民俗风情、家庭琐事。文献、时事二类中含有大量的时局议论。最重要的是《澄斋日记》反映了清廷末世的腐败。他在光绪三十四年的日记中写道："时事日非，而京朝官车马衣服，酒食征逐，日繁日侈。吾辈光阴精力，皆消磨于奔驰醉饱中，可为太息。"在宣统二年十一月二十九日的日记中又写道："凡为外官者，必谋要津大老书函致其上司，名为'运动'。且视京官无不嗜财，但挟重金，即以为无投不利。此虽贵人有以致之，然亦可以觇风气、测人心矣，可叹可叹！"再如宣统三年十月十四日的日记中，就通过点评五代唐明宗时大理少卿康澄上疏所言五不足惧六可畏，来讽喻当时的政局。认为：宣统年间所谓六可畏者，无不蹈其辙，"更加以贪人败类，贿赂公行，无一事非因贿而成，无一官非因贿而进，人心安得不去，大乱安得不兴乎？"

但恽毓鼎本人处在衰世浊流中亦非洁身自好者。他曾讨好奕劻和袁世凯，上疏弹劾瞿鸿禨、岑春煊，在晚清权力斗争中推波助澜。

还有值得注意的，是民俗风情与家庭琐事二类中所包含的中国近代社会史的内容。以往我们对晚清日记的解读与研究利用多只注意与重大政治事件相关的那一部分内容，忽略日记中对日常琐碎生活的描写，而中国历史研究要实现突破，恰恰要把目光投向这些日常生活的描写，以展现近代中国社会转型期间更广阔更复杂的层面，以及实现历史转变的全貌。前几年乔志强同志点校刘大鹏《退想斋日记》中对此已有所反映。在这方面，《澄斋日记》同样提供了相当丰富的资料。日记中举凡古籍版本、书画手迹、行医处方、天气天象、地理地震等，均有程度不同的记载。恽毓鼎叙事的优点是不像一般日记，行文易走如流水账的叙述模式，而是叙议结合，往往将对话语言等细节照录其中，存录了大量的历史资料。

作者又具有版本目录学家、书法家和医生等多重身份，故其日记中的记载也展现了中国近代社会和文化知识的方方面面。又由于史晓风先生的大力整理，解决了识读和其他疑点难点，故此书具有很高的史料价值和可读性。《澄斋日记》的出版无疑将对中国近代史研究起到积极的推动作用，是值得推荐的一部好书。

《澄斋日记》长期收藏在北京大学图书馆中，篇幅浩繁，有36册，百万字之多。因恽氏行草字体辨认较难，断句不易，难以卒读，所以从未刊行面世。史晓风先生退休以后，发挥余热，穷十年之力，埋头整理这一珍贵的史料，实难能可贵。他年事已高，却勤奋用功，寒暑不辍，把整部日记点校整理并誊写一过。由于恽氏日记是随笔记录，多用草书，故辨认字体极为艰难。有时辨认某个字，遍阅草书字典，不得其解；以后忽见另一处亦用此字，前后通观，反复研读，其义豁然贯通。遇到许多人名、史事，亦必追根究底，切实理清。这种勤奋、缜密、敬业之精神，老而弥笃，值得钦佩。

在学术著作出版难的今天，浙江古籍出版社决定出版这类珍贵史料，具有现代出版家的远见和胆识，也是令人赞赏和欣慰的。

（摘自《恽毓鼎澄斋日记》，浙江古籍出版社，2004年）

《清人笔记随录》序言

尽多日之力，我匆匆地读了来新夏先生的新作《清人笔记随录》，它将我引进了一个饶有趣味的知识境界，大则国计民生、军政要事、典章制度以及经史议论、科场掌故、风土人情、园林佳胜、里巷习俗、世态炎凉，直到谈狐说鬼、脂粉灵怪、因果报应。中国传统封建社会生活中的众生相毕呈于眼前，绘声绘色，光怪陆离，包含了巨大的信息量。我以前也读过不少笔记，但从来没有这样一下子集中接触到如此巨大的数量。来新夏先生此书著录的笔记作者有一百四十余人，有的作者所写笔记有两三种，甚至五六种之多，因此全书谈到的笔记总数将近二百种。清代笔记数量很多，二百种远未囊括清代所有的笔记，但数量已是洋洋大观，可称是清代笔记的渊海。

笔记在我国古代著作中是一种特殊的体裁，传统书籍的分类中并无笔记一类，因其内容庞杂，界划不清，经史子集不知分属何类。有的笔记入杂史类，如冯甦的《见闻随笔》、杨捷的《平闽记》，《四库全书》皆入于史部杂史类；有的笔记可入地理类，如高士奇的《金鳌退食笔记》、吴绮的《岭南风物记》、方式济的《龙沙纪略》、厉鹗的《东城杂记》，《四库全书》皆入于史部地理类；有的笔记可入儒家类，如程大纯的《笔记》、范尔梅的《读书小纪》，《四库全书》入于子部儒家类；有的可入小说家类，如王晫的《新世说》、钮琇的《觚賸》、吴陈琬《旷园杂志》，《四库全书》皆入子部小说家类。更多的笔记则归于杂家类。笔记最明显的特点就是内容杂，大千世界芸芸众生，兼收并蓄，无所不包，凡无法按内容界划分类的，都可以归进子部杂家类。因此，我们在《四库全书》子部杂家类可以看到各种类型的“笔记”，如：顾炎武的《日知录》，姜宸英的《湛园札记》，王士祯的《居易录》《分甘余话》，张贞生的《唾余随录》，张文炳的《公余笔记》，高士奇的《天禄识余》，徐昂发的《畏垒笔记》，谈迁的《枣林杂俎》，张尔岐的《蒿庵闲话》，宋荦的《筠廊偶笔》、陆廷灿的《南村随笔》，魏裔介的《佳言玉屑》，赵吉士的《寄园寄所寄》，黄叔琳的《砚北杂录》，等等。这些笔记体例不一致，价值有高下，有论有叙，或庄或谐，《四库全书》都把它们纳入子部杂家类；并且条分缕析，谓：“杂之义广，无所不包……以立说者谓之杂学，辨证者谓之杂考，议论而兼叙述者谓之杂说，旁究物理、胪陈纤纤者谓之杂品，类辑旧文、途兼众轨者谓之杂纂，合刻诸书、不名一体者谓之杂编，凡六类。”《四库全书总目提要》子部杂家类某种笔记，如果按照传统的分类法去寻找，真不知道该在何部何类中去搜检。

大多数笔记篇幅短小精悍，每则记叙，长则数百字，少则几十字，简单明快，很少千字的文章，更无万言书。史梦兰叙述自己写作《止园笔谈》的情形：

> 园居无事，惟以卷轴破寂，偶有所触，辄赫踬记之，以备遗忘。客至则藉为谈柄，读书快意，则相呼浮一大白。遇有以杂事、异词、琐语相告，可以资劝惩、广见闻者，亦收拾缀辑，付之毛生，积久成帙，遂亦忘其为我谈、为客谈、为今人之谈、古人之谈，而概目之为笔谈云。

大多数笔记都是在这种环境、心态中兴之所至，随笔书写，情意率真，较少做作，故多清新可读。读笔记就像是听讲有趣的故事，展现情节生动曲折，跌宕起伏，描写人物栩栩如生，惟妙惟肖，可以增加历史和生活的知识，又可以得到艺术的享受，许多笔记都是上佳的文学作品，如纪晓岚的《阅微草堂笔记》、张潮的《虞初新志》、梁绍壬的《两般秋雨盦随笔》等。

笔记中所记保持较多的真实性，因为作者或闲居自娱，或消愁解闷而作笔记，无心沽名传世，亦非刻意著作，故无所避讳，无所顾忌，无所掩饰，能透露某些真实情况和真实思想，比起官方史书更加可信。如嘉庆十八年，河南滑县天理教抗清起事，史载滑县知县强克捷死难，清廷优礼褒恤，赐谥立祠，但在张昀的笔记《琐事闲录》中却有不同的记载：

> 封丘邑侯全大令福与强公（指强克捷）戊辰通谱。强公逃至封署，拟为恢复计，比闻滑邑既失，公之眷属已阖门遇难，即欲自尽。全大令再四阻之，且百计防范，所以潜居二十余日，迄无知者。及恤典既下，全不得已，始具宴邀强公痛饮。二更后，延至花厅，将衣裳棺椁妥为料理，握手拜别，强公乃从容捐躯。吁！亦悲矣。

尽管张昀对强克捷充满了同情，但毕竟写出了事情真相。原来强克捷并未慷慨殉节，而是逃到封丘县，躲藏二十多天。等到朝廷封恤令下，他无法再在人世露面了，才不得已自尽。当然，笔记中所记内容，因为信笔所写，作者或未能核实，或有传闻失实或记忆有误的地方，甚至还有故意造作赝品的笔记，如记载太平天国的《江南春梦庵随笔》与《燐血丛抄》二书，是并不了解太平天国内部情形者所写的做伪之书，已由罗尔纲和祁龙威两位先生考证阐明，来新夏先生也将此两部伪书剔除，没有放在本书之内。

笔记最重要的功能是补正史之不足，历史上很多大事为正史所不记或少记，笔记作者常能据其闻见透露更多的信息。如朱子素的《嘉定县乙酉纪事》，记载清兵下江南，三屠嘉定城，“直书北兵淫掠屠戮之惨状，无所忌讳”，城内外死者二万余人；王家桢的《研堂见闻杂录》记载清初科场、哭庙、奏销、通海、庄氏史案几次大狱，惩治严酷，罗织极广；萧奭的《永宪录》记雍正朝史事，详于雍正杀弟和年羹尧、隆科多事件。邓之诚先生赞其为信史，说:“使多得类此之作，史之征信，为不难矣，而惜其不可得也” (邓之诚跋文)。陈昙的《邝斋杂记》、薛福成的《庸庵笔记》记载抄没和珅之家产，可比较其详略异同。叶梦珠的《阅世篇》、钱泳的《履园丛话》记载田价、米价、银价以及其他物价之涨落，可以了解清代的经济和市场情况，王韬的《瀛壖杂志》、畹香留梦室主的《淞南梦影录》记载鸦片战争上海开埠后之经济繁华、风俗奢靡；李斗的《扬州画舫录》、顾禄的《清嘉录》、陈作霖的《凤麓小志》记载扬州、苏州、南京的风土人情、园林胜地；张祥河的《关陇舆中偶记编》叙述北京宣南诗社结社的始末；昭梿的《啸亭杂录》对朝政国事耳熟能详，娓娓而谈，如数家珍，可当做康雍乾盛世的别史阅读，其中所谈的很重要历史情况是官书和正史难以见到的。

来新夏先生是史学大家，勤奋治学，见闻广博，识断精审。他写作此书，有长期的积累，平日读书，时有所得，笔录整理已积稿成帙，不意十年浩劫中，投之祝融，悉遭焚毁，痛心饮恨，情难自已。但来先生壮志不灰，理念常青，深自激励，愈挫愈奋，重理故业，几乎从头做起，使我想起明清之际史学家谈迁稿件被窃、重新写作的故事，其执著追求之心志，令人感佩。“文化大革命”以后，来先生的作品更加成熟、更加繁富，《清人笔记随录》即是其中的一种。他研究清人的笔记，大力考证其作者，详尽介绍其内容，精心甄别其版本，还有许多别具新见的评说议论，足以窥见作者的功力与识断。例如，李慈铭诋刘献廷的《广阳杂记》，“糅杂无序，偶一考古，大率浅谬”，来先生不以为然，为刘献廷辩护，称此书“识见甚新颖可喜。他的厚今、求实之说是当时不可多得的高论”。而李慈铭为人狂傲怪僻，他所写《越缦堂日记》，读书甚广，多有新论，亦为人诟病，鲁迅先生即评其“做作”，而来新夏先生对李慈铭的《萝庵游赏小志》评价颇好，称其“文笔优美，清新细腻，可当游记美文读”。可见，他评论作品，能够分别对待、客观地做出评价判断，而不是人云亦云，一笔抹杀。他对上乘的笔记评价甚高，如顾炎武的《昌平山水记》精于考证，王庆云的《石渠余记》“信而有征”，薛福成的《庸庵笔记》“涉笔谨严”，方式济的《龙沙纪略》为“舆地不可少之本”，李斗的《扬州画舫录》“远胜他书”，姚莹的《康辅纪行》为“近代探求新知者”，刘玉书的《常谈》“入理坚深……独具一格……不得以其无所知名而忽其论述”。寥寥数字多能洞中肯綮，令人信服。

对于一些名人所写的名作，来新夏先生也不是盲目推崇，而是实事求是指出其缺点，如梁绍壬的《两般秋雨盦随笔》是清代畅销海内的著名笔记，读者甚众。来先生虽然也推崇此书采择广博，雅善诗文，但批评它“格调不高，内容芜杂”；焦循是清代中叶著名学者，但所写笔记《忆书》也受到了来先生的批评，说其书帖部分“尚可资考证”，“其他各卷类多怪诞不经之事，或语涉因果报应，似不足以入焦氏著作之林”。又如高士奇的《天禄识余》也是一部著名的笔记，来先生评“其书……虽涉面广而未加类次”。

来新夏先生对笔记作者的考证，版本的介绍，钩沉索隐，甚见功力。如《阅世编》的作者叶梦珠，本不知其生卒年，来先生从《阅世篇》的《金伯固先生》一文中获知明崇祯七年金伯固设塾于上海城南，叶梦珠前往就读，叶时年十四岁，因考见叫梦珠当生于明天启元年。《阅世篇》中又记载了康熙三十年以后事，因推知叶梦珠活到17世纪90年代，享年七十多岁。又笔记《溃痈流毒》辑集有关鸦片战争之文献，本不知辑者为谁，书中有鹤间评语，或称鹤间居士，亦不知何许人。来先生在读道光后华亭王氏族谱时，发现附有王清瑞《鹤间草堂主人自述苦状》，又从此文中见“余辑《溃痈流毒》一书，详载始末”及题诗内称“《溃痈流毒》谁所为，嗟尔载编空激切”，这才考定此书辑者是王清瑞。又查到王清瑞后改名王清亮，字慕筠，乾隆五十三年生，江苏青浦人，一生以游幕为业。由此可见，来新夏先生读书甚广，且细心用功，故能触类旁通，找到解决疑难的佐证。

来新夏先生对书籍的版本流传也十分看重，许多笔记多寻根溯源，访查各种版本，如查慎行的《人海记》，咸丰年间张士宽得其稿本“断烂丛杂”，张士宽为之校刊，认真精细。据张士宽说：“此书向未刊行”。但来新夏先生查找到道光《昭代丛书》壬集补编及沈氏世楷堂刊本等数种书籍，均在张士宽之前所刊，可见张氏之说不确。又如褚华的《沪城备考》，纠正上海县志之缺失，极为有用。该书在褚华生前并未刊刻，褚殁后，书归杨藻江家所有。至嘉庆时上海藏书家梅益征借得其原本，但已错乱缺失，且删改甚多。梅益征“细寻涂改之迹，融会参订，悉依原本足成之，得五门六卷。是《沪城备考》之成书，梅氏与有功焉”。但梅氏亦未能刻印此书，故叹曰：“噫！录之者尚有人，刻之者谁乎？”至光绪初，始由上海申报馆以活字本问世，但脱讹较多，未为善本。1935年上海通社又取旧家抄本，校其讹误，录其未刻，收入《上海掌故丛书》中，始得窥其书之全貌。由于来先生之求索考证，《沪城备考》之成书和传刻之曲折始末，方为世人所知。

清代笔记为研究清史极重要之资料，前辈谢国桢、张舜徽先生均有著作，创开辟蹊径之功。来新夏先生继谢、张之后尘，裒辑之广，用力之勤，心得之多，蔚为大观。

此书之后附《清人笔记中社会经济史料辑录》，广征博引，收集了许多重要史料，可供阅览引用，给后来的研究者提供了便利。总之，来新夏先生的《清人笔记随录》一书不仅是清史研究者所必备，即使业余爱好，工作之暇，消遣翻阅，其中朝章国故、风土人情、奇人文士、隽语逸事，亦可以增长见识，以资谈助。是为序。

（摘自来新夏：《清人笔记随录》，中华书局，2005年）

《李定国纪年》再版序言

郭影秋校长已经离开我们20年了，但在中国人民大学清史研究所工作的同志时刻怀念他崇高的品德、卓越的才能、渊博的学识以及实事求是、关心群众的工作作风。尤其是国家启动了清史工程，组织了机构，集中了人才，编纂工作正在紧张进行，每当遇到各种行政上、组织上、学术上的巨大困难的时候，我便会想到影秋校长，他的身影便会显现在我的脑海中，当年他对我耳提面命的教诲也不时重现，这鼓舞着我的信心，使我振作起精神，增加了我的力量。对影秋校长的人品、才能、学问的崇敬和思念，成为推动和鞭策我努力工作的动力。

编纂清史的工程是老一代共产党人毛泽东、周恩来、董必武等的愿望，早在20世纪50年代即已提出，1965年秋被筹划付诸实施。党中央命周扬同志在中宣部部长会议上专门研究实施方案，决定成立国家清史编纂委员会，任命中国人民大学常务副校长、清史专家郭影秋为编纂委员会主任，关山复、刘导生、尹达、刘大年、佟冬、戴逸为编纂委员会委员，并在中国人民大学设清史研究所，开展筹备工作。当时全国正在进行“四清”运动，影秋校长已率领教工学员到京郊苏家坨前沙涧西山农场搞运动，副校长孙泱同志参加了中宣部的会议，并亲到我的家中转达中央的决定，和我商议筹备工作。不料时隔不久，姚文元的文章《评新编历史剧〈海瑞罢官〉》出笼，掀起了“文化大革命”序幕，一场风暴席卷全国，干部被打倒，各级机构瘫痪，国家建设工作陷于停顿，计划中的清史编纂工程也就不幸夭折。影秋同志在“文化大革命”中蒙受了巨大的打击和灾难，长期被关押批斗，身心备受摧残，以致病魔缠身，辗转病榻，长期未能康复，终于 1985 年逝世。

影秋同志虽被任命为国家清史编纂委员会主任，但由于突然发生了“文化大革命”，机构没有成立，工作没有开始，所以毕其一生，他未能践履其职务。但他始终关怀清史编纂工作，竭力为修史工作做重要准备。他预见到国家发展不会从此停顿，正常工作迟早会恢复，所以中国人民大学虽然在 1969 年被解散，人员下乡劳动，但在影秋同志的建议下，学校教工均成建制地分到各个单位，避免了专业人员分散流失，这样就集中保存和保护了大批教师，特别是历史教员。也是在影秋校长的建议下，凡是中国历史教研室和世界历史教研室的教员都集中在一起，不可分散，他还从哲学系、法律系、档案系、语文系调进了一批教师，1973 年我们从“五七干校”回到北京，建立了清史研究小组，附设在北京师范大学中开始研究清史，他还亲自担任清史研究小组组长。这一不寻常的举措表明影秋同志牢记党的嘱托，他认为一旦“文化大革命”过去，天朗气清，修纂清史的工作必将恢复，工作可以顺利进行，这可以看到影秋同志的深谋远虑和良苦用心。2003 年当党中央再次决定启动清史工程以后，一支训练有素的专业人才队伍已经形成，立即可以投入工作。如果没有影秋同志当年的远见卓识和不凡举措，如果人才长期分散不能从事研究，这次清史工程的启动必定会举步维艰。

1978 年中国人民大学复校，清史研究所正式成立，作为校领导的影秋同志，又抱病参加清史研究所成立的会议。此后，所里的工作一直受到他的重视与指导。他常常听取所里的工作汇报，并就研究方针、研究方向和研究规划，做出切合实际的指示，一些重点科研项目，如《简明清史》、《清史编年》，就是在他的倡议和帮助下编写的。他还就《清史编年》的体例和内容，多次与我们谈话，又亲自为该书写了序言。

从影秋同志建议设立清史研究小组到决定成立清史研究所，直至他病逝前的年月，尽管缠绵病榻，他一直在关心着清史研究所的工作与清史研究事业，曾多次约我面谈，谈话内容大多是有关清史研究的问题。通过多次交谈，我更加深入地了解了作为历史学家的影秋同志，深深感到他读书甚多，博闻强记，知识丰富，有深刻的洞察力，分析事件、评价人物时独具卓识。他最熟悉明末清初的历史，和我谈过李自成、张献忠、崇祯帝、史可法、张煌言、郑成功、李定国、孙可望、多尔衮、范文程等人，谈到明朝何以失败，清朝何以兴起，谈到农民军的重大失误和归宿，等等。他熟知历史上各个人物的经历、性格、才能、优缺点，做出许多很有见地的分析，娓娓而谈，如数家珍。他掌握的史料极为丰富，不少稀见的稿本、抄本，是我闻所未闻的。他给我介绍书籍的作者、卷数、版本、收藏单位、内容梗概以及自己的评论，使我深受教益，终生难忘。

影秋同志之所以能对历史典籍如数家珍，对许多历史人物与历史事件有独到的分析和见解，就在于他无论是在戎马倥偬的战争年代，还是在和平岁月繁忙的党政领导工作中，都始终不废读书治学，写诗填词，撰写著述。《李定国纪年》就是影秋同志研究明清史的代表作，该书凡二十余万言，以丰富翔实的史实，记述了明末农民起义军领袖李定国一生的光辉业绩，是书正文自庚午年（明崇祯三年，李定国十岁）起，至壬寅年（清康熙元年）李定国逝世止，按年月汇集了李定国一生的资料。同时，又简要地记述了明末清初全国的政治、经济、军事、文化等方面的有关资料。凡引用资料，均注明出处，并对有些资料加“案”，提出自己的看法。另外卷首刊有关于李定国事迹的地图、照片及文物拓片；书后又附录了关于李定国的多篇传记及评述。该书虽名《李定国纪年》，其内容实际上则是大西军的编年体战史，是国内外第一部全面、系统的关于大西军及其领导人物的史料性专著，有很高的学术价值。此书的显著特色是：其一，坚持唯物史观评价历史事件与历史人物。该书卷前冠有作者写的长篇序言，其中论述了他为什么要整理大西军和李定国的史料，怎样评价李定国这个人物，如何整理史料，在对这些问题的论述中处处闪烁着历史唯物主义的基本观点和方法。在论及史料整理时，作者也一再强调要从史料的表象中弄清历史事变的内在的本质的联系，以揭示历史事件的规律。其二，搜罗宏富，考订精审。全书广征博采，搜罗各种文献典籍多达一百余种，诸凡正史、野获、稗史、文集、笔记、奏议、方志、揭帖、碑铭，一一涉猎，从中辑录的史料多至数千条，再经削繁就简，细致考订，去伪存真，审慎取舍。从中可以窥见作者深厚的学术造诣和扎实的考据学功底。其三，史论结合，勇于创新。该书虽然是一部史料性专著，但绝非仅仅停留在对史料的编排整理方面，对诸如怎样恰如其分、实事求是地评价大西军、大顺军的历史地位和作用，克服厚此薄彼的偏颇之见，对李定国这个杰出的历史人物的个人特点和历史作用，首次做出比较全面的评价，对明末农民军联明抗清的战略转变以及李定国和郑成功的联合抗清等问题，均做出深刻的揭示和论述，较之前人的研究多有创新，其中不少看法和见解为明清史学界接受与采纳。本书于 1960 年由中华书局上海编辑所首次出版，至 1961 年 11 月前后印刷四次，反映了其甚受史学界欢迎。因其出版已久，目前，不少想阅读利用这部著作的读者都苦难觅求，因建议再版重印。

历史学研究像其他学科一样，伴随新史料的发现和研究视野的拓展，以及研究角度、研究方法的更新，总是不断地发展与前进，而清史研究的发展与繁荣又尤其突出。《李定国纪年》是一部杰出的著作，但毕竟是四十多年前的著作，加之，作者撰写此书时，又正处在频繁发生政治运动的环境中，这些带有极左倾向的政治运动，也势必在意识形态与学术研究中有所反映。影秋同志是一位坚定的马克思主义者，在学术研究中有着冷静的头脑和实事求是的科学态度，但受时代条件的限制和客观环境的影响，这部著作也难免留有时代的烙印。对此，既毋庸讳言，也不应苛求。鉴于作者早已过世，书中的观点与史料上的某些不足，已难以修订纠正，再版时只能保持其原貌，读者在阅读中当会有自己的分析与评判。另需说明的是，影秋同志曾公开发表有《谈郑成功和李定国的关系》及《论李定国坚持西南抗清斗争的历史作用》，这两篇论文与此书主旨吻合，且相辅相成，故一并附录于后。

还需指出的是，影秋同志对明清史的贡献，不仅仅表现在他个人在这一领域的学术研究成就方面，还突出表现在其推动和组织清史研究、贯彻中央编纂清史的决定、积极组建清史研究机构、指导和确立清史研究项目以及关心和爱护清史研究工作者、组织清史研究队伍、积蓄学术力量等方面。所以，我不久前在一次关于清史编纂体裁体例的学术会议上说过，影秋同志始终坚持搞清史，他对清史编纂功不可没。我们今天理应从影秋同志对清史研究的贡献中汲取力量，努力把清史的纂修工作做得更好！

（摘自郭影秋：《李定国纪年》，中国人民大学出版社，2006 年）

＊编者按：中国人民大学历史学院赵珍教授承担了本书编选文章和部分核查引文的工作。

明清纪元简表

皇　帝	年　号 （在位年限）	元年干支 （公元纪年）
太祖（朱元璋）	洪武（31）	戊申（1368）
惠帝（朱允炆）	建文（4）*	己卯（1399）
成祖（朱棣）	永乐（22）	癸未（1403）
仁宗（朱高炽）	洪熙（1）	乙巳（1425）
宣宗（朱瞻基）	宣德（10）	丙午（1426）
英宗（朱祁镇）	正统（14）	丙辰（1436）
代宗（朱祁钰）	景泰（8）	庚午（1450）
英宗（朱祁镇）	天顺（8）	丁丑一（1457）
宪宗（朱见深）	成化（23）	乙酉（1465）
孝宗（朱祐樘）	弘治（18）	戊申（1488）
武宗（朱厚照）	正德（16）	丙寅（1506）
世宗（朱厚熜）	嘉靖（45）	壬午（1522）
穆宗（朱载垕）	隆庆（6）	丁卯（1567）
神宗（朱翊钧）	万历（48）	癸酉（1573）
光宗（朱常洛）	泰昌（1）	庚申八（1620）
熹宗（朱由校）	天启（7）	辛酉（1621）
思宗（朱由检）	崇祯（17）	戊辰（1628）
*建文四年，成祖废除建文年号，改为洪武三十五年。		
太祖（爱新觉罗·努尔哈赤）	天命（11）	丙辰（1616）
太宗（爱新觉罗·皇太极）	天聪（10） 崇德（8）	丁卯（1627） 丙子四（1636）
世祖（爱新觉罗·福临）	顺治（18）	甲申（1644）
圣祖（爱新觉罗·玄烨）	康熙（61）	壬寅（1662）
世宗（爱新觉罗·胤禛）	雍正（13）	癸卯（1723）
高宗（爱新觉罗·弘历）	乾隆（60）	丙辰（1736）
仁宗（爱新觉罗·颙琰）	嘉庆（25）	丙辰（1796）
宣宗（爱新觉罗·旻宁）	道光（30）	辛巳（1821）
文宗（爱新觉罗·奕詝）	咸丰（11）	辛亥（1851）
穆宗（爱新觉罗·载淳）	同治（13）	壬戌（1862）
德宗（爱新觉罗·载湉）	光绪（34）	乙亥（1875）
爱新觉罗·溥仪	宣统（3）	己酉（1909）
1616年，努尔哈赤建立后金；1636年，改国号为清；1644年，清入关。		

◆ 制表参考《现代汉语词典》（第5版，商务印书馆，2010年）。

◆ 年中改元时，在干支后用数字注出改元的月份。

编后说明

《明清史学术文库》旨在整合出版上世纪以来，明清史学研究领域中学术影响深远的专题论著（暂未包括专有出版权与其他出版机构有合同约束的论著）。

由于所选书稿在此前分别由不同的出版社出版，因此在编辑制作过程中，我们尤其注重构建本丛书的体例。特作说明如下。

一　内容

为保持与相关领域学术发展同步，本丛书出版前，各册书稿内容均请作者、作者家属或相关学者在原著基础上作了厘正。

二　结构

丛书各册内容按照章、节等体例安排层级关系，图表按章排序。

三　文字

文献名、引文、年号、姓名等文字中，如遇异体字或无对应的现行简化字，则保留原字。

四　注释

1. 相同文献的相同版本信息，只在第一次出现时予以标注（该文献如在书中出现其他版本信息，则逐一标注；如来稿每则注释皆信息完整，且体例统一，则不予改动；如信息查询未果，则维持缺项）。

2. “二十四史”等常见古籍，如无特殊需要，皆不注明版本信息。

3. 古籍卷数用“卷”与汉字表示，如卷一九、卷一三五等。

五　年代换算

明清两朝的干支纪年或未逐一换算成公元纪年，对于原著未附纪元表的专著，附以《明清纪元简表》，以便参考。

六　寄语

本丛书各册作者皆为相关领域学术大家，故每册卷首均设作者寄语。寄语或为约请作者提供，或从其专著中援引。

宫廷历史编辑室

二〇一二年七月

图书在版编目（CIP）数据

清代人物研究 / 戴逸著. — 北京：故宫出版社，2013.8

（明清史学术文库）

ISBN 978-7-5134-0444-0

Ⅰ. ①清… Ⅱ. ①戴… Ⅲ. ①历史人物-人物研究-中国-清代Ⅳ.①K820.49

中国版本图书馆 CIP 数据核字（2013）第 188552 号

清代人物研究

著　　者：戴　逸
责任编辑：冯印淙
特约编辑：赵　珍
封扉设计：李　猛
出版发行：故宫出版社
地址：北京市东城区景山前街 4 号　邮编：100009
电话：010-85007808　010-85007816　传真：010-65129479
网址：www.culturefc.cn　邮箱：ggcb@culturefc.cn
制　　版：保定市万方数据处理有限公司
印　　刷：保定市中画美凯印刷有限公司
开　　本：787 毫米 × 1092 毫米　1/16
印　　张：35
字　　数：450 千字
版　　次：2013 年 8 月第 1 版
2013 年 8 月第 1 次印刷
印　　数：1～2500 册
书　　号：ISBN 978-7-5134-0444-0
定　　价：66.00 元